麦 读
MyRead

走向上的路　追求正义与智慧

THE MAN & THE JUDGE
LEARNED HAND

汉德传

传奇法官和他的裁判

〔美〕杰拉尔德·冈瑟 著
Gerald Gunther

何帆 徐玮 金晶 顾佳 汪雪 刘轶圣 译

中国民主法制出版社
全国百佳图书出版单位

自由的精神，
就是对何谓正确不那么确定的精神。
——勒尼德·汉德

译者导言

一本被誉为法律界《战争与和平》的法官传记

一、"伟大"何以成为可能

"人事有代谢，往来成古今。"人们常把某位标志性人物的离世，视作某个时代的谢幕，但前提是，此人配得上所属时代，也能代表一个时代。1961 年 8 月 18 日，时任美国联邦第二巡回上诉法院法官勒尼德·汉德在纽约去世，享年 89 岁。次日，《纽约时报》在头版刊登讣告，称他为"这个时代最伟大的法官"。大洋彼岸的《泰晤士报》则宣告，随着汉德的离世，"美国司法界的黄金时代已经结束了"。

那么，汉德法官真这么"伟大"么？他又有什么惊人成就，令英美媒体给予如此美誉？从履历上看，汉德的职业生涯很简单：1896 年自哈佛法学院毕业后，做了 13 年律师，1909 年成为联邦地区法院法官（时年 37 岁），1924 年被擢升至联邦第二巡回上诉法院（时年 52 岁），并于 1939 年担任该院首席法官，1951 年转任资深法官（时年 79 岁）。在美国，"资深法官"属于"退而不休"的审判人员，不占员额，薪资酌减，但仍办理一定数量的案件。因此，直到去世那年的上半年，89 岁高龄的汉德还听审了 26 起案件。可以说，在一生中的绝大部分时间里，汉德都在孜孜不倦写判决。

汉德法官作出的 4000 多份判决，涉及宪法、刑法、公司法、侵权法、专利法、劳动法、移民法、海商法、行政法、反垄断法等各领域，这也是他最重要的司法遗产。正是这些判决，使他得以与小奥利弗·温德尔·霍姆斯、路易斯·布兰代斯、本杰明·卡多佐一起,被并称为"美国20世纪影响力最大的四位法官"。四人当中,只有汉德未担任过联邦最高法院大法官。而且,即使在20世纪之前,唯一能与汉德齐名的美国法官,也只有曾主笔"马伯里诉麦迪逊案"判决的约翰·马歇尔首席大法官。

在判例法国家,若要评判一名法官的影响力,首先要看其裁判的认同度和生命力。这其中,最关键的衡量指标,莫过于被后续其他法官在判决中援引的频率。据统计,汉德所作判决的被援引率,远超其他美国法官乃至大法官。重要的是,直到他去世半个多世纪之后,相关数据仍没有太大变化。所以,他又被称为"在判决中永生的法官"。汉德曾对自己的法官助理阿奇博尔德·考克斯(后来曾担任"水门事件"特别检察官)说:"年轻人,我应该对谁负责?没人能解雇我,也没人可以扣我工资。就算是华盛顿那九个老家伙(指最高法院九位大法官),虽然有权推翻我的判决,也不能让我按他们的意志裁判。当然,每个人都肩负责任。我应该对谁负责呢?"这时,汉德转过身,指着满满一书架判例汇编说:"我只对它们负责!"如今,汉德自己的许多判决也跃上书架、化作先例,成为未来同行负责、遵循的对象,这才是一名法官最大的职业成就。

汉德的一生,经历了进步主义运动、美西战争、一战、大萧条、禁酒令、新政、二战、冷战、麦卡锡主义、民权运动等重大事件,几乎是半部美国近代史。如果他只是往返于法庭和书斋之间,埋头判案,不问世事,可能也无法跻身"伟大者"行列。事实上,与许多法官不同的是,汉德是位真正意义上的"躬身入局"者。年轻时,他就热衷于就公共事务发声,经常在媒体撰文,甚至与赫伯特·克罗利、沃尔特·李普曼一起创办了《新共和》杂志。政治上,他早年支持进步党,在1912年总统大选中曾力挺西奥多·罗斯福,担任法官后才逐步淡出"政治圈",但一直在公共传播领域宣传司法在保障自由方面的重要性。到晚年,因为实在看不惯参议员约瑟夫·麦卡锡以反共为名大搞"白色恐怖",汉德在多个场合激烈抨击"麦卡锡主义",引起强烈社会反响,成为促成麦卡锡倒台的合力之一。

汉德后来有这么大的社会影响力,不仅仅是因为他的司法裁判。事实上,他在联邦法官席位上干到第 35 年时,在司法界之外仍鲜为人知。但是,到 1944 年 5 月,因为一个偶然机缘,他突然"出圈",成为全美最知名的法官,影响力甚至辐射到整个英语世界。这一机缘,就是受邀在纽约中央公园发表名为《自由的精神》的即席演说。当时,距离"诺曼底登陆"已不到半月,反法西斯主义情绪和爱国热情空前高涨。汉德在演讲中追问:"当我们说自由优先于一切时,意味着什么?"接着,他说出那段脍炙人口的名言:"自由的精神,就是对何谓正确不那么确定的精神;自由的精神,就是尽力去理解别人想法的精神;自由的精神,就是兼顾各方利益、没有偏见徇私的精神;自由的精神要求人们牢记,即使是一只坠地的麻雀,也不能对其视而不见……"

经过广播电台和《纽约时报》《读者文摘》《纽约客》等各大媒体的"地毯式"报道,这段演讲深入人心,汉德本人也受到广泛关注。随着盟军攻入欧洲内陆,曝光更多纳粹暴行,人们更加意识到"自由"的珍贵。汉德作为阐释自由价值的标志性人物,也因此获得更多赞誉。1946 年 11 月,《生活》杂志率先发表题为《伟大的法官》的人物报道,向全美介绍汉德法官和他的裁判。其他媒体和学术期刊也不吝赞美,将"英语世界最伟大的在世法官""美国最聪明的法官""联邦最高法院错过的司法巨人"和"健在的最令人尊敬的美国法官"等头衔献给汉德。

对向来以谦逊、低调著称的汉德来说,上述溢美之词一定令他深感不安。在成就"伟大法官"的声名方面,难道 4000 多份、近百万字的裁判文书,还不如一篇千字"小作文"管用? 答案当然是否定的。《自由的精神》演说固然精彩,但只是唤起公众对汉德法官的关注,让人们意识到司法界还有如此卓越的人物。然而,若没有非凡的审判成就、专业的裁判水准打底,光靠文书数量和华丽辞藻,恐怕任何法官都承受不了"伟大"称谓。诚如著名法官理查德·波斯纳所言,衡量一个判决是否伟大,不是看它在修辞上、逻辑上多么完美,关键是看它对法律规则的发展、公平正义的实现作出了多大贡献,而汉德的许多判决都符合上述标准。正是诸多伟大判决,加上汉德本人勤勉、睿智、坚韧、细致、谦逊的品质,使他成为当之无愧的伟大法官。

二、优秀传记的品质

判决是法官最好的名片。了解汉德这样的杰出法官,最直接的方式是读他的判决书,从分析、归纳、修辞、说理、判断中了解其司法立场和裁判风格。当然,这对非专业人士来说有些困难,更何况汉德已去世60多年。另外一个途径,是读法官本人的回忆录。不过,基于"判决之外,法官无语"的慎言传统,多数美国法官的回忆录,都只谈个人早年学习和成长经历,很少涉及具体个案和法院内部事务,更不会评价其他同行的裁判,如现任最高法院大法官克拉伦斯·托马斯、索尼娅·索托马约尔的自传,皆是如此。汉德生前虽然参加过哥伦比亚大学的口述历史项目,但并无回忆录传世。

倒是在当年的同事、助理笔下,经常能看到汉德的身影。除了前述考克斯在《法院与宪法》一书中提到的"对判例负责"故事外。法理学大家罗纳德·德沃金在《自由的法》一书中,也用一章篇幅回忆了与汉德共事的经历。其中一件小事,颇能说明汉德的魅力。德沃金从法学院毕业后,为汉德法官做了一年助理。某晚,德沃金正与新认识的女孩约会,突然想起要送一份材料给汉德,遂携女友同往。原以为几秒钟就能完事,没想到80多岁的汉德十分健谈,与他俩一聊就是俩小时,话题涉及哈佛八卦、政坛趣事和司法热点。离开法官家后,女友问德沃金:"如果我们以后在一起,是不是就能经常见到他了?"5个月后,德沃金如愿与那位姑娘结婚,汉德还私人掏腰包送了他一个月薪水作为礼金。

碎片式的回忆,显然难以还原人生全貌。所以,系统、全面了解这名伟大法官的方式,当然是阅读他的传记了。而最权威、经典的传记,就是杰拉尔德·冈瑟在1994年出版的《汉德传:传奇法官和他的裁判》(以下简称《汉德传》)。冈瑟出生于1927年5月,先后毕业于哥伦比亚大学和哈佛大学。1956年开始在哥大执教,教出的最著名学生是后来出任联邦最高法院大法官的露丝·巴德·金斯伯格,她也是本书第二版(2010年版)的序言作者。1962年,冈瑟离开哥大,在斯坦福大学任教,一直到 2002 年 7 月去世。

冈瑟长期研究联邦最高法院和宪法,所著的判例汇编是美国法学院适用最广泛的宪法教科书之一,在专业上自然无可挑剔。更重要的是,冈瑟与汉德十分亲近。1953 年到 1954 年,他曾担任汉德的法官助理,熟悉这位传奇法官的行事风格和司法理念。在汉德生命的最后 10 年,冈瑟经常与他交流,还会推荐得意门生做他的助理。

其实,光靠人脉和专业因素,难以成就一部优秀的司法传记。美国法官多数深居简出,也很少在社交场合抛头露面,为他们作传,经常得靠擅长"刨根问底"的新闻记者。例如,主笔"罗伊诉韦德案"判决的哈里·布莱克门大法官,生前行事低调、沉默寡言,却有着勤写日记、收存书信、文献入档的习惯,连庭审时跟其他大法官传递的小纸条,都会编号存档。他去世后,分装在 1585 个纸箱里的书信、日记、备忘录等 50 万份文献,成为《纽约时报》记者琳达·格林豪斯创作其传记的重要资源。有意思的是,汉德生前讨厌打电话,却酷爱与亲友、同事和助理书信交流,他留存的书信、备忘录等文献资料也十分完整,去世后全部被交由哈佛法学院图书馆管理。经汉德家人同意,这些文献对冈瑟全部开放。冈瑟以法律人的严谨和细致,认真梳理了这近 10 万份文献,还采访了汉德的家庭成员、历任助理、各界好友,历时近 37 年,才完成了这部 700 多页的巨著。

《汉德传》甫一问世,就在法律界引起轰动,被誉为"法官传记的典范",获得一系列法律图书奖项。前联邦最高法院大法官戴维·苏特大法官十分喜欢这本传记,表示"如果我有这个权力,我会力争让美国所有法官任职前都读一遍冈瑟所著的汉德法官传"。苏特大法官并不认识冈瑟,但是,基于对这本书的喜爱,他还是应邀参加了冈瑟的葬礼,并在悼词中说出那句名言,即"所有法官的共同义务是:对简单案件保持警醒,对清晰类案绝不盲从,对既往先例秉持谦抑,不怯于确立有价值的规则,并有勇气在处理空白领域的具体问题时这样做"。相信这段话也是对汉德的致敬。

那么,《汉德传》究竟有何特质,令它受到诸多青睐呢?在我看来,

大致是基于以下几个关键词:格局、专业、揭秘、细节和真诚,以下逐一详述之:

第一,格局。冈瑟将汉德的成长和境遇,放在大历史的背景下展开,全景式描绘了汉德在不同时期,与总统、党魁、大法官、参议员、教授、同事、律师、编辑、作家、助理们的交往与互动。汉德生活在一个群星璀璨的年代,与每个杰出人物的接触,都可能将他引向一条截然不同的人生道路。在哈佛时,威廉·詹姆斯、乔治·桑塔亚那、约西亚·罗伊斯三位学术巨人,令他对哲学产生浓厚兴趣,并终身信奉实用主义和怀疑论。年轻时,汉德积极介入政治,认为进步主义才能救美国,支持西奥多·罗斯福竞选总统。他与霍姆斯大法官是亦师亦友的关系,经常通信讨论司法问题,与费利克斯·法兰克福特大法官的友情更是一直维系到生命尽头。到晚年,汉德还与《麦田里的守望者》的作者塞林格结下"忘年交",两人情同父子,几乎无话不谈。《汉德传》结合重大历史事件,将前述人物有机嵌入,串接起汉德的精彩人生轨迹,堪称20世纪上半叶美国政治和法律社会的"万花筒"。所以,这本书又被誉为法律界的《战争与和平》,只不过人物都是真实的。

第二,专业。汉德一生裁判过多起案件,但对他职业生涯影响较大的,无疑是1917年的"《大众》杂志社诉帕腾案"。在这起案件中,汉德力排众议,支持了媒体发表"反战"言论的自由。在当时的舆论环境下,他的判决受到非议,很快被上诉法院推翻,他本人遴选至上诉法院的首次努力也告失败。直到20世纪60年代末,汉德在"《大众》案"判决中确定的言论自由保护标准,才被联邦最高法院采纳。冈瑟作为宪法专家,用较大篇幅,回顾了这起案件的裁判始末,以及汉德在此过程中与霍姆斯大法官的观点碰撞。此外,冈瑟还深入梳理了汉德对"洛克纳案""布朗案"等一系列里程碑式判决的看法,如果没有精深的宪法造诣,恐怕难以准确阐述汉德的立场。

在冈瑟笔下,汉德的司法立场可以用四个词形容,那就是:开明开放、司法克制和怀疑精神。"开明开放",是指他尊重权利和自由,在判案时能够充分听取各方意见,尽可能在法律允许的框架内,确保裁判充分凝聚当下社会共识。"司法克制",是指他秉持"能窄则窄"的立场解释法律,就事论事,一案解决一事,而不是越俎代庖,由法院行使立法机关的职权,在法律未涉足的空白领域或过宽范围内制定规则。"怀疑精神",是指他判前绝不先入为主,本着"不疑处有疑"的态度,把每个判决都办成审慎核实、严谨分析后的司法产品。本书对汉德及其裁判的介绍,也基本贯穿了上述立场。

需要指出的是,汉德只做过联邦地区法院和巡回上诉法院法官,审理的案件类型可谓五花八门,但宪法类案件不多。从个人兴趣上看,汉德最喜欢审理专利、版权、海事等挑战智识的案件,对破产案(因为时间拖得太久,且效率低下)、禁酒令相关案件(因为他自己颇爱喝上几杯)兴趣不大。或许因为冈瑟主要研究宪法,所以《汉德传》着墨较多的反而是一些宪法类案件和相关议题,尽管也介绍了不少普通案件的裁判过程,但还是遭到波斯纳法官的批评。波斯纳指出,受篇幅所限,一本传记不可能穷尽描述汉德的所有重要裁判,但居然遗漏了1947年的"合众国诉卡罗尔拖船公司案"(著名的"汉德公式"即来自本案判决)、1945年的"合众国诉铝业公司案"(美国历史上最著名的反垄断案件之一),以及汉德在规则层面作出重大贡献的一系列联邦刑法、税法、侵权法类案件,实在是不应该。究竟原因,可能还是受传记作者的学术偏好和研究领域影响,而非篇幅因素。这一遗憾,未来恐怕只能通过阅读汉德法官的重要判例选编弥补了。

第三,揭秘。作为汉德的"身边人",冈瑟有足够的信息优势,解答人们关于汉德生平的疑问。例如,汉德很早就被认为是大法官合适人选,却屡次错过提名,究竟是何原因?还比如,汉德一生都深爱妻子弗朗西丝·芬克,但后者却对他若即若离,甚至大部分时间都与一位男性友人在一起,这又是什么原因?以及,汉德与美国新闻传播学的奠基人沃尔特·李普曼本是挚友,因何问题交恶并分道扬镳(晚年关系有所缓和)?这些问题,在《汉德传》中都有详尽交代。

这里仅谈谈大法官提名的事。1930年初,首席大法官威廉·霍华德·塔夫脱因病卸任,58岁的汉德曾有一次被赫伯特·胡佛总统提名的机会(将现任大法官哈伦·菲斯克·斯通擢升为首席大法官,就可能空出一个大法官岗位)。尽管较为普遍的说法是,因为查尔斯·埃文斯·休斯没有拒绝胡佛总统的邀请,答应出任首席大法官,才让汉德与最高法院岗位失之交臂。但按照冈瑟的说法,实际原因可能是,塔夫脱一直觉得汉德属于"进步派",且热衷于政治,未来可能成为布兰代斯那样的"异议者",可以允许他进入联邦上诉法院,但绝不能把最高法院的位置留给他。塔夫脱把自己的上述想法传导给其他保守派官员,而胡佛总统则尊重了他们的意愿。首次受挫后,汉德非常沮丧,甚至一度考虑去海牙常设国际法院任职,后因其他客观因素才作罢。

1942年10月,詹姆斯·伯恩斯辞去大法官职位,转任经济稳定办公室主任,最高法院再次出现一个空缺,汉德再次成为热门人选。法兰克福特大法官鼓动一堆官员向时任总统富兰克林·罗斯福推荐汉德,力争将好友送入最高法院。然而,罗斯福最终还是另选他人。对此,有人觉得是因为太多人的不断举荐,令罗斯福产生逆反心理,并据此认为是汉德故意找人施压。有人猜测是汉德年龄太大的缘故(时年71岁),毕竟罗斯福1937年曾发起"重组最高法院计划",反对七旬老人担任大法官,若提名汉德,恐有"打脸"之嫌。而冈瑟则提出,关键原因还是罗斯福觉得汉德是个过于刨根问底的怀疑论者,观点过于独立,潜意识觉得他和自己"不是一路人",可能会成为许多改革举措的反对者。其实,汉德一直支持罗斯福的"新政",但是,对罗斯福为排除司法障碍而试图"重组"最高法院的做法,他是坚决反对的,认为这样伤害了司法的独立性。因此,对于自己落选的真实原因,汉德内心也十分清楚,并多次在与好友的通信中提及。尽管朋友安慰他,在第二巡回上诉法院所取得的成就和影响力,要远大于最高法院。可是,未能成为"九人"之一的遗憾,确实成为汉德余生萦绕不去的心结。

第四,细节。除了汉德的司法立场,人们对他管理案件和助理的方式也很感兴趣。冈瑟本人就做过汉德的助理,所以在书中描绘了许多关于法院内部管理的细节。汉德是最早聘请助理的法官,他待助理亲如家人,但更希望助理是倾听者、交流者和批评者,与他分享对案件的看法

（他经常称助理为"小法官们"），但从不让助理代写文书或检索判例，这一点是他与绝大多数法官的不同之处。

汉德在第二巡回上诉法院时，还非常支持"庭前备忘录"机制，即：庭审结束后，合议庭成员都单独把案件材料再"过"一遍，之后以书面备忘录形式交换意见，然后再开会评议。这样既能有效防止"形合实独"（即合议庭内只有撰写判决的法官一人熟悉案情，其他成员都被其"带节奏"），也有利于观点交锋，促进司法民主。正是因为上述原因，第二巡回上诉法院一直是全美裁判认可度最高的上诉法院。

著名法官亨利·弗兰德利曾评价，汉德之所以成为一个受人尊敬的法官，并不是因为恰巧遇到几个重大案件，据此写出精彩判决，而是源自他通过处理大量小案件形成的一套卓越的裁判方法论，这些小案件几乎覆盖所有的审判领域。汉德的判决向来由他亲力亲为（包括庭前备忘录），行文风格极为简洁清晰。在他看来，法官裁判的任务是解释法律、解决争议，应该直接奔着焦点问题去，而不是卖弄学识、炫耀技巧。有学者评论，汉德撰写的文书干净利落、要言不烦，哪怕删掉一句话，也会破坏整体逻辑。

在案件研究方面，越是陌生领域的案件，汉德越会像研究生一样做足功课。办理海事案件时，汉德会认真查阅潮汐表、水位图、气象日志，用铅笔、钢笔、墨水瓶在桌上摆成船只、码头的示意图，甚至可以像经验丰富的海员一样，解释船舶碰撞的方式和原因。在办理著作权案件时，汉德甚至会下令在法庭摆架钢琴，让陪审员现场对比被诉音乐作品是否侵权。从《汉德传》描述的各类细节中，一位严谨敬业、可亲可敬的法官形象跃然纸上。

第五，真诚。判断人物传记（包括自传）的一个重要标准，在于是否客观、中立、真实，如果一味为尊者讳，甚至刻意美化拔高，自然难以取信于读者。在这一问题上，冈瑟颇为实事求是，没有对人物作过多价值评判，而是把材料有序展开，由读者自己思考。本书开篇，就归纳了汉德"经常焦虑、自我怀疑"的性格特点，并认为这与汉德的人生经历密切相关。读书时，汉德就很难融入哈佛学生的"精英圈子"；律师执业也一直不顺,总感慨自己"从不是个好律师";妻子从未给他对等的感情投入;渴望成为最高法院大法官,却两次与提名失之交臂。可以说,尽管汉德给外人的感觉是乐观幽默,喜欢插科打诨,但直到名满天下,他内心的焦虑和自卑都从未离去,所以被法兰克福特大法官起了个绰号——"当代哈姆雷特"。对法官而言,这样的情绪会让他更审慎、更细致,也会更纠结、更自省,即使在宣判之后,也不完全确定自己的裁判是否正确。对法官而言,上述性格特点的正面作用和负面影响孰多孰少,只能留待读者判断。

在书中,我们可以看到,汉德虽然待同事宽厚,有时也会言语刻薄。例如,他在第二巡回上诉法院的同事查尔斯·克拉克是诉讼法权威,特别注重琐细的程序问题,汉德对此颇为不屑,私下称克拉克为"GLAPP"("当世最伟大司法实践和程序权威"的缩写,即 Greatest Living Authority on Practice and Procedure)。有时,他还会嘲笑啰唆的同事或下级法官"废话连篇"。对联邦最高法院的判决,他也经常公开抨击,甚至带有强烈的个人情绪和偏见。晚年时,他在哈佛的系列演讲中,对沃伦法院废止公立学校种族隔离的"布朗案"判决的批评,就显然有失公允,也与时代发展脱节。对待庭审时没有做好功课、发言不得要领的律师,汉德会很不耐烦,甚至把椅子转过去、背对律师,有时还会大声呵斥,曾把一名年轻律师当场吓晕。当然,汉德也从不欺软怕硬,名气越大的律师,如果庭审表现不好,他的态度就越是严厉。汉德对助理偶尔也会大发雷霆,但事后都会迅速道歉。

另外,书中没有提到的是,汉德偶尔还有些"大男子主义"。按照金斯伯格大法官的回忆,她在哥伦比亚大学读书时,导师冈瑟认为她在学术上颇有天赋,便推荐她给汉德做助理。汉德一口回绝,理由是自己经常在办公室说粗口,在女士面前颇为不雅,而他又不想保持克制。后来,冈瑟只好把金斯伯格推荐给第二巡回上诉法院的埃德蒙·帕尔米耶里法官做助理。因为两人的家距离较近,金斯伯格经常搭汉德的便车回家。偶尔,坐在前排的汉德法官会在吐槽之余,说几句脏话。金斯伯格实在忍不住,问他既然以"不想保持克制"为由拒绝自己做助理,为什么这时候又开始说脏话了。汉德回答:"年轻的女士,因为我现在背对着你啊。"当然,未来的金斯伯格大法官对这些倒并不介意,否则就不会答应为本书第二版作序了。

三、在翻译中发现热爱

我喜欢读人物传记,尤其是司法人物传记。在我看来,读一位杰出人物的传记,会是一种奇特的体验,就好像进入一个时代、一段历史,与一个伟大心灵直接对话,许多敬意会油然而生,许多困惑会迎刃而解。如果这个人恰好与自己属于同一行业,激励或自省作用,还会进一步放大。

国内法官中,李国光、邹碧华法官都有精彩的自传或传记。国外法官中,霍姆斯、马歇尔、约翰·杰伊、桑德拉·戴·奥康纳、雨果·布莱克、约翰·马歇尔·哈伦大法官和波斯纳法官的传记也都有中译本。2011 年,受中国法制出版社邀请,我曾担任"美国最高法院大法官传记译丛"主编,组织翻译了威廉·伦奎斯特、安东宁·斯卡利亚、约翰·保罗·斯蒂文斯、戴维·苏特等大法官的传记。我本人也翻译过布莱克门大法官的传记(即《大法官是这样炼成的:哈里·布莱克门的最高法院之旅》)和斯蒂文斯大法官的回忆录(即《五位首席大法官:最高法院杂忆》)。这些阅读和翻译经历,都是非常美好和愉悦的学习过程。

关注到汉德法官,最初是在 2008 年。当时,我到同事蒋惠岭法官(现任同济法学院院长)的办公室闲聊,他从书架上抽出一本 1952 年出版的《自由的精神》,说这本小册子很好,可以试着译一下练手。这本书由埃尔文·迪利亚德编辑,汇集了汉德的部分演讲、书信和报刊文章。1952 年是首版,收录了 34 篇文章,到 1960 年第三版时,已扩展到 41 篇。利用出差间隙读完后,我就迅速被汉德"圈粉",至于"试着译一下练手",那是万万不敢的,因为汉德向来以修辞见长,文章里的隐喻、双关、用典乃至"谐音梗"比比皆是,专业翻译人士都未必能整明白,更何况我这种业余爱好者。

因为已被"圈粉",我又很快找来冈瑟的《汉德传》(1994 年版,由刘易斯·鲍威尔大法官作序),进一步了解汉德的生平。读完之后,我决定翻译本书,将汉德法官介绍给广大国内读者。在委托出版社联系购买版权期间,得知《汉德传》已推出第二版,因为作者冈瑟已经去世,只是更换了装帧和序言作者(金斯伯格大法官)。拿到第二版原书之后,因公务逐渐繁忙,所以一直未启动译事。现在来看,"忙"是因素,更多是畏难情绪,毕竟是700多页的"大部头",否则,很难解释自己在此期间又翻译过《十二怒汉》《法官裁判文书写作指南》等"小册子"。

到2018年,"麦读"的主编曾健先生提醒我,续一次版权,就得加一次钱,时间就是金钱,不能再拖下去了,要不还是"认怂",试试集体翻译?作为读者,我对集体翻译的作品向来是抵触的,主要是担心品质难以保障,尤其是同一作者的著作(多个作者的作品还好,可以由多人分工翻译,如我曾组织翻译的《法官能为法治做什么:美国著名法官演讲录》)。但是,无论进度压力还是个人精力,当时都不允许再拖下去,经与曾健先生商议,我们确定了"精心选择译者,分工协同推进,一人核统译稿"的路径,终于启动了这本书的翻译工作。

与当年主编大法官传记译丛一样,我按照四个标准,选择并确定了《汉德传》的另外5位译者,即徐玮、金晶、顾佳、汪雪女士和刘轶圣先生。这四个标准是:

第一,中文功底好。既执译笔,英文好是基本功,但翻译不是亦步亦趋,追求与原文句式和语法的绝对对应。傅雷先生说过:"译书的标准应当是这样:假设原作者是精通中国语文的,译本就是他使用中文完成的创作。"这就要求译者具备"妙悟原文,离形得似"的功底,否则译出的就是一堆"膈应"读者的西式中文。

第二,有普通法学习经历。《汉德传》毕竟是一部美国法官传记,里面涉及大量法律术语、程序规则和重要判例,如果没有相应的知识背景,很难精准表述,更别说做译者注了。所以,除我之外,其他译者都曾在哈佛、牛津、港大等高校法学院学习过,不存在知识盲区。

第三,有法律实务经历,最好专精于某一领域。之所以有此要求,是因为汉德裁判的案件类型非常广泛,书中有大量案情介绍,还大段援引了判决原文,光是概略有一些美国法知识,恐怕难以吃透原文。几位译者中,徐玮在海事、金融法院都有审判经历,汪雪长期从事知识产权法律业务,其他各位也都各有所长,大家在翻译时相互请教、取长补短,最大程度提升了译文的精确性和专业性。

第四,真心热爱翻译工作。翻译属于高投入、低产出的事业,又需要"求极致"的责任感,不带着几分真爱,甚至几分理想主义,难以产出高质量的译作。汉德法官被誉为司法界的"通才",政治、哲学、历史、文学、音乐无一不精,没事还喜欢琢磨航空、船舶、建筑等领域的专业问题。他的通信、判决和备忘录中,从希腊神话、圣经故事、著名诗篇到经典歌剧,基本是信手拈来,有时几乎句句用典。因此,凡确有必要之处,译者们都在力所能及的范围内,秉持对读者负责的态度,以译者注形式作了解释说明、背景阐述。我想,这也是在人工智能大行其道的时代,文字翻译尚不能被完全替代的因素之一吧。

本书的基础翻译工作于 2024 年年初完成,之后由我利用业余时间审核、校对书稿,统一了相关术语、人名和行文风格。需要指出的是,原文中的一些表述,仅代表作者或传主立场,并不意味着译者同意其中观点,还希读者以批判的眼光审视。此外,为便于读者比照阅读,同时压缩全书篇幅,原书中的 110 多页尾注和索引并未付印,读者可以通过扫描二维码的方式在线查阅。

从联系翻译本书,到即将交付出版,已经过去近 12 年。12 年间,个人的心态和境遇,也发生了很大变化,原本想把本书作为个人翻译生涯的句号,但在统稿过程中,脑海中一个声音又告诉我:"人生有限,既然热爱,又何必轻言放弃呢?"所以,或许还有下一本。

总之,很高兴将汉德法官和他的这本传记引介给广大读者,也希望大家能从中发现你们的热爱。

何　帆

2024 年 8 月 22 日于北京

第二版序

露丝·巴德·金斯伯格(美国联邦最高法院大法官)

这本了不起的传记之作者,是杰拉尔德·冈瑟 (Gerald Gunther),他是一位杰出的宪法学者,也是我的良师益友、事业导师。本书记录了勒尼德·汉德(Learned Hand)法官的生平、时代和成就。冈瑟的爱妻芭芭拉(Barbara)问我是否愿意为本书第二版作序时,我慨然应允。原因如我亲爱的同事戴维·苏特(David Souter)所言:"《汉德传》不仅是本优秀的传记,也是给各时代法官的金玉良言。"苏特大法官还说:"如果我有这个权力,我会力争让美国所有法官任职前都读一遍。"我附议此言,并将这本书推荐给全世界的司法人士。

冈瑟用了20多个春秋,在诸多热忱敬业的学生帮助下,耐心梳理了汉德发表的数百篇文章、数千份判决和备忘录,以及数以万计、时间跨度超过75年的来往信函。他还通读了反映汉德所处年代突出政治、社会问题的著作。本书有2300多个注释,说明冈瑟所作研究之透彻、细致。体系庞大、来源广泛的材料,加上冈瑟自身的深刻洞见,展示了一幅关于汉德工作和生活全景的精致画卷。"不增不减,恰如其分",冈瑟笔下的汉德栩栩如生,既是万众景仰的偶像,也是性格鲜活的凡人。本书囊括公私领域,呈现出一个立体生动的汉德形象——他卓越的智慧,富于雄辩而又偶尔俏皮的语言风格,司法理念与正直品格,日常焦虑与自我怀疑。读罢此书,读者甚至会觉得,冈瑟或许比汉德更了解他自己。

本书在其他层面也堪称杰作,强调这点的是另一位杰出宪法学者肯尼斯·卡斯特(Kenneth Karst),他也是冈瑟在哈佛法学院的同班同学。我们有次谈起《汉德传》,卡斯特告诉我,他曾致信冈瑟称赞此书。卡斯特说,他尤其赞赏"(冈瑟)突出了笔下主要人物与其所处时代的政治/社会事件之间的联系"。"它简直就是一部《战争与和平》,"卡斯特评论道,"只不过人物都是真实的。"

就像鲍威尔(Powell)大法官在本书第一版序言中所说,执笔为汉德作传的法学学者人选,再没有比冈瑟更合适的了。冈瑟之前的作品,包括那部划时代的宪法判例教程,展现了他卓越的综述能力。冈瑟的才能之一,是从看似不相关的判例之间找出联系,将它们串联到共同主题之下。在这本书中,冈瑟以娴熟技巧向世人呈现出,汉德在智识领域的贡献之多、涉及面之广。一个典型例子是,冈瑟精准描绘了汉德如何在哈佛法学院教授詹姆斯·布拉德利·塞耶(James Bradley Thayer)的影响之下,逐步成为联邦最高法院在"洛克纳案"①时代对宪法正当程序条款解释方式的主要批判者。冈瑟同样强调了汉德在捍卫言论自由方面的贡献,尤其是对政治不正确的言论仍持坚定保护立场。汉德主笔的"《大众》杂志社案"②判决充分展示了他的这一立场。他主笔该案判决

① 指联邦最高法院 1905 年作出的"洛克纳诉纽约州案"(*Lochner v. New York*, 198 U. S. 45)判决。该判决以 5∶4 的投票认定,纽约州规定面包坊工人日最高工时的立法违反了宪法第十四修正案规定的正当程序条款而无效。洛克纳是一家面包房的经营者,他因为要求自己的工人每天工作超过 10 个小时,而被控违反纽约州《面包坊法案》。洛克纳不服纽约法院判决,上诉至联邦最高法院,终于得以胜诉,并成功推翻《面包坊法案》。多数方大法官认定,契约自由受宪法正当程序条款的保护,州立法机构的法案对契约自由的限制理由不够充分。在肯定契约自由属于宪法保护的个人权利的同时,多数方大法官承认这种自由并非绝对,可以受到州立法的规制,前提是州立法机构对其治安权的正当行使。霍姆斯大法官激烈反对该判决。——译者注

② 指汉德任职美国纽约南区联邦地区法院时,在 1917 年审理的"《大众》杂志社诉帕滕案"(*Masses Publishing Co. v. Patten*)[244 F. 535 (S. D. N. Y.), *rev'd* 246 F. 24 (2d Cir. 1917)]。在本案判决中,汉德提出了"直接煽动标准",即某种言论是否受宪法保护,取决于其具体内容。如果言论的发表者以其言论直接煽动他人从事违法行为,则应受限制或处罚;如言论仅批评法律或政策,则不属于直接煽动。汉德因此判原告胜诉。该判决后来被上诉法院撤销。汉德去世 8 年后,最高法院在"勃兰登堡诉俄亥俄州案"[*Brandenburg v. Ohio*, 395 U. S. 444 (1969)]判决之后,采纳了汉德在"《大众》案"中提出的"直接煽动标准"。该判决为一致性判决。——译者注

时,还在联邦地区法院任职,而且明知这么判可能会让他丧失晋升到联邦上诉法院的机会。

1953—1954 年间,冈瑟曾担任汉德的法官助理。汉德当时的声望已至巅峰,备受同僚、学界和法律实务界尊重,而冈瑟就在他身边,得以近距离观察他感性的一面。汉德以睿智理性闻名,但他也偶尔会情绪化、焦躁不安乃至大发雷霆。例如,冈瑟提到,自己有次告诉汉德,他草拟的一份判决书虽已写到第 13 稿,但仍未触及重点。汉德勃然大怒,冲着冈瑟掷了一块镇纸,后来很快消气,拍了拍垂头丧气的助理,以示安慰。冈瑟非常尊敬汉德,但从本书可以看出,他并未因此为尊者讳,没有刻意掩饰汉德性格中缺乏安全感和焦虑暴躁的一面。

冈瑟非常欣赏汉德的一句名言,在后者看来,法官与法学学者是"同一片葡萄园中共同劳作的工人","彼此对对方来说都至关重要,必须互相理解、尊重和帮助,否则就会两败俱伤"。冈瑟也是如此践行的。在他的教学和写作中,传递的始终是对司法体制的高度尊重,以及对司法程序的恒久信念。冈瑟撰写的评注可信度高、富于建设性,法官们需要灵感和帮助的时候,常常阅读他的著作。

冈瑟为《哈佛法律评论》"联邦最高法院 1971 年司法年度专刊"撰写的导言副标题为《新的平等保护模式》,该文十分经典,历来名列转引率最多的法学期刊文章榜首。他在文中分析指出,在特定类型案件中——例如,关于在"两性之间划出明显界线"的立法是否违宪的案件里——伯格(Burger)①担任首席大法官时期的联邦最高法院,将宪法平等保护条款从旧的"理性基础"标准拔到"新高度"。联邦最高法院在接下来的司法年度中的一系列判决证实了冈瑟的上述判断。汉德向来以一针见血的俏皮话闻名。他一定会为自己曾经的法官助理找到"唯一正确的词"(福楼拜语)和他影响深远的评论击节赞叹。

1980 年 9 月,在欢迎我进入哥伦比亚特区巡回上诉法院任职的仪

———————

① 沃伦·厄尔·伯格(Warren Earl Burger),1969—1986 年期间担任美国联邦最高法院首席大法官。——译者注

式上,冈瑟是唯一的演讲者。我请他讲讲对联邦法院审判工作的想法。当时,他为本书收集资料、构思和写作已经有几年时间。冈瑟的演讲主要是关于汉德法官的。冈瑟回忆起汉德1939年所写的纪念本杰明·卡多佐大法官的文章:

> 他从来直面困难,不像那些懒惰的法官,那些人赢棋的方式是把所有的棋子从棋盘上扫下去。他通常会先陈述对方意见,而且陈述得比对方更好……很多次,在我们这些熟悉他的人看来,他在作出判决前经历的纠结痛苦是非常明显的……但是他知道法官的责任是裁判,而非辩论……

虽然汉德的目的是向卡多佐致敬,他在文中还是描述了自己的裁判方法论。以汉德为榜样,冈瑟提出了优秀法官应当具备的思维模式:

> [优秀法官]应当保持真正开放和超然的心态……知道法官自身能力所限。首先,要知道我们的宪法体制为法官设定的天然限制;[优秀法官]清楚,法官的所作所为很多都是偶然为之,但这并不意味着法官的角色无足轻重,又或机械照搬;恰恰相反,这为锐意创新、至关重要的司法工作提供了最负责的空间。

"很多人宣扬过上述理念,"冈瑟说,但是,"鲜有人像汉德那样知行合一。"

按照冈瑟的解释,汉德反对"洛克纳案"判决,主要是基于他对法官工作的信念。在他眼中,法官不应当对立法机关就经济政策所作的判断作任何事后评判。汉德警告道,如果法院抵制不了介入党派争议的诱惑,司法权威就会受到损害。汉德的上述观点,让他一度与寻求通过政府力量遏制工业资本主义泛滥的自由派改革者结盟。其后,下一代改革者寻求推动法院否决保守派立法来推进民主。他们亦期望汉德站在自己这边。但是对汉德来说,司法克制主义是核心信念,必须持之以恒奉行,绝不可能选择性遵守。

冈瑟指出,汉德的谨慎、谦虚、怀疑主义,都有性格方面的根源。汉德评价自己"属于那种觉得生活很复杂,而且难以控制、非常危险的人"。他非常警惕绝对论观点,对宣称掌握真理者持批评态度。汉德眼中,自由依赖于充分、不受限制地交换意见,甚至是与主流观点相去甚远的意见。就像他在自己最知名的演讲中所说:"自由的精神,就是对何谓正确不那么确定的精神。"

作为根深蒂固的怀疑论者,汉德对自己审理的案件,在作出判决之前从来不先入为主。他的判决——无论案子是大是小——都是审慎核实、谨慎分析的产物。冈瑟描述:办理海事案件的时候,汉德异常谨慎。他会参考涨退潮时间表和天气记录,绘制图表,用铅笔、钢笔、墨水瓶在桌上摆成船只、码头的位置示意图。在著作权和专利案件中,汉德同样一丝不苟。汉德有时会下令在法庭摆放一架钢琴,这样陪审员可以当场对比原告作品和被诉侵权的作品。对汉德来说,这也是工作的一部分。他深知,自己作为法官的权威,根本上在于说服力。而且,若想说服别人,首先得说服自己,无论这个过程多么艰难。神话里,雅典娜从宙斯脑中诞生时,几乎样样皆备。汉德笔下那些缜密、雄辩、好读的判决书从他脑中诞生的过程却并非如此。对此,所有曾担任过法官的人一定会有共鸣。

在苏特大法官笔下,杰拉尔德·冈瑟"以汉德审查证据和解决案件的方式,研究了他的生平,并撰写本书"。冈瑟通过展现汉德的一生,教导我们明白:"所有法官的共同义务是:对简单案件保持警醒,对清晰类案绝不盲从,对既往先例秉持谦抑,不怯于确立有价值的规则,并有勇气在处理空白领域的具体问题时这样做。"除苏特大法官列举的上述诸点之外,我还想略作补充,就像汉德在驱逐出境系列案件的判决中表明的那样,法官应牢记判决对普罗大众生活的影响,并投入更多同情与关怀。是否拥有上述品质,是我们判别法官是否尽忠职守的标准,也是分辨学者是否献身学术的参照。《汉德传》为法官和学者树立了两个典范:汉德与他的传记作者,指引与激励我们塑造自己的事业与时代。

前　言

　　勒尼德·汉德是 20 世纪为数不多的几位真正伟大的美国法官之一。位列其中的还有小奥利弗·温德尔·霍姆斯（Oliver Wendell Holmes, Jr.）、路易斯·布兰代斯（Louis Brandeis），以及本杰明·卡多佐（Benjamin Cardozo）。在他们当中，只有汉德从未在联邦最高法院任职。他担任法官超过半个世纪，身后留下大约 4000 份判决。在美国，他是判决援引率最高的法官之一，他的很多判决最终成为这个国家的法律。今时今日，法官在民主社会中的应然角色到底为何的论争，显得比任何时代都更加重要；而也许最关键的是，关于这一论争，汉德的职业生涯能够给我们提供最佳视角。

　　汉德的司法理念既偏保守又富创造性，这一点非常独特。他恪守自己对法官职能的司法保守主义立场，与厄尔·沃伦（Earl Warren）和威廉·O. 道格拉斯（William O. Douglas）形成鲜明对照。他的姓名很特别，外貌也非同凡响——身躯健壮，胸如圆桶，头型方正，一头灰发，浓眉大眼，眼神犀利——正是美国民众心目中典型的法官形象。

　　1872 年，汉德生于纽约州奥尔巴尼市。他的父亲、伯父、叔父，还有祖父，都是律师。汉德迫于家庭压力，在本科毕业后放弃了继续研读哲学的梦想，转修法律。虽然他不喜欢做律师，也认为自己并不擅长这一行当，但是，到 20 世纪初，他就已在法律圈和知识分子圈里颇有名气。1909 年，塔夫脱（Taft）总统任命汉德出任联邦地区法院法官，这一年汉德 37 岁。15 年之后，他进入联邦第二巡回上诉法院，在这里一直任职到去世。

　　汉德的司法职业生涯表明,做一个公正超然、缺乏激情的法官,并不意味着在智识领域毫无建树。汉德作出的判决之所以广受关注,不在于对多数主义情绪的戏剧化否决,而在于其中所蕴含的高超技巧,以及在行政、立法机关所设界限之内的创造性表现。只要属于他眼中司法裁决的范围,他都擅长创新:探究隐藏在法律用语下的问题,排除浅薄的成说,怀疑绝对的论断,在纷繁芜杂的司法观点中寻求秩序感。

　　汉德一直认为,面对立法机关作出的决策,法官的角色理应受限。汉德在著名法学教授詹姆斯·布拉德利·塞耶影响之下形成了这种观点,塞耶是他在哈佛的老师;在1958年的霍姆斯讲座上,他本人将这一观点表述得最为清晰。汉德是真正的自由主义者,这点尤其体现在他相信言论自由应当意味着最大限度保护各种言论。他在1917年的“《大众》案”的判决富于争议:在政治环境对异见并不包容的时候,他保护了反战出版物,这让他付出了很大代价。他在该案中对言论自由的立场,直到半个世纪过去、他对立场被接受不抱希望之后很久,才被联邦最高法院的判决采纳。自由主义对汉德而言,主要意味着怀疑主义、不抱成见,这些品质在他看来是审判工作的核心,也深植他的个性之中。

　　虽然汉德始终秉持司法保守主义立场,却经常公开参加政治活动。他担任法官之后的第一个10年里,非常积极地支持西奥多·罗斯福(Theodore Roosevelt)的进步党选战,为罗斯福参加1912年总统大选助力。他是大选的幕后参谋,还起草了该党政纲。第二年,他同意自己的名字出现在进步党提名的纽约上诉法院首席法官的选票上。1914年,他跟赫伯特·克罗利(Herbert Croly)和沃尔特·李普曼(Walter Lippmann)一起,深度参与了《新共和》(*The New Republic*)杂志的筹备工作,在这份杂志开始出版的头几年,也经常向它投稿。一战后,汉德认为自己已经出任法官,不应再参与司法事务以外的争议议题,但他的政治热情在1950年代重燃,当时他激烈地公开反对麦卡锡主义。

　　怀疑主义和永不停止的探索对汉德来说是自然而然的。深思,排斥绝对论,以及明知永恒答案并不存在、仍然执着探寻,这些品质在汉德成为法官之前,就已厚植其心。他投入智识活动,从不自以为是;他是哲人，也是人道主义者。在社交活动中，他能够主动融入、乐在其中；同时，他也有隐藏较深的焦虑、忧郁的一面。

　　尽管在公开报道中，汉德常被塑造成既有权威、又平易近人的形象，但在自己心目中，他是被自我怀疑界定和驱动的。他从未停止怀疑手头工作的价值。在哈佛读本科时，他一直觉得自己是粗鄙的局外人，被势利眼的哈佛高级俱乐部拒之门外。自我怀疑全方位影响了他成年以后的生活：他与家人的关系、友谊，公共事务领域的尝试，以及司法生涯。但是，这些性格上的阴暗面，并没有让他在智识领域一无所成。充满怀疑的法官——总觉得自己没有穷尽真理，而且认为，事实上真理是不可发现的——将本人全部的精力和才智投入了对真理的寻求。

　　汉德的性格特点决定了他的判决风格：他为人决不盲从、不抱成见，当法官自然也是如此。尽管持怀疑论，他还是留下了数千篇论证清晰的判决书，涉及领域十分广泛；他撰写判决的水平之高，会让律师和法官们在他主笔的第二巡回上诉法院判决上，特别注明出自他手，这可是非同寻常的荣誉。他在司法工作上的重要贡献，证明了人类是可以写出充满智慧、超然中立的判决的。

　　汉德的个性、性格和职业生涯，也包含着一些令人迷惑的问题。为什么像他这样全国闻名的人，未能在联邦最高法院任职，尽管他在 1930年、1942 年都曾进入备选名单？像他这样被自我怀疑深深困扰的人，总能看到问题的各个方面，又是如何摆脱无所作为的局面，并贡献了为数众多、影响深远的工作成果？汉德是如何调和他公开参与政治论争，以及自己关于法官应该远离政治的信条之间的矛盾的？他在联邦地区法院任职时，对第一修正案持坚决捍卫态度，但后来遇到要求推翻威胁个人权利的立法的争议时，却又裹足不前，这种态度上的变化又是如何产生的？这些问题的答案，不仅藏在他的司法工作中，也嵌入他的私生活。他私下在知识分子圈中非常活跃。他与妻子弗朗西丝以及费利克斯·法兰克福特（Felix Frankfurter）、沃尔特·李普曼（Walter Lippmann）、伯纳德·贝伦森（Bernard Berenson）等好友之间的大量通信都很清楚地表明,他的思想从未停滞不前,也总是在挑战已被广为接受的理论设定。

在探究汉德生平和工作经历过程中,我得益于查阅汉德的个人文档,由汉德的文字材料遗产执行人存放于哈佛法学院图书馆,包含大约10万份文件。其他手稿集的保管人,以及汉德的家庭成员、历任助理、亲朋好友的访谈,也给了我极大的帮助。另外,还有赖于我自己的回忆:我在1953—1954年期间曾担任汉德的法官助理,在他生命的最后10年里,也经常与他交流。

开始写作本书时,我曾担忧:对汉德法官的崇敬之情会让我笔下的汉德法官其人其事并不绝对符合实际;完成本书时,我希望:我为汉德法官绘制的肖像,正是他的真实形象,包括他的缺陷和不足。他永远是我的偶像。

目 录

第一章

早年岁月

1872 年 1 月 2 日,正值隆冬,天气严寒。纽约州奥尔巴尼市斯泰特街 224 号的住户,塞缪尔·汉德(Samuel Hand)和莉迪亚·汉德(Lydia Hand)夫妻俩迎来了家中第二个、也是最小的孩子。父母给他起名比林斯·勒尼德·汉德(Billings Learned Hand)。他长大之后,说自己的家乡是"(哈德逊河)上游的乡下地方",[1] 不过,在他的青年时代,那些热爱这座城市的人可能并不认同这个说法。离纽约市还不到 150 英里的奥尔巴尼市毕竟是纽约州首府;1870 年就有 7 万人口,是纽约州第四、全美第二十大城市;南北战争后,工业化浪潮席卷全美,带动了普遍的经济增长,奥尔巴尼市自然也不例外。最初几年,人们仿佛梦想成真:1880 年,奥尔巴尼的人口增长到 9 万人,增长率赶上了纽约市、水牛城和波士顿。但盛况很快不再;19 世纪 90 年代,奥尔巴尼市逐渐陷入沉寂,人口不增反减。到 1900 年,它已经从全美第二十大城市降到了第四十位。[2]

斯泰特街是奥尔巴尼市最大的住宅街,汉德家就在这条街上。他们家是一座红砖房,非常舒适。勒尼德有自己的大房间。夏天,窗外绿树葱茏;冬天,街道上覆盖着灰扑扑的雪。满街跑着马车;往哈德逊河方向走几个街区,就能看到货车停在路边叫卖农产品。勒尼德的父亲是名办理上诉案件的律师,事业相当成功,养家绰绰有余。汉德家自然难与那些富裕家族相比——刚刚崛起的工厂主和银行家——家里没有马车和马,但勉强也能算上层阶级。勒尼德幼时有育婴女佣照料,整个童年时代家中一直有保姆。那些穷人,比如爱尔兰裔、德国裔移民,或者年收入低于 400 美金的工薪阶层,他们过着怎样的生活,勒尼德是不太了解的。

表面上看,勒尼德家的生活十分安定。勒尼德是家中独子,身边围绕着四个充满保护欲的女性:保姆;长他 8 岁的姐姐,跟母亲同名,也叫莉迪亚(昵称"莉莉");十分宠爱他的母亲;以及同样宠爱他,对他视若己出的阿姨哈丽雅特·勒尼德(Harriet Learned)——母亲的未婚姐妹,一直住在汉德家。[3] 父亲工作繁忙,只有周末和晚上在家。汉德回忆起父亲时曾说:"她们告诉我,父亲挺宠我的。我没有印象,但她们说父亲已经尽他所能了。"[4]

平静生活的表象下也有暗流涌动。汉德最早的记忆之一是:"我那时患有夜惊症,夜里睡着睡着经常尖叫着惊醒。"[5] 小勒尼德胆子非常小。一直到长大成人,荣誉纷至沓来,他仍然经常自我怀疑、忧虑重重。终其一生,汉德都在探寻自己自信心不足的原因。这到底是家族遗传,还是后天环境造成? 他猜想两者都有。"父亲乃至全家都有神经衰弱,神经质,我当然也是。"他曾经说。[6] 到了 80 多岁,他这么回顾自己的青年时代:"我年轻时总是犹豫不决;没有安全感,整天心神不宁——这种不安是病态的。"[7] 他找到的最有说服力的理由是:"我天生就容易反应过度,而所处环境也助长了这一点。"[8]

仔细检视汉德的幼年生活,就会发现,他所说的这两方面因素都确有其事。甚至他那特别的名字也包含线索:他在受洗时得到的名字,比林斯·勒尼德·汉德显得"煞有介事",让他很不舒服。[9] 但由来其实很简单:用姓当孩子的名是汉德母亲家族的传统,汉德母亲的全名是莉迪亚·科特·勒尼德·汉德(Lydia Coit Learned Hand);舅舅和外祖父名字一样,都叫比林斯·佩克·勒尼德(Billings Peck Learned)。汉德夫妻在给唯一的儿子起名时还是手下留情了:他回忆道,他们觉得"给一个小男孩取名叫比林斯·佩克·勒尼德·汉德(Billings Peck Learned Hand)有些太过了,他们去掉了佩克。"[10] 不过,仅仅比林斯和勒尼德这两个沉重的名,造成的负担就已经够沉重了。

幸运的是,日常生活中没人叫他"比林斯·勒尼德"。不过,也没人想到就直接叫他"比尔"（Bill）。家里的女性通常叫他"巴尼"（Bunny）或者"巴恩"（Bun），后来简化成了一个字母"B"，汉德终身在密友圈子里就用这个称呼。不过父亲即使在他小时候都管他叫"勒尼德"，母亲也时常这么叫，这也是家里人给他写信时的称呼。

多年来，汉德一直想要为自己换一个平易近人点的名字。他担心自己的形象和定位：这个名字给人什么样的印象？"比林斯"和"勒尼德"的"男子气概"够不够？他担心这两个名字会给人留下他有点"娘娘腔"的印象。他不喜欢自己的名字。不过，很多年之后，他才真正鼓起勇气抛弃自己的全名。实际上，他在儿时的信件署名，都是完整的"比林斯·勒尼德·汉德"，直到离开奥尔巴尼、入学哈佛后，才不再这么署名。在本科和法学院期间，他用"B. 勒尼德·汉德"这个签名。（部分同学把首字母 B 解释为"巴克"，被他欣然接纳：汉德认为巴克"挺好的，因为是个男人的名字"。）[11] 不过直到 1899 年，也即 20 多岁时，他才鼓足勇气彻底放弃"比林斯"，只以"勒尼德·汉德"自称。这个迟来的决定让他轻松不已："抱歉，我没法用自己的全名。"[12] 其实单单"勒尼德"这个名字已经够沉重，但家里人用得多，他比较习惯。缩短之后，"勒尼德·汉德"这个名字也还是时常被人问起缘由，偶尔还遭人出言讥讽。[比如，汉德晚年时曾回忆起一次去英国，期间接受了某个"好管闲事"的英国记者采访。这位记者对他不寻常的名字非常好奇。汉德觉得，记者的想法一定是："看，美国人不就是这样吗？他当上了法官，所以名叫'勒尼德'是件好事，①就好像某个人名叫'克诺尔·克里奇斯·斯坦顿'（Colonel Courageous Stanton）②，而又恰好当上了上校一样。"汉德耐心地解释了自己名字的由来，并否认自己的名字曾经带来尴尬（这并不完全符合事实）。结果，记者高傲地说："我觉得，在我们这里恐怕会遇到尴尬。"][13]

汉德全名中的三个姓氏也象征着更深层次的压力来源，这些压力伴

---

① Learned 一词有"博学"之意，常用来形容法官。——译者注
② 即"勇敢的斯坦顿上校"。——译者注

随了他的一生。名字包含着家族的荣光、传统和厚望;汉德很清楚,因为出身不凡,长辈对他抱着深切的期许。

勒尼德的父亲塞缪尔·汉德 1886 年去世,只活了 53 岁。当时勒尼德才 14 岁。虽然如此,父亲却是给勒尼德的年轻时代乃至一生投下最重阴影的家庭成员。勒尼德心目中的父亲形象,与其说是来自父子真正共度的那些时光,不如说是来自父亲去世以后、家人所描绘的理想化形象。父亲生前,勒尼德与他并不亲近;他们相处也很不自在。[14] 父亲去世得早,勒尼德没有机会作为成年人与父亲相处;结果,在母亲的怂恿甚至强迫下,他得到的是一个必须经常去美化和夸大的父亲形象。

对勒尼德来说,父亲的形象并非有血有肉、瑕瑜互见,而是带有几分传奇色彩。勒尼德觉得可以通过努力追赶父亲,但成就却永远无法与父亲真正比肩。到了晚年,勒尼德也还是会说:父亲非但是一名杰出的律师,还是一位"学者",如果天假其年,父亲会达到"惊人"的高度;他坚信父亲"比我有头脑"。[15] 这些想法助长了勒尼德的自我怀疑,降低了他的价值认可,但也激励他不断努力。

即使是在出众的智识和成就得到举世公认之后,勒尼德·汉德仍然坚信——并且经常公开谈论——父亲无与伦比的品质。不过,在父亲生前,他们其实并不亲近。"我记得,"他有次说,"听到父亲的钥匙在门锁里转动的声音,我会有点恐慌……父亲一直让我害怕。"[16] 父亲的庭训方式"比较传统",而且有时会暴露出"急脾气":"他有时会向我飞扑过来,让我十分恐惧。"[17] 诚然,父亲也有不埋首于法律事务或图书馆时;他偶尔也带勒尼德出门散步。但勒尼德感觉跟父亲一块散步"压力很大":"父亲似乎并不善于拉近我们之间的距离。"总之,勒尼德与父亲的关系"算不上真正亲密"。[18]

不过,自从父亲去世,母亲就总是给勒尼德唠叨父亲是何等完美。她口中的丈夫是她一直想嫁的那种"聪明人";她从不厌倦向儿子诉说自己对丈夫的敬爱。[19]1896 年开始律师执业时,勒尼德·汉德已经在心目中牢固树立了父亲作为智识巨人的榜样。为了让母亲高兴,勒尼德花很多时间抄写父亲的偶作和赞美父亲的悼词。[20] 终勒尼德一生,只要出版商感兴趣,他就不辞劳苦地为父亲撰写充满溢美之词的小传。

　　就 19 世纪末的奥尔巴尼而言,塞缪尔·汉德作为律师的职业兴趣是相当广泛的。不过,他取得的成就显然不如家人认为的那样高。他先是在自己父亲的指导下,在纽约州阿第伦达克山麓小镇伊丽莎白敦读了法律;1859 年开始在奥尔巴尼市执业,那年他 26 岁。他所在的律所主要代理纽约州的最高法院——纽约上诉法院①的上诉案件,当时这样的律所还不多。他 32 岁——加入律所没几年——就当上了这家律所的首席律师。(勒尼德在某版他修订的父亲小传里强调父亲开始代理纽约上诉法院案件时是"史上最年轻的";[21] 当时他与父亲年龄接近,不过他自认为做律师不算成功,对自己出庭辩论的技巧不太自信,办理上诉案件也还没有什么经验。)在接下来的 20 多年里,直到去世,塞缪尔·汉德一直是上诉律师界的领头羊,全州闻名。当时多数规模比较大的律所集中在纽约州那些大城市里,但纽约上诉法院位于奥尔巴尼市。大城市的律师喜欢把上诉案件转给奥尔巴尼市的专业律师办理,而不是自己出庭。因此,塞缪尔·汉德在纽约最高法院出庭的案件"比当时纽约州的任何其他律师都多,案情也更重大"。[22]

　　塞缪尔·汉德的活动范围不仅限于法院。他还是受几任民主党州长器重的顾问。汉德家在政治方面的传统立场,是有改良主义倾向的杰斐逊派民主党,塞缪尔·汉德也不例外。但这就意味着与当时州内政治权威组织坦穆尼社(Tammany Hall)为敌。反坦穆尼的州长、曾在 1876 年竞选总统未果的塞缪尔·蒂尔登(Samuel Tildon)视塞缪尔·汉德为最信赖的政治顾问,但不是因为他有什么过人的热情或魅力,而是因为

————————

　　① 纽约州内的三级法院,层级从低到高依次是:初审法院,即受理普通一审案件的初审法院,名叫"纽约最高法院"(New York Supreme Court),以及部分受理专门一审案件的初审法院,如司法法院和地区法院;上诉法院名叫"纽约最高法院上诉庭"(New York Supreme Court, Appellate Division);州内终审法院,名叫"纽约上诉法院"(New York Court of Appeals)。纽约上诉法院有关纽约州法律的判决是终审,不可继续上诉;但有关联邦法律的案件如果被允许,可以继续上诉到美国联邦最高法院。——译者注

他十分聪敏,在尖锐的党派争端中总能镇定自若。塞缪尔·汉德冷静自持的性格让他在上诉法院和政治生涯两方面都取得成功。他在政界的作为不断给他带来出任公职的机遇,在做律师的头几年里,他接受了其中一些机会。比如,在 3 年时间里,他抽出一部分精力参与编辑了 6 卷本上诉法院判例集。他在政坛的最佳机遇出现在 19 世纪 70 年代。1875 年,时任州长的蒂尔登想要提名时年 42 岁的他出任初审法院——纽约最高法院——的法官,他没有接受。一年后,要求他继蒂尔登之后出任州长的呼声很高。他辗转反侧了一周,最后还是拒绝了提名:他"必须"挣钱养活他"人口不断增加的"家庭。[23](勒尼德当时 4 岁,并不知道父亲内心的挣扎。不过他事后回忆——这次的家庭故事里,塞缪尔·汉德形象难得不是全然正面的——父亲拒绝的原因不仅仅是经济方面的。"母亲对父亲知之甚深,她说服了父亲放弃这次机会。他天性忧虑紧张,总是感觉自己疾病缠身——有次甚至担心自己会失明。她对于父亲内心所虑的看法是对的。")[24]

塞缪尔确实在高位上坐了一阵。1878 年,纽约上诉法院出缺,蒂尔登之后的这任州长提名了塞缪尔。他当时 42 岁,是历史上任职纽约上诉法院的所有法官中第二年轻的。但塞缪尔的法官生涯十分短暂。不过数月,他的这个席位就需要再次面临选举了,虽然他这次准备好了接受提名,最终却没能得到,因为当时州民主党暂时落在了坦穆尼社手中。[25]塞缪尔 8 年以后就去世了。在他身后,家人们越来越觉得塞缪尔没能继续任职法官是一次重大的遗憾。在生命的最后几年,他曾为另一位州长格罗夫·克利夫兰(Grover Cleveland)出谋划策,而且关系相当近。克利夫兰在 1893 年成功当选总统。当选后,他的联邦最高法院大法官提名最终给了纽约州的鲁弗斯· W. 佩克姆(Rufus W. Peckham)。佩克姆是塞缪尔的朋友,比塞缪尔小 5 岁,对他十分敬慕。1886 年佩克姆进入纽约上诉法院任职,同年塞缪尔去世。勒尼德认为,如果父亲当时还在世,这个职位就会是父亲的——那 1895 年任职联邦最高法院的也会是塞缪尔·汉德,而非鲁弗斯·佩克姆。①

塞缪尔·汉德在律师职业、公共事务两方面都取得成功,也许在自己儿子眼中非常了不起,但在19世纪的律师群体中却不算新鲜事。让塞缪尔·汉德真正与众不同的是他在其他领域的兴趣和才华。勒尼德·汉德眼中的父亲是真正的"学问人"[26]——刨根究底,手不释卷,热爱古典和现代文学,偶尔还写写散文。在他给父亲写的小传中,父亲"读书既广泛、又深入……加上天生爱好思考和内省","让他的思想世界宽广而又切近人情,他是位优秀律师,也是位博雅之士",这点,他认为"世所罕有"。

在还要靠律师工作努力养家时,塞缪尔·汉德就已经开始藏书了。他的私人图书馆规模在当地首屈一指,藏书规模达到3000册,所藏书目在法国文学方面尤其"齐全而珍贵"。[27] 他是"藏书家;这是他最大的奢侈消费"[28]。藏书的嗜好是从他搬到奥尔巴尼后开始的。1861年,塞缪尔出版了《书之爱》(Philobiblon)一书的首部美国版,这本颂扬书籍的书写于14世纪,作者是英国人理查德·德·伯里(Richard de Bury)。1869年,塞缪尔在波基普西市作了一次长篇演讲,主题是"塞万提斯及其时代"。(1896年,刚从法学院毕业回到奥尔巴尼的勒尼德应母亲要求,把父亲的这次演讲内容整理成了一份长达42页的打字稿;他终身收藏着这份稿件。有趣的是,塞缪尔·汉德在这次演讲中强调了塞万提斯"忧郁"的一面。[29])

勒尼德·汉德对父亲的敬爱之情,其来有自:从执业角度看,塞缪

---

① 汉德说:"我认为,如果克利夫兰提名鲁弗斯·佩克姆的时候我父亲还活着,那么提名就是我父亲的。"(Family Interview II, 13)这个想法对勒尼德来说可能格外恼人,因为多年来他自己一直渴望进入联邦最高法院,但是最终也未能如愿。这个故事还有极具讽刺意味的一面:勒尼德·汉德一生中的大多数时间都旗帜鲜明地反对联邦最高法院通过宽泛解释宪法的正当程序条款来干预立法部门的决策。联邦最高法院的这种立场和态度在1905年的判例"洛克纳诉纽约州案"(Lochner v. New York)中表现得最为鲜明;佩克姆大法官执笔了该案的多数意见书。1909年当上法官之前,汉德最重要的文章就是对"洛克纳案"判决的批评,发表在1908年的《哈佛法律评论》上。汉德终生对该案判决不屑一顾。勒尼德·汉德对父亲的敬仰之情一定让他猜想,如果父亲活到那时,像佩克姆在"洛克纳案"中如此令人厌恶的多数意见书也就不会出现了。

尔·汉德要比儿子成功得多,无论是其成就,还是物质回报。不过,对父亲在法律领域以外取得的成就,勒尼德的评价有些过高。在终身广泛阅读这点上,父子二人旗鼓相当;但在写作方面,父亲只是偶有作品,在风格与内容上都要比其子逊色得多。

　　勒尼德·汉德与父亲相处的经历,让他能够理解为什么父亲在他人口中是"敏感""天性忧郁"的。但家人口中的父亲才华绝世、智识过人,这使得勒尼德在人生的大多数时间中难以接受父亲并非完人。待年渐高后,勒尼德·汉德才承认:父亲性格上确实有缺陷,给家人造成了伤害。虽说为时过晚,但认识到父亲的缺点,反而使他觉得跟父亲更亲近了。童年和少年时代,父亲让他害怕;之后的数年,他对父亲怀抱着的是疏离的敬畏之情。最后,他说父亲"过于在意他人的看法";与他不同,父亲"朋友不多",因为他"较少袒露内心"。父亲总是埋首书堆,这也给家人带来了伤害:"晚上,他总是沉迷阅读……母亲崇拜他,鼓励他这样做。我想,某种程度上来说他很自私。"勒尼德承认,父亲"并不擅长与人交往";在父亲身上,艰难养成的自控隔绝了温暖和交流。勒尼德透露,母亲曾提起过,父亲认为"如果我能一直是两三杯酒下肚后的那种状态,人生就会大不一样";勒尼德补充,"我明白他的想法,因为我也经常这么想"。[30]

　　勒尼德对父亲非常敬畏的原因,与其说是因为实际相处,毋宁说是因为家人把父亲的形象塑造得十分高大。而与此形成对比的是,勒尼德对母亲的看法就来自实际相处的时光。父亲生前,母亲就在家中说一不二。父亲去世后,她就变成了勒尼德唯一的家长。她有足够的时间溺爱儿子:她活到80多岁,1921年才去世,那年勒尼德也已经50岁了。

　　无论是汉德的少年还是中年时代,莉迪亚都向他倾注了无穷无尽、充满温情与呵护的关爱。勒尼德小时候,难得在下雪天出一趟门,母亲就担忧不已;1902年,勒尼德已经成家并搬到纽约,母亲仍会叮嘱他要多睡觉、注意身体、定时理发。1909年,勒尼德被任命为法官后,母亲期望他每天写信——他也的确这么做了;后来,她终于接受了儿子不在身边,但每次想起儿子与自己相隔那么远,她总是忧心忡忡。[31]勒尼德从小到大一直乐于讨好母亲,因此他从未公开抱怨过母亲无微不至的关怀,虽然有时这种关心也带来压力。母亲的挂念显然是他一生焦虑的来源之一,他始终觉得自己对母亲的付出远远不够。尽管持续去信且经常上门探望,偶有一天无法去信或者信中只能简短写两句时,他还要道歉一番。

勒尼德深知,母亲是在容易传递焦虑的环境里长大的。外祖父一开始从事法律行业,后来又转做银行业,有段时间事业不顺,为了减轻负担,他把家里的长女和次女"硬塞"给自己的妹妹贝齐(Betsy)照顾。[32] 贝齐姑妈是加尔文派清教徒,对宗教十分狂热。姑父则是"严守清规戒律的公理会神职人员"。姑妈家的教育在孩子们身上培养起了对上帝、对地狱的恐惧;莉迪亚则把这些又传给了自己的子女,只不过形式上有所改变,成了一种焦虑的责任感。

勒尼德·汉德步入老年后,仍清晰地记得"加尔文教派给母亲留下的深刻阴影"。[33] 晚上,贝齐姑妈会对侄女们说"你们必须认真回忆今天自己所做的所有的事,发现自己的私心,要不是十字架上耶稣基督的献身,你们就会为这些行为永远受苦"。贝齐姑妈绘声绘色地给侄女们描绘所谓"永远受苦"的细节,这给莉迪亚留下了终身心理阴影。[34]

汉德长大成人以后,不像他的母亲或姑奶奶那样虔诚,也不去教堂做礼拜。但他很清楚自己并没有摆脱家庭的清教传统影响。比如,用他的话来说,贝齐姑妈在他母亲心目中树立了"可怕的赎罪感"——有意或者下意识地消灭罪恶的负累、挽救过失;到了晚年,他坚持自己的性格中一直有这一面:"我不知道它以何种形式存在,但它确实存在。"表现之一是他对自己母亲的复杂情感——除了爱以外,还有责任感和愧疚。汉德80多岁时,仔细考虑了这个问题:既然他一直"被保护得很好",为什么没能养成"乐天、知足的性格"。他把原因归结为母亲和她的家庭环境:"我的母亲生性怕事。这是清教徒传统自有的坏处。它会容易养成忧虑的性格。"他承认自己也为此所苦。

父母之前的祖辈也给勒尼德·汉德留下了深刻烙印。他的名字就象征着自己的出身,这个家族的历史可以追溯到几世纪前的"五月花号"那代人。虽然汉德并不热衷家庭出身这一套,他的家庭观念却很牢固,也经常思考家族带来的影响。在他的观念里,父亲一系的先辈对他性格的影响要远远超过母亲这边。

在汉德的回忆中,母亲的家族成员绝大部分默默无闻——用他自己的话来说,"守旧,不聪明,没精打采,无趣";虽然"他们自尊、正直","超过很多比他们杰出的人"。[35] 对母亲族人较为有限的看法,源自他的亲身经历:外祖父比林斯·佩克·勒尼德去世时,他才 12 岁。外祖父生前在奥尔巴尼生活,经常来女儿家。他学过法律,但做律师不太顺,转而从事银行业。他记忆中外祖父生活尚算宽裕,但算不上什么出众的人物。[36] 不过勒尼德家在美国扎根的时间和汉德家差不多早;汉德家族出现第一位接受正式教育的人之前,勒尼德家族就已经出了一些成功的律师。

勒尼德家族与汉德家族都是 17 世纪初从英格兰移居美国马萨诸塞州的移民。两家都很快南迁,勒尼德家族搬到了康涅狄格州,汉德家族则越过长岛海湾,在长岛东端安顿下来。对年轻的汉德来说,勒尼德家的律师传统有些遥远和无足轻重。汉德家的传统影响则要明显得多。家族传说给勒尼德留下的印象是,17、18 世纪的祖辈是敬畏上帝、辛勤工作的普通人。[37] 汉德家族在美国的第一代是长岛东汉普敦最早的居民(这个地方有条街道名字就叫"汉德巷");接下来的四代人都是农民和渔民。他们种地、打鱼、捕鲸,据勒尼德所知,经济情况"非常窘迫"。给勒尼德留下最深刻印象的是他们身上的某些特点,他称之为"新英格兰品质":尊重书籍,即使不太识字;清教式虔诚,认为在地上的劳役是人的天职,否则上帝会降下神罚。

对勒尼德而言,"现代"汉德家的历史自曾曾祖父内森(Nathan)决定离开长岛北上开始。内森听说佛蒙特州与纽约州边境附近土地肥沃,适合种小麦。当时他 45 岁,家中已经有了 9 个小孩。内森贷款在佛蒙特州米德伯利附近肖汉姆村外的查普兰湖买下了 200 英亩土地。湖对面的提孔德罗加堡有个"风景绝佳"的地方,内森在此处修建了一幢坚固的木头楼房,勒尼德孩童时代经常造访。这幢楼底层有 4 个大房间,楼上有 4 间屋子,稍小一些。房顶有个大烟囱,远远望去颇为醒目。这烟囱连着的炉子烧火给房子取暖。这座木楼至今尚存,俯瞰着一个小海湾,名字就叫"汉德湾"。[38]

内森家的庄稼果然如传闻所预测,收成非常好。1796 年,在佛蒙特待了 4 年以后,内森的妻子安娜(Anna)就催促大儿子塞缪尔回家帮助经营农场。"你爸年纪大了,身体不行了,农场不错,忙不过来,"她给塞缪尔写信说,"你最好尽快回家。他愿意给你一半的地和牲口。"[39] 这个塞缪尔是勒尼德的曾祖父。塞缪尔原本在哈德逊河的货船上当大副,他听从母亲召唤,辞掉工作,回家经营农场。没过多久,就在农场事业上取得比父亲内森更大的成功。1812 年战争期间,他带领当地一支民兵部队作战,此后一直被人尊称为"队长"。(汉德经常怀疑亲戚们口中的英雄故事的真实性,因为他知道:塞缪尔队长实际从未上过战场。)[40]

曾祖父是家族历史上的首位成功人士。他在勒尼德心目中的形象是受人尊敬的农场主,"靠土地挣到了足够的钱",供子女上学,还在山坡上造起了一幢"非常漂亮"的砖屋,可以俯视家里的老木屋。曾祖父名声在外,"勤奋、充满活力",自信满满;这给勒尼德留下深刻的印象。[41]

在勒尼德眼中,自己的性格复杂之处是情绪化,而这一点在曾祖母伊丽莎白·斯尔·汉德(Elizabeth Sill Hand)身上也可以看到。一次,在思考"我怎么就成了这么一个神经兮兮的人"时,他猜测"大概是曾祖母斯尔传给我的。我觉得这点来自斯尔家族"。[42] 据说她性格"十分敏感",而汉德家的先祖很少被人这样形容。[43] 而且,她的外貌也遗传给了勒尼德:二人的眉毛都十分突出,眼神犀利,有张大嘴,下巴线条刚毅。[44]

勒尼德最熟悉的家族传统,也就是孩子先接受正规教育,随后开始职业生涯,实际上到 19 世纪上半叶才在家族中形成。实践它的第一代人正是塞缪尔和伊丽莎白·汉德的孩子们。他们生了二子四女,六个孩子的学业都没有仅限于在本地学校。汉德记得小时候常常去肖汉姆农场看望姑奶奶们;她们家中"放满了书——大多数是宗教书籍"。[45] 塞缪尔和伊丽莎白让大儿子理查德(Richard)进了神学院;他是家族里第一个大学生。理查德神父为人高尚正直,勒尼德记忆中的他则"不是很聪明"。[46] 塞缪尔夫妻对二儿子奥古斯都(Augustus)的安排是继承农场,但他不愿意当农场主,反而去修了一个法律课程。这个奥古斯都就是汉德的祖父,也是汉德家族中第一位律师和法官。他是儿孙们眼中职业成功的榜样。

祖父过世时,勒尼德年仅6岁。他记忆中的祖父体型健壮,头很大,头发浓密,眉毛突出,眼神犀利,有张大嘴。不过,祖父对勒尼德的重要性主要是由于祖父取得的成就,而不是童年回忆:跟父亲一样,祖父是他崇敬的对象,同时也带给他压力。

奥古斯都从小就觉得肖汉姆农场气氛压抑,注定"单调无聊",生活"枯燥",而且"自私"。[47]1827年,24岁的奥古斯都逃离了农场:靠着自己有限的一点积蓄以及从父亲那里借的一点钱,更多的是靠自己的努力和决心,他到了康涅狄格州,上了美国首家法学院李奇菲尔法学院(Litchfield Law School)。学院由塔平·里夫(Tapping Reeve)法官创建于18世纪80年代,奥古斯都入学时,授课的是里夫法官的继任者詹姆斯·古尔德(James Gould)。课程内容非常枯燥,但奥古斯都坚持学完了,还记了上千页笔记。在他看来,法律不是获得"执业许可"的敲门砖,[48]而是"谋生之道,值得终身学习"。教育让他的职业生涯很成功,在公众领域也取得了相当的成就。

1828年,奥古斯都取得了律师资格。随后,他在一个纽约小镇上开办了自己的事务所,镇子与肖汉姆农场隔尚普兰湖相望。他等自己青梅竹马的女友完成学业后,就与她结了婚。他在婚姻里寻求的不单单是陪伴,还有心灵和知识的交流,这点在他的时代里不算常见。"的确,教育造就女性,"他给自己未来的妻子写信说道,"优雅的脚步,活泼的眼神,这能让心灵颤动,但是能走进灵魂的只有来自聪慧头脑的光华。"[49]

不久,奥古斯都就再次搬家了。他担任了埃塞克斯郡的遗嘱检验法官,这个工作不需要全职上班,他还有时间继续当律师。郡治在伊丽莎白敦,位于肖汉姆西北25英里处的阿第伦达克山谷中。1831年奥古斯都搬到这里以后,伊丽莎白敦就取代肖汉姆成了家族所在地。奥古斯都描绘着家族职业从农民、渔民变成律师的前景;他在新家旁建造了一幢砖屋,开起了自己的律师事务所,这幢屋子而今尚存;伊丽莎白敦是勒尼德小时候最喜欢的地方,他喜欢这里胜过奥尔巴尼,每年冬夏两季都非常盼望去那里。

奥古斯都刚开始执业时还在用中间名辛辛纳特斯(Cincinnatus),但自信如奥古斯都,也觉得在私人通信上用这个名字略显夸张。("我觉得这个名字让他觉得有点羞耻。"勒尼德有次评论说。他的祖父把中间名缩写成首字母"C"。)但奥古斯都的成功显然不需要夸张的名讳来显示;书和卷宗塞满了他的事务所;案源从小镇扩展到了纽约其他地方,他甚至接到了跨国业务。而且,当律师也给他提供了参政的机会。奥古斯都终身是传统杰克逊派的"忠实民主党人",对逐渐扩张的国家权力充满质疑。埃塞克斯郡当时是辉格党人的地盘,后来则是共和党。虽然如此,1839 年,奥古斯都还是以民主党人的身份当选了一任国会众议员。其他公职接踵而来;他接着当选了州参议员,以及纽约最高法院的法官。他还当了一阵子纽约上诉法院的法官。

勒尼德是听着家族里第一位法官的故事长大的。故事主角是个叛逆的农场男孩,"不管怎么样,用尽办法,只有上帝才知道他怎么做到的,他去李奇菲上了古尔德法官的法学院";他"非常勤奋","能力很强",取得了巨大的成就。勒尼德印象深刻的还有祖父爱书:他是个"书虫"。(奥古斯都身为那个时代的乡村律师,却拥有丰富的法律藏书。而且,祖父"读过、研究过"自己所有的书。)[50]

奥古斯都·C. 汉德生了三个儿子:大儿子克利福德(Clifford);二儿子塞缪尔,也就是汉德的父亲;三儿子理查德(Richard)。奥古斯都身为农场主的儿子,没有继承家业,而是选择了别的道路;儿子们在职业选择方面就不如他自由。从他们幼年开始一直到上大学,奥古斯都在给他们灌输教育、勤奋、野心的重要性,国家快速发展带来的无限机会,以及选择专业职业的优越性。他总是教导他们:"非长期坚持、历经艰辛不能成功";忌玩物丧志、沉溺琐事;非大学教育不能成功,仅大学教育不足以成功。"当今美国,知识可以撬动一切,"他说,"但我说的知识,是需要付出艰苦努力的,不是昆虫靠嘤嘤嗡嗡就可以到嘴的蜂蜜。我崇敬掌握真正知识的坚毅之士。"他告诉儿子们,要么"舒舒服服过日子"听天由命,要么"穿上盔甲,目标坚定,依靠努力争取自己的地位"。他强调:只有后者,才带来"权力、财富以及(往往还有)他人的尊敬"[51]儿子们可以自己选择从事哪种职业,只要"勤奋、诚实和独立思考"[52]但他的偏好总是很明确:"在美国,杰出的律师就是最高职业。"[53]

奥古斯都的教诲起了作用。三个儿子都上了大学,都当了律师。但克利福德、塞缪尔、理查德的自我评价有高有低,焦虑程度也不一样。父亲认为,长子克利福德是家中的"神童",他信心满满地通过了所有的学术和职业上的挑战;次子塞缪尔是个"忧郁的聪明孩子"[54]长远来看,也是兄弟中最具潜能的,但是性格犹豫不自信。克利福德和塞缪尔都是在父亲的事务所里学习法律,之后就离开伊丽莎白敦,去了大城市。三子理查德则一直留在伊丽莎白敦,他的性格起初和塞缪尔一样忧郁焦虑。作为乡村律师他还算成功,在州里也有一些名气,但不能跟父亲相比。听进去父亲的教诲,但没有受随之而来的焦虑困扰的,只有克利福德;他搬到布鲁克林,律师事业也很成功;他尊重传统,循规蹈矩,是个相当自负而沉闷的人。

二儿子塞缪尔在父亲的强势个性下,挣扎数年后终于学会了接受。他总是怀疑父亲看不上他,付出了加倍努力,却只能得到一半情感满足,他很早就坚定了一种信念,要对付自我怀疑,必须靠自控力。就像他在1847 年自己 14 岁时写下的那样:"每个年轻人都要学会面对世界……我的退缩既愚蠢又懦弱。"[55]他让自己坚强起来,接受父亲信中的教诲。18 岁那年,他从联合学院①毕业,是班上年龄最小的学生——这点也是勒尼德给父亲写的一篇小传里特意强调的。[56]

1859 年初,塞缪尔离开伊丽莎白敦去了奥尔巴尼。他觉得自己逃出了家乡压抑的环境:就像他父亲对肖汉姆的印象(以及他自己的儿子勒尼德对奥尔巴尼的评价)。塞缪尔眼中的伊丽莎白敦是个"小地方","我们那个小小的自治镇","无趣到难以忍受"[57]他感觉自己没有达到

---

①　Union College,位于纽约州斯克内克塔迪的私立学院,始建于 1795 年,是第一家得到纽约政府承认的学院。——译者注

父亲的期望,这也是逃离的动力之一。但塞缪尔在自控力方面的努力很成功。1859 年下半年,弟弟理查德对他坦白了自己的恐惧——他缺乏"自制",总是需要向父亲证明自己"并非毫无头脑、毫无野心、精力不济"[58]——塞缪尔作为兄长,给出冷静建议:他自己"已经失败",搬去奥尔巴尼"是过错",并且警告理查德,"除非你培养出我俩都缺乏的意志力,否则你也会失败"。[59]塞缪尔勤奋地实践了这一"意志力",在奥尔巴尼的律师圈子里取得了一席之地。但单靠自控抵抗精神压力是不够的。时年 30 岁的塞缪尔建议理查德,他对父亲赞许的忧虑是"病态"的;他给出了自己应对潜在的焦虑的方法:"简单来说,你听到脚步声,就感觉害怕,怕他们会来找你要求你给出建议。你有时还怕黑,至少我是怕的。那会伤害我吗? 我要屈服吗? 相反,每个人都让自己坚强,他的意志强迫自己去蔑视那种感觉,简而言之,他克服了恐惧。"[60]

年轻的勒尼德对父亲内心的压力和缺陷所知甚少。20 多岁时,勒尼德将父亲的悼词和讣告整理成打印稿,按照母亲的意愿,去掉了对塞缪尔的负面描述。例如,《布鲁克林鹰报》刊出的这份讣告:"[塞缪尔·汉德]束身自修,仪态庄重而冷淡。但这些都不过是外表,他的内心非常善良。"汉德整理好的版本对此进行了删减,只留下"他生性善良"。[61]很多年后,年迈的勒尼德回想起家族的情绪化特点,说"克利福德不是这样,我父亲和理查德都是如此",而父亲"本质上很忧郁。他太敏感了"。[62]

虽然勒尼德后来明白,父亲的冷淡和疏远是在家庭环境中耳濡目染而成,他仍然把祖父奥古斯都看作镇静的化身,只在很少的场合评价祖父的性格中也有不稳定的成分。父子二人都没有发现,祖父奥古斯都实际上也和他们一样,花了很大力气追寻内心的平静;奥古斯都把这点隐藏得很好。他曾在给妻子的一封信中说:"恐怕,我这么敏感,在这个方面很难算得上是男子汉了。"[63]但他极少透露这些忧郁焦虑。相似地,塞缪尔有意识地控制自己性格中的敏感成分,很少透露内心世界,这使得他在儿子眼中的形象冷漠、疏远。[64]对勒尼德来说,家族传统,尤其是来自祖父和父亲的,是骄傲的源泉和效仿的榜样,也是沉重的负担。

从一开始,小勒尼德就是全家的注意力中心。用他的话来说,他是"家中的宝贝儿子",被全家"溺爱"。[65] 他 6 个月大时,祖母照顾了他几天,过后马上写了一封信给他的外祖母。这封信说明了全家的期望。"他望着你的脸时,你觉得他好像马上要发表演说了——我们叫他汉德法官。我们为他的荣誉全心付出。"[66]

在汉德对父母的最早记忆里,他们的确是"全心付出",但是同样无法忘怀的还有他们的严厉、规矩和节约:他很小时,"他们教导我,人散会一定要关灯"。朋友们谈论他"吝啬"时,他不得不同意:"我是从小被教成这样的。"[67] 而母亲在"教我信教"上就更坚持了,他回忆道。她老是催他读《圣经》:"我的意思是,这是正经事。如果你想成为一个好人,你必须熟读《圣经》。"

勒尼德的母亲要求儿子每个星期天都去教堂做礼拜,虽然他觉得"礼拜极其无聊";她严格遵守清教徒安息日,禁止任何可能对此造成干扰的活动。"星期天的氛围非常沉重,什么也不能做。我可以画铅笔画,但不允许画油画。规矩是:星期天不写东西。"[68] 所以,并不奇怪的是,勒尼德到了青年时代就成了宗教怀疑论者;但母亲的训练还是留下了终身印记。例如,他在桌边唱歌时,会轮换着唱加尔文教派圣歌和吉尔伯特与萨利文的幽默剧中的歌;他起草判决或写信时,对钦定版圣经行文风格的典故经常信手拈来。

塞缪尔为了应对自己的情绪化,历经百般艰辛才学会了自控,这一点也很早就传给了儿子。例如,勒尼德 9 岁时,父亲告诉母亲,他让儿子在学校的表现更好了,但其实勒尼德原来在学校就表现不错:"他好像以自己的恐惧为耻,能够自控了。"勒尼德有一次因为在课堂上讲话被"驱逐",得了很差的分数,塞缪尔说:"我跟他谈了谈,告诉他这么做很荒谬,他从此以后再也没有被扣分——就一个 8 岁小男孩来说,我的印象是他具备相当的自控力。"[69]

顺理成章地,小勒尼德最喜欢做的事是独自待在屋里。他的房间位于顶楼。但在自己的房间里,他也无法摆脱压抑氛围。母亲坚持"窗户紧闭——我记得呼出的水蒸气到处都是,冻结在窗玻璃上"。[70] 他一躲到房间里，就可以玩玩具，搞自己的爱好，等稍微长大一点以后，还会窝起来看书。他小时候喜欢玩钢丝锯；他会一连几个小时目不转睛地看着幻灯机里那些遥远的地方。[71] 保存下来的最早的一封信里，9 岁的勒尼德告诉自己的堂哥格斯（Gus），他收集的邮票越来越多，被他"分成了三部分：纽约州部分、美国部分以及世界部分"。[72]

　　小勒尼德在自己的房间里独处的时间要远多于和玩伴在一起。他偶尔会去小伙伴家吃个下午零食，或者是去上舞蹈课；但是小伙伴去他家玩的记录却找不到。他也很少去户外玩：有一年冬天，他抱怨只骑了一次车；"我掉到雪堆里，衣服都弄湿了"。[73] 他从小到老都不擅长体育。他经常强迫自己参加体育活动，但感觉自己身体协调性不行，所以经常待在一旁看别人玩。"我体育从来就不好。哦，不！我的个子够大——但是体育不行。我不知道怎么使用自己的肢体，我也不喜欢体育。"[74] 他上过几节拳击课，也在学校橄榄球队里当过板凳球员，但他的表现没有达到自己的期望；这些失败又转而让他更加觉得自己攻击性、男子气概都不足。家里教育他要好好表现，这也让他不太愿意在体育场上嬉闹。保姆对小勒尼德的印象是"小绅士"；他则觉得，哪怕有点儿"娘"，[75] 总体上自己也算个"乖孩子"。

　　所以并不奇怪，小勒尼德最开心的就是在房间里独处的时间。他学会看书之后，独处更是愉悦。汉德回忆，自己小时候"算不上优秀的读者"，只能算普通，最多能算"平均水平上下"，但肯定不属于"狂热的读者"。[76] 但实际上他看书不少：只是跟父亲比，他算普通读者——当然，勒尼德总是会自比于其父。他 8 岁时，父亲塞缪尔在信中提及，儿子在读骑士传奇故事，以及霍桑的《希腊神话》；他已经开始对"经典故事"感兴趣——"阿尔戈英雄的冒险故事、忒休斯和米诺陶诺斯、珀耳修斯和蛇发女妖、克瑞斯和欧罗巴等"——而且已经会用"自己的话"复述神话故事。[77] 小勒尼德自己写的信也充满了与阅读有关的话题：李维和希罗多德作品的儿童版是他的最爱。他还看父亲收藏的大仲马小说，尤其喜欢《基督山伯爵》，觉得它"水准一流"，虽然"妈妈不让我星期天看书"。母亲禁止在安息日进行任何非宗教活动（"极端匮乏"，用勒尼德给格斯信中的话描述[78]）；其他任何时候也禁止干"无益的事"。这点让勒尼德到老都忘记不了。"不许我看畅销平装小说"，他回忆，"连狄更斯作品都不让看。"

勒尼德在奥尔巴尼接受的教育符合父亲的预期。塞缪尔认为，教育"像柔软体操"：基础学科——数学、古典语言、其他传统学科——像"练扩胸器"。他告诉儿子，学习基础学科"能长大脑肌肉"；基础学科是用来锻炼脑力、自律和细致的。[79] 神话、探险故事和现代文学，就像历史，是消磨闲暇时光用的，不应该在课堂上学习。

勒尼德在家附近的小学上了两年学，学习阅读、写字和算数。1879年他 7 岁了，上了奥尔巴尼学院。这家学校也在斯泰特街上，比小学离勒尼德家稍微远一些。他在这里度过了 10 年光阴——低年级的 5 年在楼下教室，高年级的 5 年在 2 楼。

当地有头有脸的人普遍认为奥尔巴尼学院很优秀，送儿子们来这里接受教育。学院成立于 1813 年，是一幢罗马式的巨型石造建筑，色调暗红，颇为气派严肃。勒尼德记忆中的学院"非常漂亮"，"房间很大，有两翼和一个圆屋顶"。[80]（学院的大楼今天还在，坐落在奥尔巴尼最显眼的山坡上，位于州政府和上诉法院中间；大楼旁边的花园也是同时建造的。）

学院的大楼十分气派，但教育质量就不如外观这么好。勒尼德记忆中，低年级生活不怎么愉快——有种"恐惧感"，也许对一个自小习惯独处的孩子来说，突然置身于 200 多个男孩中间自然会带来这种感受。他甚至也不喜欢课间休息：在大操场上，他感觉自己是个局外人，"不知道应该玩什么，或者活动的目的何在"。教低年级的全是女老师；老师都很严格，课程有圣经、读写和算术；给他留下最深刻印象的老师是因为"她让我挺害怕"。[81] 在这里的生活增强了勒尼德即使是面对不愉快的任务也会努力完成的特质。在学校的最后一年，他写给格斯的信是彻底的好学生风格："我在期中考试里得了全班第二，第一名的成绩是 97 240—480，我的是 97 227—480，他比我领先 13—480。"[82] 显然，虽然学校并没有提供什么值得激动的知识和智力训练，勒尼德在其中却得到了竞争带来的刺激感和完成任务的满足感。

　　勒尼德从小就觉得奥尔巴尼枯燥、没什么乐趣。学校和家庭环境都非常死板，他经常焦躁不已。在学年中，他总是很盼望假期出门。放假时，这个平时严肃的男孩会爆发出十足活力。大部分的冬假和暑假，勒尼德全家都会去伊丽莎白敦，他很喜欢那里："我记得专门跑去看通往伊丽莎白敦的路，盼望着去那，那里有趣，也很美。"[83]

　　阿第伦达克山的冬天有着纯白的雪景，和奥尔巴尼灰扑扑的雪完全不同。"我记得在雪里看到过兔子的脚印，"勒尼德80多岁时回忆道，"兔子有4条腿，但在雪里只留下3个脚印……我不会忘记这个。"[84] 他8岁时告诉父亲，希望能够"全年"住在伊丽莎白敦，尤其是"有漂亮的白色雪花"，可以和格斯堂哥一起赏雪，一起走在雪地里，一起从雪堆上滑下去。[85]

　　格斯堂兄的大名叫奥古斯都·诺布尔·汉德（Augustus Noble Hand），是理查德叔叔的儿子，比勒尼德大两岁半。勒尼德和格斯的友谊正是在这些伊丽莎白敦访问之旅中萌发，并逐步牢固的。两岁半的年龄差距在小时候感觉"非常巨大"，但几十年之后同坐在纽约市的法官席上时，他们眼中的彼此就完全是同龄人了。与格斯堂兄共度的时间从一开始就"超棒"，每年8月尤其难忘。比如，1882年，勒尼德10岁这年的夏天，他和格斯去山上徒步，一走就是一整天。山上风景如画："我们说的每个字都有回音。"[86] 勒尼德冬天时写信给格斯也就不奇怪："你不知道我多想跟你一起去乡间，我又多思念我们在伊丽莎白敦共度的美好时光！"[87]

　　奥尔巴尼的"小绅士"到了伊丽莎白敦，就变成了"野男孩"；尤其是在露营时，这是每年夏天的高潮。勒尼德和格斯给露营地点起名"库格洞"；从格斯家坐船过去只有1英里路程，但在两个小男孩眼里，就已经到了荒野。在露营地搭树屋是永不褪色的乐事："剪下两根分叉的树枝当入口，然后放上长点的树枝，然后放到一个小斜坡上——下边是树屋

的正面。"屋架由"树枝编的格栅"搭成。不用钉子,因为"如果用了钉
子,我们就算不上真正的木匠"。然后就是勒尼德出场。他的主要任务
是在树屋顶上披上茅草:"我得是披草专家。关键就是,草是不是披好
了,不能漏雨。"理查德叔叔的工人帮着男孩们把用品送到露营地,然后
把他们留在那。男孩们"紧张得心脏怦怦跳,跟他告别……夜幕终于降
临",男孩们生起一堆大篝火,安坐在火堆旁。8 岁的勒尼德第一次去露
营时,"我怕得要死,从船上下来刚把腿伸到水里就开始哭,想要回家,但
他们不让。我很高兴他们没让我回家。我不知道晚上睡了多久,但记得
半夜里醒过来,想着太阳还会不会出来"。[88]

　　他们几乎每天都去森林里,或者去俯瞰尚普兰湖的山间小道上徒
步。"哦,那个地方真美,"法官回忆道,"我记得,我和格斯一起爬上山,
趴在地上,想象着自己看见伯戈因(Burgoyne)①的军队从山上往湖边冲
锋。好像能看见红色的制服,还有印第安侦察兵。"这个地区的历史传奇
很丰富;据说,殖民时代罗杰斯游骑兵(Rogers' Rangers)②在这里战斗
过。("我父亲年轻时给这场战役写过一首短诗,"勒尼德回忆,其中一
句他终身记得,"沙滩上／逝去的士兵们／静静地躺着。"勒尼德承认,这
首诗也许并"不怎么样",但是"我可写不出来。我觉得全家能写出来的
只有他"。)[89]伊丽莎白敦的夏天虽然愉快,但却太短暂,不够让勒尼德在
冬天不能出门时也开心。

　　1886 年夏天,勒尼德 14 岁时,父亲患癌症病逝。塞缪尔·汉德病情
确诊之后一直瞒着儿子,勒尼德直到父亲去世前几天才知道父亲生病。
塞缪尔不再上班,勒尼德也不再独自待在房间里。在父亲被病痛折磨的
最后那些日子里,他一直陪在床前。父亲去世后两天,勒尼德用镶着黑
边的丧家信纸给堂兄写了一封信,倾诉自己的悲伤。

---

　　①　约翰·伯戈因(John Burgoyne,1722—1792),英国陆军上将、戏剧家,美国独立战争
期间曾指挥萨拉托加战役。——译者注
　　②　17 世纪美国最早组建的游骑兵。——译者注

这封信很长。[90] 信里自然提及"父亲去世"带来的哀痛："难以相信能发生这样的事","我非常悲痛"。对那些了解勒尼德在后来 70 年间的宗教怀疑论态度的人来说,知道他在信中透露出的信仰之虔诚,是要大吃一惊;但考虑到他是在给自己最好的朋友写信,我们可以假定,至少在当时,他的信仰是虔诚的。"如果你能想象到我从教义中得到的慰藉的一半,那么你就会知道,耶稣从不放弃依靠他的人,"他写道,"我依靠耶稣给予建议、指引、慰藉;耶稣即为吾父,我生身之父;他与我在尘世中的父亲一样,值得这顶荣耀的桂冠。"

父亲突然离世,给家里带来的最直接、也最深远的影响就是,勒尼德的责任感增强了。他如今是家中唯一的男丁了。他吸收了父亲关于自控的教育——他告诉格斯,他"努力"不掉眼泪;他没有"老是哭"——然后他花了很长的篇幅说明他肩负的责任:"我现在是我家这个家族小分支的头了,我想要体会到自己具备责任感,我觉得我具备。在上帝的帮助下,我觉得我能做到。我虽然年纪小,但我是承担责任的最适合人选,我想要你向上帝祈祷,让我在新的使命中坚持下去……"他感谢上帝,父亲身后留下的是"比任何前人或者后人都纯洁无瑕的名声"。

这封信笔调忧郁严肃,让格斯有些担心。格斯提醒勒尼德,不要被自己新的责任压倒;他强调责任,似乎只是对社会期望的回应。人们期望负责任的人这样表现,好像只是为了证明他们是"受过训练的动物"。勒尼德很快回信抗议:"我说的是真心话。"他坚持,责任感是发自内心的选择:"首先,受过训练的动物没有责任感。它们做的,要么是因为强行养成的习惯,或者因为爱主人,不是因为他们觉得做这些是正确的;它们这么做只是为了获得主人的赞许。"勒尼德坚持,他并非如此:"在我的估计中,责任感是驱动你前行的一种感觉,我想责任是影响人们行动的最高尚的动机之一。"[91]

1886 年夏天,需要勒尼德表现出他的责任感的时刻到来了。这年夏天他本来打算照旧去找堂兄格斯一起度假,但夏天逐渐来临时,勒尼德发现他没法再自由地作决定了。"妈妈"对他坐联程火车、旅途上可能遭遇的各种危险比以往更加担心,虽然他自己觉得完成旅程毫无问题,他最终还是取消了计划。他告诉格斯:"这只会让[妈妈]比现在更加不安。"[92]

父亲的去世造成的另外一个结果是,勒尼德在学业方面给自己施加了更大压力。例如,两周以内,勒尼德就有一天通宵"努力学习"准备拉丁文考试。他搬到奥尔巴尼学院的 2 楼不到两年,花 5 年时间就学完了大学预科的 6 年课程。他很有决心,成绩也很不错,但实际上对课程兴趣不大,勤奋学习全靠意志力支撑。学校的课程设置十分传统,科目不多,基本是纯粹的基础学科。学习这些课程让勒尼德觉得至少满足了父亲的愿望。"你应该做的事,我的孩子,是发展你的智力。"塞缪尔经常告诉儿子。[93]奥尔巴尼学院完全没有英文课程,汉德后来回忆:"没有莎士比亚,也没有任何文学。"历史课主要教古代史,"刚刚够"大学的入学要求。基础物理"十分有趣",勒尼德想更进一步学习,但是学校没有提供更多课程。他学了一点德文和法文,也是刚够大学的入学要求;语言课主要是古典语言,也就是希腊文和拉丁文。[94]

课堂外的活动主要是军事训练。学生们被编成一个营队,发给制服和模型火枪。汉德后来认为,这些活动"残留着军事气氛",也就是内战后遗留的"战争氛围"。[例如,同班同学弗莱迪·汤森(Freddie Townsend)的父亲就特别受人尊重,因为在内战中被授予了准将军衔。不过,在汉德眼中,汤森准将是"娶了有钱老婆以后就什么也不干的高傲混蛋"。]训练是强制的,每天进行,汉德总是提不起什么兴趣。[95]勒尼德日后会成为奥尔巴尼学院理事。他担任这个职务主要是为了发展自己的律师事业,并非因为他对学院有什么深厚的感情;他平时履行职务十分勤勉,只有一次例外:学院请他出席军事训练。他回复,他"对此类事务兴趣不大",而且,若"理事缺席有碍训练,以我之见却无害于学校"。[96]

奥尔巴尼学院的教育氛围既缺少欢乐,又不让人激动;这样看来,这段经历没能在勒尼德的回忆里占据什么重要位置,也就不奇怪了。他对某位老师记得很清楚,原因不过是这位老师教数学,在所有那些意图锻炼"脑肌肉"的课程中,数学是他最喜欢的。"我记得我们那时候有所谓的代数和几何'原题'。到今天我还记得当时的愉悦,我心想:'上帝啊,我掌握了形式;我构造了适合这东西的形式!'"

终汉德一生,"合适的形式"都给他带来满足,每当他的"万事无绝对"的信念动摇时,这又成为一种慰藉。在法律上也是一样,"合适的形式"来调和复杂的司法先例和人们的行为,这让他满足。他不相信宇宙的"连续、变迁"能够证明存在上帝制定的秩序;不过,他补充:

> 我相信,人类真正的救赎,存在于一种精神之中。我把它叫作工匠精神。智人将某种念头、想法、画面,无论是什么,施加到外部的媒介之上,并从中获得莫大的满足。靠人自己的力量做好某件事,成功地实现了,无论这件事是画一幅画、写一首诗、唱一支歌,还是让一位绅士或者淑女开心。[97]

匠艺带来成就感,从散落的碎片中提炼形式而产生的美学上的满足感,是汉德对抗不稳定性带来的绝望的重要手段。汉德在哈佛本科和法学院都遇到了富于启迪性的老师,他们让他终身敬仰。奥尔巴尼学院没有这样的老师,汉德只对一位老师有好感——亨利·P. 沃伦(Henry P. Warren),在奥尔巴尼学院上学的大部分时间里,校长一职都由沃伦担任。表面上,沃伦是个宣讲"老套的贤良淑德"的传统老师,但他为人正直、热情,对公共服务的强调尤其吸引汉德:"我倒不是说从政,但每个人都应该学会为自己所在的社会作出贡献;人不应该无所事事,他应当有所贡献,应当为了更好的生活努力。"[98]

勒尼德对沃伦印象特别深刻,还因为他们在学校外也有接触。1888年,勒尼德16岁那年的夏天,母亲带着他跟其他几个人一起去了欧洲,沃伦也在同行者之列。表面上看,这次旅程发生的时间是勒尼德这样的年轻人传统的欧陆游历时间,但真正原因是陪同母亲求医。母亲对自己的病抱怨了一辈子,这次,她决定尝试一下卡罗维发利①温泉的疗效。

---

① Karlsbad,德文地名卡尔斯巴德(即为捷克语中的卡罗维发利),捷克卡罗维发利州的温泉城市。——译者注

从勒尼德写给格斯的信中对这次旅程的描述来看,他对从英国到法国再到瑞士,最后到哈布斯堡帝国的旅程中那些传统观光景点评价并不高。旅程的高潮发生在母亲在卡罗维发利等着温泉疗法发挥疗效的几周里,在这期间,他与亨利·沃伦共同旅行,主要是去瑞士。对汉德来说,这好像是阿第伦达克山谷之旅的放大版:在风景如画的阿尔卑斯山麓,他和校长徒步了超过 100 英里。最后几周他回到母亲身边,希望"卡罗维发利的事"能尽快结束;他担心错过最后一个学年的课程,更担心那年春末参加的哈佛入学考试的结果。[99]

和很多时候一样,他的担心完全是多余的。他的毕业成绩在班里名列前茅,顺利被哈佛录取。选择哈佛,对奥尔巴尼学院的毕业生来说,并不那么寻常:大部分学生选择威廉姆斯学院,一小部分去了耶鲁;只有"自命不凡的人"会选择哈佛。哈佛在当时的人们眼中是"高高在上、虚荣势利的学校"。[100] 汉德并不是那种"自命不凡的人";他选择哈佛的原因是学术,而非财富或者地位。奥尔巴尼学院和奥尔巴尼这个城市一样,欠缺活力,有些压抑。能够将思辨和诘问塑造成汉德的第二天性的环境,是奥尔巴尼以东 150 英里的坎布里奇。

汉德后来回忆,1889 年抵达哈佛学院时,他感觉环境是"新鲜而陌生的"。他自己是"老实巴交的纽约州小镇野蛮人""野性未驯的土著""小城市来的没有见过世面的男孩""天真的年轻人"。[101] 他读的中学是很好的私立学校,家庭背景也受人尊重,算不上"野蛮人";但他的回忆和其他同时代人对哈佛等级森严的氛围的感受是相符的。他从坎布里奇寄出的头几封信就描述哈佛学生"相当虚荣势利"。[102] 哈佛这种强调社会地位的作风给汉德造成的心理阴影,在他的大部分本科岁月都萦绕不去;他的自我怀疑随之加深,自尊也因此受损,留下的伤痕终身不愈。

汉德的本科岁月里,哈佛学生的人际关系被一道鸿沟深深隔开。最容易被高尚圈子接纳的那些"自命不凡的人"通常出身新英格兰和纽约豪门,毕业于最好的预校,认识波士顿最上流的那些人物。鸿沟的另外一端是那些公立学校的毕业生,在东海岸长大,出身只能算中产,属于犹太聚居区的犹太裔或爱尔兰裔天主教家庭。学生的社会地位很大程度上决定了他的课外生活，包括参加什么样的晚宴、去什么样的舞会、加入什么学生组织，甚至是在坎布里奇住什么宿舍。如果说一个学生的社会地位有什么最显著的标志的话，那就是他在哈佛林林总总的社交俱乐部里的身份了。

汉德经常将自己在哈佛的地位描述为"圈外人"。[103] 据哈佛校史权威说，这些闲人免进的社交俱乐部没有让圈外人"觉得自己地位低下"：据说，那些没机会被俱乐部吸纳的学生们没有因此觉得受伤，因为"说来奇怪，好像没人在意"。[104] 对那些本来就入会无望的学生来说，好像确实是这样；假如汉德当初也属于这个类型，那么他的挫败感就不会这么深了。但汉德可不是什么中西部高中的毕业生，他的父辈也不是新移民。他至少够得上核心圈子的边缘，他的确在意自己是否能够入会，实际上他想加入的俱乐部也确实考虑了，但最后还是拒绝了他，这令他一直耿耿于怀。他处在这个圈子的边缘——"已经摸到边了"，用他自己的语言来描述[105]——他加入了竞争，但又无法胜出，这点使得挫败感分外强烈。

汉德与父亲一样，很在意自己在他人眼中的形象，也许过于在意了。而且，他对俱乐部代表的社会阶级非常清楚。例如，1888 年的夏天，格斯已经上了大学，勒尼德还有一年才上大学时，他对堂哥说："格斯，弗莱迪·汤森说，在哈佛，真正重要的是加入坡司廉俱乐部。"①这家俱乐部的入会标准是哈佛最严格的。格斯回信说："我可从没听说过这个。我想应该没人这么干，这是没有的事。"[106] 这段对话反映了勒尼德看重俱

---

① 哈佛大学的"坡司廉俱乐部"始建于 1794 年，又称"猪头俱乐部"，"坡司廉"（Porcellian）顾名思义，就是猪的意思。这个俱乐部原禁止犹太人和黑人进入，直到 30 年前才第一次接纳犹太学生和黑人进入。它每年只招收 10 名新成员，严格按照家庭背景挑选，成员均为男性，实行一种终身荣誉制。一般都是在秋天从二年级学生中挑选贵族子弟邀请他们参加猪肉宴会作入会仪式。在罗斯福家族中，除了富兰克林·罗斯福外，西奥多·罗斯福和其他家族成员都曾参加过坡司廉俱乐部。当西奥多·罗斯福把自己的女儿嫁给白宫发言人尼古拉斯·朗沃思时，他特意强调："尼古拉斯和我都是坡司廉俱乐部的。"富兰克林·罗斯福总统曾表示，"没有被选中加入坡司廉俱乐部是我一生中最大的遗憾"。——译者注

乐部,格斯则对此并不关注;格斯从不用情绪化的态度审视自己,而汉德对外表和阶层归属要重视得多,未能加入坡司廉俱乐部让他终生介意。

从入学那年开始,在社交方面有野心的学生就被鼓励"说'对的'话,做'对的'事,穿'对的'衣服,不跟不对的人交朋友,最重要的是,避免特立独行"。正式的俱乐部会员遴选是从大二开始的。首先是选举"1770 协会"成员,那些最好的俱乐部再从中选择自己的会员。能入选协会的只有大概四分之一的学生,他们通常是成组入选;选上的学生的名字会印在当地报纸上。汉德回忆:"名字是按照得票多少来排列的,所以这个名单基本上可以看作地位榜单。"大部分进入这个名单的接下来要参加第二轮筛选,这次是为了加入 DKE——"迪基"俱乐部,成员被叫做"迪克斯"。[107] 再往下,就是那些入会标准更加严格的小型俱乐部。这些俱乐部有自己的餐厅、酒吧、宿舍,还有台球桌、棋牌室。在小型俱乐部的金字塔顶尖的,就是坡司廉俱乐部。坡司廉俱乐部的会员是"顶级中的顶级",是"重要人士"和"显贵"。

勒尼德入选了 1770 协会,但离前十还很远。因此他根本没机会进坡司廉俱乐部;事实上连迪基俱乐部都没要他。1891 年春天,大约 300 名同学中,超过 80 位加入了 1770 协会;大概 70 名加入了迪基俱乐部。勒尼德记得,他属于"少数被丢下的落选者",入选 1770 协会但没能入选迪基俱乐部的"13 名二年级生"之一;而这个结果,显然"让人丧失社会地位"。和汉德一样是奥尔巴尼学院毕业生的弗莱迪·汤森(但他家比汉德家有钱,地位也更高),成功地从协会又往上爬了一层。"弗莱迪挤进去了,"汉德在 60 多年后回忆道,"他融入重要人士群体比我成功。"[108]

在社交方面有野心的一年级学生知道自己得倍加小心。只要有技巧地隐藏,智力不会成为障碍;结识正确的人更加重要。勒尼德尽管很想融入,但没有遵守这条规矩。他在哈佛的第一年,就像在奥尔巴尼学院一样学习认真,成绩也很突出,在人们眼里属于最优秀的学生之列:他的一位同班同学回忆,汉德从一开始就好像"是智力领袖,远超班上的其他同学"。[109] 但从一开始就很明显的是,虽然他渴望融入,他却对所谓的严格选择、以群分人持反对态度:

[勒尼德在给叔父理查德·汉德的信中说]这里有种观点
非常流行,就是跟有可能损害自己在学校里的地位的人交往,
是应该避之不及的……根据别人对自己的社会地位的影响,来
选择朋友和伙伴,在我眼里恰恰就是"势利"的代名词。自从
我到了这里,听到的好像就只有"谨慎选择交往对象",或者类
似论调……这些人要么势利,要么排外,看着可悲得很。[110]

勒尼德的这个态度在 10 年后愈发坚定了。他建议一个来自伊丽莎
白敦的哈佛新生加入辩论俱乐部。这位新生的哥哥提出反对,觉得这会
让弟弟"跟不对的人混到一起"。"这种观念大错特错,"勒尼德说,"我
不是说我不懂人们常说的'跟对的人交往'的好处,我的意思是,任何这
样做的人,他失去的东西要比得到的多得多——他失去的是自尊。"[111]
哥哥回信说:"最好还是在那些可以邀请来跟全家共度周日的人中选择
(朋友)。"[112] 勒尼德的反对态度更加坚决:"人不应该让别人的出身或者
父母来决定跟不跟这个人交朋友。我们不应该只选择跟自己相似的朋
友。我知道,这点让我与众不同,但我认定,决定一个人是否应当与另外
一个人交朋友的,应该是对方本身的品格和特质,无论他们的出身如何,
无论他们认识谁。"[113] 这类看法要是让迪基俱乐部或者坡司廉俱乐部的
遴选人知道,他们自然也不会青睐他。

被最好的俱乐部拒之门外,让汉德觉得自己在社交上"格格不
入"。[114] 俱乐部的决定影响其他的课外活动领域:这意味着,位于校外的
那些优雅的"私人宿舍"没有他的份,"重要人士们在这参加俱乐部活
动";[115] 他也没有住到哈佛广场,那里的宿舍条件不那么好,但是地理位
置优越。他和弗莱迪·汤森搬到了新建成的黑斯廷斯楼(今天仍然是法
学院的宿舍)。勒尼德发现,黑斯廷斯的四号房间——实际上是一个贴
了木墙板的套间,有两间卧室、一间书房——"非常舒服"。事实上他的
住处很可能跟那些"高贵人士入住的"私人宿舍一样舒服,尽管在地段
和社会地位上都属于边缘。[116]

随着时光流逝,勒尼德的交友圈扩大了。但是,他认识的几乎所有同学都加入了各种俱乐部,他们各自参加"圣区"活动,他的孤立感更强了。他回忆,他是"最听话、最乖的男生之一。我们这帮男孩乖乖上课,从不喝酒,也不跟交际花鬼混。我们每天晚上学习。待人和和气气"。[117]这种生活是被俱乐部拒之门外的结果,同时也符合母亲的清教徒标准:他的同学们"喝酒很多",但在他的回忆中,"我在学校里从不抽烟喝酒。母亲不想我抽烟喝酒。我大概是有点儿娘吧"。[118]

勒尼德尝试加入合唱俱乐部。但他的歌喉没有达到标准,用他的话来说:"我被开了,他们把我赶了出去。"他也试图加入运动队,同样没有成功。他"不够标准"入选橄榄球队。他之后尝试赛艇俱乐部,这次更加努力——一部分原因是他喜欢赛艇,另外一部分是由于赛艇队成员还是有一定地位的。但这次他也"不够标准"入选比赛阵容,只能作为替补队员。不过,即使是跟替补队员一起,赛艇还是很愉快的,不光是因为赛艇活动本身,而且也因为这样可以让他显得没有那么"娘"。队里的小伙子们接纳了他,管他叫"巴克"。他长了胡子,大家给他起了亲切的外号——"俄罗斯疯子"和"蒙古人"。勒尼德记得在队伍训练时,"他们叫我'蒙古拼命三郎'"——蒙古是因为他的长相,拼命三郎则因为他勤奋学习的名声。

勒尼德对学习的投入甚至导致他放弃了赛艇:"一年后我就放弃了,因为觉得影响学习。我是很认真的,哎,那时候可真是认真!"之后,他的体育活动就只剩下了在体育馆独自锻炼:"我练扩胸器或者类似的运动,为了保持身体素质,这样我的头脑可以正常工作。这种观念是父亲传给我的,从小他就这么告诫我。"[119]

勒尼德有时离开校园,去波士顿参加社交活动。但这些带来的满足感十分有限。他回忆:"一些奥尔巴尼朋友帮助我加入了波士顿的周六跳舞班,'重要人士'们也在那里。但我不认识任何女孩,我也不认识那些重要人士,他们是俱乐部会员,我不是。"基本上,汉德会"看那些俱乐部男孩们","穿着全套礼服,燕尾服和白色马甲"跳舞。偶尔他也会去跳"沙龙舞",别名"德国舞";沙龙舞活动是舞蹈班的副产物。但他又一次不幸地"边缘化"了。只有在"重要人士"需要为"相貌普通的姊妹"找个舞伴时,他才会被介绍给女孩们。[120] 到二年级毕业,他才认识了一个自己喜欢的姑娘;她是从芝加哥来的访问学生,而且两人也不是在学校里、而是在暑假期间认识的。生平第一次,他感觉自己坠入了爱河:"我深深陷入了爱情,这没顶的爱情……哦,可怕的高贵的爱!"几个月之后,他陪同姐姐去芝加哥,与这位姑娘又见面了。但她显然对汉德并不抱有同样的"激烈爱意"。[121] 勒尼德又开始不跟女孩交往了,在通信中,他对女孩们"作为一个整体"有所怀想,宣告"我既不喜欢放浪不聪明的女孩,也不喜欢傻乎乎的矜持姑娘"。[122] 但在哈佛度过的剩下时间里,他从没把自己的理论付诸实践。

在本科最后两年里,勒尼德在课外活动中找到了适合自己的位置。他"开始参加有些质量的活动了……虽然不是说加入了俱乐部,至少也不是被拒之门外……我认识了更多的同学;我不再是之前那个隐士了"。大三那年,由于之前入选了 1770 协会,他自动成为布丁俱乐部的成员。1892 年,俱乐部编排了音乐剧在纽约上演,他当时是初级会员,在剧中扮演了合唱团女生的角色。他戴上金色假发,把眉毛画得又粗又黑,在台上又唱又跳;几十年之后,他还记得部分歌词。这算不上社交金字塔尖,但是说明他进入了主流;纽约演出尤其"相当火爆"。[123]

大三那年春天,汉德当上了《哈佛呐喊》杂志社社长,这是本学生文学刊物。[124] 但这个职位也没有让他增加多少自信。这份杂志算不上学生刊物中第一流的:论幽默杂志,有《哈佛讽刺》;论文学杂志,创立在后的《哈佛月刊》的编辑更为出色,刊登的作品也更加优秀。而且,勒尼德认为:"[前任]编委会离职时找我做社长,跟缺编辑有一定关系。"[125] 其他人撰写短篇小说和诗歌;他只写短篇社论。这个阶段的创作,他并不引以为傲;回忆中这些社论"自命不凡,观点武断",而且"肤浅"。这么说显得用词严厉,但实际从作品质量来看,他并未投入全力。大四开学不久,他就辞去了社长职务,因为他认为编辑工作影响学业,此举令"旁人颇为不齿"。"所有事都影响学业。"他过后回忆。等到他被人责骂"半途而废"时,他在学业上取得的成就已经足够弥补自尊受损。[126] 社交场上的失意带来的挫败感伴随他终身,但至少他学业出众,堪为安慰。

终其一生,汉德对哈佛学院"给我带来的东西"表示过多次感谢。[127]
他这么说时,指的肯定不是社交不顺利造成的阴影,而是老师和同学们
带来的收获。哈佛的求学生涯打开了他的学术视野,他经常带着深厚情
意回忆:

> 哈佛于我,就是唤醒了那些在余生中一直珍视的东西。[128]
> 我经常想,这个机会多么宝贵,多么罕有——我不过是个小男
> 孩,来自哈德逊河上游的乡下——能遇到我在学院遇到的这些
> 人,詹姆斯(James)①、桑塔亚那(Santayana)②、罗伊斯
> (Royce)③、帕尔默(Palmer)、诺顿(Norton)④、陶西格(Taus-
> sig)⑤,我是何等的幸运![129]

汉德以最优等的成绩本科毕业。他选修了学校允许范围内的全部
课程,学业极其出色,在校4年得到了一个学士和一个硕士学位;他被投
票选为1893年6月学位授予仪式上的讲演者。这些荣誉代表的,似乎
只是一个自我定位为"书呆子"的学生在学业上的不懈努力,"高分上
瘾"。汉德在哈佛的前一年半也确实是如此。但到了大二的下半年,他
开始摆脱这个印象了。

弗莱迪·汤森和格斯堂兄都很忠实地践行了传统路线:他们在整个
本科期间集中学习古典课程。与此形成对比的是,勒尼德在第一学年之

---

① 指威廉·詹姆斯(William James),美国哲学家、心理学家,著名作家亨利·詹姆斯
的哥哥。——译者注
② 指乔治·桑塔亚那(George Santayana),西班牙裔美国哲学家、散文家、诗人、小说
家。——译者注
③ 指约西亚·罗伊斯(Josiah Royce),美国哲学家。——译者注
④ 指查尔斯·埃利奥特·诺顿(Charles Eliot Norton),美国学者、教育家。——译者注
⑤ 指弗兰克·威廉·陶西格(Frank William Taussig),美国经济学家。——译者注

后，再也没有选修拉丁文或者希腊语。只有一门数学课，是他真正感兴趣的；其他课程，无论是古典或者现代语言，还是必修的写作课（在这门课上他得了自己成绩单上的最低分），老师或教材都无法让他激动。他上很多课只是因为"我应该认真学习"，[130] 但他不觉得这些课程"非常重要"。他的父亲的教诲，他仍旧谨记：塞缪尔"老是说，在大学学习古典课程和数学是很重要的……我留下的印象是，这些学科锻炼大脑，就好像运动员锻炼肌肉"。[131] 所以勒尼德忍受无聊的拉丁文或者希腊文课程，只不过是为了"增加脑力"，即使他对它们"并无兴趣"，因为老师们"并不关注课程的实质。希腊文或者拉丁文课程不注重材料的文学性"。

不过，此后，勒尼德不再遵循父亲对大学课程的看法和要求。"我好好想了想，"他回忆，"我确信没理由继续这样下去；所谓大脑的发展模式，是我父亲的误解。"这种对既有传统的质疑，是受到了大二学年末发生的事情的影响。"真正重要的事，真正有价值的"，是"哲学和经济课程"。[132] 优秀的老师激发了勒尼德的求知热情，给他留下了终身的印记；终于，他接触到了最接近哈佛校长查尔斯·E.埃利奥特（Charles W. Eliot）心目中理想大学的那些特质，这永久地改变了这位学生。

1889 年，勒尼德·汉德进入哈佛时，埃利奥特 40 年的校长生涯正好过去了一半。埃利奥特是具备远见卓识的教育家，同时也不缺乏改革家的实干才能。他担任校长期间，哈佛从一个地处偏远的学校逐步有名起来，最终成为全国首屈一指的大学。他最大胆的创新是大幅度减少必修课，同时广泛开设选修课。到了 19 世纪的最后 10 年，哈佛已经接近傲视群雄的巅峰。在他的就任典礼上，埃利奥特说，他设想中，大学的目的是培养"思想开放，接受审慎思考的训练，得到哲学考察方法的指导，熟悉过去世代的知识积累，并且性格谦卑"[133] 的学生。在埃利奥特的学生中，汉德正是这些品质的绝佳化身。

汉德在大三和大四集中学习哲学和经济学课程，这没有让他成为哲学家或者经济学家。比具体知识更重要的是，他从老师那里学到的思维方式。经历艰难转型后，他的独立性更强了。

汉德回忆，哲学让他"一见倾心"："它比任何其他东西都更吸引我。"[134] 他大二那年学习了哲学基础和一些相关的课程,此后的大部分课程都是这个领域内的,并且因此获得了双荣誉学士学位。让勒尼德突然爱上哲学的主要是三位老师:乔治·桑塔亚那、威廉·詹姆斯以及约西亚·罗伊斯。这些老师是哈佛当时最闪耀的明星,[135] 哈佛哲学黄金年代的学术巨人。他们给勒尼德带来了坎布里奇岁月中的首次智识刺激。"我们同时拥有那么多明星人物,"他回忆,"我对他们的教诲照单全收。"[136]

哲学对勒尼德的重要性并不在课程内容本身。与这些伟大的思想作全面、系统性的接触很有益,也与勒尼德逐步发展的思辨倾向不谋而合。哲学课上的广泛阅读也激发了勒尼德阅读哲学著作的兴趣,这成了他终身的爱好。[后来他会读到约翰·杜威(John Dewey)、莫里斯·拉斐尔·科恩(Morris Raphael Cohen)、伯特兰·罗素(Bertrand Russell)和阿尔弗雷德·诺斯·怀特海(Alfred North Whitehead)的哲学著作,并结识这些哲学家本人。]他的信件和谈话都深受在哈佛吸收到的思想的影响,也就是休谟、康德、笛卡尔和他的老师们的思想。但更重要的是,哈佛的哲学家们影响了勒尼德的性格和智识立场。

大学的头几年,他基本上是个迷茫青年:问题越来越多,令他满意的答案则越来越少,对此他感觉不太舒服。他对父亲的教育观有些动摇,对母亲的宗教信仰则怀疑更多。在这个时候,他基本已经"确定放弃"宗教:"就宗教而言,即使是其中我能理解的那些部分,我也看不到什么证据支持它们。"[137] 因此,哲学对汉德的重要性可以从他几乎没有信仰这点来理解。他独自一人漂流,哲学像是避难所和基石召唤着他。用他自己的话来说,"我想要有个精神家园"。个人生活和学术探究上的怀疑带来精神痛苦,也许"最严谨的演绎推理"能够抚平:"我想要的是某种我无法逃避的东西,因为如果无法逃避,我就能接受它,这才是我想要的。"[138]

放弃确定性没有"换来"答案,但勒尼德渐渐觉得,不确定和探索是正当的。给出确定回答的老师在他看来既"不严谨"又愚蠢;他最尊重的是那些寻根究底的——不停追问,态度公正,不惧挑战传统,重视提问本身而非回答。勒尼德发现，作为一个提出问题者，一个追寻者，未必就不值得肯定。他后来回忆，有一位老师"让同学们觉得身为怀疑者很骄傲：过去的论调全是垃圾"。简短来说，哈佛的哲学家引导他提出疑问，告诉他怀疑是正当的，增强了他逐渐形成的怀疑主义倾向。[139]

在哲学基础课上，汉德从单纯苦读书变成了真正投入。课堂布置的许多读物让他一头雾水："我感觉很多的词根本就没有含义。我有点觉得，如果我读足够多遍，应该就能稍微读明白一点。"[140] 但老师们非常吸引人。对勒尼德来说，最具吸引力的是乔治·桑塔亚那。他是当时最年轻、最出名的一位老师，只比勒尼德大 8 岁，看起来甚至还要更年轻一些。他是一个热情、不羁、活泼的青年知识分子，住在单身公寓里，远离沙迪山和艾文街那些社交精英。他喜欢亲近学生，这点跟大部分教员不同。在晚上，他喜欢一边喝酒，一边和一小部分本科学生在自己的公寓里谈天说地。勒尼德也有几次受邀。汉德到了 80 岁，回忆起年轻的桑塔亚那仍会脸上放光：

> 我们觉得，他真是造物主最值得惊叹的作品。他有种超然物外、全然中立的神气，欢迎你随便说点什么。他好像毫无偏见。他开启每个问题讨论的方式，都好像问题只不过是，街上有点什么，这是颗沙粒吗，那是本笔记本吗，或者随便什么你能想到的问题。[141]

桑塔亚那不算有魅力：汉德记忆中的他"个子很小"，"有一撇淡淡的小胡子，言谈举止不知怎么有点像鸟儿"。学生问他意料之外的问题时，他会有些意外地停下，环顾房间，经常让提问者看起来有点傻。但汉德说："我们都佩服他思路清晰，以及他去除所有成见的方式。你会觉得，你从他那里得到的东西是彻底新鲜，完全原创的——你得到的就是他这个人。"[142]

桑塔亚那对汉德的吸引力大，不仅来自他的哲学立场，他给予汉德的社交支持也正是汉德所急需的。在后来那些年里，桑塔亚那的著作一且出版,汉德马上就会找来读;虽然,著作内容经常让汉德觉得困惑或者不满足,偶尔见面时,这位哲学家也显得态度消极,甚至有些傲慢,但他在汉德本科时代表露出来的那种富于吸引力的性格和公正无私的精神,一直是汉德非常珍惜的回忆。

汉德认识威廉·詹姆斯时,后者已接近知天命之年。两人的私交不多,但詹姆斯的思路非常活跃,两人的哲学观点尤其接近。当时詹姆斯已经成名,非常受人尊重;他在哈佛任教已有20年,刚出版两卷本《心理学原理》,这本著作是他在自己的心理学实验室的研究成果,[143] 很有影响力。詹姆斯也正处在自己的转折点上,他的研究重心正逐渐从心理学向哲学转移,哲学逐渐成为他的主要研究领域。他后来的很多著作的主要内容,尤其是《实用主义》[144],很多在出版前就在课堂上讲过,或者写在心理学论文里,勒尼德拿这些论文当教材。

詹姆斯让勒尼德最有知音之感的是他不相信绝对真理,怀疑形而上学,强调实证。这种共同立场让勒尼德·汉德此后一直是詹姆斯的忠实读者,虽然也对他时有批评。詹姆斯较为年长,他在学生面前表露的性格特点远不如桑塔亚那那么多:如果汉德对詹姆斯了解更多,他可能就会发现后者身上忧郁、焦虑、自我怀疑的迹象,但詹姆斯在课堂上面对学生时,将这一面隐藏得很好。

汉德在詹姆斯的指导下学习心理学。他后来说:"我所知道的全部心理学知识都是从他那里学到的。"[145] 他清楚地记得在课堂上解剖牛和羊的大脑。"我吃过牛脑,我觉得好像我从吃牛脑和解剖牛脑当中所知的一样多",不过,"还挺有趣"。汉德心目中的詹姆斯"是那种最擅长激励学生的老师。我们觉得,好像天使亲吻过摇篮中的他,赐予他许多才华。他具备你所能想象到的最奇特、最不寻常的想象力;所有的新事物、有启发性的事物,他都感兴趣"。一开始,"我有一点点轻视他,因为他没有给出我想要的那种严密的演绎推理"。但至少"他不是形而上学派的";并且,詹姆斯在"严密的演绎推理"上的欠缺教会汉德重要一课——逻辑上不可挑战的真理是不存在的,富于想象力的、坚持不懈的、很多时候甚至是极度痛苦的诘问就是全部。詹姆斯的《心理学原理》

"是否定论的书;他彻底否定了灵魂是一种实体"。但摧毁站不住脚的信念也是贡献,汉德自豪地接受了怀疑论。

在课堂上,詹姆斯偶尔会强调"他的主题"是"精神生活和神经系统的平行关系"。汉德后来的著作中偶尔会引用"平行关系",但他承认同学们在詹姆斯指导下在这一点上"没有取得显著进展"。"不过,我们毕竟有詹姆斯。他是人间天使。他是塑造我们这个美好世界的力量赐给我们的。"汉德总结,他从詹姆斯那里得到的收获主要是:詹姆斯是"深思"的最高代表;汉德最经常引用的概念就是詹姆斯后来发明的"现实派"和"空想派"的二分法。[146]

约西亚·罗伊斯比詹姆斯小 13 岁,也是后者带到哈佛来的。但他投身哲学研究要比詹姆斯还早几年。汉德记得,他非常有人情味,是"非常高尚的人。你喜欢他,因为他心灵非常纯洁"。他的外表令人印象深刻:他有"一头卷曲的红发"和"一张胖乎乎的圆脸,如果你戳他的脸,手感会像面团那样";"他看起来有点像你在希腊花瓶上看到的人物,或者,他有点像 15 世纪的意大利即兴喜剧"。

对罗伊斯的理念,汉德有所保留。罗伊斯是体系建立者,比詹姆斯更强调严谨分析,但他的结论却经常含糊且形而上——"我想他们称之为主观唯心主义",汉德回忆道。[147]汉德意识到,詹姆斯和罗伊斯两人分别代表了相反的方法论。詹姆斯强调的是实践和观察,罗伊斯坚持辩证法;詹姆斯让汉德的怀疑主义倾向增强,罗伊斯则试图通过分析方法追求普适性;詹姆斯走向了实用主义,罗伊斯则成了后康德唯心主义代表人物;詹姆斯的实用主义强调诘问,罗伊斯则追寻绝对性,鼓励为共同理想作出贡献。

对汉德来说,这种观点和立场上的对立也呼应了他自己内心的冲突。罗伊斯强调理性,而詹姆斯强调逻辑,但逻辑体系又不完美,罗伊斯显得更有共鸣;但是罗伊斯思想的产物又通常是用绝对化的语言表述的虚无缥缈的概念。罗伊斯的观点,无论是对学生时代充满怀疑的汉德,还是对当上法官、思想已经成熟的汉德,都不那么有吸引力。勒尼德丢弃了宗教,他需要找到其他的坚定信仰,罗伊斯从混乱现象中通过知识追寻秩序的努力无疑吸引了汉德;但詹姆斯的相对主义却肯定了汉德逐渐形成的观点,也即在混乱的宇宙中追寻决绝的秩序,本来就是自欺欺人和无法面对不可解释之物的软弱的表现。罗伊斯对忠诚、品格、社会共同体的强调,勒尼德非常赞同,但他无法接受罗伊斯的世界观;詹姆斯的方法更吸引汉德,罗伊斯对唯心主义、社会责任、社会共同体的强调,也并非全无价值。①

经济学系(当时这个学科叫做"政治经济学")的弗兰克·W. 陶西格[148]教经济学入门。这门课让汉德很感兴趣,他又修了几门经济学课程。陶西格的经济学课程吸引汉德的原因主要不是课程内容本身,而是老师本人:汉德认为,陶西格"非常,非常的有趣",而且"是个极好的老师"。

陶西格教经济理论的方式,在 19 世纪 90 年代来看堪称过时。他用约翰·斯图尔特·密尔(John Stuart Mill)的《政治经济学原理》作为教材——"简直就是古董。"汉德回忆。但老师和教材一起,"教会学生的是一种分析方法,这对年轻学生来说是种非常宝贵的训练,就像是给脑子用的扩胸器"。汉德对陶西格格外欣赏也是因为他上过哈佛法学院,在那里学到了苏格拉底教学法,并应用于课堂,这和其他老师是不一样的:"老师不告诉学生自己的想法,而是通过交叉询问来逼问出学生的想法。老师向学生提问,让学生说出自己对问题的看法,并且点出他考虑不周全之处。看似非常吓人,但对学生非常有好处。"陶西格身上最吸引汉德的,跟那些哲学老师一样,也是训练有素的诘问精神。② 而且,陶西

---

① 在一生大部分时间里,汉德的观点更接近詹姆斯,尤其是怀疑主义和对绝对性的质疑。与此同时,罗伊斯 1908 年发表文章呼吁"对有建设性的社会理想的绝对忠诚",在汉德的熟人圈里得到了广泛响应。其中最突出的是赫伯特·克罗利(Herbert Croly,汉德是克罗利的忠实读者,也为他的书作了很多宣传)。此次呼吁宣告了一战前美国进步运动的来临。[参见:小阿瑟·施莱辛格为约翰·哈佛图书馆版本的克罗利著作《美国生活的希望》所作序言。(坎布里奇:哈佛大学出版社,1965 年版)]

② 汉德很喜欢陶西格,对社会学家爱德华·康明斯(Edward Cummings)则不以为然。康明斯教"劳工阶层的社会与经济状况",这门课一点也不古董;相反,这个课题逐渐成为汉德的主要兴趣所在。但康明斯给他的影响可以忽略不计:在汉德看来他是个"软弱的人",课上得"十分一般","充满了极其含糊的鼓劲……没有什么严肃的思考,甚至也看不出来有什么严肃思考的尝试。你就是这么听着"。(家庭访谈 II,43)

格还有一点引起汉德的共鸣:他在哈佛同样属于"圈外人"。陶西格来自圣路易斯,出身犹太移民家庭;他在众人眼中是个"粗鲁、不文雅的人",被哈佛教员的高级社交圈排除在外。汉德记得很清楚:"陶西格生活在沙迪山的阴影之下;这片阴影还不小,因为在上边的沙迪山圈子成员眼里,这个圣路易斯来的、教经济学的犹太人有些粗鲁,评价不高。"[149]

与此形成鲜明对比的是,另一个对汉德影响很大的老师查尔斯·艾略特·诺顿,在哈佛社交圈里是地位最高的人物之一。汉德大三那年上了诺顿的美术课——"艺术4　罗马与中世纪艺术",课程重点是"哥特建筑的发展"。[150] 跟许多同学一样,汉德也是被老师的名声吸引来的。诺顿当时已经是传奇人物,众人眼中的他是哈佛首屈一指的"教给'年轻的野蛮人'什么是现代的都市文明人眼中的文雅"[151] 的老师。他警告学生们警惕大众评价的危害;谈及他与社会名流们的广泛交往,比如新英格兰的爱默生(Emerson)、朗费罗(Longfellow),英国的罗斯金(Ruskin)、卡莱尔(Carlyle)。这吸引了一部分学生。[152] 但同样,吸引学生来上这门"在大教室上的大课"的"还有一个重要原因:据说他打分很宽松"。同学们点过名以后就从消防梯溜走了。但汉德不是溜走者中的一员:"我当时不知道打分的事","我坐第一排,对老师的一字一句都听得非常认真,接受文化的洗礼"。

汉德在此后的数十年间都乐于模仿诺顿。诺顿的课程给汉德留下的印象是"美国人民十分蒙昧,欠缺文学、美学方面的素养,诸如此类";诺顿"总是叹气,好像在他眼中,面前的任务十分艰巨,成功无望"。[153]

诺顿让汉德开始对艺术感兴趣,但总体上说,他对汉德的影响是负面的:他让汉德产生了对严格的艺术标准的敬畏之情,在此后的数十年间,这种敬畏妨碍了汉德欣赏艺术;他的课程加深了汉德对自己缺乏艺术修养的印象。汉德后来回忆:

> 查尔斯·埃利奥特·诺顿教过的学生,可能再也没有像我这样笨拙的了。我从他身上得益良多。毕竟,我当时真的一无所知。奥尔巴尼在艺术方面……艺术在奥尔巴尼不存在。如

果我的父亲不是那么早去世,情况也许就不会是这样,但我母亲家里的人不关注艺术……他们爱读书……家里剩下的其他人可以算是未驯化的野蛮人……所以我对艺术的兴趣,要归功于诺顿。[154]

但是,此后很多年里,诺顿的"纯粹主义"标准让汉德在艺术欣赏上有些生怯,让他不那么亲近艺术。大三那年的暑假,汉德第二次去了欧洲。途中,他告诉格斯,他没有受过足够的训练,来欣赏"伟大的艺术作品","要有足够的修养,才能欣赏"。[155] 汉德去了欧洲很多次,才学会依靠情感和本能来欣赏艺术。

汉德与鉴赏家伯纳德·贝伦森(Bernard Berenson)的多年友谊也帮助他摆脱诺顿的标准带来的限制。"你教会我,相信人自身未经训练的本能也是可以的。"他在1949年写给贝伦森的信中说。汉德赞扬贝伦森,后者这种对艺术的本能反应,是"恩惠":

> 60年前,我在哈佛上学时,可能整个学校都找不到第二个像我这样生涩、毫无经验的学生;我受一种可怜的、病态的暗示影响,直到现在也没有完全摆脱。那些清教徒把软弱的我完全给控制住了,并且——这一点主要是通过 C. E. 诺顿——让我相信,只有通过一种让瑜伽都显得是在享乐的严苛训练,才能欣赏艺术。"艺术"必须带着敬畏和谦卑才能欣赏;艺术不可能仅仅是自然生发于人的性情之中。我想,这种看法将艺术与道德混为一谈。因为在这点上,就像你知道的那样,诺顿的观点是受到罗斯金的启发。
>
> B. B. ,这些人给我造成的影响没有消除,也不可能消除;我也不会完全摆脱这些异端邪说的鉴赏理论;但是至少,你让我看到,超越道德论之上的,还有一片充满阳光和发自内心的欢乐的土地——"让生活更丰富",就像你说的那样——如果我的经历带来的压抑让我没能宣之于口,至少,我体会到了这

些欢乐。为了这个,我向你致谢。[156]

汉德从诺顿那里接受的观点中,保持的最好的可能是对美国文化和公共事务的批评,虽然他对此的看法从来不像诺顿那么悲观,在后来的那些年里,他也曾表示担心文明标准能否在大众民主中存活下来。

在本科的最后一年里,汉德因为职业的选择十分痛苦。这是他经历过的最艰难的抉择:家里人对他去哈佛上学的期望就是要他当律师;但他现在心爱的是哲学。1892年的圣诞节假期,他回到家中,当时罗伊斯的第二门课刚上完,詹姆斯前一年的授课内容也言犹在耳,在桑塔亚那指导下的大四学习正进行得如火如荼。他觉得他"逐渐倾向哲学",开始考虑读这个专业的研究生。他知道母亲不会赞成,家里剩下的律师发言人——伯父克利福德和叔父理查德肯定也会想办法说服他改变主意。但他还是鼓起勇气提起了这个话题。

理查德·汉德的回应一如预料般冷淡。几天以后,理查德把汉德介绍给了一位在州最高法院任职的法官,后者询问汉德是否打算学习法律。在汉德回答这个问题之前,理查德插话说,在汉德这个年龄(他还有几周就满21周岁了),"会觉得哲学更有吸引力"。理查德的声音中混杂着逗趣、傲慢和担忧,而汉德承认,他的态度"顿时就让我不那么坚定了"。[157]

但是汉德还是坚持了一阵。一回到学校的住处,他就写了一封长达12页的信给叔父,说明自己的想法。[158]他保证:他还没作好决定,想以此让叔父稍微放心,但他还是说明了对哲学的兴趣,并且鼓起勇气在信中说他有可能会选择这个专业。"当我产生不选择家族世代相传的职业的想法时",他"害怕提起"这个可能,而且不想让伯父和叔父认为他对律师职业的疑虑是对这个职业的玷污。但是,他觉得自己的性格更适合哲学家的生活:

> 行动派的人,那些从头到尾掌握事态、坚定实践的人,毫无疑问是不可或缺的,而且比其他人更加重要;但是其他人也有

各自的价值,这些价值在这个实用主义甚嚣尘上的国家里很容易被遗忘。我想,如果我适合当一个观察者,那么我献身观察事业也会是非常重要和有价值的。

信中的最后一段道明了他的含糊不定,但对他来说,这种语气已经是少有的坚决。他一直觉得自己会当律师,他写道,而且也担忧自己会错过"行动者"的人生。不过,他还是警告:"我一直觉得我不适合做实践性的事;我犹豫不决,而且我缺乏掌握细节的技巧。当一个思考者、研究者,不需要作这么多决定。"但更重要的是,"我心里燃起了对哲学的渴望,而且有时我觉得它会持续……"

汉德承认,他开始学习哲学时,是"想要在哲学中寻求宗教和人生指引";"而且我至今尚未成功找到救赎。"但是,他补充,即使"证明了救赎无法得到",这样的结果也是"值得我追寻的"。他"经常因为自己对哲学的怀想感到恶心,但是,如果不这样,剩下的唯一备选就是一头扎进行动和经验的世界,在其中过一种没有思考的生活"。因此他的结论是:"哲学在某种程度上适合我的性格,吸引我思考,赋予我在宇宙中找到自我定位和发现自身命运的希望,是这个实用主义的时代和国家中值得从事的职业。"

对年轻的勒尼德来说,这种对独立自主的坚持前所未见,但还不足以消除他的不安。他在接下来的几周里扛住了家庭压力,但还是缺乏作出最终决定的信心。他清楚自己的偏好,但是对自己是否具备走哲学道路的才华则不那么肯定;要读研究生课程,他觉得,应该取得哈佛那些"大师"的肯定。

弗兰克·陶西格确实给了他鼓励。汉德回忆:当时他给陶西格交了一篇关于租金和利息的论文,陶西格"打电话给我,说可以来读他的研究生"。他还说:"如果我留校了,我会成为经济学家,也许留校对我来说更好。"[159] 不过,虽然汉德很尊敬陶西格,继续在经济学领域做研究非他所愿。

对这个缺乏自信的学生来说,继续走哲学道路需要哲学系大师中的一位提供支持。桑塔亚那太年轻了；这个学年又没有詹姆斯的课。这样就只剩下罗伊斯，汉德去找了他。"我告诉罗伊斯我有做哲学研究的兴趣，他非常友好地说：'如果你想要继续，那你应该去德国，在那儿待上一年。'但他没表现出什么热情。我觉得我给他留下的印象谈不上有多好，尽管我和其他许多人一样拿到了 A。"[160]

"没表现出什么热情"——这个打击对于汉德脆弱的自尊来说，有点太大了。他本来就怀疑自己没多少哲学天分，这下更是雪上加霜。如果老师们鼓励了他，"我十分肯定自己会去教哲学，"他后来回忆，"但我当时没有这方面的想法了。"[161] 他几乎逆来顺受地放弃了哲学梦，随波逐流进了法学院。毕竟，这是他的"弱点"，他"无法克服紧张和缺乏自信"，最后让他似乎自然而然地投身于法律。[162]

几十年之后，回忆起自己的选择时，汉德说他在哲学学科上感到了自身不足："我产生了这样的感觉，哲学好像是在用铲子把烟雾铲走……哲学是某种语词的荒野，它的不现实最后让我决定，这不是我的领域。"他也承认，放弃哲学"尤其是因为没人认为我非常擅长它"。[163] 但这种看法带着浓重的解嘲意味。他最后选择了一条阻碍最少的道路：

> 你看，我全家都是律师……所以就这样了。法律专业好像是那些不知道自己应该干什么的男孩子的归属。这个专业看起来很体面，有成功的可能性。所以我最后进了法学院。我认识的很多人上法学院也是同样的理由——他们不知道除了这个还能学什么。[164]

1893 年，勒尼德认为他已经永远告别了他在那些伟大的哲学老师那里经历的学术探索。他还不知道，他会克服，并最终超越律师的"行动家"和哲学家的"思考者"之间的差异。

1893 年秋天，汉德垂头丧气地"漂进"了哈佛法学院。[165] 他一开始就认定,这里提供不了多少知识刺激,他将会在课堂上记录一大堆枯燥无味的法律规则。事实上,法学院生涯是汉德最开心的一段岁月。他在社交和知识上的信心增长了;虽然他仍然怀疑自己不是一个实干的、有决断的"行动家",周围的热心朋友和受他欣赏的老师们暂时让这些怀疑消退了一些。

19世纪90年代,大多数法学院的课程仍然以授课和阅读为主;授课内容和汉德的祖父奥古斯都在李奇菲的课堂上所做的笔记相差无几。但是哈佛法学院已经不再采用这种教学方式了。19世纪70年代,埃利奥特校长聘请了一个非常书卷气、严重近视、十分内向的纽约律师担任院长,以提振教师队伍死气沉沉的面貌,他叫克里斯托弗·哥伦布·兰代尔(Christopher Columbus Langdell)。汉德入学时,兰代尔的改革已经取得成功,法学院的黄金年代正在到来。氛围富于活力、精神昂扬,大家普遍认为,兰代尔采取的教学方法代表了无可争辩的未来趋势。

1893年,哈佛法学院只有一栋楼,名叫奥斯汀楼。这座有10年历史的罗马式建筑是亨利·霍布森·理查森(Henry Hobson Richardson)的设计。大楼主体是深红色的石头,庄严的前阶梯通向三道拱门;室内则是红砖墙,饰以深色木饰板,风格十分温馨。但课堂上讲授的内容一开始却会让法学院新生——包括汉德和他的同学们——感到十分迷惑,甚至望之生畏。兰代尔采取的新教学方式最突出的是案例教学法。大部分阅读材料是成卷成卷的法院判例汇编。这些判例汇编是最原始的形式,不包含任何注释,也没有任何历史或理论背景介绍;学生们得自己从浩如烟海的判例中找出法律规则。[166] 埃利奥特校长曾经是一名科学家,他对兰代尔的"法律是一门科学"的看法深表赞同;在他看来,学生和老师们必须研习案件结果,就像植物学家可以通过植物的成株来判别它们的科属,法官的裁判理由并不重要。[167] 汉德觉得这么做"有点傻"。例如,他记得"读一个15世纪的财产法判例。我根本不知道那些单词是什么意思。你就只是反反复复地读,直到像被打通了一样,你突然就明白了"。[168] 但他是个好学生,这些困难不足以压倒他:他努力学习,掌握了所有这些材料,很快得到了法学院新教学方式的回报。

　　在本科时,汉德发现人们眼里的"书呆子"会在社交上遭到孤立。他本来担心法学院也是如此,但事实证明这种担心是多余的。法学院更精英主义:学习优秀并不是社交的障碍,反而是助力。汉德发现,他可以以自己的成绩为傲,同时交到了比本科期间更多的朋友。并且,他的这个朋友圈子在不经意间慢慢地变大了。法学院的主要学生组织是"聚会俱乐部"(Pow-Wow Club)和《哈佛法律评论》杂志社,但这里的社交和学术活动并不截然分开,两个组织的成员很大部分是重合的。

　　法学院有一些俱乐部让低年级生开展模拟法庭活动,由高年级生担任法官,目的是锻炼学生们在上诉阶段的辩论能力。聚会俱乐部是这种俱乐部中成立最早、最有名的一个。接到这个俱乐部的入会邀请,汉德十分骄傲。另外一件让他引以为豪的事是,1894年他受邀担任《哈佛法律评论》的编辑。这份刊物创始于1887年,当时尚属年轻,但已开创了很多传统。法律评论是一种特殊的学术刊物:只有在法学领域里,主要的职业圈刊物都由学生担任编辑;投稿的有新人,也有已经成名的学者。即使是在1894年,学术潜力也是选择编辑的重要标准,而汉德是1894年春季入学后尚未举行考试时就获邀的三人之一。《哈佛法律评论》1894年春季刊上第一次刊登了勒尼德的名字——他在其上署名为"比林斯·L. 汉德"——他是15名编辑之一。[169]选中勒尼德是因为他当时在学术上就有了一定的名声:从一开始,同学们就把他看作"我们班上的重炮"之一。[170]

　　入选聚会俱乐部和担任评论编辑是重要成就:汉德终于进入了核心社交圈。但他在俱乐部表现从来不积极,参与编辑了4期《哈佛法律评论》就在1894年辞职了。他逐渐感觉到,他的社交需求是在这些正式组织之外,学术方面的精力也可以有更好的去处。他后来说,辞去《哈佛法律评论》编辑之职是因为"我觉得它太花时间了","没觉得有什么收获"。他来上法学院是为了"接受法律教育,不是来编杂志或者给杂志写稿的"。(60年之后,他评论道:"想想看,要是现在说这种话,比不经之谈都严重,这简直是亵渎!")[171]

　　勒尼德在法学院第一学年的成绩证明大家说他是"重炮"没错。哈佛那时的打分制度和现在一样,75 以上的分数折算为 A;80 分和更高的成绩折算为 A+(那时不那么罕见)。汉德第一学年各科平均分是 83;后两年,他的成绩略微下降了一些;到毕业时,他的各科平均分依然有 80,是全班的第六名。[172] 这个分数显然令人满意(虽然,70 多岁时,他告诉一位哈佛教师,自己的成绩"也不那么好看"[173]);同时,他的朋友多了起来。"我认识的人变多了。我不再像过去那样埋首书本,但还是差不多忙。"他刮掉了下巴上黑乎乎的范戴克胡,修剪了上唇从本科时代就在蓄的小胡子。他开始听波士顿交响乐团的音乐会,发现音乐"对我来说意义重大"。[174]

　　法学院第一年,勒尼德依然住在黑斯廷斯楼的宿舍里,室友还是弗莱迪·汤森,虽然弗莱迪决定推迟一年进入法学院。勒尼德跟住在贝莱特街 52 号膳食公寓里的一群学生日渐交好,桑塔亚那也在这个地方住过。他们大部分是法学院的三年级生,跟格斯一个班。汉德本科时的同班同学中有两人也住在这里,分别是纽约人查尔斯·洛厄尔·巴洛(Charles Lowell Barlow)和缅因州的罗伯特·彭德尔顿·鲍勒(Robert Pendleton Bowler)。[175]1894 年,三年级的学长们搬了出去,汉德马上住进去。汤森不久也搬了过来,一起搬进来的还有波士顿本地人哈罗德·J. 库利奇(Harold J. Coolidge)。

　　巴洛、鲍勒、库利奇、汤森和汉德在贝莱特街 52 号一起住了两年,结成了密友。他们都是哈佛毕业生,都喜欢深谈,都有广泛的学术兴趣。而且,这五人都是优秀学生,也都敢于打破所谓"最好的"法学院学生必须当《哈佛法律评论》编辑的不成文规矩。他们要么是只当了很短时间就辞职,要么是完全没有参与《哈佛法律评论》工作。他们对待法律很严肃,但喜欢非正式的讨论。五人组在学术上很活跃,都很喜欢用哲学或者文学话题斗嘴,还喜欢给彼此讲下流故事。陆陆续续有其他同学加入了这个小团体,包括一个活泼、自信的纽约人,名叫戈登·诺克斯·贝尔(Gordon Knox Bell)。贝尔是桑塔亚那聚会上的红人,汉德总算跟"重要人士"交上了朋友。

　　辞去《哈佛法律评论》编辑、搬到贝莱特街的决定,部分是基于遵守这个小圈子的规矩。他之前从来没有加入过这样的小圈子(成员们毕业后仍然长期保持联系,互相拜访,一起度假)。汉德终于得到了接纳和友谊。

兰代尔认为,不给学生们提供辅助,让学生们从原始材料中学习是效果最好的。尽管不接受这种观点,汉德还是马上就意识到兰代尔的案例学习法价值巨大;但这一体系想要实现预期目标,还需要很多东西。兰代尔痴迷于判决结果组织成法律规则体系,是因为他相信法律和科学是可类比的。他想要追寻"隐含的规则综合体",这使得他的方式多少有些不现实,"带有神秘主义气息"。[176] 就像汉德经常说的那样,纯粹的兰代尔主义者眼中的法官像是"先知的驴子"——只有裁判结果有意义,不管"产生判决的生物的智慧":"兰代尔对法官的裁判理由毫不在意,他关注的只有裁判结果。他拿出来案件事实,然后像做实验一样试图通过演绎来寻找裁判规则应该是什么,不管法官阐述裁判时所依据的规则是什么。"兰代尔简洁、逻辑的方式不具备现实意义,虽然他在某种意义上是"伟大的学者",汉德承认,他的学识是有限的,最终"不过是些没价值的碎稻草"。[177]

在逻辑上不成体系的分类和甄别,远远不能满足勒尼德·汉德。但是在他眼里,兰代尔"所建造的远远好过他所知的"。[178] 在他担任编辑期间,汉德写了一篇署名为"B. L. H."的书评。他在其中阐述了案例教学体系最有力的元素:这种方式"让学生有机会自己思考,这比让老师告诉学生结论更要好",[179] 这种方式让他能够深度参与,深深吸引着他。他发现,奥斯汀楼里进行着的,与他从自己的本科岁月的大师们那里得到的诘问精神非常相似。汉德很珍惜这段经历。就像他后来说的,案例教学法的背后,隐藏着的是"老师不能靠单单给学生讲课教会他法律;学生们需要自己发现真相"。[180] 兰代尔的方式最好的一点,就是它把学生们从被动的听讲者转化成了积极的参与者。

兰代尔的创新在当时遭受了很多批评——因为他更强调理论,找来的老师全都是全职学者,而不是兼职的司法人士;还因为他把法学教育的门槛提得太高(要求首先完成本科学业才能上法学院,而且必须住校三年)。兰代尔的支持者则回答说,他们的方式非常实用,能够训练出"以律师的方式思考"的学生,而不仅仅让学生知道法律规则。[181] 最终,哈佛的成功几乎是顺理成章的。当时的社会正处在工业化、城市化的进程中,商业交易日趋复杂,市场需要的是经历过良好训练的职业人士。而哈佛的精英主义职业教育满足了很多中产阶级子女对自尊和社会地位的需求。

汉德在给法学院老师的一次复函中承认,"也许我的青春期比大部分人都长"。[182] 他对哈佛法学院教师的描绘也经常像是理想化的超人。但实际上,汉德对待这些人的态度差别很大;他能够客观看待自己老师的长处和不足,也能从每个人的长处中学习。勒尼德进法学院时,法学院有八位老师,全是男性;其中七位给他上过课。[183] 他并没有把老师们作为一个整体来评价,而是单独审视其中的每个个体;他很清楚,教条主义的逻辑学家,或者仅仅强调实践的老师都不吸引他,他最喜欢的老师是能够将智慧、判断力、鲜活的人类特质与理论结合到一起的那些人。

幸运的是,对学生们来说,兰代尔招来的老师并不全都遵从他的纯粹案例教学理论。其中最优秀的老师对逻辑不严密、有冲突的内容,并不像兰代尔那样难以接受,而且足够灵活,能够为实践经验和常识留下空间。勒尼德欣赏他们在理论上的假设,他们的判断力加上他自己的思考,让他没有全盘接受兰代尔的纯粹逻辑。

如果把老师们的观点比作一个光谱,那么兰代尔自己,以及加入法学院最晚的两位老师——塞缪尔·威利斯顿(Samuel Williston)和约瑟夫·比尔(Joseph Beale)——是其中最关注逻辑的那一端;杰里迈亚·史密斯(Jeremiah Smith)则是最注重实践经验的那一端。汉德最喜欢的是中间的那几个:詹姆斯·巴尔·埃姆斯(James Barr Ames)、约翰·奇普曼·格雷(John Chipman Gray),以及思想最开放也是汉德最喜欢的詹姆斯·布拉德利·塞耶（James Bradley Thayer）。这些"伟大的"老师中，即使是有缺陷的，也各有教益[184]：理论派的老师让汉德关注理想；实践派的老师让汉德知道不能脱离实际。

院长兰代尔是哈佛的"先行者"的领袖。勒尼德进入法学院时，他的教学生涯已近尾声，因而给汉德的启发最少。"他像个小鼹鼠，跑进跑出，"汉德后来回忆，"他是个奇怪的生物，几乎半盲，留着长胡子，戴着绿眼镜。"奇怪的是，兰代尔是当时唯一一个不采用案例教学法上课的老师；他的视力太差，已经不能读书，也没法和学生开展"苏格拉底式讨论"；他就是讲课。他最擅长的是"拆解判决"和"解剖案例"[185]；虽然这些是核心的技能，但是这些内容并不生动，也缺乏深度和广度，从而让他没能进入"伟大"之列。

杰里迈亚·史密斯是在汉德进入法学院的前几年才开始当老师的。他之前当了多年律师，还在新罕布什尔州最高法院当过法官，年过五十。他不"喜欢推测"；[186] 相反，他想要传递的是"实际是怎么一回事的感觉"。[187] 但汉德意识到，这种一板一眼的现实态度，局限性和兰代尔那种过量的理论几乎一样多。

年轻的约瑟夫·比尔刚过 30 岁，看起来有些羞涩，但是这位有着"泡泡眼"的"矮个子"在课堂上堪称恐怖。[188] 用某位作家的话说，汉德喜欢他"犀利的词锋"，[189] 但是这词锋之犀利，经常留下不必要的伤痕：比尔脾气急躁，他的"言语之无情"可以"剥下你的皮"，虽然他私下可以"亲切又可爱"，汉德还是不喜欢比尔的性格。[190] 比尔对建立体系激情十足，基本上就是兰代尔的化身。"我一直觉得他是阿奎那的精神后裔。"汉德有次写道。[191] 彼尔信仰宗教十分虔诚。他相信"如果我们对自己完全诚实，法律就会像上帝的旨意一样出现"。他坚持，只要足够勤勉，就可以发现永恒的"公正原理"，特定的法律规则可以由之推导而来。[192]

塞缪尔·威利斯顿当时也非常年轻，刚来法学院任教。他授课同样富于技巧。他的专业领域与兰代尔一样，都是合同法；在 19 世纪 90 年代，他开始脱离兰代尔的逻辑体系的影响，但还不十分自信。威利斯顿（汉德早于他去世）后来跟当初的学生汉德有很多交往，汉德也在很多场合写下过对这位老师的公开评价(包括为这位老师的自传作序)。在这些公开的评价中,威利斯顿是汉德眼中的老师典范,既有逻辑的建构,也有广泛和敏锐的对现实和人性的观照。[193]但汉德的私下评价暗示威利斯顿的思维方式太"兰代尔",过于刻板和理论,不完全理想:"他对自己的思考太有把握,面对异议随时准备以柔和的态度加以反驳,会让人想知道他脑内的完美方式到底是什么。他好像觉得,只要法律规则逻辑自洽、清晰,那么以人类价值观衡量的法律后果到底为何,就可以不去关心了。"[194]他还说:"他从不因为异议而动摇他的观点。在课堂上最好不要挑战他,除非你自己就是大师级别,反正我上学时,同学当中没有人这么做。"[195]

勒尼德毕业前,詹姆斯·巴尔·埃姆斯从兰代尔手中接过了院长职位。埃姆斯是一个优点远远多于缺点的人。他个子不高,从不自以为是,说话声音柔和。他授课水平很高,也很有个人魅力,勒尼德对他很有好感。跟兰代尔一样,他强调理论胜于法官的具体裁判理由,但他追求的不仅仅是逻辑完整性自身,他能够将公平正义的理念与法律规则结合到一起。总之,汉德记忆中的埃姆斯是位杰出的教师。他当时差不多50岁,在法学院任教已有20年,状态正在巅峰。汉德觉得他"非常有魅力,听他上课会爱上他"。[196]埃姆斯对教学的热情延伸到了课堂之外:"没人像他那样将自己的职业看得非常神圣,只要学生有问题或者需要指导,他随时愿意给出回答。"总体来说,他是"令人愉快、有魅力的人"。[197]不过,就像汉德有次说的那样,"我总觉得在教授的袍子底下,他更是个会带来好消息的信使"。他本质上是个"改革者",同学们在他的课堂上很少学到信托法或者合伙法的规则实际上是什么,"他们学到的是,这些法律规则应当是什么,以及如何让法律规则变成应然的样子"。[198]

约翰·奇普曼·格雷在汉德的印象中是个"了不起的绅士,文化修养很高,温文尔雅,有魅力和智慧,平易近人,不会举止随便,也从不态度傲慢,对批评虚心接受"。虽然他的文雅风度让一些不那么自信的同学反而觉得他不好接近,[199]他好像正是法律天赋和社交才能的"完美结合"。"他[在法律领域]是真正的大师。他是高贵的绅士,在哈佛的教授中间是个真正的重要人士。他住在贝肯街①,是波士顿律师圈子的领袖人物。"[200] 他又高又壮,引人注目。幸好,不像兰代尔和比尔,逻辑自洽和体系性不是格雷眼中的最高价值。汉德有次描述,格雷清楚通则很多时候是不够的,他"能够接受定律中存在变量"。[201] 而且,虽然兰代尔心目中的理想老师必须全职教学,格雷在哈佛任教的40年间,却一直经营着波士顿的一间大律所。他曾经教过一段时间宪法(过了不久他就放弃了这个领域,因为他认定"宪法这种东西并不存在",所谓宪法不过就是政治)。他真正的专业领域是不动产法(土地法)。汉德不太理解为什么格雷这样的人会选择"浅薄贫瘠"如不动产法这样的专业领域,因为格雷在他眼中"涉猎广泛,法律知识全面、广博"。[202] 随着时间流逝,格雷看起来越来越值得羡慕。汉德希望自己能像他一样。事实上,汉德确实在很大程度上做到了这一点,虽然他自己从未充分认识到。

詹姆斯·布莱德利·塞耶是唯一一位各方面都让汉德景仰的老师:"整体上说,是所有老师中间最优秀的","最具原创性",而且无疑是"对我影响最大的老师"。[203] 在很多方面,塞耶是所有老师中间最不合传统的那个:他20年前加入法学院教员队伍,当时已经执业20年,但从来没有把精力全部投入到律师职业中;[204] 他兴趣广泛,有点像汉德的父亲,不像他的大多数同事。他很喜欢人文学科,写过文学评论,也翻译过古典作品。[205]

此外,虽然有兰代尔的要求,塞耶却很长时间一直没有写案例教材,也没有采用苏格拉底教学法。直到勒尼德上了法学院,塞耶才出版了自己的判例选编。塞耶编的判例与兰代尔不同,不仅仅是判例原文,比如,他1895年出版的宪法案例汇编长达2500页,包含丰富的政治历史背景和他自己的评价,颇具可读性。塞耶也称不上是天生当老师的料。他不擅长即席发言,也不擅长作苏格拉底式的提问表演。不过,在汉德和他同时代的那些最优秀的同学眼中,塞耶的课堂是"三年法学院经历无可争辩的王冠"。这位胡子发灰、眼皮耷拉的60多岁老师谦虚而善于思考,紧紧抓住了学生们的注意力。塞耶并不教条,也不追求逻辑严密的

---

① 　Beacon Street,位于上文所说的沙迪山,临沙迪山广场。——译者注

统一体系。他的长处不是思维锻炼,而是思想和性格上更经得起时间考验的那些特质。汉德回忆:"从塞耶的课程里,你得不到——至少我没有得到——很多有用的内容。他总是态度谨慎克制,好像是在无人可以依靠的情况下做后果不能预料的事。"[206] 这种"谨慎克制"的态度——拒绝绝对论,不愿意过早下结论——对这位来自奥尔巴尼的年轻同学来说,是种极大的鼓舞。[207]

塞尼德上的塞耶的第一门课是二年级的证据法。这门课可以既干巴巴又让人迷惑,但是在塞耶那里,他并不尝试建立体系论,而是强调他的同事们忽略的历史和人类品质这些方面。他捍卫了那些出于实践、历史或者政策考量因素而排除某些证据不予采纳的规则。塞耶对人类错误和历史的敏感激发了汉德对这个领域的兴趣。(汉德最早发表的学术文章之一就是关于证据的,这篇文章得到了塞耶的肯定。[208])

塞耶对汉德影响最大的是三年级时上的宪法课。汉德上法学院第一年,塞耶在《哈佛法律评论》上发表了一篇文章阐述自己的观点[209]——费利克斯·法兰克福特称之为宪法领域有史以来发表的最重要文章;他的判例选编和课程也同样浸淫着他的观点。塞耶的宪法理论,用汉德的话来说,是"让大家怀疑,法院作为社会冲突的最终裁判者是否明智?我们中的很多人一直持有这种怀疑"。汉德记得,学生们"逐步学到"的是,"宪法的大部分是以循环论证构建的,这些论证又回过来给予法官先决性的观点正当性"。[210] 他觉得"最具原创性"的,是塞耶看到了"法院依靠否决权变成实质上的立法机构会引起什么后果。他预见到:唯一的出路是,法官必须保持克制和谦抑"。[211]

塞耶对司法审查的观点,事实证明是惊人的先见:他已经触及了20世纪宪法领域广泛讨论、争议很大的问题,也是汉德此后的职业生涯关注的核心问题。就司法克制主义的最具影响力的观点就是塞耶提出,后来被汉德所吸收。这是在联邦最高法院依据宪法的正当程序条款,以侵害公民的"自由"与"财产"为由,推翻一系列法律**之前**①好几年;"[司

---

① 着重号为原作者所加。——译者注

法]能动主义"的联邦法官更是远未出现。不过,不到10年,联邦法院就开始涉足立法领域,一开始基于捍卫公民的经济权利的立场,后来则是个人自由。塞耶对司法克制主义的观点,以汉德的话来说,"比兰代尔的观点更具'颠覆性'":"对于那些将希望寄托于凌驾大众批评之上的法官角色的人而言,塞耶的观点值得惧怕,也受到了这些人的很多攻击。"[212]

在此后的很多年里,汉德一直自视是在塞耶谱写的主题上进行变奏。1958年,汉德去世前3年,他在哈佛的霍尔姆斯讲座上发表的演讲是他的观点大成;他把讲稿寄给了伯纳德·贝伦森。在所附信函中,汉德说"这是我60年来怀抱的哀痛之情,来自我在法学院时,有幸师从的真正大师"。[213]他经常怀疑自己是不是曲解了塞耶的观点,而且实际上,他经常把塞耶的核心观点,也就是"怀疑法院作为社会冲突的裁决机构是否明智",变成对这种做法的公开反对。1959年,他在给一个朋友的信中说:"我经常自问,塞耶是不是会认领我在宪法领域内的那些观点,当作他自己观点的子孙后代;但毫无疑问——不管算不算血统不纯——我的观点沿袭自他。"[214]

塞耶于1902年去世时,汉德"非常悲痛"。"很显然,"他在给一位波士顿朋友的信中说,"法学院的其他学者不能跟他比肩,塞耶在他的专业领域里的研究结论,最恰如其分地反映了我们的法律的性格。"他还说:"另外,在他的性格方面我也对他有一些私人关注,也许主要是对他的喜爱,在我眼中,他是新英格兰东部居民的最美好的性情的化身,虽然也许对绝大部分人来说,有一点不谙世故。"[215]

法学院的经历教给汉德的"法律课",对他此后的律师和法官生涯都很有指导意义:既有保守的一面,也有创新;尊重法律传统,同时清楚传统需要"灵活应用";法官的角色应当受到限制,但不意味着全无创新;文明要做到既不因萎缩而消亡,也不因动乱而毁灭,那就必须进行"有序的变革"。汉德对哈佛法学院老师们的优点的看法也带来了慰藉和启发。他这么描述自己"年轻时代的经历"给他带来的东西:"这些人的榜样——专注于追求真理,不偏不倚——永远地让人警醒,理想生活应该是什么样子。不这么觉得的人是无可救药的。在你觉得周围的世界显得悲惨、庸俗、毫无意义时，他们会让你觉得，他们这样的人好像是画布，可以画出一幅画来。他们自己就是一幅画，你无法精确地在自己身上复制这幅画，但至少可以试着模仿。"[216]

汉德对法学院经历的最后也是最难忘的一次叙述，是在他1958年回到奥斯汀楼时。在霍姆斯讲座的最后一节中，他试图总结19世纪90年代他在哈佛法学院得到的一切。他说：他确定，他学到的远远不止法律规则：

> 我确实尽可能地吸收了知识，但我得到的远远不止这些。我带走了优秀的学者们在我身上留下的印记；他们耐心、细致、文雅、温和，威武不能屈，富贵不能淫。我从未忘记过这些老师。在我觉得任务太艰苦，或者太琐碎，又有面对困惑无法破解时，他们一次又一次地帮助了我。[217]

来自他们的帮助，实际上是一种态度，或者是一种学术立场。这种态度，汉德最早从哈佛那些哲学大师那里学到，在法学院的岁月里品味，此后自己发展延续了它："我从他们那里学到，我们是以工匠的身份得到满足和报偿的。在真理的世界里，他们仗剑而行；他们不追求绝对真理，自己也不给出绝对真理。"[218] 他的导师们有这样富于洞察力的学生，有能力吸收他们每个人身上最宝贵、对他来说最亲切的品质，同样非常幸运。

1896年，24岁的勒尼德·汉德准备开始进入律师行业了。法学院的经历比他预想的更愉快，但他在法学院的成功是在温暖的友谊和"一群专注的学者"包围中间取得的，这没能让他打消自己当律师能不能成功的疑虑。他原来以为法学院教育会是狭窄的职业教育，没有想到实际上相当广泛。但这些对律师工作是否有帮助？兰代尔担任院长期间，法学教育确实发生了变革,但是律师业却几乎还是老样子。那些让人激动的诘问模型对律师的日常工作真的有用吗?法学院教育对促进律师事业真有帮助吗?或者,相比法学院的经历,律师的生活会不会显得极其单调,令人丧气?

6月初,汉德写信给格斯堂兄,谈及自己决定回到家乡奥尔巴尼的原因。格斯两年前从法学院毕业,在纽约市一家优秀律所工作,已经是成功的执业律师了。汉德告诉格斯,他觉得"需要解释我为什么没有像你一样选择大城市"。他准确地列出了两条核心理由:一是他欠缺自信;二是家庭的期望。"就我自己而言,"他写道,"我确定,我去纽约是不行的。因为我连在那里生活都觉得太分心,何况是作为这个城市的活跃的一份子。"汉德觉得格斯"神经更加强健",因此"你可以在令我萎缩的压力下取得成功"。汉德提醒格斯,无论如何"他的家庭构成"都足以给他的决定找到足够的理由——他现在是家中的唯一男丁,他得跟随父亲的脚步。[219]

勒尼德搬回了斯泰特街上孩提时代的家,母亲和姨母对他热烈欢迎。(姨母跟一位本地医生结了婚,但住处离汉德家只有数步之遥,因此从未离开他家的生活圈。)他已经长大成人,但家里的女性长辈们对待他的方式与儿时一样,依然是既溺爱,又高要求。"主要的风险是我变成一个小小的暴君,"他告诉格斯,"我基本上可以说了算。"[220]回家的前几周,他主要做的事是应母亲的要求把父亲的文稿以及献给他的讣文打出来。

回到奥尔巴尼的确让汉德的律师生涯开始得很顺利。就像某个同学提醒他的那样:"你出身于一个有名的律师家族。"[221]家族关系给他找到了第一份工作。汉德的姑父马修·黑尔(Matthew Hale)雇佣了他。黑尔姑父来自伊丽莎白敦,原来跟汉德父亲合伙过,也是当地律师圈举足轻重的人物。黑尔的第一任妻子是汉德的姑姑,已经过世。他身体健壮,秃头,留着络腮胡,为人和善。他想让汉德在自己的所里工作,把他培养成合伙人;尤其是,他自己的儿子们还有好多年才能上法学院。但几个月后的1897年3月,黑尔去世了。没有了家庭关系,黑尔的所里也就不再有汉德的铁饭碗。

在黑尔的事务所里工作的那几个月,汉德对自己在律师职业上能不能成功不那么担忧了。在法学院,他的同学就知道,汉德对那种当律师的目的仅为挣钱的人是很轻蔑的:汉德眼中,律师职业本来就已经"太趋炎附势、逐利而动",如果以挣钱作为执业的目的,那就是"完全迷失"了。他"会鄙视"那些因为"想挣钱"才当律师的人。[222]

在黑尔的事务所工作期间,汉德发现,也许实践派和思想者的生活并不是非此即彼。黑尔跟塞缪尔·汉德当年的一样,在处理上诉案上颇有一手,而勒尼德甚至找到时间写了他的第一篇学术论文。(文章于1897 年春季发表在《哈佛法律评论》上。论文的主题是关于"不当得利"的法学争论,当时《哈佛法律评论》刊登了很多这方面的文章。)这篇论文是法学院刚毕业的优秀学生视角,极富洞见。[223]但黑尔不幸去世,他也不得不重新找工作。

3 周不到,汉德就写信给塞耶说,他即将进入"在判例汇编方面名气很大的马库斯·T. 胡恩(Marcus T. Hun)先生"的律师事务所(当时,胡恩负责纽约上诉法院的判例汇编已经很长时间。这项工作以前属于塞缪尔·汉德)。"黑尔先生已经去世了,我现在觉得我很幸运,"汉德告诉塞耶,"因为我觉得这个机会是我在奥尔巴尼能得到的最好的了。"[224]这很有可能是事实,但这个职位带来的前景实际并不如黑尔的事务所。胡恩很有能力,为人谦虚,事务所业务也不错,但算不上是奥尔巴尼最顶级的律师。汉德成为合伙人的前景也没有保障:胡恩自己也才 52 岁,他的合伙人更年轻,才 33 岁。

汉德在胡恩的事务所一共工作了五年半时间,这段期间他进展尚可。1899 年初,在这家所里工作两年后,他升任"合伙人"。在他写给自己的叔父理查德·汉德的一封信中,他试图把自己的升职描绘得尽可能风光一些:合伙人意味着他"在本地律师圈里有了地位",他写道,"而且顺便让我的年收入达到了 1500 美元,因为我不参与利润分成"。[225]但这个"顺便"实际没有让他高兴。面对格斯,勒尼德抱怨收入"太低";事务所也没有把他的姓氏加到所名里。(汉德开始给律师事务所创收以后,又过了一年,在 1900 年,这家律师事务所改名为"胡恩、约翰斯顿和汉德律师事务所"。但汉德的律师费收入占比一直不高,从来没有超过15%。所里收入不算太多,他的收入就更低了。)

不过,汉德与胡恩私交非常不错。胡恩执业经验非常丰富,传授给汉德时也非常有耐心;在执业纪律方面他也是优秀典范,同时领导了奥尔巴尼的城市改革运动,广受尊重。他生性热情,对汉德更是有如父亲般关怀。他们之间有很多以"我亲爱的勒尼德"和"我亲爱的胡恩先生"开头的通信,从中可以看出他们的关系良好。并且,也许对汉德的职业发展来说最重要的一点是,胡恩对他评价非常高,给了他很多自信。"我只能说我至少具备一项优点,"胡恩告诉汉德,"我能欣赏比自己更聪明的人。尤其是在你身上,我相信我没有看错。"[226]

尽管工作竭尽全力,勒尼德对自己在胡恩事务所的表现并不满意。考虑到他心目中父亲的完美形象,即使取得了更大的成就,他也很可能依然对自己不满意;伯父和叔父经常安慰他,但即使是这种时候也往往少不了提及伟大的塞缪尔·汉德。克利福德曾写信说,"你对自己要像我对你那样有信心",但同时又说道——好像汉德还需要提醒似的——"如果我亲爱的弟弟、你的父亲还活着,他今天的业务领域应该已经非常广泛",因为"很大程度上是个人层面的理由",没人能取得同样的成就。"活得比他长的人,又有谁能宣称接过了他的衣钵呢?"[227]

但勒尼德的工作内容也确实有让他不满的理由。在胡恩事务所的头两年,勒尼德几乎将自己所有精力都投入了律师工作,基本上放弃了所有其他兴趣,包括学术写作。他碰到一些需要起草上诉法律意见的案子,但几乎没有机会在上诉法院出庭;事务所接到的上诉案件不多,这类案件胡恩都亲自出庭。汉德接到的任务主要是作法律检索,这项工作非常琐碎,有时甚至极其枯燥;撰写法律意见也是纯粹的书面工作。有时其他律师会找他代写法律意见,这种工作报酬也不高。胡恩还老是督促汉德集中精力做这两项工作,因为,胡恩觉得,这类工作用他的话来说"是最适合你的"。[228]

上诉案件的相关工作最为吸引勒尼德。因为代理上诉案件需要的不是律师靠急智随机应变,而是大量的研究、思索、写作。但他确信:直接接触当事人和出庭代理案件是在律师职业里取得成功的关键。他害怕变成一个从不出庭、仅仅为其他律师写作法律意见的书呆子。"我的工作几乎完全是诉讼方面的,"他告诉叔父理查德,"只要我有机会,我就会选择这个领域的工作。"[229] 他一度希望,他在胡恩事务所的"合伙人职位"能够让他直接接触当事人、参加庭审。但这个希望,事实证明也十分渺茫。凡是胡恩事务所接受的上诉案件的委托,胡恩都亲自出庭。勒尼德还把时间花在为外地律师跑腿上——催收债务,向州政府提交文件,为那些对奥尔巴尼情况感兴趣的律师关注本地事务。为这些工作收费,勒尼德有些不好意思,因为他感觉这些完全没有用上自己的聪明才智。他开价低于一般行情——行情每件收费 2 到 5 美元——实际收到的报酬就更少。(格斯堂兄是几位督促他多收费的朋友之一:"你免费干活是不合理的。这些活并不愉快,应当合理收费。")[230] 勒尼德的另外一些活是为不那么富裕的客户起草遗嘱,或者为小商户起草合同。这些工作也不能让他兴奋。固然很多律师在起步阶段经常做这类常规工作,但是勒尼德从业三四年之后,他的日常工作仍然还是这些。他越来越多地要求直接接触客户、参加庭审。

勒尼德仍然经常给伯父和叔父写信。在信中,他持续诉说着对自己选定的职业方向的疑问。有一阶段他仍然想主要做诉讼业务,他在给理查德叔父的信中谈道:

> 我当然算不上具备了执业所需的全部素质。我发现我们家的主要弱点在我身上也难以克服,也就是每次我需要做一件不允许提前准备的事情时——比如出庭时——需要去应对无法预见的情况,我克服不了紧张,也没有自信。我不怕发表代理意见,但是任何需要我当场作出反应,而且也只能当场作出反应的事,我都觉得非常艰难。这毫无疑问是我的缺点,我想只能通过经验和自控去面对。[231]

服务当事人需要随机应变、冷静自若；勒尼德的天性是深思熟虑、高屋建瓴。显然，这两者并不调和。他面对真人而非法律书籍的最早几次经历，就证实了他最大的担忧。1898年，马萨诸塞州菲奇堡律师查尔斯·韦尔（Charles Ware）找到他，共同代理一个名叫爱丽丝·霍顿（Alice Houghton）的女当事人。霍顿有个私生子，她宣称孩子的父亲是西摩·皮尔斯（Seymour Pierce），一个已婚的穷理发师。皮尔斯和他父母最近搬到了奥尔巴尼地区。搬家之前，皮尔斯的父母给了霍顿一小笔钱支付医疗费，霍顿放弃了追索权。韦尔宣称，霍顿放弃追索权无效，因为她还没有成年。韦尔让汉德去皮尔斯一家的新住址找到他们，然后要求他们再给霍顿一笔钱。

勒尼德对与法律相关的活儿全都很有兴趣。他马上表示出对霍顿的"由衷同情"，准备好代理她提出赔偿主张，而且向韦尔保证他会"免费"帮忙。[232] 但是他的好心换来的结果是数小时的无偿劳动，还有更多时间的尴尬。在1月的一个寒冷日子里，汉德登门拜访皮尔斯一家。他在那里遇到的不仅有西摩·皮尔斯的母亲（她虽然"十分激动"，但好像做好准备再给一笔钱保护自己的儿子），还有西摩的妻子；后者十分生气地告诉汉德，她"什么也不准备干"，而且"也不准任何人为爱丽丝干任何事"。[233] 汉德感觉自己表现不佳，有些沮丧；同时对霍顿的命运也非常担忧。事后他迅速寄了一张50美元的支票给韦尔，想让韦尔转交给霍顿。他告诉韦尔，他这么做的原因是"担心拖延会给这位女性带去伤害"。[234]

韦尔的神经比勒尼德坚韧得多。他马上写信给西摩·皮尔斯的父母，提出：只要他们再支付350美元，就放弃全部追索主张。皮尔斯一家委托了一位奥尔巴尼律师T. A. 格里芬（T. A. Griffin）。格里芬很快找到勒尼德·汉德，他说的话让这位尊严已经受损的年轻律师烦恼不已：格里芬宣称，霍顿无法在纽约法院提起监护权的诉讼；她是在威胁：不给钱她就发起对西摩·皮尔斯通奸的控告，而这就属于勒索了。

勒尼德认为，格里芬的怀疑"令人尴尬"，他保证他跟所谓的通奸控告毫无关系。事实上，韦尔自己对这个案件颇有疑虑，而且霍顿现在说她本人并不想控告皮尔斯；一直是她的父母想要钱。这个案件没有继续下去,但尴尬还没结束:韦尔把勒尼德写的支票还了回来,表示他从一开始就觉得把支票给霍顿"未必明智",[235] 勒尼德不得不承认送这个礼物"事实依据并不充分,有些感情用事",批评自己在案件中的表现并不冷静理智,配不上自己心目中能干的律师形象。[236]

　　勒尼德的工作内容经常是穿上正装去州内小镇催收债务;但他偶尔也有机会参加庭审。庭审是最让他满足的。他知道,只有事前准备充分,他才会内心平静;但面对疲倦又暴躁的初审法官,他还是没有准备好。他的这起案件是这位法官当天审理的最后一个,法官对勒尼德精心准备的证据出示"极其缺乏耐心"。勒尼德很快感到既困惑又紧张。"我想要举证时,法官一直打断和催促我,"他写信给伯父克利福德说,"所以我变得非常激动。"[237] 举证结束之后,事态进一步恶化了。法官驳回了勒尼德一方的主张,而他为此做了很多准备:他从公文包里抽出一份刚刚生效的判决书(新的"《判决快报》"都还没有收录),想要说服法官改变主意。但是这位法官只是"看了判决书大概半分钟",还是坚持自己的立场,勒尼德写道。勒尼德的意见没有被采纳,就像他后来告诉格斯的,那位法官"让我自取其辱"。[238]

　　格斯告诉勒尼德不要担心:就他的亲身经历而言,他知道充分准备有时对"审判席上坐的那些白痴"毫无效果。[239] 但勒尼德的忧虑挥之不去,他告诉伯父克利福德,法官的快速裁判"非常有可能"是因为"我发表代理意见的失职"。[240] 尽管如此,他坚持寻求出庭机会——他自愿为穷困的刑事案件被告人辩护,还试图建立起本地法律援助协会,并且代理一些法律援助案件。但他从这些案件中得到的满足感也越来越少。

　　两年来,汉德主要的精力都集中在律师工作上。到1900年初,汉德仍然没有看到职业前景好转的迹象。两年多里他一直努力追求职业经验,但效果最好时,也无非是接到一些小案件;最糟糕时,是非常尴尬的经历。他逐渐被忧郁吞没了。案件好像"十分无聊",他觉得自己努力奔跑,却好像停滞不动:"我渐渐觉得,必须做点什么,否则我的时间好像完全虚度了。"[241] 来自亲朋好友的安慰听起来也十分空洞。格斯告诉勒尼德，作为一个"在奥尔巴尼起步的年轻律师""开始执业这么短时间"，他做得不错。[242] 但是，比起格斯来就相形见绌：格斯在纽约发展得不错，业务拓展到了反垄断法、国际法以及宪法领域的大案子。勒尼德在给法学院朋友的信中说："原则上说'向上的空间'总是有的，虽然在道德上鼓舞人心，对我来说却好像缺乏一些实践意义。"[243]

渐渐地，勒尼德开始觉得奥尔巴尼"让我的灵魂死气沉沉"。[244] 他还没打算放弃，但他害怕如果只着眼于职业成功，自己就会日渐抑郁。他"不敢打破奥尔巴尼规矩森严的日常生活"，担忧自己变成"悲惨的反人类者"，[245] 但认为原因是压抑自己的学术兴趣太久了。他知道，重新埋首书本对自己的职业不会产生多大的助益，他发现律师事务所"就算发现天才，也总是立刻避开"。[246] 他对学术的兴趣又一次爆发出来，部分是为了缓解挫败情绪，部分是因为它再也压抑不住了。他开始如饥似渴地阅读历史、经济学、哲学著作和传记，重拾自己的旧日兴趣，还开始探索新鲜的领域。

1900 年春天，格斯告知，一帮年轻的律师朋友——主要来自纽约和波士顿——准备组织一个讨论组。格斯准备提名汉德加入。秋天，汉德高兴地接受了提名，说"我准备尽可能多地参加活动"。这个"无名"俱乐部每月举行一次晚餐聚会，讨论会员提前准备好的主题；汉德定期坐火车沿哈德逊河南下，去纽约市参加聚会。讨论主题通常与法律相关，但与普通律师的日常工作无关：从"黑人问题"到"现代改革运动"到"个人的自由权利"。[247] 格斯解释，这个讨论组"有点像"法学院俱乐部，"但是更正式，而且除了会员资格外并不限于法律圈；也不是为了发表松散冗长的演说"。[248] 对汉德而言，这像是又回到了哈佛，正在参加愉快的晚间谈话。他在这些聚会上认识了不少思想活跃的年轻律师。自然，汉德对参加"无名"俱乐部活动越热忱，对家乡奥尔巴尼在文化活动方面的贫瘠就越不满。奥尔巴尼的确有个相似的讨论组，叫做"十四夜俱乐部"，但他们的活动十分无聊，汉德根本提不起定期参加的兴趣。他重新开始写作学术文章，同年，他写了一篇关于专家证言的使用和滥用的文章，发表在《奥尔巴尼医学年刊》上,这本医学期刊没什么名气。文章在行文风格和内容方面都得到了不错的评价。汉德安排重印了200本,送给了熟人们。不久,他把这篇文章投稿给了《哈佛法律评论》,在1901年刊出。[249]

这篇文章的笔调不再是毕业没多久的学生了。汉德第一次显露出成熟的笔锋。他的行文充满力量、优雅和智慧。文章中交织着历史、逻辑、实践角度的论证;他指出,在诉讼中让专家证人给普通人组成的陪审团解释复杂的科学问题的做法,十分"可笑"。汉德呼吁改革,要求为法官和陪审团提供帮助,当事人提交的专家证人的证言是否可以采信,应当由法庭指定的独立专家组成的合议组织来确定。

格斯对汉德的某些行文方式不以为然。文章在奥尔巴尼发表后,格斯指出:文中对普通法传统的评论"毫无必要","肤浅而且站不住脚"。比如,文中有一处把普通法称作"荒谬的养母",不是能够轻易发表、"笑而言之"的评价。格斯坚持:在文章里表达"作者的情绪"是"鲁莽的习惯",严肃的文章不应如此。[250] 这对堂兄弟之间的意见交锋反映出了不同寻常的亲密:他们对其他人不可能如此坦诚;分歧没有影响他们的关系。(勒尼德认真对待了格斯的观点,在文章发表前对行文作了一处微调;对文章的其余部分,他立场十分坚定。)[251]

1901年6月,哈佛哲学系请求校友资助为系里建造一幢新楼。汉德的答复令人印象深刻:他承诺捐出1000美元。当时他收入不高,向外捐助金额通常是在5美元到25美元之间。院长被这笔意料之外的捐款震惊了,告诉汉德"你的捐助是爱默生楼收到的**第一笔**捐款承诺……第一笔确定的承诺"。[252] 在募捐的头两年里,汉德一个人承诺捐出的金额基本上是系里收到的全部金额的一半。他并不后悔:"哲学系对我来说非常重要,"他写道,"对哈佛本身和哈佛影响范围内的人们来说,意义同样重大。"[253]

汉德给哈佛的捐助是个私人事件,并没有影响他建立自己能干的律师形象的目标。影响这个目标的是一个同时作出的决定,去学校兼职教授法律。1901—1902学年,他在奥尔巴尼法学院教了一门课;第二学年,他想要教两门。伯父和叔父想要说服他放弃这方面的兴趣,但是他很需要这些学术活动释放自己的精力;重新开始学术活动也让他重温了哈佛的美好时光。

　　另一方面,汉德在奥尔巴尼度过的岁月让他对新的领域开始感兴趣。平生第一次,他开始关注起政治。

　　汉德在哈佛上学的时代,是美国的镀金时代。当时,汉德的圈子里对政治的普遍态度是轻而远之。政治家是一群陌生的势利生物,通常是移民后代,追求琐屑的物质享受;党派分歧似乎无关原则,争论的也无非是谁上谁下。勒尼德当然知道家族里有些成员参与政治比较多:祖父和父亲都是忠实的民主党党员;多年来,他反复听到伯父克利福德表示自己忠于家族的民主党传统;他也知道格斯也对家里的这一党派传统恪守不移。但勒尼德无论是在本科还是在法学院都对党派争论毫无兴趣。

　　1898年美国与西班牙的战争爆发时,汉德开始关注政治。当年春天,海军战船缅因号在哈瓦那港沉没以后,在威廉·鲁道夫·赫斯特(William Randolph Hearst)旗下报纸刊登的那些让西班牙为"暴行"付出代价的言论之下,时任美国总统威廉·麦金利(William McKinley)———一位共和党人——决定发动战争,国会也很快批准开战。不久,菲律宾卷入战争,海军准将乔治·杜威(George Dewey)占领了马尼拉。7月初,西奥多·罗斯福(Teddy Roosevelt)带领莽骑兵军团(Rough Riders)攻下了圣胡安山,古巴很快投降。8月,持续了4个月的战争结束了;12月,美国和西班牙签订了和平条约,西班牙割让菲律宾(以及波多黎各和关岛)给美国。忽然,美国变成了世界强国。勒尼德的伯父克利福德和堂兄格斯都是杰斐逊派民主党人,对国家权力始终持怀疑态度,鄙视美国表现出的新帝国主义倾向,认为这背叛、动摇了美国的理想和道德传统。汉德没法避开克利福德的长篇大论,或者不看格斯的长信。一开始,他赞同他们的反战情绪,这让他身边的人半认真半开玩笑地批评他"不爱国"。但是随着克利福德的观点日渐极端,汉德开始更多地反思家族的政治立场,这个过程让他的思想更加成熟,独立性也增强了。

　　勒尼德 1898 年写给格斯的信是政治觉醒和独立的宣言。[254] 对他来说，相较于自己不确定的政治立场，克利福德伯父坚定跟随杰斐逊派民主党阵营，其吸引力只在"定义清晰"和"立场坚定"上。但他觉得这一派的政治观点始终有些"教条"，因此拒绝全盘接受。克利福德反对帝国主义和殖民主义；汉德认为，这些观点是"善良的杰斐逊党人、法国大革命和卢梭个人主义的遗迹"。但他质疑，杰斐逊的观点还适合现代社会吗？他承认，当前政府实施的"社会主义和自由资本主义的混合"看起来更加合理。"你我不可能幼稚到认同让每个人自行其是的社会哲学。我们需要放弃理念上的效率和清晰，追求更广泛适用、更好，但可能逻辑上不那么统一的社会哲学。"他指出，"不干涉"并非政府的"理想施政原则"，"在广泛的情况下，国家往往应当、而且必须为了社会中每个个人的福祉，对个人的行为进行引导，对个人之间达成的合同关系进行修正"。他还说："我至少相信，政府应当对工厂的劳动安全、劳工健康条件进行规定，也应当规定妇女和儿童的最长工作时间。"这些话背后隐藏的，是塞耶教授关于国家警察权力范围的那些教导——国家促进国民的健康、福利、道德水平的权力。在勒尼德这样一个年轻人身上，学术概念第一次被放到了具体的政治环境中来考虑；在这个过程中，他逐步开始反对自己继承自家族内部的政治观点。

　　关心当地事务促使勒尼德寻求自己个人在政治上的发声渠道。纽约州长选举迫在眉睫。西奥多·罗斯福自古巴归来，成为共和党候选人，他的民主党对手并不出名，由坦穆尼社支持。克利福德和格斯都是传统的民主党人，他们的选择非常容易：投罗斯福的反对票，这也象征着反对美国这种误入歧途、不道德的外交政策。但勒尼德不这么想：克利福德和格斯努力了很多次想要说服汉德，但后者这次立场十分坚定。他把票投给了共和党人罗斯福。跟家里的其他人一样，汉德很不喜欢罗斯福的"尚武帝国主义"，但是在罗斯福的竞选演说里，他看到的是，用他自己对格斯说的话来描述，"社会主义和自由资本主义的混合"。而且，罗斯福出身不错，还是哈佛校友；不过罗斯福既不像汉德原来认识的那些哈佛校友，也不像汉德原来蔑视的那些政治家。罗斯福是个投身政治的知识分子。

同样重要的是,勒尼德认为,在州一级和地方选举中投票的立场未必见得要和联邦选举一致。他告诉格斯,他对西奥多·罗斯福的作风——建设"大陆军,大海军,强大军事力量"——持保留态度;他补充说,如果这是选战的核心问题,他一定"不会把票投给他";勒尼德指出,罗斯福这次竞选的毕竟是州一级的职位,不是联邦的。如果每个投票者都"只给候选人竞选职务职权范围内的事务投票,并且因此确认他投出这张选票的目的为何",那么会"非常有好处"。至于州长职位,坦穆尼社背书的候选人未必就值得支持:"当然,如果性格和西奥多·罗斯福过去的正直诚实记录能够说明问题,他现在还是能保证他行为端正的。他有时确实不明智,而且获得提名以来的行为实在说不上品味高雅,但他还是完全独立的。"作为对比,坦穆尼社的追随者们"从未改变,他们还是罪犯,或者那些犯罪之后逃脱定罪的人的避难所"。

不过,勒尼德支持西奥多·罗斯福的最根本原因,不在于所谓的这种把州一级选举和联邦选举分开对待的态度。最根本的原因是,克利福德和格斯无法说服他。后两者主张,美国的殖民主义需要不惜一切代价反对。勒尼德则压根不相信控制了菲律宾就等于"合众国的毁灭"。他认为,占领新的领土显然是国家权力的一部分,而且取得殖民地也符合美国的传统。这些观念在一个民主党家庭里显得惊世骇俗;还不止于此,他说,凡是害怕美国搞殖民主义的人,都可以多关注国内问题,少注意海外事务。他一针见血地指出,联邦政府应当解决的首先是国内问题,比如环境问题,以及少数族裔的生存状况。他呼吁关注"穷困印第安人的苦难";他指出"只要考虑到黑人,我就不明白为什么人们对所谓的美国自由带来的好处这么有信心";他坚持,民主政府的主要风险不在于占领海外领地,而在于无视国内问题,比如"提升城市安全——例如,应对水污染"。

又过了两年,勒尼德才开始公开表明自己的政治立场。1900年,罗斯福州长获得共和党副总统提名,党内的总统候选人是麦金利。1898年以来,勒尼德与罗斯福逐渐熟悉起来;他们偶尔有工作往来,有时也会在社交场合会面。他喜欢罗斯福这个人身上的一些特质;他发现共和党的大部分宣言,尤其是推进积极行使联邦政府的权力,比起杰斐逊派民主党人的不干预政策,更合自己的胃口。再一次,克利福德伯父敦促勒尼德遵守家庭传统。这次,勒尼德鼓起勇气,告诉伯父自己有不同看法,而且,他加入了共和党。这一步棋相当冒险,无论是从职业发展来说还是从家族关系来说。就如他在给格斯的信中所说:"恐怕你觉得这么做并不明智,我也知道,从个人的角度来说,这会影响我在奥尔巴尼的前途,我毕竟和这里的民主党人有些关系,这些关系对我可能是有助益的;我和共和党反倒毫无瓜葛。"但共和党"在公共事务上,正确时比民主党多";在接下来的总统大选中,他也更赞成共和党的竞选纲领。[255]

勒尼德告诉格斯,现在注册成为共和党员并不意味着这就是他"未来的选择";[256] 但是目前,这么做符合他的想法。他鼓起勇气告诉克利福德,家族传统不能把他限制在民主党内。但是勒尼德尚未形成自己的固定党派选择。他 1900 年的党派注册和投票都只是为了这次大选。下次大选,1904 年时,他把票投给了民主党候选人,也就是西奥多·罗斯福的对手;余生里,他在大选中把票投给民主党和共和党候选人基本是一半对一半——而且,有一次,他还把票投给了两党以外的候选人。

汉德在奥尔巴尼期间的其他较为持续的公共事务参与,则是他的职业工作的副产品。其中最费神的那部分是在胡恩事务所的工作带来的。从 19 世纪 80 年代开始,胡恩一直担任奥尔巴尼市市民协会(Albany Citizens' Association)主席。协会宗旨在于防止市政府官员贪污腐败,主要工作就是防止滥用公共资金。协会的办事机构叫做"十三人委员会"。汉德加入胡恩事务所后不久,胡恩就任命他担任十三人委员会顾问;汉德一般作为委员会代表出席行政事务听证会(至少胡恩不担任发言人时)。州首府氛围要比事务所更活跃一些,但是汉德的大部分工作内容是检查州政府的票据。询问聋哑人资助款的实际流向,陪同政府官员检查人行道铺设、确认承包商完成任务,这些工作远远称不上令人兴奋。偶尔,也有言词辩论的机会——那是汉德梦寐以求的。但往往这些机会也和他在初审法庭的经历一样让他失望。有一次,汉德在州政府的审计官员面前陈述,主张不应批准州政府的某些印刷支出。但他没有成功;而且,令他尴尬的是,当地报纸还批评他的陈述理由过于晦涩难懂:头条标题是"汉德开口千言——许多许多数字";正文写道,"汉德先生的意见充满了印刷工艺的晦涩行话,门外汉根本听不懂"。[257]

汉德为十三人委员会所做的工作只有一次吸引了报社的连续报道。1901年5月的两周,汉德卷入了一场争议,当地报纸不寻常地用头版通栏标题连篇累牍地报道了这起事件。事情的起因是在新型有轨电车上工作的工人暴力罢工事件。当时,劳资关系紧张是全国性现象,这波风潮也卷到了奥尔巴尼。在全国各地,熟练工人们不仅要求加薪,还提出组建工会的权利应当得到更多保护。工人们持续罢工,资方找来了罢工破坏者。警戒线上时有冲突;有时,这种冲突升级成严重暴力。

在奥尔巴尼,争议最大的是工会力量的核心问题:联合牵引公司(United Traction Company)的几百名雇员中有9个人没有加入工会,罢工工人坚持要求该公司不能雇佣非工会成员。罢工开始1周后,公司派出了第一批罢工破坏者。5月14日上午10点,从奎尔街的车场里快速驶出了几辆电车。第一辆成功通过了;第二辆被上千名罢工者和同情他们的人拦住。人们朝着这辆车丢了许多砖石,其中一块砸中了司机。报纸在报道中用煽情的语言述称司机生命垂危。有些报道还点出,当时在场的警察袖手旁观,显然他们也同情罢工工人。

这篇报道让十三人委员会开始行动。委员会怀疑,在这起事件中,警察触犯了法律。他们指派汉德开展调查。调查期间,汉德广泛询问了证人,与此同时,同情罢工工人的人越来越多。公司找来的罢工破坏者也越来越多,人群开始在街上聚集;不久,国民警卫队也出面维持秩序。几天以后,国民警卫队向人群开火,两名无辜的围观群众丧生。

汉德在为期两周的调查中始终非常冷静。司机受伤事件发生后,委员会以在电车上执勤的警察"与暴动人员串通"[258]为由,要求对他们作停职处理,并且成功了。汉德一着手调查,就发现被停职的警员中有一人的身份被搞错了,于是设法撤销了停职决定。在调查报告里,他坚定地驳斥了大众歇斯底里的情绪。他坚持,从当时混乱的人群中找出导致司机受伤的罪魁祸首是不可能的,因此责怪普通警员是不公平的,而且重要的是区分清楚事实与胡编乱造。这一次,他成功应对了一次危机局面,没有屈服于焦虑。

他的报告审慎彻底,但也就事论事;报告集中在警察执法是否失职上,对劳资纠纷的起因则几乎未置一词。汉德在报告中没有分析事件的社会和经济背景,这也是可以理解的。首先他从委员会接到的任务就只是调查,不过实际也没有任何迹象表明,他当时就已经关注到劳工的低收入问题,以及在奥尔巴尼或者其他地方的罢工潮背后,工会组织发展面临的障碍。从理论角度来说,他当时就已经认识到,代表工人利益采取公共行动具备宪法依据:就像他在和格斯堂兄讨论杰斐逊派自由资本主义哲学时所说,"国家应当、也必须规制个人行为",[259] 尤其在有关劳动条件方面。但是,确实没有迹象表明,汉德当时就已经开始发自内心地关怀劳工阶层。

一年后,纽约州一家州立精神病院的状况——另外一个公共事务问题——让汉德投入了更多的感情。通过格斯,汉德结识了詹姆斯·B. 勒德洛(James B. Ludlow)。勒德洛是位讲究生活的律师,他的博闻广知给汉德留下深刻印象。勒德洛代表的其中一个利益方是由一群社会精英组成的州慈善援助协会(State Charities Aid Association),这些人不满于对穷人傲慢而吝啬的态度,并进而开始进行积极的游说。他们认为政府的扶贫政策太受制于党派,而且效果不彰。协会 1900 年度的年会在奥尔巴尼举行,汉德出席了,还在会上认识了一些协会成员。他开始帮助协会成员关注立法草案的进展,这么做也主要是出于一个年轻律师拓展社交的需求,汉德当时对公共事务还十分淡漠。但其中有一项事务激起了他深刻的同情。1902 年,他被任命为"观察员",主要任务是检查并报告波基普西市哈德逊河州医院(Hudson River State Hospital)的实际状况。(几年前,协会成功游说通过了一系列法案,将部分精神病人从各市的救济院或者收容所转移到州医院;这些法案还授权协会任命"观察员"前往医院检查实际运作情况。)汉德接受了任命,像往常一样,非常仔细地完成了这项任务。他走访了医院两次,交出了一份长达 11 页的报告。(协会人员读完他的报告,评价道:汉德能在这么短的时间内"就这个问题了解如此深入","确实令人印象深刻"。)[260] 汉德在其中发出的声音不再是尽职的律师,而是对人类苦痛的深深同情和对改革的呼吁。医院对可以治愈的病人和无法治愈的病人采取相同的措施,汉德对此提出了尤其尖锐的批评。他指出,对无法治愈的病人,应当给予"合理的关怀",即使仅仅是出于"人道尊严";而对于那些可以治愈的病人,需要给予更多的治疗措施。[261] 医院床位紧张尤其影响对可以治愈的病人的治疗,而且只给他们提供监护而不是更积极的治疗,有可能会毁掉他们的治愈希望。在汉德的眼里,他所做的事不再是勉强谋生的律师接到的琐碎活儿了;它已然演化成关心社会的公民的积极主张。

　　但是参与学术活动或者公共事务的机会,不是奥尔巴尼生活的常态。汉德的大部分时间都花在微不足道的法律事务上,他固然努力,从中却也无法获得满足。他加入了一些当地组织,但是本地商会或者银行董事会的聚会对他的职业前景帮助甚微,遑论带来社交上或者学术上的满足。他意识到,除掉日常,最令他满足的那些事,都发生在奥尔巴尼之外:纽约市的年轻律师们的"无名"俱乐部;检查精神病院的工作也是纽约的熟人介绍的。他想要去大城市的愿望越来越强烈。也许,他应该逃离奥尔巴尼无趣的氛围,不光是为了职业发展,更是作为一个会思考的人?他为这个问题痛苦挣扎了好些年。但家乡的吸引力仍然很强。如果他在一个熟悉的环境里执业都不成功,他怎么能够在陌生的地方成功呢?他怎么能够拒绝承担自己的"责任",离开家人?

　　早在1897年,一位从奥尔巴尼搬到纽约的律师就警告过汉德:"重返奥尔巴尼是感觉不错,但定居跟工作的话,就不那么好了。"[262] 1898年,汉德承认大城市的事业前景更美好。1899年,詹姆斯·勒德洛直言不讳地告诉他:"你唯一要做的是,来纽约定居。你一定会到纽约来的,这是迟早的事。"[263] 确实,汉德越是努力在奥尔巴尼生活,压抑他逃离的念头,就越觉得抑郁。汉德写信给一个也对律师职业感到"忧郁"的同学说:他被"自找的烦恼"所困,"想象飘忽如空气"。他的这位朋友比他还忧郁,却试图安慰他:"不要灰心丧气,如果你确实有这个想法,也不要觉得这些低落背后一定有什么重大理由。在你身上,以及在我们中间的许多人身上,这只是神经跟我们开的小玩笑罢了……有那么一两分钟,忘记法律吧。"[264] 汉德听从了建议,但也不过是稍稍放下对"工作——惟有工作"的执念[265],略微参与了一些学术活动而已。

1901 年,汉德已经在奥尔巴尼律师圈里奋斗 4 年多了。他鼓起勇气,开始认真地寻找其他地方的机会。他咨询了纽约市、波士顿、水牛城的熟人,在当地没有社会关系的律师有没有可能成功。就像他在给朋友的信中承认的那样,[266] 奥尔巴尼的情况"有些糟糕,我想抓住任何机会,只要能让我离开这,去任何地方都行,只要这些地方有更多的事可做"。不久,他得出结论:波士顿和水牛城"没有机会了",转向纽约市。他相信他会在纽约市"得到很好的回报"。找工作持续了 1 年多,也确实有一些机会。但是,知道自己想要去纽约,跟真的下定决心离开奥尔巴尼之间的距离还很遥远。他犹豫不定,每前进两步就要退缩一步。连他的法学院同学查理·巴洛都开始不耐烦,抱怨汉德老是"啰啰唆唆,原地打转"。[267]

1901 年,汉德的伯父克利福德逝世。同一年,格斯离开了他原来工作的华尔街律所——他在那里已经当上了合伙人——转投克利福德生前的事务所。这家所规模比较小,但很有声誉。汉德仔细地写了一封信给堂兄,提议自己是不是也加入这家所试用 6 个月。在等答复时,理查德叔父到访奥尔巴尼。理查德·汉德对自己的儿子格斯有很强的保护欲。他直言不讳地告诉汉德,提议并不受欢迎:理查德的想法是,用汉德的话来说,"我加入一段时间后,如果律所的生意不够好,不能表明让我加入是个正确的决定,那么局面就不太理想了"。这就足够让汉德退缩了:他告诉格斯,他的提议"对我来说不太合适,虽然我遇到机会总是要碰一碰运气,而且我可能对你在事务所的地位了解也不太够,你所处的局面可能比我理解得更微妙,因此对你来说也不太合适"。[268] 他很快对这件事绝口不提。

詹姆斯·勒德洛向勒尼德提议也许可以"跟我一起干",保证"我至少能给你足够的业务让你忙碌".[269] 但是这个邀请太含糊,汉德没有明确接受,主要也因为家庭压力。勒德洛向汉德保证:"你迟早会来这里的,无论相反的理由到底是什么。而且(除非你的家庭原因让你完全来不了),你还是最好现在就来。"[270] 汉德偶尔也尝试别的机会。1901 年秋天,最有可能的一个职位的主要工作内容是"起草诉讼摘要".[271] 但这缺乏吸引力:汉德告诉有意向的雇主,他在奥尔巴尼的经历"包含太多诉讼摘要起草,没有足够的业务内容——在我来看,后者包含的机会最好"。他的观点还是"律师业的积极方面,是跟当事人接触",这个方面的前景也最好.[272] 1901 年末,奥尔巴尼的事务所业务有一点起色,纽约则是机会渺茫,汉德停止了找工作。"目前,——没有什么确定的职位空缺,"他写给纽约的一个朋友,"我放弃在纽约找工作了。"不过,他补充说:"我在找有前景的职位,相信最终我会找到的。"[273]

"有前景的"工作机会很快就出现了。在前往纽约的列车上,汉德认识了律师 J. 阿奇博尔德·默里(J. Archibald Murray)。他相当知名,是华尔街的一家小型律所"扎布里斯基、伯里尔和默里(Zabriskie, Burrill & Murray)事务所"的合伙人。事务所的确需要一位年轻人,默里邀请汉德来自己的办公室面试。汉德很快接到了录取信——这让他又痛苦了几周,因为这家律所的风评褒贬不一。雇主提供的职位不是合伙人,而是授薪律师;事务所本身不算顶级;合伙人虽然富裕,但并不十分活跃,这有可能会影响事务所的前景(虽然"人才的注入的确将弥补一直以来的一个欠缺",一位朋友告诉他。)[274]

1902 年 2 月,勒尼德拒绝了这次工作机会。家庭的压力又一次成了决定因素。汉德写信给这家事务所说,"如果我愿意离开"他就会加入,但是"家庭的特殊情况"还是让他付出了代价:"虽然我觉得我留在这里不那么理想,但个人情况相比职业考虑最终占了上风,我还是决定留下。以当前的局面而论,我不打算离开奥尔巴尼".[275]

1902 年秋天,汉德又开始找工作,这次很快就结束了。幸运的是,扎布里斯基事务所仍然需要一个年轻人。10 月 2 日,在与默里律师的简短会面中,汉德当场同意接受他 2 月份拒绝的那个职位。他将只是一名"事务助理"（Managing Clerk），不是合伙人；年薪是 1500 美元，与他几年前在胡恩事务所就已经达到的收入水平相当。

他的态度转变，一部分是因为奥尔巴尼日渐让他无法忍受。但还有两个因素更加关键：一是 1902 年秋，根据克利福德伯父的遗嘱，他得到了一笔遗产，经济上更加独立了。二是他决定结婚。汉德和弗朗西丝·芬克（Frances Fincke）在 1901 年夏天结识，汉德当即求了婚；1902 年夏天，她接受了求婚。11 月中旬距离婚礼还有 3 周时，汉德搬到纽约，加入了扎布里斯基事务所。

汉德一生中确信无疑的事情并不多，逃离奥尔巴尼就是其中之一。余生中，他反复考虑如果留在奥尔巴尼，"我的人生会是什么样"："我想逃离的愿望是这样强烈，好像危险还真实存在，如果我还生活在那里，那我一定不光是忧郁，我会活成一个失败者。"[276] 一次又一次地，他觉得奥尔巴尼岁月"可哀可怕；我在纽约从未产生同样的感觉"。[277]

第二章

勒尼德·汉德与弗朗西丝·芬克

1901 年 7 月,勒尼德·汉德遇到了他未来的妻子弗朗西丝·芬克,彼时两人都在魁北克城圣劳伦斯河畔的富人避暑胜地默里湾度假。当时,已近而立之年的勒尼德认为自己注定要一辈子打光棍了,因为他还从未对哪个年轻女子产生过真正兴趣。而邂逅这位迷人而又美丽的纽约州由提卡人、年方 25 的布林莫尔(Bryn Mawr)毕业生弗朗西丝,戏剧性地改变了这一点。遇事总是犹豫不决的勒尼德,几乎在一夜之间就下定决心要娶弗朗西丝为妻。他们在相遇一年后订婚,并在 6 个月后的 1902 年 12 月结婚。而这段婚姻,也赋予勒尼德最终逃离奥尔巴尼的力量。

多年之后,勒尼德·汉德在追忆二人订婚之时告诉妻子:"我愿意相信,我们当时是出于某种理由才会那样做的,因为我们彼此都能够,也的确在对方身上觉察到了自己想要的东西。尽管如此,这仍是一场冒险……"[1] 这段婚姻的确是"一场冒险":它让勒尼德和弗朗西丝都经历了剧烈痛楚,却也给他们带来了深远回报。所谓"彼此都能够在对方身上觉察到"的特质——也就是令这段持续近 60 年直至他离世的婚姻如此长久(亦如此紧张)的特质,又是什么呢?

在维多利亚时代后期的美国成长起来的勒尼德·汉德,自知那个年代对女性的看法。在他的家庭和社交圈里,女性以其优雅和美丽得到赞誉;结婚、持家和抚育后代是她们毋庸置疑的天职。进入青春期的勒尼德开始领会女性之美，[2] 而在大学时代，虽只可远观，迷人女子对他的吸引力亦未减弱半分。那些令勒尼德嫉妒的哈佛花花公子们向初涉波士顿社交圈的迷人名媛求爱，吹嘘他们纵情风月场的肉体欢愉；而勒尼德却只在远处旁观，闷闷不乐。他认为自己并非相貌英俊或生性快活之人，在社交中亦非游刃有余之辈。和女性在一起的时候，他觉得自己就是个局外人。勒尼德很清楚，自己对于女人的主要资讯来源都是他那些熟人们的浪漫纠葛。因此，当堂兄格斯告诉勒尼德，伊丽莎白镇的某个"尤物"———一位举止招摇的情场老手———令其产生了复杂情愫时，勒尼德为格斯拟了4页纸的建议，通篇是些虚无缥缈的哲学推论，尔后又全部撕掉了——他总结道，这些根本毫无价值，因为他也不"知道自己在说什么"。他只能义正辞言地劝说格斯："不要喜欢上转瞬即逝的荒唐东西，'一个惯于心机的风流浪子'；也不要喜欢上愚钝又故作正经的女人。"他还补充说，他自己喜欢的是"充满智慧和生气"的女孩，因为"毕竟这些都是非常迷人的……"[3]

6年后，在哈佛法学院度过的最后时光里，汉德以远观者视角对女人抱持的整体观感，又平添了几分对女性持家这种普遍范式的不满。勒尼德在回复格斯的便笺中，谈及一位两人都认识的刚订婚的熟人，并在评论中流露出了明显的厌恶之情：

> 就我遇到的大多数女人而言，压根就没有什么比婚姻生活更适合她们的事儿，但上帝在创造某些女人的时候满脑子都是婚姻生活，以至于这些女人在人格都尚未健全之时，在认识随便哪个比甲乙丙丁像样点儿的男人之前，就早早地在精神上成了已婚妇女。她们与婚姻生活如此相适宜，以至于相较之下，她们做起其他事情来简直显得愚笨。蕾拉就是那种女人。她全心全意地扑在家务上，除了跟一个想起来就令人毛骨悚然的人结婚以外，她还能干出点别的事儿吗？[4]

即便在勒尼德仅可从理论层面琢磨这类事情的日子里，那些主要

"适宜婚姻生活"的女人也绝非他所爱。回到奥尔巴尼执业后，勒尼德曾在多个场合遇见这样的女人——她们时而优雅，时而轻浮，但在勒尼德眼中，她们往往只对囿于家庭的安定生活感兴趣。对这些女人，他一个都没兴趣。勒尼德试图将自己打造成一个"正常"的年轻律师，并向着成为"务实"的诉讼律师目标迈进，律师执业的起步令他第一次有机会与年轻女性积极发展社会关系。参与民政事务，以及短暂地深入乡村俱乐部、舞会和晚宴中的社交生活，都属于这种尝试的一部分。在奥尔巴尼，他很快就成了人们眼中那位英俊、亲切的客人以及优质单身汉，吸引着年轻女性的兴趣，也燃起了她们父母的希望。他对自己理性主义的刻意压制无损其语言天赋：他的书信和言谈流畅机智，甚至还展现出一些打情骂俏的天赋。这些社交技能，连同他的家族名望和良好的职业前景，帮他打开了奥尔巴尼顶级家族的餐厅和乡村别墅的大门。然而，这种社交生活才过了两年，就已令汉德深感言谈的空洞和年轻女子的无趣。到了 1900 年末，他便回归了知识分子的生活，并退出了大多数日渐单调乏味的社交事务。奥尔巴尼三个富有而显赫的家族——鲍迪奇家、特里梅因家和奥利弗家——是勒尼德那短暂社交生活体验中的主要焦点。并非巧合的是，这其中的每个家族都有待嫁的年轻姑娘，所以勒尼德总能定期收到他们的晚餐和娱乐活动邀约。汉德家族的世交鲍迪奇家族就有一位在波士顿的未婚女性亲眷，勒尼德常带她去舞会，这使得她的长辈们萌生出些许期待之情，然而这些期待之情最终都随着他与弗朗西丝的订婚而破灭了。[5]

　而特里梅因家则有着更为殷切的期待，因为他们家有两个未婚的女儿，分别是艾米丽（Emily）和梅布尔（Mabel）。[6] 勒尼德·汉德这个"不错的年轻人"常常接受这对姐妹的父母之邀请，到他们在雪城附近的避暑别墅参加周末聚餐、散步和草坪游戏。尽管勒尼德对艾米丽颇感厌烦，但对于梅布尔，他一开始还是略有兴趣的：至少她还会偶尔参与些政治方面的讨论，比如聊一聊勒尼德对"美西战争"的反对立场。[7] 尽管相较于她那些索然无味的同龄人，她的活泼令人耳目一新，但这还不足以令勒尼德的兴趣持续太久。[8] 1900 年，勒尼德的大学朋友怂恿他一道去旅行,而那次旅行的目的地就在特里梅因家的避暑别墅附近,当时勒尼德费了很大劲才免于与这家人的两个女儿再度碰面。[9] 勒尼德退出枯燥的社交场合还得冒着令奥利弗家难堪的风险。司法部长罗伯特·肖·奥利弗(Robert Shaw Oliver)和他的妻子是比特里梅因家和鲍迪奇家还要更有地位的名门望族,他们也有两个未婚的女儿。其中一个女儿科拉(Cora),亦被唤作"可可"(Coco),很快就与勒尼德最亲密的朋友弗雷德·汤森订婚了;另一个女儿,伊丽莎白(Elizabeth),昵称"贝茜"(Bessie),则明显对勒尼德颇有兴趣。奥利弗家邀请勒尼德同去他们位于魁北克默里湾的避暑"农舍",勒尼德对这些邀约感到越来越不舒服,他告诉一位朋友,他"(因为奥利弗家的姑娘们而)感到不自在,而且在亲眼见到她们结婚之前都会这样"。[10]

　　1898 年,勒尼德果断拒绝了去默里湾度假的邀约,到了第二年夏天,当他再次收到邀约时,又多了几分回避的理由,因为贝茜·奥利弗给他寄了一封热情洋溢的信,信中谈论他的职业发展,还满怀期待又话里有话地说道:"我的男性朋友们在伴侣、婚姻和其他方面都已进展颇多,我想他们一定已经长大了,我也和他们一样。"[11] 正在默里湾与未婚妻消夏的弗雷德·汤森告诫勒尼德不要得罪奥利弗家。弗雷德暗示说,如果勒尼德在此事上刻意回避,贝茜可能会有被羞辱之感。实际上,她已经和弗雷德提过:"如果(勒尼德)等她走了才过来,她就能肯定做这种日程安排的目的就是为了躲着她。"而且,弗雷德觉得奥利弗家已经开始怀疑,勒尼德对贝茜的兴趣可能远不及奥利弗家对勒尼德的兴趣那样大:"如果他们觉得存在这个可能性,你就最好别给他们信以为真的机会。"[12] 勒尼德虽然清楚奥利弗家喜欢他,但还是感到自己实难承受他们的殷殷期盼,遂再次拒绝了他们的邀约。然而,到了 1900 年,当勒尼德再次接到拜访默里湾奥利弗城堡的邀约时,他感到还是有必要与这个有影响力的家族维系社交关系,于是便接受了邀请。在假期结束离开加拿大前,他礼节性地给奥利弗家的姑娘们送去了紫罗兰,这番好意招惹来贝茜又一轮略带调情意味的书信。[13] 勒尼德这番客套成效卓著,以至于奥利弗家对勒尼德倾心于弗朗西丝·芬克的认真程度可谓是后知后觉。

当勒尼德在1901年夏天回到默里湾——遇见并爱上了弗朗西丝时——他正住在鲍迪奇家,而非奥利弗家。

　　1年后,预备7月出发再访默里湾的不久前,贝茜还在盼着"亲爱的B"(也就是比林斯·勒尼德)能花很多时间陪她,并期待着两人的长途马车旅行,而那一次出行,实际上却以勒尼德与弗朗西丝的订婚告终。[14]到了1902年夏末,奥利弗家已经难以回避期待落空的失望之情了:弗朗西丝和勒尼德公开宣布了他们订婚的消息。虽然奥利弗家每个人都佯装镇定,但他们的郁闷还是有迹可循。勒尼德在法学院的一位名叫查理·巴洛(Charlie Barlow)的朋友是默里湾的常客。他提到,勒尼德订婚几个月后,查理的姐姐正从欧洲归来,无意中听到一个男人的声音通过船上的通风系统传到她的客舱。那个陌生人说道:

　　去年夏天我碰巧在默里湾,那儿有一个叫汉德的年轻律师,一个不错的年轻人,也挺有钱的,他刚与一个由提卡的女孩订婚了——奥利弗夫人请他们共进早餐,我也去了,她那表情看起来真是太叫人伤感了——"又一个好机会溜走了"。[15]

　　但是相比其他奥尔巴尼的年轻姑娘,贝茜·奥利弗也从来谈不上有过什么"好"机会。她们当中没有一个人能令勒尼德的兴趣持续多久;在他看来,她们都浅薄而又乏味。

　　勒尼德在哈佛的朋友们一个个都结婚了,而他好像成了那种"天生的万年单身汉"。但他其实并不满足于这种状态。他在回复一个哈佛学院同学的婚讯时承认:"看着自己的同龄人纷纷告别单身,而自己到头来还是孑然一身,这确实令人沮丧。"而在另一封信中,他写道:"我也希望能够知道自己什么时候能结束单身汉生涯,但是,唉,我好像已经失去那个能力了。"他那些最亲密的朋友们都知道,他并不希望一个人孤独终老。正如一个朋友对他提过,他那些"关于婚姻问题的言论表明,你还是心存期待的"。这位朋友,也就是乔治·鲁布利(George Rublee),还认为勒尼德其实特别需要一个妻子所能提供的安慰和稳定:"依我之见,你比大多数男人更有能力在婚姻中获得幸福,也比大多数男人更需要这样的幸福。"[16]

1901年,勒尼德已年近三十,却还未遇到能让他堕入爱河的年轻女子。实际上,连他亲吻过任何女人的迹象都没有。他那些在纽约市的哈佛朋友们吹嘘美丽的风尘女人在那儿多如牛毛;他们还暗示说,自己那"软弱的肉体"有时亦会屈从于花街柳巷的老路。[17]而勒尼德却仍未遇到他想与之共度余生的"可敬的"女人,他也从不嫖妓。查理·巴洛曾花了一整晚嘲笑勒尼德的坐怀不乱,然后写道:"阁下,世人最伟大的目标一定是贞洁吧,我深信您必能坚守自己的贞洁。"[18]多年以后,汉德对妻子追忆两人初遇之时自己一直过着的那种羞怯而又象牙塔般的生活:"我是那样年轻无知,对于世人之本质的看法又是那样天真而又单纯。不知道是不是大多数30岁的男人都是像我这样的笨蛋呢……"[19]

1901年,勒尼德打算在默里湾度过夏日的最后几周,他接受了鲍迪奇家的邀约,而查理·巴洛则是那儿的另一个家族明特恩家的常客,他向勒尼德保证,那里会有可以交际的"一帮玩伴"。[20]去年在默里湾的短暂体验令勒尼德确信,那儿的确是个适宜游玩的好地方。默里湾作为纽约市社会名流的一个主要避暑胜地,与罗德岛州的纽波特和缅因州的巴尔港齐名,其自然景观也毫不逊色。

默里湾位于向着东北方向的纽芬兰和大西洋蜿蜒扩展的圣劳伦斯河西北岸,距离魁北克市下游90英里,距离蒙特利尔250英里。在默里湾,潮汐河宽至15英里,两岸有一些怡人的风景。[21]对于世纪之交的纽约市居民来说,默里湾多少要比纽波特或巴尔港难去一些,最常规的路线就是先坐长途火车到蒙特利尔,接着乘内河轮船沿圣劳伦斯河一路航行。不过,一旦到了那儿,度假的游客就能在平缓的山丘上漫步,在清澈的河流中取乐,在河岸上怡然自得。[22]主要消遣方式有钓鲑鱼和鳟鱼,打高尔夫球和网球,还有写作、散步、划船和游泳,但更重要的是那些热闹的纸牌游戏、猜字谜、茶会和晚餐。没有什么比得上在那儿愉快地谈天说地了。[23]

1901 年 8 月初,勒尼德抵达默里湾并打算逗留 1 个月,然而,他之后与招待他的鲍迪奇家待在一起的时间,要远少于他与明特恩家待在一起的时间,而明特恩家是一个富裕的纽约市家族,也是 19 世纪中期航运巨贾的后人。家业创始人之子的遗孀苏珊娜·肖·明特恩(Susanna Shaw Minturn)拥有并掌管明特恩"农舍"——这是一栋宽敞的大房子,拥有十几间卧室和可以俯瞰河流的大檐廊,也是社交聚会和音乐会的常规据点。明特恩太太的其中一个女儿米尔德里德(Mildred),已经从布林莫尔毕业 3 年了,她此时正在那里消夏,并邀请了她最亲密的朋友和大学室友与她一起,也就是 25 岁的由提卡人弗朗西丝·芬克。

起初,勒尼德对明特恩农舍的兴趣只在查理·巴洛身上。但是很快,弗朗西丝·芬克就成了他的关注焦点:比起和查理的日常插科打诨,勒尼德明显对和她套近乎这件事要感兴趣得多。当他 9 月初准备返回奥尔巴尼的时候,他已确信自己遇到了要娶的姑娘。事实上,在默里湾的最后几日,他已向弗朗西丝提出了求婚,但她表示要延后答复。少数几个得知此次求婚的朋友,都被这种与他一贯犹豫不决的性格相悖的反常行为吓了一跳。查理就是其中之一。他告诉勒尼德,他希望"彼此分离并反思个几周之后,你不会发觉这个与你性格如此相悖的举动是草率的"。默里湾的很多人都知道勒尼德对弗朗西丝有着非同寻常的关注,但是大多数人,包括鲍迪奇家和奥利弗家,都没有意识到他的用情之深。正如查理·巴洛所言:"我确信,没人觉得你已经或打算作出什么认真的举动。"但他也表示了理解:"我越是了解那位女士,就越不奇怪你为何如此无法自拔。"[24]

在接下来的几个月里,尽管勒尼德又重新开始继续寻找纽约市的律师事务所工作,对弗朗西丝的追求仍旧是他最上心的事。他在 10 月给堂兄格斯的信中写到,自己很多精力"在很大程度上都集中在找工作以外的其他事情上";[25] 在此前与格斯聊天时,他已经意有所指。很快,关于勒尼德"在州的西边忙活"的传言就在熟人圈里进一步散播开来。[26]

向弗朗西丝求婚时还意志坚定的勒尼德,其后却陷入了自信心危机。他因害怕自己被拒绝而备感煎熬，而他的家人五味杂陈地看他焦虑不已。勒尼德的母亲在害怕失去儿子又担心儿子思虑过度的情绪中左右为难，她安慰儿子，在"这艰难的一年"，她与他"感同身受"。[27] 格斯则像往常一样，急着想让勒尼德从他那反复发作的妄自菲薄中振作起来。他对勒尼德因等待弗朗西丝的答复而焦躁不安的情绪表示同情（"确实已经拖得挺久了"），但他也无法忍受勒尼德为了自己是否配得上弗朗西丝而忧心忡忡：

> 你当然"知道"你配不上她，而且在某种意义上，正因为你面对着你理想中的女人，她的完美令诗人称颂，令神秘主义者神往，你才会配不上她。每个人都必须为那个高高在上但又"并非遥不可及的她"与自己之间的差距，而承受这种卑微的，有时还极为痛苦的感觉。[28]

整整 1 年过去了，弗朗西丝还是没有确定心意。勒尼德给她寄了信，还不时到访由提卡，但她仍未向他表明自己的决定。于是，在 1902 年的夏天，勒尼德再次接受了去往默里湾的邀约——这次的心情就要迫切得多了，因为他知道弗朗西丝也会再次去明特恩家消夏。8 月 1 日，他乘坐火车从奥尔巴尼到蒙特利尔；第二天早上，他乘坐魁北克号汽轮，花了半天从圣劳伦斯前往默里湾。在头两个星期，他仍在鲍迪奇家作客；而在最后几日，他搬到了奥利弗家更宽敞和热闹的农舍。[29]

他为这次夏日出行足足做了几个月的准备。比如说，在那年春天，为了让自己在参加骑马这项默里湾热门消遣活动时不露怯，他在奥尔巴尼上了骑术课程，还从蒙特利尔订购了马裤。[30] 但无论是骑马还是玩猜字游戏，抑或是参加茶会和晚餐的闲谈，勒尼德的心思总是牢牢钉在弗朗西丝身上。

这个夏天过得飞快。临近 8 月末，勒尼德还是没有从弗朗西丝那里得到答复。默里湾最后几日的某个夜晚，他再次找到弗朗西丝，并恳请她接受求婚。终于，弗朗西丝答应了。在他们相识后的这一年，勒尼德和弗朗西丝头一次亲吻了彼此。勒尼德兴高采烈又如释重负地回到了他在奥利弗家的房间。

这下轮到弗朗西丝在夜里苦恼万分了。她尽管勉强同意了求婚，实际上仍然心意未决。她知道明天早上勒尼德会再回明特恩农舍找她。她断断续续地睡了又醒，辗转反侧了几个小时。第二天早上醒来的时候，她觉得自己已经打消了疑虑。她对自己说："我不能这样做。"她决定告诉勒尼德，她必须收回短短几小时前脱口而出的那些话。但梳妆打扮的时候，她听到了勒尼德一边唱着歌一边吹着口哨上楼的声音，显然，他正因自己的漫长追求终于修成正果而喜出望外。于是弗朗西丝又改变了主意，她总结道："我可不能现在让他失望。"她慢慢踱下楼梯，在明特恩家那个"求婚者的房间"迎接了她的未婚夫。[31]

汉德从未忘记默里湾的那个夜晚与清晨。近 50 年后，他在给妻子的信中写道：

> 那晚在明特恩家，你第一次吻了我，这是我们生命中多么奇妙而又重要的时刻啊！我那时候真是个怕得要死的胆小鬼！到了第二天你又后悔了。在某种意义上，我们两个人都是正确的，因为对我们来说，这是前所未有的重大事件，谁能知道这些承诺会带来些什么呢？正因为你我都清楚这一点，这件事看起来才会如此冒险……[32]

9 月初，汉德从默里湾匆忙赶回奥尔巴尼，此时的他还在为弗朗西丝的答复欣喜满怀，毫无半点对未来生活的忧虑。赢得"理想中的女人"令他的郁郁寡欢暂时消散了。他一头扎进异常忙碌的工作，并迅速与扎布里斯基、伯里尔和默里律师事务所重新进行了协商，而此前，他曾对这家律所的录取信不屑一顾。在那年春天，他还因母亲和奥尔巴尼的其他家人而受到诸多牵制；但现在，他很快便接受了阿奇博尔德·默里的录取信，并告诉对方自己将在 11 月入职。他希望那时自己和弗朗西丝已经完婚。他兴奋地将自己在奥尔巴尼的事务安置妥当，并将大部分时间投入了婚礼筹备的细节安排。

堂兄格斯最近也刚结婚,他建议尽早举行一个简单的婚礼。他反复劝说,订婚期不能持续超过几个月。他认为,3 个月的时间"是有必要的,让你们可以真正了解对方,而不是你一厢情愿地认为自己已经了解了",但是"拖过 3 个月就纯粹是让人干着急了,所以你们一定要在 10 月份结婚……"他接着步步紧逼:"你为什么不能在 10 月份结婚呢?"并在结尾附言"不管你做什么,恋爱的时候可别太死板"。[33]

勒尼德自己其实也希望能简单且快速地把婚给结了。然而,简单和快速并非易事。1902 年整个秋天,婚礼安排的事完全占据了这对订婚新人的交谈和通信。勒尼德抱怨说:"审核(宾客)名单直到我筋疲力尽。我怕是已经看了近千个名字了。"[34] 有时,他担心琐事缠身会有损他与弗朗西丝的亲密关系。他渴望与她聊聊"并非在于此时此地,且无关任何具体或特定事物的东西。你有没有过类似这样的感觉,就好像你必须摆脱当下之事,否则你就要发狂和爆炸了?这就是我现在的感受……"[35] 虽然弗朗西丝的信件并没有流露出这种倦怠之意,但勒尼德担心她的耐心可能也会被这样消磨殆尽,遂劝她保持心情愉快:"勇敢点,我的朋友,6 周之内我们就能结婚了。"[36]

比起婚礼仪式的细节,勒尼德在那个秋天还有更棘手的事要操心。其中最重要的,就是他感觉有必要让母亲安然接受他结婚并搬到纽约市这一决定。虽然她惯于依赖儿子的脾性已不足以束缚勒尼德,但每个了解她的人都知道,勒尼德的离去会对她造成创伤。即便是时常批评勒尼德忧虑过度的格斯也不得不承认,为这件事担心倒是的确情有可原:"为了(你结婚的决定)而担心纯属瞎操心,但是,单有一件事得另当别论,那就是你的母亲将会因为你的离开而感到失落。这绝对是你唯一有理由担心的事。"[37]

为了帮助解决这个问题,弗朗西丝在订婚期间曾几次造访奥尔巴尼,想让自己与勒尼德的家人相互增进了解。[38] 表面上,一切都合乎礼节,但这并不能完全掩盖那种紧张关系。母亲向勒尼德保证说,她已经"准备好去爱'这位天使'",并且会"心怀尊重地关心她"。她希望弗朗西丝会像对待"一个乐于为爱女奉献一切的母亲,而不是一个婆婆"那样喜欢她。但她那特有的乞怜姿态,也令她忍不住提醒她的"好儿子",毕竟,"我已经和你一起生活了30年了"。[39]

对于勒尼德的母亲激发儿子那有时令人窒息的孝道责任感的本事,身处最佳观测位置的弗雷德·汤森可谓是深有体会。弗雷德在勒尼德订婚不久后给他母亲写了一封信,完美体现了让勒尼德母亲安然接受这即将到来的失落之情是有多么棘手。虽然弗雷德对干预家庭紧张关系这种事明显有些犹豫,但他最终还是勉为其难地写了封信。他在这封标有"阅后即焚"的信中否认自己有任何干预"亲子"间关系的意图,但他希望"如果由我这样一个对她有几分了解,又对他知根知底的人来告诉你,我真心觉得他幸运极了,这或许能让你对他的未来幸福稍感宽慰吧"。他一边为自己任何许是"轻率"的言论致歉,一边明显在努力劝她欣然接受这段婚姻,并接着写道,"如果说无论把他交给谁,你都会难以面对,要知道还有另一个人,此人跟你比起来也不过是(稍微)没那么难受,但即便心情沉重,此刻仍然可以坦然祝福他,这个人就是你亲爱的弗雷德里克·汤森"。[40]

不论是对母亲感受的顾虑,还是婚礼细节的麻烦,都没有让勒尼德尽早结婚的决心动摇半分。有一阵子,勒尼德担心组织安排上的困难可能会令婚礼被推迟到1903年。[41]但最终,日子还是定在了1902年12月6日的那个周六——距离勒尼德去扎布里斯基律师事务所的入职日已不到3周。

在那个周六的下午两点,婚礼在由提卡举行。[42]弗雷德·汤森担任伴郎,米尔德里德·明特恩担任伴娘。格斯和勒尼德的哈佛好友们一起,负责带领宾客入座。[43]约有70位受邀宾客出席了仪式,婚后宴会将芬克家挤得满满当当。[44]直至傍晚,弗朗西丝·汉德和勒尼德·汉德夫妇才从礼节中解脱出来,登上了去纽约市的火车。

　　"你我真是两个截然不同的个体的结合,我们对彼此知之甚少,但我们做对了一件事,就是找到足够多的时间见面,以致产生钦慕与情愫。"[45] 于是,在婚礼过去 30 年之际,勒尼德开始思考这件事。他在给弗朗西丝的信中,经常思考究竟是什么令他们彼此相互吸引,他时常总结道:"我们彼此都能够,也的确在对方身上觉察到了他或她想要的东西。"[46]

　　勒尼德倾心于弗朗西丝的原因其实不难理解。她是一个美丽的年轻女子:她那有着高高的额头,宽阔的嘴巴和颧骨高耸的面庞,很容易吸引到别人的注意。她的风度优雅而又骄傲。她散发着非凡的魅力与朝气,并且在社交上从容自如,不像勒尼德那样总会产生笨拙的局外人之感。但勒尼德倾心于她的主要原因,更深层次地在于她心智和个性中的某些特质。与勒尼德以往所知的所有其他女人不同,弗朗西丝似乎是一个真心对思想感兴趣的知识分子。在他的圈子里,没有一个奥尔巴尼女人接受过传统精修学校①以外的教育,这类学校仅是为了让她们掌握婚姻和持家技能而设。相较之下,弗朗西丝毕业于以发展学生心智而非女性美德为荣的布林莫尔学院。该校旨在培养具备独立、自主的意识,并且有志于在学术爱好基础上追求事业发展的年轻女性。弗朗西丝是美国第一代接受过正统大学教育的女性之一,她的母校通过强调女性在智力上与男性有着同样的天赋,致力于塑造"新女性"②。相较任何男子学院,布林莫尔有着同样严格的入学资格,并且提供与顶尖常春藤盟校一样高要求的课程。因此,弗朗西丝和勒尼德一样,必须证明自己熟练掌

----

　　① 精修学校(finishing school)是专为年轻女性开设的学校,其历史可追溯至 19 世纪。该等学校主要教授社交礼数和上层社会文化礼仪,旨在将年轻女性培养成举止高贵优雅的名媛淑女,为她们进入社会做准备。——译者注

　　② "新女性"是 19 世纪末出现的一种女权主义理念,对 20 世纪女权主义产生了深远的影响。"新女性"一词是由作家查尔斯·里德(Charles Reade)在小说《恨女者》(*A Woman Hater*)中创造。1894 年,爱尔兰作家萨拉·格兰德(Sarah Grand)在一篇颇具影响力的文章中使用了"新女性"一词,用于指代寻求彻底变革的独立女性。这个词被英国作家亨利·詹姆斯(Henry James)进一步推广,他用这个词来描述欧美受过教育的女权主义独立职业女性。新女性打破了由男性主导的社会所设定的界限,尤其是挪威剧作家亨里克·易卜生(Henrik Ibsen, 1828—1906)的戏剧所塑造的典型形象。——译者注

握希腊语、拉丁语和数学才能取得入学资格,所以勒尼德能够在给她的长信中随意施展他的拉丁文和希腊文技能,还能夹杂些古文词汇。[47] 实际上,弗朗西丝在现代语言,尤其是法语上,比勒尼德还要在行得多。[48]

勒尼德喜欢弗朗西丝标榜自己对书籍和思想的广泛兴趣的样子,但她其实更倾向于将这些作为业余爱好,所以她的求知欲并不像勒尼德那样缜密和深入,而勒尼德者在恋爱时期并不能察觉到这一点。对他来说最重要的是,她表现得像是一个极为热心的听众,他能花上几个小时和她谈论哲学、历史和时事。他偶尔也会担心她是否真的对他在讲的事情感兴趣,但多数时候,他只会为他的幸运而感到沾沾自喜。

勒尼德在那些长信以及更为冗长的交谈中向弗朗西丝示爱。一次,在两人订婚期间,他高喊:"我多想坐在阳光明媚的河岸上,学着(我那怀疑主义的记者朋友)诺曼·哈普古德(Norman Hapgood)的样子谈论上帝,如果你不想说话,我希望你在旁边陪着我就好,但你要是能说说你的想法,那就再好不过了。"[49] 然而,在认识她 1 年后,他越来越怀疑她到底有多想说话而非仅仅当个听众。他曾经收到过她的一封"短信",并承认这"简短得令人多少感到有几分惊讶"。[50] 在他们 60 多年来的通信中,她写的信息是相当简短,并且通常限于日常琐事;而他写的信往往很长,并且饱含情感和思绪。

比如说,在讨论婚礼安排的时候,他会突然抛开"这些着实冒犯到我的品味和理想的破玩意",并提出他希望他们可以"一起做些真正有趣的事情"。他旋即开始大段大段地倾诉他真正喜欢的那类话题:关于煤矿经营者与矿工工会的谈判;关于他刚刚读过的一本论证"关于旧有的自然权利理论之荒谬"的哲学书籍;以及解释为什么对于他这样的实证主义者,"主权者必须(是)……拥有无限权力,无需承担责任且不受限制的"。他就这样说个不停,然后总结道:"你瞧,亲爱的,现在我感觉好些了。"因为担心她的反应,他又加了句:"我知道这不是对心上人讲话的传统方式,也许我错了,但毕竟,我追求你的时候说的也是这种东西,我真的只有在我们花很多时间谈这些东西的时候才会感到平静和快乐。你有何感想?……晚安,我最亲爱的人,很高兴跟你说话。你的爱人。"[51]

　　订婚不久后,勒尼德曾描述过的他梦寐以求的"理性"结婚仪式马上就要实现了。他告诉查理·巴洛,婚礼将由"火车司机兄弟会"①的领导人、伊丽莎白·卡迪·斯坦顿(Elizabeth Cady Stanton)和乔治·桑塔亚那担任司仪。[52] 这个三人组合,象征着与弗朗西丝那涉猎广泛的交谈给勒尼德带来的兴奋之情,尽管这些交谈通常是他一个人的自说自话:工会领导人,是因为他们对包括组织劳工活动的时事讨论;斯坦顿,1848年塞内卡瀑布城妇女权利大会②的召集人,19 世纪 90 年代仍在为妇女选举权而不懈奋斗的纽约上州女权主义先锋,是用以象征弗朗西丝从布林莫尔那里继承而来的坚持自主和智识发展理念的决心;而桑塔亚那,他的老师以及弗朗西丝一直在读的书的作者,则是对他俩的哲学思辨喜好的祝福。

　　弗朗西丝尤其吸引勒尼德的地方在于,她的个性在许多方面与他正好相反。她不是一个会思前想后的人,并且恰恰相反,她更镇静、坚强、自信、独立以及开朗;她活在当下。她的乐观、情绪稳定与平和正是勒尼

---

①　火车司机兄弟会的前身为火车司机和列车员兄弟会(The Brotherhood of Locomotive Engineers and Trainmen,简称 BLET),是 1863 年 5 月 8 日在密歇根州马歇尔市成立的工会。它是美国第一个永久性的铁路工人工会组织。一年后,它被重新命名为火车司机兄弟会(Brotherhood of Locomotive Engineers,简称 B of LE)。火车司机兄弟会在 2004 年成为国际卡车司机兄弟会(The International Brotherhood of Teamsters,简称 IBT)铁路联盟的一个部门。——译者注
②　塞内卡瀑布城妇女权利大会缘起伊丽莎白·卡迪·斯坦顿与卢克丽霞·莫特(Lucretia Mott)1840 年在伦敦一次废奴会议上的初次相遇。斯坦顿和莫特及其他妇女代表对大会因性别问题而将她们排斥在会议活动之外而愤然走出会场,以示抗议。于是,她们开始策划一次有关妇女权利的大会。8 年后,也就是 1848 年,这一大会终于在纽约州塞尼卡瀑布城如愿召开。斯坦顿在塞内卡瀑布城大会上根据 1776 年宣告美国脱离英国独立的《独立宣言》,起草并发表了《情感宣言》(Declaration of Sentiments,又译《感伤宣言》《伤感宣言》)。例如,《情感宣言》前言的开头为:"我们认为以下真理是不言而喻的:男人与女人生而平等;造物者赋予她们若干不可剥夺的权利,其中包括生命权、自由权和追求幸福的权利,为了保障这些权利,政府才得以建立,而政府的正当权力,是经由被治理者的同意而产生的。"《情感宣言》为妇女运动确定了行动目标:妇女在离婚时应有权抚养孩子,有权出庭控告残暴丈夫,有权从事各种不同工作并有权保留工薪而不需交给丈夫,以及有权参加投票——最后一点在当年最具争议性。——译者注

德最缺乏的特质,也是他在她身上最想得到和最需要的特质;然而,在他们的婚姻中,大多数紧张状态也正是由这些特质所致。

勒尼德的朋友们在第一次见到弗朗西丝时自然是恭维有加。比如,戈登·贝尔说她"非常漂亮",查理·巴洛则表示她是"我迄今为止见过的最具独特魅力的那种人"。[53] 不过,他那些最敏锐的朋友们还感知到了她所具备的很多其他特质。格斯·汉德特别留意到了勒尼德的需求和弗朗西丝的长处。在他们订婚不久后,有一回,格斯又在劝勒尼德克服他的思虑过度,他写道:"我可不希望又看到你'神经紧张'和长吁短叹。这些东西会把一个能人给糟蹋了,我希望你的夫人能买些带鞋钉的高尔夫球鞋,然后不带一丝怜悯或犹豫地把这些毛病从你身上踢出去,因为它们实在是荒谬至极,有时能把你变成一部神经质的交响曲。"[54] 还有一些人则确信,即便没有高尔夫球鞋,弗朗西丝也完全能做到这一点。弗雷德·汤森在劝勒尼德母亲安然接受与儿子的分离时说得很好:"婚姻是这个世界上唯一可以令他踏实和安定下来的东西,而这个女人正是他完美的另一半。她有着欣赏他的头脑和爱他的心。"[55]

勒尼德从一开始就被弗朗西丝的坚强、务实和乐观迷住了,两人在一起的日子里,他经常会心怀感念地谈及这些特质。甚至在婚前,他就已对"你性情中那份通透的宁静"表示过感激。[56] 她无法消除根植于他个性之中的情绪化,但他时常反复说,她会让他好受一些。他相信,"大多数女人都不会有办法"像她那样"适应自己这样一个神经质的阴晴不定",而弗朗西丝做到了,勒尼德认为这是他"无价的财富"。如果没有她,他确信自己将会一直"抑郁,成为一个自己预想中的失败者,或许还是单身,并且患上不可救药的忧郁症"。[57] 他曾经在感谢她对一个事业选择提出的建议时写道:"我无法形容你的回应对我来说有多么重大的意义,特别是对我这种性格的人而言,这正是那种能够鼓舞人心的回答,这是一种毋庸置疑且不容改变的坚定信念……"[58] 弗朗西丝的那种"毋庸置疑且不容改变的坚定信念",以及她的笃定和平静,也许在某种程度上反映了她偶尔的迟钝和肤浅,但勒尼德觉得,对于自己的踟蹰不前和周期性阴郁而言,她就是一味喜人的必备良药。她的乐观和务实总能令他不断惊叹："你真的很善于发现'美好生活'。我猜这是一件好事,因为你活在当下,见好就收,也没有自怨自艾的坏习惯。"[59]

他们婚后的这些年——特别是勒尼德每次定期探望奥尔巴尼的母亲后——他都会再一次感谢弗朗西丝"拯救"了他。他曾写道:"我如果没有与你结婚,就会像过去那样被困在这里,变成一个可悲的孤僻之人……不敢去做任何与这异常僵化的教条相悖的事情。"[60]他品尝着她那"生活的乐趣"并从中汲取养分,也常常会因为无法改变自己"如此忧心忡忡而又优柔寡断"的个性而道歉。[61]他一次又一次将自己从情绪化中幸免于难的原因,归于她那"获得幸福的非凡力量"。他注视着身边那些"筋疲力尽"的人,说道:"要是没有你这颗定心丸,我就得跟他们一样了。"[62]勒尼德也会反复被阵阵内疚感所困扰,因为他觉得自己往往会限制弗朗西丝的自主权,所以在后来几年,他也常常检讨、自责和道歉。

尽管弗朗西丝在最传统的社交圈里也能游刃有余,但她是一个早期的女权主义者,在观念上其实颇为离经叛道。她忠于布林莫尔的理念,坚决抵制维多利亚时代后期营造的淑女贤妻的模范女性形象,也正因如此,勒尼德才会爱上她。在探访奥尔巴尼期间,她和勒尼德都紧张地意识到她和典型的奥尔巴尼年轻女性之间的差别。弗朗西丝知道自己会被详细审核,以判定是否符合传统标准;而勒尼德尽管为她的独立感到骄傲,也理智地许诺会给她一段令她满意的婚姻,却也免不了有些担心。这些探访进行得并不轻松,但弗朗西丝很容易就通过了审核。比如说,鲍迪奇家的家长就称她是"一个甜美的女孩"。[63]总体反应是这样的:弗朗西丝并没有被激起任何波澜,唯一会让奥尔巴尼产生抵触情绪的,是勒尼德去宣讲自己想要什么样的婚姻。正如勒尼德在弗朗西丝某次结束探访后对她说的:

> 看来我的言论已经把事情搞得一团糟了。我们都支持平等责任承担,摒弃"庇护—珍爱标准",而且我可能还倾向于加重语气、提高音调来传播这些观点——再一次表明我欠缺稳定而鲜活的信念——但(母亲认为)如果要表达这些观点,就会

危及我作为一个真心爱人的声誉。[64]

他的信件尤其揭示了他所感知到的那些她最重要的特质,比起被他评价为"淡粉"的"其他女人",这些独特品质让她(正如他3年后所言)散发出更为光彩照人的"深红":

> 该说的都说了,该做的都做了——而且你知道的,我亲爱的,对我来说那就是说得多,做得少——我必须坦白,他们所有那些对"可爱"和"甜美"的喋喋不休,对我的吸引力微乎其微,而且只会立刻激起我明显的愤怒情绪。你对此有何感想?其实啊,亲爱的,我不用问也很清楚;事实上,你比我要不守常规甚至离经叛道的多,这事在你心中并不会惊起半点波澜,因为你十分坦然地漠视他们以及他们的普遍意见,我最亲爱的人啊,这也是我从开始就最喜欢你的地方之一。[65]

在他们多年的婚姻中,弗朗西丝曾反复证明她确实"离经叛道",并且"坦然漠视"他人的看法。相反,勒尼德则经常责备自己没能学到这种特质:尽管在智识上离经叛道,他还是反复责怪自己太在意别人的想法。他羡慕她的离经叛道,但他也因此遭了罪。弗朗西丝·芬克的泰然自若在很大程度上归功于她的家庭背景和布林莫尔的教育。她对婚姻的犹豫反映了时常令她这一代女性困扰不已的艰难抉择。《大学毕业之后,路在何方?——致女孩》是世纪之交出版的一本广为流传小册子的标题,[66] 也是弗朗西丝和她的同学们普遍要面对的问题。当勒尼德向弗朗西丝求婚时,她毕业还不到4年,正在纠结她的未来问题;也许正是因为未能解决这个问题,她才会在是否接受求婚这件事上如此犹豫不决。

然而,犹豫不决显然不符合弗朗西丝·芬克的个性。她的父亲弗雷德里克·G.芬克(Frederick G. Fincke)是由提卡芬克家族的一家之主,他是一个脚踏实地、意志坚定且颇为成功的商业律师。弗朗西丝的母亲则是一个端庄、安静,相对软弱的女人——他们的家庭结构显然是父权制的——1901年秋,也就是弗朗西丝遇见勒尼德后不久,她母亲就去世了。大家都说,弗朗西丝从容地接受了她母亲过世这件事。正如勒尼德在给格斯的信中说的那样,虽然弗朗西丝是"唯一的女儿,但其实她才是给予支持而不是接受支持的人"[67],所以她不会因失去母亲而动摇(而如果勒尼德那位粘人的母亲过世,他肯定会动摇的)。由提卡的一位芬克家的老朋友证实,弗朗西丝一向自力,并且对她的母亲颇为专横:"猫咪(Kitty)是她母亲和所有邻居家小孩的母亲。她(在还能玩娃娃的年纪就)取得了这个尊贵的地位。"他还回忆说,弗朗西丝"先是用手,然后用鼻子"对她的母亲颐指气使。[68]

与弗朗西丝最亲近的家庭成员无疑是她的父亲,她许多最为鲜明的特质是他身上同样特质的映射。她父亲是哈佛学院毕业生,[69]不仅以聪明过人而闻名,还因其从不思虑过度而著称。不像勒尼德,他"可以去波士顿待一晚上并且只字不提学院的事"。[70]他在社交上的优雅风度和自信令他赢得了坡司廉俱乐部的入场券,这个荣誉一直让勒尼德很是羡慕。弗雷德里克·芬克是一个通晓世故的实干家,讲话惯于简短但有力。他从不无端猜测或忧心忡忡,而勒尼德和弗朗西丝一样,常常得到很多来自他的建议,这些建议通常由不连贯且生硬的句子组成,听上去犹如电报。正如芬克在给汉德的信中以他惯有的风格如此写道:

> 我没有内省的、分析的或哲学的心性,无法以同样的方式回答(你)。我对事物的根源问题没太大兴趣。没时间。手头这些事情的直接原因及其影响就是我的极限了……你我看待生活细节的方式不一样,这也不奇怪。你一开始就与众不同,并且有着完全不同的成长环境。[71]

对于自己的两个孩子,芬克感到极为自豪[弗朗西丝有一个弟弟叫雷吉纳(Reginald),大家叫他雷克斯(Rex),他也去了哈佛,并被选入坡司廉俱乐部],[72]两个孩子那与众不同的自矜,就是他在他们身上倾注的甜言蜜语的产物。雷克斯不像他父亲,算不上聪明学生,但他有芬克这个后盾和生活乐趣,他成了一个股票经纪人。他毕业以后的个人成就并无特别之处,但对他父亲来说,对雷克斯的任何赞美都是理所当然的:"这个男孩一定与众不同,才会如此招人喜欢。老天为证! 他真是这样。"[73] 在汉德夫妇搬到纽约之后,勒尼德很快就喜欢上了雷克斯,他觉得雷克斯正是那种充满自信的享乐派的典型,也是他永远不可能成为的那种"坡克"(Porc)①。

　　但是,弗朗西丝才是弗雷德里克·芬克的掌上明珠。他用"小猫"或"猫咪"来称呼她,这些昵称象征着他对他唯一女儿的宠爱与骄傲。[74] 弗朗西丝像她的父亲一样坚韧不拔,实际上,芬克认为对于"生活中的小事",她甚至比他还要务实,"就好像她是从一个在工厂赚工资的技工家里长大的"。[75] 对于弗雷德里克·芬克来说,理想的年轻女人"不必内省或自我剖析",而应"坚强,健康,精力充沛"。他自己毫不"关心什么哲学思考",而他的女儿也符合了他的期许,并仿效了他。[76]

　　当弗朗西丝决定就读布林莫尔时,尽管她父亲担忧学校可能会把她变成一个满脑哲学思考的知识分子,但他还是克制住了这种忧虑,并全心全意地支持她。[77] 她轻松地通过了严格的入学要求,并于 1893 年入学。

　　在 1893 年,去布林莫尔就读意味着进入了一个严格甄选的、精英主义的、具有自我意识的知识分子高校,该校致力于将学生塑造成坚强、独立的事业型女性。在 1890 年,18 至 21 岁美国女性的大学入学率还不到 3%,[78] 而且大部分接受女性的大学——通常是那些中西部地区接受男女同校的学校,以及东部地区少数新成立的女子学校——是为了让学生适应其传统家庭角色而训练他们,这些学校提供诸如"家政学"这样的专业,并没有严肃的学术抱负。布林莫尔则截然不同,原因就在于该校的这位意志坚定的领导人,玛莎·凯里·托马斯(Martha Carey Thomas)。

　　托马斯在少女时代曾写道:"我不打算结婚,我也不想在学校教书。

———————————

　　① "Porc"为坡司廉俱乐部(Porcellian)的简称。——译者

我想象不出能比过那种寻常女性生活更糟糕的事情。"[79] 她于 1877 年毕业于康奈尔大学,并"不屑地将瓦萨①称为高级女子神学院②",面对性别壁垒,她曾试图进入约翰斯·霍普金斯大学攻读研究生,但没有成功,其后她在德国的大学进修,主要在莱比锡大学。但是当时还没有一所德国大学愿意授予女性博士学位,所以她的学位是在苏黎世拿的——也是第一位这样做的女性——而且毕业成绩优异。然而,她发现学术研究的负担令她厌烦,遂寻求了另一种方式来推动女性智识发展。因此,在返回美国之前,凭借父亲和一个叔叔在新成立的布林莫尔学院的董事会任职,她申请了布林莫尔的校长职位。董事会不愿让她担任校长,但在 1884 年开学时,还是让她成为该校第一任院长。在接下来的 10 年中,作为年迈的男校长的首席助理,她常常是事实上的校长。1895 年,她成了名正言顺的布林莫尔校长,并在任近 30 年。弗朗西丝在布林莫尔的那几年恰逢早期托马斯执掌下最有影响力的时期。

19 世纪 90 年代中期就读布林莫尔的学生,没有一个能够逃过托马斯这个关键人物的影响。对她来说,"知识分子的生活是一个应当用一切精神力量去追求的崇高目标"。[80] 从学生通过严格的入学考试开始,托马斯那强烈而又不屈不挠的使命感就无处不在了。她让学生确信她们自己属于拥有卓越才智的特殊群体。她们不仅要聆听托马斯在学校礼堂的日常演讲,还要和她一起复习功课。考试后会公布成绩,营造不同于其他女子学院的紧张竞争氛围。[81] 因此,要想通过由她主持的最后一关语言考试,每个学生都必须穿着全套学位服去见托马斯校长,并快速、准确地现场翻译法语和德语段落。许多学生惧怕这种经历,但托马斯认为,这有助于她灌输纪律意识的目标。为了强化这种不妥协的氛围,布

----

① 瓦萨女子学院成立于 1861 年,是美国早期著名的七所女子文理学院"七姐妹"之一。建立之初,学校与北美新教徒建制派的社会精英有很强的联系,上层社会的白人盎格鲁-撒克逊的新教徒家庭把他们的孩子送去诸如哈佛、普林斯顿、耶鲁或者瓦萨之类的学校。——译者注

② 许多早期女子学院始于女子神学院,这些神学院通常很小,而且往往是短期的,通常是由一名或一群妇女建立,仅面向那些来自有能力支付学费的家庭的年轻女性,并且仍专注于培养淑女,而非提供学术培训。——译者注

林莫尔宣布："学生完全不需要对宿舍进行任何的打理。"[82] 其他女子学院都让学生收拾整理自己的宿舍区,以帮助训练她们在家务管理方面的技能,令她们将来能更好地担当妻子和母亲,但布林莫尔对这种向家庭生活让步的做法嗤之以鼻。同样,托马斯避免开设"无用的"课程,她坚持"素描、油画、器乐、家政……打字(和)手工课无论如何都不应在大学课程里有一席之地,因为这些东西并不能提供大学教育所应培养的那种思维训练"。带着专注的激情和近乎宗教信仰般的热忱,她宣布:"一个女子学院应当是这样一个地方,我们接收那些大一新生,他们优秀、温柔而又天真,带着她们继承而来的偏见和祖传的情感,而我们则通过四年紧张的智识训练,把她们塑造成能够管理自己和他人的善于思考和推理的女性。"[83]

在某种程度上,托马斯的热忱是对当时大量著述的防御反应,这些著述鼓吹女性智力活动违反女人的天性,并导致受教育妇女的健康状况不佳。批评者警告说,过度学习会令女性生殖器官退化,导致歇斯底里和精神错乱。即使连勒尼德就读时期的哈佛校长查尔斯·埃利奥特也加入了批判大军的行列。[84] 对于这种批评者,托马斯没有放弃任何一个迎头痛击的机会。她指责埃利奥特的大脑里有"太阳黑子",并称有一本著名的关于青春期的书反映了一些男性的观点,这些男性自己就是"病态的,被神经质的性别谬见蒙蔽了双眼,无法看到"女性也是人。[85]

弗朗西丝·芬克和她的朋友们在布林莫尔茁壮成长,毕业后她们会尽可能地常回学校;弗朗西丝自己通过校友协会,以及作为学校董事会的校友会员,对学校事务保持着毕生的热忱;她和她的许多同学怀念她们的大学经历,认为那是她们一生中最难忘的时光。正如米尔德里德·明特恩在她的日记中所写的那样,毕业生们永远不会忘记:

> 旧时大学里的友谊——完美的自由,漫无边际的交谈,毫无言论限制(有人会说是授权),感情,讨论,还有——对此我毫不羞于承认——谈起旧日时光的那种情绪,我们都认为那绝对是我们一生中最美好的时光。在我们的经历中,布林莫尔和它所代表的意义对我们来说比任何其他事情都重要……我永

远感激那些年,我的朋友们以及与他们的交往,我认为这是一份珍贵而完美的礼物,是我所拥有的最大财富。[86]

托马斯努力教育学生,要对女性的独立和追求知识的能力有一种使命感,而弗朗西丝就读时期的布林莫尔学生的毕业后去向统计,正是这种努力所带来的成效的最佳献礼。1889 年至 1908 年间从布林莫尔毕业的学生中,有 61% 继续攻读研究生,近 90% 找到了工作。此外,这些毕业生中只有 47% 步入了婚姻(根据 1910 年人口普查报告,当时女性的结婚率为 88%,所以这个比例可谓相当之低);[87] 弗朗西丝就读期间,即 1892 年至 1897 年间的在校学生中,有 64% 终身未婚。[88] 不仅迥异于女性的全国平均水平,比起其他大多数大学毕业的女性,布林莫尔的毕业生也截然不同。[89] 也难怪这些毕业生被外界评价为"古怪,优秀,异常聪明,但明显不适应家庭生活"。[90]

对凯里·托马斯而言,婚姻与女性的事业和智识发展是无法兼容的。正如她曾经说过的,"我们的失败者就只能结婚了";[91] 布林莫尔的毕业生恪守"家庭价值不会侵蚀生活方式或事业"的生活。[92] 至少,她们被灌输了对婚姻的强烈怀疑,害怕婚姻会阻止她们践行布林莫尔的理念。[93] 而随着托马斯在布林莫尔的影响力逐渐减弱,她开始承认,婚姻并不一定与事业不兼容。[94] 但弗朗西丝就读时期的那些女学生们从来没有忘记她最初的教诲。

托马斯校长也不是唯一一个对布林莫尔毕业生的事业和自主产生影响的人。她会定期邀请一些著名知识分子来学校访问。1896 年秋,正值弗朗西丝大学四年级,一位年方二十四、在学界正当红的英国人,[95]"一位后起之秀……据称相当不凡",与他的妻子一同来访。这位英国访问学者就是伯特兰·罗素,最近刚被剑桥大学三一学院聘为研究员,正处于职业生涯起步阶段。罗素与托马斯家族结下了姻亲:这位英俊而又咄咄逼人的年轻人与凯里·托马斯的表妹艾莉斯·皮尔森·史密斯(Alys Pearson Smith)在两年前结了婚。[96] 罗素夫妇在布林莫尔只讲了一两个礼拜的课,但其影响却十分重大。罗素本应讲授关于非欧几里得的几何课程,但他却将他的主题拓展到了对社会主义的倡导和宣传,理由是"这里的每个人都如此反社会主义"。[97]艾莉斯·罗素也有发言,她本应讲授妇女运动的历史,但在部分观众看来,她所说的内容更像是在支持自由恋爱。演讲引起了轰动:罗素夫妇那离经叛道的言辞和激进的理论迫使托马斯校长做了大量解释工作。[98]然而,罗素夫妇与学生们的社交来往带来了更大影响。他们对米尔德里德·明特恩尤其关注:罗素夫妇觉得她"非常聪明",并"花了很长时间试图说服她彻底反抗她的母亲,去伦敦学院学习经济学",他们带她出去远足散步——"尽管凯里不知道这事",并且推荐"《女儿们的反叛》①给她……(她)像传播一个新的福音一样,在她的朋友们中传播这部书"。[99]

罗素夫妇无疑强化了布林莫尔学生在毕业时应具备的理念,而弗朗西丝·芬克和米尔德里德·明特恩也一直铭记着这次访问。在后来几年,米尔德里德称罗素从根本上改变了她的人生理想,[100]而弗朗西丝在离开布林莫尔两年多后对米尔德里德写道:"想想罗素夫妇为我们那容易激动的小脑瓜担心的那会,好像已经是很久以前的事了。不知道我们现在是不是会比那时聪明得多。"[101]

对于弗朗西丝和她最亲密的朋友们而言,布林莫尔生活中最令人难以忘怀的,是与同学们相互支持的情感联结。和所有这类大学一样,布林莫尔是一个相对隔绝家庭成员的直接影响以及与年轻男子的社交关系的飞地。当时的社会习俗不允许她们与附近的哈福德学院(Haverford College)或其他地方的男学生打交道,所以女性只能在她们自己的社交资源里活动,她们有充足的机会表达对彼此的感情,以及对学院理念的恪守。正如弗朗西丝·芬克毕业不到一年就写信给米尔德里德·明特恩特说道:

---

① 《女儿们的反叛》(*The Revolt of the Daughters*)应指 1894 年在《十九世纪》等刊物上刊登的论述女权主义思想的同名系列文章。——译者注

> 亲爱的老布林莫尔——小宝贝,你还记得我们的第一年
> 吗,那小小的红色房间,夜晚的啤酒、聊天和思考! 我们过去常
> 在喝完茶后在月光下漫步到拉德诺,为我们一起在那儿而高
> 兴……我们曾经有机会在那里生活并学到很多东西……我们
> 永远不能忘记,亲爱的,我确定。[102]

但弗朗西丝和米尔德里德在毕业后很快发现,布林莫尔并没有让她
们做好面对现实世界中那些艰难抉择的准备。受教育女性的就业机会
极为有限,而这两位女性不同的应对方式很能够说明问题。

对于米尔德里德,家庭利益很快开始施加压力。她那富有而又专横
的母亲,[103] 也就是寡居的苏珊娜·肖·明特恩(Susanna Shaw Minturn),
尽管曾不情不愿地允许她去布林莫尔就读,现在却试图强迫她忘掉事业
追求的事。纽约市一所叫作布雷利亚(Brearley)的私立女校给米尔德里
德提供了一个教职机会,[104] 她母亲反对道:

> 我越想越觉得你应该留在家里,所以你必须放弃这个珍贵
> 的计划,你要记住一点,迄今为止你所拥有的东西已经比大多
> 数女孩多得多了,这一点能让你在承受这种失望时轻松一
> 点……很抱歉让你失望了,但这是我的最终结论,我们在这件
> 事上到此为止了。[105]

米尔德里德接受了这一判决,去日本进行了一次长途旅行,回来以
后便重病了几个月,并且在此后多年常常如此反复。

米尔德里德的抵抗,以及其后屈从于母亲的要求所产生的精神紧
张,还有放弃前景光明的事业所带来的挫败感,引起了所谓的"神经衰弱
症",这是当时对神经紧张和疲惫的一种笼统的诊断结论,这也正是"专
家"所警告的,发生在过度追求智识抱负的女性身上的"疾病"。[106] 米尔
德里德在她的日记中写道:"这是一个不幸的夏天。妈妈又找来个顺势
疗法的医生,他和之前在镇上治疗我的心理治疗师说了一模一样的

话——例如什么，这是一种完全的神经衰弱，需要彻底休息才能治好——'沉默寡言地活着'"。[107]

在一阵神经紧张之后，米尔德里德回到布林莫尔，度过了"近乎幸福的三周"，令她能够"在那黑暗的一年之后重获新生"。几个月后，她的一个姐妹结婚了，她"定下心来扮演女儿的角色，但演得有些用力过猛……纽约生活的快节奏对我来说太难以承受了"，随后再次病倒。1901年初，她再次回到布林莫尔，弗朗西丝·芬克——"我的小家伙"来了，"我们搬进了我们自己的房间。那是一段快乐的时光，我们像过去那样愉快地读书、聊天几个小时，亲密又幸福地待在一起"。她特别地回想起有一个晚上，她们在讨论"夏洛特·帕金斯·斯特森（Charlotte Perkins Stetson）的书中提出的问题，生起了一堆温柔的……篝火，空气中弥漫着香烟的烟气。美好的白天，美好的夜晚，友谊和自由，还有那些时常能够一起讨论的新想法"。[108]

弗朗西丝·芬克不用像米尔德里德·明特恩那样需要克服种种家庭压力。她那恭顺的母亲对她的父亲言听计从，而她的父亲则全力支持女儿的独立，没有人会妨碍到她遵循布林莫尔的理念去生活。她没有受到竞争压力的冲击，没有承受反复的神经衰弱。尽管在布林莫尔的最后一个学期，她的确曾因健康不佳告假，但那也许是竞争激烈的学院氛围，以及即将到来的口语期末考试带来的压力所引发的身体不适[109]，但她其后余生中都能保持镇静和平衡。不过，弗朗西丝还是感到大学毕业以后难以自律。尽管她在给米尔德里德的信里时常提到一些雄心勃勃的阅读计划，但她很少能实现这些目标。

世俗之人的所有抱负和观点似乎如此微不足道——而我们的抱负和观点，则就像亲爱的你说的那样，是"绿草成茵的地方"①，没有什么可以让我们放弃这些。要定下心来并试着恪

① 此处引自拉迪亚德·吉卜林（Rudyard Kipling）诗歌作品《曼德勒》（Mandalay）中的诗句："我曾有过一个苗条温柔的女子，在绿草成茵的地方！"——译者注

守……我们的理念将会是一件非常非常困难的事。相较我和
那些比我更懒的，或者那些堕落的人，这对你来说并不会那么
难。我总会想起我们周日晚上的会面，我记得，想要坚定和带
着勇气及目标生活还是相对容易的事，但是亲爱的，实践就是
另外一回事了……110

在由提卡的家中，弗朗西丝通过阅读来自我提升，她经常旅行，偶尔
去欧洲，或者去纽约市探望米尔德里德。然而，相较面临更多阻碍却仍
未放弃追求智识成就的米尔德里德，弗朗西丝明显缺乏那样的动力。弗
朗西丝斯会告诉米尔德里德，她"徒劳地试图"完成"那篇旧论文——简
直是一派胡言"。111 她曾在欧洲写道："我需要不断地让自己振作起来，
否则我就会活得极为肤浅——而非［威廉·］詹姆斯所说的那种'艰苦
奋发的生活①'。"112 正如她在一封对她而言十分典型的信中那样写道：

我还是过着植物般的生活②。我一直在读弗劳德的卡莱
尔生平及书信③——书里的场景特别可悲，可怜的卡莱尔夫人

① 威廉·詹姆斯在其著作《宗教经验之种种》《道德哲学家与道德生活》以及其他作
品中曾多次讨论"艰苦奋发的生活"（strenuous life）的概念。詹姆斯认为，道德的要求是极高
的，因此道德生活需要一种持续的"艰苦奋发"的态度，即一个人需要坚持为道德生活做出
艰难努力，而不计个人得失。——译者注
② 此处"植物般的生活"（a vegetable-like existence）应为援引亚里士多德的论述。亚
里士多德认为人的生活有植物的生活、动物的生活和实践的生活的区别，并且每一种更高级
的生活都把低于它的生活包含于内（例如动物的生活包含植物的生活，人的实践的生活包含
植物的生活和动物的生活），并且认为对人而言的幸福只属于人的实践的生活。一个睡着的
人可以说有品质，但不可以说有人的实践的活动，所以不能说是幸福的。与此相似，一个不
幸的人也可以说有过幸福生活的品质，但是不具有过幸福生活的外在善（因为幸福的生活作
为人的实践的生活还需要外在善作为条件），所以也不能说是幸福的。——译者注
③ 托马斯·卡莱尔（Thomas Carlyle，1795—1881）是苏格兰评论、讽刺作家、历史学家，
其作品在维多利亚时代甚具影响力，代表作有《英雄与英雄崇拜》《法国革命史》《衣裳哲学》
《过去与现在》。弗劳德（James Anthony Froude，1818—1894），英国历史学家、传记作家，其
与卡莱尔结为了挚友，并以其对 16 世纪英国的研究和对卡莱尔的研究而著名。1878 年，83
岁的托马斯·卡莱尔把手稿《回忆录》、夫人信函交给弗劳德。弗劳德于 1882 年写成的《弗
劳德：卡莱尔生平》（Froude: Life of Carlyle）。——译者注

的命运能让一块石头流下眼泪①。我不认为我会愿意(一辈子)做一个天才门前的擦鞋垫。[113]

弗朗西丝曾多次流露出她对米尔德里德大都会生活的羡慕。她在1898 年写道:"别忘了,你可是一位居住在大都市的幸运女人。"[114] 布林莫尔的精英主义已经深植于她的内心,而这种精英主义在她身上表现出各种形式的优越感:当她谈及一位曾一同驾车出行的年轻男子时,她刻薄地说道"他并不能给人带来智力上的启发";[115] 而当谈及一次与欧洲人一道搭火车去尼斯的旅行时,她表示,"在希腊人和罗马人的文明中,肯定没有如此乏味之人"。她的信中反复出现反犹太人的言论,当米尔德里德在 1904 年决定放弃戈罗季谢医生(Dr. Gorodizche)并转而选择珍妮特(Dr. Janet)医生作为她的主治医生时,她赞同道:"我很高兴你离开了他,他被揭露了真面目,这是件好事。你知道的,宝贝,那个——(我本来想说些愚蠢又反犹的东西,但我会忍住的)。"[116] 她那零碎又散漫的阅读和浅尝辄止的写作都透着一知半解和肤浅;她虽然感到践行布林莫尔标准和屈服于自己的"懒惰"之间存在冲突,但还是选择了一种相当没有挑战性的生活。1901 年,当弗朗西丝第一次见到勒尼德时,正如勒尼德厌倦奥尔巴尼,她也同样厌倦了由提卡。

弗朗西丝·芬克推迟了 1 年多才对勒尼德·汉德的求婚作出答复。她知道婚姻需要妥协,而她没有什么现实的榜样能够效仿。至少在理论上,工作和事业似乎比婚姻更为志向高远,但另一方面,她所能获得的事业发展机会也微乎其微。(在 1900 年,只有 5.6%的美国已婚女性拥有工作,其中绝大多数是移民或黑人。职业学校普遍不欢迎女性,所以主要的工作机会是教职或社会服务工作。)[117] 但她的缺乏自律,以及在毕业到结婚之间的四年多时间里明显怠于寻找固定工作的表现,不禁令人

①　卡莱尔夫人,即简·威尔士·卡莱尔(Jane Welsh Carlyle, 1801—1866),苏格兰作家。其于 1826 年与托马斯·卡莱尔结婚。两人婚姻并不幸福,托马斯总是忙于写作,而简则辛勤地料理家务。已出版的书信记录显示两人争吵频繁。——译者注

对她的事业抱负产生怀疑。

弗朗西丝之所以犹豫是否接受勒尼德的求婚，其中一大主因，无疑是她曾反复讨论过那个计划，即根本不结婚，而是和米尔德里德生活在一起，一辈子重复她们在布林莫尔的幸福时光。尽管弗朗西丝在生活上懈怠而又散漫，仅仅将书籍和思想作为消遣，但这种独立的、自我实现的知识分子生活的抽象诱惑仍令她着迷，而她与米尔德里德之间的友谊，则为这种生活提供了一种实现方式。

这段亲密友谊在她们毕业后仍持续了 10 年之久。她们在信中互称"我亲爱的""我最亲爱的""我最亲爱的 O. S."或"我亲爱的小朋友"。[118]"亲爱的小朋友"很可能指的是"亲姐妹"（Own Sister），这个词在维多利亚时代的亲密女性朋友之间并不罕见。[119] 他们互相拜访的时候，会花上很多时间单独在一起，阅读诗歌，手拉手散步，以及分享她们最私密的想法。对于这两人来说，她们的友谊比任何其他关系都要更为重要，并且这段友谊令她们在布林莫尔的时光"成为我们生命中最美好的岁月"。[120]

在 19 世纪末，这种未婚独立年轻女性之间的关系颇为普遍。虽然弗朗西丝和米尔德里德对彼此感情横溢的示爱在今天可能会引起女同性恋关系的猜测，但这种相亲相爱在当时可接受并常见的，而且没有迹象表明她们的关系中包含任何明显的性行为。倒不如说，她们对此的投入可能显示了当时大学男女之间社会关系的局限性。米尔德里德的母亲很清楚她们的友谊并且从未感到惊讶，其他人也是如此。实际上，她们的亲密关系是通过闲话她们与合适的男青年之间的调情才热络起来的；对于她们来说，结婚的想法与根本不结婚的严肃意图和谐共存。[121]两个女性——特别是职业新女性——生活在一起的情况在世纪之交并不罕见。弗朗西丝和米尔德里德就认识这样的搭档，例如布林莫尔的凯里·托马斯和她的伴侣。[122] 对于有着家庭生活以外的追求的女性，与另一个有着同样愿望的女性共同生活被认为是比传统婚姻更能获得支持和回报的方式，特别是当一个人还没有遇到一个能够成为"朋友式丈夫"以及"情人式丈夫"，并且能尊重一个人的自主权的男人。[123] 这种两名未婚女性之间的长期关系,被称为"波士顿婚姻"。[124]①

　　到 1900 年的时候,米尔德里德和弗朗西丝显然已经在计划属于她们的"波士顿婚姻"了。在从朋友路易莎(Louisa)和皮埃尔·杰伊(Pierre Jay)夫妇那儿租来的位于西威斯特彻斯特郡北部的基斯科山小农舍里,米尔德里德已经花了些时间,并且正"忙着计划在我从卢莉(Loulie)和皮埃尔那买来的那块地的岩石角落里,建一栋在属于我自己的基斯科山小屋,我们可以一起在那里隐居,我们终于可以在那里实现完全的独立自主,并且拥有我们多年来一直谈论的小家园"。[125] 这种与米尔德里德在一起的独立自主的未来——互相朗读书籍,愉快地谈天说地,甚至或许是效仿米尔德里德那自律的学习和研究[126]——或许就是弗朗西丝对勒尼德·汉德的求婚异常犹豫的主要原因。

　　在接下来的这一年里,随着弗朗西丝和米尔德里德的见面频率开始变得不同往常,懊恼的米尔德里德分明察觉到勒尼德正在取得进展:她最亲密的好友正在对这位来自奥尔巴尼的年轻求婚者产生真正的兴趣。她在日记中写道:"我永远不会忘记,想到要失去她,我的身体就会感到多么难受。"[127] 比如说,弗朗西丝曾向米尔德里德提及某次与勒尼德几乎全程相伴的奥尔巴尼之行:

　　　　能再次见到他好像还挺不错的。这一周我每天都见他,我感觉好像已经非常了解和喜欢他了……我们散步、开车,还去了庭审。一种愉快又有趣的游戏,法律……勒尼德·汉德和弗雷德·汤森几乎每晚都会过来,我们一块聊天或者打乒乓球。[128]

---

　　①　"波士顿婚姻"是指独立于男性经济支持的两个女性之间的同居关系。这个词在 19 世纪末 20 世纪初的新英格兰被使用。其中有一些在本质上属于浪漫关系,在现代视角下可能会被认为是同性恋关系;有一些则不是。"波士顿婚姻"一词源于亨利·詹姆斯(Henry James)的小说《波士顿人》(The Bostonians),这部小说讲述了两个未婚女性之间长期同居的故事。詹姆斯的妹妹爱丽丝及其伴侣凯瑟琳·洛林就存在这样的关系,她也是詹姆斯小说的素材之一。——译者注

不久后,当弗朗西丝来到纽约市进行"她惯常的长期逗留"时,米尔德里德写道,她"开始……怀疑弗朗西丝就要接受已经爱上她快 1 年的勒尼德·汉德了"。[129] 最终,在 8 月,弗朗西丝在默里湾告诉米尔德里德,她已经接受了勒尼德的求婚。[130]

即便在弗朗西丝和勒尼德举行婚礼的两周前,米尔德里德还在为失去她最亲密的朋友而悲伤,并且因弗朗西丝忙于计划她的婚礼而苦恼:

当然,我原本计划让克莱恩在这里(在基斯科山)度过大部分的冬天,她虽然已经订婚但仍答应会过来,但她至今也没有在这里度过哪怕一个晚上,而是去了奥尔巴尼奔波了 6 个周日,为了购物和徒劳无功地找房而疲惫不堪。好吧,我已经失去了她,我必须改变我所有的计划,并且学会为自己而活,希望也许能找一个能让我像她爱"B."那样爱的男人,一个像他对她那样支持我的男人。

所有那些有着亲密和关心的完美时刻的珍贵旧日时光会向我涌来,我会感到铺天盖地的孤独,和对那旧日不受打扰的关系的渴望,还有那彼此交往的纯粹的快乐,以及那些幸福的空中楼阁和西班牙的航行。

但是,命运以一种奇妙而巧妙的方式,在我们的生活即将达到顶峰的那一刻将我们分开。如果我们一直计划的那次意大利旅行能够成行,如果她曾和我一起住在这里,甚至哪怕只有 1 年,我也会更容易放下她吧——唉,已经结束了,这就是生活。[131]

在几周里,米尔德里德一直反复思考自己"对……一个甜蜜、幸福且友好的婚姻的女性渴望",她始终怀疑,在不影响自己独立性的情况下,这种婚姻是否真的可行。[132] 到了 1903 年夏,她的健康状况因为那年的紧张情绪又一次"旧病复发",于是她搬到了法国,部分原因是为了接受戈罗季谢以及后来的珍妮特医生的医疗护理。她始终记着:"永远不会有人能够取代克莱恩在我心目中的位置……"[133]

　　在很多方面,弗朗西丝与米尔德里德有着相同的理念,但她最终一定还是发现,自己与勒尼德的婚姻提供了近乎完美的妥协。结婚 3 年后,她写信给米尔德里德说:"几天前 B. 谈到他害怕自己只能成为无数平庸之辈中的一员——你有这种感觉吗? 我没有。对我来说,生活本身就是那样有趣而又丰富,我现在毫不介意自己是否籍籍无名。"[134] 毫无疑问,成为"无数平庸之辈中的一员"无疑会令 M.凯里·托马斯震惊万分,而米尔德里德也不会满足于此;但是对弗朗西丝而言,仅仅是享受生活的能力——就这样读一本小说,在花园里劳作,或者在树林里散步——就足够令她心满意足了。

　　弗朗西丝觉得,勒尼德是一个"朋友式丈夫"和"情人式丈夫",他欣赏她的离经叛道、才智和独立,而他自己也是一个前景光明的知识分子。此外,他认为婚姻应该是两个平等个体的伙伴关系,并坚信不疑地主张"主体的平等责任承担与摒弃'庇护—珍爱标准'"。[135] 弗朗西丝与米尔德里德所设想的,是一种建立在思想和情感自由、智力成长和相互扶持基础上的亲密关系。与一个丈夫建立这种关系的前景似乎是个诱人的机会;而且她有充分理由相信,与勒尼德的婚姻甚至不需要她结束与米尔德里德的亲密关系:毕竟,基斯科山离纽约市也挺近的。

　　1903 年春,勒尼德·汉德对一个朋友说:"在这个城市漂泊的感觉并不怎么令人愉快。"当时他在纽约市已经待了 6 个月。[136] 一边住在临时住处一边寻找固定居所令他心神不宁,但事实证明,在其后更长的时间和更多的忧虑之下,他的描述仍是适用的。汉德和他的新婚妻子多年来一直难以找到一个固定居所,而一个令人满意的律所职位对他而言尚遥不可及。

　　奥尔巴尼单身汉时期的勒尼德一直和母亲生活在斯泰特街,他并不具备足够的冷静和务实以从容应对找房子的严峻考验。勒尼德必须在婚礼的 3 周之前在扎布里斯基事务所入职;尽管在搬到纽约前,他已经就住处的问题和那里的一些熟人互通了信件,但当这对新婚夫妇准备安顿下来的时候,事情依然毫无头绪,于是他们不得不勉强在租来的旅馆房间里度过两人新婚的头几个星期。[137]

1903 年 2 月,汉德夫妇找到一个比起促狭的旅馆房间多少合意些的临时住处。在接下来的 6 个月里,他们把派克大道带家具的房子转租给了一个医生,并加快寻找他们自己的住处。[138] 但是,能接受的房子还是没有出现:待售的房子要么就在对他们来说太远的上城东七十街和东八十街附近,要么就远在下城的东二十街和东三十街附近;无论选哪个,高达 3 万美元的价位似乎都过高了。[139] 1903 年夏末,勒尼德听闻东五十五街有房可以长租。不知道“明年秋天我们要去哪里”的他感到既“沮丧”又不安,“搬家的烦恼和麻烦”也令他精疲力尽,所以尽管这个业主拒绝授予他购房选择权①,他还是签下了 3 年期的租约。[140] 他对弗雷德·汤森说:“弗朗西丝不得不操心搬家和后续的活儿,这些事情已经对她产生了不良影响,她现在都累坏了。”但汉德自己的状态似乎更糟:“你没试过根本不知道,要搬进新房子还得把一切都安排妥当有多累多烦人。”[141] 渐渐地,随着空荡荡的房间填满家具,书架上摆满书籍,租屋的环境变得越来越舒适,勒尼德可以在屋里阅读、抽雪茄和喝威士忌。不过,只有这些书才是他真正的老朋友。而对于几乎一切其他东西,弗朗西丝都比勒尼德熟悉得多:床单、餐具、器皿,甚至连家具,都是汉德夫人那爱女心切的父亲从由提卡发货运送过来的。

住在东五十五街那段时间,寻觅固定居所的需要一直悬在汉德夫妇心头。租约临近到期的时候,他们只能不情不愿地做好重返公寓生活的准备,但好在最后关头还是出现了转机:有一栋地段合适的房子正好挂牌出售,汉德夫妇遂在 1906 年春买下了这栋房子并搬了进去,尽管搬家时改建工程尚在进行之中。东六十五街 142 号位于第三大道和列克星敦大道之间一个绿树成荫的街区南边,是一栋狭窄的 4 层褐砂石建筑,

---

① 此处的购房选择权(Option),指的是租赁关系中赋予承租人在租期内或租期结束时购买所租物业的选择权。——译者注

也是曼哈顿当时以及现今最具吸引力的街区之一。这里即将成为汉德夫妇此后 50 多年的安身之所。尽管这 3 年里房地产价格有所下降,但购置这栋新房还是耗费了近 3 万美元。[142] 汉德夫妇有能力以那个价格买房,说明他们的财务状况已经有了很大的改善,但彼时勒尼德的执业收入仍然很低;他从克利福德叔叔那里继承的遗产为他提供了保障的来源。经济压力仍在持续,但从勒尼德的房地产投资来看,他的经济状况实际上相当宽裕,因为在他们 1906 年初搬到东六十五街的时候,他和弗朗西丝还花了约 2 万美元买下了一座乡村别墅。在汉德夫妇的圈子里,拥有避暑别墅对于年轻职场人士而言实属常态。在这个城市度过燥热而又潮湿的夏天几乎令人难以想象;在较为凉爽的海滨或山区环境中消夏才是流行的做法。在结婚头两年的夏天,汉德夫妇勉强靠着做客朋友家的乡村别墅和短租度假屋达成了出行;然后在 1905 年,他们在基斯科山租了一栋农舍,而在回到纽约市前,他们终于下定决心要在那里建一个永久的避暑别墅。

第三章

从华尔街律师到联邦地区法官

1902 年 11 月中旬,勒尼德·汉德在扎布里斯基律师事务所开始了他的纽约华尔街律师执业之旅。他深知这是一次职业上的冒险,从一开始就害怕自己这么一个并不出色的奥尔巴尼律师,会被纽约市的"大漩涡"吞没。弗雷德·汤森试着消除汉德的恐惧:

> 我觉得你现在做的事情是正确的,我知道你会成功。你不
> 是那种会被吞没的人,在纽约也不会。不要让那种陷阱动摇
> 你。看看老格斯:他拥有和你相似的才能,只不过他的才能没
> 使他走到那么远。我从不怀疑你决定来纽约的智慧,也不怀疑
> 巨大的成功将会证明这一点。[1]

勒尼德从不敢想自己会取得"巨大的成功"。毕竟格斯已经在一家欣欣向荣的纽约律所站稳脚跟,而扎布里斯基的前景则疑云重重。

汉德的疑虑很快被证实是合理的。他在扎布里斯基的职位是助理主任,而非期望已久的合伙人。如果扎布里斯基发展良好,那么汉德的选择还值当。他的职位年薪在 1500 美元,但律所承诺几个月后会涨工资,并且在一年试用期后考虑是否晋升合伙人。汉德的期望并不过分,但他很快就意识到即使要实现这样不过分的期望都并不容易。在汉德工作的头几周时间里,他发现律所失去了一个重要的老客户,却没有招揽到新客户,而自己的工作任务则例行常规、缺乏挑战,与在奥尔巴尼的

工作毫无两样。

扎布里斯基只有两个真正勤奋工作的人——高级合伙人乔治·扎布里斯基和汉德。[2] 汉德的工作是协助扎布里斯基，以及在阿奇博尔德·默里的监督下处理寥寥可数的几个案件所涉及的各项工作。汉德经办的案件大多涉及财产管理、破产债权以及常规的商业事务。无论是案件性质，还是工作难度，与汉德在马库斯·胡恩事务所的日常工作无本质差异，只不过案件标的额大了些。

虽然汉德与高级合伙人的关系都非常融洽——扎布里斯基为人冷淡，却很欣赏汉德的法律检索和写作能力；默里的个性更加友善，却时常不在办公室但是律所的工作量在萎缩，合伙人们却没有"竭力寻求业务"。[3] 到了1903年春，汉德开始害怕这次冒险的换所决定到头来只是困住了自己，可能使自己注定埋没于这种停滞不前的律所。或许，他推断，自己也应当就目前的窘境承担部分责任，可能是自己的水平没有达到华尔街标准。弗朗西丝不断尝试鼓励汉德："我觉得你该对自己的能力多一点儿自信（只是温柔的责备哦，亲爱的）。"[4] 但妻子的话并没能让情绪低迷的汉德振奋起来。

1903年4月，汉德在扎布里斯基工作了不到5个月的时间。此时，一家看似更有实力的律所找到了他：古尔德和威尔基事务所向他开出了非常具有吸引力的条件。但是汉德几个月来都没有认真考虑这个机会。他担心会被视为不够君子：既然已经同意为扎布里斯基工作1年，那么在这一年里与其他律所接触似乎不太合适。只有他那冷静理智、讲求实效的岳父弗雷德里克·芬克的巨大压力，才得以让汉德认真考虑古尔德的工作机会。

1903年，汉德几个月来不断在扎布里斯基和古尔德之间摇摆抉择，弗雷德里克·芬克连珠炮式地一遍又一遍提醒汉德，他缺少务实的商业头脑。比如：

> 从一开始你就应该把 Z. B. &M. 和 G. &W. 的利益放在一边。两家律所的行为都是为了纯粹、利己的商业利益，他们提

出的交易也仅仅是出于商业考量。只有一个人的利益是你应当深思熟虑的,也只有一个人的利益是你应当持之以恒去争取,这个人就是勒·汉德。

但在芬克眼中,感情用事、性格软弱的女婿是否会这样思考问题,实在是个未知数:"我对他们了如指掌、毫无疑虑。我不太确定的是你……当人达到一定高度时,在商业领域就不能太过谦逊有礼,而你已经达到并超过这个高度了。"[5]

长久以来,芬克试图让女婿更坚毅些时,就会使用这种口吻。虽然汉德被迫更多地融入志不相投的物质社会,但他在绝大多数时候也觉得自己确实需要务实的建议,并因此听从了芬克的意见,可芬克的告诫同时又使汉德越发怀疑自己。之后,芬克告诉汉德,追求职业成功的道路"可不是绅士般保持谦逊的场合,也不能从旧时代骑士那些不成文行为准则中寻求指引"。[6]这点凸显了芬克与汉德两个家庭的本质差别,这是注重实际、不作自省之人与犹豫焦虑、经常思考之人之间的差别,是一个野心勃勃的现代企业家望族与一个对市场的运作方式感到不自在的家庭之间的差别。

汉德有时也讨厌芬克的过多介入,有次竟鼓足勇气旁敲侧击岳父"给孩子们的建议太多了"。[7]但他还是很认可岳父经历的,接受了许多岳父借弗朗西丝之口说出的建议。无论何时,芬克的意见都比母亲的更有帮助,母亲的话只会加重汉德对于重大决定的焦虑:"让我彻头彻尾害怕作出决定或者还不如让您来作如此重要的决定。"[8]

几个月后,勒尼德准备听从芬克的意见,调查"古尔德和威尔基事务所的业务量及业务性质——查阅他们的账目,了解他们的客户、过去五年的总收入和净收入",然后带着挖掘来的信息、手握古尔德和威尔基事务所开出的优渥条件,去找扎布里斯基谈判谋求更好的待遇,包括晋升合伙人:"除非你自己满足于现有待遇,否则没人能阻止你拿到比 B. 汉德更好的待遇。"[9]

经过一番打听,汉德很快就对古尔德和威尔基事务所的情况了解得比对扎布里斯基的还清楚了。查尔斯·W. 古尔德给了勒尼德合伙人职位，每年底薪 3000 美元。当汉德根据芬克的策略，将古尔德开出的条件告诉乔治·扎布里斯基后，扎布里斯基给勒尼德开出了底薪 4000 美元的条件。[10] 汉德顾问团——他的母亲和几位纽约的熟人——催促汉德留在"现在的律所"，芬克也认为如汉德留在扎布里斯基会更快成为该所重要人物 [相比古尔德所的核心合伙人约翰·L. 威尔基（John L. Wilkie），扎布里斯基更有意给汉德让路]。但是汉德下不了决心，他的犹豫不决让芬克不禁再次告诫道："你只要考虑你自己 B. 汉德就行，你已经在很长一段时间里都被别人所左右了，现在看来别人又在左右你了，这就好比尾巴在摇摆狗……尾巴摇得又轻松又快活，可不会管狗怎么样。"[11] 汉德同意芬克关于最终选择的贴切描述——"一边是一家颇有年头、受尊敬、有影响力的律所，这家律所的规模相对来说比另一家更大些，因为交易标的额和客户性质的关系，通过较少的业务即可赚取收入；另一边是一家名气和影响力稍弱的律所，从事的是新兴业务，颇具成长发展潜质"——但是汉德不同意芬克的结论："毫无疑问应当选择更有年头的那家律所。"[12] 最终，汉德选择了古尔德和威尔基事务所，因为古尔德让他觉得自己更有价值也更重要；而扎布里斯基则相反，给出的条件不过是对于来自古尔德竞争的被迫回应。不仅如此，汉德预计古尔德未来的发展前景会更好，如此一来，比扎布里斯基底薪少 1000 美元也变得无足轻重。

　　汉德决定遵从自己的选择跳槽去古尔德和威尔基事务所这一点，体现了他正逐步走向成熟、独立和决断。正如他所觉察到的，在奥尔巴尼和扎布里斯基的法律执业经历并不能让他对职业成功抱有乐观期待，而他早已不满足于"守株待兔"，耐心等待好事发生。汉德对此前的经历感到厌倦和挫败，他选择抓住另一个，也可能是最后一个通向法律执业成功的机会，为此他敢于对抗强烈的反对意见。

　　1904 年 1 月初，汉德搬到华尔街 2 号，他在古尔德和威尔基事务所的新办公室。但仅仅过了几天，他少有的乐观就被熟悉的焦虑和失望所替代。到了 1 月 7 日，原计划成为合伙人的光明前景已变得暗淡无光：

汉德本应成为一名初级提成合伙人,但现在却被安排了 6 个月试用期;只有在头 6 个月的试用期内表现优秀才能按比例提成。沮丧的汉德立即向芬克抱怨古尔德误导了自己。芬克让汉德不要有此顾虑:试用期条款是合理的,未来的发展也充满吸引力。但是芬克总是忍不住以"我告诉过你"这样的提醒为开头:"你自以为决定离开 Z. B. &M. 很聪明,其实并不是那么回事,但无论好坏,木已成舟。"[13]

汉德的失望之情并不那么容易排解,仅工作 1 周他就开始认真思考是否离开新所转而单干。对此,芬克近乎咆哮:

> 不考虑收入情况,一味让你离职单干的建议简直愚蠢透顶。你现在所拥有的是你自己并未察觉而我切实知道的好机会——与你之前以为争取到的好机会实质上并无差别……投入进去、拼尽全力,到 6 个月结束时,权利将取代信念,到那时你可以就未来与律所的关系开出更高的价码……等时机到了,切记一切都是交易。

芬克恢复到他不带感情的电报式语言,补充道:"觉得你有点想得太多、思虑太多了。"[14] 汉德逐步意识到自己别无选择,于是也就咬紧牙关坚持下去。

与之前两家所的工作相比,汉德在新所的日常工作并无更多挑战。他告诉岳父,现在的工作"没有任何重要或复杂的业务需要或能用到我的学识与才能"。[15] 等汉德真的晋升到合伙人了,却失望地发现,高级合伙人给他的分成不到 10%。这有一个很合理的解释:那年业务量减少,但是古尔德不可能减少自己的利润。芬克试着这样解释:"一只很小的蛋糕,却已经有很多人在分,就是这么简单的道理"。汉德选择换所是为了进入一家不断成长和扩张的律所,但是无论古尔德表现得如何明智,律所的衰落都只会让汉德更加沮丧。当他鼓起勇气告诉古尔德,自己"对于现在的安排一点儿都不满意"时,[16] 这位高级合伙人无动于衷。岳父开导汉德:向古尔德摊牌至少能"促使古尔德思考",且"如果有更好的机会来了"，[17] 汉德也能处于更主动的位置，但汉德并未从岳父的开导中获得安慰。"更好的机会"并没有来，没有其他律所向汉德抛出橄榄枝。

1905 年头几个月是汉德在华尔街执业生涯中最黑暗的时刻。即将成为父亲的忐忑和执业不顺的焦虑很快带来了恶果：汉德感染了肺炎。这时，所里却出人意料表现得非常体贴，在汉德休养期间竟继续支付工资。[18] 到了秋天，病愈的汉德重回办公室，却发现工作境况毫无起色。在古尔德和威尔基事务所工作的 5 年间，汉德只招揽到两个客户（而且还都是奥尔巴尼所的老客户）和区区一个案子。这个案子涉及宾夕法尼亚州土地的采矿权。在汉德的努力下，案子最终成功和解，汉德也由此进账一笔颇丰的律师费。[19]

1905 年末，汉德考虑加入纽约地区检察官、行事张扬的改革派威廉·特拉沃斯·杰罗姆（William Travers Jerome）的公诉团队，机会可能来自汉德的大学同学霍华德·S. 甘斯（Howard S. Gans），他是团队里的首席上诉律师。这次机会再次唤醒汉德成为成功诉讼律师的奥尔巴尼梦，但在弗雷德·汤森提起汉德早年的失败经历后，他放弃了这个梦想："作为一名出庭律师，除非你享有相当名气，否则只会在若干年后发现自己的事业停滞不前；此外，坦白说，我认为你并没有这方面的天赋。"[20]

到了 1907 年，汉德在古尔德的底薪只提高到区区的 5000 美元。此后境遇进一步恶化。他觉得自己做错了选择，并因此裹足不前。周围许多律师朋友干得风生水起。最亲密的朋友、堂兄格斯·汉德的职业成就更是让汉德不断反观自己的失败：比如，当听说格斯代理委内瑞拉政府参与一起重大案件时，汉德很难高兴起来。[21]

在律师执业过程中的挫败感促使汉德在 1907 年首次尝试谋求联邦法官席位。但是初次尝试并未成功。汉德别无选择，只得继续待在律所。古尔德和威尔基事务所变得越来越无吸引力。诚然律所 1906 年和1907 年的利润足够高，汉德的年薪也因此涨至 6000 美元，[22] 但到了 1908年春，所里高级合伙人再也无法同心合作，约翰·威尔基决定离开。汉德被夹在当中：威尔基和查尔斯·古尔德都希望汉德跟着自己并许以合伙人职位。芬克一如既往为汉德提供了务实的建议:要两边都接触,尽可能争取对自己最有利的方案;然后看在上帝的份上,千万别再是那个过分谦逊的你,要善于自我推销,不尽力展示才能,怎可能获取相应回报。

汉德决定跟随古尔德:虽然相比古尔德,汉德与威尔基更意气相投,[23] 但是一旦威尔基离开了,汉德就有希望参与古尔德的重要业务。芬克要求汉德坚持 15% 的利润分成作为留下的条件,但是再一次,汉德在谈判中败下阵来。古尔德不同意汉德分成比例超过 10%,雪上加霜的是,如分成提升,则同时还要将底薪由原先的 5000 美元降至 3000 美元。弗朗西丝和勒尼德一样失望。如往常一样,她建议汉德寻求"父亲的意见",规劝汉德不要在威尔基面前表现得"完全准备好继续你现在的生活"。[24] 但是还能怎么办呢?芬克勉强承认留在古尔德所是个死胡同。勒尼德再次厌恶地想要离职,岳父则再次力劝他留下,理由很简单,"继续原有工作,但瞪大眼睛、竖起耳朵,寻找更好工作"是条更容易的路。[25] 勒尼德的母亲十分疼爱儿子,与他共愤怒,但这只能加深他的阴郁:"你的处境让我忧伤,我总感到你被利用了"。[26]

到了 1909 年,汉德已在纽约市执业超过 7 年,但他的努力付出却收获甚微。多年后,汉德反复表示这是一个彻底的失败:"我从不是个好律师。"听众们对此半信半疑。他曾公开说:"我之前没有取得任何成功,一点都没有。"[27] 法官席位变得比之前任何时候都更具吸引力,到了 1909 年春,汉德在朋友们的帮助下,第二次向联邦法官岗位发起冲击。这一次,他成功了。

在社交场合,特别是学识型纽约律师们举行的改革活动中,汉德收获了做律师时所不曾有的名气。从他初来纽约时起,朋友们就特别认可他的敏锐和广博,钦慕他思想的独立性。那是个难得的时代,连国家政府都真心实意地希望提名独立知识分子,汉德给朋友们留下的印象,令他们认定他是联邦法官的理想人选,并大力支持。

　　和在奥尔巴尼时一样,在纽约,志同道合、高谈阔论和对改革主义政治的偶尔涉足,是汉德获取活力的源泉,并以此来维系无趣失望的律师工作。汉德最初选择来纽约,就是为了逃离压抑狭隘的束缚,他的这种期望并不是没来由的。在纽约市的最初几年间,汉德的大部分朋友是年轻的纽约律师。这些人在追求职业成功同时,不忘保持对精神生活和城市政治健康的兴趣。后来,汉德在纽约市的朋友圈又增加了哈佛的老同学,包括戈登·贝尔和查尔斯·巴洛。但他的熟识不止于律师,比如和格斯在哈佛法学院同届的诺曼·哈普古德(Norman Hapgood),已在写作和调查类新闻方面崭露头角,1903 年就担任《科利尔》(Collier's)杂志的编辑。这是一本重要的改革派杂志。

　　汉德还开始结识一些长者。比汉德大 14 岁的查尔斯·C. 博林恩(Charles C. Burlingham,C. C. 博林恩,缩写为 C. C. B.)就是汉德非常喜爱的朋友,并最终在汉德的职业生涯中发挥了最重要的作用。漫漫一生,"C. C. B."始终倾心年轻、活跃的思想。他很快就喜欢上了汉德。表面上看,C. C. B. 不过是一名在市中心执业的律师,在一家业内领先的海事律师事务所担任合伙人,不是知识分子,也从未担任过重要公职。但是博林恩通过非正式途径对纽约公共生活有着长达 50 年的惊人影响力。C. C. B. 和蔼可亲、直言不讳、为人热情:他热衷幕后牵线。[28] 别人眼中不知疲倦的管闲事,却是他毕生追求善政的途径。多年来,他是党派机器的有力反对者,他反对党派机器基于俱乐部会所关系选任人员担任公职。他为形成良好的公务员选任机制而奋斗,尤其致力于提升地方、州和联邦法官水平。表面上他是独立派民主党人,但实际上他与各级政府各派权贵均有联系。他促成多人开启杰出的司法事业——包括 1909 年的勒尼德·汉德,以及 4 年后的本杰明·卡多佐。

　　汉德到纽约后不久就通过格斯认识了 C. C. B. 。很快,汉德一家与博林恩一家就相互邀约共进晚餐。日常法律事务之余,勒尼德偶尔为 C. C. B. 撰写海商法相关备忘录。C. C. B. 将勒尼德带入了海商法领域(在此之前,勒尼德在法学院和奥尔巴尼律所都从未接触过海商法)。后来,勒尼德在这个领域成为全国最杰出的法官。C. C. B. 对于社会活动的热情极具感染力:勒尼德到纽约的第一年末,就参与了市长竞选活动。C.C.B. 是其中倡导市府改革活动的领袖之一。

汉德与博林恩从初识很快升级为密友。最初 C.C.B. 称呼勒尼德为"亲爱的汉德",到了 1906 年就变成"亲爱的勒尼德",而到了 1907 年初更是变成了"亲爱的 B",这一年汉德开始称呼博林恩为"亲爱的 C.C.B."。其实 C.C.B. 对勒尼德的喜爱早在 1905 年就初见端倪。那年汉德成功挺过了足以致命的肺炎。"这太值得感恩了,"C.C.B. 在给汉德的信中写道,"上帝让你在人世间继续待上一小段时间……我真想看看你,希望很快就能实现。这些**感情用事的**废话——虽然是真的,**真该被烧掉**。请代我向您夫人问好。"[29](汉德在人世间的缓刑可是相当长的"一小段时间":汉德活到了 89 岁,C.C.B. 则活到了 100 岁。)

汉德的"夫人"本就比他更懂社交礼仪,也因此在婚后帮助汉德迅速拓展社交生活。弗朗西丝善于组织餐会,勒尼德则喜欢宾客带来的愉快交谈。最初,弗朗西丝向往上层社会,勒尼德只好订阅《社会名人录》(*Social Register*)并申请将二人信息收录其中。但到了 1907 年,勒尼德愤而投诉未订阅出版物却被多收费,此后他俩就被《社会名人录》除名了。社会名人录协会通知他:"既然汉德先生保留了用自己的理解来解释合同的权利,那么请允许本协会终止整个订阅合同以体面地解决现有困境"。[30] 汉德丝毫不觉遗憾:非正式的、富有启发的交流,对他来说比跻身上等社会重要多了。随着大学俱乐部、哈佛俱乐部、世纪协会、市律师协会的成立,汉德越来越多地从这些非正式的社交聚会和更深入的政治改革活动中获得启发。

对于那些年轻聪明的纽约律师来说,如果兴趣不止于专业领域,那么参与城市政治改革是一项再正常不过的活动。虽然谈不上蔑视,但州和国家层面的政治,让他们感到无聊和无望;而地方层面的政治,或许可有所作为。自 19 世纪 50 年代起,该市政治就被民主党组织坦穆尼社所掌控。同一时期,反对坦穆尼社任人唯亲、贪污及腐败的声音层出不穷,抵制该社的运动也时有发生。甚至有段时间,改革派差点就上台了。1902 年,汉德初来纽约就撞上了这一难得时期:改革者塞思·娄(Seth

Low)入主市长办公室。1903年娄谋求选举连任时,坦穆尼社决心击败他;汉德和几个熟人也投身竞选活动,努力争取将改革者留在尚未适应的权力宝座上,但娄最终败选。

娄的失利是纽约改革者的典型结局。在过去几十年间,成功抵制坦穆尼社的运动为数不多,而这些成功的运动,则大都由 C. C. 博林恩领导——他从世纪初就开始支持娄。1913年,博林恩组织了纽约市第一次抵制坦穆尼社的"融合"运动,建立了民主党和共和党联盟,共同选举约翰·普尔罗伊·米切尔(John Purroy Mitchel)为市长;博林恩政治生涯的顶点是在20世纪30年代初创建新的融合党派,确保菲奥雷洛·H. 拉瓜迪亚(Fiorello H. La Guardia)在选举中胜出,连续12年担任市长一职。但大多数时候,坦穆尼社的大佬们并不担心改革势力。他们深知自己有着持久的耐力,毫不掩饰对改革者的蔑视,将"善政"(good government)改革者们戏谑为"咕咕"(goo-goos)。长期担任坦穆尼社地区领导的乔治·华盛顿·普朗吉特(George Washington Plunkitt)的看法,鲜活地代表了坦穆尼社的态度。[31] 普朗吉特曾说过,学界和哲学家总在争论"为何改革政府不能成功"。在我看来,道理很简单:改革者缺乏政治持久力。他们不过是些缺乏职业投资和专业耐心的外行。正如普朗吉特所说的,"他们是晨曦——早晨看着十分可爱但很快便散去光芒,而政治机器如上等老橡树般历久弥新"。[32]

汉德和他的改革者伙伴们视坦穆尼社为不折不扣的大坏蛋。他们认为,政府应当由致力于提高效率并且在公共事务上立场开明的精英来执掌。坦穆尼社则恰恰相反,不过是为自身利益而谋求权力:动员投票、赢得选举(通常通过一些不光彩的手段)、均分利益。在他们眼中,坦穆尼社毫不关心税收、美国殖民主义和对经济权力过于集中的防范。

改革者对于坦穆尼社的描述所言非虚,但却不能解释为何坦穆尼社会成功。很明显,坦穆尼社的运作极为完善:在当时,坦穆尼社是主要的社会福利机构,帮助支持者摆脱困境,促进选民与政府的关系,并且在大移民时代让成千上万的新市民熟悉他们的统治者。与此相对,改革者无法直抵民众,因为改革者并非全职政治家,而且大部分改革者与持续涌入城市的新移民及其后代相处不来。虽然汉德及其身边朋友并非如此，但对一些改革者来说，重新恢复民众对贵族的顺从是其投身改革的真实目的之一。

汉德拒绝这种狭隘的阶级政治：他投身改革政治并非出于朋友们的那些考虑，而是为了解决具体实在的问题。虽然生活富足，但他还是憎恶滥用财富现象，诸如经济权力过度集中于大型企业和"强盗资本家"，以及金钱在政治活动中压倒一切的地位。不止如此，他鄙视当时政治机器在任人唯亲、贪污受贿中所反映出的对于物质回报的争夺。这些考虑促使他不仅参加了娄竞选市长的活动，还在之后更长时间里投身公共服务改革联盟（Civil Service Reform League）、公民联盟（Citizens Union）和其他"咕咕"团体。他所属的几个改革组织及更多作出过贡献的组织的领导人都高度重合。通常，汉德身边亲密的朋友都会参与，而领导人中经常可见 C. C. 博林恩的身影。

在州及国家政治层面，格斯·汉德延续家族传统，忠于民主党；而勒尼德在 1900 年就宣布了自己的独立派立场，不过堂兄弟们还是欣然加入了娄谋求连任的竞选活动中。实际上，塞思·娄能赢得 1901 年选举，取决于热心公益事业的共和党人及独立、非坦穆尼社派民主党人的支持。时任哥伦比亚大学校长的娄强调城市政治与国家政治的完全分离，这点与改革者律师群体的观点不谋而合。而在市长任期内，娄关注市政改革，特别是限制政治捐款，这些做法使得他在上层社会改革者中格外受到青睐。到了 1903 年的连任竞选，改革派为其谋求连任投入了前所未有的热情。

汉德对于改革事业的投入越来越多。他的朋友中，CCB 始终活跃于活动策划，堂兄格斯"自认为正在拯救这座城市"。[33] 投票日前几周，汉德也加入进来。他在 10 月下旬表示："我对竞选活动充满兴趣，并将于今晚在包厘街的公民联盟大集会上首次发表演讲。我们对获胜充满信心；值得一提的是，我们地区的注册选民非常多，坦穆尼社的区就一般了……我们最怕的不是反对，而是冷漠。"[34]

为了获胜，坦穆尼社可没停止过动作，但在任者的融合运动以非凡技巧予以回击。汉德对组织者们"钦佩不已",但对自己的表现却并不满意。对汉德来说,在包厘街这个既陌生又喧闹的场地演讲,可是一种全新体验。奥尔巴尼的经历从没教过他如何鼓动民众。汉德对自己的表现很不满意。他对身处奥尔巴尼的导师马库斯·胡恩说:"昨晚,第二大道,我的改革演讲生涯始于卡车尾,面对的是东区冷漠的人群。看起来我并没有成功激荡他们的灵魂,既没有让他们愤怒也没有让他们愉悦。"[35]

几天之后,他对自己的演讲天赋再无自信:

> 我还是在卡车尾发表拉票演讲。我多么希望自己的付出能发挥作用,自己能更受鼓舞。但我发现包厘街的居民没有被我的演说或建议所打动。可能是高架铁路的隆隆声和地面汽车的嘎嘎声干扰了我的发挥。这样的组合当然不可能好。唯一令人满意的是,我的嗓音似乎保持着非比寻常的好状态,并且我对自己至少站在了正确的一边而感到非常满意。[36]

汉德表现不佳不足为奇;值得纪念的恰恰在于,这是第一次,他投入于公共政治活动。正如奥尔巴尼的弗雷德·汤森写给汉德的信中所述:"我钦佩你投身此事(的勇气)。无论理由多充分,我都没有勇气迈出这一步。让我在公众面前公开发表除法律以外的演讲根本不可能。"[37]

坦穆尼社获胜后,勒尼德立即告诉格斯的父亲、舅舅理查德·汉德:"为了防止纽约这座城市再度陷入(坦穆尼社)政府淫威,我们付出了努力,虽然最终是徒劳的,但格斯在其中作出了光荣而有效的贡献,我则无论从哪种意义上来说都没有发挥作用。我只做了一点小事,但却从中受益良多。当然,现在一切都付诸东流。"[38]汉德所做的"一点小事"让他在改革者中初露头角,而他所"感受"到的"受益良多"却有着持久的影响。此后,他再没有如此积极地投入市长竞选活动,但之后几年里,他始终在参加城市中几个善政团体的活动,而这些经历为20年后他更深入地参与泰迪·罗斯福的进步运动奠定了深厚基础。这是第一次,他克服了自己犹疑不决的性格弱点；虽然工作无足轻重，但这是第一次，他主动参与其中。

与此同时，汉德始终保持着与州及国家政治的距离，这也是他周围大部分朋友的态度。"所有东西都烂到根了，我找不到一点正面的地方。"格斯曾说。[39] 诺曼·哈普古德写给汉德的信中也弥漫着这种幻灭情绪："当前，党派并非因为原则不同而分裂，无非是在野党与执政党的权力斗争，完全看不出在野党承诺的比执政党好在哪里。"[40]

虽然汉德也认为"两边都不是好东西"，但有时他还是会在两名候选人中选择支持一位。这点在他身处奥尔巴尼时就可发现，他不惜违背家族对民主党的拥护而选择在 1900 年支持麦金利和共和党人。虽然他不断谴责共和党人在菲律宾施行殖民统治以及采取保护主义税收的行径，但他认为，总的来说，共和党人比民主党人更适应新世纪的经济情况，而民主党人还在遵循杰斐逊小型企业和土地均分的理想主义目标。后者在汉德看来是不符合时代潮流的；汉德认为约束而非分拆大型企业才是更好的办法。事实上，他的首要政治考量就是政府如何制约大型集中财富滥用自身优势，同时不陷入杰斐逊的守旧理念。赫伯特·帕森斯（Herbert Parsons）在纽约富人区获得国会候选人资格，让汉德和堂兄格斯备受打击。这个区是共和党绿洲，占领了曼哈顿上东区相对富裕的居住区。帕森斯可能是个好人（事实上，他本人也是一名年轻聪明的律师），但他背后有着大量家族资金支持这点广受争议。正如格斯在给勒尼德信中写到的："他岳父投机商号里的钱足够让他当选。""钱能决定一切，老问题又来了：这其中的必然性，是否就意味着选民一时的败坏沦丧也无可厚非？如果答案是肯定的，那么选举最好的政治家或最差的政治家又有什么区别?!"[41] 勒尼德的回复一反常态，透露出的信念比格斯所预期的更坚定："如果你的预期是正确的，那么无论他的过往成绩有多突出，那都是没有意义的，整个选举结果就是一个灾难。我想，有一件事我们所有人都必须毫不妥协地抵制，那就是必然性永远不能使那些不正当的手段正当化。"[42]

汉德对于滥用金钱的担心愈加增长，这也就解释了他在 1904 年总统大选时一些出乎寻常的表现。他投票支持民主党候选人埃尔顿·B.帕克(Alton B. Parker)法官,而非麦金利被暗杀后继任总统的泰迪·罗斯福。

不少朋友不理解汉德的做法。一名北部家族朋友乐于见到"忠诚的民主党拥趸家庭的儿子重返民主党阵营",[43] 但汉德并非思想上永久回归民主党。事实上,他只是更看重候选人对于核心问题的立场而非传统的党派亲疏。1904 年的大选,他认为帕克带领的民主党就制约财富一事提供了更优方案。汉德的一些朋友则并未被说服,比如波士顿律师阿瑟·德恩·希尔(Arthur Dehon Hill)坚持认为汉德被误导了:不应以党派是否约束大企业为标准来决定选择哪位候选人,"整个政治体系"本就是金钱构筑的,不可能通过"选择帕克来救赎"。与大部分年轻知识分子律师一样,希尔一贯保持与国家政治的疏离,他认为:"什么民主党的原则、共和党的原则,我早就对这些厌倦了。所有这些党派的平台还不如一支早餐食品广告有诚意。泰迪是条汉子,我见他是个男人就选他,让什么准则见鬼去吧。"[44] 但是勒尼德不会动摇。对他来说,制约经济势力的需要就是最重要的。他曾向马库斯·胡恩解释过,自己很担心在共和党执政下托拉斯垄断会更快速发展。

在 1904 年的竞选中,汉德无非就是与朋友们讨论政治,然后投票;他没有参加任何公众活动,他参加了一次民主党集会,但没有受到任何鼓舞,便不再参加任何后续活动。他瞧不上帕克支持者对泰迪·罗斯福的指责,说他作为个人太强势、"公众总是钦慕他为'马背上的男人'"[45]、这样的表述太危险之类,即使给民主党投票,他仍旧维护罗斯福,不认为他煽动了民众。

9 月 16 日,《纽约时报》发布了一份报告,这份报告由帕克宪法俱乐部资助,并由众多民主党律师联署。报告指控罗斯福滥用总统权力,谴责罗斯福的行政指令放宽了内战老兵领取退休金的条件。俱乐部声称罗斯福"出价竞买老兵选票"的行为无法无天,应受到最严厉的谴责。报告发布当天,汉德写了一篇洋洋洒洒 3 页纸的反驳意见。他指出,俱乐部的指控"很明显是不正确、不正当的",并进而详尽分析了宪法赋予总统发布命令的权力：

> 毫无疑问，所有关于总统违法的讨论都植根于一个很深的基础，无论正当与否，四起的谣言就是基于他激烈的言行、蛊惑性的活动和不克制的表达。他的行为在某些方面是符合这一看法的。但是，一个政党把如此不堪的论证摆在显眼的位置，只会对自己的目标不利。任何一名优秀的民主党人，对其政党所能做的最好的事，莫过于设法让这个幽灵般的谣传平息，它最初是凭借那位可爱的变节者（坦穆尼社议员）伯克·考克（Bourke Cock）的聪明才智臆想出来的。如果帕克宪法俱乐部在高层里搜寻违法行为，他们必然可以找到比罗斯福更具娱乐消遣的信息。[46]

对《纽约时报》来说，这封信太长也太过专业，因此未被发表。而罗斯福在1904年的选举中也完全不需要汉德的帮助：这位充满人格魅力的总统以20%的普选票领先优势和200张票选举人票战胜了平淡无奇的帕克。

在奥尔巴尼，汉德并不关心与自身阶级无关的社会问题。他研究精神病人待遇主要为了给太过无聊的法律执业找些乐趣，并希望藉此增长名声；他参与城市公交罢工时并未意识到工人寻求联合的努力已被挫败。来到纽约市后，汉德在倡导诸如限制童工、提高工厂安全监察等社会价值时也并未投入太多感情因素。参与这些活动都是与改革派律师交友的副产品，因为对这些律师来说，支持社会价值的重要性仅次于善政运动。

与惯常的超脱相比，汉德在一件事情上的表现非比寻常：他对于自己阶级中普遍存在的反犹倾向深恶痛绝。汉德青年时期身处贵族圈，很少接触犹太人，但他在与犹太人的轻松交往过程中始终继承了父亲的性格特点:19世纪70年代,塞缪尔·汉德创立的奥尔巴尼律所里有一位犹太合伙人名叫内森·施瓦茨(Nathan Swartz)。施瓦茨年纪轻轻就过世了。数十年后,施瓦茨的遗孀回忆起汉德一家对于自家的悉心关照,说勒尼德是去汉德家做客时"经常看到的'小家伙'"。[47]哈佛的犹太人也不多,在各俱乐部名册上更是难得一见。作为一名年轻律师,汉德听到的关于犹太人的说法都是轻蔑的:有关犹太人的那些根深蒂固的刻板印象在当时是常态。在哈佛,汉德遇到了霍华德·甘斯,学校里唯一一名来自移民聚集的纽约下东区的犹太人。[48]汉德与霍华德·甘斯的交往体现了他对被社会排斥的人的同情——当然汉德也视自己为局外人——汉德一生中都用他人习惯的方式来对待对方。

大学毕业后,甘斯在纽约市学习法律。因为华尔街律所不接纳犹太人,他只得去曼哈顿的地区检察官办公室工作。1901年,在抵制坦穆尼社的竞选活动中,塞思·娄获胜当选市长,威廉·特拉沃斯·杰罗姆在当时竞选地区检察官一职,甘斯积极支持杰罗姆,并在后者获胜后不久被安排负责在奥尔巴尼州法院的上诉事宜。甘斯经常要去州府出差,勒尼德当时在州府执业,因此两人在大学毕业后很快重新建立起友谊。1902年11月,汉德邀请甘斯参加婚礼,[49]但甘斯并未参加,或许因为他担心自己作为宾客中唯一一名犹太人会不自在。

甘斯事件始于橙堡俱乐部(Fort Orange Club)内弗雷德·汤森所称的"排斥犹太人情绪"。[50]橙堡俱乐部是奥尔巴尼的一家精英俱乐部,会员由律师、法官、医生及商界上层人士组成。汉德多年来一直是这家俱乐部的活跃会员,直到迁往纽约市才退籍。甘斯经常到奥尔巴尼出差,觉得如能入会便能享用俱乐部食宿,他与州最高法院的人保持着良好的工作关系,该院最受尊敬的法官之一约翰·克林顿·格雷(John Clinton Gray)愿意提名甘斯入会。[51]甘斯将此事告诉了汉德,汉德提醒他俱乐部有反犹政策。[52]

非居民会员由俱乐部理事会投票产生而非全体会员投票,而投票程序中有一个名叫"黑球"的环节:每位理事手握一枚白球和一枚黑球——同意入会就投白球,不同意则投黑球,只要有一枚黑球就一票否决不得入会。[53] 汤森确信甘斯会面临巨大阻碍:"俱乐部有条不成文的法则,那就是排除一切犹太人。"[54]

甘斯立即通知格雷法官不要再提名自己。但格雷鼓励甘斯继续,并保证俱乐部的"种族偏见"并不像汉德担心的"那么严重",俱乐部里的顽固反犹太会员屈指可数。再三保证之下,甘斯同意格雷于 1903 年 11 月提名自己,但他告诉汉德:"我特别希望你知道,我不会为了任何好的、坏的或是其他原因而拼命想挤进并不欢迎自己的社交圈,我不是那种人。"[55]

汉德觉得需要担心的理由远不止甘斯和其支持者所设想的那些,并因此考虑采取在其他社交中从未使用过的强悍措施——比如给每位理事写一封有说服力的信。但汉德犯了一个错误,当岳父从由提卡例行来纽约时,汉德向他透露了自己的计划。弗雷德里克·芬克听闻立马着手扑灭勒尼德这种没用在正途上的热心。勒尼德告诉弗雷德·汤森,芬克"坚持认为这么做不恰当——在他心中写这样一封信是非常不妥当的……这是不谙实际和非常愚蠢的"。[56]

勒尼德还没有做好与"强势"的岳父展开正面冲突的准备,[57] 但他也不准备放下甘斯的事不管。于是他想到了一个支持甘斯的替代方法:"从我认识的(理事)中选六个人寄信,然后请他们告诉(其他同伴)从我这儿收到了信"。[58] 汉德认识许多理事:当地一家主要银行的高管、一家制造公司的老板、奥尔巴尼最古老家族的一位成员,还有一位出版商。[59] 汉德收到的回复都是肯定的,但这些肯定回复都基于特殊原因。每位理事都表明自己投支持票是为了支持汉德并考虑到格雷法官的强烈意愿,没有人提及非常愿意接纳甘斯或是反对俱乐部政策。

奥尔巴尼农业报出版商小卢瑟·H. 塔克(Luther H. Tucker Jr)尤为坦率:"事实上,我对于候选人采取这么强烈的措施来确保入会感到不安——这希伯来风味对我来说有点重了,我敢说他具备足够的资格,当然他感到自己需要战胜偏见。"[60] 即使是弗雷德·汤森也没有表现出什么热情。他写给勒尼德的大部分信中,都称呼甘斯为"你亲爱的年轻朋友甘斯先生";总之,他解释为"自大学起,我就(只)见过他一次,(那时候)我完全不认识他"。[61] 如果弗雷德有投票权,当然不至于给甘斯投黑球,但是他也无意帮助甘斯。在所有今天可查的俱乐部前成员和现成员意见中,只有汉德和约翰·格雷谴责了反犹太人排外规则,并热情支持甘斯入会。

最终,没人投甘斯黑球。甘斯曾告诉汉德,如果俱乐部吸纳他入会是极不情愿的,"那么在巨大压力和影响之下,我将在很短一段时间后选择退会"。[62] 但是格雷的支持和汉德的信让甘斯入会顺风顺水。甘斯感谢汉德的"有效帮助",并成为一名非当地常驻会员。[63]

通过为霍华德·甘斯争取入会,汉德进一步体察了被排挤社会群体的待遇。这也预示着多年后,当他深爱的哈佛考虑设定犹太学生人数指标时,他公开表达的对犹太学生的体恤之情。哈佛的方案也因汉德的强烈干预而不了了之。

汉德与甘斯的友谊还为汉德打开了纽约移民聚居区的探索之门。本世纪初,东欧犹太移民大都定居在纽约下东区,虽说与汉德居住的上东区仅数英里之隔,但社交上却有巨大的鸿沟。甘斯曾邀请新婚的汉德夫妇到他"东区寓所"共进晚餐,并在汉德夫妇迁入纽约市后陪同去了一家意第绪剧院。正如甘斯所描述的:"了解不为主流社会所知的99%犹太人的生活方式,或许会让您与夫人感到有趣。"[64] 勒尼德很快接受了邀请,但直到一年后的1903年11月才成行。对于汉德夫妇的到访,甘斯欣喜之余也不无担忧:"顺便提一句——并无冒犯之意——能否请您转达夫人,如果她着晚礼服前来,那么整条罗格斯街都会突然停摆。"[65] 估计汉德夫人之后没有穿晚礼服。[66]

来到纽约市的最初几年间,勒尼德·汉德所做的最重要的工作就是写了一篇整整15页的论文《正当法律程序和八小时工作制》。这篇文章发表在《哈佛法律评论》1908年5月刊,[67] 回应了最高法院1905年对"洛克纳诉纽约州案"(Lochner v. New York)的标杆判决。[68] 该判决开启了最高法院对州和联邦经济立法进行的长达30年的严格审查,并时常认定立法无效。该案名称也由此被用来指代那段岁月,俗称"洛克纳时代"。最高法院不断对法条进行"洛克纳式审查",并经常宣布广受支持的立法无效,大法官们对权力的运用最终激怒了公众。汉德强烈批评该案裁判规则和这类司法行为,他是最早一批公开发表反对声音的人,也是其中最犀利的。他的分析严厉抨击了裁判规则所依据的经济及法理基础,以及司法至上论的盛行——就汉德看来,"洛克纳案"判决打开了滥用司法权力的魔盒。

在汉德首次争取法官席位失利后不久,他对"洛克纳案"判决的抨击就在全国阅读量最大的权威期刊上发表了。这增加了他在纽约及其他地区的曝光度。但是他写文章的主要目的并不是为了赢得名声。他只是急于详尽阐述最高法院的正当功能和角色,他的理解最初来源于哈佛法学院读书期间在詹姆斯·布拉德利·塞耶课上所学观点,并终其一生坚信不渝。汉德在文章里尖锐指出,最高法院的行为缺乏法律正当性,这是一篇观点鲜明的经济与政治评论文章。对于文风委婉的《哈佛法律评论》而言,这篇文章显得尤为坦诚。

"洛克纳案"判决以 5 票对 4 票,认定一部规定面包工人一天工作不得超过 10 小时或一周工作不得超过 60 小时的纽约州法律违宪。多数意见方认为,该法违宪之处在于未遵循宪法第十四修正案关于正当程序的规定,该规定禁止任何州"未经正当法律程序即剥夺任何人的生命、自由或财产"。[69]在"洛克纳案"中,远比纽约州法律被推翻更重要的是,最高法院判决所表明的态度:"洛克纳案"判决意味着,大法官们将仔细审查,并毫不犹豫地认定许多经济法规无效,包括那些立法者开始采纳的保护劳动者的新规(这些法规早在几十年前就在欧洲普遍施行了)。汉德对"洛克纳案"判决的抨击,很有先见之明地指出这种司法态度可能带来的危害:妨碍民意、滥用司法权力。

虽然自 1868 年第十四修正案通过以来,司法适用"正当程序"的合理标准就始终存有争议,但"洛克纳案"还是最高法院第一次以违反正当程序为由宣布一部保护劳工的法律无效。传统意义上的"正当程序"对立法者的限制非常少;历史上只要求通过适当程序来适用法律即可。

1873 年,随着第十四修正案的通过,最高法院内部虽产生细微分歧,但仍坚持对"正当程序"作狭义解释:坚决反对利用正当程序条款使最高法院"成为立法的永久审查者……有权认定任何其不同意的立法无效"。[70] 但到了世纪末,这种司法克制逐步瓦解。取而代之的是,最高法院开始暗示,在正当程序案件中,不仅将审查所援引的程序是否公正,还将审查法律本身的实质价值,即法律是否"合理"或是否过度干预基本权利。

19 世纪 90 年代中期,当汉德还在法学院读书时,最高法院还从未基于所谓"实体正当程序"来推翻法律。但在汉德上的宪法课上,塞耶教授大部分时间都在警示即将到来的暴风雨——大法官们滥用权力,依据自身政治经济立场来解读宪法的危险。[71] 1897 年,塞耶的部分预言变成了现实。最高法院第一次努力勾画正当程序所保护的"自由"时,将正当程序解释得非常宽泛。最重要的是,大法官们认定"自由"包含一系列经济权利,包括个人"追求任何主业或副业的权利,并为了该等目标有权订立所有对实现目标来说是正当的、必要的或不可或缺的合同"。[72] 把"合同自由"认定为正当程序所保护的基本权利,埋下了最高法院在洛克纳时代抵制政府法规、崇尚市场自治的种子。但直到 1905 年在"洛克纳案"中,最高法院才使用自己新认定的权力来推翻经济改革法律。

"洛克纳案"的多数意见方看似足够克制,仅关注纽约保护烘焙工人法律的合理性问题。但实际上,该案判决走得很远,只有满足了远比"合理"更高的要求,法院才会允许政府干预市场经济自由。多数意见方对规范性法律采用的新"审查制度",植根于对于规制雇主雇员关系以保护后者趋势的不加掩饰的敌视。正如在"洛克纳案"中多数意见书所述,当雇员和雇主自主订立任何他们之间感到满意的条款这一个人权利"受立法多数意见支配"时,最高法院不能袖手旁观。最高法院认为,如果纽约州这样的法律获支持,那么"不仅是雇员的工作时间,雇主的时间也可被规范,医生、律师、科学家、所有专业人士,还有运动员和艺术家,都可被禁止长时间训练,以避免头脑或身体疲累……这种性质的立法似乎没有什么是不可涉及的了"。多数意见书还补充道:"对于主张支持该法律的观点及理由,我们并不认可。"对于审理"洛克纳案"的最高法院来说,很简单,法律限制"已成年的、有头脑的人从事劳作"的时长,"只不过是对个人权利的干扰。"[73]

汉德所述反对意见大部分初现于"洛克纳案"的两份异议意见书中,分别由奥利弗·温德尔·霍姆斯大法官和老约翰·马歇尔·哈伦大法官撰写。但是汉德把反对理由写得更深入透彻。支持纽约法律的理由之一,就是该法将提升烘焙工人的健康水平。哈伦大法官的异议聚焦于此。哈伦指出理性之人长期以来一直呼吁限制工作时长,而世界各地立法者也确实颁布了这样的法律。他主张,在这些观点和立法存在的情况下,最高法院不能给诉争法律打上"不合理"标签。另一种不同意见则提到烘焙工人的经济福利,主张诉争法律是正当的,因为该法是对雇员和雇主之间不平等订约能力的矫正。这是霍姆斯大法官撰写的著名异议意见书里的核心论点,驳斥了所谓各州任何试图纠正经济不平等的行为都属非法这一观点。霍姆斯认为,"洛克纳案"的多数意见是在不加节制地行使司法权力。他指出:"案件裁决所依据的经济理论,是一个全国大部分人都并不认同的理论。"无论最高法院是否同意日益流行的支持经济监管的观点,"都不应左右多数人将主流观点融入法律的权利"。霍姆斯在一段著名的文字中补充道:

> 第十四修正案并没有将赫伯特·斯宾塞(Herbert Spencer)先生的社会静力学变成法律……宪法并不是为了体现某种特定的经济理论,不是家长制,不是公民与国家的有机关系,也不是市场自由。宪法所服务的人们本就会秉持截然不同的观点,当我们发现某种观点自然、熟悉或新奇甚至令人震惊时,我们不应以包含此等观点的法律是否与宪法冲突为依据来作出判决……我认为,除非我们能说,每个理性和公正的人都必然会承认,计划通过的法律将违反那些基于我们民众的传统和我们的法律所理解的基本原则;否则第十四修正案中"自由"一词就不能被用来阻止主流观点水到渠成的结果,那将是对"自

由"一词的曲解。无需多加研究即可知，在我们现有的法律基础上不可能作出如此宽泛的谴责。[74]

到1908年汉德撰写文章时，最高法院已通过另两个类似案件强调了"洛克纳案"确立的规则。汉德对这两个案件所体现的司法观点也予以批驳。[75] 他特别同意霍姆斯的观点，"洛克纳案"及之后类似案件的多数意见书"违背"了正当程序。事实上，汉德的观点比霍姆斯的观点更进一步，汉德认为，法院在主张违反正当程序案件中的作用应当是极其有限的。汉德对"洛克纳案"多数意见书的反对，在他这篇雄文的结尾处表露无遗：

> 对法院来说，所需考虑的不是这些问题是否得到了睿智的回答，而是这些问题是否能够被回答、是否被禁止回答。就限制工作时长的法律而言，法院现有立场似乎很难站得住脚。

汉德认为，关键在于理性人对于这些法律的经济价值判断各不相同，因此"整个问题都将排他性地交由立法机关来考量和决定，除非最高法院跳脱出宪法解释者的角色，以另一个立法者的身份来决定这个问题"。[76] 不仅是因为市场自由经济理论[77]过于模糊且颇具争议，不足以作为指导；更重要的是，评价保护性法律是否明智的尝试完全超出了法官的职权范围：

> 简而言之，整个问题还处于试验阶段，没有人能够公正地将抽象经济理论的尺度应用于具体问题。我们现在乃至未来很长一段时间都无从知道，这类"对个人权利的干预"将造成怎样的后果……唯一能证明事情是对还是错的方法，就只能是通过试验；而有着各委员会复杂程序的立法机关，是唯一适合试验的公共代表。立法机关确实可能受派系左右而无法确保公正，但是法院也面临同样的情况。每个人对于根本问题的看

法尚有不同,更何况法院的构成人员也来自不同阶层,而各个
阶层都有各自的立场。[78]

汉德明确表达了"洛克纳案"多数意见书在解读宪法时掺杂了自身
经济偏见的观点。这一点是大多数评论者所不愿去触及的,而汉德怀揣
着初生牛犊般的勇气,把这一点说了出来。他强烈要求司法克制,大力
支持立法权的试验,尖锐抨击"洛克纳案"中的司法权行使模式——这
些就是汉德的核心观点。

汉德简明扼要地提出了自己的观点。他在其中一段里,通过字里行
间明确表达了自己的担忧,允许法官审查争议法律的明智性或合理度将
带来极大危险:

> 是否应当设置一个"第三院",可以在完全不同意某项立
> 法的经济或政治之利时对其作出最终否决,则是一个至关重要
> 的政治问题。当最高法院法官终身无需承担责任,而法院所作
> 裁决非经繁琐的联邦修宪过程不能被推翻时,这样的权力能否
> 在一个民主国家持续下去是值得怀疑的……如果法院要保有
> 绝对的权力来审查立法机关已通过法规的合理性,那么困难是
> 固有的,并最终可能要求对法院或宪法作一些改变。[79]

简而言之,"洛克纳案"判决折射出的风险在于,允许由未经选举
的、政治上不负责任的法官来决定某一特定立法目的是否合法。汉德指
出,法院不是超级立法机关:除非他们在有争议的问题上听从了经选举
产生的立法者的意见,否则他们就是超越了权力的法定边界。

汉德的第二点抨击基于他对经济理论的解读。他认为限制劳动时
间是合理的,因为这促进了工人的经济福利。难道保护性法律真的对古
典自由市场理论或更现代的家长式理论下的福利没有任何贡献吗? 在
他文章的这一部分,汉德提到了最近的"行业工会理论",并引用了自己
近期读过的一本书,由英国费边社会主义者西德尼(Sidney)和碧翠<u>丝</u>·

韦伯(Beatrice Webb) 夫妇撰写的《产业民主》。他坚持认为,"最高法院可以审查的",只是某项法律是否有经济论据支持。对契约的限制也不仅仅是对社会主义理论的虚构。同霍姆斯一样,汉德引用了高利贷法规无可置疑的有效性,并进一步论证:"对于一方承受着绝对需要的压力,而另一方则全无所谓的合同,国家进行干预以使合同双方的相对策略优势更加平衡,是正当履行立法职能的表现,这就如同把一方因狡猾欺诈或体格优势所带来的相对优势中和掉一样。"[80] 汉德的知识视野显然有着显著提升,对于那些支持国家发挥更多干预角色的经济和社会论点,他的文章表现出了高度的同理心。

汉德的文章引起了相当多的关注。不少人希望让更多善于表达且保持独立的候选人来担任法官。汉德的文章帮助他在这些人眼中变得更具吸引力。几年后,C. C. 博林恩给威廉·霍华德·塔夫脱(William Howard Taft) 总统的司法部长乔治·W. 威克沙姆(George W. Wicker-sham) 写信推荐另一位颇有前途的年轻纽约知识分子范·威赫滕·魏德尔(Van Vechten Veeder) 时,也充分表露出了这点。[81] C. C. B. 告诉威克沙姆,魏德尔虽然在律师圈不出名,但却有着善于写作的声名:"我认为,某种程度上对他产生偏见的原因是,普通纽约律师崇尚速度和效率,不愿意学习。"[82] 但他坚信,对于法官候选人来说,有说服力的写作风格,加上良好的头脑,应被视为有吸引力的特质。一名善于写作和思考的人,不仅能胜任工作,还可以有一点很好的启发意识——这些短语用来描述汉德甚至比用来描述魏德尔更贴切。C. C. B. 向威克沙姆推荐汉德也相当成功,部分原因在于汉德在批判"洛克纳案"裁判方法时所展现的文笔和说服力。

汉德对联邦法官席位的追求始于 1907 年,时年 35 岁的他确信自己在华尔街是不可能获得成功的。事实上,勒尼德最初会对联邦法官席位产生兴趣,源自一次误解,而误解的始作俑者恰恰是最强烈反对汉德谋求联邦法官席位的人:1907 年 3 月短暂到访纽约市时,弗雷德里克·芬克提到他认识的一名联邦法官正打算退休，并隐晦地表示，如果家里人能填补空缺就好了；汉德自认为是芬克家族一员，因此在芬克回到由提卡后不久即给他写信，表达了谋求联邦法官席位的意愿。[83]

芬克第二天就回复了，那是一封仓促写就但言辞十分激烈的信，足足 6 页纸。芬克写道，他那番"不经意的言谈"涉及的是"美国联邦**巡回上诉法院**，而非**地区法院**的法官席位"，更重要的是，他解释道，"当我谈到这个空缺时，我心里想的不是你"。此外，他向勒尼德保证不必把他的话"太当真"："如你所知，这个位子就算八抬大轿请我去我都不去。"

芬克反对汉德作法官主要因为财务上的考量：对于一个有"一流能力"的人而言，除非财务独立，否则从事一份只有 6000 美元薪水的司法工作是"荒谬而且不切实际的"。尽管汉德从他叔叔克利福德·汉德那里继承了遗产，但并未达到财务独立的程度；除了工资，所能指望的也就是每年约 9000 美元的额外收入。芬克再一次强调，在华尔街，"耐心和时间"终会带来财富。芬克认为，律所合伙人的回报"远比"法官"更有价值"："对于法官席位所带来的看不见、摸不着、精神上的荣誉，我可不买账。"他宣称："光靠荣誉既不能买房子、养房子，也不能教育孩子，或让孩子们有个良好的人生开端。"他直截了当告诉勒尼德，为了一个区区 6000 美元薪水的席位而放弃律师工作，是"自杀"。[84]

芬克指责汉德是想懦弱地逃离对物质成功的追求，这触动了勒尼德内心深处的自我怀疑。汉德比以往任何时候都更感觉到，在他岳父眼中，他只是那些雄心勃勃的芬克家族孩子投射下的苍白阴影。（正如芬克第二天在给弗朗西丝的信中所指出的那样，他的儿子雷克斯在职业生涯开始时就遏制住了自己的急躁，遵从了父亲所倡导的耐心"原则"，并最终成为一名成功的股票经纪——"雷克斯信任我，保持信念，看看现在的他。"）

芬克言辞激烈的说教总是大同小异：勒尼德在对律师工作表达不满时，从由提卡传来的反馈也大体如此。但是这次，芬克的箴言中包含了一种新的成分，让勒尼德特别难以接受。芬克没有看到汉德考虑的另一条职业道路所能带来的价值，任何法官席位所能带来的东西在他眼中都是没有意义的。对于汉德来说，成为一名法官有着非常强大、确定的吸引力，很显然，芬克根本不理解他女婿这一部分的性格。

这些批评还只不过是个开场白。3月9日星期六寄出信后，芬克整夜辗转反侧，担心只有用更强硬的言辞才能传递出他对汉德从事法官工作的反对程度。此时，他还能控制住自己不给汉德写第二封信，因为他自己也明白，再给勒尼德写一封信，未免太过苛刻。但是，他决定给女儿写信，并且第二天一早就这么干了。[85] 毕竟，弗朗西丝总是更容易接受她父亲物质主义的观点。弗朗西丝此时正怀着第二个孩子，肯定更倾向于去考虑这个正在壮大的家庭的经济需求。芬克知道他写给弗朗西丝的任何东西都会传到勒尼德那里。实际上，当这封7页纸的信写到最后时，他显然已经忘记了并非直接给勒尼德写信，信里所称的"你"，显然指的已经是汉德本人了：

> 我强烈地感到，必须干预此事，正如我在这封信中所做的那样——明确表明我的看法。我的建议是留在原地，放弃任何改变的想法，保持耐心，等待，时刻为自己的利益着想，并在机遇到来时抓住它，但你必须待在你所在的地方……永远不要接受改变的建议，除非改变会带来实质的、确定的改善。如果你这样做，几年后的结果会让你觉得不可思议，居然认真考虑过谋求一份年薪6000美元的工作。

芬克对女儿解释说，他前一天"匆匆忙忙"给勒尼德写了信，但"写得不够有力"。仅仅几年之后就放弃执业，"对我来说，放松下来，放弃战斗"真是"愚蠢至极"。没有任何理由为了法官席位作出这样的决定：

> 不去努力奋斗以获取高出许多倍的回报，而是拿一样[的工资]加上一些所谓的荣誉，在我看来就是放弃……[他最多每年]只能涨1000美元和法官服饰上的白鼬毛皮——那其实大部分是棉条，尾部有烧焦软木的印子，这就到头了——在35

岁时。

对于他怀孕的女儿，精明的芬克增加了一个特别有效的论点：如果
仅考虑"自己和妻子"，那么谋求法官席位"或许"还可以支持一下，"但
是为了孩子们，不行"。如出任法官，勒尼德每年工资加上遗产继承的收
入将总共只有 1.5 万美元——根本不足以"为两到三个孩子提供良好的
预科、大学和专业学校教育"。一名联邦初审法官"无法像一名客户遍
布各行各业的执业律师那样，为自己的儿子——如果他有儿子的话——
提供保障。在世界和男人们眼中，他实际上就像一名大学教授"。"现
在想想，从这次变化中你能获得什么……?"

面对岳父的怒火，勒尼德·汉德虽有畏缩，但仍坚持自己的立场。
他耐心地诉说，不断地重申自己的观点。也许感觉到自己的努力可能无
法说服岳父，他还请堂兄格斯给芬克写信劝说。[86] 虽然芬克认为格斯的
思路也并不比勒尼德清楚多少，[87] 但至少格斯的这封信既直接又精明：
"我认为您错了，您没有意识到在纽约，联邦法官席位会给一个年轻人带
来怎样的地位。"他表示："我认为[勒尼德]会成为一名理想的法官，相
比成为商业律师，他更适合做司法工作。"在信中，格斯对于司法职位所
带来的荣誉一笔带过，着墨于分析勒尼德可以利用这个职位来赚钱。虽
然格斯非常清楚，勒尼德并没有这样的抱负，但他向芬克保证，勒尼德最
终会重回律师行业，并且会比他离开时赚得多得多。因此，从职业角度
来看，法官的职位可是一个有用的踏脚石，"将比汉德所能做的任何事情
都更能加速他的成功"。[88]

无论是格斯还是勒尼德都无法说服芬克。但芬克是个忠于家庭的
人，对自己的孩子和孩子们的家庭都忠贞不渝。因此，虽然他不断敦促
勒尼德放弃谋求法官席位，但也同时保证，如果勒尼德坚持谋求法官任
命，他将提供一切可能的帮助。

芬克尽其所能做一名专业娴熟的顾问。他钦佩那些"不仅知道，而
且知道如何"的人，"开始工作，停止所有的哲思、论证、权衡利弊，既然
你还不是法官，就不要像法官那样去思考问题，而是要像政治家那样，通

过正确的人和正确的方法,采取正确的措施来通向成功,不论这些措施是不是能带来期望结果的理想步骤"。[89] 他清楚,联邦法官是由政治官员来挑选的,而且通常是基于关系来选择的。勒尼德的知识分子朋友们对政治很感兴趣,但作为公民改革者,他们却遭到政治机器的鄙视,而这些政治机器能够决定一个任命的成败。尽管芬克声称,作为"州北农民",他对城市政治并不熟悉,但事实证明,他是建议与哪些人联系的最佳顾问。

芬克认为,当地最重要的政治人物是国会议员赫伯特·帕森斯:"我的想法是由帕森斯来运作你的事情,通过查尔斯·C. 博林恩或其他能接触到帕森斯的人来联系。"[90] 帕森斯确实是这个城市中最具影响力的共和党人。作为罗斯福总统在纽约政治泥潭中值得信赖的向导,他在华盛顿也举足轻重。但汉德对于寻求帕森斯的帮助感到很别扭,因为他曾反对帕森斯在国会竞选活动中动用家族财富。意外的是,帕森斯对汉德根本没有直接的帮助。

芬克还建议汉德谋求"朋友"来支持他的事业,只要他们是"有用的"朋友,"比如[乔治·]威克沙姆、亨利·塔夫脱、[纽约律师]詹姆斯·伯恩(James Byrne)等,而不是像查理·巴洛和格斯·汉德那样的年轻人"。他建议,一旦争取到帕森斯(或"影响力仅次于帕森斯的政治人士")的支持,"就应该由战争部长[威廉·霍华德·塔夫脱]来向总统举荐这个候选人,可以通过部长的弟弟亨利,以及任何能跟部长说上话或任何对总统有影响力的人"。[91] 面对这些建议,勒尼德一定感到很无助。他根本不认识罗斯福总统。虽然在默里湾与战争部长塔夫脱有一面之缘,但对方恐怕也不记得他了。塔夫脱的弟弟亨利是一名纽约律师,像博林恩这样的朋友也许能跟他搭上线,但汉德跟他也不熟。不仅如此,除了奥尔巴尼的旧识、日后会在塔夫脱手下任助理战争部长的罗伯特·肖·奥利弗(Robert Shaw Oliver)准将之外,勒尼德很难找到一个"能跟部长说上话"的人。岳父的建议不禁让他意识到,自己面临着多么艰巨的困难。

芬克表示,一旦别人奠定基础,他会通过自己的影响来助力。他承诺,将"毫不犹豫地"把勒尼德作为候选人推荐给总统,有了"我的个人请求,这就不仅是为了你和法院的利益,而更是与我密切相关,总统应该会作出这个任命"。[92] 但芬克的影响力比他想象的要小:塔夫脱觉得自己受到了政治结构的束缚,而未能获得帕森斯议员对汉德的支持显然是个严重疏漏。芬克对这次挫败的解释或许有些自私。他在 5 月初将总统令人沮丧的回应告诉勒尼德时说道,"正如我一开始就告诉你的那样,帕森斯有影响力——虽然查尔斯·C. 博林恩、亨利·塔夫脱等人都很好,但正如我所说的那样,帕森斯才是真正至关重要的人物。"[93]

其实 1907 年时,勒尼德·汉德的抱负并非不可实现。他的竞争对手也似乎并非不可战胜。通常情况下,最强有力的候选人都是那些与共和党组织关系密切的人,但大多数小道消息却都集中在改革派律师身上。洛伦佐·赛恩普尔(Lorenzo Semple)长期以来一直是公民联盟的领导人,他看起来是最强大的竞争对手,因为他最近离开了该组织,成为"赫伯特·帕森斯的积极追随者",以能力出众和品格正直闻名。另一位候选人塞缪尔·H. 欧德伟(Samuel H. Ordway)在善政主义圈子里声名更为显赫,尽管他缺乏赛恩普尔的政治人脉。格斯形容他是"一位有一定能力的律师,48 岁上下,是一位伟大的公务改革家,常常发表反对意见。"欧德伟从"总统的某些朋友"那里获得了一些支持,但格斯并不认为他是"总统至少会关心的那种人,因为他太'善政主义'了"。[94]

在这场竞争中,汉德有获胜的机会。尽管他很年轻(35 岁,比对手们都年轻),但其他竞争者们并没有很大的政治影响力。务实的格斯从一开始就认为勒尼德有相当不错的机会胜出:

> 我不认为赛恩普尔有任何强大的追随者,尽管我相信他和欧德伟都是好律师,也都能成为好法官。但在我看来,目前情况下,如果其他候选人都没有展示出有力的政治主张,那么勒尼德就应该有胜出的机会,而且我完全相信,相比其他两个候选人,勒尼德会成为更棒的法官。[95]

但是在 1907 年,汉德和竞争对手们追逐的只是个海市蜃楼:事实上,纽约南区法院并没有空缺的法官席位;纽约市的律师们本以为国会将增加一个席位,但相关法案并没有被提出。不过汉德的努力也绝非徒劳。1909 年 2 月,当国会终于批准在南区增设一个法官席位时,他的经历对他获取席位大有裨益。

本世纪初,曼哈顿只有一名联邦初审法官。国会 10 年来一直听到增加法官席位的呼声,并就法院工作量及增员需求进行调研;1903 年增加了一名法官;到 1906 年又增加到三名法官。观察人士基于众议院委员会在 1906 年收集的大量统计数据,预测 1907 年将会增设第四名法官,但直到另一份更详尽的委员会报告出现后,第四个法官席位才于 1909 年落地。

具有讽刺意味的是,正是国会议员帕森斯带头敦促同仁们采取行动,主张纽约南区对法官的需求大于宾夕法尼亚或华盛顿,而后两个地方刚刚批准了新的法官席位。[96] 正如帕森斯的同事所言,南区是"美国人口最多、业务最多的联邦区","绝对有必要"任命一名新法官。[97] 1909 年 2 月 16 日,众议院以压倒性多数通过了帕森斯法案;不到一周后,参议院批准了该法案;[98] 3 月 2 日,罗斯福总统在离任前两天签署了这项法案,[99] 将选任新法官的机会留给了新任总统威廉·霍华德·塔夫脱。

汉德毫不犹豫地再次投入竞选。过去两年里,他对古尔德和威尔基律师事务所越来越不满意。1907 年法官梦破灭后的几周内,他还采取了一些措施来增加自己日后胜出的机会:他意识到自己政治人脉薄弱,于是在 1907 年 5 月底加入了所在地区的共和党俱乐部。[100] 1908 年大选期间,他自愿成为共和党郡委员会发言人局的一名发言人。[10 月初,他接受了第一个、显然也是最后一个任务:他被要求与同是华尔街律师的威廉·M. 查德伯恩(William M. Chadbourne)一起,在坐落于十四街和第七大道的大都会神庙,支持"上届政府支出与取得的成果相比是合理的"观点。][101] 但参加这些活动并不意味着汉德就是党派活跃分子。与之前一样,他作为独立派知识分子取得候选资格。而若要获得成功,则必须获得律师协会领导人的推荐,并且最重要的是,新一届政府是否做好准备,可以承受住因任人唯贤而引发的政治攻击。

对汉德来说很幸运的是,新一届政府把任人唯贤摆在了优先位置。特别考虑到塔夫脱后来的名声,当时这种在选任时不考虑党派属性的做法真是令人吃惊。直到 1912 年,当西奥多·罗斯福退出共和党成立自己的进步党时,塔夫脱被视为忠诚的保守党人,挫败了一场改革派思想叛乱。但任期伊始,他也渴望树立自己的独立性,并且做了比罗斯福更充分的准备来应对党派组织。

塔夫脱总统最先采取的行动之一就是选择乔治·威克沙姆担任司法部长。作为总统的弟弟和政治亲信亨利·塔夫脱的律所合伙人,威克沙姆在职业生涯巅峰时期是一位杰出的华尔街律师;他通过维护公司利益,特别是铁路和银行利益,建立了自己的声誉。但总统肯定已经从弟弟那里得知,威克沙姆可不是个应声虫:他直言不讳、精力充沛,尽管长期以来一直被视为共和党顾问,但他的思想高屋建瓴,以改革为导向而不拘泥于狭隘的政治立场。塔夫脱之所以选择威克沙姆,部分原因在于后者对企业实践有着深入的了解,可能是反托拉斯法特别有效的执行者。威克沙姆也确实不负塔夫脱所望:尽管罗斯福以反垄断著称,但其实塔夫脱政府对大公司采取的行动,比罗斯福政府多了近乎两倍。[102]

改革派总统和独立司法部长的加入极大鼓舞了汉德。他认识威克沙姆(尽管算不上密友);更重要的是,亨利·塔夫脱是他的支持者。而且至关重要的是,博林恩和威克沙姆、亨利·塔夫脱都很熟,而且非常热心地支持着汉德。当威克沙姆明确表示他在寻找高质量候选人时,汉德的支持者们——尤其是威克沙姆尊敬的律协领导层——立即传递出他们的建议。

谢天谢地,汉德第二次竞选法官的时间比第一次短得多,而且在家族内部也远没有那么伤感情。弗雷德里克·芬克不再像以前那样强加梦想给女婿,但在 1909 年也几乎没有机会用纽约律师的风光来敲打勒尼德。不过,芬克仍不准备放弃反对立场:

只要你不是法官,你就不可能为我赢得太多荣誉和荣

耀……。勇往直前、永不止步，千万不要止步于地方法官……州法官、纽约上诉法院法官、联邦巡回庭法官、联邦最高法院法官，千万不要犯任何错误。把这些职位都按在自己头上，放到自己面前，你的时代肯定会到来，如同璞玉变美玉，到时候你想要什么就能得到什么，想要什么就能负担得起什么，但在我看来，现在的你做不到。[103]

这些尖刻的话阻止不了现在这个自信而坚决的女婿。4月1日，汉德写道，司法部长正在敦促总统向参议院提交人选。[104]

汉德获得提名，查尔斯·C. 博林恩功不可没：毕竟，在纽约资深律师中，他与汉德最亲密，又在威克沙姆面前说得上话。[105] 但威克沙姆是汉德实现梦想的关键。费利克斯·法兰克福特当时是南区一名很有前途的年轻助理联邦检察官，多年后他回忆并描绘了当时的情况：

> 在支持勒尼德·汉德任命的过程中……司法部长威克沙姆展现出对知识分子群体的重视，并在联邦法官选任问题上专门满足了他们的需求。如果按照惯常考虑，那么在挑选联邦法官时，勒尼德·汉德肯定谈不上是板上钉钉的人选。威克沙姆先生向塔夫脱总统提出了这个大胆建议，并立刻让有眼光之人都感到兴奋，但这一行的普通人却花了相当一段时间，才得以适应这颗司法界的新星。[106]

汉德获得提名后收到了大量贺信。其中一些必定唤醒了他之前关于自我价值的焦虑，因为在这些赞许的话语中包含着对他的提醒，即他有一个重要的法律和司法传统可以效仿。[107] 尽管如此，大多数信件都是真挚而温暖的，其中一些特别感人。例如，弗雷德·汤森从汉德母亲那里得知这个"光荣的消息"后写道："当然，我很高兴，因为你想要它，因为无论你怎么看，这本身都是一件好事。你将成为一名好法官，我想你会发现你的观点比辩护人的观点更合适。"[108]

即使是芬克也投以真正的慷慨和温暖："我无条件、无保留、真诚地祝贺你……我为你骄傲到极点。你会成为我理想中法官的样子,在我与法院的经常接触中,这种理想已近乎被抹杀——你放弃成为一名伟大的律师,但这是为了成为一名更伟大的法官。"芬克几乎一夜之间放弃了长久以来对勒尼德如何凭借法官薪水养家的质疑：

> 在我看来这没什么。虽然有些人负担不起,但你可以。即使工资少得可怜,但加上你从律师父亲和律师叔叔那儿继承的财产,也足够保证孩子们舒适甚至自由的生活。当我的生命不再有价值,我愿最终回归家族……我实在是个很幸运的人,我谁也不羡慕——有了这样的儿女,我还能奢望什么？家庭圈很小,比林斯,但感谢上帝,我们的家庭是如此亲密、亲切和忠诚——没有一个白丁。[109]

尽管有所保留,汉德还是参与了众人的庆祝。例如,在感谢詹姆斯·伯恩的重要支持时,汉德承认：

> 我相信,如果我有足够能力履职,那这将是一个非常好的机会。如果没有这样的能力,那也越早知道越好。我希望经过一段时间的试练会得到结果。当然,这意味着放弃获得大量世俗回报的机会。这是我施加(在家人身上)的一种牺牲。我好几次怀疑,是否有一天他们可能会问交换的条件是什么,我不会对那些不了解我的人说,但我至少可以对你说,也许他们失去的比(现在)预期的还多,但这个职位仍然是非常有前景的,而且目前也并没有牺牲现金价值……对我个人而言,这就是我想要的;现在,我只想为任命我的当局辩护,并让我的朋友们相信,这并不是一个错误。[110]

但汉德很快就陷入焦虑。总统向参议院提交的提名没有产生任何回应,国会在整个 4 月里一直没有任何动静,而这种神秘的延迟让汉德非常担心。弗雷德·汤森估计汉德会陷入忧郁。"你的神经容易紧张。"他曾在给勒尼德的信中这么说。[111] 而现在他认为:"你的'神经质'悲观情绪,让你因为确认提名的延迟而产生担忧。"他已经听说汉德的"妈妈很(担心)",并评论道:"如果她都担心了,那你一定也很担心。"[112]

事实上,汉德无需多虑。参议院迟迟不行动的原因,在于司法部长威克沙姆在华盛顿缺乏经验,在政治渠道上的独立,以及偶尔的"不老练"。[113] 威克沙姆专注于择优任命,却忽略了长期以来在提交提名前咨询纽约参议员的礼节。[114] 这种违反政治礼仪的行为伤害了纽约州资深参议员乔恩西·M. 德皮尤(Chauncey M. Depew)的自尊心。德皮尤是一位坚定的共和党人、1888 年的总统候选人、十分成功的公司律师和企业家。尤其不该怠慢他,因为他是参议院司法委员会的成员,负责处理司法提名事宜。[115]

德皮尤不是从司法部长那里得知汉德提名的,而是从报纸上看到的。他曾设想,新总统将"遵循罗斯福先生之前所有总统都遵守的任命惯例:即提前咨询空缺职位所在州参议员的意见"。然而,塔夫脱政府却在蔑视传统,这让共和党组织越来越恼火。[116] 因此,德皮尤不愿推动汉德提名一事。委员会成员则嫉恨德皮尤等人的特权,决定"除非有参议员[能够]保证被任命者的地位、能力和总体水平",否则委员会也不会采取行动。结果就是,他们搁置了对提名的进一步审议。与此同时,随着塔夫脱政府比罗斯福政府更不倾向于通过传统的政治渠道来处理提名,国会共和党中坚分子的敌意变得更加强烈。

但司法部长威克沙姆的雷厉风行可没那么容易就被压制。几周后——汉德在纽约的朋友们表达了对参议院不作为的担忧——威克沙姆给参议员德皮尤打电话,"并以激动的声音询问汉德的提名为什么没有得到确认"。德皮尤冷冷地回答:"主要因为纽约的参议员们对汉德先生一无所知。"威克沙姆可不会忍气吞声:他强忍躁怒,详细解释说,自己"非常了解汉德法官;两人相识多年,曾自豪并满意地见证汉德先生的成长;简而言之,之所以选择汉德先生,是因为他特别适合这个职位"。

参议员德皮尤认为,退避才是真正的勇敢。威克沙姆的强硬态度以及自己华尔街同事们对汉德的支持让他作出判断,在汉德提名这件事上不应蓄意阻挠。他对威克沙姆表达感谢,并承认他所传达的信息最终"令人满意"。德皮尤的同意使司法委员会很快作出赞成投票;不久,参议院确认了关于勒尼德·汉德作为纽约南区联邦地区法院法官的提名。1909年4月30日,汉德宣誓就职,正式披上了法袍。[117]

虽然汉德对朋友的支持和梦想的实现感到欣慰,但他无法摆脱一个挥之不去的疑问:自己能否满足支持者的期望,更不用说他为自己设定的那些不可能实现的期望?

在他担任联邦法官的52年中,这种怀疑从未完全消失,他的焦虑在一开始尤为强烈。这种担忧一部分源于对过世已久的父亲的回忆,这种追忆更像是传说而非现实。塞缪尔·汉德当了几个月的法官,为数不多的几篇裁判文书不过了了。尽管如此,勒尼德收到的许多贺信还是会提起塞缪尔·汉德的名声,并让汉德觉得,作为塞缪尔的独子,他有义务效仿父亲(被夸大的)成就。在这件事上,他母亲是主谋。在一封一反常态充满欢喜的信中,她对于儿子被任命一事,忍不住惊呼:"噢! 过去的回忆令人伤心欲绝——你父亲看到自己的儿子、自己的宝贝那么出众,心里一定充满了骄傲和喜悦。"[118]

1909年5月至6月,汉德给住在奥尔巴尼的母亲写的信中,体现了他对担任法官的反应。汉德是个听话、忠诚、体贴的儿子,几乎每天都给母亲写信;有时因为工作一天没给母亲写信,他也会充满内疚,没完没了地道歉。即使在年已37岁、结婚7年并搬到纽约的情况下,他仍然牢牢地被母亲掌控着。她从实际和心理的层面上表达出来的哀怨,对有人企图伤害他的担忧,甚至她的鼓励,都像丝线一样将汉德牢牢缠绕在她身边。

在给勒尼德的信中,莉迪亚·科特·汉德充满了对他的健康、自己病痛以及每一位家庭成员每一次感冒的担忧。"我不知道接下来会发生什么，"有一次在发表完最新一轮的唠叨后，她感情充沛地写道，"我感到有些颤抖——你知道我是个多么软弱的女性，总是倾向于从阴暗面看问题。"[119] 她遭受着长者常见的身体病痛，但她抱怨得最厉害的还是"神经"。正如她一再告诉勒尼德的那样："我的神经和失眠让我很难受。"[120] 汉德从母亲那儿遗传了"紧张"和"失眠"，而母亲的疾病更是加重了他这两点。当家里有人生病时，她会写道："你可以想象我的疯狂状态。"[121] 即使在她承认幸福的难得时刻，比如当她得知威克沙姆支持汉德的提名时，她也忍不住在信的开头反复唠叨："两片安眠药也不能让我睡好觉。"[122]

他们的通信很好地反映了勒尼德在与母亲关系中所遇到的困难。[123] 当他提到疲劳时，她告诫他多睡觉；当他注意到有些案件令人厌烦地反复出现时，她怀疑他的上司给他安排特别无聊的案件；即使在作了近两年法官之后，他在完成一个案件时的松弛仍让她感到疑惑："对你来说，判决是不是比办公室工作压力更大，你会不会觉得压力太大了？"[124] 汉德知道母亲倾向于从他的言辞中"看到阴暗的一面"，他努力避免引起她的担忧，但他从来没有完全成功过：他几乎不可能在不让她担忧的情况下讲述一天的工作情况；也许，在母亲的常年溺爱之下，她的同情反应也正是他所需要的。

汉德对母亲的汇报对我们来说最重要的一点在于，这些汇报清楚表达了他对新工作的焦虑。例如，在他担任法官的第二周，他曾临时代行佛蒙特州拉特兰市联邦法官之职。他发现这导致"只要一眨眼就有干不完的工作"，并担心自己是否有时间完成。在他处理的最早一批案件中，有一个案子进行得"非常平和顺利"，在他和母亲的沟通中，汉德流露出了和母亲一样的担忧：他承认，法庭上没有对峙，"让我的神经得到了极大的放松，因为我发现，当律师们争吵时，我非常紧张、非常疲惫"。[125]

从佛蒙特返回纽约后，他把在法院的事务安顿妥当，并参加了一场履新庆祝晚宴。这个晚宴由老"无名"俱乐部会员、"12 位以前常见面的律师"组织。早年间，"无名"俱乐部的活动为汉德打开了纽约知识分子生活的大门。[126] 但是，纽约毫无间歇的审判庭工作让他对自己非常不满。他对母亲说："我发现我一直忙于工作,对自己的工作方式不太满意。"

> 或许我已尽自己所能来做好这项工作,但在我看来,好像所有的事情我真的不知道,而且我有种感觉,自己说得太多了。我希望,随着时间的推移,我会对现在的工作方式稍感满意,毫无疑问,我会及时找准自己,尽管这可能需要一点时间。

他发现尤其令人不安的是,需要决定这么多只能"靠猜"的问题:"当你没有时间真正熟悉自己的工作时,这实在令人感到不快。"[127]

在这些忧虑之下蕴藏着两个截然不同的问题。其中一个对大多数新法官来说都很常见,尤其是像汉德这样法庭经验有限的法官。与大多数国家不同,美国从来没有专业的司法系统;执业者没有经过审判方面的训练就当上了法官。只有经验才能教会新上任的美国法官如何处理复杂审判程序、从容驾驭庭审。这对新上任的联邦法官来说更加困难,他们往往不了解联邦司法的特别规定。1909 年以前的联邦法院受理的案件类型不像现在这么多,但那时的联邦法官仍需要审理各类纠纷:其中有侵权、合同和普通法领域的其他纠纷,大部分新任法官可能在从事律师执业过程中对这些纠纷已经比较熟悉,但也包括更加深奥的联邦法律项下纠纷,如破产、专利、著作权和海事。汉德对这些领域都不熟悉。

第二个问题更加困难。虽然经验教会汉德如何主持庭审,也使他熟悉了联邦法律,但在没有足够学习和思考机会的情况下,需要"就这么多"只能"靠猜"的事情"作出裁判",让他倍感烦恼。在主持庭审时,法官常常需要快速反应,当场作出裁决,批准或否决动议、确定证据是否可接受。总的来说,法官需要确保庭审程序顺利进行,而不能有长时间的暂停,这就意味着法官不可能有很长的时间就某个争议焦点进行学习并撰写判决。法官工作在这方面的特性,对勒尼德·汉德这样缜密、有时优柔寡断、有时被费利克斯·法兰克福特戏称为"现代哈姆雷特"的人来说,特别无所适从。[128]

做了几周法官后，汉德有理由为自己对母亲所作的坦率汇报而感到后悔。她抓住每一丝疲倦或焦虑的迹象，据此当作他已遭厄运的征兆。甚至当勒尼德向她保证他"把控得更好了"，而且一旦适应了自己的工作，"我相信我会非常喜欢它，比我做过的任何事情都喜欢"时，[129] 母亲紧抓着不放的仍是汉德说的审判需要极大精力。偶尔他会变得暴躁："您误解了我对工作的看法。"有一次他有些不耐烦地对她说。的确，新工作给他带来了"很大的压力"，让他"很累"，但随着自己越来越适应新工作，他预计负担会减轻。[130]

在上任之初的几周里，要求当场作出裁决的压力让汉德手忙脚乱，律师的拖延战术也总是让他大为恼火："鉴于律师处理案件时间太长，我的很多时间都被浪费了。整个案子通常只需要一半时间就可以解决，但我只能静静地坐着听。"[131] 向陪审团列明指控的工作增加了他的压力。他试图遵循法律，给出清晰指示，也希望引导陪审团作出公正决定——但并不总是成功。正如他在5月底向母亲汇报的那样：

> 直到今天，我还是没能让陪审团对被指控开车撞死人的被告作出公正裁决。当然，陪审团完全有按照他们认为最好的方式行事的自由，我无权以任何方式控制他们对事实的判断，但我很希望通过我的指导，他们能接受我对此事的看法，那就是被告无罪。然而，他们尚不能达成一致意见，这或许不是一个非常糟糕的结果，区别仅在于案件没有任何进展，自己的宝贵时间却被浪费了……我脑子里似乎全部都是法律，即使在晚上，除了法律也别无其他。[132]

6月初，他第一次被指派处理破产案件——他担任法官的第一年里写的一半以上书面意见都是关于这些案件。一天后，他向母亲报告说："我都快累坏了，但现在我已经恢复了，再过一会儿我想会好起来的。"[133] 他母亲立刻询问是谁把这么困难的工作安排给他。"并不是破产案件比其他案件更难判决，"他耐心地回答，"只是案件太多了，我都搞混了，而且我常被打断,总有些人会寻求他们本就不应获得的东西。"他解释道,自己想说的不过是:"连续 4 个小时全神贯注地听一件又一件事情,不停地听别人说话,是非常累人的,但我想这只是因为这是头一回,我还是很喜欢现在的工作的。"[134]

汉德在谈到那些打断他工作的"寻求他们本就不应获得的东西"的人时,试图淡化一个实际上他非常重视的问题。当破产企业的债权人要求法院指定管理人管理和清盘破产企业财产时,联邦法官通常会任命私人律师。[135] 在渴望增加收入的律师眼中,担当管理人可是个肥差。法官被施加政治压力,以指定忠诚的俱乐部工作人员担任管理人是惯常操作。汉德是少有的非因政治关系而获任命的法官,但他依然不能免于政治压力。当他写信给 C. C. 博林恩时,相比对母亲的报告,他更加坦率地说:

> 我希望某位仁慈的人能废除指定管理人的权力,代之以像鉴定人那样的常务管理人(常设官员)。我发现,自己大约一半时间都用来周旋那些曲意逢迎的人,他们要么是赫伯特·帕森斯介绍来的——他之前可是竭尽全力要把我拒之门外啊,要么就是那些对我的任命作出过贡献的政客们。[136]

多年来,汉德一直在与这些令人生厌的政治回报请求作斗争。他竭尽所能,任人唯贤,一再推动体制改革,但始终未获成功。

涉及经营困难、破产和破产管理的案件大量涌入法院,比以往任何时候都要耗费时间、令人厌烦。很快他告诉母亲:"恐怕我在工作上慢慢地落后了,而且差距越来越大。我只能尽力以最好的方式来工作,没法多思考,否则我将不堪重负。"但他很快控制住自己的情绪,他不想引起母亲新一轮忧虑,所以安慰道:"我很享受工作,远胜过我所能告诉你的。"不过,他也承认:"我非常累了……如果我能在睡觉时不去想那些烦人的案子就好了,但就像昨天这样,工作一天之后,我梦中也主要是在听各式各样案件的相关辩论,都睡不安宁。"[137](他写这封信之前,已有 4

天未给母亲写信,为此他深深道歉。)

做法官两个月后,汉德开始觉得自如起来。当他接手"第一个专利案件"时,已能够坦然承认:"很自然,我对整个问题一无所知。"[138] 专利案件是当时联邦法院审理的常见案件类型,需要广泛研究复杂的机械和化学描述。虽然汉德从未表现出太多的技术或科学才能,也从未在他的律师生涯中处理过任何专利案件,但他很快就作出了一些现存最缜密、最具探究性的专利案件判决,并很快成为美国杰出的专利法官之一。

到6月底,汉德记述道:"我现在一直在工作,但不像以前那么辛苦了。"实不相瞒,"大事不妙:当工作变得不那么难时,也就似乎不那么有趣了,最近几天就相当无趣,因为案件本身相当无聊"。[139] 这是个不同寻常的评论。多年后,工作中那些枯燥乏味的部分让他再次感到自己只是在玩"填字游戏"而已。

这封信是他在担任法官的最初几周里给母亲写的一连串信中的最后一封。不久之后,她去欧洲待了1年。他也就不那么频繁写信了,但他对母亲的爱和关心并未减少。莉迪亚给弗朗西丝提了很多意见,包括应该如何抚养孩子、如何管理保姆和女佣等,但弗朗西丝把这些当耳旁风。大部分时候勒尼德都是独自一人回奥尔巴尼探望母亲,弗朗西丝和孩子们不去。直到20世纪20年代初莉迪亚去世前,勒尼德都一直定期看望母亲。

汉德反复努力来减轻母亲担忧,其中之一就是告诉她,自己已经搬进了新粉刷的固定办公室,有着"非常清新干净""更加舒适"的工作环境。虽然办公室采光不足,但"在纽约市中心,阳光本就稀少"。无论如何,他的新办公环境意味着"我的工作空间与在古尔德和威尔基律师事务所任何时候的(房间)都差不多,而且我认为,其实现在的更大一点"。[140] 然而,事实上,他的办公室并不那么令人愉快。在他担任联邦地区法院法官的15年里,他工作的环境折射出那个时代联邦初审法官无人赏识、地位不高的境况。破旧的环境、微薄的薪资,汉德还不得不一次次申请添置书籍、家具,甚至是打字机色带。[141]

汉德出任法官时,联邦初审法院设在曼哈顿下区市政厅公园南端那座陈旧昏暗的旧邮局兼法院大楼里。即使是在大楼初次投入使用的1875 年,这座建筑也没啥吸引力;到了 1909 年,它更是成为一个"破坏了"邻近公园风景的"破旧"地方。[142] 汉德在法院工作的这些年里,一直在抱怨这座阴暗、"陈旧和不完善的建筑"。[143] 随着法院工作量的增长和法官人数的增多,这幢四层楼建筑的有限空间已然不够用。律师协会多份报告敦促制定计划,替换"被普遍认为不够体面的"法庭设施,[144] 但政府为法官们所做的只是租用附近的伍尔沃斯大厦 12 层以增加办公面积。1914 年,汉德离开就在百老汇对面的办公室,搬进这座刚竣工的漂亮摩天大楼里。大楼在当时是世界最高楼。[145] 最终,地区法官们都搬进大楼办公,但审判法庭仍是两边都有。[146]

政府把联邦法官的需求放在了较低的优先级,这点在政府关于法官薪酬和辅助人员的规定中体现得更加明显。汉德就职时,年薪只有6000 美元。算上继承财产,他过得还算不错。但对于只有工资收入的法官来说,这点钱是不够的。一些联邦法官为了赚取更高的收入,只能辞职去做律师。[147] 当第一次世界大战导致生活成本急剧上升时,汉德不得不请求司法部批准给他的速记员加薪,这样才能使她的收入保持合理竞争力。[148] 但对他自己来说,不加薪体现了政府对法官需求的漠视。[149] 面对微薄的涨薪,他可不愿接受这样的甜头:当国会考虑将法官工资从6000 美元提高至 7500 美元时,汉德表示反对,认为这个方案会把合理加薪的考虑往后推迟数年。

对汉德来说,政府不能提供足够辅助人员这点也同样令人恼火。给他配备的辅助人员只有一名速记员,年薪 1000 美元。当时还没有雇用法学院应届毕业生担任个人法官助理、进行法律检索、协助撰写判决的制度。对于像汉德这样的学者型法官来说,缺乏专业辅助的困难尤为突出,他很快就寻求用创新的方法来解决这个问题。汉德比他所处时代超前了几十年。1909 年,就在汉德被提名法官的第二天、正式获得任命的几周前,他打算在法学院找一名应届毕业生,帮助处理信件和其他办公室事务。[150] 他问自己在哈佛法学院上过课的财产法老师约翰·齐普曼·格雷(John Chipman Gray):是否有具备实务技能的毕业生可以做他的法官助理?[151] 汉德怀疑能不能找到这样的候选人,格雷确认找到的可能性确实很小:汉德能提供的只是一份与"速记员"年薪一样的工作,年薪1000美元。但是汉德准备好了在这个"实验"中碰碰运气,希望能找到一个既能做法律辅助工作,又能按照自己要求处理文员工作的助理。格雷向汉德推荐了一位来自缅因州的年轻人拉尔夫·L.科利特(Ralph L. Collett),汉德很快就雇用了他。尽管算不上"才华横溢",但在汉德早期雇用的法官助理中,科利特实际上是唯一一名"一流的速记员"。[152]这个实验进行得非常顺利,因此到了1910年4月,汉德写信给格雷,说自己"急于继续"这个操作。[153] 格雷向汉德力荐理查德·M.哈利特(Richard M. Hallet),一个"B等学生",并不"杰出",也没受过速记训练,但至少是个"诚实、坦率的人"。虽然格雷对推荐哈利特表示歉意,[154]但事实证明,哈利特是汉德手下早期最成功的法官助理。哈利特是格雷推荐的最后一名法官助理:到了1911年,格雷发现没人愿意放弃律师工作,去为一位不知名的法官接受这样一个奇怪的职位。哈佛法学院院长为汉德找来了另一名来自缅因州的年轻人阿瑟·L.罗宾逊(Arthur L. Robinson)。[155] 但是到1912年,汉德的这个大胆实验还是终结了。

汉德雇用的第四名哈佛毕业生刘易斯·P.米德(Lewis P. Meade)既不健康,也不能干。汉德临时雇用了一位年轻的秘书海伦·博格曼(Helen Bergman)太太,米德经常请病假,病假期间,汉德就会请博格曼协助工作。尽管汉德更喜欢法学院毕业生的专业帮助,但好学生很难找。直到20世纪20年代末,汉德被提拔到上诉法院后,他才恢复了请法官助理的习惯——起初自己掏钱请助理;从1930年开始由政府出资。[156]

汉德和几个早期法官助理的关系都还不错,但很少像他和后来法官助理——他称之为"小法官们"——之间的那样亲密。[157]唯一例外是他的第二个助理理查德·哈利特。汉德和哈利特的关系非常近,后来还经常通信。事实上,几十年后,两人又重逢了:1957年,85岁的汉德和弗朗西丝开着他们那辆 1939 年产的普利茅斯汽车去缅因州的布斯贝港看望了哈利特一家。

　　迪克·哈利特唤起了汉德法官对那些冒险和探险者所特有的钦佩与羡慕,因为这些是胆怯的自己所无法达到的。晚年的汉德对哈利特说:"你的血液里流淌着一种对未知天地和未探索领域的渴望,这是一项很好的追求。毕竟,我们最终必须控制能推动我们前进的因素。"[158] 汉德很早就意识到是什么在推动着哈利特,尤其通过 1910 年和 1911 年间两人在下班回家路上的那些长谈,当时他会陪着汉德走回在东六十五街的家。迪克·哈利特渴望出海探索世界,他的法官助理生涯结束后,就以自己的方式在一艘驶往澳大利亚的英国帆船"光头巴克"上找到了工作。他对汉德说,很期待"自己生命中的这段时光",他也很快就找到了。在从纽约到悉尼的 112 天旅程中,他遭遇了"最疯狂的各种事件、风暴、斗殴和饥荒"。他的船友们都是些吵吵闹闹的家伙,他们"有的自愿上船,有的是喝醉了,有的被吊上船——他们是世界上最顽强最勇敢的男人"。抵达澳大利亚后,这群无比渴望"喝啤酒和干荒唐事"的人弃了船,身无分文。哈利特很快就独自出发了,随身只带"一卷军用被、一口煎锅、一顶帐篷、一个照相机、一把小提琴和一口充满希望的空气"。在去澳大利亚西部灌木丛的路上,他干过碎大石、剪羊毛和修围栏等零活儿;之后他"又由着自己的兴致"前往新加坡。他兴高采烈地告诉汉德:"没有比这更有意思的了。"[159] 汉德一家津津有味地读着哈利特的信。弗朗西丝和汉德都"被他非凡的冒险精神所鼓舞":"他似乎做了最激动人心的事情,我们非常钦佩他的勇气和对生活的热爱。"汉德对哈利特的父亲说:"我无法告诉您我有多羡慕他[这样的]冒险。"[160]

　　年轻的哈利特最终作为一艘英国定期邮船上的烧火工人来到了欧洲。他的父亲越来越担忧他的未来,担心"他回来后很难安定下来",但汉德敦促他让迪克继续旅行:"他这么充满活力与勇气,我很不喜欢让他过早回归日常工作的想法。"[161] 面对迪克·哈利特,汉德流露出对这个年轻人打算安定下来从事法律工作的遗憾:"在我看来,由于我身体不太好,在法官工作中也有所磨砺,所以最好坚持这条路一直走下去。"汉德劝他尽可能远离这些:"但你已经过上现在这种生活,如果你回到纽约,除了读[法律]什么都不做,那你可能会发疯。按部就班如同一种麻醉药,它麻醉人的头脑,不让你去思考什么才是真正重要的事情——为了一棵树而放弃整片森林。毕竟这并不令人不快。"[162]

哈利特确实找到了摆脱日常律师工作的方法。他是个才华横溢、精力充沛的作家,甚至在去澳大利亚之前,就成功向多家小杂志社出售了自己的几篇小说。1912 年回到美国后,他把自己在轮船锅炉房的冒险经历卖给了《星期六晚报》(Saturday Evening Post)。[163] 当时,汉德已经说服 C. C. 博林恩把迪克招进他的律所从事海商法工作。但是,书稿成功卖给《星期六晚报》"改变了人生轨迹",促使迪克放弃了法律。[164] 汉德很高兴,因为迪克找到了继续冒险并在冒险过程中谋生的方法:他在大湖轮船上做锅炉工、在亚利桑那州做铜矿工、在加拿大做森林巡逻员,在打零工的同时成为一名职业作家和编辑,写了多篇短文、故事,并著有 6 本游记。[165]

20 世纪 50 年代,哈利特与汉德重逢时感叹道:"看看我与您的交往对我的人生有多重要。"他承认,作为一名法官助理,他的工作"是最粗糙的"。汉德大概率会同意哈利特关于自己工作质量的评价;但是哈利特给两人关系所带来的活力对汉德来说意义重大。当汉德生命即将走到尽头时,哈利特给他写信:"和您一样,我有时也会想'人生这出戏到底是怎么回事',但我很享受所有这一切。"[166] 汉德一生都在想这出戏是怎么回事,但他不可能说他享受所有的一切。尽管如此,他和哈利特这样充满活力的人交往,使他获得了仅凭自己很难获得的快乐。有一次,汉德时隔多年后又收到哈利特的来信。汉德写道,他在世最年长的助理的这封信"就像海上或森林吹来的微风":"我认为你跟从自己的内心行事是对的。"[167] 汉德也曾追随自己的意愿,在世俗中享有了更高的声望,但却并没有那么快乐。终其一生,只有陪伴才能让汉德摆脱郁郁寡欢。哈利特因其有趣的冒险故事而成为汉德朋友圈中特别受欢迎的一员。

汉德担任联邦地区法官时的生活是孤独的,虽然权力很大,但在处理公务时却与大多数人隔绝。除了办公室里的一名助理外,汉德直接沟通的工作人员无非就是法院书记官(处理行政事务时)、联邦检察官(涉及刑事案件时)和司法部职员(为了从有限的联邦司法预算中抠一点出来时)。这些人之外,汉德能经常看到的也就只有同为地区法官的同事们了,这是一小群能力各不相同的人。

1909年汉德宣誓就职时,这个区还有其他三名法官,分别是乔治·B. 亚当斯(George B. Adams),1901年任职,曾因过度劳累而病了长达一年半的时间,并自此再也没有完全康复(他主要审理海事案件,那是他的专长);乔治·C. 霍尔特(George C. Holt),1903年获得任命,工作熟练但业务平平;以及查尔斯·梅里尔·哈夫(Charles Merrill Hough),1906年起担任法官,一个大大咧咧、保守、机智又温暖的人,在早期同事中只有他跟汉德在智识上堪为同类,也是唯一成为他的密友的一个。[168]

第二巡回上诉法院的三名法官负责监督审查汉德和他的初审法官同事们的裁判,并纠正其中的错误。[169] 汉德是巡回法院的下级法院法官,但也不时参与巡回法院工作。第二巡回上诉法院在需要帮助时,经常会指定一名地区法官一同参与审理积压的案件。1909年5月,汉德任职第一个月就被借调到巡回上诉法院,与那里的法官组成合议庭审理案件。此后,因为能力出众,他经常临时充当上诉法官。亚当斯显然无法胜任上诉法院工作,因为他处理案件类型有限,且身体抱恙;霍尔特资质平平;在第二巡回上诉法院看来,只有哈夫和汉德才能胜任上诉法院工作。汉德非常珍惜审理上诉案件的机会。上诉审理对他充满了吸引力,因为参与上诉审理能使他定期撰写裁判文书,而不是一两个零星判决,并且使他有时间深思熟虑后再作出裁决。作为三人合议庭一员,他撰写的判决书大大提升了他本就快速增长的声誉。

1909年的第二巡回上诉法院很有实力,但并不出色。当时的法官有艾尔弗雷德·C. 科克斯(Alfred C. Coxe,1917年辞职)、亨利·G. 沃德(Henry G. Ward,1921年退休)和沃尔特·C. 诺伊斯(Walter C. Noyes,汉德的远亲,为赚钱于1913年辞职去做律师)。后来,上诉法院变得更强大了:查尔斯·哈夫于 1916 年被提升为第二巡回上诉法院法官,他是一位汉德十分钦佩的法官。相比之下,民主党俱乐部的政治人物马丁·T. 曼顿(Martin T. Manton)就逊色得多,汉德曾反对他提拔至第二巡回上诉法院,但没成功。和曼顿一样,尤里乌斯·M. 梅耶(Julius M. Mayer)是一位在政治上人脉很广的共和党人,在汉德之后进入联邦法院,却比汉德早晋升。一开始,汉德也同样怀疑梅耶的能力,但慢慢地,梅耶在汉德心目中的形象有所提升;与曼顿不同,梅耶认真对待自己的工作,撰写的判决书质量较高。[170] 但当时,第二巡回上诉法院被称为全国卓越上诉法院的辉煌岁月还远未到来。[171]

1909 年,当南区地区法院增设第四个法官席位时,国会里的支持者们将该地区法院描述为美国最繁忙的联邦初审法院,案件量将持续增长。法院的工作量让汉德这样年轻、精力充沛的法官都忙得不可开交,但他的工作尚未达到过分繁重的程度。事实上,在他被任命后的几年里,汉德都一直反对扩大法院规模。第一次世界大战之前,汉德认为,案件量很大时,可以临时请其他地区法官过来帮忙,没有必要增设一个正式的法官席位。以 1910 年为例,共受理案件 3000 件,其中近一半为破产案件。其余案件包括普通法与衡平法案件(包括专利、版权、反垄断以及普通民事诉讼)、海事案件和刑事案件。[172] 第一次世界大战及其后果改变了这一切:到 1920 年,尽管破产案件量保持稳定,但其余案件总量井喷式增长,从 1800 件跃升至 7600 多件。1910 至 1920 年间,海事案件和刑事案件的增长尤其惊人。[173] 因此,汉德最终同意加入请求国会增设法官席位的行列。国会于 1922 年末予回应,自 1909 年任命汉德为法官以来,首次同意在南区增设法官席位。

尽管汉德在地区法院偶有精彩且重要的判决书,但工作量常让他感到疲惫,对看似没完没了的常规案件也时感无聊。他喜欢探索专利、海商法等新领域,而耗费大量时间的破产案件对他来说可是个沉重的负担。审理案件中大部分都是小案子,个别案件属于大案,但无论案件大小,每个案子都得到了汉德的细心关照。他一页页地写着判决,详陈复杂的专利或船舶碰撞案件事实,这是一项特别困难的任务,因为通常情况下,双方证人至少都会粉饰事实。在汉德之后进入第二巡回上诉法院的现代重要人物之一亨利·J.弗兰迪(Henry J. Friendly)恰如其分地指出:"[汉德]法官的地位,很大程度上并非源自他多年来必然会遇到的少数几个重大案件……而是源自他处理大量小案子时所展现的伟大方式,这些案件几乎涵盖了法律词汇中的每一个主题。"[174]

作为一名地区法官,汉德面临的最大挑战之一就是履行好日常审理普通诉讼案件的职责。办案占据了他大量时间和精力,而这些案件程序常因律师语焉不详和故意拖延而多有阻滞。在法庭上和通信中,汉德经常对律师设置不必要障碍的做法表达不满。

汉德对自己的庭审经历只进行过一次系统性的阐述。1921年11月,在担任法官12年后,他在纽约市律师协会的一次律师聚会上发表演讲,主题是"审判无法直击问题核心的原因"。[175]在律师协会举办"法律主题讲座"的10年间,很少有汉德这样平淡无奇或技术性很强的演讲主题:审判中的诉辩主张与证据。然而,汉德的演讲犹如璀璨的明珠,生动展现了他充满活力的风格,体现了他丰富的司法经验和对历史、文学阅读的广泛涉猎。有些法官和律师的讲座即兴又松散;[176]还有一些则非常枯燥乏味,干巴巴的历史或者一堆陈词滥调,听众根本听不进去。[177]汉德的演讲与之形成鲜明对比:他带来的是一场充分准备、引人入胜、精心润色的演讲。

汉德把简单的演讲任务转变为探寻审判低效的原因——机械地适用不合理的规则、上诉法院严厉的司法审查以及律师的争强好胜。遗憾的是,他承认,人们不能"指望等于是半个诉讼当事人的律师放弃通过混淆事实或提出错误主张能得到的好处"。[178]这种策略所付出的代价是显而易见的:"针锋相对、斤斤计较的氛围,不愿意承认应当承认的事情。"[179]多年来主持庭审时所看到的一幕幕让他高兴不起来:"凭我十几年来的经验,我必须说,除了疾病和死亡之外,我最害怕的就是作为诉讼当事人参与打官司了。"[180]

汉德的演讲开场十分平实,讲的是诉状的规则,也就是控辩双方的陈述,这种陈述理论上是要凸显案件核心争点,以便予以解决。理论够简单,问题是"没人遵从规则"。相反,汉德说道,律师让诉状里充斥着毫无根据的法律论点和夸大其词的事实陈述。他借用最喜欢的一位作家的话来发出警告:如果这种模式继续下去,"我们将像作家拉伯雷笔下的学者那样变得昏昏沉沉,600袋文章和证词毫无益处,只会增加烧脑程度,并把我们扔进30年来从未解开过的困惑、怀疑和猜忌长河中去"。如果律师们不再使用"充满激情的花言巧语和丰富多彩的文学想象力",他们就能"让争议焦点变得更为清晰",这样"案子的关键问题便可事先直接呈现"。然而,相比这样简化的审判,诉辩主张往往会引出需要解决的新的争议焦点:"我敢说,聪明的精算师可能会在无可辩驳的计算中发现,一般来说,算上时间损失、法官误判、后续上诉、原告再抗辩等等,我国每年因糟糕的诉辩而遭受的损失相当于4艘新战舰的造价,或者是彻底重建小学教育所需的成本。"[181]

汉德回忆说,在当法官最初的日子里,自己曾试图惩罚那些糟糕的诉状提交者:"我必须承认,自己年轻时,斗志昂扬,面对一份环顾左右而言他的蹩脚诉状,我总是乐于抓住机会。这可真是个教育律师的好时候,让他们知道如果不够专业,就会受到严厉惩罚。"但现在,他很怀疑律师还能否被有效约束,他表示,"我不再尝试从那堆扔给我的垃圾中挣脱出来了,这些素材有如建筑部件,如果正确选择和组合,本可以搭建起有如雄伟大厦般的辩论立场"。但他仍然坚持认为,好的辩护事实上会带来好处。

汉德反对审判时采用人为且不合理的技术性规则来审查特定类型证据是否可采纳。汉德认为这些规则没有突出普通人在做重要决定时会考虑的信息类型。普通当事人看庭审,只能带着"一种懵懵懂懂的感觉,觉得正在进行某种游戏,虽然游戏结果可能对自己不利,但游戏过程完全无法理解"。在汉德看来,"如果一个从未听说过法庭的人,想通过一项证据来证明问题",那么这项证据就是与案件具有关联性的,法官对证据的判断是否准确,不应以"博学的律师,而应以理性的人"的标准来衡量。他补充道:"如果证据规则具有可行性、可自由裁量,那么大部分拖延和争吵(其危害远不止使法庭蒙羞)将得以避免。"

然而,讲求可行性的法官的自由裁量权常受律师质疑,有时还会被上诉法院限制。初审法官遵从一贯的良好判断力就真的可以拥有近乎独裁的权力吗?汉德并不这么认为。汉德首次提出了一个中心思想,后来还将此适用于解释宪法问题,他认为没有自由裁量权的规则体系是不切实际的:"一个没有人的法治政府和一个没有法律的人治政府一样都是空想;解决方案永远是基于经验的妥协。"因此,由初审法官来合理判断大多数证据问题是唯一明智的选择。但与英国形成对比的是,在美国,初审法官往往"被穿上束缚服、塞住嘴巴,今天让你走这根钢丝,明天让你爬那座山峰":"走进法庭,看到他被激怒、被反对,以至于一时间你都不知道到底是谁在受审。"汉德承认,初审法官并非完人,但由初审法官来裁决大多数证据问题是"解决争议的最佳方式":

> 你所拥有的只有他,连带着他的一切过错,他的自大、他的无知、他的无礼、他的急躁,但我相信,如果你多给他一点自由裁量的空间,他会给出更好的结果。至少请允许我说……就我个人而言,即使我们是这样的人,如果让我们独自应付这些琐事,放弃上诉法院这个超能力澄清者,那么我相信,我们能够完成一天的工作并带给你们更满意的结果。[182]

演讲最后,他激情洋溢地呼吁律师自我克制。只有"改变我们的内心",而不是"作些形式上的改变",才是治愈现有糟糕审判程序的唯一方法。"如果没有愿意配合合作的律师,就算是一位比我们所能得到的任何法官都更有道德和智慧的法官,也发挥不了什么作用……如果你拿走律师群体的内涵……律师所具有的品格和能力,那么无论是法律、君主还是权力,最终都帮不了你。"

汉德的论点更多源于他的基本哲学信念,而非寄望于法律改革的成功。他认为,无论这种改革能否实现,"我们都必须以这样或那样的方式来信仰生活,也许对信仰的最高考验就是当它受到怀疑时,它毕竟可能是错误的"。说到动情处,他承认:

　　我有时仍然会期望,在美国,时间的流逝会消淡我们强烈的个人主义,会教给我们现在严重缺乏的知识,那就是我们每个人都必须学会更多地在共同生活中实现自己,法律就是它的形式表达,而且我相信未来也将是如此。如果通过这样一些转变,我们可以学会减弱自己的意志强度,我们可以让自己的欲望服从于被设定的目标,即使这个目标我们不喜欢或不信任,那么在管理私人主体间纠纷这件看似微不足道的小事上,我们可能会成功。但我担心,没有这样的东西;我们都是一样的,兽性被隐藏得再好,也终将露出马脚。[183]

　　经常参加律师协会讲座的律师们,可从没听过针对这么技术的话题能发表出这么铿锵有力的演讲。汉德有着独一无二的能力,可以把平淡枯燥的话题转化为闪闪发光的珠宝。但是,当他回到法官席上,他就发现日常审判情况并无多少变化。他一如既往地为法律上的拖延和尔虞我诈感到沮丧,为自己与人为规则的斗争感到沮丧,为那些不可根除的影响审判效率的障碍感到沮丧。汉德希望事实争议的解决能够有效、理性和专注,但这一愿望并未实现。

　　汉德在地区法院时期撰写的绝大多数判决,就算是把"老调""弹"出更敏锐和深刻的"新篇",也不过就是些关乎法律技术的问题。但是,偶尔也会有一两个案子出现在他面前,好叫他重新思考与怀疑自由派核心观点相关的问题,并清楚表达出来。1913 年"合众国诉肯纳利案"(*United States v. Kennerley*)中关于"淫秽"标准的争议就是这样一个案子。[184] 该案中,汉德的判决仅有薄薄一页纸,却表达了最深切的感受,那就是自由社会应该提供的保护,即使是对所谓的淫秽读物。这是他第一次在这个问题上发表意见,随后几十年里他会再次回到这个问题上,而这份判决构成了"有史以来关于这个敏感主题最强有力的文字"。[185]

　　"肯纳利案"判决部分展现了汉德的审判特点。尽管私下里他更倾向于驳回起诉,但先例所遵循的原则一以贯之,而他感到必须受先例约束,因此未能准许出版商提出的驳回起诉动议。汉德一次次地遵循先例,而非个人意见,反映出他对于自己角色有限性的认知。正如他在后来一起案件中所言:"对于下级法院来说,兴致高涨地抓住机会,去预测一个可能尚在孕育但远未到诞出时刻的规则,并不可取。"[186] 在他看来,联邦司法系统的下级法院必须服从上级法院的明确命令。他认为,这种限制对于法治下的民主政府至关重要。然而,遵从先例并不妨碍他对现行法律提出尖锐而深刻的批评,或提出更好的建议。他在"肯纳利案"中发表的意见就很有影响力;这个案件后来经常被法院引用,包括最高法院;他的大多数建议都已成为这个国家的现代法律;在某些方面,他的观点比当代淫秽法律更具影响力。

　　"肯纳利案"缘起《海嘉·里弗利》(*Hagar Revelly*),一本讲述纽约年轻职业女性生活的小说。[187] 汉德称之为"风尚小说";在现代人看来,这是一部描写社会现实的严肃作品。正如汉德所述,小说将主人公描述为"冲动、感性、喜欢享乐,在单调贫困环境下蠢蠢欲动"。她的"美德"被她所爱的男人成功击碎;用汉德的话来说,她在被勾引后,"经历了几次无趣的不幸遭遇,最后以一段没有爱情的婚姻和一个沉闷的未来告终"。为了完整刻画女孩情感,一些场景被描绘得直白而细致,并由此触发了这场诉讼。

　　这几个简短的场景,如单独阅读而不考虑全文背景,足以让陪审团依据 1913 年法律认定这本书淫秽。当时适用于所有联邦法院的规则起源于英国维多利亚中期的"瑞吉娜诉希克林案"(*Regina v. Hicklin*)判决。[188] 联邦法律引入了"希克林规则",允许陪审团通过审查个别段落而非整本书来判定该本书是否淫秽。此外,"希克林规则"以最易受影响的读者来衡量一本书的淫秽程度,而不是以整个社会的接受程度来衡量。汉德之所以遵循这个标准,正如他所说,是因为这个标准已"被下级联邦法院接受,我不可以无视它"。因此,他发现小说中有些段落"肯定会败坏某些人的道德,而这些人可能会受到这些不道德的影响。事实上,只有那些只关心这些段落的人,才最可能会忘记这些文字的背景和与整本书的关系"。

汉德的正式任务止于这一事实认定:作为一名下级法院法官,他必须裁决,控方申请不能被驳回,至于是否构成淫秽,则留待陪审团去认定。[189] 但是,他对于言论自由的信念过于强烈,以至不能就此罢休。

> 我希望我这样说没有不恰当,尽管现有规则可能与维多利亚中期的道德相一致,但在我看来,它似乎不符合当今时代的理解和道德……我不确定人们最终是否会认为这些内容构成淫秽,尽管这些内容仅仅是为了坦诚表达纯洁思想,不确定他们是否会相信,真理和美好事物对于整个社会来说是如此珍贵,不能为了那些最可能将真和美歪曲为卑鄙用途之人的利益就去破坏真和美。事实上,到了今天,我们对书信和严肃讨论的兴趣不可能冷淡到要为了满足少数好色之徒利益,从而把对性的描述处理降低到儿童图书标准,这样的话,这种廉耻将长期阻碍我们对人性中最严肃和美丽的部分进行充分描绘。

汉德认为,至少不应仅仅为了保护潜在受众中那个易受影响、不成熟的群体就提起诉讼。社会共同体的标准才应起主导作用,而这些标准陪审团可以恰当地确定。"我认为,[社会]并不会禁止一切可能使最易被腐化之人堕落的行为,也不准备接受那些对其最弱成员来说或许必要的限制。"至少,"淫秽"应解释为仅表明"社会当下在真诚与廉耻之间可能达到的妥协点";而这个妥协点只有陪审团才能决定。他总结道:"把思想束缚在时代一般道德上,也许是可以容忍的,但为了最卑微、无能人士之需求来束缚思想,则似乎是项致命政策。"——致命原因在于,在一个开放社会中,这将极大缩小文学表达的范围。[190]

几十年后,联邦淫秽法才赶上了汉德的脚步。"希克林规则"中允许根据个别段落而不是整部作品定罪的标准被第二巡回上诉法院推翻,此时汉德已成为第二巡回上诉法院一员。[191] 更重要的是,直到 20 世纪

50 年代,"肯纳利案"过去 40 多年后,最高法院才最终接纳了汉德的观点,即一本书不能因为仅仅可能污染了特别敏感读者的眼睛就被禁止,[192] 整个社会的标准才是判定是否淫秽的核心。[193]

但在保护言论自由这个重要方面,现代淫秽法的保护力度仍不及汉德在肯纳利案中采用的标准。汉德建议,所有"与充分表达纯洁思想切实相关"的文字都不应被认定为淫秽。[194] 他的这一希望仍未实现;相反,最高法院继续强调社会共同体标准,并就"补偿性社会价值"应该到什么程度争论了几十年。[195] 汉德在"肯纳利案"中的分析更有针对性、更清晰,也更符合宪法第一修正案的发展。今日之淫秽认定困境证明,汉德在 1913 年提出的批评意见是正确的。面对社会上对于言论越来越强的限制,他可能会困扰,但不会意外。他曾在 1937 年的一份判决中评论到:"任何文明社会,只要不是狂热的清教徒,都不会容忍这种过分要求。"[196] 然而,正如他在自己生活中所熟知的那样,社会的压制、清教徒式的力量强大且快速反弹。

"肯纳利案"是汉德在担任地区法院法官期间处理过的最棘手问题之一。另一个就是 1917 年"《大众》案"。[197] 后一个案件涉及第一修正案保护言论自由的一个更为核心的问题:政府在什么时候——如果可能的话——可以惩罚那些批评政府领导人及其政策的政治异见者?该案迫使汉德调动了最大的个人勇气和独立精神,并激发出他在初审法院任职期间最重要、最具开创性的观点——几十年后,这一分析成为美国的法律。

该案缘起于美国加入第一次世界大战两个月后,国会颁布的 1917 年《反间谍法》,[198] 近 120 年来,对政府政策的批评首次将构成联邦犯罪。新法规定,含有违法言论的出版物可被禁止邮寄。第一本受法律制裁的杂志就是《大众》,一本具有革命性的月刊。1917 年 6 月新法颁布两周后,纽约市邮政局长托马斯·G. 帕特恩(Thomas G. Patten)——奉邮政总局局长艾伯特·S. 伯利森伯利森(Albert S. Burleson)之命——

禁止《大众》杂志社邮寄即将发行的月刊。《大众》杂志社立即前往联邦法院阻止这一禁令。案子摆在了地区法官勒尼德·汉德面前，他成了第一个解释新法的法官。7月24日，汉德作出了非常有说服力的裁决，不准许邮政局长禁发该杂志。

这一裁决结果无论对汉德本人还是对《大众》而言，都只是一个暂时性的胜利：巡回上诉法院很快推翻了汉德的结论。[199] 由于无法寄送给大多数读者，《大众》的发行量急剧下降。很快，一些编辑还被指控违反《反间谍法》。尽管连续两场审判均以陪审团无法达成一致意见认定有罪而告终，但面对敌意满满的政府，编辑们不得不放弃出版杂志的努力：到当年年底，《大众》就停刊了。

在《大众》短暂的营业期内，发行量曾达近3万。对读者而言，停刊意味着一本充满活力、打破传统的杂志消亡了，这本杂志的版面曾吸引了一批当时顶尖的艺术家和作家。对汉德而言，这起案件激发了他的勇气，尽管直接后果代价惨重，但却让汉德为言论自由的思想史和法律史作出了重大贡献。

汉德承受的代价是实实在在的。他在地区法院工作仅8年就因分析能力强和风格明晰而备受律界钦佩，但"《大众》案"中，他作出的这一广为人知的裁决被迅速且一致地推翻，抹杀了他原本积攒下来的好名声。在考虑是否晋升汉德为巡回上诉法院法官时，情况也发生了逆转。他落选了，部分原因就在于他这篇不受欢迎的裁决。

但是眼前的这些挫折并不能永久掩盖汉德付出努力的重要性。他在"《大众》案"中的分析，独到、精辟，表达了作为一名局外人，对于异议在民主社会中重要性的最深刻信念。汉德之所以能在判决中自由地提出这一哲学观点，是因为他相当于在白纸上书写历史：还没有其他法院对1917年法案进行过解释，最高法院之前作出的几个关于第一修正案的裁决也没有提供相关指导。汉德异常保护言论，甚至比奥利弗·温德尔·霍姆斯大法官近两年后提出的著名标准更加保护言论。汉德坚持自己保护言论自由的标准，并试图说服霍姆斯和其他人在随后几年里采用这种方法。当时他失败了，40多年后，他怀着自己所倡导的标准注定失败的想法离世。但他错了。到 20 世纪 60 年代末,最高法院发布了有史以来最严格的言论保护标准。这个标准本质上是采纳了汉德在"《大众》案"中发表的观点。[200]

自收到案件那刻起,汉德便知这不是一件易事。他熟悉《大众》杂志,也熟知杂志社核心人物麦克斯·伊斯特曼(Max Eastman)。汉德的第一反应是《大众》杂志社能赢;但他也知道,如果他反对政府,支持一本激进、反战、不受欢迎的杂志,他将受到强烈批评,并将严重影响自己的晋升机会。

《大众》杂志短暂而混乱的存在实际上始于 1912 年,那年麦克斯·伊斯特曼成为主编,并试图将一部分领导权让渡给无法无天的编委会。[201] 该杂志平台只承诺自由,其他一概没要求——编辑们基本上可以随心所欲做自己喜欢的事。他们承诺要办一份"革命性的而非改良性的杂志;[一本]自由的杂志,坦率、有态度、桀骜不驯、探求真相;一本反对僵化和教条的杂志;[一本]不以取悦任何人为最终目的,甚至不取悦读者的杂志"。[202]

《大众》吸引了一批杰出的撰稿人。麦克斯·伊斯特曼刚在哥伦比亚大学实用主义者约翰·杜威(John Dewey)指导下完成哲学博士论文,并作为诗人、公共演说家和政治组织者而声名鹊起。他是被艺术家阿特·杨(Art Young)领进门的,这位漫画家后来成为一名编辑和定期撰稿人。和 12 位艺术编辑中的大多数人一样,杨与画家罗伯特·亨利(Robert Henri)有往来。后者是一位早期的美国现实主义者,偶尔也会向《大众》供稿。与大多数艺术家不同,杨是一名公开的党派主义者、忠诚的社会主义者。许多与《大众》有关联的艺术家——包括约翰·斯隆(John Sloan)、乔治·贝洛斯(George Bellows)和斯图亚特·戴维斯(Stuart Davis)——参与创建了"阿什坎画派"。和杂志作者一样,这些艺术家们的政治信仰各不相同,几乎没什么共通之处,但都喜欢破旧立新和对抗冲突。不止麦克斯·伊斯特曼和约翰·里德(John Reed),路易斯·恩特梅尔(Louis Untermeyer)、比尔·海伍德(Bill Haywood)、卡尔·桑德伯格(Carl Sandburg)和弗洛伊德·戴尔(Floyd Dell)也都贡献了散文和诗歌。《大众》异常夺目，封面鲜艳、开本超大、插图大胆、讽刺生动、批评尖锐、评论智慧。

杂志很快就有了自己的读者群，虽然不是原本预期的那种读者——它本质上是一本给知识分子看的杂志——但直到一战爆发后才有了鲜明的意识形态定位。战争伊始，伊斯特曼、里德和杨就持反战态度，视战争为商业利益的阴谋诡计，那些反对军国主义、反对战争和征兵的社论很快就大量涌现。

汉德并不激进。他是一个国际主义者，支持同盟国，赞成美国参战。但他思想活跃，偶尔也会读《大众》。他是个局外人，但不是伊斯特曼和媒体所谓的"《大众》群体"那样的局外人。《大众》宣称要办革命性而非改良性的杂志，按这话来说，汉德则是致力于政治"改良"，而非"革命"。他也不是前卫的波西米亚人，他与格林尼治村那些主导了美国现代主义诞生的艺术、文学团体毫无关联。纽约的知识分子并不多且彼此不往来，因此汉德的圈子和"大众"圈子并无交集。伊斯特曼在成为《大众》编辑之前，曾是一个妇女投票权团体的组织者，而弗朗西丝·汉德在那段时间致力于为妇女争取投票权。伊斯特曼后来也回忆道，他的政治活动从支持俄国革命到赞美托洛茨基、坚定反对斯大林主义，并最终担任《读者文摘》编辑，之后他曾在殖民俱乐部——纽约的一个女性专属俱乐部——围绕"激进主义"发表演讲，当时（也许是在俱乐部会员汉德太太的敦促下）是由勒尼德·汉德来介绍他的。[203]

美国参战前一年，《大众》遇到了困难，伊斯特曼凭着与汉德的半面之交去寻求他的帮助。《大众》在1916年遇到的问题并非源于颇有争议的政治立场，而是因为一名自由撰稿人伤害了宗教感情。这位撰稿人写了一首据称亵渎神明的诗，将圣母玛利亚比作未婚母亲。杂志的对手是沃德和高（Ward & Gow），一家负责通过纽约地铁将期刊运到报摊的公司；因为"亵渎神明"事件，沃德和高公司禁止下属经销商运送《大众》。伊斯特曼恳请汉德撰写声明："说您相信《大众》应该站在这样的立场上，这将是对我一生的恩惠。"[204] 这份声明将被提交给主持"沃德和高公司禁刊令"听证会的州立法委员会。汉德立即写了一封极具说服力的信来捍卫《大众》的发行权利。他告诉伊斯特曼："你对社会和经济重组的看法，以及你提出的解决方法，我都不赞同。"但他很快补充道："虽然我更认同其他方式，但还是应当让你有机会去说服你们的人，这才是明智之举。"

> 你的方法，不管好坏，都能让人去思考和感受那些他们应当思考和感受的最重要的事。除非这个事不能讨论，或者必须以符合共同品味标准的方式来讨论，否则我想不出任何理由把你排除在外。否则那就成了专横的专制主义，或者专横的假道学。[205]

汉德的意见被置若罔闻；沃德和高公司禁刊令依然有效，杂志虽仍在出版，但发行量下降了。

1 年后，《大众》向法院申请禁制令，阻止邮政当局的行动。汉德在收到该案法律文件当天就给弗朗西丝写了封信，信中生动描述了他当时的反应。第一次阅看卷宗，他感到编辑们"没有做任何可能被认定为违法的事情，当然，他们的偏见是很明显的。我认为，公平地说，我有义务保护他们"。他补充道，如果案件不能迅速和解，"我的决定将会与[政府]背道而驰，然后呼啦一下——你的小家伙将陷入泥沼，希望他不会到那步"。但他很快还是在一份激情澎湃的声明中宣称，大多数法官都声称自己负有义务，但很少有人能始终如一坚守：

> 我必须做我认为正确的事，我最担心的是，我将作出一项完全不考虑[晋升前景]的裁决。司法独立而无畏的说法虽然老套，但总在某些时刻意义非凡。现在就是这么一个时刻。如果我的判断有局限，我可能不得不为此吃苦头，但我想确保自身判断的局限是这个案子里唯一的局限性，而我始终保持不偏不倚。[206]

　　政府在提出《大众》违反《反间谍法》这一受到质疑的主张时,明确指向了几个作品。控方的选择让那些视杂志为艺术载体的投稿人感到高兴:指控特别针对 4 幅漫画、3 篇文章和 1 首诗。最令政府不快的两幅漫画分别由亨利·格林滕坎普(Henry Glintenkamp)和阿特·杨创作。格林滕坎普在《征兵》这幅作品里画了一门火炮,上面绑着些标有“青年”和“劳工”字样的裸体男子,炮架上则钉着一名标有“民主”字样的裸体女子。杨创作的《国会与大企业》将国会描绘成一名郁郁寡欢的旁观者,被一群正在审阅一份标有“战争计划”文件的商人晾在一边。画面中,国会问:“打扰了,先生们,需要我做些什么?”大企业答:“滚一边去! 等你替我们宣了战这事才算完。”

　　至于那几篇文章,则是因为他们表达了对抵制征兵者的独立和献身精神的钦佩。第一篇认可国家有权监禁这些“英勇的年轻人”,仅仅是辩称政府不应以“逃避兵役”的名义监禁他们,这样会助长媒体的蔑视,而应至少保持“某种悲哀的尊严”。其他文章也表达了对因反战而拒服兵役者的钦佩:其中一篇报道了亚历山大·柏克曼(Alexander Berkman)和艾玛·戈德曼(Emma Goldman)因敦促反战者不要去登记服役而遭起诉的案件,该案是依据《反间谍法》提起的首批诉讼之一。《大众》还评论表示准备接受投稿,帮助柏克曼和戈德曼宣传“工人阶级抗议美军国主义计划”的言论。[207]

　　虽然《大众》反对战争、钦佩拒服兵役者,但并没有和读者说,他们必须违反法律。邮政总局局长伯利森和司法部的律师们认为,根据新颁布的《反间谍法》第三章,《大众》的评论构成犯罪行为。第三章设定了 3 项罪名,每项罪名最高可判有期徒刑 20 年并处罚金 1 万美元:第一,作出“虚假陈述,意图在战时干扰陆军或海军的行动或成功……”;第二,在军队中引起或试图引起“不服从……或者……拒绝服兵役”;第三,阻碍“美国的征兵或入伍工作”。[208]

　　《大众》是否越线实施了非法行为? 如果《反间谍法》被解释得如此苛刻,是否还能符合第一修正案? 对于当时大多数法官来说,答案是明确的。典型的回应是:“《大众》群体”发表的反战言论肯定滋生了对政府和战争的不满;如果这些文章有读者,它们就可能会妨碍军队的"成功"以及政府的征召和征兵工作。第一修正案尚处萌芽状态,给这种极其有限地允许批评政府观点留下了足够空间。在联邦成文法历史上还从未出现过 1917 年《反间谍法》这样的情况。(之前情况最近似的是 1798 年《联邦党人煽动叛乱法》,该法处罚那些意图使联邦政府受到蔑视或名誉受损的虚假、诽谤或恶意言论。[209] 1800 年杰弗逊总统选举获胜,意味着该法终结,尽管最高法院花了近两个世纪,直到 1964 年才承认了这一"广泛共识",即 1798 年法律违反了第一修正案。)[210]

汉德拿到案件时,《大众》被合法禁邮的可能性特别大。当时的政治和法律环境对异议人士极为不利。大多数美国人都很反感这些宣扬和平主义、反战拒服兵役的激进分子,政府在"《大众》案"中的主张也反映了当时占主流地位的法律分析。绝大多数法官都认为,如果言论可能产生违反法律的后果,那么该言论就应受到惩罚——重点是关于言论后果的猜测。[211] 即使少数几位重视言论自由的法官——包括霍姆斯大法官——也并不反对这种对言论后果的关注,他们仅要求在言论与之后的非法行为之间建立更密切的因果关系。(这种对言论和行动之间更紧密联系的观点很快就以如下措辞表示出来,即只有那些带来"明显而迫切的危险"这样不良后果的言论才应受到惩罚。)

在这一背景下,汉德在"《大众》案"中所作判决的独创性和胆识就很鲜明地显现出来了。与其他法官不同,汉德不满足于限缩言论与行为之间因果关系的链条,事实上他完全跳出了这个论证框架。汉德承认持不同政见的言论与非法行为之间经常**确实**存在因果关系,也认同言论确实可能对战争造成有害影响,但他认为严格因果关系认定并不是一个民主社会保护言论的恰当或有效方法。

在汉德看来,由法院来猜测立法和行政机关对持不同政见言论可能造成后果的态度,极具争议:法官没有预见未来的特殊能力;此外,大多数法官——以及更多、绝大多数陪审员——都不太可能对战时狂热的"从众本能"免疫。一种法律标准会引发人们对言论后果的猜测——无论是即刻的还是远期的——这会让法官和陪审团屈服于多数人群的、压制言论的情绪。

　　汉德的解决方法专注于说话者的言辞,而不是言辞可能产生的后果。他没有在每个案子里都询问这些言辞是否有产生违法行为的倾向,而是试图制定一个更加"绝对和客观的标准",重点关注有争议的语言本身。[212] 他竭力主张的是"基于言辞本身性质的标准",即"煽动"标准:如果这些言辞就是为了挑唆大家违反法律,或告诉听众他们有义务或利益来违反法律,那么这些言辞可被禁止;其他所有言论在民主社会里都必须得到保护。正如他所写的:"如果把合法的鼓动倡导与直接煽动暴力抵抗相提并论、划为同类,那就变成不再允许各种政治鼓动方法了,而在正常情况下,对各种政治鼓动方法的容忍才能保障自由政府。"为了强调自己这个认定标准的重要性,汉德补充道:"这种区别不是学术上的花招,而是在争取自由的斗争中来之不易的收获。"[213]

　　在对1917年《反间谍法》作出需要格外保护言论自由的解释过程中,汉德对该法的合宪性毫不持疑,他声称只是在解释国会的立法意图。但是他把立法意图置于宪法的价值观框架下来解释——汉德对于宪法价值观的表述犹如教科书般庄重。汉德在判决中援引这些价值观,不仅为了证明限缩解释法律的正确性,还意在将"煽动"标准作为自由社会中保护不同政见的必要手段和宪法标准。

　　汉德关于民主规范的阐述之所以引人注目,主要有以下几个原因:汉德在"《大众》案"中的观点与霍姆斯早期在1919年春审理"申克案"和类似案件时面对同样问题的意见差别很大,但汉德的观点多次被霍姆斯引用,最终到了1919年秋,霍姆斯在"艾布拉姆斯案"中撰写异议意见书,开始展现更多对言论自由价值的认识;最重要的是,汉德在"《大众》案"中强调的宪法价值观,让他在随后几年里向霍姆斯发出的呼吁取得了部分成功。

　　针对《反间谍法》关于禁止在军队中故意造成不服从命令的规定,汉德在处理时充分展现了精妙的法律技巧。他没有在政府主张的因果关系上纠缠,而是直接指出这种认定标准不符合充分保护言论自由的原则。对汉德来说,猜测言论可能产生的影响,尽管从经验上来说或许存

在合理性,但绝不是符合保护言论自由原则的法律标准:

> 如此宽泛地解释"导致"(cause)这个词……其结果必然包括压制一切敌对批评,以及除了鼓励和支持现有政策的意见或比较温和的意见外的所有其他意见。这种对敌对批评的压制,不论其实质是否正义、形式是否正当或适当,都违背了民主政府的应有之义。假设在为国家生死存亡而斗争的关键时刻,压制这种意见的权力可以掌握在国会手中,因为它对权力的行使与我们人民的使用和习惯是如此不同,因此只有对这种权力最清楚明确的表述才能证明其意图得出的结论是正确的。[214]

"民主政府的应有之义""我们人民的使用和习惯",还有汉德在判决中所说的"通过温和说理,或无节制、不雅谩骂来进行批评的权利,是在将言论自由作为最终权威来源的国家里每个人的特权"[215]——这些是汉德在"《大众》案"中所表达的主要价值观点。这些观点脱胎于历史与哲学,是来自善于思考的哈佛大学哲学本科生比林斯·勒尼德·汉德的声音,是来自有着不可避免哲学倾向的律师和法官勒尼德·汉德的声音。

这些价值如何被转化为有效法律?汉德在一封信中写道,如果一个充分的法律标准"可能因时间的沉淀和先例的积累而变得神圣","那么这个标准可能只是被用来稍微抑制一下激情的洪流,我怀疑民主会被发现比18世纪辉格党专制更受激情的支配"。[216]对他而言,最有希望避免"压制滥用言论自由和批评现行法律"的方法就是适用他的"客观""煽动"标准:"言辞不仅是说服的关键,也是触发行动的因素,那些除了建议违法没有其他任何意义的话,无论如何都不能被解释为属于公众舆论,公众舆论可是民主国家最终的治理源泉。"该标准具体而言:

> 劝告或建议一个人去做一件事,就是敦促此人为了自己的利益或履行自己的义务去实施某项行动。当然,这既可以通过

间接方式也可以通过明示方式来实现，……我认为这个定义是完备的，我也应当适用该定义……如果把合法的鼓动与直接煽动暴力抵抗相提并论、划为同类，那就变成不再允许各种政治鼓动方法了，而在正常情况下，对各种政治鼓动方法的容忍才能保障自由政府。[217]

"直接煽动"违法行为这个标准注重言辞内容而非效果。这一标准本应可以但实际上并没能保护到那些不受欢迎的言论，按照1917年的主流标准，这些言论都要被处罚——即使按照霍姆斯在战后采用的"明显而迫切的危险"标准，这些言论还是会受到惩罚。汉德认为，要审查的不是"言辞的间接结果是否带来煽动倾向，这样还不够"，而是"言辞是否直接煽动反抗征兵"。[218]

该标准具有公民自由意志主义的性质，这一点在汉德适用这一标准裁决《大众》所载文章赞扬反战拒服兵役者亚历山大·柏克曼和艾玛·戈德曼的案件中得到了体现。对当时大多数法官来说，对这些"殉道者"的书面赞美会鼓励读者效仿，这至少间接助长了违法行为，据此，足以证明惩罚的正当性。但对汉德而言，并非如此。《大众》确实对"殉道者"表示"钦佩，因此他们的行为可能会被效仿"。但这还不足以定罪：

> 人们可以钦佩和赞同英雄的道路，而不觉得有任何义务来跟随他。这些语句里丝毫没有暗示他人有义务效仿。这些言辞最多也不过就是表示，如果其他人效仿，他们也会得到同样的赞赏和认可。而在尊重和模仿之间肯定存在着明显的不同；除非文章里有支持模仿的宣传，否则我看不出这些表述为何要被纳入法律禁止范畴。[219]①

---

① 这个严格、甚至可能有些牵强的标准，保护了言论自由，但其本身也存有问题。当时就有人指出，面对像马克·安东尼（Mark Antony）在恺撒葬礼上发表的演说那样间接但有目的的煽动言论，这个标准无法适用。这个标准也没法处理"无害煽动者"的问题，即发言人虽明确敦促违反法律，但几乎毫无实现可能。

正如汉德在案件伊始所担忧的那样，"《大众》案"判决甫一作出，收到的都是负面评价。汉德回忆道："判决几乎没有得到任何专业人士的认可。"[220] 不到两周时间，关于法院判决的官方公报中就体现了反对倾向，哈夫法官采取了不同寻常的措施，在上诉期内禁止执行汉德对邮政局长发出的禁令。德高望重、作风强悍的哈夫是一位准将之子，"从未经历过怀疑的煎熬"。[221] 哈夫迅速站在邮政局长一边，并公开质疑汉德的不同立场：

> 至少有一点值得商榷，难道还有比对那些采取行动之人表达钦佩更加直接的煽动言辞？相比直接引语，修辞学家们向来更喜欢使用间接引语；几个世纪以来，福音书一直被认为极具劝告性，但其中并没有包含"你也这样去做"的训诫。[222]

1917 年 11 月，该案提交巡回上诉法院审理时，亨利·韦德·罗杰斯（Henry Wade Rogers）法官执笔的一致意见判决彻底推翻了汉德的原判。罗杰斯没有哈夫那么聪明，但他足以写出当时的主流法律思想。针对汉德提出的"煽动性标准"，他回应道："本院不同意这是法律。如果所说之言所产生的自然且合理的效果就是鼓励抵制法律，而且这些言辞被用于努力去劝说抵抗，那么有没有提到抵抗义务或者抵抗者利益，都是无关紧要的了。"[223]

对汉德观点的否定并不局限于这份判决。汉德写信给 C. C. 博林恩："我感到整幢建筑（联邦法院大楼）都在反对我……格斯认为这不过是我天生任性的又一例证。"[224] 汉德在法院裁决作出后不久告诉沃尔特·李普曼（Walter Lippmann）："我确信自己肯定（从第二巡回上诉法院法官席的竞争中）出局了；也许光一个'《大众》案'就足够出局了。"[225] 3 年后他回忆道："这个案子让我付出了代价，至少在当时……"第二巡回上诉法院的法官席位给了虽没那么出色但政治性更强的地区法官。

汉德虽对改判失望,但仍坚持自己的立场。他在给博林恩的信中写道:

> 好吧,我就是和主流观点认识不同,上帝知道,潜意识里的那个我,那个毫无疑问固执的我,在多大程度上愚弄了我整个人的思想,但我这辈子从未对所作的任何其他事情感到如此满意。我不是对自己的司法表现满意,而是对结果感到满意。毫无疑问,我的裁判存有些许争议,但总的来说,我很高兴能够做自己认为对温和和理智有帮助的事情。[226]

他自嘲对“结果”而非“司法表现”满意,这是他的特点;事实上,他对两者都感到自豪。多年来,他致力于传播自己在“《大众》案”中的观点,提高对言论自由保护重要性的敏感度,推广如何合法地保护言论。他的“司法表现”无疑是其司法观点最终持久保留的源泉。

汉德在 1918 年夏天吹响斗争的号角,目标是霍姆斯大法官。汉德不是为了详细宣传他在“《大众》案”判决中的观点——当时《反间谍法》的案子还没到最高法院——而是想让霍姆斯认识到对言论自由价值持有特殊敏感度的重要性。1918 年 6 月 19 日星期三,汉德和霍姆斯搭乘同一班火车从纽约市前往波士顿。结束了最高法院一个司法年度的工作,霍姆斯正要赶回位于波士顿附近贝弗利农场的住所;汉德则是要去他在新罕布什尔州康沃尔的避暑别墅。他们讨论了多数人群压制异见的权利。霍姆斯坚持认为,大多数人在这一领域和在所有其他领域一样,都有取得胜利的合法权利;汉德则持不同观点,主张当少数人的言论自由利益受到威胁时,法院必须限制多数人的言论自由,尽管这可能很艰难,比如当多数人群都陷入战时压制反战异见人士狂热时。这次谈话内容被保存了下来,因为汉德在新罕布什尔州深思熟虑后,觉得自己在谈话时放弃得“相当轻易”,[227] 于是他决定写信向霍姆斯重述自己的立场;霍姆斯也即刻予以回应。

霍姆斯和汉德的观点确实相距甚远,主要是价值观上的差距,因为两人在绝大多数方面有着共同的哲学观。既不相信绝对真理,也不相信永恒真理;两人都是怀疑论者;都对司法限制立法的有效性甚至合法性持疑。然而,汉德能够从这些前提中得出支持司法保护少数意见的观点,霍姆斯则在 1 年多后才最终得出类似(尽管更柔和)结论。

从更私人的层面来看,这场争论也很值得关注。汉德在这个问题上完全不同意霍姆斯的观点,并且始终坚持己见,这点非常不寻常。汉德很少会产生英雄崇拜,但他无论在公开场合还是私人场合都表达了对霍姆斯的极度钦佩,甚至是崇拜,汉德对霍姆斯的尊敬甚至超过了对哈佛教授们的尊敬。霍姆斯是"法官应有的典范",是"受人爱戴"的对象,是"亲爱的朋友、明智的向导,是我最珍视的在所有方面的榜样"。[228] 汉德当时 46 岁,只担任了 9 年联邦初审法官;霍姆斯则是国内最受尊敬的法官和法哲学家,是一位比汉德年长 30 多岁,且拥有比汉德多近 30 年法官经验的大法官。在个人背景相差如此之大的情况下,促使汉德去挑战霍姆斯的,是汉德坚定不移的信念。汉德对霍姆斯的尊敬仅次于父亲,只有最至关重要的事才能迫使汉德去挑战霍姆斯。

汉德在给霍姆斯的信中详细陈述了激发他作出"《大众》案"裁判的信条——直到 1 年后霍姆斯才接受这一信条,但从未有效贯彻。"裁判充其量只是一种暂时的假设,并没有得到完全的检验,"汉德写道,因此,"我们必须对相反意见或不同意见持宽容态度,因为我们自己都会怀疑自己的裁判。"少数服从多数主义通常是汉德信仰的核心,但在言论自由问题上,他无法遵循霍姆斯的指导。是的,他认可,当"另一个人不同意时"让他闭嘴确实是"一种自然权利",但这不是一个民主社会及其法律所应支持的权利。[229]

汉德认为,广泛共识难免可能出错,因此坚持有必要保护异议意见,霍姆斯还接受不了这样的观点。但 1 年后,霍姆斯在"艾布拉姆斯案"的异议意见书中最终表达的维护言论自由的著名观点,竟与汉德的这一观点惊人相似,在那一案中,霍姆斯提倡"观念的自由交换",并坚持"检验真理最好的办法就是运用观念的力量在市场上通过竞争获得认可"。他补充道:"无论如何,这就是我们宪法的理论,"[230] 但在1918年霍姆斯可还没有认识到这种"我们宪法的理论"。

霍姆斯用他一贯的"我完全同意"来回应汉德1918年提出的讨论观点,但他转而指出最重要的分歧:霍姆斯认为,言论自由,"与不接受接种疫苗的自由无异",是一项可以被多数人推翻的"自由",这一主张在13年前霍姆斯参与撰写的一份最高法院判决中就已明确表露。就像霍姆斯告诉汉德的那样,"让你足够在乎"到要去压制异议的场合可能非常少,"但如果出于某种原因,当你真的足够在乎到要去压制异议时,你就不会再去考虑别人说你做的只是一个临时假设,而且可能是错的。这就是每个法案的条件"。[231]

数月间,霍姆斯与汉德之间的哲学争论可从具体法律分歧中看出端倪。1919年3月,最高法院首次受理关于1917年《反间谍法》条文解释的争议,霍姆斯主笔撰写最高法院判决。此前,汉德在"《大众》案"判决中对同一条款作了限制性解释。这个案子里,霍姆斯首次提出了广受赞誉的"明显而迫切的危险"标准。这不是一个有用的公民自由意志主义学说,而仅是他在1918年6月给汉德的信中所表达的哲学观点在法律上的体现——这种观点认为,并无正当理由来限制多数人"扼杀"异议的权利。[232] 因此,让汉德并不意外但深感遗憾的是,霍姆斯并没有找到令人信服的理由来为言论自由提供充分法律保障。

最高法院于1919年3月3日就"申克诉合众国案"(Schenck v. United States)作出裁决;[233] 一周后,又就"弗洛维克诉合众国案"(Frohwerk v. United States)和"戴布斯诉合众国案"(Debs v. United States)作出裁决。[234] 在这几个案件中,最高法院的大法官们都就裁决结果形成一致意见。霍姆斯大法官执笔的判决写道,根据1917年《反间谍法》,最高法院对认定反战演说者入罪的原审判决予以维持。"申克案"判决阐明了"明显而迫切的危险"标准;"弗洛维克案"和"戴布斯案"判决都沿用了该标准。在公民自由意志主义评论人士多年赞扬下,这项标准得以沿用,它代表了这样一种观点:除非有*紧迫*伤害的风险,否则言论不可能受到惩罚。但汉德与霍姆斯之间的通信表明评论人士近几年才开始意识到：“明显而迫切的危险”标准既没有表现出对言论自由价值的特别敏感，也没有特别关注如何解释宪法法律（例如，主张言论必须产生**紧迫**的伤害风险才能被惩罚）来实现这些价值。事实上，霍姆斯根本没有改变他1918年的立场，仍然对那些能够有效制约多数人压制异议意见的法律限制视而不见，也仍然坚持不需要通过类似汉德在“《大众》案”中提出的特别理论来保护言论自由。①

当这几个案件尚未裁决时，汉德试图让霍姆斯考虑一下自己在“《大众》案”中设立的标准。霍姆斯告诉他，自己对“《大众》案”的“细节并不清楚”，汉德收到的只是个敷衍了事的回复：霍姆斯称赞了汉德坚强和“可贵”，但认为自己会“得出不同的结论”。[235]“戴布斯案”之后，汉德又给霍姆斯写了一封信，但似乎又没产生什么影响。很简单，霍姆斯没有抓住问题的核心。“我不太明白你的意思。”霍姆斯在1919年4月写道。[236]对霍姆斯来说，这些案件基本上是很平常的刑事上诉案件。春天快结束时，汉德给一位对“戴布斯案”罕见持有学术批评观点的评论人士写信，信中说道：“我承认，我很懊恼，霍姆斯大法官没有站在我们这一边；事实上，到目前为止，我一直无法让他看到他和我们之间有任何真正的不同。”[237]

最高法院维持对社会党领袖、总统候选人尤金·V. 戴布斯（Eugene V. Debs）的定罪，在当时引发了强烈抗议。正如霍姆斯所描述的，导致戴布斯被起诉的演讲主题“是社会主义、其发展及最终成功的预言”。但霍姆斯一贯愿意推测那些具有破坏性的影射言论，他认为，基于这些只言片语，陪审团就可以认定“这场演讲的目的包括反对战争，而且是反对这场战争，至于演讲目的是否具有偶然性则无关紧要，既然反战意见被如此明确地表达出来，那么该言论的本质和预期影响就是妨碍征兵”。[238]“本质倾向和合理的可能影响”足以把戴布斯送进监狱。正如一

---

① 相关背景和故事，参见〔美〕安东尼·刘易斯：《批评官员的尺度：〈纽约时报〉诉警察局长沙利文案》，何帆译，北京大学出版社2011年版，第80—96页。——译者注

位当代评论人士所言,这"有点像乔治·麦戈文(George McGovern)因为批评[越南]战争而被送进监狱"。[239]

小泽科里亚·查菲(Zechariah Chafee, Jr.)教授最早提出并着力宣传一个观点,那就是:霍姆斯从一开始就致力于最大限度地保护宪法第一修正案。他认为霍姆斯只是"在等待时机,直到最高法院审查一个明显有错的裁判,他就能说出自己对第一修正案最深刻的想法"。[240]但汉德和霍姆斯之间的书信往来,证明这种说法是错误的。"戴布斯案"的结果让汉德非常难过,尽管成功希望渺茫,但为了加强对言论的保护,他还是决意重新战斗起来。他告诉霍姆斯,自己的观点"已在被遗忘的错误海洋中渐渐远去……我久久地与玩具小船告别,它在有史以来最短的航程上表现得非常勇敢"。

1919年3月,"戴布斯案"宣判几天后,汉德致信霍姆斯,汉德在信中所提观点,与霍姆斯的立场形成鲜明对比。再一次,汉德承认言辞可能会产生实际后果,但主张不能仅因具有带来后果的风险就足以招致法律上的罪责:

> 从本质上讲,因果关系确系无误,但责任认定却并不相当。我不明白言论责任的认定规则竟然是以可能带来的后果为准。这不是——我同意它可能是——一个依赖于合理预测的责任问题……只有当这些言辞是直接煽动时才应当承担责任。

汉德形成这样的观点,远不只是因为思辨哲学,还因为他实际意识到的风险,即如果允许陪审团基于对发言者意图的猜测或所说言论的"合理后果"来进行惩罚有可能带来的危害。

> 我想说的是,由于这些案件实际上是在人们情绪特别激动的情况下发生的,而且陪审员容易抱团……因此说采用动机标准来认定是否入罪并不危险就非常值得怀疑。陪审团不会太在意言辞的可能结果和说话人意图之间的差别。在任何情况

下,除非一个人相当墨守成规,否则这种判断标准会引起恐慌——给许多可能缓和公众情绪风暴的人以惊吓。我知道1918 年就发生了这样的情况。[241]

在这封信中,汉德流露出了对经由群情激昂的陪审团之手来执行法律的担忧,还提及邮政总局局长通过宣布反战出版物"不可邮寄"来威吓媒体这一"法律上不负责任的"行为,这体现出汉德与霍姆斯之间的重大差异。霍姆斯是奥林匹斯山上的观察者,一个相对超脱的斯多葛派,远远地注视着战士们的战斗。汉德的讽刺哲学充满了超脱和怀疑,但更多的是包含了对人的同情,对因起诉异见者而造成的我们现在称之为"寒蝉效应"的担忧,以及对法律学说所带来的现实影响的思考。霍姆斯和汉德都不支持将起诉作为一项政策;但霍姆斯只是把起诉看作是人类愚蠢行为的例证,而对汉德来说,这些是真正的悲剧。

从霍姆斯给汉德的回信中可以清楚地看出,他对适当的法律标准有着截然不同的看法。他全文引用"申克案"中提出的"明显而迫切的危险"标准,并补充道:"我看不出你和我所说的标准有什么不同。"毕竟,汉德在"《大众》案"判决中说过,在没有证据证明实际阻碍战争的情况下,言辞仍可能构成违法。"所以我不知道问题是什么,或者就你的来信而言,我们的差异在哪里。"[242]

但问题非常重要。当然,汉德也意识到,言论有时也可受到惩罚。几乎每个人都同意这一点。但真正的挑战在于,要明确一种法律标准,既能保护大多数对政府的批评,又能惩罚不可接受的言论。8 个月后,霍姆斯大法官终于开始接受部分观点:1919 年秋,在"艾布拉姆斯诉合众国案"中,他撰写了异议意见书,也就是他对第一修正案最著名的解释。[243] 这好似汉德等人所传递出的观点,终于产生了有些迟延、且较为有限的效果。霍姆斯主笔的"艾布拉姆斯案"异议意见书的经典之处,在于最后极具说服力的几段结语,强调了"观念的自由交换"是"我们的宪法理论"。这些段落确实回应了汉德对言论自由的理解。但对于汉德观点的第二部分,关于充分实施法律来保障言论自由的必要性,霍姆斯的异议意见书就没那么令人满意了。汉德对此就不太满意。

"艾布拉姆斯案"的多数意见书维持了被告有罪的判决,驳回了他们的宪法抗辩,认为根据"申克案"判决确立的规则,这些抗辩是站不住脚的。事实上,很难看出多数意见书与霍姆斯本人去年春天所表达的观点有什么明显不同。其实"艾布拉姆斯案"被告的言论比"申克案"被告言论更具威胁性,该案被告都出生在俄国,自称"革命者"和"无政府主义人士",他们于 1918 年 8 月在纽约市街道投掷了数千份传单——有些是英语,有些是意第绪语——反对美国干预俄国革命并呼吁弹药工厂工人停止生产用于"谋杀他们最亲爱的"苏维埃革命者的武器。[244]

但现在霍姆斯和路易·布兰代斯(Louis Brandeis)大法官都持异议意见。在某种程度上,霍姆斯依靠的是宪法论证——一种全新的、充满活力的"明显而迫切的危险"标准,并最终加入了"迫切"的要求。现在他看到了自己先前没有注意到的历史论据的力量:第一修正案并没有留给"普通法判决煽动诽谤罪的效力(只允许就批评政府行为提起刑事诉讼)。在我看来,历史似乎与这种观念相悖。我原以为美国多年来已经对 1798 年《反煽动叛乱法》表示出悔意"。[245] 霍姆斯的异议意见书对于许多问题都没有回应,但为"明显而迫切的危险"最终成为言论保护标准奠定了坚实基础。

汉德对霍姆斯的异议意见书的反应很有趣。他对其中蕴含的价值观表示欢迎,但并不赞同提出的法律标准。让霍姆斯最终承认言论自由值得特别保护当然令人欣慰,他在 11 月下旬给霍姆斯的信中表示,非常感激有更多的司法人士支持自己关于言论需要特别关注的观点。但对汉德来说更重要的是,"明显而迫切的危险",即使是修正后的标准,仍不如他提出的"煽动性标准"。

让汉德不发表自己对霍姆斯标准的保留意见,对他来说一定非常困难,因为对异见者来说,潜在的实际风险比以往任何时候都要大。正如汉德对霍姆斯所说的那样:"政治迫害还在继续,压迫让呐喊声越来越尖锐。"汉德以一句特别有力的话语为这封信画上结尾:"对于那些并非对每件事都确定的人,特别是那些该死的对任何事情都不确定的人来说,连天空都呈现出一付相当险恶的样子。"[246] 霍姆斯简短回复后，[247] 两人关于第一修正案的通信戛然而止。汉德认为，继续劝说霍姆斯接纳"煽动性标准"是在做无用功，但他又坚持了一段时间来宣传自己的观点，这次的目标是泽科里亚·查菲。

1919 年底，查菲已逐步建立起公民自由学者的声誉。言论自由只是他最近才感兴趣的研究领域，但在那个几乎没有学者关心宪法第一修正案的时代，即便只有两年的相关领域研究经历，也足以让他崭露头角。（查菲的研究几乎没什么用，直到出现了"《大众》案"。正如他告诉汉德的："你在'《大众》案'中作出的裁判才真正启动了我的事业。"）[248] 之后到 1920 年，查菲出版了《言论自由》一书，这是未来 30 年内关于第一修正案的主导研究，极大提升了霍姆斯"明显而迫切的危险"标准的重要性。

两人信件往来过程中，查菲颇具讽刺地决定，将明明是赞美霍姆斯的《言论自由》献给汉德而非霍姆斯。事实上，查菲私下更加偏好汉德在"《大众》案"中采用的标准。[249]① 也许最具讽刺意味的是，汉德做得比他所知道的还要好：虽然汉德已不寄希望于自己的标准会被接受，但他还是坚持了好几年，向查菲详细阐述自己标准的优势；这些私人信件里反复提及的内容最终变成了最高法院几十年后吸取的经验。查菲在书的献词页上书写下了这段传奇："献给勒尼德·汉德，他在战争动荡期间，勇敢地维护了英语世界的言论自由传统，并赋予该传统以新的标准和力量，以迎接未来更具智慧岁月的到来。"[250]

那么，是什么让查菲成为霍姆斯标准的宣传者呢？或许查菲在不知不觉间成了自己创造的霍姆斯神话的俘虏。此外，还有一些实用主义的解释：霍姆斯的观点出现在最高法院的判决书上，"《大众》案"可没有，还不如尽量利用好次优的那个。汉德自己也明白查菲为何如此强调霍

---

① 查菲只公开承认过一次。在 1952 年的一本小册子中，他承认："我还是更喜欢勒尼德·汉德法官在'《大众》案'中采用的措辞，'直接煽动暴力抵抗'。"但是，他仍补充道，即使如此，"这些也不过是细微的差别"。（小泽科里亚·查菲：《言论自由 35 年》，纽约 Roger M. Baldwin 公民自由基金会 1952 年版，第 9 页。）

姆斯。1921年初，他在给查菲的信中写道："我敢说，你已经尽量打好上帝发的牌了，坚持主张获得的就是至宝，而不另辟蹊径再去建立其他独立标准。'紧迫与直接的'就是我们所拥有的一切；看在上帝份上，我们可不能挑三拣四。"[251]

然而汉德本人并不认为他和霍姆斯之间的差别是"微不足道的"。他给查菲写道：

> 我一点也不喜欢霍姆斯大法官设置限制的方式。我个人认为，对语言设定一个绝对和客观的标准，更易于掌握、也相当容易区分。我敢说这很固执，但我还是更喜欢自己最初在"《大众》案"判决中试图阐述的标准，而不是认定使用的言辞与所针对的罪恶之间是否具有"紧迫与直接的"联系。[252]

这可不是随便说说。当查菲建议就言论自由学说再作一些变化时，汉德详细重述了自己的观点：

> 我更喜欢基于言论本身性质的标准……没人会反对最高法院的规则，即"倾向"再加上"制造罪恶的意图"，……只要能对实际实施结果充满把握，……我本人反对(霍姆斯的方法)，是因为它要求陪审团探究所有讨论激烈问题之人的意图……我个人的看法是，陪审团审判不能提供充分保护。我认为正是在言论自由单独作为一种制度而变得重要时，在这样一个问题上由陪审团来提供保护是不切实际的。在我看来，这件事已经证明了这一点……我想，一个人在选择立场时，一般会泛泛地根据自己对观点的自然怀疑程度来确定自己的立场。就我个人而言，我认为我们的主要敌人是"轻信"和它的兄弟"偏狭"。[253]

数月后，查菲请求汉德同意把《言论自由》献给他；汉德很高兴。但困难仍然存在。在他给查菲写的信中可能最令人印象深刻的部分，就是汉德不断重申：

> 我并没完全喜欢上霍姆斯的标准，原因如下：尽管你可以把问题放在真正属于它的地方，但一旦你认为这是一个程度问题，很显然你就把它当作一个行政问题了，比如，你给任何人这么大的自由（此处汉德写下"因为他自己的恐惧"，又划去，然后继续写道），问题立马就被处理了。此外，即使不可言说，但最高法院九人也并没有表现出完全不受"从众本能"影响；还有，哪怕语言所处环境不变，今天看来"紧迫与直接的"言论，明年可能就会显得无关紧要。我自己更喜欢定性的标准，坚不可摧、依照惯例、难以规避。

这是封精妙绝伦的信，为这段闪光的篇章画上了圆满句号。自始至终，汉德将司法工匠品质与坚定的公民自由意志主义者的关切结合起来，也展现了他人性中温暖、谦虚、迷人的部分，他对于查菲将书献给自己表达了极大的喜悦：

> 您让我感到非常高兴，您让三个小女孩也雀跃不已，让我来告诉您，虽然有点插科打诨，但到目前为止，我在孩子们眼中，也就是位上了年纪还不总是和蔼可亲的老人。[254]

在汉德写给查菲的最后一封信中，最后一段值得注意，汉德写道：

> 我不禁好奇，多年后，当您衰老、死去，您会不会拿起这本书、翻开第一页，微笑中带着些许愉悦与遗憾……如果我已在那边——也许我会因为您的想法而回来找您麻烦，鬼魂才不尊重言论自由——我应该觉得自己好像给了您几个假硬币。[255]

汉德典型的自嘲话语下波涛暗涌。两年后，他在给公民自由意志主义律师沃尔特·内利斯（Walter Nelles）的信中写道："我对自己在'《大众》案'中的观点被视为法律不抱希望。"[256] 从接下来几十年"《大众》案"引发的反应来看，它似乎注定要被视为"假硬币"。查菲本人之后并没有坚持将该书的献语留给汉德：1941 年修订版出版时，这本书又被献给了哈佛大学前校长 A. 劳伦斯·洛尔（A. Lawrence Lowell）。[257] 彼时，"《大众》案"似乎已被忘却，"明显而迫切的危险"标准经修正，已从最高法院少数意见发展为多数意见，而霍姆斯的观点也成为公民自由意志主义论的一大感召力所在。

但"明显而迫切的危险"始终是一个更受欢迎而非坚固的标准。到 20 世纪 40 年代，"明显而迫切的危险"受到越来越多攻击。这一标准源于所谓煽动性言论问题，但其兴盛已远远超出这个范畴。1951 年，在"丹尼斯诉合众国"（Dennis v. United States）案中，[258] 依据《史密斯法》，美共领导人被起诉，最高法院再次面对颠覆政府背景下言论自由保护问题，此时"明显而迫切的危险"标准几乎发挥不了任何作用。①

到厄尔·沃伦（Earl Warren）时代结束时，经过汉德长期以来的大力宣传，煽动标准最终被确立为美国法律的一部分。汉德的法律分析是贵金属，绝不是"假硬币"，评判者总会看出问题端倪。汉德充满勇气的学说放在 1917 年和 1918 年、1920 年和 1921 年都是有道理的；近 50 年后，美国法律体系开始认同他的观点。

---

①　见原书第 598—605 页。

第四章

婚姻及其紧张关系

汉德打算在基斯科山修建一座避暑别墅,此地是纽约金融家和生意人们便利的避暑胜地,但勒尼德·汉德并没有太大兴趣融入他们的社交圈。不过,汉德夫妇在那里有朋友,勒尼德可以方便地在周末往返两地,而基斯科山的花草树木也能满足妻子对园艺、野外和遁世的渴望。弗朗西丝期待与米尔德里德·明特恩在一起,所以基斯科山对她有着特殊的吸引力;而对勒尼德来说,此地的迷人之处则在于他们的朋友皮埃尔和路易莎·杰伊(卢莉)夫妇的陪伴,最早怂恿他和弗朗西丝在 1905 年到访基斯科山的正是这对夫妇,当时汉德夫妇租下了杰伊家土地上的一座小屋,在他们家的马厩里养了一匹拉车的马,从他们家的花园里采摘蔬菜,并和他们共用一个看门人。

寻找建房的土地倒还算容易。一位华尔街银行家打算出售附近的几块地,尽管此人是社交场上的熟人,勒尼德还是尽量公事公办,并在商谈数月后买下了一块价值 6000 美元的地产[1],尔后立即投入到房子和马厩的规划中,而与此同时他还在为购置纽约东六十五街的房子做收尾工作。他与建筑师及避暑别墅建造承包人威廉·A. 德拉诺(William A. Delano)打交道的方式,再次体现出他对细节的一丝不苟。[汉德在东区那套房子的改建也由德拉诺担纲建筑师;汉德觉得德拉诺在设计方面比著名建筑师查尔斯·普莱特(Charles Platt)更胜一筹,后者之后成了他在新罕布什尔州康沃尔的邻居和朋友。]1906 年夏,施工尚在进行之中,汉德夫妇遂再次租用了杰伊家的房子。勒尼德在整个建设施工过程中前前后后提出不少建议(和投诉),1907 年夏天入住的时候,建筑工人还在碍事,令弗朗西丝不胜其烦。这座基斯科山住所总共花费了 2 万美元。

1905 年至 1909 年间,汉德家的三个女儿相继出生——1905 年出生的玛丽·德肖恩(Mary Deshon)、1907 年出生的弗朗西丝和 1909 年出生的康斯坦斯(Constance)。家庭生活并不平静——这不仅仅是因为育儿带来的忙乱。1908 年,工人终于走了,汉德夫妇第一次有机会在平静中享受基斯科山的别墅,但此时他们对这个地方已经不再抱有幻想。勒尼德曾期待那些生意人和金融家邻居们也是兴趣广泛之人,但结果证明皮埃尔·杰伊只是一个例外:大多数其他人似乎都是狭隘且政治保守之辈;他们不加批判地附和公认观点,令勒尼德厌烦。所以,汉德家的夏日高光时刻其实是在别处度过的——新罕布什尔州康沃尔,汉诺威以南几英里的康涅狄格河边的一个租来的房子里。在那待了几周后,他们便决定今后转而去康沃尔消夏;自 1910 年始,他们几乎每年都在那里租住避暑别墅;1912 年,他们把基斯科山的房子卖给了约瑟夫·P. 布莱恩(Joseph P. Cotton),汉德的华尔街改革派律师好友中的一员;1919 年,他们在康沃尔买下了一栋房子,并在余生都将其作为他们的乡间住所。

聚居于康沃尔已在作家和艺术家之间蔚然成风,这是一个能够令人从城市紧张氛围中解脱出来的理想之地,环境甚是宜人且树木繁茂,到处都是引人漫步其间的蜿蜒道路和小径。创意与愉快交谈充满了空气,对华尔街的贪婪追逐不再抱有幻想并渴望智识刺激的勒尼德很快喜欢上了这里。而对弗朗西丝来说,这里的吸引力就更大了,她毫无疑问是这个北迁决定的最初推动者。米尔德里德·明特恩在 1908 年结婚并永久移居欧洲后,基斯科山对她的吸引力随之骤减。而且,弗朗西丝早在勒尼德见到康沃尔之前就已钟情于此地。她曾去那里拜访她在布林莫尔的同学弗朗西丝·阿诺德(Frances Arnold)[2],并在那时就已领略这个社区在智识上的蓬勃发展(康沃尔被一些纽约人称为"美国的雅典")。[3]她喜欢新罕布什尔州更为开阔的乡村,并确信这能让人与自然有更丰富的接触,并拥有更多漫步和园艺的机会。

康沃尔的居民结构比基斯科山更为多元,他们的兴趣爱好要广泛得多,政治上也更为自由和进步(尽管在艺术和政治上并不像当时格林威治村的波西米亚人①那样激进)。然而对于讨厌冒险又满怀焦虑的勒尼德来说,一想到要从纽约北上到如此之远的地方——距离纽约市那么远,而且他才刚在基斯科山投入那么多的精力和金钱——心里难免平添几分不安情绪。周末去基斯科山是很方便的;但如果要去康沃尔,就得从纽约市搭9个小时的火车,所以他只能在时间较长的夏季休假时去这个地方。但弗朗西丝明显为新罕布什尔所吸引,勒尼德自己对此地随性而又令人兴奋的氛围也颇感兴趣,故而最终此事成行。

对自己和家人健康状况的反复忧虑更是令勒尼德心绪不宁。他不仅要与严重的疾病搏斗,他那抑制不住的担忧也削弱了5年生育3个孩子的喜悦——他担忧妻子的精力,也担忧节育方式,还担忧女儿的营养和健康。他在此后余生中始终记得1905年2月26日这个"不祥之日",他因肺炎"病倒","几乎撒手人寰"。[4]在没有抗生素的年代,肺炎是一种严重疾病,整个3月直至4月,勒尼德能否撑过去都是个未知数。他在奥尔巴尼、波士顿和纽约的朋友们都极尽所能地提供了支持。[5]危机终于在5月解除,勒尼德的朋友们总算松了一口气,表示他"去鬼门关走了一遭,我们焦急的心一直与你同在"。[6]勒尼德花了数月时间才完全恢复,直至初秋才得以重返全职工作的日程。尽管弗朗西丝在3月生下了他们的第一个孩子玛丽·德肖恩,并且需要照顾婴儿,在这艰难的几个月里,弗朗西丝仍给予了他镇定和关爱的抚慰,他时常感激她的照料。正如他在39年后写给弗朗西丝的一封信中所言:"我想起那些可怕的日子里,你对我是那样的忠贞和忠诚……能与一个拥有绝对不可征服的勇气和忠诚的人共度一生真是太好了。"[7]

战胜肺炎这件事令勒尼德对自己健康状况的担心有所缓和,但同时他又回到了老样子,开始为身边人的健康状况忧虑起来。这些忧虑发作

①　格林威治村(Greenwich Village)是纽约市曼哈顿南部下西城的一个大型居住区。它以承诺艺术自由和思想自由而吸引了很多美国知识分子。——译者注

的时候,他常向他姐夫、奥尔巴尼的亨利·胡恩医生(Henry Hun)寻求建议和安慰。通常来说,"哈利"胡恩的保守派政治观点和迂腐哲学思考对勒尼德无甚吸引力,但他是一位称职的医生,而勒尼德则是一个紧张的外行,除了基本生活常识外对生育规划一无所知。勒尼德的母亲肯定会认为谈论怀孕和妊娠是有罪的:正如哈利曾对勒尼德所说,这是"你母亲那个年代的旧神学把罪孽绝对化了"。而勒尼德觉得,与其求助于那些令人生畏的纽约医生,还是向自己的姐夫求助让他感到更自在些。

　　早在1904年,勒尼德就开始到哈利·胡恩这里咨询意见了。当时,苦于无法怀上第一胎的弗朗西丝颇有些烦躁,而勒尼德更是大为担忧,哈利·胡恩很快就给他们带来了安慰和一些基本的生理知识,以及直截了当的警告,唯恐弗朗西丝采取不必要的手术或勒尼德怀疑自己的生育能力:"如果起初不成功,就再试一试。告诉你那美丽的新娘,'懂得等待的人才能得到一切'。罗马不是一天建成的,汉德家族的后嗣也不是随随便便'从一开始'就能一蹴而就的。"[8] 胡恩医生可能倾向于讲些陈词滥调的东西,但勒尼德需要的正是这种抚慰人心的说教,在汉德夫妇早年的婚姻生活中,胡恩一直提供着这样的安慰。

　　然后,到了1905年的夏天,小玛丽的健康与合理喂养又令汉德心事重重。弗朗西丝的母乳喂养很成功,但勒尼德还是担心。在一次波士顿之行中,他与一位哈佛老友"就奶瓶喂养较之母乳喂养的可取性"进行了一场"犀利而又喧闹"的争论。这位波士顿朋友强烈建议"立刻用奶瓶喂养",[9] 但弗朗西丝仍继续母乳喂养直至宝宝长到8个月。小玛丽在断奶时一度有些暴躁,她的父亲遂再次陷入严重的"神经紧张"。胡恩又一次安慰道:"让一个孩子与其第一个青春之泉分离可能是会有点困难,但在8个月大的时候断奶并没有什么危险。她会很快喜欢上她的新食粮的。弗朗西丝正在从生活中获得经验,这也是她在布林莫尔无法学到的知识。"[10]

　　对勒尼德这种对安慰性质的咨询需求,胡恩只会偶尔流露出不耐烦之意。在应付完勒尼德的母亲和她对胃部问题的担忧之后,他脱口而出:"生活在一个每天都能忧惧到发疯的家庭可不是一件完美的事。"[11]

但几天后,他又再次为小玛丽那轻微的腺体感染备好了抚慰人心的言语:"婴儿就是麻烦又耗神,小孩也不让人省心呐。"[12]

汉德家的第二个孩子弗朗西丝出生于 1907 年春。[13] 家中两个幼儿只会令勒尼德的忧虑加倍,而且纽约在那年秋天爆发了小儿麻痹症疫情,这令勒尼德有了充分理由为孩子们担心。但是,令他在 1907 年底焦虑发作的是另一件完全不同的事情——这也是头一回——他担心自己和弗朗西丝会意外怀孕,尽管两人已经采取了避孕措施。"不用担心",胡恩让他放心:使用了避孕用具是几乎不可能意外怀孕的。"即便在这样一个瞬息万变和反复无常的世界里,一些科学的岩石仍会屹立不倒。"[14] 胡恩知道,勒尼德那"谨慎和犹豫的天性"不接受任何"积极的言论",但他十分确信勒尼德的担心是毫无根据的,所以他还下注打了个赌,几周后勒尼德给胡恩寄去了一张支票,兑现了这个赌注。[15]

1909 年,当勒尼德成为法官时,他的第三个也是最后一个孩子康斯坦斯出生了。此时,为人父的经验已经让勒尼德不再为儿童疾病瞎操心了,但他对意外怀孕的焦虑仍在持续。胡恩医生很恼火:"你和你那美丽的新娘真是胆小鬼。你害怕着一种只存在可能性但并不会真实发生的危险……我觉得你大可放心。"[16]

尽管有着如此种种的烦恼,勒尼德依然觉得,他早年在纽约的日子是他婚后生活中最幸福的时光之一。从近乎致命的肺炎中转危为安令他释放出一阵不同寻常的快活情绪,他在书信中流露的爱意达到了新的高度。他将弗朗西丝称作"小猫"(Kitten)或"猫咪"(Kitty),有时则是"咪"(Puss),"最亲爱的生命之源"和"我最亲爱的女人"。[17] 他通常会在信笺末尾灵巧地画上一只小猫,这是他为他的"小猫"①所画的"猫";[18] 他那满怀深情的落款包括"你的伍德科基"(Woodcockie)和"你的毕奇(Pucky)猫薄荷男孩"。[19] 尽管没有儿子这件事可能令他有些遗憾(这也可能只是胡恩医生的猜测),[20] 他仍发自内心地喜欢小宝宝们。当玛丽快一岁的时候,汉德对妻子如此写道:

① 此处的"小猫"(Kitten)即指弗朗西丝·汉德。——译者注

宝宝今早简直可爱得没法形容,偷偷告诉你,我觉得她真是迷人得要命……她那欢快的轻笑极其动人。我觉得她那双奇特的小眯缝眼十分令人着迷。他们看起来就像这样(汉德在这里画了一张开心的小脸);认出你的小孩儿了吗?[21]

1个月后,他又写道:

我想到那可爱的粉嫩脊背正带着婴孩的活力叫喊着,这让我感到深深的满足。这段时间的快乐是我始料未及的……我觉得……现在任何东西都无法取代这些…… [22]

然而,汉德夫妇的婚姻关系正日趋紧张,尽管此时勒尼德尚无知觉。努力工作的他缺乏时间和精力来回应弗朗西丝的需求。而她背负着家庭和母亲的责任,还需要不时安抚经常焦急不安的丈夫,焦躁的情绪亦随之与日俱增。在此后的岁月里,汉德给妻子写过一些满怀歉意的、长长的生日贺信,他在这些信中常常为自己早年对她疏于关心而无法释怀,并为自己充满紧迫感的天性自责不已。他曾坦陈:"我为我们早年的许多事而自责。如果我对那些最终不过是徒劳无功的事情不那么雄心勃勃,我就不会如此忽视你的需求了。"[23]

弗朗西丝的焦躁和疏离从一开始就有迹可循。起初,她过着与勒尼德结婚前几乎一样的生活:她白天忙着来回见朋友,晚上忙着参加各种晚宴。她在写给米尔德里德·明特恩的信中讲述的主要是与老友们的联欢,充斥着订婚、结婚消息以及其他闲言碎语的聚会。[24] 她会抱怨说:"我的亲姐妹,你已在有趣的圈子里生活了那么久,大概已经忘记在这里遇到一个能聊天的人有多不容易了吧。我真想好好听听那些令人愉快的交谈。"不过,她在下一句话中就开始讲述她最近几轮访客以及他们"关于生活、女人和西部等等事物"的那些"非常令人满意的"闲聊。最令她兴奋的是布林莫尔朋友们的来访:她可以和这些人共度"愉悦的校园时光"。[25] 对弗朗西丝来说,"令人愉快的交谈"显然不包括家长里短的琐事。有一回她和勒尼德从纽约州北部地区度假归来,她告诉米尔德里德,那里的大部分"女性同胞"都"令人生厌":"有一天,当我正和两个那里的女人步行……去高尔夫俱乐部的时候,一种厌烦至极的可怕感觉向我袭来,交谈内容简直一刻不离佣人、孩子和家庭琐事。让自己感到厌烦是一种邪恶的放纵,但我还是妥协了。那里没什么可供谈论的书籍,也没什么风景。"[26]

然而,与婚前相比,婚后的弗朗西丝也并未对系统性学习或是事业追求展现出更大决心。订婚期间勒尼德曾向她建议:"何不向吉丁斯(Giddings,从布林莫尔转至哥伦比亚大学的社会学家)或哥伦比亚大学大概打听一下博士课程?"但没有迹象表明弗朗西丝曾在任何时候采纳过这个建议。实际上,弗朗西丝在 1904 年末已经怀上了玛丽·德肖恩;5 年间 3 个孩子的出生以及母乳喂养的决定已让弗朗西丝非常忙碌。不过,即便在充裕的家政工支持足以令她拥有闲暇的时候,她也无法让自己保持阅读习惯。她一如既往地告诉米尔德里德:"我觉得要像样地读个书实在太难了。"[27] 她许诺要实施一个更规律的阅读计划,然后又一次未能付诸实践:"我能够用来阅读的闲暇已经越来越少了,所以我考虑按[威廉·]詹姆斯说的方法进行品格练习,也就是每天阅读两小时。"[28]

弗朗西丝也并未坚持参与社会或政治事务。在 1904 年总统大选期间,她告诉米尔德里德:"我多么希望我们能够为了这个实验去投票并参与其中。"[29] 但在此后 10 年,她并未对女性参政权运动表现出更大的兴趣。只有一个社会项目引起了她的注意:她开始在一所面向贫困儿童的职业学校里表现积极。她表示:"男孩们的工作真的很好,这也是一个谋生的技能,以及一份不错的令人兴奋的工作。女孩们(共有 27 个)在女帽制作上做得很不错。我觉得绘画就是浪费时间了。"校长对女孩的发展缺乏兴趣,而弗朗西丝则主张男女分院的合并;她表示,尽管此事"极为必要",但也"非常敏感"。[30] 职业学校的事务令她维持了几年的兴趣,她帮助实现了男女分部的合并。[31] 此外,她对她的学院校友事务也颇感兴趣。她曾向米尔德里德提及某次布林莫尔校友在纽约市的晚宴,还画了张显示每人座次的图表，但她批评了凯丽·托马斯的演讲，称其为"我听过的她的演讲里最乏味的一次"："我觉得她退步了，因为她发表了几番言论，比如'布林莫尔是现有的唯一一所女性担任校长，而男性只能担任其下属的学院'等等。这也许并非刻意自夸，但考虑到有些男性正是因为不想在托马斯小姐手下工作而越来越反感来布林莫尔，谈论这一点并非明智之举。"[32] 1918 年 6 月，弗朗西丝被当选为校友理事。[33]

　　1905 年到 1908 年间在基斯科山度过的夏日时光一开始还是令弗朗西丝挺满意的。卢莉·巴罗·杰伊是一位令人愉快的老友，而更重要的是，附近就是米尔德里德·明特恩的小别墅，这令她心存期待，盼着两人重温旧日布林莫尔的愉快交谈和互相念书。但令弗朗西丝大失所望的是，事实证明，米尔德里德来基斯科山这件事只是愿望而非现实。1903 年秋，伴随着"又一次旧病复发"，米尔德里德奉母亲之命去了法国——这是她自汉德夫妇结婚之后所承受的又一轮神经衰弱——她在法国恢复了不少，从而能够全身心地投入对法国的社会主义、合作社和劳工环境的研究。[34] 在法国的这两年，米尔德里德与弗朗西丝通信频繁，但弗朗西丝总是不及时回信的一方，时常要为自己的迟复致歉。显然，她思念米尔德里德，并渴望她的陪伴。"我好想再见到你。你什么时候回来？"；"我好想念那些花花草草。你要是在你的那栋基斯科山的小房子里就好了"；在到访基斯科山时，瞥见米尔德里德的"小房子"，"只见烟囱里冒出袅袅烟气，这让我太想家了，我没能走近它"；"不知道我们何时才能再住一块儿"；"你什么时候回美国？"；"我希望你能在这里，跟我躺在一块儿读诗。你记得吗？ 总有一天我们又可以在一起，过上一段美好的时光，亲姐妹"；"我觉得我没法忍受你远在异国他乡的又一个冬天，我感觉仿佛你正与我渐行渐远……我希望我们不会再被分开那么久。我好想见到你。"[35]

　　这些恳求促使米尔德里德计划 1905 年初秋在基斯科山长期逗留。弗朗西丝的精神大为振作："在不远的将来，我俩都各自安居在我们在基斯科山的那两栋可爱的小房子里，那真是完美。亲爱的姐妹，我只希望我们能在一个屋檐下真正地交谈。"虽然弗朗西丝像勒尼德一样觉得初生的大女儿令人欢喜,育儿的琐事和日常社交的乏味还是给她蒙上了阴影。她对米尔德里德说:"我的'旅游癖'突然发作了,感觉只要稍加鼓励我就会出发了。"即便婴儿亟需照料,她依旧以惊人的频率离家去看望朋友。弗朗西丝和卢莉·杰伊曾抽时间到波士顿待了 5 天"换换环境"。勒尼德律所事务繁忙,但还是会设法让她高兴起来。弗朗西丝告诉米尔德里德,当他认为她"可能情绪'低落'"时,就会给她送来"许多可爱的玫瑰花……他很贴心对吧?"[36]

弗朗西丝也许在米尔德里德重返美国这件事上期待过度了,她甚至以此来缓解自己的焦躁情绪。当米尔德里德到来的日子临近,弗朗西丝写道:"亲爱的姐妹,我打心底地渴望见到你,一想到我们的再次会面,我就会感到一种奇妙的兴奋和愉快。"她一直在观察"这里的两个亲姐妹般的朋友,"这两个年轻女人显然相互爱慕,"她们让我产生了思乡的情绪。她们脸上都带着满足的神情,手拉着手,带着为下午时光准备的茶篮和书走远了。"她补充道,"属于我们的时间就要来了,让我们把各自分开过的这两年时光合在一起。"[37]

米尔德里德的探访进行得很顺利:据她自己所述,她"在我的小房子里,和克莱恩、B① 和小玛丽,还有卢莉和她的三个孩子度过一个快乐的秋天"。[38]但是,到了 1905 年 11 月中旬,她还是决定自己必须回法国待一段时间。弗朗西丝以为米尔德里德会马上归来,遂不耐烦地等待着。她尽管说着生活终于开始"充满乐趣",以及她和勒尼德很快就会搬进他们买在东六十五街的房子,她还是暗示说,只有米尔德里德回到基斯科山定居,她的人生才能完整。[39]米尔德里德将归来的日期推迟了一个月又一个月,弗朗西丝遂反复提醒她:"你要是能再回来就好了。"[40]

1906 年夏,米尔德里德的信中出现了可能令弗朗西丝希望破灭的苗头。那年春天,米尔德里德在新朋友的家中遇见了一位年轻的英国人。亚瑟·H. 斯科特(Arthur H. Scott)看起来"聪明、高尚、英俊又有魅力";从一开始,米尔德里德就认为他可能"会是亚历山大·奥古斯都"

---

① 即勒尼德·汉德。——译者注

(她臆想出来朋友式丈夫和情人式丈夫)。他尽管与她年纪相仿,但看起来比她年轻好几岁,[41] 而且正为管理一所英式寄宿制男校而在法国各省忙得不可开交,几个月来一直在结婚问题上踯躅不前的米尔德里德有时会为自己对这样的人心存浪漫幻想而自责。她反复试图通过全心投入工作,特别是努力写书,来消除这些想法。但有时她又担心,如果不结婚,她就会放弃最后一次得到热情和幸福的机会。[42]

弗朗西丝怀着忐忑不安的心情关注着米尔德里德的情感挣扎。有一次,她"带着一阵令人战栗的不安"打开了米尔德里德的一封信,她担心"你即将告诉我,你已经计划好了你和[斯科特]的未来"。而当某一封信流露出米尔德里德倾向于不婚时,弗朗西丝则表示"如释重负":"我感觉你好像已经回到了我身边。"9月初,米尔德里德一反常态地没了动静,这令弗朗西丝再次慌了神:"我的脑海中不时浮现出一种不祥的预感:沉默意味着你正在为[斯科特]或某个未知事物而挣扎!"现在,她在提及原本期待的两人在基斯科山的重聚和定居时,已明显语气犹疑:"我们还能再次重逢,并肩生活在一起吗?为此我还指望着基斯科山呢。"[43]

弗朗西丝的担心不无理由。米尔德里德当时正和她的母亲在英格兰,两人住在伯特兰·罗素家附近的一间小别墅里,她写给弗朗西丝的一封信此时正在半路上,而在这封信中,米尔德里德向弗朗西丝保证,她"毫不认为有任何人能让我抛下你"。然而,她承认,"冲动"又一次"涌上心头"——这就是她对亚瑟·斯科特的倾慕之心:"有时候我会想,如果趁着真正的危险还未发生,现在就快刀斩乱麻并跑开是否是最明智的决定?我能轻而易举地做到!"她母亲让她邀请斯科特共度9月的某个周末,而米尔德里德认为"因为期盼感情降临并带来未知的影响,而要用如此重要的事情去冒险,这可能太过鲁莽了"。风险可能并不存在,但"我还是担心有这样的风险"。尽管很想"在月末与妈妈一起逃离此地",但她最终还是决定冒险再见他一次。她猜测,如果她逃跑了,"从此以后便再也不会为任何人心动,终日过着乏味的老处女生活,我想我还是会后悔的。给对方一个机会也许不是个坏主意。可是——哦,亲爱

的姐妹,我多希望你在这儿".[44]

1906 年 9 月初,米尔德里德将斯科特周末造访的情况告诉了弗朗西丝。去年秋天在基斯科山逗留时,她曾答应弗朗西丝,就算要结婚她也必定会先回家一趟;而现在,尽管尚无定论,她还是对最新情况作出了一番解释:"[亚瑟·斯科特和我]一起散步和驾车出行,整天聊个不停,亲爱的⋯⋯我希望你能让我从那个基斯科山的约定中解脱出来⋯⋯最亲爱的小朋友,我还没有决定心意,可如果我要作出决定,我必须得拥有这样做的自由才行。亲姐妹,他非常珍贵,非常好,我觉得他很有魅力。"尽管如此,"天平也许会向家那一边倾斜。我还不知道"。米尔德丽德称自己"极为挣扎",但她的倾向在弗朗西丝看来已经异常明显了:"他是个四海为家的人,所以不太能理解我对离开美国会有什么感受。这里没人能明白。我心爱的朋友,在我对美国的感情中,你是如此重要的一部分,无论是多么富有同情心的旁人都很难理解这种感情罢。唉,亲姐妹,也许我这个快乐的老处女会回来的,回到你和玛丽身边,回到我们的小房子,回到我们乡间的慢跑小径和晨读时光。"[45]

弗朗西丝此时正怀着次女,[46] 她在两周后收到米尔德里德的来信,旋即回复道:

> 这让我心情沉重,怅然若失,当然这一切都是私心使然。至于你,亲爱的,如果你已确定心意并找到白马王子,我只会感到高兴。结婚是多么幸福的事啊,人们都会渴望与至爱之人结为连理。昨天一整天我都无法思考别的事情,当我路过那个小别墅时,我感到如鲠在喉。世事难料啊。亲姐妹,我将忐忑不安地等着你的下一封信——别让我等太久。

她还给这封信添了一个附言,致"最亲爱的人",署名"你至爱的亲姐妹":"我非常爱你,而昨晚在'群星闪耀的苍穹之下',我感到我的生命中不能没有你。"[47]

但她还是失去了米尔德里德。尽管米尔德里德直到最后一刻还在犹豫要不要与斯科特结婚,她终归还是无法"面对一个人回到美国并且再也见不到他的想法"。对此事的"复杂之处"毫不知情的伯特兰·罗素劝她"放手去做"。而亚瑟·斯科特则提出了求婚。在 9 月 25 日,他们"终于迈出了这一步,将消息公之于众",米尔德里德向弗朗西丝发了封电报以传达这一消息。她和斯科特决定在 3 周后,也就是 10 月份结婚,而米尔德里德也终于可以在她的日记中写道:"我非常满足。"[48]

那天晚上,在基斯科山那个小小的花房里,弗朗西丝坐在炉火边,"外面一片漆黑,空气清冽,这一切曾令我们为了炉火而欢欣雀跃,"她向米尔德里德描绘着自己的悲伤:

> 亲姐妹,你不知道,自从收到你的电报,我的生活发生了怎样的改变。每一次驾车出行,白天的每一个小时,都会让我想起我们曾计划一起在这里度过的时光……我想到了没有你的那些年。我知道你在我结婚的时候是什么感受,但只要你生活在这里,我就很高兴了。亲姐妹,这些都是自私的哀鸣,无论如何我都该为你高兴的,因为婚姻的快乐会令人把握住生命之泉,而我希望你也能把握住它。但毕竟,我们拥有的这种友谊是如此珍贵,这让分离变得实难承受。自从我结婚生子以来,我变得比从前更在乎亲爱的你。为了美好的回忆①,今晚我将读一首小诗,但不知为何,我的眼中已泪水满盈。[49]

米尔德里德留在欧洲的决定令基斯科山对弗朗西丝的吸引力大为消减,她在基斯科山的余下时光都在为米尔德里德的缺席而忧伤不已。大约两年后,她写道:"哦,亲姐妹,我真希望你和我一起在这儿。现在是晚上,我一个人。这种场景总是让我想起你,真希望你就在身边,我们可以读书、聊天,直到我们睡去。"[50] 那时,米尔德里德已经怀上了自己的孩子。

---

① 此处原文为法文,"pour le bon souvenir",意为"为了美好的回忆"。——译者注

弗朗西丝早已感到焦躁和倦怠,这也是促使她决定迁往新罕布什尔州的原因之一。基斯科山正被"蜂拥而至的富有新婚夫妇"和"无趣的年轻已婚人士"所淹没,[51] 这让她愈加想要逃离充满竞争压力的纽约市生活中"人们那苦苦挣扎的脾性"。她认为,所有对世俗成就的争夺,"为了成功而竭尽全力,容易让生活在其他方面陷于荒芜,荒芜到令人觉得这是错误的"。她显然更喜欢简单一些的生活:她热爱自然的平和,甚至调侃过"关于贫穷的古老理想主义":"解脱物质的留恋,保全不受贿赂的灵魂,养成更丈夫气的不在乎态度,用我们是什么或做什么而不用我有什么的资格来付我们前进的路费,在任何时刻随随便便扔掉我们的生命——比较更具运动家的风度,简言之,在道德上奋斗的姿态,等等①"。[52]

她讲这些话的时候并没有当真。毕竟,她很享受自己舒适的住所、家政工,以及免受财务压力的自由。但她的不满也是真切的:她渴望简单。她的丈夫爱她,不过分重视物质享受,喜欢他们的孩子,和小孩儿一起在地板上打滚时还会发挥自己在模仿和设计游戏方面的天赋。然而,在基斯科山和曼哈顿,她被越来越多"苦苦挣扎"的人们所包围。而勒尼德也一样沉浸在世俗成就的索求之中,"为了成功而竭尽全力"。在夏天,他会尽可能多去基斯科山,而全家人在纽约的时候,他会在大多数夜晚陪伴她和孩子们。可他仍然感到紧迫和不安,并极为努力地工作。这使他几乎没有时间与弗朗西丝长足漫步,互相大声念诗和散文,而弗

----

① 此处为援引威廉·詹姆士在《宗教经验之种种》(*The Varieties of Religious Experience*)中关于贫穷的论述:"特别在我们英语民族之中,必须再大胆歌颂贫穷。我们变成了当真怕贫穷了。我们对于任何自愿贫穷以求他自己的内心生活简单化并求得救度的人加以轻视。假如他不与挣钱的市侩共做广泛的夺取和喘息,我们以为他是没有精神并没有志气。我们就是想象古人以贫穷为理想有何意义也不能,这意义是:解脱物质的留恋,保全不受贿赂的灵魂,养成更丈夫气的不在乎态度,用我们是什么或做什么而不用我有什么的资格来付我们前进的路费,在任何时刻随随便便扔掉我们的生命——比较更具运动家的风度,简言之,在道德上奋斗的姿态。到了我们所谓优秀分子见到物质上的丑陋和艰苦就害怕,比从前人都怕得更厉害,到了我们延宕不结婚,等等till能够将我们的房屋弄得华美,并且一想到有个儿女没有银行存款而必须做苦工,就战栗,这是有思想的人应该反抗这种太不丈夫并太反宗教的意见的时候了。"参见[美]威廉·詹姆士著:《宗教经验之种种》,唐钺译,商务印书馆2002年版,第361页。——译者注

朗西丝对此感到不满。

她渴望更大的精神满足,也因此更为不满。她最开始怀疑自己怀上小弗朗西丝的时候曾告诉米尔德里德:"虽说召唤孩子来到这个世界是一件相当隆重的事。但我越来越觉得,我们并没有多少信念[和]信仰可以传递给我们的孩子。"尽管并不比勒尼德虔诚多少,有一段时间她还开始去教堂,"去聆听……一个专门思考精神层面问题的人发言"。她向米尔德里德坦陈:"我开始觉得,我们这些有着自由思想的人,极为缺乏能够参与其中并给予我们精神养分的仪式。"[53]

在这些情绪的驱使之下,弗朗西丝希望勒尼德同意将康沃尔作为避暑之地,放弃基斯科山。勒尼德远没有她那样热衷此事,他劝她慢点儿作决定:"如果你强烈觉得非这么做不可,我当然也想让你得偿所愿,但我必须承认……每年夏天都得盼着赶赴[康沃尔],这对我来说是个沉重打击。我实在不觉得你理解我的真实感受。"[54] 令他不情不愿的一个主要原因,是新罕布什尔路途遥远,但更重要的是,他感到自己正在失去她的陪伴。

康沃尔对弗朗西丝的吸引力是显而易见的。那里有她和勒尼德的朋友鲁布利、丘吉尔、普拉茨和利特尔几对夫妇,还有她的同班同学弗朗西丝·阿诺德,社交圈子充满活力;康沃尔那优美非凡的景致更是具有强大的吸引力。但最关键的是,在汉德夫妇搬到康沃尔后不久,弗朗西丝结交到了一位亲密的朋友,而这位朋友取代了米尔德里德·明特恩在她生命中的位置。

这位新朋友就是路易·道(Louis Dow),他是附近汉诺威的达特茅斯学院的法语教授。道比勒尼德年长 1 岁,高大英俊,机智敏捷,性情温和,有着学者的头脑。[55] 汉德夫妇刚开始在康沃尔消夏的时候,他已是此地社交圈的一员了。道和汉德夫妇很快成为好朋友。汉德夫妇在康沃尔消夏的第一年夏末,道和勒尼德就已在通信中亲密地直呼"亲爱的'B'"和"我亲爱的路易"了。[56] 起初,道和他的妻子丽贝卡(Rebecca)共同生活;在 1912 年和 1913 年,丽贝卡患上了精神疾病,此后便在精神病院度过了余生。[57]

1913 年,道开始了他单身汉般的生活,他为孤独而悲叹不已,同时开始花更多的时间与汉德夫妇待在一起。比如,在 1913 年 10 月,弗朗西丝和她的三个小女儿在汉诺威拜访了道,道告诉勒尼德"我们度过了美好时光"——"从早到晚都洋溢着欢声笑语。我从未如此尽兴"。[58] 到了 1914 年,道和汉德夫妇之间的关系已变得相当密切,汉德家五岁的小女儿康斯坦斯甚至和道一起在汉诺威度过了好几个星期。[59] 彼时,道对于"[他妻子的]康复几乎已经不抱希望",[60] 并开始花大量时间相伴弗朗西丝的左右。自 1917 年至 1919 年,当弗朗西丝住在康沃尔的"浅园"①时,他就是那里的常客;汉德的孩子们管他叫"路易叔叔",弗朗西丝有时也会这么叫他。

几年间,弗朗西丝在康沃尔逗留的时间越变越长——她延长了夏天的度假时间,秋天也常常过去,有时冬天也会临时跑去那里——她与勒尼德在婚姻中的紧张关系也在加剧。她在寄给他的很多封信中,通常只会漫不经心地写些日常生活的流水账,而不会像他那样在信中大段大段地倾吐他特有的那些思绪和情感。(她这 60 多年来写给勒尼德的信,几乎没有一封能够在长度或深度上与她写给米尔德里德·明特恩的信相媲美。)勒尼德显然十分渴望见到她的爱意流露[61],这类话语早年还散见于她的信中,但现在已变得十分稀有,而且其间通常还夹带着日常琐事,例如,她曾写道:"告诉我……你依然深情地惦念着我,顺便说一句,基斯科山电话公司对我们冬天的电话费用有何安排。他们同意降费吗,降多少?"[62]

1911 年,弗朗西丝和孩子们一起去了欧洲,勒尼德告诉她,尽管他为她的旅行感到高兴,即便给她写信有着"一种恋爱般的乐趣",但因为他爱她爱得"如此深沉",他对她的离开,以及自己无法与她相伴而感到

---

① 浅园(Low Court),汉德夫妇对他们在康沃尔住所的称呼,参见 Griffith, Kathryn (1973), *Judge Learned Hand and the Role of the Federal Judiciary*, Norman: Oklahoma University Press, p7。——译者注

不满。他说自己的信写得"毫无责任感",借此含蓄地批评她写的信,"但我是出于某种渴求之情而写下这些信的,仿佛我只能通过这种方式接近你,别无他法。"他再次表达了10年前两人订婚之时他最大的心愿:"我真想找些好书,躺在草地之上旷野之中,大声念给你听。"[63]

然而,自从路易·道成为康沃尔的常客,勒尼德的这个与弗朗西丝一起待在乡间的心愿很多时候却是由道来实现的。弗朗西丝几乎在每一封给丈夫的信中都会提到道——和他一起长足漫步、野餐、骑马和驾车出游,特别是一起学习和阅读法语。她会很自然地提及路易斯在"浅园"过夜或吃饭的事。[64]

路易·道和弗朗西丝·汉德之间的关系难免令人侧目,而且必然引起了勒尼德的嫉妒和无奈之感。1917年至1919年是两人关系最紧张的时期,在此期间,尽管勒尼德极不情愿,弗朗西丝已预备买下康沃尔的房子。举例来说,1918年夏,勒尼德大部分时间都独自一人待在纽约市,他一如既往地努力完成地区法院的工作,并写信给她说,"你无法想象"他有多喜欢收到她的来信,但他并不真正感到"满足",因为"我愈发思念你了。"他也会表示歉意,自己的信"没有对你诉说任何体己的话语,只有些每日见闻的惯常交流,毫无意义,或者说几乎毫无意义"[65]——实际上,这些描述用来形容她的信才更为恰当。

　　　我希望我们能有办法多见见面。这些匆忙的旅行和城里的人山人海真叫人不满意。我感觉仿佛时光在流逝,而我们却没有留下什么值得珍视的记忆。我想这主要是我的错,在明明可以平静下来沉醉其中的地方,我却这样心事重重而又匆匆忙忙。

他想"纠正"两人长期分隔两地的现状,但又怀疑他们是否能做到:"我们能做到吗? 我不确定。我们应该这样做吗? 我不这么认为。"[66] 尽管弗朗西丝的信中偶尔会重现些亲昵字眼,但这些文字的语气却始终淡漠而疏离。

　　路易·道肯定没有公然促成弗朗西丝与勒尼德之间的疏远。勒尼德需要确保自己在弗朗西丝生活中的重要地位能够持续，而在这一点上，道甚至比弗朗西丝还要敏感。他给勒尼德的书信尽是对孩子们一举一动的详尽描述，语气如同一位慈爱的叔叔，或是一位细心的家庭教师。道会倾听孩子们的问题，给他们提供建议，送他们很多礼物，并且总是尊重勒尼德在家庭中的角色。[67] 而每当弗朗西丝和路易斯在没有勒尼德的情况下一同出国旅行时（他们曾数次如此行事，比如在 1930 年和 1939 年），是路易斯，而非弗朗西丝，更为敏感地向勒尼德保证他们不会在生活中遗忘勒尼德的位置。[68] 此外，路易斯曾多次向勒尼德致谢，感谢他在自己数次患病期间提供情感支持，并允许弗朗西丝在此期间前往康沃尔。[69]

　　不过，弗朗西丝如此频繁地赶赴康沃尔并待上这么久，绝非仅是为了路易·道的陪伴。她对乡村有着真切的渴望，并且的确在那里振奋了起来：遗世独立的环境和户外劳作的乐趣，给她带来的不仅是身体，更是精神上的满足感，"这里很美，宁静大自然中的简单生活有益精神！"；"我确实喜欢这种简单的生活。我喜欢劳作"[70]——在那几年，她的信中反复出现这样的话语。乡村生活让她能够亲手照料她的花园或打扫房屋，并令她有机会阅读和安静思考。乡村充分调动起了她的感官，令她为美景而欢欣雀跃："这真是太美了，苹果花刚刚开放，草地一片翠绿，空气中弥漫着丁香花和紫罗兰怡人的花香，然后还有远处蓝色的意大利地貌①。"[71] 有一次，她告诉勒尼德，她在草地中穿行，

　　　　我热坏了，然后在没人的地方，我脱下一件又一件衣服，脱到最后只剩帽子和袜子，然后满心欢喜地散起了步。别告诉任何人，因为这事听起来挺傻气的……但这着实令人愉快，我能真切地领会到大自然的生活乐趣。[72]

---

　　① 此处应指康涅狄格河谷（Connecticut River Valley）及佛蒙特州的阿斯卡特尼山（Mount Ascutney）一带的地形，此处被认为与意大利地貌极为相似。——译者注

偶尔,她会继续表示自己渴望更传统的精神上的满足。她曾写道:"孤身一人面对宇宙才是难事";有一阵子,她决定在早餐时间定时读两章圣经。[73] 但她更多时候其实是在和路易·道一起大声朗读法文小说,从阿纳托尔·法朗士(Anatole France)的作品到罗曼·罗兰(Romain Rolland)的《约翰·克利斯朵夫》。[74] 不过,她最重要的精神食粮,还是园艺、骑马,在小河里游泳以及其他体育活动。正如 1920 年,44 岁的她惊呼:"在我这个年纪还这么喜欢体育活动,挺荒唐的不是吗?"[75]

勒尼德·汉德孤身一人且通常毫无怨言地待在纽约市,他很难理解她对乡村生活的迷恋。他会取笑她,"我想到你在那高山上叩问自己的灵魂,心头就涌上一片深情。"[76] 而在其他时候,他会表示自己担心她全身心投入大自然而显得过于避世:"有时……我担心你会变得孤僻消极——你渴望远离除少数几人外的其他所有世人。如果你觉得这样真的适合自己,那当然无妨,但我有时认为,有些人几乎是在不知不觉间接受了这些事,而未能好好估量这种避世生活所带来的变化。"[77] 然而,弗朗西丝向他保证,她是快乐的——她"辛辛苦苦干了一上午的家务和园艺。我喜欢这样",以及"我肯定越来越喜欢简单的事物了"。[78] 1919 年夏,她将自己在康沃尔的逗留时间延长到了 10 月,兴致丝毫不减。她说,她和雕塑家弗朗西丝·格兰姆斯(Frances Grimes)以及路易·道一起去野餐,大声给彼此朗读作品,直到下起雨来。她度过了"一段完美而又极其愉快的时光";"快乐得像一只猫"。[79] 她最大的愿望,就是按照她"想要的"方式生活。

与弗朗西丝长期分隔两地令勒尼德十分困扰。他为她写下冗长的书信抒发爱意与钦慕之情,只在极少情况下流露出隐晦的微词。有一次,她回复道:"我想我是被你的宽厚所影响了——虽然我这辈子从未做过什么我不想做的事情。"[80] 她对自我满足和内心平静的追求有时会伤害到他,因为她总会在信中不自觉地描述她独自一人在大自然中的惬意时光,或是她和朋友们——特别是路易——一起阅读、野餐、骑马和驾车的经历。[81] 路易·道在弗朗西丝生活中的重要地位,只会让勒尼德那时常脆弱不堪的自尊受到伤害。

　　道对弗朗西丝的定期造访也令她在康沃尔的朋友们颇为担忧。一直未婚(并且可能倾心于道)的弗朗西丝·阿诺德曾对她说,道常在浅园用餐,而席间让道而非汉德的大女儿坐在桌子的首席,这在台面上以及事实上都不合礼数。而据弗朗西丝·阿诺德称,弗朗西丝·汉德的回应是,她有权遵从自己的内心信条以自己的方式生活:"我这辈子从未做过什么我不想做的事情。"她想让客人坐在哪里就坐在哪里,如果因为家里有个单身男子而引人侧目,她也不会为了取悦他人而屈从,与这个男人断绝往来。她没有什么自感不道德或内疚的事情,她也不会因为无端的流言蜚语改变自己的生活方式;大家必须接受她的选择和她本来的样子。[82]

　　尽管有人曾臆测弗朗西丝·汉德和路易·道格是情人关系,但并无证据表明他们曾经发生过肉体关系。[83]勒尼德自己从未就这一点说过什么,唯一可以肯定的是,他对她极为依赖,并因此持续着婚姻关系。尽管如此,对面子的担忧和对时常中断的婚姻生活的不满,最终还是促使他对弗朗西丝的长期缺席发出质问。从他们通信的语气中可以明显看出,他恳求她能花更多时间和他在一起,这些话却被当成了耳旁风。弗朗西丝回应勒尼德的方式在本质上很可能跟她回应弗朗西丝·阿诺德的时候差不多:她问心无愧,康沃尔的生活令她感到极为满足和快乐,她并不准备改变现状。勒尼德接受了她的决定,默许了她的愿望,尽管他重复不断地提到自己非常需要妻子,并经常告诉她和旁人,如果没有她,自己就会成为一个神经质且郁郁寡欢的失败者。因为害怕失去她和被抛弃,他显然同意了不妨碍弗朗西丝继续享有她在康沃尔的生活方式,即使有时自己无法同她在一起。他接受了路易·道在她生活中的重要地位,即使他已许诺会挤出更多时间陪伴她。

　　勒尼德与路易·道一直持续着友谊和书信往来,直至后者于1944年去世。勒尼德写给妻子的书信则变得饱含歉意,他自责早些年没能更好地理解她,并曾试图对她施加过多限制。在一个以愧疚为主旋律的家庭中成长起来的汉德,现在找到了新的方式来为婚姻中存在的不足之处而道歉,他理解这些不足都应归责于自己,而不是她。因此,即便身处危机之中,他仍向弗朗西丝写道:"你知道吗,你的信能让我感受到自己对你来说有多么珍贵,这让我心满意足,如果必要的话我几乎情愿容忍你的一切。无论什么事我都会相信你。"[84] 尽管希望"我们能有办法多见见面",但他还是说,"我想这主要是我的错"。[85] 有时,他会表示自己对她感到困惑:"有时我觉得很难达到你的期许;有时我觉得我理解你,然后又会产生怀疑。"[86] 但除此之外,他在信中(尤其是在写给她的长长的生日贺信中)反复提及的,还是他决心作出必要的调整,和承认自己的不足之处。

勒尼德的信件表明,他只是顺应了这种妻子多数时间都与另一个男人待在一起的处境。他显然已经相信,无论旁人会怎么想,放手让弗朗西丝在康沃尔想待多久待多久的代价是值得的,因为这样,她至少还会有一些时间可以待在他的身边;他无法面对完全失去她的可能。但他偶尔也会向密友透露其处境之艰难。他曾对一位老相识说道,"我不知道自己能否承受这些",而闻者认为此话所指的正是他与弗朗西丝之间的处境。但他仍继续将责任归咎于自己。1919 年,当她正在康沃尔度过那年秋天的时候,他写道:

> 回想起来,我们在一起的这些年,缺失了太多我们本可拥有的那些快乐时光。我为我们早年的许多事情感到自责,当你想要的东西以及你选择自己生活方式的权利与我相异时,我就对他们视而不见、无动于衷。如果我对那些最终不过是徒劳无功的事情不那么雄心勃勃,我就不会如此忽视你的需求了。
>
> 你意识到了你想要的是什么,如果和另一个伴侣在一起,你本可以拥有能够回味余生的经历。然而,你从我身上得不到什么宝贵的东西,只有我对于如何处世的担忧和焦虑,以及想要有一番成就的虚伪责任感。不管是什么,我不会去诋毁,但

我觉得自己从未想过,"好的生活"①"高尚地操持闲暇"②的目标是与之对立的……我相信我已经理解了你遵循自己生活方式的权利,我想我已经学会了不再像早年那样束缚你。[87]

1923 年,在她 47 岁生日之际,他同样如此写道:

前几天我一直在思考我们的开始,我相信自己原本可以做得更好。说实在话,我早年太疏于思考你和你想要的东西了。大多数女性……并不能适应我这种神经质的阴晴不定。我常想,有多少在我看来是道德上、责任上(或者随便你想怎么表述)所必需的东西,其实不过是一种变相的利己主义。说到这里,我觉得总有一种奇怪的感觉,就是有种躲不开的冲动,让我不得不屈从。[88]

①　此处"好的生活"(good life)是一个哲学术语,指一个人想要的生活。——译者注

②　此处"高尚地操持闲暇"("The noble employment of leisure")应为援引亚里士多德就"闲暇"的相关论述。可参见亚里士多德著作《政治学》第八章中有关"闲暇"的讨论:"我们全部生活目的应是操持闲暇","勤劳和闲暇的确都是必须的;但这也是确实的,闲暇比勤劳更为高尚,而人生之所以不惜繁忙,其目的正是在获致闲暇","闲暇自有其内在的愉悦与快乐和人生的幸福境界;这些内在的快乐只有闲暇的人才能体会"。——译者注

第五章

政治热情的巅峰:赫伯特·克罗利、西奥多·罗斯福与进步时代

出任地区法院法官的汉德信心渐增,他告诉赫伯特·克罗利(Herbert Croly),审判工作是一味"麻醉剂"。[1]这番形容一语双关,暗指掌握艰深难懂的联邦法院专业技能令他沉迷而又麻木的双重影响。而这份工作的智识刺激,亦令他意欲尝试那些法律之外且更为自由的智识及个人挑战。

汉德又一次投身社会、经济和政治活动,并在其中找到了这样的挑战。他过去对国家大事不过只有一时兴趣,如今却转变为一腔热血——为劳工争取适宜的工作环境,遏制经济权力集中的滥用,以及反对司法阻碍立法改革这一首要议题。他也成了进步派的代表人物,协助筹备了《新共和》杂志,并(通常以匿名形式)为其撰写评论文章。这是他有生以来头一回作为一名忠实信徒,投身于"新国家主义"和进步事业。

在这些年,汉德如何参与政治议题,其程度为何?是什么激励了他?他又是如何调和自己的政治参与和法官行为适当性原则的呢?

汉德对于美国政治的兴趣与他的朋友们密不可分,在就任法官的头几年里,他最重要的朋友就是后来创办《新共和》的政治评论家赫伯特·克罗利。1908年夏,汉德在康沃尔与克罗利建立起了密切而又热络的交往;许多人觉得克罗利避世、害羞且极难交流,但汉德发现他这个人其实挺有意思;他们一起在林间漫步,打网球和高尔夫球,花大把时间闲聊。据费利克斯·法兰克福特回忆:"[克罗利]在众人面前挺拘谨

的,但他私下里跟人单独在一起的时候其实很健谈。"[2]

他们在很多地方有着相似之处。跟汉德一样,克罗利也来自富裕的中上阶层家庭,不过他的祖先在美国土地上扎根的时间没有汉德家那么长。克罗利的父亲戴维·古德曼·克罗利(David Goodman Croly)是一位在新闻行业卓有成就的爱尔兰移民;他的母亲简·坎宁安·克罗利(Jane Cunningham Croly),一位英国牧师的女儿,则有着更为非凡的魄力,成了美国第一位全职女性报社工作者。戴维·克罗利和简·克罗利夫妇是实证主义在美国的主要倡导者,即奥古斯特·孔德(Auguste Comte)所称之科学的"人性宗教"。

然而,与勒尼德·汉德一样,赫伯特·克罗利在成长中也极度缺乏安全感。他的母亲因忙于事业而几乎没有时间陪伴孩子们。相比之下,他的父亲则花了很多年的时间,将自己在生命、宗教和理性的力量等方面不同寻常的观点反复灌输给儿子,这些观点也在赫伯特·克罗利的许多著作中有所呼应(他将他最著名的书《美国生活的希望》献给了他的父亲),这对父子的关系远没有像汉德父子那么疏远,但父亲的形象与声望,同样成了儿子的榜样和焦虑之源。克罗利跟汉德一样就读于哈佛大学,他于1886年入学,比汉德要早3年。哈佛哲学家詹姆斯、罗伊斯和桑塔亚那同样对本科时期的克罗利产生了启迪心智的影响,令他拓展了新的学术眼界。而且与汉德一样,搬到哈佛也令克罗利得以摆脱家庭的影响:正如克罗利的一位朋友所言,哈佛在他身上引发了一场"深刻的精神危机……[一场]针对奥古斯特·孔德的反叛"。[3]但是,不同于在正常4年内读完哈佛本科的汉德,克罗利的哈佛学业经常因为自我怀疑和个人危机而中断:从1886年到1897年,他的求学生涯在这12年间一直时断时续。

汉德觉得他这位朋友身上最吸引人的地方在于,不同于其他同辈,克罗利正过着汉德在哈佛时曾梦寐以求的哲学家的生活。在汉德1908年初遇克罗利时,克罗利已经娶了一个富有的女人,在康沃尔定居,并放弃了他在《建筑实录》①的那份稳定的编辑工作,从而得以全神贯注地投

————————

① 《建筑实录》为美国著名建筑杂志月刊,于1891年创刊。——译者注

入《美国生活的希望》的写作中。

　　这本书在一定程度上是对美国历史的概述，亦关乎哲学，还是一个政治改革的系统性规划。但首先，这是一本关乎重要议题的充满思辨和忧患意识的书，而克罗利这位充满思辨和忧患意识的政治哲学家正对汉德的胃口。正如汉德在给克罗利的信中所说：

　　　　很高兴能找到这样一个人，而且我认为你几乎是我所发现的唯一一个确实成功过上了我所憧憬的那种生活的人，我或许是因为意志薄弱而放弃了那种生活，但我亦无法断言放弃那种生活对我个人来讲就一定是不明智的。

　　汉德很快认识到，克罗利那启迪人心的言语和文字有助于防止自己求知热情的消退——先后在律所和法院的工作已令他的求知热情岌岌可危。1909 年 11 月初，克罗利的书出版不过几天，只当了 7 个月法官的汉德就告诉克罗利：“虽然对我而言这种生活很舒适，但说真的，在某种意义上，这种生活就是一种麻醉剂。我期望你的书能成为一种溴塞尔泽①，帮我清醒头脑。”[4] 1 年后他又说道，“我现在只为怎么解释法条和费力查明事实而阅读思考。我希望这能让我的头脑保持敏锐；这确实令我的头脑变得越来越狭隘了，我想敏锐也不过是狭隘的终极体现罢了。请千万不要放弃我，让我成为一个除了文字交流以外什么都不会的人。”[5]

　　汉德与克罗利几乎一见如故。自 1908 年夏的第一次相遇后，汉德一家在年终假期拜访了克罗利一家。赫伯特·克罗利和勒尼德·汉德从 1909 年开始频繁通信和见面，不仅在康沃尔郡，克罗利定期造访纽约时，两人也常在纽约见面。克罗利通常住在格拉梅西公园（Gramercy Park）的玩家俱乐部，但有时他会和朋友同住。很快，汉德就开始邀请克罗利到他和弗朗西丝的房子里留宿，而且只要有空就会和克罗利在市区

---

　　①　溴塞尔泽（Bromo-Seltzer）是一种抗酸剂，用于缓解胃灼热、胃部不适或胃酸过多引起的疼痛。——译者注

共进晚餐。

1909 年 11 月初,克罗利将他刚出版的《美国生活的希望》首印本寄给了汉德。汉德立刻情绪高涨。汉德家通常会有选择性地邀请客人共进晚餐,而向克罗利发出邀约的次数旋即大增。比如 12 月初,汉德提出了 1 周之内三个可供选择的晚餐日期,但他很快又补充道:"如果你可以,这三晚都过来吧。"他几乎从未向任何其他宾客说过这样的话。[6] 到了新年,为了向西奥多·罗斯福推荐克罗利的书,汉德一反常态地与罗斯福重修了原本不甚亲密的老友关系。汉德是第一个这样做的人;很快,罗斯福就将他在当时及不久后为了重返白宫而发起的 1912 年公麋党竞选活动中发表的政论里的许多观点归于克罗利。

克罗利在书中阐述的观点引发了汉德尤为强烈的共鸣。克罗利的书长达 450 多页,有的地方冗长且晦涩;他对改革的设想缺乏细节描述,偶尔还会陷入人性宗教的神秘领域(这是受大卫·古德曼·克罗利影响的痕迹,汉德对此并无耐心)。然而,这本书仍是在国家历史发展语境中审视 20 世纪美国面临之问题的一次卓越且务实的尝试。克罗利敏锐地认识到了工业化和经济力量集中所带来的变化,并且同汉德一样不信任陈旧规则和过时观念。他的显著成就在于,将历史分析置于实用主义哲学方法之中;通过这种方式,得以对当代社会、经济和政治问题进行极为精准的评述,并勾勒出一个解决问题的方案。虽然克罗利的多数想法确实是空中楼阁,但在他之前,尚没有人将这些想法如此系统而全面地整合在一起。

克罗利纵观美国历史所得出的核心结论呼应了汉德最强烈的政治信念:基于农业国家的小农场主和小商贩的杰斐逊式陈旧政治视角,不足以应对一个日益由大型企业主导的国民经济。克罗利的分析建基于美国政治理论中的一个核心争议:即主张强有力地行使国家权力的汉密尔顿派,与不信任所有政府,特别是中央集权政府的杰斐逊派之间的冲突。尽管克罗利支持更强大的国家权力,这一主张与汉密尔顿派大体相同,但他也赞扬了杰斐逊对民主的坚定承诺,并批评汉密尔顿只是将更强大的国家权力视为帮助富人的手段。他认为,联邦权力应当被用于更加民主和平等的目的；总之，他所主张的，是用汉密尔顿派的手段，来实现杰斐逊派的目的。他的建议包含对企业的公共管制以及对工会运动的公共支持，还有对工厂劳工、妇女和儿童的保护性立法。

《美国生活的希望》亦宣称，经济组织的巨大体量是工业发展的必然结果。克罗利跟汉德一样，无法忍受那些极力主张大公司会造成路易斯·布兰代斯所称之"巨头之祸"（curse of bigness），因此必须将其瓦解的人们。克罗利坚称，巨大体量往往意味着效率。他认为，在20世纪的美国，如果一项政治和经济政策试图让时光倒流至以小企业主为主的杰斐逊时代，那就是误入歧途。这种天真的杰斐逊主义推动了1890年《谢尔曼反托拉斯法》（Sherman Anti-Trust Act of 1890）①的出台，克罗利认为，该法案"解散托拉斯"的目标，及其引入的冗长而又复杂的审判程序，都是错误的。相反，克罗利主张对大公司进行国家调控。他在具体实施细节上语焉不详，但暗示说，相较非业内专业人士的法官和陪审团进行的特别裁判制度，一个能够监管整个行业的专家委员会将更为有效。

虽然克罗利对于社会议题的思考大体上比汉德更为成熟，但在顽固的司法机构（特别是最高法院的保守派大法官们）对进步运动的威胁这个问题上，汉德还是能够指导一下他这位朋友的。克罗利将宪法讨论视为律师们的专有领域，他不愿谈论自己不甚了解的议题；在《美国生活的希望》中，他对法律行业的评论十分简短。他承认，"改革运动"已经"引起了许多具有公益精神的律师们的注意"，而他熟识的那些律师——包括乔治·鲁布利和勒尼德·汉德——当然就属此类。但令他感到遗憾的是，"大多数杰出的美国律师并不是改革派。受过法律训练的头脑必然会倾向于极端保守"。此外，克罗利还指出，"最能干的美国律师已为特殊利益集团所雇佣"，而"美国法律行业从企业那里收取的律师费必然会加重其天然的盲目保守主义倾向"。在克罗利看来，只有"罔顾法

① 1890年，联邦国会参议员约翰·谢尔曼（John Sheman）和参议院其他共和党头面人物决定通过法律形式平息公众对托拉斯的愤怒情绪，避免垄断资本受到伤害，因此以谢尔曼的名字命名的反托拉斯法诞生，通称《谢尔曼反托拉斯法》。它规定："任何契约、任何企业的合并不能以托拉斯或其他类似形式出现"。——译者注

律界的反对", 才能实现美国政治体制的"彻底重构"。[7]

　　克罗利对洛克纳主义的评述则更为简短。汉德很清楚, 洛克纳案的法学理论威胁到了克罗利提议的广泛改革, 但克罗利从未提及这一点, 仅仅只是主张"当律师被奉为最高法院的大法官, 他就成了我们政治信仰的领袖"。因此, "美国律师应当真正代表国家舆论的潮流, 这一点极为重要"; 如果未来的法官来自日益专业化且保守的企业律师, 那么改革事业无疑会受到损害。汉德同意这些观点, 但是他对于宪法法律和司法审查问题有着更为深刻的认识, 故而在谈及这些问题时, 汉德往往更有信心和针对性。[8]

　　这本书在克罗利的有生之年只卖出约 7500 册, 但许多读者成了不断壮大的全国进步运动中的领军人物。在此书出版不到 3 年的时间里, 许多东部专业人士和知识分子加入了泰迪·罗斯福的公麋党第三党竞选活动, 其中就包括勒尼德·汉德和赫伯特·克罗利, 以及他们的在不同时期先后加入的许多朋友——乔治·鲁布利、约瑟夫·戈登、菲利普·利特尔(Philip Littell)、温斯顿·丘吉尔(Winston Churchill, 美国小说家)和诺曼·哈普古德(Norman Hapgood)。尽管克罗利的书并不是第一次世界大战前进步主义兴起的唯一诱因, 他的成就的确给这场运动带去了一种智识上的凝聚力。

　　没有人比汉德更期待克罗利的著作出版。与克罗利频繁交流的 1 年多来, 汉德已得以管窥书中雄心勃勃的眼界和提议。1909 年 11 月初, 他在感谢克罗利寄来首印本的同时表示: "相信我会非常喜欢这本书。"并补充道: "我觉得你替我弄清楚了我的想法, 或者至少有助于令我弄清楚这些想法, 我希望能够在这本书中找到彻底解决问题的答案。"[9]

　　这本书的确对汉德起到了这样的作用。3 周后, 克罗利到访纽约, 此时的汉德已通读此书的大部分内容, 并评论道, 他"深陷在对你这本杰作的钦佩之情中无法自拔"。他极尽溢美之词地补充道: "你要相信我说的每一个字, 我认为这是一本在论证上极其卓越的书, 在所有我认识的同龄人中, 唯有桑塔亚那的论述可在深度上与之媲美。"[10]

　　汉德的热情让克罗利喜不自胜:

你对这本书的评价令我受宠若惊。它真的有那么好吗？虽然其他人也表示了赞赏，但没有人如你这般盛赞有加。我当然希望它真有那么好，这不仅是为了满足我的虚荣心，更是因为这本书需要赢得支持。这本书本质上是对这个国家迄今为止尚未被完全占领的疆域的一次远征考察；若是无人支持，我怕是无法坚守自己的立场。我一直希望这本书能够赢得一些拥趸……[11]

这本书出版后的那一年，汉德数次购入此书寄给认识的人。这种举动并不寻常：他通常对自己的财务支出十分审慎，买书只是为了满足自己那如饥似渴的阅读欲望，而很少当作送人的礼物。不久后，他给克罗利写了一封 12 页的信，信中说道：

我亲爱的朋友，你正在成为一个权威。我毫不怀疑，再过几年，你就会成为神话。也许你会变成太阳神那种样子。这是英雄都要经历的逆行演变过程……我发现，提到我与你的亲密关系，能让我获得了一种独特的政治意义，而我此前从未拥有，亦未曾期待拥有这样的政治意义。[12]

此时，汉德开始着手说服哈佛校方授予克罗利渴求无比的正式学位认可。1910 年 3 月，他向哈佛大学院长写了一封辞藻华丽的请愿信——风格诙谐，但目标明确。他解释道，"我的朋友，赫伯特·克罗利"，12 年间在哈佛度过部分时光，并已修读"大量课程"——汉德认为，要不是因其"未能通过初级希腊语考试的疏忽"，这些课程足以令其取得学士和硕士学位："随着时间推移和岁月流逝，他感到了对学者的权利和特权的渴望，但是初级希腊语成绩挡在他的面前，如同一头巨型大象，一头野蛮巨兽；无论他白天黑夜去往何方，初级希腊语成绩都挡在他的面前。"难道哈佛就不能豁免这个要求吗？克罗利必须永远与"这可怕的怪物交战"吗？又或者，学院难道不能"用具有些许麻醉效果的手"驯服它，以便让"这个怪物安静地躺着,令他能一跃而过,奔向目标"？汉德提及克罗利的书已经收到"诸多溢美之词",并接着说道:"这难道不能代替初级希腊语吗？难道不能把这本书拿来作为斗篷或面具吗？……当然,跟我们这帮法官比起,学校领导们肯定更有智慧,也不会缺少善意的变通,要是由我来审理此案,出于正义的要求,我一定会毫不犹豫地认定,两者在我看来并无二致。"[13] 汉德的请愿基本成功了:哈佛校方表示"没有理由反对"补授学士学位。[14]

《美国生活的希望》获得了诸多颇有深度的赞誉,克罗利的声望亦随之渐长。[15] 这本书之所以如此知名,很大程度上源于一些后来声名显赫的读者。例如,费利克斯·法兰克福特坚持认为:"克罗利的《美国生活的希望》(应当进入) 1900 年后关于美国政治的任何榜单的前 6 位……可以说,这本书对美国政治思想具有开创性的意义。"[16] 而同样即将成为克罗利与汉德的密友的沃尔特·李普曼说,这本书是"宣告了对美国命运怀有浪漫信念的纯真年代的终结,开启了自我反省进程的政治经典"。[17] 但是,克罗利的著作之所以变得特别有名,是因为这本书对某位读者产生的显而易见的影响——西奥多·罗斯福。

《美国生活的希望》出版时,已将白宫交给门生威廉·霍华德·塔夫脱的罗斯福正在海外长途旅行。1910 年春末,精力充沛的罗斯福回到家中并读了这本书,此后他重新进入政坛并发表了一系列演说和文章,并最终在 1912 年成为第三党总统候选人,而在这些演说和文章中,他曾多次向这本书致敬。

克罗利对这本书的主要愿景是,他的提议可以在未来某一天成为政治方针,而罗斯福显然就是那个让他寄予厚望的政治领袖。罗斯福的名字在书中反复出现,并且其中一个主要章节——"改革与改革者"——最后两节就专门讨论了罗斯福①。[18] 克罗利提出,在改革者中,也只有罗

---

① 克罗利写作此书时,仔细研究过罗斯福当政时的国内政策,尤其吸收了他在 1907 年后提出的一系列激进的改革思想,所以克罗利的理论之形成,本身即受到罗斯福的思想与政策的启发。——译者注

斯福的工作"在把改革当作一个建设性的使命来严肃对待"。曾任纽约州议员、联邦政府公务员委员会委员、纽约市警务总监、纽约州州长直至总统的罗斯福，长期以来一直与改革事业息息相关。虽然罗斯福的视野似乎与克罗利所谴责的其他改革派一样有所局限，但克罗利有足够理由单单对罗斯福寄予厚望：他已经实际取得了重要公职和国家声誉；他足够年轻，有着更为长远的政治生涯前景。最重要的是，他是一个拥有广泛群众基础的、富有魅力和活力的领导者。

　　克罗利的书亦指出，罗斯福存在一些不足。他承认罗斯福在总统任上提出的关于"公平施政"①的空谈常常言过其实。此外，罗斯福总统时常进行毫无目的的道德说教，而这正是克罗利在评价其他改革者时所批判的做法，称其往往倾向于成为"道德独立而非智识独立的表率"。而且对于克罗利而言，罗斯福缺乏"自洽的思维和坦率直言"的最高美德。[19] 但经过通盘考虑之后，带着美好幻想和中立观察的克罗利还是坚持认为："事实上，罗斯福先生的实际建树要高于他自己所知的，或者说他愿意承认的建树。"罗斯福的政治生涯"代表了一种与改革理念不可分离的理念——即国家理念"。他用颇为夸张的措辞坚称罗斯福是"一个新国家民主的奠基人"，"他的影响力和他的工作倾向于将美国民主从杰斐逊主义的束缚中解放出来"。他更具体地指出，罗斯福似乎践行着克罗利最喜欢的一种观点，即凡事依靠专家。

　　在这场讨论中，克罗利明显成了一个党派倡导者。在他对美国历史的回顾中，他指责民主党为杰斐逊主义中的个人主义和有限政府的观念所束缚。现在，他称赞罗斯福团结共和党支持他的国家民主大旗。克罗利认识到，共和党"与'既得利益者'结盟，将使其背弃自己作为负责任的国家行动党的过去"，是危险的。然而，"主要因为西奥多·罗斯福的个人影响力"，该党似乎已经逃脱了这个危机。尽管共和党人内部分裂，尽管他们对罗斯福的支持似乎并不坚定，但是克罗利认为："一个不符合

---

　　①　在进步主义运动时期，老罗斯福总统提出要"公平施政"，强迫资方和劳工平等谈判，并设立独立的劳资纠纷仲裁机构。——译者注

治国重任原则的共和党是没理由存在的;而民主党……如不抛弃其自身信条,则难当治国重任。"[20]

许是流露出了些许对罗斯福改革承诺的久缠不去的犹豫,克罗利这样总结道:"我们必须满怀感激地接受罗斯福先生和他的铁锤,将其视为最有效的国家改革者;但总有一天,一个国家改革者将会唤醒世人,并以圣·米迦勒①的形象出现,手持一柄燃烧的剑,展翅飞翔。"[21] 同样,克罗利在书中末尾处给出忠告:

> 普通民众之所以能够成为圣人和英雄式的人物,靠的不是自身的成长,而是真诚和热情地模仿英雄和圣人,而他是否会进行这样的模仿,将取决于他的杰出同胞们是否有能力为他树立英雄和圣人的合适榜样。[22]

可是,如果不能令罗斯福读到《美国生活的希望》,这些梦想根本没法实现。克罗利与罗斯福素未谋面,所以对于如何实现这个目标,他毫无头绪。不过,汉德与罗斯福倒是有着始于奥尔巴尼时期的有限私交。1909 年,汉德与克罗利一家在康沃尔过完圣诞节返回纽约,不久后,汉德便去询问了一家纽约房地产公司的副总裁威廉·H. 惠勒克(William H. Wheelock),看他是否能拿到罗斯福现在的地址,而这家公司的老板T. 道格拉斯·罗宾逊(T. Douglas Robinson)正好是罗斯福的妹夫。[23] 汉德只知道罗斯福在非洲某个地方:西奥多·罗斯福在 10 个月前启程去那里进行长途猎狮之旅。惠勒克立即回复道:罗斯福的地址可能是"英属东非内罗毕"。[24]

---

① 圣·米迦勒(St. Michael)是《圣经》中提到的一个天使的名字,神所指定的伊甸园守护者,也是圣经里唯一明确提到的具有天使长头衔的灵体。犹太教与基督教的文献中多次提及了米迦勒,其身份为"大君"(旧约圣经)、"天使长"(新约圣经)、"光之王子"(死海古卷),在与魔鬼撒旦的战争中,米迦勒奋力维护天主的统治权,对抗天主的仇敌,的确名实相符。在基督教的绘画与雕塑中,米迦勒经常以金色长发、手持红色十字架(或红色十字形剑)与巨龙搏斗或者立于龙身上的少年形象出现,这里的巨龙就是撒旦。——译者注

汉德拿着这个内罗毕的地址什么也没做，但3个月后，即4月初，找到罗斯福的难度没那么大了：回国前，他在欧洲各国首都进行旋风式旅行。4月8日，汉德写信给罗斯福说："我是您的一位相识已久的熟人，现将我的朋友赫伯特·克罗利的书《美国生活的希望》寄给您，另函附上。"他在结尾处表示："过去我在奥尔巴尼偶尔见到您，那是我非常美好的回忆。"但他在信中大部分时间都在热情地赞扬这本书：

> 我希望您能像我一样，在这本书里看到全面和进步的美国政治理念和理想。我认为，克罗利比其他任何人——我指的当然是我知道的那些作者——都更充分地阐述了这套政治理念的基础和未来发展，堪称新汉密尔顿主义，我相信，相较他人，他的希望更多地仰仗于您。我不认为您会全盘同意此书，但是如果能找机会读读，并且仍对其中的大部分内容不感兴趣，我会感到非常失望。[25]

此后不到两周，罗斯福便从美国驻巴黎大使馆向汉德写信保证，他期待拜读此书；1周后，他又写了一封信确认已收到书，并表示他"非常乐意"拜读。[26]

克罗利喜出望外。"你干得太漂亮了，"他告诉汉德，"现在让我们来看看他的反馈如何。"克罗利特别希望罗斯福可以在《展望》中采纳他的观点，这是一本略带宗教意味的温和改革派杂志，而罗斯福即将作为特约编辑加入其中："我很有信心，他会给《展望》供稿；而这本书将成为每个社论作者都会重视的、紧跟时代又不会引发争议的话题。"[27]接下来的近3个月，克罗利焦躁不安，唯恐目的最终落空。但到了7月底，他终于能写信对汉德说："你说的关于罗斯福和《美国生活的希望》的事成真了，我昨天收到一封信，已抄录如下。"这是克罗利第一次收到罗斯福的来信，他喜出望外。罗斯福写道：

> 我不知道自己上一次读到像你这本《美国生活的希望》那

样令我受益匪浅的书是什么时候了。虽然对于某些观点我不尽同意，但即使针对这些观点，我的不同意见也仅在于一些细节上；实际上主要是些应如何强调的问题。我希望自己能够更好地按照你所提出的原则，以实用的方式向我的同胞们提供我的建议。

我将在未来的演说中大量引用你的思想。我知道你不会反对我这样做，因为，亲爱的先生，我能看出你的目的是为改善国民生活尽自己的一份力量；你关心的是保障实现这种改善。你能否在《展望》编辑部与我会面。我很想借此机会与你聊聊。[28]

克罗利的传记作者说，罗斯福的信是"他收到过的最重要的信"。[29]克罗利的梦想仿佛已然成真了：他在新罕布什尔孤身一人的研究成果显然证明，思想可以对现实世界发挥作用。克罗利写道："我亲爱的勒尼德，我深深地感谢你为建立这条纽带而牵线搭桥。"[30]

罗斯福随后的政治生涯证明，这种纽带远没有克罗利期待的那样牢固。克罗利以为，罗斯福之所以会留意到《美国生活的希望》完全是因为汉德，这其实也是一个误会。因为他和汉德都不知道，其实来自马萨诸塞州的保守派共和党参议员亨利·卡博特·洛奇（Henry Cabot Lodge）也曾推荐过这本书。萨加莫尔山（Sagamore Hill）是罗斯福在长岛北岸牡蛎湾的庄园，而据一位去过那里的游客称，罗斯福的这本书上遍布着下划线和注释；[31]散布于政治光谱不同位置的人均为此书强烈着迷，罗斯福想必也是一头猛扎了进去。

然而，汉德和洛奇的推荐，以及罗斯福声称他会将克罗利的"理念大量用于演讲之中"的言论，都只记载于私人通信中。令罗斯福一跃成为全国瞩目焦点的，是他从欧洲回来后不久，在1910年8月底于堪萨斯州奥萨瓦托米这个曾由约翰·布朗发起血腥废奴主义起义的地方所发表的演说①。³²"新国家主义"被形容为"可能是……史上最激进的前总统演说"。³³ 这场演说原本无意激进，然而与罗斯福的本意背道而驰的是，这场演说不可逆转地导致了共和党的分裂和进步派的形成——即公麋党运动。演说标题带给人们一个普遍印象，即罗斯福的公麋党平台建基于克罗利的书，但这种推论并没有多少实际依据。在克罗利那本 454 页的书中，这个表述只被用过一次，而且只是一笔带过（为了区分罗斯福的国家主义与财产和商业导向的汉密尔顿国家主义，克罗利提道："新联邦主义，或者不妨说是新国家主义，无论如何都不会损害民主。"）。³⁴

尽管如此，罗斯福在奥萨瓦托米的演讲中还是提出了一个带有克罗利色彩的新战略。他虽然是位出了名的反托拉斯人士，现在却和克罗利一样，坚称"产业中的结合"是经济力量的必然结果，"其解决之道不在于试图阻挠这种结合，而在于为公共福祉的利益而对它们进行全面管控"。他呼吁应加强联邦行政机构力量，以确保管控，并应配备专家。罗斯福宣称："每个人的财产都受社会的普遍权利支配，不论公共福利需要在多大程度上使用这些财产。"罗斯福呼吁制定强有力的保护政策，最低工资和最高工时法律，以及全面的工人补偿方案。此外，他要求不仅应加强国会行动，还要增强"管理公共福祉"的行政权，而司法亦"应当主要关注人类福祉而非财产……我们的公职人员必须是真正的进步派"。³⁵

"新国家主义"演说只是罗斯福在跨密西西比河西部 16 州的多场巡

---

① 1910 年 8 月 31 日，堪萨斯的奥萨瓦托米城举行纪念约翰·布朗的活动，罗斯福应邀前往，发表了题为《新国家主义》的演说。这次演说事先经过周密准备，讲稿数易其稿，内容亦经字斟句酌的仔细推敲。在演说中，罗斯福对自己当政时期的施政经验进行总结，在吸收当时流行的各种改革主张的基础上，提出了以加强国家干预为核心的深入改革的纲领。美国学者戴维·朗的活伯顿认为，这一演说乃是罗斯福成熟了的进步主义思想的著名综合。演说在全国引起广泛反响，与塔夫脱当政的沉闷局面形成对照。这次演说所提出的思想，经过发挥和完善，成为 1912 年进步党党纲的指导原则，演绎为一个宏伟的改革纲领。整个这次西部之行中所发表的演说，于是年底结集以《新国家主义》为题正式出版。塔夫脱当然不能理解、更难接受罗斯福的政治主张，他认为罗斯福所提出的大多是些"狂放之论"。——译者注

回演讲中的一场①，但这场演说却得到了最多的掌声，或激起了更多的愤怒。当他在西部的支持者高呼"1912 年选罗斯福"之时，包括他一些最老的盟友在内的东部保守派人士却被激怒了。亨利·卡博特·洛奇告诉罗斯福，他对于限制私产的主张令各地人民"大为震惊"，他的批评者形容他"简直就是个革命党"。36 而以《纽约时报》和《纽约太阳报》为首的东部保守媒体则警告称，一个新的拿破仑正在冉冉升起。

罗斯福再三声明自己并不打算与塔夫脱总统公然决裂，或开展第三党运动，而是希望为共和党内分歧日渐加剧的两翼居中调停；他称自己的演讲旨在安抚西部共和党人中迅速发展起来的反塔夫脱"叛乱"。不过，他缓和了他最初激进的语气，却从未收回在"新国家主义"演说中所说的话，并且最终还是走到了反塔夫脱势力的前线。

与此同时，克罗利与罗斯福这个名字之间的联系变得更为瞩目。1912 年大选临近之际，正值罗斯福已成为公麋党进步派的候选人，《美国杂志》发表了克罗利的整版照片，随附文字"罗斯福上校的'新国家主义'源自此人"，这在当时是广为人知的观感。37 罗斯福曾在《展望》上发表的一篇文章中多次向克罗利致敬，称《美国生活的希望》是"对我们多年来对国情的最为深刻及最具启发性的研究"，并阐述了克罗利的一个中心主题：即政府的目的必须是"为实现真正的民主而做出切实努力——在政治和工业层面皆是如此"。38

历史学家在评估克罗利对罗斯福的影响时曾一度遭遇困境。罗斯福同时代的普遍观点认为，克罗利直接发挥了决定性的影响，从而令罗斯福从一个相当保守的前总统转变成一个进步派领袖，这种观点一直持续到 20 世纪 40 年代。39 而在 20 世纪 60 年代，许多历史学家则认为，是罗斯福影响了克罗利。但一些较晚近且适度的重估似乎更为公允：正如

---

① 1910 年夏秋之交，他作了一次西部旅行，由俄亥俄经内布拉斯加、艾奥瓦、科罗拉多、堪萨斯直抵怀俄明。他沿途发表演说，既为共和党的中期选举摇旗助威，也阐发自己的政治主张，所受到的欢迎，与他当政时没有二致。在丹佛发表的演说中，他批评法院对时代的要求缺乏了解，不能正确反映民意。8 月 27 日他在《纽约时报》上发表声明，提出当前的主要问题是反对党魁政治和特权利益，推进真正的大众政治。——译者注

克罗利的传记作者所言，克罗利对罗斯福有着"并不引人注意的、悄无声息而又确凿的影响"；他并没有引发任何"令人震惊的转变"。[40] 这种微妙的影响就像《美国生活的希望》对汉德产生的影响一样。对于罗斯福和汉德来说，克罗利帮助他们明确和深化了思想，并激发出新的兴趣和立场。在这些意义上，克罗利的《希望》显然的确发挥了影响。

尽管勒尼德·汉德很早就全心全意地笃信克罗利的新国家主义，但他并没有那么快就将西奥多·罗斯福奉为能够将进步主义理想付诸实践的领导者：相比改革方案本身，他对罗斯福的感受要矛盾得多。在他给克罗利的一封信中清楚地表明了这一点：

> 我对上校的地位越来越有把握了。我想，在这个国家，没人具备他那样的宽广视野和远见卓识；即使他惯于暴力、谎言，其个人亦不可靠，他仍是今天我们最好的爱国者。鉴于未来10年的形势，我无法想象他不能再次成为风口浪尖的人物。我相信他会的，只要他活着，并且没有发疯。[41]

不过，到了1912年，因为罗斯福在三个关键问题上的立场，汉德对其的态度由怀疑转变为了热情——罗斯福反对洛克纳时代法院滥用司法权，计划通过监管而非解散托拉斯来控制公司权力，并主张制定新法以满足弱势及贫困群体的需求。在这些领域中，汉德都对进步事业作出过重要贡献。

尽管有着1910年夏天奥萨瓦托米那个充满希望的开场，罗斯福在重返国家政治之路上仍是步履蹒跚。罗斯福的努力调停远未达到团结进步派共和党人和支持塔夫脱总统的反政府、商业导向派系之目的，反而还疏远了两派。

罗斯福所干预的州选，特别是1910年的纽约州长竞选的选举结果，很能说明问题。[42] 他的家乡似乎是他作为和平缔造者开展活动的理想场所:纽约有更庞大的温和派共和党人群体,甚至连塔夫脱的行政分支也支持更自由主义的派系,比如即将离任的州长查尔斯·埃文斯·休斯(Charles Evans Hughes),而非纽约的极端保守派。在这里,罗斯福看到了在不与政府对抗的情况下攻击保守派,并主张和解策略的机会。

尽管如此,罗斯福的形象仍受到严重损害。他支持休斯的选举改革,但遭遇州立法机关中的极端保守派的抵制而失败,而他在休斯的授意下试图将这场改革之战推进到州共和党大会的尝试,也在休斯离开了州政治进入最高法院,且塔夫脱总统也变得越来越不合作的情况下失败。罗斯福能被选为党代表大会临时主席,也是经过与塔夫脱及其支持者的一场相当激烈的内斗后才实现的,这些你来我往导致塔夫脱和罗斯福都在心里下定结论,认为两人关系已遭到无可挽回的破坏。即使是准备鼓励西奥多·罗斯福支持自由派律师亨利·L. 斯廷森担任州长候选人的进步人士,也因罗斯福的政策演说而与其疏远了,这个演说赞扬了塔夫脱在白宫的成就,甚至赞同了贸易保护主义的《佩恩·奥尔德里奇关税法》(Payne Aldrich Tariff Act)①。虽然罗斯福为了斯廷森奋力巡回演说直至声带受损,斯廷森还是惨败于平庸的民主党人约翰·迪克斯(John Dix)。罗斯福在整个东部如同走钢丝般步履维艰,他在大量巡回演讲中所支持的多数候选人都失败了。

而汉德和克罗利,特别是汉德,都密切地关注着纽约政坛动态。罗斯福1910年在纽约的表现令这两人开始质疑自己对这位曾经前景光明的领导人的支持。而罗斯福对斯廷森的支持或许令汉德看到了一线生机。汉德在地方法院的时候就知道斯廷森的杰出工作能力,在汉德成为法官前,斯廷森还是美国律师,两人颇有些交情。然而,无论是对汉德还是对选举,斯廷森都极为冷淡。汉德对克罗利说:"有时我甚至怀疑,他这个人是否有感情。"[43] 但是斯廷森在美国检察官办公室的助理费利克

---

① 1909 年 8 月 5 日塔夫脱签署了《佩因–奥尔德里奇关税法》,对一些进口商品的税率作了下调。塔夫脱认为这是"共和党所通过的最好的关税法",可未料却引发多方面矛盾。该法仅降低了一些无关紧要的商品的税率,引起不少西部共和党参议员的不满;但它又毕竟降低了关税,招致代表工业利益集团的保守派的怀疑。——译者注

斯·法兰克福特,却在汉德面前给了他很高的评价。斯廷森1909年离开检察官办公室时,已经建立起一个政治中立的、高质量的运作机制。汉德从不怀疑斯廷森是一个真正的进步派,而斯廷森则将汉德视为一个政治伙伴。正如他在1910年秋季被提名后不久,向汉德所确认的那样,"我会作为一个值得信赖的进步主义同伴紧密地站在你身边,只希望竞选期间我不会无心妄言/口无遮拦,冒犯到你、赫伯特·克罗利或是其他亲爱的亚历山大·汉密尔顿门徒。"[44]

　　然而,汉德对斯廷森的政治前景并不乐观。他写信给克罗利说"我觉得必输无疑"——尽管克罗利从头到尾一直坚持他不"相信"斯廷森会输。[45]对于罗斯福的行为和进步事业的未来,汉德也找不到什么令人振奋的理由。"[我]有时会对上校在竞选中的行为感到厌恶。他有时会犯下那种最糟的不公平竞争错误,我认为即使是他自己也无法视而不见。"[46]在选举前10天,汉德从县共和党领袖劳埃德·格里斯科姆(Lloyd Griscom)那里得知,后者认为罗斯福重新进入地方政治只是为了帮助格里斯科姆和国会议员赫伯特·帕森斯(Herbert Parsons)这两位纽约市最有权势的共和党人,因为如果不这样做,他们"在纽约就得关门大吉了"。汉德对此感到不安,他告诉克罗利:"[我]不得不说,罗斯福揽上这么多的事就只是为了拯救赫伯特·帕森斯和劳埃德·格里斯科姆,这简直有几分滑稽。"[47]要是他能像普林斯顿大学校长伍德罗·威尔逊(Woodrow Wilson)在新泽西州州长竞选中所做的那样,在这些议题上发起"一场漂亮的战斗"就好了。(这几乎是汉德在所有通信中关于威尔逊的唯一一句好话)。与之相反的是,罗斯福又开始了"悲惨、幼稚的谩骂":

　　　　你我想要的任何东西似乎都遥不可及;我开始怀疑我们是否太过于纸上谈兵了。至少,像我们这样看待这些问题的人似乎寥寥无几,所以我们无论对错好像都是无足轻重的……我当然想要保持忠诚,但我觉得我享有好好咒骂你一番的特权。[48]

令汉德疏远政治事务的不仅是他对意识形态的厌恶,还有审判工作带来的疲惫,以及与身体痼疾的长期缠斗。几个月来,他一直在抱怨消化问题和其他疼痛及不适;赫伯特·克罗利以及弗朗西丝·汉德和卢利·杰伊(Loulie Jay)建议他咨询整骨医生。汉德认为那种医术是异端邪说:“对我来说,对这些人抱有希望,是一种令人痛苦的智商堕落。”[49]医生用了一些传统药物治疗,他的症状很快得到缓解,但 1910 年大选给他带来的苦恼仍持续了数月。1911 年 2 月,卧床不起的汉德(这一次是因为扁桃体炎)给克罗利写了一封长达 12 页的信,信中感慨,极端保守派又卷土重来“将纽约置于其控制之下。我们身处的境况相当艰难”。如汉德所料,事实证明,民主党人约翰·迪克斯是一个平庸的州长,连他往昔的支持者都如此认为。[50]虽然劳埃德·格里斯科姆还没有被赶下共和党的县长这个位子,但他尚能保住官位不过只是表明“上校这只狮子还尚存一息,不能肆意踹他肚子……”[51]

然而,汉德的幻灭并没有令他退出政治事务。事实上,即使在当时的环境下,还是有理由对进步主义的未来抱有希望的。尽管东部遭受了一些灾难,但进步派在西部的许多竞选活动中表现出色。然而,对于东部精英改革者来说,西部以农业为主的进步派包含太多民粹主义和煽动性——即便是对威斯康星州最近胜选的参议员罗伯特·拉福莱特(Robert La Follette)这样一个在能力上超乎汉德和克罗利预想的人来说也是这样。在汉德看来,西部的“叛乱分子”根本没有真正理解新国家主义。正如他在给克罗利的信中所言:

> 他们对你所追求的目标以及东部这边为数不多的支持者们的理解程度,与他们对新笛卡尔主义的理解程度相差无几。他们觉得那该死的民选政府万灵药已经够好了,但我甚至怀疑他们是否理解这些东西,我看不出他们有什么进一步的计划,或是对任何行政方案有什么打算。他们当中肯定有不少令人作呕的小臭崽子。[52]

汉德的记者朋友马克·沙利文（Mark Sullivan）曾告诉他，一个俄勒冈州进步派领袖说过："一百个人的集体决策总归比任何一个个人所做的决策要好。"对于汉德来说，那种"可恶的言论，简直无法称其为率性直言"。曾有国会提案建议将联邦法官年薪从 6000 美元提至 7500 美元（这将使联邦法官的薪酬提高到参议员的薪资水平），此项提案未获通过，部分因为西部进步派的猛烈抨击，汉德指责知名进步派参议员乔治·诺里斯（George Norris），称其"恶心的伪君子"，因为他声称加薪将使法官与普通民众脱节。[53]

汉德和克罗利对进步派队伍东西部分裂的最深忧虑，很快就在一场辩论中得到了印证，这场辩论的议题是降低加拿大贸易关税的互惠条约。支持该条约的塔夫脱与东部进步派联手，对抗反对降低关税的参议员拉福莱特率领的西部进步派，并谴责该条约为城市利益而牺牲了农民利益。传统上支持高关税的保守派共和党人加入了这些西部进步派，从而组成了一个不同寻常的联盟。尽管如此，在塔夫脱特召开国会特别会议之后，该条约还是在夏末取得了批准（但其后在加拿大议会中被否决）。

对于东部人来说，1911 年的关税辩论给进步派的前路蒙上更多阴云。塔夫脱看似前所未有地具有吸引力，而西部进步派则似乎成了前所未有地可疑的盟友。对于克罗利而言，西部进步派的立场表明，他们这帮派系主义者"仍然觉得制定关税是各个利益团体之间的蛋糕分配"。[54]

其他事态发展也危及了新国家主义。10 年来第一次，一些进步主义者在民主党内看到了一些吸引人的地方。连年败选的民主党总统候选人，杰斐逊派民粹主义者威廉·詹宁斯·布莱恩，终于被新面孔所取代。1910 年的选举中，民主党获胜，一大批前途可期的民主党领导人随之涌现——特别是新泽西州的新任州长伍德罗·威尔逊。罗斯福不同寻常地在萨加莫尔山隐居起来，他声望受损，往常的热情被愁云笼罩。1911 年初，拉福莱特势力组建了一个全国进步派共和党联盟，罗斯福和他的大部分东部支持者都没有加入。[55]

在 1911 年底之前，局势开始发生转变。在那一年，汉德多次去牡蛎湾拜访罗斯福，并与其进行了大量的通信。与此同时，罗斯福打消了认为自己政治生涯已然终结的念头,开始争取 1912 年共和党的总统候选人提名。到 1912 年 2 月底,当罗斯福公开参与竞选时,汉德已经对他有了更为深入的了解,尽管仍是疑虑不断,汉德已明显地站到了他那一边。

1911 年末,在罗斯福重返国家政治之际,汉德曾就托拉斯问题与其有过交手。新国家主义信徒认为,通过《谢尔曼法》诉讼推进反托拉斯执法是误入歧途且徒劳无益的:国家管制,而非摧毁托拉斯,才是他们首选的解决方案。在此议题之下,奇特的同盟产生了:西部进步派和民主党是坚定的反托拉斯者;东部进步人士则加入了反对派中有钱有势且固执保守的共和党人阵营。1911 年 10 月,塔夫脱总统推出一项出人意料的反托拉斯执法政策,他警告商界人士,称其已命令司法部长乔治·威克斯汉大力执行《谢尔曼法》,该议题遂进一步激化。在塔夫脱执政的最后两年,反托拉斯执法成了一桩头等大事。

从政治角度而言,塔夫脱的反托拉斯政策可能是他诸多存在问题的行为中最为愚蠢的一个。到了 1911 年秋,他已经失去了大多数进步人士的支持,而更为明智的做法,应是安抚他的天然盟友,即商界人士。然而,临近 10 月底,行政分支发起了一项广为人知的诉讼,指控美国钢铁公司(United States Steel Corporation)违反《谢尔曼法》。诉讼理由是,在几年前罗斯福总统任期间,美国钢铁公司涉嫌垄断性收购田纳西煤铁公司(Tennessee Coal and Iron Company)①。这个问题对罗斯福来说很敏感,因为他曾作为总统亲自向美国钢铁公司保证,他的行政分支不会基于反托拉斯提出反对意见,而该公司曾保证,这笔交易将有助于在 1907

---

① 1911 年 10 月 24 日,塔夫脱政府对美国钢铁公司提出起诉,宣告罗、塔关系完全破裂。美国钢铁公司成立于 1901 年,注册资本 13.4 亿美元,一度垄断钢铁行业 60% 以上的生产,是当时美国最大的垄断公司,也是摩根集团的支柱企业。罗斯福当政时曾一再把该公司当成企业与政府合作的典型,主张把它的一些做法向企业界推广。1907 年"恐慌"期间,他默许该公司兼并了田纳西煤铁公司。塔夫脱政府起诉美国钢铁公司,所列主要罪状即是兼并田纳西煤铁公司一事。这无疑把罗斯福推到一个十分难堪的位置上。罗斯福在法庭调查时出庭作证,一再为自己的行为辩护,认为美钢所为实乃裨益于国家与公众之举,并批评塔夫脱的做法很不明智,说这一事件表明"有必要使我们政府混乱的企业政策恢复秩序"。两人的公开反目,使罗斯福解除了支持塔夫脱的义务,为他再度参加总统竞选打开了大门。——译者注

年股市恐慌期间恢复华尔街的稳定,而他显然是信了这番说辞。从那以后,罗斯福一直备受抨击,指责其听任自己上当受骗甚至更糟,尽管他最终承认,美国钢铁公司高管的动机并非完全纯洁和善意,但他仍对自己遭到愚弄的说法感到愤慨。

在此背景下,正如一位历史学家所言,"美国钢铁案"诉讼很可能是"[塔夫脱]整个职业生涯中代价最为高昂的政治错误"。[56] 塔夫脱发起诉讼的举动激怒了罗斯福,他认为这不仅是对他工作能力的攻击,也是其个人应予谴责的行为,因为塔夫脱在自己身为罗斯福内阁成员时从未对这个交易提出反对。事实上,据罗斯福回忆,塔夫脱当时还大力支持了该项收购。

在一篇题为《托拉斯、人民和公平施政》的 8 页纸署名社论中,罗斯福再次提及自己就"美国钢铁案"惯用的辩辞。但他借此机会更进一步,提出了一个更为通行的控制大型企业组织的策略,比他以前提出的立场更为详细且更有野心。此时,他的论点与克罗利在《美国生活的希望》中的立论更为接近了。罗斯福认为,唯一的解决办法就是,"坚决抛弃自由放任的政治经济学理论,勇敢地拥护加强政府管控的制度,不理会那些谴责这是社会主义的知名人士的呼声"。他坚称,"要想与一家价值 10 亿美元的公司打交道,唯一的办法就是诉诸一个价值千亿美元的政府的保护"。该战略需要"对大公司进行监督,控制和监管——在必要的时候,我们应当无所畏惧地将垄断价格置于管控之下"。[57]

所有这一切都清楚表达了克罗利的讯息和汉德的信仰。汉德同意罗斯福的观点,即国会错在没有明确详细的反托拉斯政策,而将何为垄断和不正当竞争的这个问题留待法院在具体个案中判定,这就要求缺乏必要专业知识的法官在特定案件的个别情况下"立法"。但罗斯福文章里的另一个维度却令汉德感到不安。他在个人会面中对罗斯福提出了他的批评意见,罗斯福则建议他把他的观点写下来。罗斯福在下一期《展望》上发表了汉德的评论,并应汉德的要求以匿名信形式刊登。[58] 汉德亦建议罗斯福"不要说这个与你通信的人是个法律人士,只说是个还算有点智力和能力的人",罗斯福采纳了他的建议。[59]

汉德的这封信旨在纠正罗斯福对烟草托拉斯诉讼的错误理解①。就在罗斯福的文章发表的几天前,第二巡回上诉法院执行了一项最高法院近期关于批准解散托拉斯的判决。罗斯福注意到,最终的法令"实际使得[烟草托拉斯内的]所有公司仍实质性地受到 29 名原审被告的控制。从公正的角度来看,这样的结果是令人惋惜的。如果允许巡回法院的判决生效,这就意味着烟草托拉斯确实有义务改头换面,真正的罪犯却无一受到任何实际的惩罚……当然,称此结果为判决失当也并不过分"。⑩

汉德认为,罗斯福显然没有理解此案。他写道,巡回法院未能"打破新烟草公司共同所有权的特性,是需要一些补充说明的"。在几个早前的反托拉斯案判决中,最高法院支持了"必然会导致共同所有权"的判决。在烟草案中,司法部长表示"考虑到这些判决,他认为他对这个计划不得提出异议"。在这种情况下,受最高法院先例约束的巡回法庭别无选择,只能批准拟议法令,而其判决——与罗斯福的断言相反——也不会因此被理解为原则上同意这种维持所有结构的反托拉斯案件的最终救济。虽然汉德对托拉斯无甚好感,但他相信第二巡回上诉法院法官和被告们不应被错误地解读。

罗斯福在给汉德的复函中含蓄地接受了这个纠正,但接着立刻又称,汉德的建议并没有改变"核心"议题——目前的反托拉斯法并没有为托拉斯难题提供一个适当的解决方案,而试图"仅仅通过诉讼"来处理问题是"注定要失败的"②。对于这些观点,汉德当然无意反对。⑩

这一段插曲,预示了接下来几个月罗斯福应对汉德的建议所反复遵循的模式:罗斯福会让汉德确信其建议是有所助益的,他会将汉德的想法纳入文章或演讲中,但同时罗斯福会坚持,他并没有改变自己的基本立场。

①　1911 年,美国反托拉斯委员会起诉美国烟草公司,利用掠夺性定价等方式垄断烟草业,控制95%的美国香烟市场。1912 年,詹姆斯·杜克美国烟草托拉斯遭美国最高法院下令解散,重组成 16 家公司。——译者注

②　罗斯福主张对大公司实行全面的监督和管理,但塔夫脱却过份相信司法起诉的作用,他继任后提出的反托拉斯案件的数目大大超出罗斯福 8 年任内的总数,这样诚然抑制了大公司的不法行为,但与罗斯福的意见不合。——译者注

《展望》称，罗斯福关于托拉斯的文章在"公众和报章"中引发了"极大"的热潮。在《展望》看来，这种热烈反响表明"这个国家已经准备好迎接一个强力且明智领导下的行之有效的'托拉斯监管'政策，而非'解散托拉斯'"。然而，《展望》否认了罗斯福怀有任何谋求总统之位的野心："那些真正了解罗斯福先生心智的人会知道他不是一个总统候选人，他并不想成为这样的候选人，而且他在讨论公众和国家利益问题时从来没有想到过这样的候选资格"。[62] 当然，事实正好相反：那些"真正"了解罗斯福的人以及罗斯福本人都已意识到，他终于做好了在1912年大选中与塔夫脱公开对决的准备。

当汉德为了这篇反托拉斯的文章找到罗斯福的时候，两人已经谈到了对进步主义来说十分重要的另一个议题，即司法权力和立法权力之间的混乱关系。司法阻碍立法改革，特别是出于政治动机对正当程序条款的解释，是汉德自师从哈佛法学院的詹姆斯·布拉德利·塞耶以来，终生反对及批评的问题。随着汉德愈加坚定地致力于新国家主义的改革方案，他认识到法院对于"缔约自由"和财产权利的严格保护，将破坏很多新国家主义下的监管提案，最高法院在1905年就"洛克纳诉纽约州案"一案作出的判决就是例证。

克罗利在《美国生活的希望》中并没有就司法权力问题提供解决方案，但罗斯福对此毫无顾忌，他早在1910年奥萨瓦托米的演讲中就抨击了司法阻挠主义。司法权力和反托拉斯主义一样，是汉德和罗斯福在目标上达成一致的议题。汉德赞同罗斯福促进公众对这个问题的认知的举动；他本人也曾在1908年发表在《哈佛法律评论》的文章中尝试做同样的事情。但他们在如何适当解决这一问题上存在分歧。相较之下，罗斯福更倾向于提出诸如"司法撤销"（民众罢免法官的权力）或"撤销司法判决"（民众推翻阻挠性的司法裁决的权力）这样的激进举措。1912年，罗斯福撤销司法判决的主张成了他计划中最具争议的内容。汉德为罗斯福的进步主义中的民粹主义和时而煽动的特质感到忧虑，他认为罗斯福的疗法比疾病本身还要糟糕，并经常在会面和通信中表达这样的想法。

汉德与罗斯福就这个问题的通信始于 1911 年 5 月。一位共同朋友告诉汉德，罗斯福正在为《展望》撰写一篇关于员工利益的新近判决的文章，而罗斯福将"乐于和对这个主题感兴趣的人通电话"。汉德确实感兴趣。在周末拜访长岛北岸的朋友时，他走了几英里到罗斯福的牡蛎湾住所，才发现前总统在教堂。汉德马上把他在发表在《哈佛法律评论》上的关于"洛克纳案"的文章寄给罗斯福，"这篇文章说的是我脑子里想到的一些事情，也许是我自己可以说的一切。"[63] 在附信中，汉德总结了他对司法权力的看法——在此后两年间，他给罗斯福写了许多这样的信。

促使罗斯福考虑撰文的，不是最高法院，而是纽约州的最高法院，即纽约上诉法院作出的判决。1911 年 3 月 24 日，在"艾夫斯诉南布法罗铁路公司案"(*Ives v. South Buffalo Railway Co.*)[64] 中，法院认为纽约州最近颁布的工人赔偿法违宪，这是经一致意见作出的备受关注且广受批评的判决①。威廉·E. 维尔纳(William E. Werner)法官那长长的判决书，套用了"洛克纳案"的司法理念；事实上，该判决对罗斯福和汉德这样的进步人士而言是一种打击，这不仅因为它推翻了一项重要的支持工人改革的立法，更因为这个判决报复性地展示了"洛克纳案"判决的不合理之处。

在许多其他工业化国家，都有与 1910 年纽约州立法对应的类似法律，但在美国本土则鲜有先例。美国通行的有关工伤赔偿的规定是出了

---

① 1910 年，纽约州《工人补偿法》规定，只要事故发生在正常的工作活动中，就不需要承担过失责任，只需要承担重大过失责任。《工人补偿法》是违宪的，因为它剥夺了雇主正当的法律程序，因为它从雇主那里收取金钱来补偿雇员。沃纳法官说，从宪法时代起就有一条"古老而基本"的原则，那就是没有过错就不可能有责任。在 1911 年 3 月的"艾夫斯诉南布法罗铁路案"中，纽约州制订全国第一部主要的《工人赔偿法》还不到 9 个月，纽约上诉法院就在"艾夫斯案"中判定《工人赔偿法》构成了对雇主财产的违宪征收，因此撤销了工人赔偿法。"艾夫斯案"判决遭到暴风雨般的谴责。纽约州温赖特委员会的马休·温赖特把该案称作"工人赔偿遭受的摧毁性打击"。很快"艾夫斯案"变成自"斯考特案"以来最有争议的法院判决，与它一道的还有"洛克纳诉纽约州案"。1913 年年底，纽约州通过修改法律推翻了"艾夫斯案"判决。此后不到 4 年时间。联邦最高法院也推翻了"艾夫斯案"判决。——译者注

名地不尽人意：只有当雇主表明雇主存在过错（"疏忽"）时，受伤雇员才能获得赔偿。而且即使雇主存在疏忽，如果雇员犯有"共同过失"（contributory negligence），或者有利于雇主的其他规则发挥作用（例如，若雇员"自愿"从事危险的工作，就应"承担"受伤的"风险"的概念）。事实上，受伤的雇员几乎无法跨越这些障碍。

这项纽约州法规是由温赖特委员会（Wainwright Commission）起草的，该委员会由立法者为研究工业事故问题而成立。委员会编写了一份甚至连纽约州法官都称之为"出色"和"全面"报告，该报告的基本前提是，从事高危职业的工人所受到的伤害，是商业经营中"必要的、本质上不可避免的"一部分。但该报告亦指出，普通法法系下的雇员补偿制度"在经济上既不明智也不公平"，还把不可避免的工业事故的经济负担强加给最无力承受的群体。研究委员会和立法机关认为，将责任强加予雇主是合乎情理的，因为他们可以将事故成本分摊到消费者身上。[65]然而，这种推理并没有说服法院：法官们坚持认为，他们"必须把所有经济、哲学和道德的理论视为'宪法障碍'的从属，即便它们可能是有吸引力的和可取的"；宪法的目的是保护人民"免于'公众舆论'的……频繁而剧烈的波动"。[66]简而言之，正当程序条款中对财产和自由的保护，不能仅仅因为大多数人和明智的人支持这项立法而屈服。

对于汉德来说，"艾夫斯案"的判决浇灭了近期最高法院一系列判决燃起的希望。两个月前，在被称为"俄克拉荷马银行案"的"贵族国家银行诉哈斯凯尔案"（*Noble State Bank v. Haskell*）中，最高法院一致对州治安权力采取非常宽泛的解释，而对正当程序限制采取限缩的解释。（其中持异议意见的）霍姆斯法官在判决书中警告称，不要"将第十四修正案的宽泛措词推到一个枯燥的逻辑极端"，并指出"治安权延伸到所有重大的公共需要"。霍姆斯补充道，这种权力可以用来"帮助被使用所认可的东西，或被普遍的道德或强大的和占优势的意见所持有的，对公众福祉有重大而迫切的需要"。[67]这种观点与汉德3年前发表在《哈佛法律评论》的文章中所提倡的观点不谋而合。汉德喜气洋洋地将刊载了"贵族国家银行案"判决的报纸剪下寄给克罗利，并评论道："看着这个让第十四条修正案放血至死的治疗过程,你一定会有些个人满足感,可以肯定的是,你的文章肯定对近来判例的惊人逆转作出了贡献。"[68] 在来自华盛顿的这一喜讯的背景下,纽约州"艾夫斯案"的判决更像是一次粗暴的觉醒。令汉德"深感遗憾"的是,"对'法律的正当程序'这种模糊条款的解释,从立法机构那里夺走了世界上每个文明国家公认应属立法权范围之内的权力"。对于这种认为正当程序"留存了百年前的个人主义信条"的观念,"我相信在历史上是异端邪说,在实践中亦会产生非常严重的影响"。[69] 此外,无论最高法院明显的转向是否是永久性的,汉德意识到,"艾夫斯案"表明,州法院可以自行阻碍州立法改革:纽约州法院对"艾夫斯案"的阻挠甚至不需要受制于最高法院的审查,因为该案的判决不仅基于联邦宪法,还基于纽约州宪法中对应的正当程序条款。[①]

1911 年 5 月,当汉德听说罗斯福计划就"艾夫斯案"为《展望》撰文时,他向前总统寄去了他就写的文章,并(略带一厢情愿地)提出,"洛克纳案"的司法理念"现在恰到好处地被最高法院此后的判决所取代"。在这封信中,汉德首次尝试为罗斯福普及司法权力整体存在的问题。汉德一方面赞同罗斯福 1910 年对司法阻挠的谴责,一方面反对罗斯福越来越频繁地呼吁推行直接民主,而非向法院灌注对立法改革的欢迎态度。他告诉罗斯福,后者是为了让"法院的宪法审查制度继续存续"而需采取的必要的举措。汉德辩称,除非法院对立法采取接受度更高的态度,否则"我十分肯定……要么法院必须放弃其宪法特权,这并非不可想象",要么多数改革法案必须通过宪法修正案加以确认,其结果将令宪法成为立法汇编——当然,"这会是一种繁琐的法律创制方式"。[70]

汉德后来颇感遗憾,他认为自己应该在最初给罗斯福的建议中,对他所认可的那种司法阻挠主义和令他担忧的那种司法阻挠主义作出更明确的区分。汉德固然乐见罗斯福提出有助于说服法官们接受霍姆斯

---

① 根据美国宪法,如州法院基于充分且独立的州法依据(adequate and independent ground of state law)作出判决,最高法院无权审查相关法律。——译者注

和汉德的正当程序立场的论点，但罗斯福主张的对法官施以直接普选限制的做法，他就有极大的保留了。汉德和克罗利一次又一次发现，他们有理由怀疑罗斯福是否具备持续理性思考的能力，他要么不理解这种区别，要么就不为所动。罗斯福在 1911 年 5 月 13 日那期的《展望》[71] 上首次就"司法权力"问题进行了论述，文中恰如其分地指出："不能像他们用诸如……'面包店案'[洛克纳案]里的那种判决束缚他们自己那样，允许法院永久地束缚我们的手脚。"此外，他坚持认为，"人民"必须拥有最终权力：

> 我希望法官拥有权力并得到尊敬；但我也希望法官对人民负责。人民必须拥有采取行动的权力。人民不仅应对任何道德失当的法官行使这种权力，每当有任何法官，无论其多么正直且出于善意，迫使人民认为其从根本上对正义的民众运动缺乏认同，因而成了有序推进正义事业的障碍，人民亦应有权对其行使这种权力。[72]

一些西部进步州已经采纳了这种对法官个人施加普选限制的手段，几周后，当新亚利桑那州提出允许选民撤换州法官的宪法草案时，进步派和保守派共和党人迅速分裂。塔夫脱总统抨击了这个方案，认为这将把司法公正变为"合法的恐怖主义"，并声称"在投票站的人并不比王座上的国王更适合回答涉及法律的司法解释问题"。[73] 相比之下，罗斯福则提出，司法撤换是必要的，这实际上只是一个温和的改革措施，像"艾夫斯案"这样的判决"最终将会使美国人民不惜一切代价地坚持对法院采取更为直接的控制"。[74]

在 1911 年年初之前，罗斯福还一直拒绝为司法撤换这样的措施背书，所以，他对"艾夫斯案"的攻击，是他可能倒向西部民粹主义观念下的直接民主路线的首个征兆。这些观念只会令汉德和克罗利这样的东部进步主义者感到忧虑，因为对他们来说，真正的进步主义，需要基于专业知识作出国家决策。

令罗斯福态度转变的主要原因有二。首先,是他对"艾夫斯案"本身的愤懑。但随着他在 1911 年后期越来越有望取得候选资格,他也发现自己难以抵御西部进步派的压力。而当他于 1912 年初成为共和党候选人时,直接民主提案引发的喧嚣转移了人们对他的新国家主义纲领的注意,并搞砸了他的竞选。罗斯福随后放弃了撤换法官这一想法的尝试,但是他并没有一路退让到汉德的立场。自 1911 年秋始,罗斯福开始转而主张撤销司法判决。相较于支持通过民众投票撤换个别法官,他现在要求赋予人民权力,以推翻州法院的那些将州宪法中的正当程序条款解释为禁止州内改革法律的判决——这是一个用于应对"艾夫斯案"判决的提案,但其并未解决"洛克纳主义"对正当程序条款进行整体限制性解释的这一根本难题。

罗斯福在 1911 年夏天萌生了这个想法,而当时汉德一家正待在英格兰;事实上,这个想法很可能正是受到了英格兰时局的刺激。汉德一家在英格兰的时候,英格兰经常出现在新闻中,部分因为美国人迷恋乔治五世国王加冕典礼,而更重要的原因是,限制上议院否决权的长期游说终于取得了成功①。罗斯福在与英格兰朋友的通信中写到,有必要推翻美国法院的类似权力:"他们有权力制止草率、欠考虑的行为并且让人们思考,这没问题,但是……人民一旦想清楚了,就必须有权力将其决定付诸实施。"[75]

1911 年 10 月 20 日,周五晚上,罗斯福在纽约市卡内基音乐厅向全场爆满的听众宣布了他用以牵制司法机关的改进计划。罗斯福将其演说别致地取名为《保护妇女和儿童》,而其中的大部分言论也的确致力于要求法律禁止童工,限制女性和男性的工作时间。然而,在第二天的报纸上,这些提案几乎无人问津。罗斯福讲话中的新内容是他呼吁对法

---

① 上议院的议员不是选举产生的,由王室后裔、世袭贵族、法律贵族、家权贵族、终身贵族、苏格兰贵族、爱尔兰贵族、离任首相、主教(灵职人员)组成,无任期限制。由于女王可以临时增封爵位,而议员死亡无需增补,所以贵族院议员人数不定。长期以来,没有实行选举制度的英国上议院一直是争论的焦点,从《1911 年国会法案》褫夺贵族院多数法案否决权起,为了推动贵族院改革,英国主要政党这场舌尖上的战争已经进行了愈百年。——译者注

院判决的民众权力。他批评法官："他们自以为效忠于宪法，但实际上只是在对一个社会和经济哲学体系表现忠诚，而这个体系在我看来不仅陈腐不堪，更是有害至极。"法院对于合宪性裁判权的滥用必须得到遏制，并且他坚持认为自己首推的控制法院的方法并不激进，而是激进主义之外的唯一选择："人民应该以合理的速度和有效的方式，让自己有权通过直接投票，来决定法官对宪法的解释是否成立。"[76]

尽管罗斯福辩称自己的计划是温和的，经过接下来几个月的重申和阐述，他的提议被证明是一个极其严重的政治错误。它挑起的激烈反应甚至比后一个罗斯福所遭遇的反应还要代价高昂，那时富兰克林·罗斯福因1937年"重组最高法院计划"疏远了许多自由派朋友，并且令反新政保守派获益颇丰。出人意料的是，泰迪·罗斯福在没有向任何人征求意见的情况下采取了这一重要的政治举措。显然，直到罗斯福读到对他卡内基大厅演说的抨击，并意识到自己那笼统的提议引发了细节和原则上的棘手问题之后，他才想到要寻求建议。他的一些支持者敦促他寻求法律顾问。悲观的亚当斯派历史学家布鲁克斯·亚当斯（Brooks Adams）尖锐地注意到，最好"在你每次发言前，都能向极其能干的宪法和经济法律人士征求意见——如果你认识这样的法律人士的话"。[77]在每次发言前征求某人意见的这种行事方式显然不是罗斯福的风格，但他倒是真认识一个"极其能干"的法律人士，而且他也确实征求了他的意见。他求助的那个人，正是勒尼德·汉德法官。

罗斯福给汉德寄去了《保护妇女和儿童》的校稿，并向他征求意见。汉德在1911年11月20日作出回复。考虑到这个演讲将在一周内发布，汉德并不奢望能够改变文章的实质内容，但他希望这不会成为罗斯福在这个议题上的最终结论，他希望影响罗斯福未来的方向。关于罗斯福对司法权滥用的普遍攻击，汉德明确表示："我也常说几乎一样的话，我没有什么反对意见。"但是同仇敌忾并不意味着认同罗斯福的解决办法："呼吁人们不遵守（'艾夫斯案'）这样的判决，就是在主张一种要么不切实际，要么在我看来非常危险的解决办法。"这里说的危险，指的是撤销裁决威胁到司法独立，乃至法官的职位之本：

[我]不太认同为任何目的向法官施加公众压力的必要性，因为这完全违背了法官职能中最基本的假设。除了解释主权者的表述，法官不应承担任何其他责任，如令其尝试寻找主权者在其正式宣告之外的其他用意，我认为最终会对他的诚实动机造成致命影响。

简言之，只要法官具有司法审查的权力，一个尽责的法官就必须尝试解释宪法条文，而非屈服于最新的民意投票结果。当然，问题在于在特定案件中，很难就"正当程序"这样的宽泛条款进行解释。但是，如果要在司法独立与宽泛条款之间进行选择，汉德明确表示他会选择前者而非后者：

事实上，因为我们[这些法官]忘了应如何严格地解释我们的职责，我们已令自己陷入了美国当下的困境……我们在解释"权利法案"那模棱两可的条款时已造成了最大损害，并且必须采取行动改变现状，但我真的认为，我宁愿把它们从宪法中整体删去，也不愿让法官回应任何来自民众的压力……

然而，如果保留"模棱两可的条款"，法官们必须确保他们能够如实解释文本，而非仅仅只是表达个人，或者甚至民众的声音：

在民主政体之下，民意如果确凿无疑，那必然势不可挡，但在许多情况下，当民意尚未[在宪法或法律文本中]以权威方式表达出来，法官往往会倾向于以通行的方式来解释条款。除非民意有助于法官对权威表达作出诚实的解释，否则，我确信法官应该且必须完全无视这些民意。如果法官不这样做，他就是以民意僭越权威……这与法官遵循个人偏好而无视民意并无二致。

汉德现在比 5 月那会还要更加直言不讳。他试图说服罗斯福，通过对法院施加民众压力来遏制司法滥用，比少数存在瑕疵的正当程序判决所引发的问题更为糟糕。所以他对罗斯福批评道：

> 现在，我十分坦率地跟你讲，我认为你文章的结尾将几乎不可避免地让人觉得，通过施加某种特别的民众压力，法官的判决应当受到影响。纾困之法只有两个：其一，是改变基本法律的正式表达方式……其二，则是确保这些人从不同角度来理解这一点。相较之下，前者能够更好地应对问题，而后者更容易被轻率之人加以利用，所以我们应当倾向于前者。事实上，根据"权利法案"的宽泛条款发展而来的制度存在其固有缺陷，我越来越强烈地感到，相比我们现在所面临的问题，废除这些条款所造成的问题可能还会更少一些……如果霍姆斯大法官——希望你不会讨厌我提到的这个名字——在"俄克拉荷马银行案"中的判决能够变为广泛适用的法律原则，难题就能迎刃而解了。[78]

对汉德 11 月 20 日的来信，罗斯福的第一封回信十分有代表性：罗斯福表示了大体上的认同，但又并未改变他的实质立场。"看来我必须努力表达得更清楚一些。"罗斯福告诉汉德：

> 关于向法官施加压力这一点，我绝对同意你的观点，但是在宪法案件中，必须确保有替代方案，能够令民众拥有对法官提起上诉的权利。以我提到的纽约州的案子为例，我的想法是，通过[纽约州的]制宪会议，规定人民有权就法官对法律的解释是否正确进行投票表决，而他们的表决结果应当是决定性的。看来我必须得让你再出来和我谈谈这事。[79]

罗斯福第一句话中的"但是"显然十分关键：汉德认为，对法官而言,民众的"上诉权"本身就是一种"压力",而非压力的替代方案。因此,罗斯福声称其与汉德达成的所谓"共识"实际上相当空泛。正如汉德给克罗利寄去他与罗斯福的往来书信副本时提到的,"即使考虑到这位英勇的上校的措辞之高尚,他的解决办法也完全是异想天开。在不改变第十四修正案的情况下,他所能做的就是消灭现在的纽约上诉法院"。无论如何,罗斯福的提议都未打击到罪恶的根源,即"洛克纳主义"。汉德告诉克罗利,他将屠龙大计寄望于别处:如果最高法院坚持其最近的这些判决,那么正当程序对于立法机关的限制将"实则毫无价值"。[80]

罗斯福可能忘了自己已经回复过汉德 11 月 20 日的来信,他在几天后再次向汉德致谢,并在这一次更明确地表示,他明白汉德的意思:

> 我更希望法官们能自行改变立场,并采纳霍姆斯在"俄克拉荷马银行案"判决中的立场。希望我这种批评能带来如此效果。如果不能,那就必须改变国内法律的基本形式了。[81]

汉德很快又写了一封信,并随函附上了一个与霍姆斯在"俄克拉荷马银行案"中所持自由观点类似的最高法院近期判决。这一近期判决支持了马萨诸塞州一项保护雇员的法律[82],汉德认为其"算不得出色",但确实包含了一些关于治安权力的适用范围以及在司法上尊重立法机构之必要性的有用论述。根据汉德的乐观解读,该判决之"好比在那昔日恶鬼的死亡之冢上又压上了一块巨石",这里的"鬼",指的就是"洛克纳案"判决包含的司法理念。他引用了判决中的一些段落,并在其他有用的段落下面加了下划线,然后总结道:"如果你去看看近期这些互相印证的一致意见,你会觉得无论如何,最高法院还是长久安全的,不会陷入限缩解释下的越权危机。"汉德向西奥多·罗斯福力证,这个判决可以"缓解"他对最高法院克制主义趋向的"鄙夷",也能让他"支持'纯粹民主'"的热情有所降温。接着,为了缓和语气,他幽默地引用了那些将西奥多·罗斯福的卡内基大厅演说斥为极权主义的批判言论:"当然,对于一个图谋实现永久独裁的人来说,这也许只是一种软弱愚蠢的表现,但请记住，事实总是证明，一帮图谋越权的家伙是成不了事的；再说了，他们对你那无情的野心能有多大影响呢！"[83]

罗斯福着实被逗乐了：

> 我亲爱的法官大人，看着你揣测那位意图独裁之人的想法，我放声大笑了起来。说真的，这些判决让我非常高兴，……如果这些判决所表明的立场能够一直延续下去，对联邦司法系统的攻击也再无必要了；由此，我们应当保留这种不可估量的权力，即让最高法院有权在重大情况下，通过宣告立法分支或行政分支能做什么以及不能做什么，来稳定我们的治理架构。我正在写一篇关于纽约州法院的文章，[你的信来得]正好，我可以把你信中的内容穿插到文章里。[84]

然而，看到西奥多·罗斯福的文章时，汉德的希望又一次破灭了。1912年1月6日出刊的《展望》刊登了《法官与进步》一文，该文是罗斯福在司法权力问题上所作的篇幅最长，也是最为细致的一次论述。文章的结论还是一如既往地充满争议：罗斯福仍然支持撤销司法判决。[85] 此时，罗斯福差不多就快宣布参选总统了；他可能是想通过这篇文章吸引尽可能广泛的同盟，不料此番尝试误入歧途。他坚持的立场令许多潜在支持者离他而去。西奥多·罗斯福有理由担心，西部民众会更喜欢拉福莱特这样的更为民粹主义的进步人士。然而，因为罗斯福一直主张撤销裁决（而不是撤换法官），甚至比往日更明确地坚持这个立场，他很快失去了保守派共和党人的支持，而像汉德这样的温和进步派对罗斯福的不信任感也与日俱增。

罗斯福在文中采纳了汉德的一些建议，所以在这篇文章里，汉德尚能获得一些有限的自我满足。但是，熟悉的套路又一次重演了：汉德的阐述被罗斯福作为民粹主义论点的命题，而这些民粹主义论调正是汉德所反对的。罗斯福试图自圆其说：他承认法院应独立于舆论压力，但又坚持人民应有推翻司法判决的合法权利。他用自己在卡内基大厅演说的最后一句话作为文章结语："我主张的不是革命。这不是野蛮的激进主义。这是那种最为崇高和明智的保守主义。"[86] 汉德担心,这位前总统所主张的立场不仅在智识上难以自圆其说,在政治上也谈不上有多明智。

1912 年 1 月,也就是罗斯福在《展望》上发表文章当月,有传言说罗斯福正为取得总统候选人提名而幕后运作,消息很快传到了汉德耳中,并迅速在克罗利那里得到证实。到 1 月末,汉德已经确信罗斯福肯定会参选。汉德写道:"在我看来,上校当然是命定之人。"然而,他对此事并不抱热情,对塔夫脱亦有几分怜悯:"我真心认为他没有得到公平对待。他做的好事早被埋没,而坏事似乎一直折磨着他且久缠不去,他本不应沦落至此。我觉得很可惜。"[87]

几周后——在罗斯福正式宣布参选的几天前,汉德给罗斯福麾下一个名叫惠特里奇(Whitridge)的公关人员写信,并在信中更充分地表达了他对罗斯福参选所持的保留意见。汉德承认,撇开罗斯福的说理能力不谈,罗斯福的直觉还是十分卓越的。汉德写道:"这个绝妙的家伙几乎总是正确的;我认为他不需要去探求理性的道路,他能够直接为目标所吸引。"但汉德也抱怨道,罗斯福的直觉令他在司法权力问题上误入歧途:"要是你或其他人能够让他别再专注于公投上诉这个提案就好了,这就是个凑合用的愚蠢方案。"最多只能说,这些提案或许是保守派法官的冥顽不化所招致的不可避免的报应:

> 在我看来,像[大法官]布鲁尔(Brewer)和佩克姆那样知
> 名的司法科布登主义者①们本以为自己的判决书能够令他们

---

① 科布登主义是以英国政治家和经济学家理查德·科布登(Richard Cobden)的名字命名的,他主张国际自由贸易和不干涉主义外交政策是繁荣与世界和平的关键要求。基于亚当·斯密关于充分就业和经济增长需要进入外国市场的主张,科布登认为扩大对外贸易是增加全球繁荣的主要手段,并强调国际分工对经济进步的重要性。——译者注

的朋友边沁①在宪法中永垂不朽，未曾想，他们实际上更直接地招致了公民立法②、全民公决等诸如此类的东西。

和亨利·斯廷森(Henry Stimson)一样，勒尼德·汉德开始认为罗斯福最好等到1916年再参选。正如汉德对惠特里奇所言：

> 你支持他现在竞选，对此我感到遗憾。为什么不能来个民主党总统呢？我对民主党那彻头彻尾的混乱和无能有着十足把握。尽管如此，我们有时还是必须清理掉那些旧式杰斐逊主义带来的弊病……只有让民主党延续其往日的不负责任执政4年，我们才有机会进行这场确有必要的清洗。为了上校着想，也为了未来的更多机会……何不干脆先让一个民主党总统把局面搞砸，直至国家要求(罗斯福)上台呢？他还年轻，我更希望他能有充分的空间去系统且深入地制定他的计划。[88]

1912年2月21日，罗斯福宣布参选3天前，他在哥伦布市召开的俄亥俄州制宪会议发表讲话，称"如果提名我为总统候选人，我会接受"[89]，在这次演说中，他再次力主撤销司法判决，并声称他甚至支持将撤换法官作为最终解决办法。[90] 这一言论令许多罗斯福支持者离他而去，并为塔夫脱及其支持者在随后的初选中攻击罗斯福提供了主要武器。罗斯福的许多盟友弃他而去，其中甚至包括他的老朋友亨利·卡博特·洛奇(Henry Cabot Lodge)，后者承诺不会支持"其他人"，但很快就建立了一个全国性组织以反对撤销司法判决。[91] 汉德也很苦恼；他尚未彻底放弃说服罗斯福改变态度的希望。不仅如此，他在那年春天还花去大量时间试图鼓励罗斯福采用另一种温和的解决办法，这个办法源自汉德在纽约

---

① 杰里米·边沁(Jeremy Bentham)，英国法理学家、功利主义哲学家、经济学家和社会改革者，亦是英国法律改革运动的先驱和领袖。——译者注

② 公民立法(initiative)，即普通民众通过签署请愿书的方式提出新的立法议程。——译者注

和康沃尔郡的老友乔治·鲁布利(George Rublee)的建议。此时汉德刚把鲁布利介绍给罗斯福(而鲁布利很快会成为罗斯福顾问团队的核心成员)。鲁布利接着又将他的伙伴约瑟夫·科顿(Joseph Cotton)带进了罗斯福的圈子。[92]

汉德在给西奥多·罗斯福的信中写道,比起自己早前的建议,鲁布利的构想"更为深入地"触及了"难点的核心"。鲁布利和汉德认为,可以将最高法院近期较为自由主义的判决中就"正当法律程序"的定义,通过宪法修正案予以确立,以克服"艾夫斯案"中这类对正当程序的限缩解释。汉德认为,既然最高法院已经认可了这种"极为自由主义的标准",将这一最新解释"写入《权利法案》作为界定"不是再好不过吗?罗斯福自己不必就此定义给出"任何特定的措辞":"最高法院目前最好的原则将充分体现在《权利法案》确立的解释中,这就够了。"

这一次,汉德没有局限于主张其解决方式在原则上更为合理。汉德十分清楚,罗斯福的近期言论招致了民众强烈抗议,是故,汉德亦大胆提出政治方面的考量:"此法的高明之处在于,即便是最顽固的保守分子也不能对其提出半点异议。他们总是对最高法院寄予厚望,却未意识到这个庄严的机构近来一直蓄意叛变。"汉德写了很长的附言,并在其中草拟了4个"'正当法律程序',或者说'治安权'的定义草案",以供罗斯福选择。汉德更倾向于其中的第2和第4个定义,一个即是1911年霍姆斯在"俄克拉荷马银行案"中判决立场的变体,另一个则指出:"如一项立法并未明确规定超出民众福祉或便利之合理范畴的内容,即应被视为符合正当法律程序。"[93]

整个3月,勒尼德·汉德和他最亲密的朋友们频频敦促罗斯福采纳鲁布利和汉德提出的宪法修正案路线。连通常在汉德圈子里最支持罗斯福的克罗利也加入鲁布利和科顿的行列,[94]而汉德的一位新朋友也参与其中,此人后来与汉德很快成为密友。

进步主义运动中的这张新面孔,就是充满活力的年轻知识分子费利克斯·法兰克福特。法兰克福特比汉德小10岁,比起其他改革派律师要年轻得多,但年龄差距并未阻碍他与汉德之间友谊的快速升温,在汉德其后余生中，两人的友谊更是日渐深厚。两人结识于汉德 1909 年就任法官之初：彼时的法兰克福特是个来自维也纳的 27 岁犹太移民，刚从哈佛法学院毕业，并受雇于美国司法部长亨利·斯廷森（Henry Stimson），他很快就去法官办公室拜访了 37 岁的新任法官汉德。两人一见如故。在法兰克福特还是助理司法部长的时候，两人就常常见面。1911年，塔夫脱说服斯廷森加入内阁任战争部长，斯廷森遂带着法兰克福特一道去了华盛顿。明面上，法兰克福特被指派到了陆军部岛屿事务局；事实上，他是斯廷森的首席助理和亲信。汉德和法兰克福特都喜欢写信，两人的通信日益频繁。他俩早年同属进步派，且对司法权力问题尤为感兴趣。尽管时有分歧，关系密切的两人仍对彼此极为坦诚。

1911 年来到华盛顿时，法兰克福特已是一名新国家主义信徒，对克罗利及其著作推崇备至。法兰克福特的进步派、亲罗斯福立场自然令其在塔夫脱行政分支处境艰难；他为职位所限，无法公然支持罗斯福。法兰克福特苦恼于是否还要留在行政分支任职，他最终留了下来，部分原因还是为了在行政分支保有进步派的声音，此外，他或许也有职业生涯和收入方面的顾虑：与很多进步派律师不同，他并无多少可以动用的私产。不过，出任公职并未妨碍他在私底下作出政治表态。

汉德极为详尽而又坦诚地向法兰克福特表达了他对法院事务的想法。法兰克福特清楚汉德心系何事，他会向汉德定期通报两人热衷之议题的最新发展。举例来说，他曾在 1911 年初给汉德寄去詹姆斯·M. 贝克（James M. Beck）最近发表的一篇保守主义檄文，这个极端保守的华尔街律师和宪法评论法学派学者满怀信心地在文中写道，第十四修正案保护国家免于"社会主义"之害。[95] 令汉德恼火的正是这类说辞：只要国家的合法监管权力得到适当承认，"若是有意如此，我认为我们明天就能实现'社会主义'了"。汉德认为，贝克这样的"顽固保守分子"根本"没有捍卫自身信念的胆量"。他们是私有制的忠实信徒，"但他们又没有信心在全体民众面前捍卫其正当性"，所以"他们想要将政府的全部责任推给华盛顿那九个老头儿"。① 汉德对法兰克福特说:"我俩并不像他们那样无条件地"推崇私有制,"我们乐见一些对私有制的抨击……就我个人而言,我并没有这种'人民的声音就是上帝的声音'②的错觉,但是……如果我们无法让'人民'了解这个制度存在之必要性,那还不如任其走向消亡。"汉德对那些"满口关于'社会主义'的陈词滥调,翻来覆去无非旨在昭示,耶稣是在曼彻斯特③而非山上传播了八福④"的保守派毫无耐心。⁹⁶汉德和法兰克福特笃信霍姆斯在"洛克纳案"中的异议意见,对于第十四修正案的制宪者们已将亚当·斯密或是赫伯特·斯宾塞的观点写入宪法这一论断,两人都无法苟同。

汉德的猛烈抨击令法兰克福特十分兴奋:"至少对于像我这样提倡打破旧习的人来说,相较那些无外乎教条堆砌的武断言论,你的宪法考量读来令人耳目一新。"不过,最高法院近期判决的裁判要旨燃起了法兰克福特和汉德的希望,"未来10年应该没什么可抱怨的了。"法兰克福特仿佛预见到自己会在几十年后的助选行动中推举汉德争取最高法院的任命,他在信末写道:"我会尽力将你的观点隐藏起来,希望某一天我们能通过毫无防备的特洛伊人的防卫,让你进入最高法院。"⁹⁷

汉德和法兰克福特在正当程序和法院地位问题上看法相同,随着罗斯福初选活动的推进,两人自然联络频繁。汉德知道法兰克福特"在精神上支持我们",遂在3月初向这位年轻的朋友尽情倾吐了自己最为担忧的问题:

> 我对上校口中的[司法权力]议题感到十分心痛。我在很

---

① 此处指联邦最高法院九位大法官。——译者注

② 此处原文为"Vox Populi, Vox Dei",系拉丁语,意为"人民的声音就是上帝的声音",原为古谚,1709年被用作辉格党的口号。——译者注

③ 此处应指19世纪兴起的曼彻斯特学派或曼彻斯特自由主义(Manchester Liberalism),他们以放任主义和自由贸易为主要纲领,因其宣传中心设在曼彻斯特而得名。——译者注

④ "八福"(Beatitudes)是指耶稣在马太福音第五至七章宣讲的天国法则,因被认为是耶稣在加利利的山上传播的福音,又称"登山宝训"(Sermon on the Mount)。——译者注

大程度上是反对这种制度改革的,撤销司法判决是其中唯一值得称道的改革建议,但也只能算初衷良好,而其计划是完全行不通且有害无益的。我甚至认为这种方式只会助长其原本旨在解决的弊病。在我看来,只有立法机关才是有效的民主机构,而我说的弊病,即是让法院拥有代行立法机关职能。你知道我反对[法院的]行使这一职能,而且我一直在为[剥夺法院的司法审查权力而采取]积极行动做准备;我采取这种立场,很大程度上是因为若非如此,我们终将踏上民众直接行动这一无望的道路。而上校提出的正是这种民众直接行动路线。[98]

在这封信中,汉德还告诉法兰克福特,他"上周见了两次罗斯福,并为这些事情付出了全力"。但他越来越有理由担心,此事为时已晚:"如果我们早些联系他,可能还能做些什么,但现在肯定已经很难了。"[99] 法兰克福特并不全然同意。他承认,"你要是能早点联系上校固然最好",但相比汉德,他对西奥多·罗斯福的民粹主义提案抱有更大的认同:"虽然我对[制度改革]不抱太大期望,但我支持把公民立法、全民公决和撤销判决纳入弹药库……我不认为这些制度会如你担心的那般导致直接行动。"但他同意汉德对罗斯福之特点的评价:"我同意,他那领导力的精髓,在于他超群的政治斡旋意志和能力,而这些意志和能力源于正直的信念和同情心,而非任何既定纲领。"[100]

1912年3月15日,为了在司法改革议题上说服罗斯福,汉德煞费苦心地作出最后努力。他知道罗斯福计划再次就法院问题发表演讲,遂揽下了代笔工作,以便提出他认为的"与此前讨论之方向稍有不同"的方案。他在为罗斯福起草的讲稿中反复提到,正当程序条款极为含糊,而弊端在于,联邦法院手握解释正当程序条款的权力。由于"正当程序"缺乏明确意涵,司法层面的解释必然只能成为政策决断。正当程序裁判徒具法律决策的外表和形式。汉德称,法院实际上是在根据某一项既定的法例,对立法机构的决策进行事后评估。汉德希望罗斯福这么说:"法院若是确信某项法案无法对良好的公共政策带来助益,就判定该法案不符合正当法律程序"，而我坚决反对这种权力；其他国家都并无此等权力；我们政府自成立以来，也无此等先例；我国的政治学者通常并不是改革的急先锋，但如今，他们中的多数亦反对这种权力。

此时，汉德已经猜到前总统并不热衷宪法修正案这一方案，所以他的主要目的是说服罗斯福先不要急于提出明确的解决方案。根据汉德起草的讲稿，罗斯福本来要讲的内容是：

> 我已反复重申，我丝毫不在乎方法，如果有人倾向于通过在法条中明确定义"正当法律程序"这个办法，令法院无法以其自身的公共政策立场取代立法机关，我也完全接受。

汉德坚称，罗斯福应当着眼于这些不知所谓的正当程序条款本身，而不应为了任何特定的解决方案发起改革运动。[101]

罗斯福旋即对汉德的建议表示感谢："我想我可以在接下来的演说中用到这些建议"。[102] 然而很快，罗斯福愈加明显地表现出决不让步的姿态。3月20日，也就是收到汉德最终建议的两天后，他发表了那场承诺会用到汉德建议的演说——这场演说广受关注，3000 名观众挤满卡内基大厅，而挤不下的人们在隔壁一个礼堂里，热切地盼着听到他的声音。汉德的某些建议再次出现在罗斯福的演说中。然而，罗斯福在这场题为《人民的统治权》的第二次卡耐基大厅演说中，以势不可挡的姿态比以往更为坚决地重述了自己此前的提议，也就是他在 1911 年 11 月的演说中首次提出，又在 1912 年 1 月的一篇文章中进一步阐释，并于同年的 2 月末在哥伦布再次重申的这些提议。

令新国家主义者尤为沮丧的是，这次演说基本没有提出什么实质性的改革建议。演说通篇都在谈论制度机制。罗斯福明确表示，他首选的直接解决方案仍是撤销司法判决，而宪法修正案这一办法"完全不够"，他据此明确否定了这一提议。[103]

如果罗斯福听从了汉德和他圈子里那些人的意见，其是否能在1912 年获得共和党的提名，这一点我们无法断言。但显然，罗斯福原本可以有更大胜算，正因其固守自己钟爱的解决方案，罗斯福付出了支持率大受折损的代价。在竞选的头几个月，罗斯福对司法权力的观点所引发的争议愈演愈烈，而最初吸引东部进步派的新国家主义提案引发之关注则因此被分散了。

第二次卡内基大厅演说后的几周里，罗斯福的选情进展一直占据各大报章头条。然而，新闻报道的大部分内容都集中于候选人彼此恶语相向的最新动态。塔夫脱以不同寻常的强硬态度诉诸谩骂；罗斯福则以牙还牙地回敬。局面恶化至此，汉德十分痛心。罗斯福毫无根据地指控塔夫脱麾下的共和党人在共和党全国大会的代表选举中有欺诈行为，事态随之进一步恶化。汉德告诉法兰克福特："我不该公开这么说，但我很想告诉你，我真的对上校和他的竞选行为感到极为失望。他现在几乎每句话都令我感到痛惜甚至沮丧。我希望他被麻药麻晕，先昏睡 8 个月再醒来当选。毫无疑问，作为一个竞选人，他的行为令明眼人唏嘘①。"汉德不再觉得自己是个改革斗士了：

> 基本上人人都希望自己多少能有个进步派的名头，几乎所有人都真心希望成为进步派。悲悯和情绪令我们极度痛苦，可事到如今，这一切最终不过是在老旧机器②上修修补补……我讨厌叫嚣、相互猜忌和辱骂，就像歌德说的那样，我们需要的是光，多一些光！③ 我厌倦了"人民的统治"，厌倦了这个由不断的选举和对当权者无休止的怀疑塑造的时代。啊，这一切都让我感到恶心，他们或是充满喧嚣与愤怒且毫无意义，或是像大

---

①　"令明眼人唏嘘"（makes the judicious grieve）是化用《哈姆雷特》中主人公形容戏剧映照人性时的表述，"若形容得过火，或是描摹得不足，虽然可以令门外汉发笑，却要使明眼人为之唏嘘了……"（Now, this overdone, or come tardy off, though it make the unskilful laugh, cannot but make the judicious grieve...）——译者注

②　"机器"是对 19 世纪下半叶美国业已腐化的政党组织的一种带有贬抑色彩的比喻说法。——译者注

③　此处原文为德语"Licht, mehr Licht"，意为"光，多一些光"，据称为德国诗人约翰·沃尔夫冈·冯·歌德的遗言。——译者注

喇嘛那样旋转着写有祷文的转经筒,认为自己能够驱除四海之
内的所有恶魔。[104]

不久后,汉德告诉法兰克福特,乔治·鲁布利称其"缺乏信念"并教
训了他一顿。鲁布里抱怨汉德"置身事外,只是在瞎叫唤",既然他"真
心支持整个运动","就该更多地表达支持"。汉德对法兰克福特说:
"嗯,我想他是对的,我想我还是支持这个运动的,虽然我颇为困惑,这个
运动到底是什么。"他无法抑制自己的沮丧之情:"在我看来,这就是一
种布尔乔亚式杰克逊主义的复辟,而非我真正想要的东西,然而此时,政
治领袖们的几乎所有声明都让我感到悲伤甚至耻辱,在此之际还要我保
持温和,这是违背人性的,或者说至少违背了我的人性。"[105]

尽管如此,汉德还没有放弃这次竞选活动。相反,他克服了自己的
失望之感,试图尽其所能挽救罗斯福的选情。汉德的坚持反映了他对新
国家主义的承诺之深。他遵照法兰克福特的建议,搁置了自己与西奥
多·罗斯福的分歧,并再次专注于最初吸引他的社会改革议题。他开始
为罗斯福的政治纲领条款做准备,并热切地盼望罗斯福能够回归到被党
内初选迷局所掩盖的基本议题上来。

法兰克福特在3月中旬建议汉德着手起草罗斯福的政纲,此时罗斯
福得到提名的希望看起来还很渺茫。法兰克福特和许多东部进步派一
样,不"认为上校能有多大胜算"。[106] 在共和党的提名争夺战中,连拉福
莱特都比罗斯福看起来更有希望。然而到了4月中旬,情势开始发生变
化。随着司法议题的喧嚣逐步平息,而竞选阵地转向初选采用直接选举
制而非大会选举制的州,罗斯福的胜率显著提升。从伊利诺伊州和宾夕
法尼亚州,到加利福尼亚州、明尼苏达州和内布拉斯加州,似乎每周都会
传来罗斯福胜选的新消息。在5月俄亥俄州的初选中,罗斯福的支持率
一路飙升,当时塔夫脱、拉福莱特和罗斯福之间展开了一场激烈的三方
角逐,而西奥多·罗斯福在这个塔夫脱的家乡所在州取得了压倒性
胜利。[107]

汉德参与起草罗斯福的政纲，始于他在 5 月 23 日写给《科利尔周刊》编辑部的诺曼·哈普古德的一封长信。当时距离共和党全国大会的召开仅余 1 个月，罗斯福的竞选活动正处于上升态势，汉德写道："现在看来上校很可能会得到提名，如果你和乔治[·鲁布利]中任何一人或是两人皆可对他产生影响的话，我非常希望你们能够行动起来，让他将注意力转移到施政纲领上来。"能不能说服罗斯福去关注"至少我认为更为紧迫的重要事务"——即新国家主义的实质内容呢？汉德随函附上了他起草的"一些建议"。他认为内容只要简洁和概括就好；重点只是"让共和党对相关议题进行某种表态。"[108]

汉德的附件并没有被留存下来，但其附信表明，他将重点放在了他所称之"社会和工业"纲领的条款上。他考虑的主要是确保改善工人的工作条件，以及控制大公司的经济权力。汉德此时重点关注最长工时、最低工资、禁止雇佣童工这类议题。汉德认为，如果自己和东部的朋友们不快速采取行动，"政纲将实质由西部进步主义者主导"。汉德在向哈普古德发送政纲建议的当天，亦将副本转寄克罗利和鲁布利。孤身一人在康沃尔的克罗利已与罗斯福失去联系——他或许有些嫉妒汉德、鲁布利和科顿得到的关注；而鲁布利则愈加深入地投身其中，汉德亦强调，他的草案旨在"促使"鲁布利和他的律所合伙人约瑟夫·布莱恩（Joseph Cotton）就基本议题的制订开展工作。[109]

共和党大会定于 6 月 18 日在芝加哥召开，时间已着实紧迫。但随着这一天的临近，汉德的信心亦与日俱增。举例来说，当罗斯福在马萨诸塞州胜出时，鲁布利曾告诉罗斯福："科顿、汉德和我庆祝了一整个早上。"[110] 说服罗斯福回归新国家主义阵营的希望似乎更大了，因为大会召开的几天前在芝加哥集结时，鲁布利已成功跻身罗斯福阵营的核心团队。[111] 汉德继续拟写社会和工业政纲条款，并向鲁布利提交了新的修订稿，他在这一版中更为坚决地强调了行使国家立法权的必要性。不过，汉德在政治上亦足够精明，他意识到有必要为这些颇具争议的提案披上一些伪装："就这样一个最终会赋予国会极大权力的十分激进的纲领，如果能试着让支持州权的人们接受它，我认为这会是件好事。"汉德坚持认为，无论共和党在社会和工业正义条款上的表述多么富有争议，"这至少在原则上是一个非常重要的纲领条款，[并且]我相信它是正确的"。[112]

然而，当共和党全国大会在芝加哥召开时，所有在纲领上付出努力似乎都付诸东流了。尽管如直接初选和报纸民调所示，罗斯福显然获得了共和党选民的压倒性支持，但无论是初选还是民调都无法让代表获得席位，而塔夫脱阵营控制着这一选举机制。俄亥俄州一位口才绝佳的报纸编辑沃伦·G. 哈丁（Warren G. Harding）提名了塔夫脱，后者在本次大会中胜出。罗斯福大为恼怒。西奥多·罗斯福本人确信，塔夫脱窃取了他的提名，他的代表们亦如此认为，其中许多人弃权以示抗议。

罗斯福曾有好几个星期一直暗示自己不会甘于败在共和党党魁手下。在大会结束前，他将威胁付诸了行动：大部分进步派共和党人脱离了共和党，一个新的第三党——进步党成立了。共和党的内部分裂造成了塔夫脱、罗斯福和民主党推举的候选人三足鼎立竞逐总统之位的局面。这种分裂局面，亦使得"共和党内具备强大实力的进步主义力量至少在 30 年内无望翻身了"。[113] 汉德也是在提名前几周力主罗斯福脱党的进步派之一。汉德在 6 月初造访牡蛎湾时告诉克罗利，他此前曾强调过脱党的可能性："我要特别强调，我们现在面临原则问题的生死存亡，因为这个理由脱党是合情合理的，至于[塔夫脱]是不是窃取了竞选成果，这实际上是无关紧要的问题。"汉德误以为他的建议不会有"丝毫效果"。[114] 他低估了有多少人会对罗斯福提出同样的建议，亦低估了罗斯福有多么不愿意接受失败，而后者更为重要。

汉德为共和党纲领所做的工作，也并未像他得知芝加哥的结果时担心的那样付诸东流。诺曼·哈普古德在大会闭会两天后给汉德写信说，他将"有充足时间"向进步党提出他所关心的施政纲领议题，因为新党的全国大会要到 8 月第一周才开，而开会地点也在芝加哥。[115] 汉德依然热情地参与了接下来的竞选活动。关于汉德提出之政纲条款应更为详尽的建议，新党亦有所关注。

篇幅极长的"进步党国家施政纲领"应运而生，其中一个主要章节即是"社会和工业正义"。新国家主义思想充分体现在了童工问题、女工最低工资标准以及 8 小时工作制的具体承诺中。[116] 另一条政纲条款则如同汉德此前建议的那样，承诺"从根本上"加强国会权力："将超过州权管辖范围的难题置于有效的国家管控之下"，包括在童工、妇女健康、工人保护这类涉及"共同关切"的议题上，消除"不公正"的州法。同时，政纲亦抨击民主党"过分坚持州权"，称此"再次证明该党无法理解自己赖以生存的世界"。[117] 汉德很快加入了进步党。克罗利写道，"我认为你这样做没错，在我看来这是理所当然的事。"[118]

罗斯福有一定几率赢得大选，而且如果民主党人提名一个反国家主义者，致使进步派民主党人倒向罗斯福阵营，他的赢面还会更大。但进步党的大选前景很快黯淡了下来。民主党人提名新泽西州州长伍德罗·威尔逊，许多原本支持罗斯福的进步派被吸引到了威尔逊阵营（哈普德和鲁布利在其后几个月即是如此）。克罗利被慢慢拉回罗斯福的竞选活动中（他为自己终于收到罗斯福的午餐邀请而感到自豪），他并不打算放弃自己过往的忠诚，并向汉德断言："即使现在情况不甚明朗，相较近期的其他美国政治运动，当前的第三党运动肯定更有施行善政的希望。你会发现，第三党遵循自己的行事逻辑，亦顺应了国有化的时势。"克罗利认为，进步党包含了"美国政治观点中最重要的组成部分……即那些想要有所成就的人，以及那些愿意通过政府机构来实现计划的人"。[119]

汉德对进步党抱有同样的信念；他比克罗利更讨厌威尔逊，认为威尔逊是一个虚伪的杰斐逊主义演说家。不过，与克罗利不同的是，他在 1912 年并没有这种胜利在望的错觉。相反，他将这场第三党运动视为国家长期改革事业的第一步。他很快与法兰克福达成一致，认为"应该在假定今年不会成功的前提下推进"这场运动。[120] 当然，为了令这场运动得以持续，亦需确保新党不会沦为罗斯福的工具。正如汉德对康沃尔的朋友菲利普·利特尔（Philip Littell）所言："我不知道当前的第三党是否能存活下去；[尽管]罗斯福恰好是这场运动所要表达之诉求的最佳代言人，如果第三党只是一个罗斯福政党，它确实不该降生，更谈不上生存。"[121]

随着进步党大会的临近，汉德为这项事业找到新的动力。他在 7 月末给法兰克福特的一封信中写道："在民主党大会之后，有大约两周的时间我是相当不开心的,因为有些不知所措,威尔逊的提名又带走了新党最后的胜算,而且我开始觉得,第三党运动似乎在很大程度上混淆了议题。"但是很快,他就明确了"正确的道路",认定进步党仍然值得他的支持,随即"心无旁骛"了起来。进步党为了在地方上取胜而放弃了全国性议题,汉德为感到苦恼,但他的信念还是克服了疑虑。他感受到了草根阶层的成长:

> 我相信,全国各地都对真正意义上的政治解放抱有巨大的热情。虽然该党尚不成功,但在很多方面应可以激发人们的热忱。即便该党获得成功,我想它也会像所有其他政治、宗教和社会组织一样,变得摇摆而又中庸。这就是合作的条件……[但]……我们在全国都有支持者。这可能是真正全国民主的开端,说不准。我很遗憾罗斯福在这里参与得太多了,但是这个你控制不了——我们必须承认,没有他,还是会遭受一些损失的。[122]

汉德认为"举国上下支持者众",这一点其实并不可靠。他和他的朋友都是中上阶层的东部知识分子;事实上,他对欧洲的熟悉程度都要多过对哈德逊河以西乡村的了解。他那偏狭的视角并不能看到群众对西奥多·罗斯福的实际支持度有多高。汉德在两周后对罗斯福说道,"我认为我国大部分40岁以下具有良知与头脑的人都会支持公麋党",[123]这话或许没错,然而,这只是一小撮对周围富人的麻木和暴行感到不满的知识分子流民,根本算不得全国性的浪潮。[124]

8月初的进步党大会在气氛上更接近宗教运动而非政治集会,罗斯福在大会上志得意满的表现便是一大例证。在他那接受提名的长篇演讲中,狂热的人群欢呼雀跃,挥舞着红色头巾,这是公麋党进步派的新象征。连汉德也为罗斯福这篇题为"信仰自白"的演说而热血沸腾;如汉德和克罗利所愿,这次演说确实清楚阐明了新国家主义原则。尽管罗斯福并没有放弃他的直接民主方案,但他此次前所未有地大力支持汉德倡导的所有改革建议,包括通过建立国家工业委员会来规管工业,以及一长串扶持弱势群体的措施。此外,这篇应运而生的政治纲领亦是一个详尽的国家主义声明。

然而,进步党初期的压力并未完全消弭。反托拉斯问题尤具争议。尽管政纲仍呼吁建立全国性机构来监管企业,金融家乔治·帕金斯(George Perkins)还是通过某些操纵议会的非常手段,设法删去了一条主张加强《谢尔曼法》的政纲条款。汉德并未感到不快,因为在这个问题上他同意帕金斯的观点,但西部进步派和全国各地支持西奥多·罗斯福的激进分子们都为此感到不满。

公麋党倡导行政监管而非推行《谢尔曼法》这一点,也令罗斯福容易遭到民主党阵营中的进步分子的攻击。凭借路易斯·D. 布兰代斯提供的弹药,威尔逊攻击罗斯福在反托拉斯议题上"亲商"的次数越来越多。汉德抱怨,"布兰代斯试图把我们扔进垄断者的阵营",这是在"篡改真正的议题"。不过,他认为这场辩论还是有益的:"有大量例子可以证明新党已经开始厘清议题,而这实际上只是其中一例;我们相信,一旦划定议题边界,思想便会被激发出来,这即是一个充分的例证。"[125]

在竞选的最后几周,汉德还加入了当地的进步党俱乐部并慷慨捐资。[126] 不过考虑到自己的法官身份,他对自己应以何等主动的姿态参与政治活动渐生顾虑。那年年初,汉德在与亨利·史汀生(Henry Stimson)通信时透露,他知道法院内部对他这个政治上的行动派颇有微词。9月份,一位名叫沃尔特·E. 韦尔(Walter E. Weyl)的年轻经济学者和新闻从业者作为进步党要员,恳请汉德以多种形式为该党助选:例如就政纲条款起草短篇社论,给当地报纸写署名信,向选民发表演说,以及面向党内的大学生发表非正式的演讲,而汉德在与其通信时表达了更多的顾虑。[127] 经过数日的思考,汉德表示虽然"十分遗憾",但他拒绝参与:

> 我觉得对法官而言,任何主动参与竞选工作的行为都是不妥当的……我希望自己能够作些贡献,但我想你会同意,法官应该让自己免受任何当下党派之争的影响。在某些并不鲜见的案

件中,法官思想不受党派偏见影响这一点是非常重要的,若是让自己预先对某一方产生极大的热情,必会失去公信力。[128]

汉德显然正踩着一条纤细且时而难以察觉的底线:在幕后,他已经为进步党做了大量工作;而在次年,他也并未被内疚所束缚,接受了上诉法院法官的提名,以助力进步党获得选票。但接下来的1912年大选中,他回避了公开活动。

不过,汉德还是参与了罗斯福竞选的高潮,也就是10月底在纽约麦迪逊广场花园举行的那场公众集会。这次演说可能是罗斯福最好的一次演说,16000名听众欢呼罗斯福名字长达45分钟,他甚至需要一反常态地试图令大家安静下来。[129]罗斯福比以往更加清晰有力地宣扬了新国家主义,汉德因此深受感动和鼓舞。这一次,罗斯福对撤销司法判决的支持也没能抑制住汉德的热情。两天后,他给罗斯福的妹妹科琳·罗斯福·罗宾逊(Corinne Roosevelt Robinson)夫人写了一封感染人心的信:

> 你的兄长从未显得如此这般英勇。他的才能完全配得上那个场面,他真正表现出了伟大的领袖风范。我永远不会忘记他描绘目标时那崇高而又鼓舞人心的话语,也不会忘记过去两周和现在,他向我们立志献身伟大事业时的那种庄严的热忱。

许是感到罗斯福即将败选,他用悼词的方式为这封信收尾:

> 我希望并且相信,当这一切被载入史册的时候,他为国家所作的最大贡献就是——就算是他最大的敌人也会承认他作了很多贡献——他是进步党真正的缔造者,他也成了进步党的灵魂和领袖。[130]

几天后,大选开票,罗斯福也的确以败北告终。不过,屈居第二的他依然势头强劲,而且他痛击了塔夫脱,斩获超过400万张选票,而塔夫脱只取得不到 350 万张选票。罗斯福拿下 6 个州，赢得 88 张选举人票，塔夫脱则拿下 2 个州和 8 张选举人票。威尔逊的多数票未超半数，却也轻而易举地战胜了分裂的共和党人。对于汉德来说，罗斯福在第三党竞选中展现的空前力量，为未来的进步事业埋下了希望的火种。

　　与多数进步人士一样，勒尼德·汉德将 1912 年的大选视作新国家主义运动的开端。更大的挑战还在前方。这场与罗斯福本人如此紧密相关的竞选，能否催生出一场永久性的进步主义运动？西奥多·罗斯福对此毫不怀疑：他在 1912 年大选后宣称，进步党在短短几个月内取得了"在自由政府历史上空前绝后的"成就。他坚称，该党已"扎下根来"，"战斗才刚刚开始"。[131] 但是，要把群众集结到克罗利和汉德这类知识分子所构想的高屋建瓴的改革事业中来，绝非一件易事。

　　在大选后的几个星期里，进步党召开了州和全国会议以谋划未来。他们不仅计划在现有基层组织上叠加一个复杂的党组结构，还要建立一个平行的教育结构，即"进步服务"（Progressive Service）组织，旨在将改革讯息传达给立法者和群众。"进步服务"源自著名社会工作者简·亚当斯（Jane Addams）的提议，该组织旨在协调党内致力于消除童工、争取女性选举权和改善工厂工作条件的各个分散的改革小组，这些改革小组集结了大量进步派人士。汉德曾预言，"社会工作者"将成为党内力量的重要源泉，而今，社会工作者终于得以施展拳脚。进步党希望通过教育和劝导，令进步主义改革蓬勃发展。

　　汉德热心地参与到了这些组织管理的工作中。为了让全国性党组织拥有固定资金来源，他率先承诺将每年捐款。[132] 纽约党组织请求汉德加入立法委员会的两个下属委员会，这些委员会旨在就法院与立法的关系和罢免公职人员议题制订相关的进步主义立法。汉德对这些委员会的任务并不热心。1912 年 12 月中旬，他写信给立法委员会主席威廉·L. 兰塞姆（William L. Ransom），表示自己希望服务于一个"与劳工立法更直接相关的"团体。[133] 不久后，汉德开始更加认真地重新考虑："我已经仔细考虑过我该在这件事上做些什么了,我觉得法官以这种形式与一个政党产生关联是不太适当的。"[134] 汉德在与兰塞姆会面后得出结论,自己最好还是完全不参与这类活动:"明智起见,最好还是不要与这类委员会有任何正式或是主动的关联。"[135]

1913 年秋,决意不公开参与进步党活动的汉德遭遇严峻考验。9 月 24 日,在康沃尔度假的汉德收到了罗斯福的妹夫,亦即进步党国家委员会主席 T. 道格拉斯·罗宾逊(T. Douglas Robinson)的意外来信,后者代表罗斯福上校询问汉德"是否接受进步党提名你担任上诉法院法官"。罗宾逊解释道,纽约进步党人"在这些提名问题上处境特殊"。现任法官威廉·E. 沃纳(William E. Werner)曾为"艾夫斯案"撰写判决,所以进步党无法提名此人参选首席法官。如果进步党要提名两人分别竞选这两个空缺席位,那么其中一个人选已经有了:塞缪尔·西伯里(Samuel Seabury)是一位备受推崇的独立人士,赛斯·洛(Seth Low)在 1901 年凭借联合选票① 大获全胜,西伯里亦借此赢得纽约市法官席位,并且自 1906 年以来一直担任纽约最高法院即州初审法院②的法官。算上西伯里,进步党还差一个人选,遂将汉德纳入考量:

> 万一进步党州委员会迫不得已,只能选那些尚未被共和党人选中,也很可能不会被民主党人选中的人,上校和党内其他领导人希望你同意接受这个提名。你能发电报答复我"行"或"不行"吗?[136]

汉德知道纽约进步党已决定单独竞选大量州内公职。他也知道,该

---

① 纽约州是少数允许联合选举制度的州之一,在此制度下,多个政党可以支持同一个候选人,这种制度可令少数党派通过支持或提名主要政党的候选人来影响选举结果。1901 年的赛斯·洛即是凭借共和党、独立派和反坦慕尼派民主党人的联合选票当选纽约市市长。——译者注

② 美国各州法院一般分为初审法院、上诉法院及终审法院,不同的州对各级法院有不同的称呼。纽约州的最高法院其实是纽约州法院系统中具有普遍管辖权的初审法院。——译者注

党无法支持任何曾参与臭名昭著的艾夫斯案判决的法官。如此看来，这一提名对汉德而言唾手可得，但这似乎有违汉德不再公开参与政治的决定。罗宾逊的要求遂令汉德陷入窘境。汉德花了5个小时考虑罗宾逊这一紧急请求，尔后发电报回复："无法给出无条件的答复。正在写。"那天的整晚，以及第二天的大部分时间里，他都在一遍遍地起草复函，并为此焦躁不安。最后，他告诉罗宾逊：

> 能够被选中委以如此重任，我自然视其为莫大的荣誉，如果确有必要且利于我党，我将义不容辞，但我必须承认我很不愿意这样做，因为我认为我们今年很可能会表现得非常糟糕。正如我从一开始说的那样，我非常希望事情发展到最后，我们根本不会被考虑在内。[137]

汉德这个试探性的回应，部分源于他对近期政治事态发展的无知。他刚在中西部休完3周的假期并回到康沃尔，他不知道9月初自己和西伯里都出现在了州律师协会的16人法官名单上，各个政党需从中挑选提名人选。[138] 他也不知道共和党人早已选出他们的提名人选：沃纳（Werner）被定为首席法官人选，而同为现任法官的弗兰克·H. 希斯科克（Frank H. Hiscock）被选为联席法官人选。汉德回复的意思是说，如果民主党的提名人选不合适，他会接受进步党的提名。但进步党计划在几天内确定提名，而民主党要等到10月初才会为此召开会议。

汉德意识到他提的条件令进步党陷入窘境。他致信罗宾逊，表示希望进步党可以推迟法官提名，然后坚决要求再加一个条件："最后，我当然还是觉得，身为在任法官的提名人选不该参加任何竞选活动。去年曾有一些关于进步党的法官提名人选像其他人一样参与竞选活动的议论。我不能那样做。"[139]

在9月27日，也就是汉德写信给罗宾逊的两天后，公麋党大会提名勒尼德·汉德任纽约上诉法院首席法官，塞缪尔·西伯里任联席法官。汉德被誉为"一个较为年轻且身强体健之人，已是在任法官又出身知名法律世家,更重要的是,他还是一个完完全全的进步主义者——能够以进步主义者应有的洞察力看待社会问题"。[140] 罗宾逊立刻向身在康沃尔的汉德发去电报通报了这一决定,汉德亦接受了进步党的提名,没有再等待民主党的提名结果。汉德在给罗宾逊的电报中写道:"若能接受我9月25日信中提到的条件,我便接受提名,我想州委员会是可以接受这些条件的。"[141] 罗宾逊很快确认说,进步党州委员会确实"同意"了汉德的条件,并补充道,整个委员会"和罗斯福上校都对你接受提名一事"大为赞赏。[142]

民主党的首席法官提名人选是保守派上诉法院法官威拉德·巴特利特(Willard Bartlett),他和汉德的共和党对手沃纳一样参与审理过"艾夫斯案"。可以想见,上诉法院的法官竞选很快就成为政治论战的焦点,进步党藉此机会继续攻击参与"艾夫斯案"的法官,决意在竞选期间避免发表公开言论的汉德备受考验。他拒绝了所有出席政治晚宴或参加其他党派活动的邀约;他在私底下对地方上的党内工作人员为进步党提名人选所付出的努力表示感谢,[143] 但他能做的也就仅止于此了。进步党请求汉德至少遵循惯例,就接受法官提名作出公开声明,这令汉德倍感压力。连参与竞选的现任上诉法院法官都毫不犹豫地作了这样的声明,而西伯里亦特别希望汉德能在反"艾夫斯案"判决的活动中发声。汉德坚持自己接受提名的前提条件,拒绝如此行事。汉德在很久以后回忆道,[144]"我已是一名法官,我无法接受自己还要去对选民发表演说"。此举令西伯里颇为恼怒,他坚持认为法官提名人选和其他候选人一样,有责任为选民厘清议题。部分报刊社论过分偏袒其他候选人,并将罗斯福1912年倡导的撤销司法判决与进步党候选人关联起来,可决意保持沉默的汉德甚至无法作出反驳。[145] 汉德曾剪下《纽约太阳报》的一篇社论并保存在文件夹中,该文即明确提出了这一点:

> 罗斯福上校和其他进步党领导人对于民众投票推翻法官判决这一激进观点的态度,展示了进步党对司法制度的整体倾向,作为一个保守派市民,我认为在现有舆论环境下,相较巴特

利特法官或沃纳法官,进步派提名的汉德法官似乎并不是一个理想人选。[146]

汉德私下曾表示,他非常希望进步党能在州选中表选出色:他知道1913 年对进步党是个关键考验,经此一役,方可知该党能否在罗斯福不参选的时候顺利走下去。进步党在全国范围内选情胜负参半,但在纽约州和马萨诸塞州实力相对强劲。在纽约州的"光辉"[147]战绩中,进步党参与的纽约市联合选票大获全胜,更重要的是,有 23 名进步党人赢得了纽约州议会席位。[148]然而,上诉法院法官席位的竞选结果与汉德一直以来预料的一样:在未获主要党派支持的情况下,他和西伯里双双落败。在选举首席法官的 150 万张选票中,民主党提名人巴特利特仅以 3000票优势险胜沃纳。汉德在州内获得的票数略高于 195000 票——约占总票数的 13%,比西伯里多出近 2000 票。

汉德向法兰克福特坦承:"不可否认,这已是一个令人满意的结果了。""我自己对这个票数很满意,这已经是我所能期望的最高的票数了。"[149]法兰克福特一直认为汉德的提名"极其有意义地彰显了"汉德"本应得到的对待",这个提名证明,汉德"可以胜任"更高的职位,甚至也许应该在最高法院任职。年轻的法兰克福特提醒汉德,尽管在纽约竞选法官失利,"你的未来依然有着无限可能"。[150]

在汉德自己看来,过度解读这些可喜的成绩并非明智之举。正如他在写给民权律师吉尔伯特·E. 罗伊(Gilbert E. Roe)的信中所言:

> 在某种程度上,我对法官席位引发的这些纷扰感到抱歉。作为法官我内心十分清楚,在某些案件中,法官不应为当下的思潮所左右,但知易行难。当然,我们都必须认识到,法官并非民意的权威来源,法官的首要任务,应是不偏不倚地尝试查明立法之时的法条意涵。

汉德认为,法官越权引发的敌意或许终将危及司法独立:"我同意你的观点,也许总有一天,我们将不得不为了捍卫法律之正道而拼死搏斗。对你我这样的人来说,这是一件难上加难的事,因为那时会有人指控我们,将我们试图遏止骚乱的行为说成是自食其果。"[151]

　　汉德勉强参与 1913 年的竞选,尽管选举失利,但也为进步事业作出了令人满意的贡献。潜在的危害也同样存在。假使汉德日后被考虑出任更高级别的法官职位,普通共和党人会想起他这特立独行的举动吗?汉德接受 1913 年的提名时,显然没有考虑过自己的职业前景,但他确实曾反复考虑过一个与此相关的问题:他的竞选活动是否合乎联邦法官的适当行为准则? 他发现自己越来越关心这个问题,并曾在 80 多岁时反思自己的政治活跃年代,他评论道:"现在看来,我就该置身事外的;我当时是一名法官,法官即使不出面也不该搅和这些事。我之过,我之过①!"[152]

　　汉德显然感知到了一条相当明确的分界线,这条线决定了法官介入政治事务的适当与否。当时的他认为,只要不公开出面,联邦法官提供私下建议并无不妥,他和西奥多·罗斯福就常常如此行事。认同这种法官行为的观点在当时并不罕见,[153] 但比起如今的通说[154]或是汉德后期的观点,当时的这种看法确实没那么严格。汉德就任上诉法院法官后,一直避免在可能被视为具有"煽动性"的事务中参与政治活动和公开出面。比如,他在 1922 年 11 月坚决主张:"我认为,法官若要对政治产生积极兴趣,就应该辞去法官职务。"[155] 1923 年初,应霍姆斯"回避所有'热点话题'"的建议,[156] 汉德拒绝参加所有公开的党派活动,不过他此后仍一直密切关注着政局,并且常在私人信件中与朋友分享他的观点。

　　汉德在进步年代的大量政治参与,与后期的自我克制形成了鲜明对比。在当时,司法行为适当性的界限并不那么明确,但他如此行事的关键原因,无疑是他对新国家主义事业的忠诚不渝。即便人到暮年,他也不觉后悔:"我确实是一个热忱的'罗斯福主义者'……我从未后悔,若

---

① 原文为拉丁语"Mea culpa, mea culpa!"。——译者注

是再来一次，我还会做同样的事。"[157] 汉德致力投身进步主义，有时对担任该党领导人的罗斯福亦是尽心尽力，这一切克服了他对自己的政治参与是否适当的疑虑。

克罗利知道汉德正被行为适当性的问题困扰，他在汉德接受进步党提名后不久去信问道："亲爱的 B：有什么新消息吗？你那些博学而又珍贵的同事们对你的竞选有什么看法？"[158] 汉德答道，他只和两位法官同僚聊过："他们比我预想的更包容。"相较之下，他倒是不太确定律师们会作何反应："如果我引起了一些年长律师的反感，这也算不得出奇，他们肯定觉得整个进步党都是洪水猛兽，任何愿意加入进步党的法官都该受到谴责……"[159]

不过，有一个人提出的大量反对意见令汉德大为困扰。汉德向克罗利如此写道："当我得知布兰代斯告诉乔治〔·鲁布利〕和诺曼〔·哈普古德〕，他认为我不该这么做的时候，我有些惊讶。按他的说法，法官不应竞选任何公职。"在 1913 年，年长汉德 15 岁的布兰代斯已是颇具威信的公众人物。汉德对国家问题逐步加深认知，而与此同时，布兰代斯已通过多种形式为进步事业作出了贡献。他在波士顿做公司业务律师时不仅是首批公益律师之一，还在许多领域谋求革新，并因此赢得颇具争议的声誉。到了 1913 年，人们已将布兰代斯视为高高在上的道德楷模，而在多年以后的新政时期，汉德像其他人一样称布兰代斯为"以赛亚"①。无怪乎当汉德发现自己成了先知的谴责对象时会感到不快。无论如何，汉德还是颇为抗拒地反驳了布兰代斯的观点：

> 若是将此理论推及州法院法官，那就非常荒唐了，因为这在很大程度上必然意味着州法院法官将不得竞选连任。法官公正性将受选举影响这一理论无疑是有一定道理的，这实际上也是反对法官选举制度的一个很好的论据，但现今法官选举制度已是既成事实，我觉得再去制定这样针对法官的规限实属荒谬。

---

① 《圣经·旧约》中的人物，希伯来预言家，被基督教认为是先知。——译者注

然而,并非选举产生且终身任职的联邦法官去竞选州法官又是否适当呢?

　　我相信他只是[将他的论点]适用于联邦法院法官,但在我看来无论适用于联邦法院法官还是州法院法官,结果都同样荒唐,哪怕是迄今为止最为严苛的惯例,对此也未作丝毫限制……我认为[布兰代斯]把公正无私的标准定得太高了,依他的标准,我们当中只有极少数人能够担任公职或要职。除了布兰代斯本人,我不认为还有其他人能够为了担任公职而甘于奉献到如此地步。[160]

　　这种回应并不十分有说服力。实际上汉德也认识到竞选可能会影响法官的公正性,或者说至少会影响法官公正性的观感。经选举产生的州法官无法规避这种风险,相较之下,终身任职的联邦法官则并无此虞。(三年后,威尔逊总统提名布兰代斯出任最高法院大法官,这一提名经过参议院一场恶战方得通过。汉德写了一封信,对布兰代斯提名获批表示支持。颇具讽刺意味的是,自威尔逊时代至罗斯福新政时期,身为最高法院大法官的布兰代斯常常联合费利克斯·法兰克福特,屡次三番地提供幕后政治建议。)

　　无怪乎有些朋友担心汉德的职业生涯可能因此受损。法兰克福特提到,某位前联邦法院法官"十分乐见你的参选行为。他认为'有损前途'一说根本是无稽之谈"。[161] 然而,在 1921 年至 1930 年间任美国首席大法官的威廉·霍华德·塔夫脱就一直牢记且无法谅解汉德与公麋党运动的牵连,他曾在 20 世纪 20 年代共和党执政时期屡次设法阻挠汉德晋升至最高法院。

　　汉德 1913 年的参选行为是他为进步党最后作出的重要贡献。他的退出,更多是因为他逐渐意识到公麋党运动没有未来,而非仅仅因为他反思了自己的参选行为是否适当。伍德罗·威尔逊的"新自由主义"抢去了进步党的风头：思维前瞻的民主党人控制了民主党，他们提出的纲领在许多方面呼应了进步党的宗旨。汉德的朋友鲁布利和哈普古德加入了威尔逊行政分支，这亦标志着一部分原进步派人士已流向民主党阵营。不过，汉德之所以对进步党的未来失去信心，主要原因还是在于，仍有众多进步党人继续让罗斯福担纲该党的核心。1914年春，一位进步党熟人试图说服汉德支持一项竞选策略，即由罗斯福参选纽约州州长，并在某种程度上将此作为其1916年再次竞选总统的踏板，而汉德对这一策略表达了异议。汉德断然反对，表示自己"不希望他竞选州长"：

> 我对进步党只代表罗斯福一人感到厌恶，我认为进步党若是继续如此行事，必将走向末路。能够向人民阐明其宗旨，却无法据此宗旨立足于世，这样的政党令我不感兴趣。如果进步党不具备表明自身立场从而赢得民心的品德或智慧，我不认为罗斯福就有能力或意愿拯救这个政党。[162]

汉德敦促鲁布利给罗斯福写一封"措辞极尽强烈的信"说服其不要参选。[163]凭着自己与罗斯福间日益深厚的交情，[164]汉德亦直接向罗斯福提出了同样建议："我希望你不会让他们逼着你竞选州长。"汉德称，支持参选就是在支持"铤而走险"："这种做法有悖理性，而且最终只能证明进步党除你以外已经无牌可打了……你应该能理解，我并不是在贬低你在竞选中的影响力；正是因为你的影响力会令我说的其他一切黯然失色，我才会提出这样的建议。那些希望你参选的人，不过是只关心眼前胜利的短视之辈。"[165]罗斯福的回复令汉德深感宽慰："我完全同意你的观点，也完全同意你的论证。我不会竞选州长。"[166]

随着1916年大选的临近，进步党的其他领导人再次敦促西奥多·罗斯福竞选总统。但那时的汉德已经更加确信进步党没有前途。他仔细起草了给罗斯福的最后一封包含实质内容的信件，再次劝说罗斯福不要接受进步党的任何提名。汉德写信当天，也就是1916年6月13日，共和党刚刚提名查尔斯·埃文斯·休斯与另一总统候选人威尔逊相抗衡,而休斯已辞去最高法院大法官之位以接受提名。汉德认为休斯或许是个可以接受的人选,他是个颇为自由主义的共和党候选人,与保守的塔夫脱显然天差地别。汉德向西奥多·罗斯福坚称,休斯很可能是进步党可以接受的人选:"如果他真正认同我们的基本观点……我们就该支持他,不该有二心。"罗斯福应该给休斯展示其认同自由主义的机会,这是"明智且爱国"的做法。汉德告诉罗斯福,他个人已无法继续效忠进步党:"我将加入亚玛力人(流民)①的行列;我内心已无……第三党的容身之地"。[167] 即便遭遇压力,他也甘愿进入政治流放。罗斯福旋即向汉德保证:"我完全同意你说的话。"[168] 罗斯福并未食言。几天后,进步党全国大会提名罗斯福竞选总统,罗斯福直接拒绝了。

罗斯福拒绝参选这一举动将进步党置于绝境。进步党没有提名其他可作替代的候选人,并很快分崩离析。汉德和罗斯福在 1916 年投票支持休斯,而休斯的败选令共和党重新落入极端保守派之手。勒尼德·汉德真正进入了政治流放:他觉得,在 20 世纪 20 年代的大部分时间里,两大政党都抛弃了他所珍视的立场。作为一名进步党人,他在 1914 年给沃尔特·李普曼写信道:"我的进步党旗帜已被钉在桅杆之上,在沉船之际,我建议奏响星条旗永不落之歌。我可以在乐队里轻击大鼓。"[169] 但汉德对击鼓的兴趣逐渐消退。他继续为进步党捐款直至 1915 年,并为马萨诸塞州一家新进步党杂志的创刊提供支持。[170] 但他最终还是对进步党彻底失去耐心。他颇为辛酸地对费利克斯·法兰克福特写道:"我想找个新家,如果你知道还有哪个合适的政治寄托之所能让我们暂时指望一下,希望你能告诉我。"[171] 汉德的新家并不在党派活动之中,他找到的新家,也就是他所称之"先进思想之家",在赫伯特·克罗利的新杂志《新共和》编辑部。

1913 年秋,克罗利开始认真筹办新杂志。1914 年 11 月 7 日,也就

---

① 亚玛力人是《圣经·旧约》中记载的游牧民族,居无定所,长期与以色列人作战。——译者注

是国会选举后不久，第一期《新共和》出刊，并很快吸引了大批读者：该杂志第一年的发行量就达到了 15000 册，是《美国生活的希望》的两倍，并且发行量持续数年增长，在 1920 年达到了 43000 册的顶峰。汉德深入参与了杂志筹办阶段的相关讨论，在创刊号发行之后，他仍一直参与其中，经常参加员工会议并发表评论文章。

克罗利计划将这本杂志作为他珍视的民主国家主义的讲坛。克罗利也许十分希望藉此接触到《美国生活的希望》读者之外的更广泛的受众，但若缺少资金支持，这个计划根本无从谈起。1913 年夏，汉德借给克罗利 2000 美元，并为其结清了纽约市哈佛俱乐部的逾期欠款，令其纾解了部分财务压力，[172] 但克罗利还是缺少创办一家全国性杂志的资金。

克罗利很快找到了他的赞助人。1913 年秋的一个夜晚，在威拉德·斯特雷特和多萝西·斯特雷特夫妇（Willard and Dorothy Straight）的长岛庄园的某次晚宴上，克罗利怒斥诺曼·哈普古德（Norman Hapgood）在《哈珀》（Harper's）①上发表的那些越来越反进步主义和亲威尔逊的社论，晚宴女主人先是建议克罗利出版一份周刊，尔后又提出愿意提供资助。克罗利警告说，要让这本杂志自给自足，前期需要耗费大量资金和多年时间，这些话并未令斯特雷特夫人退却。她坚持道："我们放手去做吧。"[173]

多萝西·斯特雷特是华尔街金融家威廉·C. 惠特尼（William C. Whitney）的女儿，与克罗利发生上述对话时才 26 岁；她的丈夫威拉德比她大 7 岁。她在 17 岁那年继承了一笔巨额财富，又如社会工作者一般对弱势群体满怀关切。斯特雷特夫妇曾在中国待过一段时间，当时，威拉德试图让美国银行家在中国进行更多投资，而夫妇两人亦在那时读到了《美国生活的希望》。出于对此书的钦佩之情，他们回国后找到克罗利，并最终提出资助其创办杂志的想法。尽管《新共和》某些工作人员和更多的评论家认为，这类资助必然有损杂志独立性，但斯特雷特夫妇

---

① 此处应指《哈珀周刊》，该杂志是由哈珀兄弟出版社继 1850 年创办《哈珀新月刊》（Harper's New Monthly Magazine）后，于 1857 年创办的另一份时政类刊物。诺曼·哈普古德曾在 1913 年至 1916 年间担任《哈珀周刊》的编辑。——译者注

事实上赋予了克罗利和他的团队完全的编辑自主权,基本可说是编辑全权自主。在开始的 10 年,《新共和》从斯特雷特夫妇那里收到 80 多万美元的资助,而自 1930 年克罗利去世至 20 世纪 50 年代,在这很长的一段时间里,多萝西·惠特尼·斯特雷特(Dorothy Whitney Straight)①仍继续提供着资金支持。[174]

有了资金上的支持,克罗利便开始积极地精心筹备起来,在此期间,就数汉德与他联系最为紧密。斯特雷斯夫妇在纽约市购置了两栋相邻的联排别墅,作为《新共和》的编辑和业务办公室。克罗利凭借其在担任《建筑记录》编辑时培养的品味,全身心地投入到了办公室装修中。这栋位于西二十一街的 4 层黄色砖房很快有了"既像个绅士俱乐部,又像个编辑部"的模样。克罗利雇了一对法国夫妇当厨师和管家,他们会为员工聚会准备精美的餐食。编辑团队是这项新事业最重要的组成部分,克罗利遂开始招兵买马,并时常征求汉德的意见。[175]

据费利克斯·法兰克福特回忆:"就像制片人为了给一出新戏选角而四处寻觅、征求意见……编辑们就这样被招了进来。"[176] 克罗利招募的头两个新成员,就是沃尔特·韦尔(Walter Weyl)和沃尔特·李普曼。

韦尔曾从事黑幕揭发新闻工作,并拥有经济学博士学位,所以他也是创始团队中唯一一个不怵统计数据的人。他写了一本题为《新民主主义》的书,此书于 1912 年出版;像克罗利在《美国生活的希望》中那样,他也在自己的书中论及美国的进步主义。但不同于克罗利的是,韦尔同李普曼一样文笔流畅且优美,克罗利对此十分欣赏。韦尔比汉德小 1 岁,比克罗利小 4 岁。这些四十出头的人已是《新共和》创始团队中最年长的一批人了。

沃尔特·李普曼则要年轻得多。西奥多·罗斯福在 1915 年说过,李普曼"基本上是全美同龄人中最有才华的年轻人"。[177] 当时,年仅 25 岁的李普曼已被公认十分高产。他于 1906 年就读哈佛学院,3 年内完成学业并留校担任乔治·桑塔亚那的助手。当时在哈佛任客座讲师的费

---

① 威拉德·斯特雷特于 1918 年 12 月 1 日因病过世。——译者注

边社会主义者格雷厄姆·沃拉斯（Graham Wallas）对李普曼印象深刻，遂将自己的下一本书题献给了他。李普曼在离开大学两年后出版了自己的第一本著作《政治序论》（A Preface to Politics），此书引人瞩目地将人性论与政治分析结合在一起，并大量借鉴弗洛伊德、尼采、柏格森和其他现代欧洲思想家。李普曼认为，改革运动必须顾及人性中更为黑暗和非理性的一面，时而阴郁、时常多疑的汉德对这一主题颇能领会。一年后，也就是1914年，李普曼出版了他的第二本著作《趋势与掌控》（Drift and Mastery），他在这本书中抛开自己此前对非理性因素的强调，转而宣扬改革者应将科学方法作为基本手段。

韦尔和李普曼在多数重要议题上与克罗利和汉德意见一致——尤其是在民主国家主义愿景和托拉斯问题上。四人都批评伍德罗·威尔逊，（至少在一开始）追随泰迪·罗斯福。汉德将李普曼描述为"成熟和纯真的有趣结合体"，克罗利随后即将李普曼招入《新共和》。汉德甚为欣喜："我觉得他是上天赐予《新共和》的财富。我不知道还能上哪儿去找这等具备多种批判技艺，又如此天真或坚定之人……那些身居法院和其他高位的胆小鬼们会被他吓出几个激灵的。"[178]虽然李普曼成功地吸引到了克罗利，他的自信和超然也会疏远同伴：他表现得异常傲慢，着实一派超脱世俗的模样。约翰·里德（John Reed）是李普曼在哈佛的同学以及社会主义俱乐部的创始合作伙伴，他对李普曼的这一特质早有领教。里德在其短暂一生中始终是个颇具浪漫情怀的激进分子，他在一首诗中写道，李普曼"想让人类和我，像做几何证明题般前行①"。[179]汉德也注意到了李普曼那过于超脱的理智主义[180]，和他接连为相互矛盾的观点辩护时流露而出的令人担忧的自以为是。此后，他曾批评李普曼利用别人观点的习惯，并称他"是个容易上头的人，无论新近听到别人对他提出

---

① 里德在这首诗中如此形容哈佛时期的李普曼："我们绝对的领袖啊！可是，有人会创造一个世界，却抛开所有乐趣吗？有人会梦想一场绚丽和无限的盛会，却抛开所有色彩吗？有人会想让人类和我，像做几何证明题般前行吗？假若真有如此之人，谁不会发笑？假若沃尔特·L. 就是如此之人，又有谁不会哭泣？"不过，在里德看来，李普曼或许有些过于古板严肃，缺乏趣味。——译者注

什么想法,他都很容易立马借题发挥",[181] 但这些保留意见,并不妨碍两人逐渐成为极为亲密的至交。

加上菲利普·利特尔(Philip Littell)和弗朗西斯·哈克特(Francis Hackett),克罗利很快集结了 5 名编辑组成创始团队。在 1913 年之前,克罗利只认识利特尔这一个编辑:后者在康沃尔的圈子中备受欢迎和景仰。克罗利聘请他来协助主编杂志的文化专题,并撰写名为《书籍及其他》(*Books and Things*)的每周专栏。编辑们偶发争执的时候,利特尔总是个称职的和事佬。来自爱尔兰的评论家哈克特曾"是全美最佳书评版面——《芝加哥每日新闻》书评版的责编",[182] 他被指派负责文化副刊。对政治从来就不怎么感兴趣的霍姆斯大法官认为他是"这群人中唯一的天才"。[183] 杂志出版 1 年后,康奈尔大学经济学教授阿尔文·约翰逊(Alvin Johnson)也加入了《新共和》。

汉德觉得,这些编辑都与自己志同道合、充满生机且令人振奋,编辑团队亦很快表示欢迎汉德加入他们的"核心圈子"。[184] 编辑们固定每周一或周二在《新共和》的办公室开会,筹划下一期杂志的内容,而克罗利每两周在那里为编辑们和几个特定的朋友举办晚宴。这个晚宴一直留有汉德的位置,汉德亦是常客,而刚在哈佛法学院履新的费利克斯·法兰克福特也是一有机会就来赴约。若是按克罗利的想法来,法兰克福特和汉德就该正式加入编辑团队,因为"克罗利与这两人的关系最为密切"。[185]

克罗利多次尝试说服汉德离开法院并加入《新共和》担任编辑或是专栏作家。[186] 他在 1914 年夏初就曾如此写道:"我由衷地希望你能有机会真正担任一名编辑,依我之见,你若能纡尊降贵放下法官之位,义无反顾地前来与《新共和》休戚与共,我肯定会特别高兴的。"汉德并不打算离开法院,但对于克罗利承诺的"我需要你的时间和建议,你愿意贡献多少都好",他亦欣然作出了回应。[187] 在杂志筹办的那一整年,他常在克罗利身旁参与各类不同事务——不仅参与了编辑选拔,还为准备传单招揽潜在订户担任首席参谋,甚至参与了发行经理的招聘。[188] 在 11 月份创刊号面世的 3 周前,汉德在《新共和》办公室参加了正式出版前的最后一次晚宴,离席时满怀希望。在那次晚宴的不久后,他告诉克罗利:"在那个夜晚结束之际，我既高兴又满怀信心。你已经建立起了一个真正的统一体，这个统一体将激发出你和他们最好的潜质。我对此充满欣喜。"[189]

这帮踌躇满志的《新共和》青年将一腔热血倾注到了国内进步主义改革事业上。然而3000里之外，欧洲大国已准备开战。就在员工入驻杂志社大本营的当天，第一次世界大战爆发。而11月7日创刊号刊发的时候，欧洲战场已然血流成河。在乐观的克罗利看来，对这份杂志而言，战争与其说是一种威胁，不如说是一种机遇。他认为，这场战争将不可避免地"重塑欧洲国际格局"。而这只会带来助益：

> 事实终将证明，战争会给《新共和》带来切实助益。战争常常会打乱人们看待事物的既定方式，并促使公众舆论思考眼下迫切亟待解决的更大的国际难题。在战争创造的心境之下，这样一本关乎政治和社会风潮的杂志，能够在改变公众舆论这一点上发挥更大的影响力和效用。[190]

对汉德来说，战争爆发可绝不是什么好兆头。"今天，全面战争的可怕前景真是让我的'心理'蒙上了阴影。"7月31日，汉德对法兰克福特如此写道。1个月前，弗朗西斯·斐迪南大公在萨拉热窝遭遇暗杀；3天前，奥地利向塞尔维亚宣战；而在几天后，德国亦向俄国和法国宣战。"想到这些我就心神不宁：10天前，成千上万的人们还在和和气气地讨生活，可现在，他们似乎都开始忙不迭地互相残杀起来，在我看来，这一切不过是因为某些奥地利贵族决定继续厮杀罢了。"欧洲强国必定会在不久后互相宣战：

> 这似乎就是个恶性循环，但我想也许这一切都在所难免，毕竟人性如此，而土地又是有限的。我不太相信战争的根源能够被海牙国际法庭或是任何别的事物所消除。除去这强者为王的战争，我觉得最终或许并没有任何其他方法可以用来测试谁人可以掌权治国。这似乎是个十分残酷的考验，但我还是觉得相

当沮丧;我的心痛之处在于,也许自己得亲眼见证这个过程。[191]

《新共和》对一战协约国抱持的审慎同情立场,令一些昔日支持者与其反目——尤其是立场更为好战且抨击威尔逊过于软弱的西奥多·罗斯福。那年夏天,罗斯福还将杂志的核心成员称为"年轻的理想主义者",[192] 可到了 12 月,罗斯福针对威尔逊对墨政策的猛烈攻击就招致了《新共和》的批评,后者称罗斯福的激烈态度"是一个例证,他的许多天然拥趸就是因为这类论战而成了他的仇敌……[他]的攻击是盲目且有失公允的。"[193] 罗斯福断然不会接受这种批评,就算这批评来自他最坚定的支持者也不行。他告诉弗朗西斯·哈克特,他认为克罗利和他的同僚对他"不忠诚"。克罗利旋即对罗斯福写道:"在撰写和发表这段批评言论时,我们大家都认为这不过是坦率直言的朋友间常会互相提出的那类批评,我们没想过这还会引起任何忠诚与否的问题……我不认为在眼下这一时期,我们对你的公开言论有任何闭口不谈的义务。"[194] 罗斯福冷冷地回应道:他拒绝被强加"一个毫无价值的动机",并且坚持认为,该杂志的评论"无非表明我们无法共事罢了,如果我们是活跃的党内同僚,是否可以共事是很重要的,但在独立编辑和独立政治家之间,这一点本就无关紧要"。[195] 这番往来实际上令杂志和罗斯福间的关系走向了终点,而此时距离杂志首次出版仅仅过去两个月。私底下,罗斯福对《新共和》那帮人的评价变得愈加尖刻:这本杂志的经营者是"三个虚弱的非犹太人加三个国际犹太人①";而编辑们则是"好心的笨蛋","昧着良心"的"和稀泥老太太"。[196]

汉德为《新共和》写过几篇短文——除其中一篇外,均以匿名形式发表,且大多发表在杂志创办的第一年。他通常会在文中探讨他在进步党事务中涉足的主要议题,即司法权力和社会改革。不过,他首次供稿并刊登在 1915 年 1 月 9 日那期杂志的题为《无形的扭转》的匿名社论是个例外。[197] 这篇简洁有力的文章,是汉德在法庭之外就企业经济力量管

————————————

① 用以指代远离故土居于他国的犹太人。——译者注

制作出的最重要的观点陈述。他对刚刚颁布的《联邦贸易委员会法》反应热烈，并强调该法"无形地扭转"了反托拉斯政策。反托拉斯的执行在传统上倚重由非专家陪审员和通才法官作出裁判的个人诉讼，而在《联邦贸易委员会法》建立的机制下，反托拉斯政策标准将由专家组成的行政机构制定。在汉德看来，此举"彰显了应对托拉斯问题的正确心态"。受布兰代斯影响，威尔逊将企业之"大"视为洪水猛兽，而该法反映出"与[威尔逊总统的]竞选理论截然不同的精神"。相较之下，这部新法——

> 或将根本性地扭转美国在托拉斯、立法权和法律程序上的大量既有观念。其意义可能相当于历史性的政治与宪法改革。该法似乎有悖于制订者所在党的各项原则。它似乎动摇了旧式美国偏见的根基。可是(这部法律)并未遭遇多少反对之声，这不禁令人怀疑，国会和媒体是不是并未意识到该法案的低调措辞和精巧设计，实为又一个特洛伊木马。①

汉德写道，这个新委员会的"重点关注对象在于执行，而非可能性；在于不公平的贸易方式，而非垄断"。[198] 此外，该委员会最终或可将法院从他们并无能力处理的反托拉斯案件事务中解脱出来；至少，那些耗时的事实查明工作将交由专家处理。汉德的期望实际上过于乐观了。该委员会并未如汉德设想的那般提供专家意见的智识支持，而反托拉斯的归纳工作仍在很大程度上仰赖法院——在此后数十年，法院在这项工作上依然表现糟糕。

---

① 与乔治·鲁布利的通信令汉德对这个问题的看法愈加明晰。鲁布利在华盛顿为布兰代斯和威尔逊提供反托拉斯政策建议，他曾向汉德寻求帮助。汉德审视了最高法院的裁决，进而证实了自己的观点，即法院并无能力制定连贯一致的反托拉斯政策。他告诉鲁布利，这些判决缺乏"清晰的论证"，"我在这些案件中完全看不到可适用的一般性规则。在我看来，你只能以极为随意和不科学的方式来尝试掌控这些案件"(1914 年 6 月 9 日，汉德致鲁布利)。鲁布利支持"公麋党的建议"，即通过设立一个联邦贸易委员会来防范不正当竞争，汉德亦表示赞同(1914 年 5 月 31 日，鲁布利致汉德；1914 年 6 月 1 日，汉德致鲁布利，107-2)。

汉德在《新共和》上发表的其他文章的议题主要涉及司法权力和社会改革。汉德曾希望最高法院能够减少对立法改革的敌意,可到了1914年,他已对此不再抱有希望。最高法院又走上了化个人偏见为宪法原则的老路。在最高法院1914年秋季开庭期伊始①,也即《新共和》出版1个月前,汉德在写给法兰克福特的信中痛斥"最高法院借宪法之名的愚昧挣扎。在论及此事的众人之中,只有我对其如此鄙视,难道反常的是我不成? 我想不出还有什么比这更没脑子的事了"。令他尤为气愤的,是大法官们虚伪且缺乏自我认知:

> 他们自认为受限于某种严格的论证逻辑,进行着某种推演分析(也就那帮家伙知道这堆词儿是什么意思),可即便从那方面来看他们的成果也令人惨不忍睹;他们的大部分成果,若说是出自你们在(哈佛法学院)教出来的哪个能干的20岁男学生之手,那这位学生也该感到丢脸。说实在话,圣托马斯的学生远比那些尊贵的看门狗更值得我的尊重……我没法把这煞有介事的闹剧当真;要是他们公开坦陈这些判决背后的真实动机,那才是世上最稀罕的事……就算是霍姆斯那样精于分析之人,也不得不隐藏某些主要动机。看看这堆积如山的垃圾! 让所有笨驴……下到那舒服的地狱罢,让他们用自己的分泌物涂抹粘合那堆黏糊糊的大杂烩,直到永远。[199]

不久后,最高法院公布了"科皮奇诉堪萨斯州案"(*Coppage v. Kansas*)判决,这也是洛克纳时代饱受诟病且极端保守的判决之一。[200]"科皮奇案"判决推翻了堪萨斯州的一项禁止"黄犬契约"②的法律,在这类契

---

① 每年10月至次年6月是最高法院的开庭期。——译者注

② 黄犬契约(yellow-dog contract),指雇主以不参加或退出工会为条件与劳动者签订的雇佣合同。由于英文中的黄犬(yellow dog)有卑鄙奸诈之意,故而被用来形容破坏劳动者的团结,使之屈服于企业雇主的压力的行为。黄犬契约的目的在于限制劳动者的自由结社权,并且削弱工会与企业主进行抗争和谈判的实力。——译者注

约下，不加入工会成了雇员受雇的条件。最高法院多数意见书认为，该法违背"契约自由"，应属违宪。此案的多数意见书甚至比"洛克纳案"更进一步，宣称一州无权通过保护参与工会的自由，来纠正经济上的不平等。该意见书坚称："从本质上讲，如果不承认行使契约自由和私有财产权利所必然导致的（正常的）财富不平等的合法性，就不可能同时维护契约自由和私有财产权利。"[201]

汉德为之震怒。他旋即撰文投稿，该文以《正常的财富不平等》为题刊发在1915年2月6日出刊的《新共和》上。他坚持认为，一州有权制订任何"符合公共利益"的规章；法官应当适用的恰当标准，仅仅是"一个公允之人是否会相信，该项法律的确服务于任何真正的公共利益。立法机关有权在所有合理的不同意见之间进行选择"。

汉德认为，一项旨在纠正"正常的财富不平等"的法律竟被视为治安权的僭越，这令人"难以置信"。他认为，这类令人失望的观点并无任何合理的宪法学说支持。他愤而抨击大法官们的狭隘和偏见：

> 我们最终惟有得出这样的结论，即这种判决源于所有大法官所属经济阶层的偏见，他们只是无法摆脱他们被教授的传统，不是吗？否则，我们还能如何去解释这种无法共情万千世人之希望和抱负的空想？否则，我们怎么可能理解这种对当代过半经济学家共识的视若无睹？

其结果令人厌恶，论证亦无法令人信服，而最糟糕的就是"允许二者发生的政治制度"。正当程序条款再次被援引用作民众立法的宪法障碍。汉德认为，这些条款"无非就是法院行使立法职能的手段……用再多司法声明去反驳都无法掩盖真相"。

在1912年大选时期，汉德曾建议修改正当程序条款，明确在一般情况下应以通行观点为准。而现在，他更进一大步，建议彻底废除正当程序条款。他认为，若不进行此等宪制变革，立宪政府将面对人民"无助的怒火"：

与这类判决带来的害处相比,［正当程序的］的效用至多
也只能算微不足道;从宪法中删去第五修正案和第十四修正案
这类条款将大有裨益。声明任何影响经济力量不平等的立法
均属违宪,将会引燃众人无助的怒火,没有一个州可以冒得起
这样的险。

汉德坚称,弊病的根源在于:"制度要求法院独立于民意控制,却又
愚蠢地将此等权力授予法院!"如果法院打着解释正当程序条款的幌子
保有其立法权,那他们必须"只在万不得已的情况下才能行使此等权
力",否则就应"服从民意控制,而这正是他们最厌恶的事"。司法的自
我克制和民意控制是民主政体之下的唯二可能:"作为民主的条件,二者
必须择一;这是一切事物的条件,惟有约柜前的礼仪之舞①除外。"[202]

司法权力滥用,以及通过社会改革帮助弱势群体的愿景——这两个
主题在汉德1915年为《新共和》供稿的三篇文章中不断地回荡。为了回
应保守派纽约律师伊莱休·鲁特(Elihu Root)在纽约制宪会议上发表的
主题演讲,汉德撰文《再议权利法案》,并在文中抨击了被保守的华尔街
律师协会以及最高法院多数成员奉为圭臬的自然权利哲学。他提出,自
然权利这一理念已经成了"极端个人主义意义上的财产制度"的辩辞;
这一学说已经"成了保守主义的主要理论依据"。汉德的主要反对理由
是,自然权利哲学"在实践中根本不切实际"。在试图区分何者应取决
于个人意愿,何者应诉诸社会行动时,最高法院坚持"援引抽象的原则,
而非在具体案例中尝试决定社会控制能否取代个人意愿"。保守的自然
权利话术的确产生了可预见的结果:它发挥了"维护财产制度"的作用,
并压制了民众在民主自治中的角色地位。汉德称,正当程序并不足以将
最高法院的政治决策正当化:

---

①　典出自《撒母耳记》第6章,大卫作为一城之王,在耶和华面前自发地喜极而舞,以
庆祝约柜被带回耶路撒冷。约柜为放置十诫石碑的基督教圣物。——译者注

　　这是一种信仰，而非一种观念，正如所有被顶礼膜拜的信仰一样，其内容无外乎感受。任何人在解读法院判决时都看得出来，它含糊其词、自相矛盾、浮夸且抽象，它并不能慰藉智者，只能安抚胆小怕事之辈。[203]

　　两周后，《新共和》刊发了《最低工资标准的希望》一文。[204] 这是汉德在《新共和》唯一的署名文章，也是克罗利（可能是因为听从了法兰克福特的建议）唯一一次特别约稿，且汉德特别要求以具名形式发表该文[205]。这一次，他或许越过了司法伦理这道坎，因为该文主要着眼于澳大利亚而非美国的发展情况。但这个话题与国内法院时常面临的改革工作有着明显的联系，而且这篇文章也清楚反映了汉德希望为弱势群体推进改革的决心。撰写此文的汉德并不是对政策和结果漠不关心的中立法官，也不仅仅是一个评论员，他是一位坚定的改革者。

　　《最低工资标准的希望》以《哈佛法律评论》近期的一篇文章为出发点，后者阐述了澳大利亚为确保雇员工资"公平合理"所进行的国家干预——事实上就是设定每个员工的"最低生活工资"。汉德不无遗憾地指出，澳大利亚法律明显倾向于保障劳工权益，"这与我们的最高法院"在"科皮奇案"判决中"适用的原则形成了奇妙反差"，后者的判决引发了更多对最低工资立法合宪性的质疑。他对最低工资立法的支持者和反对者提出的经济学和哲学论据进行了细致公正的分析，亦承认最低工资可能会迫使一些边缘雇员①失业。但他明确表示支持允许各州开展这样的立法实验，这不仅仅是因为他秉持司法应尊重立法的理念，更是基于人道主义和效率的考量：

　　　　[提高工资能够]缓解物质匮乏的压力，为未来提供某些保障，并且为疾病和失业提供储备资金，这些都可改变工人的

――――――――――――
① 指薪资水平刚好低于最低工资标准的雇员。——译者注

日常生活,因而即便从最机械的角度来看,提高工资也是一种低廉的产业对策。真知源于实践,而非纸上谈兵;但至少,在其效用被证伪之前,我们不能辜负那些对此怀抱希望之人的合理预期,并应争取付诸实践。[206]

这几年来,汉德一直在参加《新共和》同仁的聚会,与编辑们亦保持着密切关系,尤其是克罗利、李普曼和利特尔,[207] 但他的审判工作量也增加了,而战争结束后,汉德和其他人一样,与克罗利在美国参与国际联盟这一议题上产生了重大分歧。1923 年,他以一篇题为《饥饿的法定权利》[208] 的社论向杂志投稿,这是他的最后一篇匿名社论,某种程度上也是想藉此重修与克罗利的友谊。该文缘起洛克纳时代顶峰时期的标志性判决——一起名叫"阿德金斯诉儿童医院案"(*Adkins v. Children's Hospital*)的最高法院判决。[209] "阿德金斯案"的判决书认定,哥伦比亚特区的女性最低工资立法违反了正当程序;这一判决的守旧程度令人咂舌,表明最高法院已变得比以往更为保守。对这些大法官们来说,工资调控与价格调控一样,完全超出了立法实践的边界。汉德提出,最高法院大法官们似乎无法摆脱他们所处阶级的偏见:

> 一个人能够成为最高法院的大法官,并不代表他就能够令自己脱离所处阶级或时代固有的观念和偏见。他之所以能成为大法官,在很大程度上是因为他凭借品格的力量以及正直和意志的良好声誉,在所处群体中树立了威信。这些品质都很高尚,但是拥有这些品质并不必然意味着他们能够宽容接纳他人观点。这样的人……并不习惯耐心接受在他们看来心怀不轨和极为有害的观点。[210]

汉德在文中改进了爱达荷州异见派进步党参议员威廉·博拉(William Borah)的一项提案:汉德建议,最高法院只能在以三分之二多数决通过的情况下,以违反正当程序为由宣告某项法律违宪。[211] 汉德认为,

"最高法院的权威和公信力早已不堪重负"，而这一举措能够"消解此等压力"。汉德提出，大法官们常常误以为自己有权判定某项法律是否明智，但这一问题不应由其裁量，他们应当考量的问题仅仅只是"有没有人能够认为［该项法律］是明智的"。[212] 尽管无法强令大法官们仅仅考量后者，假若采用绝对多数决表决机制，洛克纳时代的多数具有争议的判决至少能在结果上更为理想。然而，汉德和博拉的提案都没有取得任何成效。惟有时间的推移和最高法院人员构成的改变，才最终扫除了汉德如此强烈反对的阻碍经济和社会改革的正当程序障碍。

1915 年，当多数美国人仍专注于国内问题时，汉德已开始为前线局势焦虑不安。他很快觉察到，美国在欧洲民主国家（特别是英国）与他们那些独裁政体敌人们之间的战争中存在利害关系。

美国政治精英对这场战争的反应大相径庭。伍德罗·威尔逊响应美国传统的孤立主义，迅速宣告美国的"中立立场"。相较之下，汉德的一些熟人们则主张美国应立即加入协约国参战。而汉德在《新共和》的朋友们则提倡另一种中间立场。1915 年，克罗利、李普曼和他们的朋友们都在力主美国采取一种"亲善"和"差异化"的中立立场，而这种立场明显倾向于协约国一方。编辑们认为战争有助于实现进步主义理想，而更为多疑且务实的汉德并不能苟同；他也从不认为战争能保护民主政体；不过，他显然还是希望协约国能够获胜。

到了 1916 年，德国无限制的潜艇战迫使政府倒向干预立场。《新共和》带头呼吁以美国的道义和经济力量对抗来犯者。在 1916 年大选中，该杂志主要通过沃尔特·李普曼的大力发声支持威尔逊。而包括鲁布利、法兰克福特和哈普古德在内的大部分老公麋党支持者也都支持威尔逊，威尔逊亦藉此以微弱优势赢得大选。汉德依然觉得威尔逊是个惯于含混说教的无能领袖，遂在老友圈子里成了支持查尔斯·埃文斯·休斯的少数派。

汉德的独立姿态是他与《新共和》分歧日渐加深的一个先兆。他认同老友们的最终目标:即支持协约国,实现公正而非以惩罚战败国为目的的和平,并且让美国在国际上发挥更大的影响力;他暂时还不打算将自己对威尔逊的带有鄙夷的保留态度转为热烈支持。1916 年总统候选人问题上产生的分歧,3 年后演变成了是否应接受《凡尔赛和约》这一议题上的针锋相对。

到 1917 年,《新共和》已经凭借其对威尔逊个人的影响力以及反映威尔逊主义政策而闻名于世,[213] 事实上,李普曼和克罗利每周都会与威尔逊最亲近的顾问陆军上校爱德华·M. 豪斯(Edward M. House)会面,以获取信息并提供建议。与政府建立的新纽带令《新共和》销量急升:每周销量超过 3 万册,有时还会达到 45000 册。面对更为广大的读者群体,《新共和》毫不令人意外地开始响应读者们的民族主义情绪。1917年初,《新共和》带头呼吁向德国开战。威尔逊亦逐渐走向这条道路。1917 年 4 月 2 日,总统要求国会宣战;4 天后,国会宣战。《新共和》的知识分子们抛开了往日的批判思维,已然陷入狂热,并且深信自己可以驾驭民族主义的雄心。

与此同时,汉德也开始越来越不安于以一个法官的身份置身事外。他平日多是审理破产和海事案件,这些案件与此时行进中的战事相隔甚远。他目睹许多朋友前去为国效力,愈发感到疏离。费利克斯·法兰克福特自哈佛大学告假,去担任战争部长牛顿·贝克(Newton D. Baker)的特别助理;沃尔特·李普曼离开了《新共和》,与法兰克福特一起成为贝克的参谋;乔治·鲁布利加入了战时航运委员会,负责巩固美国的商船队伍。汉德此前还对征兵存有疑虑,[214] 这些疑虑随着宣战被打消得一干二净,因为他身边所有人都在应征入伍或是志愿服务。6 月,出席哈佛毕业典礼上的汉德看到一群穿制服的年轻人列队行进,尔后与妻子说道:

> 这群人经过的时候,我们都大为感动;我们这些老家伙(汉德当时 45 岁)中有许多人几近流泪,差点当众出丑。这一切并不令人兴奋,也算不得什么战争的荣耀,但我们想到接下来 12 个月会给这些一本正经的小家伙们带来什么样变化,而我们又

是何等侥幸地得以置身事外。[215]

无论他去哪儿，目之所及的朋友们都在琢磨如何为战争效力："到处都是这般的躁动呵；每个人都想有所作为，又不知道该做什么或是怎么做。"[216] 汉德也曾暗自思忖，若是自己去从军又能做些什么。他决定选择当个炮兵而不是步兵："学习弹道、大炮以及所有关于射击和掩护的东西可得费上一番功夫。那当然是我该干的事。况且，如果我要'为国捐躯'，我宁愿被炸弹或是炮弹炸死，也不要被某些友好的德国佬用刺刀戳肚子。霍姆斯说过，横膈膜以下受伤算不得英雄的死法，我信他。"[217] 他还曾多次考虑是否要去担任某些文职工作，即便这意味着放弃法官职位。弗朗西丝也认同，如果被征召，他必须为国效力，勒尼德则告诉她："这正是那种振奋人心的回答，特别是对于像我这样的人来说。"[218]

汉德在哈佛毕业典礼上与一位聪明且富有魅力的工程师进行了交谈，这位工程师因担任比利时救援委员会主席而声名远扬，汉德为国效力的第一次机会来了。对方是赫伯特·胡佛，比汉德小两岁，即将取得哈佛大学的荣誉法学博士学位；他将在华盛顿履新出任战时美国食品管理局局长，亟需招募一位法律顾问，遂借此机会向汉德寻求建议。汉德之后告诉弗朗西丝，他在言谈间意识到此番对话可能会令他"无比接近个人事业的重要时刻，甚至可谓意义重大"。汉德告诉胡佛，他的朋友约瑟夫·科顿"可以任其差遣"。但胡佛有更多想法。

> 他随即问道："那为什么 B. 汉德不能以某种方式为国效力呢？"就这样，关键时刻突然降临，宛如转角时的迎面一击……我告诉他，如果他需要我，我绝对愿意为他效劳，只是我需要休息，所以希望能在上任前休个假，除此之外我别无所求，我会辞掉我的工作，听凭其差遣。[219]

这种回应对于汉德这样一个谨小慎微且常易自我怀疑的人来说是极不寻常的，但汉德真切地陷入了战争带来的兴奋情绪。他向弗朗西丝坦承："我还是头一次如此毫不犹豫地做出这种对我们会有重大影响的事。""我们看着男孩们［穿着制服在毕业典礼上行军］都深受感动……我之所以如此迅速地接受胡佛的提议，也有这部分的原因。就这样罢；我们有时候就该感情用事。"[220]

汉德急切地盼着胡佛发出正式邀约。他告诉弗朗西丝："若是他要我担纲某职，那就太有意思了，这将带来一种全新的体验，以及对更为重大之事务的理解，我会特别喜欢的。"但他等到周末还是没有收到任何消息。汉德仔细想了想，又觉得辞去法官职务这件事不似最初头脑一热时看起来的那样可行了，他决定去打听一下："我不在的时候，能不能找个临时法官来替我顶班。"[221]弗朗西丝松了口气：她一直在"试图说明"，在仓促接受胡佛的工作前，先要小心求证；若是还未把"要做的事搞得明明白白"就贸然奔赴华盛顿，那就"鲁莽"了。[222]胡佛那边一直没有动静，汉德遂告诉妻子："我开始觉得这事没戏了，我倒还真希望如此。"[223]弗朗西斯安慰勒尼德说，她能够理解他的"躁动"，但是"你不能在没有把事情搞明白的情况下随着大家一起头脑发热便丢掉工作，这不适合你"。[224]

在胡佛手下工作只是汉德曾考虑过的第一个与战争相关的职位。1917年10月，沃尔特·李普曼从陆军部回到纽约，参与豪斯上校指派的一个秘密项目。这个小团体（最终被称为"调查组"）的任务是起草战后和平谈判提案——本质上就是勾勒美国视角下的战后世界蓝图。据李普曼所述，汉德很快提出他可以辞去法官职位加入这个和谈项目。[225]可是"调查组"需要的是专家，而非汉德这样的通才，他的提议遂以无果告终。

1918年暮春，汉德又一次考虑辞去法官职位，这次是为了加入华盛顿的伯纳德·巴鲁克（Bernard Baruch）麾下。纽约金融家巴鲁克自1916年以来担任过多个动员美国工业进行战时生产的政府职务。他于1918年出任战时工业委员会主席，这也是他在一战时期最为重要的职位。他需要一个信得过的顾问，遂找到汉德寻求合作可能。菲利普·利特尔认为这个职位并不值当，约瑟夫·科顿则要感兴趣得多。汉德倾向于科顿的意见。正如勒尼德向弗朗西丝解释的那样，巴鲁克"需要的是一位向导、哲人和朋友，此人安于待在幕后，不必见很多人，但能够在思想上给予他更多其力所能及的范围之外的指导……整件事就是为个人服务，这份工作就是替他思考"。[226] 没过几天，巴鲁克就另选了他人。弗朗西丝对巴鲁克这种开空头支票的做法感到恼火，[227] 而汉德则继续因为无法为战争效力而躁动不安。

直至战争的最后几周，汉德才终于有了机会以法官之外的角色为国效力，这个机会缘起于他在审理专利、商标和著作权案件时快速累积的声望。1918 年 8 月，国务院请他出任一个委员会的主席，以研究知识产权法的战时中断，并拟定著作权保护相关的国际条约修改建议。[228] 1918 年 10 月，汉德召集了一帮人着手开展国务院的研究工作，[229] 整个 10 月直至 11 月初，委员会都在热火朝天地准备研究报告。汉德的这个委员会的研究议题包括调整和恢复因战争而受到损害的权利，以及修订现有条约和提案以建立理想的新国际协定。[230] 委员会的工作内容还包括拟定美国谈判代表在巴黎和会上提交的和平条约草案。[231] 在委员会工作的同时，与汉德常打交道的美国国务院官员戴维·亨特·米勒（David Hunter Miller）邀请他以"专利及商标代表"的身份参与巴黎和会。汉德的职责显然仅限于会上可能根本不会涉及的技术性法律事务，但他仍然毫不犹豫地接受了这个任务。他的请假要求得到批准，并立即告诉国务院，"如果国务院认为合适"，他将"乐于承担这项工作"。[232] 然而，汉德的愿望又一次破灭了。12 月底，米勒自巴黎发来消息，因为华盛顿大幅削减了代表团的规模，汉德并未得到邀请。

汉德的出局其实还有着更为复杂的缘由。这个由 1300 名美国人组成的规模并不算小的巴黎代表团经历了一轮领导层变动。起初，豪斯上校希望担任这个美国代表团的领队，还将沃尔特·李普曼招入代表团。然而，威尔逊在他这个实现永久民主和平的梦想中投射了太多自我抱负，他无法容许由豪斯这样一个他不信任的人来接受所有荣光。经过其后的一番幕后动作，威尔逊亲自前往巴黎，任命他的国务卿为首席代表，并将豪斯和他的助手晾在一边。汉德的代表团席位被替换，与这些情况变化不无关系。

汉德一直盼着加入代表团，因为这样他便能处于此次行动的中心，并与朋友李普曼、鲁布利和法兰克福特重聚。只不过,邀约被取消的时候,他起先还声称自己如释重负。他告诉大卫·米勒:"我已经(开始)对此次行程产生极大的顾虑了,因为我确信自己到了那儿肯定无事可干……你希望我去,我感到很荣幸,我们应该会度过一段非常有趣的时光,但在内心深处我一直觉得自己不该在那儿。"[233] 他尔后得知,这项以知识产权为名的任务不过是个幌子,而且若不是因为华盛顿方面的政治阻挠,他原本可以参与和平条约核心条款的起草,此时,这种如释重负就变成了遗憾之感。[234]

尽管汉德如此不假思索地为了战争而离开法院,与此同时,他也在探求法院的晋升机会。对他而言,地区法官的大部分工作已然变得单调乏味。上诉法院的工作更吸引他:他认为自己在上诉法院可以将时间更多地投入到法律问题和更为有趣和影响深远的难题上,而非忙于事实问题的查明。汉德知道他的对手们都极为强大;而忙于战时问题的政府亦不急于填补1917年中出缺的第二巡回上诉法院。然而,汉德依然在接下来的8个多月里坚持谋求晋升机会,直至1918年初。他向李普曼坦言:"这该死的求职过程令我深恶痛绝,但我想要这份工作。"[235]

乔治·鲁布利,费利克斯·法兰克福特,沃尔特·李普曼,赫伯特·克罗利和C. C. 博林恩——汉德在纽约和康沃尔的这帮朋友都为他努力奔走。汉德自己为了这个任命也颇费了一番气力。鲁布利在5月初向司法部长托马斯·德在格雷戈里(Thomas W. Gregory)力荐汉德,为其打开晋升之路的大门。[236] 1个月后,晋升的前景看似一片光明,汉德遂亲自造访华盛顿,以求增加取胜几率。正如他向妻子所述,为了征求法兰克福特和李普曼的意见,他"直接去了真理之家①"。汉德在那里遇到

---

① 指法兰克福特和李普曼曾经共同居住的位于华盛顿西北侧第十九街1727号的房屋。自1912年起,华盛顿的一帮年轻的自由派律师、记者和政府工作人员常常非正式地在此处聚会,他们将这个房子戏称为"真理之家"(House of Truth),据称这个名字来自宾客们在此晚餐时与霍姆斯大法官就生命的真谛开展的热烈讨论。布兰代斯大法官、赫伯特·胡佛、赫伯特·克罗利亦是此处的常客。——译者注

了威廉·希茨(William Hitz)，在华盛顿，希茨是对威尔逊行政分支错综复杂的运作方式最为了解的人之一。他在1914年出任司法部官员前曾是一名执业律师，其后，他于1916年成为哥伦比亚特区最高法院大法官，但他对政治仍一直抱有兴趣。汉德和希茨一见如故，"才1小时的工夫便已亲密无间"。

汉德在给弗朗西丝的信中详细描述了此次出访："是时候干这件大事了。我要去拜访那位手握予取予夺之大权的人了，这里指的就是老派德州民主党人，司法部长格雷戈里(Gregory)。法兰克福特和汉德去布兰代斯大法官家里见了格雷戈里——汉德描述他为"平静而又自负，脑袋格外方正且面容甚是坦率"，"亲切、真实而又寡淡"，是个"挺正直的伙计，带着他的家乡和所处时代的所有小偏见，但也决不会囿于这些偏见"。汉德对当晚的表现相当乐观："我想我俩挺投契的，但是谁知道呢？我尽力了。我已经用我那含蓄的殷勤暗示过了……"此次出行"很成功，效果也可能会很理想，但我得承认我并没有十足把握"。[他担心在1913年纽约上诉法院法官竞选中失利的艾布拉姆·埃尔克斯(Abram Elkus)会得到这个职位，因为此人在民主党内声望更高。][237] 隔天，汉德又振奋了一些："我没法判断自己的胜算有多大，但我知道我比他们强，而且强不止一点。"[238]

1周之后，汉德的情绪急转直下。鲁布利告诉他，最近有传言说格雷戈里决定推荐纽约专利律师托马斯·尤因。鲁布利向汉德保证，"我会尽全力帮你的"，即便如此，此时"围着司法部长进言的人太多了，他好像已经不喜欢别人再找他提建议了，听的时候也很暴躁"。[239] 尤因势头上升的失望消息顿时令汉德倍感失望，他告诉弗朗西丝："现在，我看巡回法官这事差不多没戏了，说来也怪，我竟一点儿都不在意。"可他明明在意得很：到了6月底，他告诉弗朗西丝，他希望自己"能搞清楚这个幸运的巡回法官之位究竟会花落谁家。如果知道这事已经彻底没戏了，我可能还会好受些，不然总觉得此事尚悬而未决"。[240] 几天后，他得知另

一位竞争对手似乎也十分受挫：地区法院法官马丁·T. 曼顿①（Martin
T. Manton）是一名俱乐部民主党人，1年前刚被任命到汉德所在的法院，
他希望得到威尔逊的提拔；不过曼顿也听说了尤因的大好势头并且"甚
是苦恼"。此时，汉德觉得这个职位对尤因而言已是"势在必得"。[241]

7月初，鲁布利那里传来了更为振奋人心的消息。为了支持汉德晋
升，一位特别重要的盟友挺身而出：威尔逊的首席心腹豪斯上校承诺会
在幕后为汉德奔走。豪斯认为，格雷戈里在考虑上诉法院法官人选时偏
爱"熟悉专利法的律师"，所以坊间才会传出尤因的传闻。豪斯对此胸
有成竹："要想担任上诉法院法官，专利法根基必须极为扎实……在我看
来，除了勒尼德·汉德，（格雷戈里）没有其他更好的人选。"豪斯承诺会
直接找威尔逊谈谈。这一进展似乎令汉德的希望更大了，但鲁布利还是
谨慎地说道："我希望你不要对此太过乐观。你的胜算并不大，我也不想
让你失望。但起码知道你的朋友们还在为此奔走，这也不是坏事。"[242]

7月中旬，勒尼德向弗朗西丝提到，C. C. 博林恩"正忙着策划各种
阴谋诡计"，但他认为这都是白费功夫："我觉得这挺好笑的，但就是没
什么意义。"[243] 不管怎样，在得知博林恩幕后动作的同一天，汉德还接到
一个案子，他意识到这个案子很可能会给他的晋升之路带来致命打击。
这就是《大众》杂志因反对邮政总局局长禁止邮递激进杂志而提起的诉
讼，该案判决也是汉德基于第一修正案作出的最为勇敢且重要的
判决。[244]

"《大众》案"的判决确实令汉德晋升巡回法院的几率有所折损，[245]
但行政分支仍未确定填补第二巡回上诉法院空缺的人选，而汉德的朋友
们则继续为他的晋升奔走。克罗利和李普曼此时会与豪斯上校定期会

---

① 马丁·托马斯·曼顿，1916年由伍德罗·威尔逊总统任命为纽约南区联邦地区法
院法官，两年后被任命为联邦第二巡回上诉法院法官。在大萧条期间，曼顿陷入严重的财务
危机，遂开始收受当事人贿赂。1939年，在曼哈顿地区检察官托马斯·杜威和联邦大陪审
团的调查压力下，曼顿辞职。杜威致信众议院司法委员会主席，建议启动弹劾程序。辞职
后，曼顿在自己曾任法官的纽约南区联邦地区法院被起诉，并成为第一位被判受贿的联邦法
官，他被判在路易斯堡联邦监狱服刑两年，并最终服刑17个月。——译者注

面，他们在上校面前为汉德辩护，克罗利还告诉弗朗西丝，他也会"去见费利克斯[·法兰克福特]，并且设法让他再次参与进来"。[246] 法兰克福特曾在 1917 年春率先向行政分支推举汉德，而此次也的确再次参与其中。（法兰克福特在好心办事的时候素来容易夸大其词，从他声称"汉德盼望威尔逊连任的殷切之心无人能及"便可见一斑。法兰克福特亦坚称，汉德"毫无疑问……是在美国司法系统中排得上前 6 位的杰出英才"。）[247]

10 月中旬，鲁布利那里传来消息，领先者有变，但汉德的几率仍不明朗。托马斯·尤因"已无胜算"；马丁·曼顿将得到任命，最新传闻称，"今天曼顿是主角"。[248] 通晓内情的威廉·希兹估计，是法兰克福特的介入引致汉德竞选势头式微："菲利克斯害了你。对菲利克斯的偏见和敌意在这里与日俱增，不管他支持谁，他的支持都很可能拖这人后腿……"[249] 法兰克福特善变而又奔放，显然令可能也有反犹主义的格雷戈里难以接受，但法兰克福特为了让朋友得到任命常常提出蛮横要求，格雷戈里并不是唯一对此反感的人。

汉德对曼顿的参选感到不安，但这种不安并非源于曼顿参选令其个人抱负受阻。曼顿看起来就是地区法官行列中能力最差的法官，部分原因是，他显然把更多时间花在了政治亲信和自我推销上，而不是准备合格的判决。据鲁布利称，希茨曾建议："若是由纽约的合适发起人组织一场针对曼顿的强烈抗议，可能会有些效果……C.C. 博林恩就不能安排这事吗？"希茨还提议，也许该召集其他人一起反对曼顿晋升。[250] 汉德并不需要这个建议，因为他已经开始如此行动了。在 1918 年 1 月，有那么一会弗朗西丝·汉德还以为汉德阻止曼顿晋升的行动成功了，[251] 但她错了。汉德从他在华盛顿的消息源得知，司法部长已决定不提名汉德，而曼顿仍在备选名单上。1 月 9 日，他致信法兰克福特以确认自己"出局"，并感谢对方为此付出的努力，同时劝说法兰克福特不要迫使司法部长格雷戈里重新考虑："最好不要提及此事，因为，尽管我知道自己早就没机会了，格雷戈里似乎早在去年夏天的时候……就已对你颇有些无理的偏见。他 6 个月前就该决定了；那样他就能少些麻烦。我希望他至少能选一个比曼顿更好的人。"[252]

然而,格雷戈里和威尔逊总统最终还是选择了曼顿。1918 年 3 月 18 日,曼顿获得第二巡回上诉法院法官的任命。显然,事实证明,对某位尽心尽力的民主党党务工作者的忠诚发挥了决定性作用。弗朗西丝猜测:"毫无疑问,是'《大众》案'的判决伤害了你,但是亲爱的,我的感觉和你一样。你必定会这样做,而且这是一件好事,如果最终为此付出代价,你也会乐于接受。毕竟,内心的满足才是重要的。"[253]

但汉德认为,除了"《大众》案",他在政治上的独立性令威尔逊行政分支无法接受亦是自己被否决的原因。正如他在给法兰克福特的信中所言:"我不信有谁能让我获得任命。我本就无甚胜算……谁曾想我这种人还会去争取晋升呢?"他回想过去,认为自己能谋得法官一职已是幸事:

> 我应该感谢 G. W. W.（1909 年塔夫脱任内的司法部长乔治·W. 威克沙姆）,是他想到把默默无闻的我提拔到此地。这世界不喜欢不合群的人,有时我想这世界也许不全是错的。不愿一起拉犁的牛,多数在本质上就是自我主义者,这也是它们不愿拉犁的原因。[254]

汉德生来就是一个政治异见人士。他对公麋党怀有热情,但除此之外,他从来就不是一个效忠党派之人,他也因此付出了代价:此后第二巡回上诉法院时有出缺,而汉德却屡次不被考虑。

1918 年,随着战争进入尾声,而晋升第二巡回上诉法院的机会亦愈加渺茫,汉德越来越关注战后国际关系的发展前景。对于他和他那些前进步党朋友们来说,只有确保达致公正的和平,才能避免未来发生流血事件。在他们看来,如果能将民族主义对立和帝国主义野心的影响降到最低,避免以不切实际的赔款要求来压迫战败国从而播下复仇的种子,那么这种和平即是公正的。他们认为,只有美国承担起国际责任,和平方能持久。最重要的是，为了实现公正的和平，必须建立一个和平解决国际争端的组织——简言之，就是一个国际联盟。

1918 年 11 月，停战后的几天之内，一个由近百名知识分子组成的团体发表了一个名为"自由国际联盟协会"（League of Free Nations Association）的新组织的原则性声明。[255] 勒尼德·汉德是这个组织声明的签署人中唯一的联邦法官。签署人名单上到处可见汉德的老进步党同僚——赫伯特·克罗利、费利克斯·法兰克福特、弗朗西斯·哈克特、诺曼·哈普古德，还有阿尔文·约翰逊。该协会的宗旨是从事"支持美国参与国际社会的宣传工作"。[256] 在接下来的两年里，汉德关注并参与了推进实现公正的和平以及美国参与国联的相关事务。

在战争的最后几个月，协会成立之前，威尔逊的外交政策逐渐得到了汉德的支持。总统在 1918 年初的国会联席会议演讲中宣布了"十四点和平原则"（Fourteen Points），借此描绘了他心目中的战后世界图景，亦预见性地点明了协会的目标。[257] 第二天，汉德怀着对威尔逊少有的热情对法兰克福特说道："伍德罗·威尔逊讲的大部分内容我都非常喜欢。当然，其中有很多语焉不详的地方，但这也是必然的。这条路径相比以往更为清晰，方向也是正确的。"

威尔逊提出的十四点中，有八点涉及战后边界（法国、意大利、波兰、土耳其、比利时和奥匈帝国的原有属国）。威尔逊在条款细节中加入了他尤为关心的更宏大的目标，包括"公开条约公开缔结"①、削减国际贸易中的经济壁垒、裁军，以及第十四点提及之，为了"大小国家都能相互保证政治独立和领土完整"，建立一个"普遍性的国际联盟"。

汉德对十四点的支持并非毫无保留。例如，他曾告诉法兰克福特，自己"不怎么喜欢那些较小的国家，但这主要是因为他们所坚持的民族主义色彩太过强烈"。不过，这些疑虑并未改变他的确信，总体来说他还

---

①　即 1918 年 1 月 8 日威尔逊总统在国会的演说中提到的十四点第 1 条："公开的和平条约，必须公开缔结，缔结后不得有任何种类的秘密的国际谅解，而外交也必须始终在众目睽睽之下坦率进行。"——译者注

是"极其"喜欢威尔逊的提案——我们"必须着手将此事从头开始付诸实践"。汉德表达这些朴素愿望的时候,《新共和》正无比坚定地站在威尔逊这边。汉德说道,他开始感到很难与老友克罗利讨论自己那些相较之下略欠雄心的愿望,"每当我谈及此事,他总会变得既急躁又专横",这也是汉德与克罗利日后分歧的一个早期征兆。[258]

威尔逊的十四点只是美国单方面的声明,而非协约国的政策宣言;威尔逊在国会发表讲话前并未就提案提前通知各协约国政府,部分原因就是担心提案内容遭到协约国反对。而瓜分战败国领土的秘密条约也并未因为威尔逊的演说而就此一笔勾销。威尔逊的真正目的是越过协约国政府首脑,直接争取民众支持。

汉德和他的国际主义者同僚们焦急地关注着关于和平谈判进程的传言,并试图营造支持国联的美国公众舆论。威尔逊本人在法国过于忙碌,无暇顾及国内的事态发展,所以自由国际联盟协会这样的组织在这方面就显得尤为重要了。[259]1919 年 1 月末,汉德开始担心巴黎和谈"正发展成一场普通的掠夺游戏",这将危及公正的和平:"如果人人都可以将手伸进袋子,想抓多少便抓多少,那无论成立怎样的国际联盟,都不过是维持糟糕现状的手段罢了。"他同样担心美国公众舆论"近期的糟糕发展":"这件事很快就成了一场派对:共和党人支持的只是变了味的国际联盟,民主党人则一如既往地毫无想法和原则,而自由派也不抱任何期待地指着总统取得些什么成果。"[260]

然而,焦虑并不意味着绝望。汉德反倒开始更多地投身于国联事务。尽管他对参与公共政治活动有些顾虑,他还是同意向纽约市郊的市民群体发表演说,而现场听众的反应令他备受鼓舞。他告诉鲁布利,公众舆论"肯定发生了改变":"我觉得这里基本上人人都能接纳并支持[国联]。真正的难点在于,他们不知道这是为了什么目的。他们渴望权利,但又不知权利为何物。"[261]3 月初,巴黎和谈进程仍然处于保密之中,汉德认为"眼下的趋势明显有利于国际联盟。"[262]

1919 年 5 月初,巴黎和谈结束之际,和平条约的条款被泄露给了美国媒体,许多国际主义者为之震怒。重返《新共和》团队的沃尔特·李普曼率先发文，就和约条款和国联进行了大量一针见血的剖析，通篇呼吁达成公平的条款及修改国际联盟盟约草案。他在文末向欧洲发出不祥的预警："如果你们制造的和平……只能靠刺刀维持，那我们会让你们来承担后果，我们会在自己的地盘上寻求自保。"[263]

李普曼这篇文章的风格和许多内容都给汉德留下了深刻印象。他预测道："若能保持这等能力和眼界，你会成为美国政治思想中不容小觑的权威。战争这事糟糕透顶，但对你来说，战争肯定是机遇。"[264] 不过在赞扬之余，他也对某些细节提出了批评：例如，李普曼针对要求签署国有义务保障其他成员国领土完整①的盟约草案第10条进行了抨击，而汉德就此提出了质疑。李普曼担心，该条将令美国在任一成员国国界受到威胁时均有义务开战，且以后将再无机会改变各国国界。汉德则认为没必要对第10条进行如此严格的解释：他认为盟约已为后续和约修改留下了空间。

李普曼警告说，如果无法实现公正的和平，美国将重返孤立主义。这一预言很快就显得更像是一个不祥之兆。4月，随着和平条约全文公布，协约国攫取权力的行为已然呼之欲出。边界划分草案悍然无视了威尔逊的民族自决主张；意大利、波兰和其他国家被重新划定的国界意味着欧洲将四分五裂。最重要的是，该和约威胁到了德国跻身和平国家的能力：和约不仅施加了毁灭性的150亿美元赔款责任，还追加了金额待定的后续赔款要求。

这些不尽人意的条款将汉德圈子里的"战争自由主义者"置于严峻考验。他们是否应该支持这个不完美的和约，寄望于如果和约获批且国际联盟成立，那么至少委员会可能会在未来修改和约条款？还是应该抛弃国联及和平条约，反对威尔逊争取美国的批准？《新共和》迅速且愤怒地选择了后者。相反，汉德则选择对国联和不完美的和平继续支持到底。这个美国战后外交政策中最重要的议题上的分歧，很快令汉德与以

①　《国际联盟盟约》第10条规定："联盟成员承诺尊重联盟所有成员的领土完整和现行政治独立，保护它们不受外来侵略。"——译者注

克罗利为首的《新共和》编辑们产生嫌隙，汉德亦因此在政治上遭遇孤立。汉德告诉法兰克福特："我无法与托利党为伍，而我的老朋友们亦与我不和。"[265]

5 月初，《新共和》的编辑们一致决定反对和约及国联。他们以 5 月 17 日刊印有"这是和平吗？"几个大字的封面开启攻势。而在下一期杂志中，《新共和》又自问自答式地在封面印上"这不是和平"。[266] 李普曼在 5 月 17 日的社论中坚称，该和约不过是"一个严重分裂、怨恨交加之欧洲的未来纷争的序曲"。[267] 阿尔文·约翰逊在 5 月 24 日的社论中以近乎顽固孤立主义者的方式继续写道："从美国的角度来看，让一个伟大民族去保障此等道德上矛盾和问题缠身的境况，实在愚蠢至极。"[268] 盟约第 10 条共同防御条款成了《新共和》和反国联势力普遍的主要攻击对象。在和约及盟约于参议院悬而未决的近一年时间里，《新共和》对和约及威尔逊本人持续进行着猛烈的攻击。

勒尼德·汉德十分反感《新共和》的立场背后反映的心态。他精准地描述道，自己与那些无法"辨别说服他人和撕破脸的区别"的"行动派"不同。他带着些许调侃之意，宣称自己属于少数"民主主义者"：他认为，身为民主主义者，即应具备耐心，能够接纳对立方论点，包容异见和冷静论证的优点。反之，"他认为，[克罗利]就不可能成为民主主义者"，鲁布利"更是绝无可能"；或者说，也许任何曾经或想要带头的人都不可能成为民主主义者：

　　我几乎是这世上除菲尔·利特尔（Phil Littell）和霍姆斯之外的唯一一个民主主义者。民主主义者这么少或许是件幸事，要不是这样，我们就没得吃穿了。就是因为真正的民主主义者人数太少，在分发救济品时被忽略了，所以他们才能得到食物和衣服。如果民主主义者多到惹人注意，他们就会被关进地窖，在那里彼此忍让，直至饿毙。[269]

法兰克福特的回应尖锐而又有趣："哈姆雷特是唯一的民主主义者

吗？我知道至少还有一位在世俗事务上有决断力的人，我认为他也是真正的民主主义者——布兰代斯。"[270] 不过，纵使宽容开明如汉德，也能得出肯定的结论。他仔细听取了对和平条约的批评，并认为许多批评合乎情理，但他同时强调了美国批准和约所能实现的结果——尤其是美国加入国联所承载的美国担负国际责任的象征性意义。正如他在 1919 年 12 月初对法兰克福特所言："我认为美国应当批准和约，我难得在公共事务上有如此之确信。起初我非常摇摆，但随着时间的推移我已不再犹疑。"[271]

《新共和》与威尔逊、和约及国联针锋相对，汉德亦因此与老友们分道扬镳。李普曼和克罗利都成了某种奇特同盟的一员，这个同盟由反对威尔逊和美国批准和约的失望自由主义者和保守孤立主义者组成。汉德在多数时间尚能与李普曼保持礼貌交往，可他与克罗利的关系日趋紧张。克罗利无疑对自己重返党派政治带来的苦果感到愤怒和沮丧，他开始对巴黎和约条款和威尔逊恶语相向。汉德越来越难以忍受这位老友。他曾在 1919 年 6 月对弗朗西丝如此说道：

> 我承认，整件事都让我生气；我现在最好别讨论[《新共和》那帮人]，因为他们的傲慢和臆测真令我感到恶心……眼下我最好还是别见到他们，至少别见赫伯特·克罗利……在这种感觉消散前，我真希望自己能在不冒犯赫伯特·克罗利的情况下避开他。我不想伤害他，但上帝啊，至少这会儿我不想看到他！[272]

汉德和克罗利之间的书信往来在过去 10 年一直活跃而又亲密，而今却恶化成了偶尔且简略的社交短笺。正如克罗利此后在给汉德的信中写道："近几年我总有孤寂之感，我感到《新共和》影响了自己与某些至爱之人的友谊……"[273]

到了 12 月初，汉德对支持美国批准和约这件事已是坚定不移。他告诉法兰克福特，参议院否决和约只是"为了树立美国反对任何国际秩序的先例"，而非因其条款不公。他认为，美国的参与对战后秩序至关重要。尽管和约并不完美，但其包含着"一种可能性，即如果和约能够存续足够时间，那么仍有机会通过'共同协商'来修改条款"，届时美国必须参与该等协商。"若无美国参与，前路将会险象环生。我知道，最好能尽快通过一场剧变废除（这个和约）来解决问题。我认为这场剧变未必能带来更为自由主义的观点，也没人能知道这场剧变会带来什么。我们当下亟需的是水泥，而不是炸药。"[274]

　　汉德的立场令他有别于《新共和》的自由主义者和右翼孤立主义者。舆论开始两极化；像汉德这样持温和观点的人急剧减少。胡佛是少数几个仍站在汉德这边的人，他在给威尔逊的一封信中恳求道，无论用什么方式，只要能保全国联，他都可以妥协。[275] 左右两派言辞间皆是分毫不让，彻底粉碎了妥协的可能。在参议院首次投票否决后不久，汉德向法兰克福特抱怨道：

> 　　你我都认同，当务之急是修改和缓和施加于德国的条件，而今这一切已令我们失去了这种机会。我看得出来，《新共和》的态度无非就是那种宁肯不要面包，也不能容忍只分得半块的顽固姿态。我也不愿对自己的密友抱有如此观感，可他们一直对威尔逊怀着满是个人情绪的敌意，令我只能产生这种感受。[276]

　　1920 年 3 月，参议院第二次也是最后一次否决了和约，加入国际联盟的可能性亦必然随之夭折。威尔逊一直态度坚决，甚至反对为争取温和派共和党的支持而作出些微调整。参议员们拒绝投出和约通过所必须的三分之二赞同票，美国加入国联的可能性亦随之终结。汉德与一位苏格兰朋友 F. D. 麦金农（F. D. MacKinnon）进行了漫长的事后复盘，并对发生之事和未来局面表示悲观。和平条约很容易招致正当的批评："这个和约就是本着压迫的精神构思而成的，没有考虑到任何发展可能。我们把在德国能弄到的现金和财产都拿走了，这我自然高兴……可是，关于这些赔款，我认为根本就不合情理。"[277] 尽管如此，身为现实主义者的汉德亦认识到和约条款之苛刻并不令人意外："虽然我的自由主义朋友们对此甚是反感，但我觉得根本不可能令英国或法国在和约制订期间同意其中的任何条款。必须先达成某种条约，而真正的希望在于执行。"问题就出在这：国际主义者们唯一的希望就是国联能够缓和和约的苛刻条款，可美国的否决令这一希望彻底落空。

汉德对威尔逊的良苦用心表示钦佩，即便如此，他仍把主要责任归咎于总统。只要威尔逊愿意妥协，他原本可以确保和约获批，并为建立一个更加公正的战后世界向欧洲提供支持。正是威尔逊的强硬态度，最终导致了参议院的否决：

> 我十分确信，参议院始终在本着纯粹的派系精神行事。威尔逊无视参议院，犯下了不可原谅的错误，而他们亦因此大为光火，作为一个不容轻视的官僚机构，他们决心不惜一切代价维护自己的权威。假使威尔逊不那么自我且更善于通融和妥协，这事本该轻而易举，我觉得这些也是治国必备的能力。

可威尔逊就是威尔逊。他一直无法克服自己死板且教条的特质，而汉德早就对此颇有微词：

> 所以现在是覆水难收了，我们不幸成了财富和安全会带来危险的例证。即便在最后一刻，如果威尔逊愿意展示一点合理的妥协精神，他也还是有机会在实质上达到他想到的目的。但他一直都是个顽固的长老会教徒（如果我强调是苏格兰长老会，会不会冒犯到你）①，我行我素且一意孤行。

---

① 威尔逊出生于苏格兰移民家庭，父亲是长老会牧师，威尔逊本人亦是虔诚的长老会教徒。——译者注

1919 年和 1920 年初的苦战损耗的不仅仅是外交政策。威尔逊将精力投注于欧洲局势时，在很大程度上忽视了国内的发展，反改革势力随即甚嚣尘上。即便在战时，邮政总局局长艾伯特·伯利森（Albert S. Burleson）和宣传工作负责任乔治·克里尔（George Creel）也在系统性地压制异见人士，尤其是和平主义者和社会主义者。联邦上诉法院一致认定压制言论自由的 1917 年《反间谍法》并不违宪，相较之下，汉德在"《大众》案"中的立场可谓是勇气非凡。战后，活跃公共辩论的空间遭到进一步挤压。新任司法部长米切尔·帕尔默（Mitchell Palmer）发动了一场恶毒的迫害赤色分子运动，逮捕并驱逐数千人。纽约州众议院以五名议员是社会主义者为由将其逐出议会，而随着 1920 年的大选临近，民主党陷入一片混乱。威尔逊拒绝承认新苏维埃政府——汉德认为此举只会令苏联的势力愈加强大——与此同时，迫害赤色分子亦成了美国的外交政策。汉德对此深感失望：

> 如果俄国人安于他们当前的激进政治，或者虽有不满，但又缺乏推翻这种政治的民意基础，那么我们就是在以目前的姿态尽全力巩固它的力量，并且令其获得俄国国民的巨大支持……我们都在尽全力维持和巩固这样一个令人无法忍受的政府……而威尔逊的近期宣告不过是又一次火上浇油。

《新共和》拼尽全力希望能在 1920 年找到一个合意的民主党候选人，他们试探了赫伯特·胡佛，但胡佛却宣布他是共和党人。民主党代表大会召开时，最有力的候选人是米切尔·帕尔默，以及威尔逊的女婿，前财政部长威廉·麦卡杜（William G. McAdoo）。《新共和》圈子里的多数人都喜欢麦卡杜，但是帕尔默和麦卡杜都没能获得提名所需的票数。代表们遂退而求其次地选出了另一位候选人，俄亥俄州州长詹姆斯·M. 考克斯（James M. Cox），一个毫无胜算但也无伤大雅之人（考克斯的竞选伙伴是人气颇高的助理海军部长，来自纽约的富兰克林·德拉诺·罗斯福）。汉德认为考克斯"平平无奇"，对他没抱多大希望，可共和党的候选人还要更糟。自由派共和党人和自由派民主党人一样组织不善，共和党代表大会遂落入保守派之手；沃伦·G.哈丁（Warren G. Harding）从"烟雾弥漫的房间"①脱颖而出，成为共和党的总统候选人。汉德表示，相较哈丁，"我肯定会把票投给"考克斯，但这无济于事。汉德悲观但准确地预言道，哈丁的胜利将意味着：

> 我们即将经受顽固保守主义占据上风的 4 年——在这段时间，我们必将迎来 1865 年以来最为艰巨的国内政策问题，并应集结最优秀的头脑和最勇敢的政治才能来应对。我们必将以拒绝思考或采取任何立场的方式来应对这些问题。我想我们应该能熬过去的，毕竟我们已经富有到显然可以放心地忽视我们的公共事务中关于智力和品格的所有常见预防措施了。

哈丁宣布，自己的口号是"回归常态"。事实上，疲于战事以及和平条约和国际联盟带来的漫长论战的美国人，对政治已然陷入冷漠、幻灭和怀疑。对汉德和他那些老进步派同僚们来说，这始于对美国的改革和重建寄予厚望的 10 年，于此惨淡收场。

---

① "烟雾弥漫的房间"，美国政治术语，通常指秘密政治集会或交易发生的地方。这个词源自美联社雷蒙德·克拉珀的一篇报道，该报道描述了沃伦·哈丁被提名为 1920 年总统大选共和党候选人的过程。据传，在经过多次投票仍未确定候选人的情况下，共和党代表大会陷入僵局，该党政治掮客遂在芝加哥黑石酒店 404 号房间的一次私人会议上，将哈丁这个相对平庸的候选人确定为折衷候选人。——译者注

第六章

晋升至第二巡回上诉法院

1917 年春,担任地区法官仅 8 年的汉德已是司法区内最资深的法官了。他对自己的才干更为自信,而律师、法官同僚和专业刊物也越来越重视他的判决,这更加增强了他的自尊心。对他来说,能够有机会去思考法律以及影响最终判决的事实,是一件惬意的事。然而,作为地区法院法官的日常工作大多平淡且枯燥。他既要聆讯动议,又要主持那些长短不一且充斥着矛盾证词的庭审,工作负荷给他带来的持续压力令他疲惫,也很难让他的分析技能得到用武之地。第二巡回上诉法院开始越来越频繁地借调他去听审上诉案件,而上诉法院的工作亦令他感到十分愉快且有意义。他知道,若能有一个巡回上诉法院的终身席位,那些让他感兴趣同时又有意义的法律问题,就可以成为自己的日常工作了。

1917 年 3 月,第二巡回上诉法院即将出缺的传言甚嚣尘上,汉德的晋升之梦距离实现更近了:自 1882 年以来一直担任联邦法官,并且从 1902 年开始在上诉法院任职的艾尔弗雷德·C. 科克斯正在考虑退休。通常并不热衷于争名夺利的汉德,此时一反常态地下定决心谋求晋升。经过为期 9 个月的活动,汉德意识到他的竞争对手格外强大,而自己与进步党人的牵连,也会导致威尔逊行政分支对他缺乏好感,但朋友们依旧对他鼓励有加。然而,他并没有成功:他在"《大众》案"中的判决不受待见,缺乏党派忠诚这一点更是致命,政府遂于 1918 年 1 月提名地区法院法官马丁·T. 曼顿补缺。[1]

在这次令人沮丧的失败之后,汉德愈发厌烦地区法院的例行公事。

随着(依据 1919 年《沃尔斯特德法》①而颁布的)全国禁酒令②的施行,法院的案件排期表变得前所未有地冗长,汉德对这场国家道德运动毫无认同,却又身负秉公执法的责任,他感到这无休止的禁酒案已经成了自己工作中最烦人的部分。他抱怨道,《沃尔斯特德法》令地区法院的刑事审判条线沦为"治安法院③,令人厌烦至极。"2

　　直至 1921 年,有着 4 个法官席位的第二巡回上诉法院才出现新的空缺。当时的共和党已大幅右倾:尽管汉德希望偏自由派的赫伯特·胡佛能够在 1920 年成为共和党候选人,但在"烟雾弥漫的房间"里,被选中的却是沃伦·G. 哈丁,此人代表了所有保守的商业导向势力,而这些正是西奥多·罗斯福 8 年前试图攻克的对象。汉德只好心灰意冷地将他的票投给了平庸的民主党候选人詹姆斯·M. 考克斯。哈丁总统组建了一个极其出色的内阁,却不幸选择了他在俄亥俄州的长期政治盟友、名声不佳的哈里·M. 多尔蒂(Harry M. Daugherty)担任司法部长④。在这些极右共和党人的掌权之下,汉德清楚自己毫无晋升机会,遂决定转而支持资历较浅的同事朱利叶斯·M. 迈耶(Julius M. Mayer)。1912 年被塔夫脱总统任命为地区法院法官的迈耶是一位人脉深厚的纽约共和党

---

　　①　《沃尔斯特德法》(Volstead Act)是 1919 年 10 月 28 日国会通过的一项旨在实施宪法第十八条修正案的立法,该项立法禁止生产、销售、运输或出口酒精含量超过 0.5% 的饮料,并于 1933 年废止。宪法第十八修正案于 1919 年 1 月 16 日通过,禁止"在合众国及其管辖下的所有领土内酿造、出售和运送作为饮料的致醉酒类;禁止此等酒类输入或输出合众国及其管辖下的所有领土"。修正案生效后,警局、法院和监狱被禁酒令相关的案件淹没。最后,第十八修正案于 1933 年第二十一修正案生效后被废除,是至今唯一被废除的宪法修正案。——译者注

　　②　此处的禁酒令即指依据宪法第十八修正案和《沃尔斯特德法》而施行的美国全国性禁酒,于 1920 年 1 月 16 日第十八修正案生效日开始执行。——译者注

　　③　治安法院(police court),某些州的低级法院,管辖轻微刑事案件和违反城市治安管理的案件,对较重大的刑事案件有权初审;在有些州,可以有限制地审理一些民事案件。——译者注

　　④　哈丁组建的内阁人才济济,包括曾任纽约州州长的国务卿查尔斯·埃文斯·休斯、财政部长安德鲁·梅隆、商务部部长赫伯特·胡佛。但哈丁亦于内阁安插大量政治亲信,即包括多尔蒂等人在内的俄亥俄共和党建制派朋友,俗称"俄亥俄帮"(Ohio Gang)。任司法部长的多尔蒂被指利用职权鬻售贩酒许可证、宽赦令以及法律保护伞,并卷入哈丁的内政部长与石油公司之间收受回扣的贿赂丑闻,于 1924 年被迫辞职。——译者注

人,尽管相当自负,但确实是一位尽责且能干的法官,尤其擅长专利和破产管理案件。³ 汉德与迈耶的关系起初颇为疏远,尔后逐渐升温,汉德知道迈耶将会成为一个远胜于曼顿的巡回上诉法院法官;他帮助迈耶扫除了晋升之路所面临的唯一重大障碍,一位来自佛蒙特州的竞争对手。正如汉德对迈耶所言:"尽管我自己早已出局,但比起其他外人,我更愿意让你得到这个席位。"⁴ 此外,汉德认为,如果上诉法院有半数法官并非出身纽约州,这将是"极不合理的",他为迈耶收集的统计数据显示,94%的第二巡回上诉法院案件来自纽约州的联邦法院,而非康涅狄格州或佛蒙特州。⁵ 可以想见,迈耶9月得到任命时对汉德自然十分感激,他告诉汉德,"我非常,非常感谢你的慷慨大度。"⁶

1924年年中,迈耶法官决定辞去法官职务,重拾私人法律执业①,而汉德认为此时政局已经发生了足够大的变化,值得再次尝试谋求晋升。哈丁在任上过世,卡尔文·柯立芝继任总统。更重要的是,哈里·多尔蒂刚刚辞职,他治下的司法部被指效率低下,且深陷欺诈及腐败指控。柯立芝感到有必要整肃,遂任命前哥伦比亚大学法学院院长哈伦·菲斯克·斯通(Harlan Fiske Stone)为司法部长(斯通日后成为最高法院首席大法官)。此外,汉德在国内的声望也日渐高涨。他愈来愈频繁地被指派到第二巡回上诉法院听审②,而在纽约律师中,他已被公认为是最具实力的地区法院法官。专业刊物越来越重视他的判决,而学者们认为,作为对他卓越能力的"迟来的认可",他早该获得晋升了。⁷

例如,路易斯·D. 布兰代斯大法官就曾告诉法兰克福特,"在交给我们复审的联邦法院判决中,勒尼德·汉德作出的判决是最好的"。⁸ 甚

---

① 私人法律执业(private law practice):律师既不受雇于政府机构,又非服务于私人事业或社团而从事律师业活动的情形。私人执业的律师可以开设一家事务所,也可以成为拥有50名以上律师的事务所中的一员。——译者注

② 巡回法院下辖地区的地区法院法官可被指定列席听审巡回法院案件。见《美国法典》第28编第292(a)条:"巡回法院首席法官可根据该法院的业务需要,在巡回法院辖区内指定和指派一名或多名地区法官列席上诉法庭或其分庭。这种指定或指派应符合巡回上诉法院的规则或法令。"——译者注

至有传言说,汉德理应在最高法院拥有一席之地,特别是在谈及最高法院日趋保守之势时。让汉德进入最高法院只是一些人一厢情愿的想法,他们对在最高法院势单力薄、腹背受敌的自由派大法官心怀同情。比如,费利克斯·法兰克福特就曾告诉汉德:"自我有资格对……最高法院发表意见以来,我一直热切地确信,你是为数不多的应当加入九人①的法官之一。"⁹而汉德自己更清楚:"这种机会太渺茫了……仅仅只存在理论上的可能性。"¹⁰

哈丁在入主白宫才 3 年出头就填补了 4 个大法官空缺,从而得以巩固保守派的多数地位。(威尔逊在其 8 年任期中只提名了 3 位大法官,而哈丁的继任者柯立芝和胡佛在超过两届的任期内只提名了 4 位大法官)。哈丁选择的 4 位大法官不仅奠定了保守派长达 10 年的优势地位,还为 20 世纪 30 年代中期坚决反新政的保守派多数提供了中坚力量。哈丁提名的第一位最高法院大法官威廉·霍华德·塔夫脱极大影响了总统此后的所有任命。1921 年,首席大法官爱德华·D. 怀特(Edward D. White)去世,哈丁遂提名曾任巡回法院法官和法学教授(以及总统)的塔夫脱作为继任者。塔夫脱的同事詹姆斯·C. 麦克雷诺兹(James C. McReynolds)②是一位尖刻且偏激至极的保守派,尽管塔夫脱无法忍受此人,但他通常还是会投票支持保守派一方。¹¹而塔夫脱的影响力远不止他的投票,他对司法行政极感兴趣,对司法事务就更是积极。他经常向总统和司法部长主动提出建议,而哈丁和多尔蒂则会欣然接受,并在实践中照单全收。

在 1920 年大选期间,塔夫脱曾撰文批评威尔逊在 1916 年任命路易

---

①　原文为"The Nine",常用于指代联邦最高法院九位大法官。——译者注

②　麦克雷诺兹大法官于 1914 年 8 月 19 日由威尔逊总统提名至最高法院,以性格乖戾且极端保守著称,例如,他曾拒绝与同由威尔逊任命的约翰·克拉克大法官交谈,理由是克拉克过于自由。麦克雷诺兹大法官亦毫不掩饰自己的反犹太主义,他拒绝与路易斯·布兰代斯和本杰明·卡多佐这两位犹太人大法官交谈。1932 至 1937 年间,麦克雷诺兹大法官与其他三位保守派大法官皮尔斯·巴特勒(Pierce Butler)、乔治·萨瑟兰(George Sutherland)和威利斯·范·德凡特(Willis Van Devanter)被媒体戏称为反罗斯福新政的保守派"四骑士"(取自《启示录》)。——译者注

斯·D. 布兰代斯和约翰·H. 克拉克（John H. Clarke）的决策；他认为，最重要的选举议题应是"维护最高法院的堡垒地位，以确保在未经法律正当程序的情况下，任何人不得被剥夺财产"。[12] 最高法院适用正当程序条款封阻经济和社会改革法律的做法，10 年前曾是西奥多·罗斯福的主要抨击目标；而作为首席大法官和行政部门法务顾问的塔夫脱，势必会令这种司法对改革的敌意持续下去，并进一步加剧。

例如，1923 年秋，奥立弗·温德尔·霍姆斯大法官和他年轻的英国知识分子朋友及工党政治家哈罗德·J. 拉斯基（Harold J. Laski）①出于自娱自乐，构想了他们理想中的最高法院，他们很快就把汉德列入了名单。（霍姆斯建议把本杰明·卡多佐也列进去，拉斯基表示支持，不过他认为卡多佐并没有"汉德的才华"。）[13] 1922 年，在投票记录上比布兰代斯还要偏自由主义的克拉克大法官辞职，拉斯基遂告诉霍姆斯，"如果老天有眼，你就能和勒尼德·汉德"共事了；但他也现实地认识到这个席位或将花落犹他州参议员乔治·萨瑟兰（George Sutherland），而萨瑟兰也的确作为保守派集团中最得力的成员进入了最高法院。[14]

此后，1922 年年末，威廉·R. 戴（William R. Day）大法官退休。而首席大法官怀特之死已让最高法院空出一个"天主教席位"，所以行政部门此次显然会找一位罗马天主教人士继任②。这个空缺的主要竞争者是明尼苏达州铁路律师③皮尔斯·巴特勒（Pierce Butler）和纽约州联邦法官马丁·曼顿。首席大法官塔夫脱赞同纽约法律界权威人士的观

① 哈罗德·约瑟夫·拉斯基（Hrdrold Joseph Laski, 1893eph L），英国工党领导人之一，政治学家，费边主义者，西方"民主社会主义"重要理论家，社会民主主义和政治多元主义的重要代表人物，1945—1946 年任英国工党主席。——译者注

② 1886 年至 1925 年间，最高法院一直有两名天主教大法官。1896 年至 1921 年的天主教大法官为怀特大法官和爱尔兰裔的约瑟夫·麦肯纳（Joseph McKenna）大法官。1921 年，（非天主教徒的）塔夫脱接替怀特被任命为大法官。而在 1922 年，仍在任上的麦肯纳大法官已重病缠身，支撑不了太久，所以宗教信仰成了选择非天主教徒威廉·R. 戴大法官的继任者的重要考量因素。——译者注

③ 铁路律师一般指主要处理与交通运输有关案件的律师。第十六任美国总统亚伯拉罕·林肯在竞选总统前亦是一位知名的铁路律师。——译者注

点,认为曼顿尽管有着大主教①和民主党团体的大力支持,但对最高法院来讲他还不够格,塔夫脱遂牵头精心组织了巴特勒的提名活动。一场激烈角逐过后,哈丁提名了塔夫脱的人选。[15]汉德备感忧虑地旁观了这场对决,而曼顿的战败令他如释重负。他对法兰克福特说:"不管(巴特勒)是什么样的人,他确实把我们从曼顿的手中救了出来,他会因此受到欢迎的。"曼顿原本已经极为接近胜利了。汉德写道:"我很清楚,他背景深厚;白宫都要被游说的电报淹没了。我不知道他是如何得到那么多支持的。他实在是精明过人,令人叹为观止。而现在,我觉得他的日子已经到头了……"[16]

然而,哈丁巩固最高法院保守派多数的机会并未就此终结。新泽西州的马伦·皮特尼(Mahlon Pitney)的退休带来了1922年的第3个空缺。纽约律师协会猜测继任者将来自同一个州②,但纽约州的各路律师和法官仍竞相争夺该席位。法兰克福特清楚汉德这次毫无机会,他快活地给汉德写信道:"我真希望你是个百分之百的共和党人,拥有最棒的头脑,又能与那个伟大的法学家哈里·M.多尔蒂有非同一般的关系。因为那样,我们就能让你成为9位教皇③中的一员了。"[17]尽管如此,首席大法官塔夫脱还是对汉德日渐高涨的声望深感不安,他力劝哈丁总统不要提名汉德。他承认汉德"年纪合适",是"一位能干的法官且工作勤奋",并且他还提醒哈丁,1909年"在威克沙姆的建议下"将汉德送进地区法院的就是他本人,但塔夫脱还是向哈丁提出了一个决定性的政治论点:汉德已经"变成了一个狂热的罗斯福主义者和一个进步派人士,他虽然身为法官,却参与了(公麋党)竞选活动"。显然,这种靠不住的异议人士不能在最高法院被委以信任:"如果将他提拔到我们的最高法院,他肯定

---

① 曼顿的最高法院大法官任命亦得到了他的朋友、时任纽约天主教大主教的帕特里克·约瑟夫·海耶斯(Patrick Joseph Hayes)的鼎力支持。1922年12月,73岁的威廉·R.戴大法官甫一退休,海耶斯大主教就立即向哈丁总统开展游说力荐曼顿。海耶斯大主教向哈丁强调,这一席位应由天主教徒出任,若倘麦肯纳大法官有何不测,任命朋友曼顿至少能够让天主教徒保有这一席位。——译者注

② 此处应指新泽西州。——译者注

③ 此处应为最高法院九位大法官的戏称。——译者注

会与布兰代斯为伍并成为一名异议者。我认为任命他实在太过冒险。"[18]

汉德并不知道有这样一封信,但即便知道他也不会意外。在 1921 年,当法兰克福特坚称塔夫脱是个心胸狭窄的平庸之辈和"懒骨头"时,汉德还曾为塔夫脱辩护,称其写出的判决书具备"专业顶尖水平",[19] 但汉德也认识到,塔夫脱从未谅解他在公麋党活动时期对最高法院滥用正当程序的批评。除了司法行政事务会议上的日常会面,汉德在休假期间也会时不时见到塔夫脱,他常去魁北克默里湾消夏,而汉德一家也会偶尔去那里。在 1921 年夏天的某次行程中,汉德给法兰克福特写信说道:"我不明白他为何对我这可怜虫怀有如此敌意,但他显然就是这样。奇怪,但又不奇怪! 我猜,这就是因为触摸约柜而冒犯了圣灵的罪过吧①……不管是因为什么,我怕是得罪这位大人了。"[20] 1922 年夏,也是在默里湾,汉德写信给塔夫脱的兄弟亨利说,他"与首席大法官有过几次愉快的交谈";他们确实一起打了高尔夫球,汉德还优雅地写道,首席大法官"高尔夫球水平如其司法审级一样远高于我"。[21] 然而,无论是私下的交往还是专业上的尊重,都无法阻止塔夫脱将一位主张限制司法审查的公麋党支持者挡在最高法院之外。最终,哈丁还是将这个席位任命给了一位田纳西州的候选人,爱德华·特里·桑福德(Edward Terry Sanford)。

到了 1924 年的夏天,哈丁时期标志性的司法任命所带来的政治和意识形态风暴已大幅减弱。相较于最高法院大法官的遴选,选择一位新的巡回上诉法院法官是一项比较平和且少争议的工作:巡回上诉法院很少就正当程序问题进行裁判(这类司法挑战多数从州法院提交至最高法院),所以就财产权保护的意识形态而言,联邦下级法院的人员构成远不及最高法院的人员构成那样重要。

---

① "约柜"是圣经中提到的基督教圣物,是放置了上帝与以色列人所立契约的柜子,契约即指出先知摩西在西奈山上从上帝耶和华那来的两块十诫石板。根据摩西律法,只有作为祭司的利未人才可以抬扛约柜,但是任何人都不得触碰约柜。"圣灵"是传统基督教所信三位一体神中的一个位格,其他两个位格分别是圣父与圣子。参见《圣经》的有关记载。——译者注

汉德在 1924 年 7 月加入晋升的遴选,不到一个月他便得知自己已
获提名。就连首席大法官塔夫脱也认为,汉德晋升至第二巡回上诉法院
可谓是"当之无愧",他一边向本届内阁推举汉德,一边告诉汉德:"此事
争议不大。"[22]

加尔文·柯立芝总统也乐于考虑这个提名,因为他正迫切地希望将
哈丁时代的肮脏政治抛诸脑后。司法部长哈伦·菲斯克·斯通也宣称
支持汉德。他告诉汉德,他推荐这个任命,是基于自身"职责"以外的理
由:"能够推荐这个任命对我来讲也是一大乐事……我很荣幸。"[23] 汉德
对此并不意外:在斯通成为司法部长前,以及斯通此后的职业生涯中,汉
德一直对他敬重有加(尽管法兰克福特常说汉德对他有些过誉了)。但
事实上,斯通远没有他嘴上说的那么热心:在给塔夫脱的一封信中,他表
达了自己对于汉德"在政治思想上太过激进且难以捉摸"的忧虑——而
比他保守得多的塔夫脱倒是一反常态地支持汉德,认为他是这个职位的
"最佳人选"。[24]

汉德去往第二巡回上诉法院的通途,还得到了他即将接替的法官朱
利叶斯·迈耶的保驾护航。[25] 迈耶没有忘记 3 年前汉德对自己晋升的支
持,他告诉汉德,他为此给斯通去了信,而司法部长的回复"表明形势对
你大为有利"。[26] 即便如此,政治经验丰富的迈耶仍不容许结果出现半点
差池。为确保汉德晋升顺利,他动用了自己从纽约州共和党参议员詹姆
斯·沃兹沃斯(James Wadsworth)到"地方政治大佬"的广泛人脉。[27]
["地方政治大佬"中,有一位名叫查尔斯·D. 希尔斯(Charles D.
Hilles)的特别有影响力——他曾是塔夫脱总统的私人秘书,现任共和党
财政委员会主席]。汉德的支持者们一如既往地为他安排了许多推荐
信,其中包括 1917 年那次晋升遴选的两个主要竞争对手的大力举荐,即
纽约民主党人亚伯拉罕·艾尔克斯(Abram Elkus)和专利律师托马斯·
尤因(Thomas Ewing)。[28]

汉德在 8 月末得知,司法部长已向总统正式推荐了他。柯立芝推迟
了向参议院提交这个提名的时间,汉德对此并没有担忧:迈耶早就告诉
过他,这时机取决于即将进行的总统大选,因为本届政府希望将所有提

名都推迟至投票结束之后。[29]12 月 2 日,轻松击败民主党人约翰·W. 戴维斯(John W. Davis)的柯立芝终于将汉德的提名提交至参议院。12 月 20 日,尽管因某个参议员错放文件而导致了短暂迟延,参议院仍毫不犹豫地全票通过了汉德的提名。[30]几天后,汉德被任命为巡回上诉法院法官,并于 12 月 29 日由资深法官查尔斯·M. 霍夫(Charles M. Hough)主持宣誓就职。[31]

汉德的晋升可谓是众望所归。满载溢美之词的贺信旋即纷至沓来。那些对汉德知根知底的贺信作者们都清楚认识到,上诉法院比地区法院更适合汉德。有些人直接将此次晋升视作向最高法院迈出的一步:正如一位支持者所言,他是唯一一位能够"与(霍姆斯)和布兰代斯相提并论的联邦法官"。[32] 最广为人知的赞誉则来自沃尔特·李普曼。他在《纽约世界报》一篇社论中盛赞本届政府作出了"令人称道的选择",他们选择的这位法官是"美国法院的伟大人物,在这个国家,无论在哪里阐释法律,他那极为渊博和卓越的才智都是得到公认的"。李普曼坚称,任命汉德"能够真正解决那些对法院的批评和不信任",因为只有任命那些"通晓法律、生活和人类动机"的法官,而非纸上空谈,才是解决"机械司法"的真正出路。[33]

对汉德自己而言,令他尤为高兴的是,自己虽然担负着立场不明的独立人士的名声,却得到一个保守派政府的提拔。他破天荒地大胆同意在宣布提名当天接受《世界报》记者的采访。汉德直言他并不视自己为一个共和党人,而且尽管彼时共和党参议院尚未通过他的任命,他仍告诉记者,自公麇党溃败以来,他一直是"无党派"的,在政治上"独坐救生筏之上"。[34][公民自由联盟①律师沃尔特·内勒斯(Walter Nelles)②曾因

---

①　美国公民自由联盟(American Civil Liberties Union, ACLU)。1920 年创办,该组织以维护《权利法案》的自由为宗旨,致力于使宪法保障的言论、集会、结社等民权得到真正实现。联盟自成立以来,一直积极介入共产党人、罗马天主教徒、同性恋者、少数族裔的权利保障事务,经常以提起司法诉讼的形式检验立法或案件的合宪性,通过司法判例推动民权事业发展。——译者注

②　沃尔特·内勒斯是美国律师兼法律教授,也是美国公民自由联盟的联合创始人和第一任首席法律顾问。——译者注

此番"勇敢的政治决裂宣言"向其道贺："政治泥沼的动荡,偶尔会将具备某种品质的心智送到能够发挥价值的地方,而这正是这些品质所具有的生命力的例证。"][35]

汉德知道,本届政府里有许多人认为他是个危险的激进分子,他觉得这种指控简直匪夷所思:"激进——好家伙! 我这样一个不太敢尝试新事物,总是谨小慎微的人——一居然还有人觉得我激进。"[36] 尽管如此,他最终还是得到了自己期待已久的晋升;而某位祝贺者写下的这段话,更是令沉浸在喜悦之情中的他尤为欣喜:

> 即便是你最好的朋友也必须承认,你的品格和成就本来就有非同凡响之处,这迫使塔夫脱和柯立芝之流的保守派将晋升机会亲手交予……我们司法体系中的这样一位……知名的自由派和半激进人士。[37]

第七章

在20世纪20至30年代的第二巡回上诉法院:同侪之首

汉德接受联邦第二巡回上诉法院的法官职务时,明白自己终于能够全身心投入到上诉审中了,如今他有充分机会阐述法律问题,而不必再承担初审法官所面对的繁琐日常工作。联邦上诉法院的工作有一个特点,那便是法官并非一人独任审理案件。上诉法院配备不止一名法官,而联邦上诉法院的大多数案件都由3名法官组成的合议庭来审理。(在第二巡回上诉法院,4名法官交叉组成3人合议庭,通常是按每月4周中的两周来轮换。)这一特点使得同事之间的协作变得相当重要。在每个案件中,汉德都清楚,自己必须要与另外两位法官紧密协作,通过交换书面备忘录和草稿,以及非正式的交谈和会议等方式,得出最后决定。当然,汉德非常了解这一点,他也知道自己所将面对的是些什么样的人。

第二巡回上诉法院在1924年时共有4名法官:除汉德之外,还有资深法官亨利·韦德·罗杰斯(Henry Wade Rogers)、查尔斯·梅里尔·霍夫(Charles Merrill Hough)和马丁·曼顿。其中,曼顿并不合群,他汲汲钻营于政治小团体,也无法写出任何值得律师界或法官界所认可的备忘录或者判决书,汉德觉得尤其难以对他产生和谐共处所需的尊重感。同时,在汉德看来,罗杰斯在智识上也强不到哪儿去,他倒不是个有严重政治倾向的法官,但时常抱恙,哪怕他能够工作时,写的东西质量也不高。(尽管罗杰斯在担任法官前还曾任耶鲁法学院院长,但汉德并没有被他对法学教授一贯存有的英雄崇拜障目,以至于无法辨识质量——而且,罗杰斯度过数十年终身教授生涯的耶鲁法学院,彼时还远未达到后来的顶级学府高度。）不过，罗杰斯算是个合格的行政管理者，在他治下，耶鲁法学院还是有所提升的：从三流被带到了二等。耶鲁仍然拒绝采用兰代尔在哈佛所开创的案例教学法，继续适用过时的从法律文本出发的反复宣讲模式教学。罗杰斯对耶鲁法学院进步作出的贡献在于：教师们不再都是兼职的，法学院拥有了全职的教职人员。但他只招聘到了两位杰出学者：分析哲学家韦斯利·N. 霍菲尔德（Wesley N. Hohfeld）和才华横溢的年轻合同法专家亚瑟·L. 科宾（Arthur L. Corbin）。然而霍菲尔德和科宾都乐见罗杰斯的离任，事实上，罗杰斯原本还想在被提名联邦巡回上诉法院法官后按照学校的兼职"传统"保留法学院院长之职，正是这两位学者主导的势力迫使罗杰斯不得不辞职。[1]

　　因此，在第二巡回的新同事之中，只有能力出众的查尔斯·梅里尔·霍夫能令汉德青睐有加，给予真正的爱戴和尊重。表面上来看，他俩迥然不同。霍夫最大的遗憾就是身体太弱未能从军。他的父亲在南北战争爆发之初中以列兵身份从军，而后决心成为职业军人，最终逐级晋升至准将；霍夫也曾梦想过追随父亲足迹，却未能如愿。命运将他带到达特茅斯学院而非西点军校。然而，终其一生，霍夫都仍保持着军人做派：粗鲁而直率，无论面对的是律师还是法官，都同样咄咄逼人。更重要的是，他是一个矢志不渝的保守派共和党人，最看不起的就是多愁善感的改革派。然而汉德很有识人之明[安·莫罗·林伯格（Anne Morrow Lindbergh）曾对汉德说他有一双"洞察之眼"]，看出他脾气乖戾的表象下有一颗热诚之心。汉德喜欢霍夫的坦率和好辩。他也欣赏霍夫的学术爱好（霍夫写过一部纽约的联邦初审法院史）。最重要的是，汉德认可他是第一流的法官，有着惊人的洞察力和分析能力。他还具备一种更令人敬仰的特质，那就是能够抑制住自己的传统保守偏见，进而作出合理公正的裁决。

　　霍夫比汉德年长14岁，早3年进入地区法院（威尔逊总统在1916年擢拔他进入第二巡回上诉法院，民主党总统在如此重要的职位上任命一名保守派共和党人，算是个异数），一开始，汉德将他当作父辈来尊重，但两人之间很快就建立起深厚友谊。不过，直到1927年临终前，霍夫才打算公开承认他那"居高临下生硬粗鲁的态度"的掩盖之下有着"非同寻常的和蔼与亲切",汉德早已知道这一点了。霍夫在一封动人的临终遗言中对汉德写道:"在已无法历数的长久岁月里,我在与你共同探究世事之中获得了甚多愉悦(可能仅次于与几位自从17岁以来就相伴的儿时友人)。与你共处时,我得以放松而与灵魂对话——即便与所敬所爱之人共处,亦难常有此种愉悦和安心……我想让你知道,我生命中的多少岁月因为与你相识而平添喜悦。"[2] 同样,汉德也从未忘记霍夫的"对时不时出现的、想必让他觉得难以共事的情况抱持着善良与宽容",[3] 他在向霍夫的遗孀致哀时如此写道,得到她的回复说,她丈夫尤其欣赏汉德的这种"新派作风":"他常常提到,几乎再没有任何其他人能像你那样让他**思考**。"[4] 这一点是真的,汉德能吸引和钦佩与他观点截然相左的同僚们,无论他们的立场比他左还是比他右,只要能积极参与讨论,并且所持的立场具有坚实的智识基础。

霍夫与汉德在1926年发生的一段交流,恰能体现他们在交锋中是如何坦诚相见。联邦最高法院刚在"吉特洛诉纽约州案"(*Gitlow v. New York*)中作出了一个关于言论自由的早期重要判决。最高法院在本案中的多数意见书中,维持了纽约州的反颠覆性无政府主义罪行的法律的合宪性,并且确认美国社会主义党的一名左翼领袖有罪。霍姆斯发表了一篇简短而有力的异议,适用了他的"明显而迫切的危险"标准,来捍卫本杰明·吉特洛(Benjamin Gitlow)的第一修正案权利。布兰代斯也附和了这份异议意见书。"倘若终有一日无产阶级专政理论所表达的信念被社会主流所接受,"霍姆斯写道,"那么言论自由的唯一意义就是应当给他们机会来达成这一切。"[5]

霍夫对霍姆斯在"吉特洛案"中的异议观点表示不解,甚至为此怒不可遏。同样在那段时间,霍姆斯在最高法院作出了一起人身伤害赔偿案的判决,判工人原告败诉。"霍姆斯确实时不时地给我带来欣喜",霍夫向汉德写道,霍姆斯在该案中让"令大多数法官都会心软的宝宝",也就是那位"受伤的劳工",来承担严格的证明责任。这样的决定令他振奋:他觉得霍姆斯的铁石心肠意味着他内心终究"还残留了一点抗争精神"。但他接着写道："我却不能将(霍姆斯)在过失责任案件中的态度，与他(在我看来)对待任何一种社会蠹虫都放任纵容，毫无良知地怠于使用'帝国铁钳'加以惩处这种做法调和起来。他(在'吉特洛案'中)的异议——假如单独拿出来看——简直令人觉得他要么是愚不可及，要么是自己种族和国家的敌人。"

汉德可不会默默忍受这类攻击。自"《大众》案"之后，他曾多次表达对霍姆斯提出的"明显而迫切的危险"标准的批评，他对于言论自由的信仰甚至比霍姆斯还要深入，这份信仰是源出于他对所谓主流真理的怀疑，和他对保持辩论渠道畅通的坚持。因此，他与霍夫热烈探讨起来。汉德强调，如果没有像"吉特洛案"的异议意见书这样的文章，"言论自由的整个原则就沦为纸上谈兵"。他又补充道："我宁可失掉其他任何权利，也不愿失去开口说话的权利，这是所有权利之中最最重要"同时也"或许是最危险的"。汉德毫不怀疑"吉特洛案"的结果是恰当的，但"我应当会附议霍姆斯的异议意见书"。他并不像霍姆斯那么确信法律对言论自由的保护还应该进一步加强，但他"完全支持让旗帜高高飘扬起来，无论你把它描述成'红旗'"，还是像汉德所认为的那样是"星条旗"。他以异常激烈的态度挑战了霍夫对霍姆斯的贬损：霍姆斯的异议意见绝非"毫无良知"或者"放任纵容"，而是依赖于"人与人之间的关系的一个信念，这个信念已经深入到了道德这一观念的核心"。汉德坚称，霍姆斯的立场是非常重要的："在大多数人群情激愤、毫不宽容的时刻，当他们轻易向那些主张宽容的人和主动与他们为敌的人动怒的时刻，可能更是如此。"汉德是基于多年以来为立场远比他激进的人辩护的经验，以及他与霍夫之间的关系，才如此直率而言之有据地陈述自己的观点。[6]

霍夫对汉德而言有着特殊的吸引力，因为他是汉德初抵第二巡回上诉法院时唯一一位才智出众的同僚。汉德几乎是从第一天起就盼望着其他有能力又合得来的同伴的到来。他渴望能够避免又来些出于政治妥协任命的二流人选，从而确保同僚都是高水平的职业人士。他常常显示出，自己在政治运作方面缺乏经验，却在输送强有力的法官人选这件事上异常活跃，他很清楚自己最希望在裁判席上看到的是谁：首先就是已经在 1914 年当上地区法院法官的堂兄格斯·汉德,以及现任耶鲁法学院院长托马斯·W. 斯旺(Thomas W. Swan)。他孜孜不倦地朝着这个目标努力,并取得了成功。斯旺于 1926 年被提名进入巡回上诉法院,1 年后,格斯也获得提名。这两桩人事任命确立了今后几十年中人们公认全美最强上诉法院的核心班底。

找到中意的未来同僚,远比等待职位出缺以及确保格斯·汉德和托马斯·斯旺获得任命要容易得多。有一个选择是说服国会扩大第二巡回上诉法院的规模。该院工作量的确是在稳步增长:当时它的案件数量显著多于其他 10 个联邦巡回上诉法院中的任何一个,而且有几家法院还拥有 4 名法官,其中一家(管辖从明尼苏达到阿肯色的第八巡回上诉法院)甚至有 6 名法官。汉德反复恳求众议院和参议院司法委员会以及首席大法官塔夫脱推动立法给第二巡回上诉法院第 4 个法官员额。早在 1926 年,他就认为这部法律即将颁布(且梦想着让格斯晋升到这个新增的席位)。但议案多次受阻,通常是由众议院多数党中的纽约议员提出,他们要求法案中包括同时新增地区法院法官的席位,这样就能给效忠于民主党组织的成员带来宝贵的裙带关系。

关键性的帮助并不来自国会,而是命运。向来智识上乏善可陈、精力也并不充沛的亨利·韦德·罗杰斯法官,在 1925 年末因为间歇性发作的疾病而更加难以有效工作。他的缺席给其他法官带来了极为沉重的额外负担,以至于霍夫前往寻求首席大法官塔夫脱和司法部长约翰·萨金特(John Sargent)的帮助,意在促使罗杰斯尽快退休。[7] 然而最终并没有必要采取任何正式举措。罗杰斯于 1926 年 8 月辞世,霍夫成为最资深的法官。格斯·汉德没有机会填补这一新空缺,因为根据传统,第二巡回上诉法院必须有一个席位由非纽约人担任,罗杰斯来自康涅狄格州,因而接替他的人选可能也得来自那里。

在汉德看来,托马斯·斯旺是显而易见的不二人选。尽管当时他对其人知之不详,而且参照罗杰斯的表现来看,耶鲁法学院的院长身份并不能确保一个人具有卓越的素质。但汉德了解到耶鲁法学院在斯旺的领导下声誉得到了稳步提升。更重要的是,汉德的朋友内德·伯林

(Ned Burling)在一战前曾经与斯旺在芝加哥合作过,他向汉德保证,托马斯·斯旺是个第一流的专业人士。汉德也知道斯旺以优异的成绩毕业于哈佛法学院(比他晚4年)。事实上,斯旺来到耶鲁出任法学院院长一职,部分原因就是为了尝试让耶鲁也向哈佛所采用的法律教育模式转型,当时这种法律教育模式已经成为所有一流法学院的标杆,而哈佛自身甚至正朝着更加激进的方向迈进。[8] 尽管斯旺本人属于保守派,但他的领导下,耶鲁法学院向着如今作为第一流法学院的声誉的方向取得了重大进步。

汉德在推动斯旺任命到第二巡回上诉法院的过程中起到了重要作用,扮演了首要劝说者和游说者这样他并不习惯的角色。他花费了无数封信函,才说服斯旺公开宣布愿意被纳入考虑人选中,对斯旺来说,他不想伤害自己与耶鲁法学院教授们以及与耶鲁校长之间的关系,他也不想因为与康涅狄格州参议员海勒姆·宾南(Hiram Binham)的直接接触而被当作是汲汲谋职之人,而参议员的支持对于提名来说是至关重要的。[他的犹豫不决倒不是出于财务上的考量,因为他的妻子是梅布尔·迪克(Mabel Dick),办公用品巨头A. B. 迪克(A. B. Dick)的女儿。]汉德还出面打消了宾南的疑虑(他当时怀疑斯旺并不愿意离开耶鲁),号召法律界支持斯旺的提名,并且与首席大法官塔夫脱频繁通信,催促尽快将斯旺列为候选人。

事实证明,塔夫脱出力良多。由于致力于提高司法行政事务效率——他执行这一任务远比执行首席大法官的日常职责更为勤勉——他极其厌恶司法任命被视为建立政治裙带关系的行为,一直在竭尽全力确保高质量的下级法院人选,毕竟在柯立芝时代,就和哈丁时代一样,他会毫无顾忌地为总统的司法提名提供建议。汉德和塔夫脱在一系列问题上都是盟友:第二巡回上诉法院的提名人选、地区法院法官的选择,以及为纽约新增法官席位的提议。没人比塔夫脱更精通司法界政治关系的内部运作了,他不断地建议汉德如何推销一个最受青睐的候选人,促使他投入更多精力去征集来自本地的支持。汉德一再抗议说他的政治联系是有限的,而塔夫脱也一再坚持说,如果不在政界做大量工作,再好

的司法提名也无法成为现实。因此汉德尽其所能向华盛顿写信，塔夫脱
则周旋于他在华盛顿的当权熟人之间，尤其是柯立芝总统和司法部长。

塔夫脱是柯立芝政府的热心支持者。但是，正如他对汉德所说，"卡
尔（Cal）①"欠缺识人之明，在提名司法职务候选人上也一样，这是他一
贯的弱点：他很可能随时因为政治风向的转变而改变主意。1925 年，哈
伦·菲斯克·斯通卸任司法部长，前往最高法院就职。柯立芝在选择他
的继任者时就犯了老毛病，而起初的人选也有自己的问题。柯立芝从老
家佛蒙特州拣选的约翰·萨金特（John Sargent）就是一个胆怯而无知
的人。

因此，塔夫脱更加积极地找寻来自佛蒙特州的骨干充实法官队伍。
汉德当然会担心柯立芝和萨金特会选一名佛蒙特州候选人进入第二巡
回上诉法院，他的焦虑很有道理，因为佛蒙特州的律师和法官中并无出
色人选。[佛蒙特地区法院的法官哈兰德·B. 豪（Harland B. Howe）是
全国联邦地区法院中能力最差、脾气最坏的法官之一。]但托马斯·斯旺
在 1926 年年末终于获得提名，并且轻松通过参议院的确认。

能与斯旺成为同事颇令汉德满意，但这份喜悦很快就又被他的堂兄
格斯依旧没能获得席位的失望情绪所抵消。增加巡回上诉法院法官席
位的议案仍然在国会里悬置着（直到 1929 年才终获通过）。但在 1927
年春天，霍夫的辞世又提供了机会。汉德深陷痛苦之中：他失去了唯一
谈得来的同事，又觉得为自己的堂兄同时也是自幼以来最亲密的朋友去
争取这一岗位并不妥当。⁹ 首席大法官塔夫脱再次施以援手，尤其是消
除了汉德心中的最大的恐惧：格斯作为铁杆民主党人，会在本届共和党
内阁那里遇到麻烦。但事实上，格斯的党派倾向对塔夫脱来说反而是个
优势：在首席大法官的眼中，时不时选择民主党人对共和党内阁来说反
倒有所助益，特别是在反对派控制了众议院的情况下。而塔夫脱像汉德
一样，坚定地主张在其他条件相当的情况下，应该从地区法院拔擢法官
到上诉法院任职。地区法院的经验不仅能够提供一个更好的候选人履

---

① 柯立芝全名为 Calvin Coolidge，故昵称为 Cal。——译者注

历,而且这种实质上的升职也为那些选择放弃律师执业而出任法官的律师提供了激励和回报。鉴于法官薪资远远低于私人执业的收入,一些顶级的律师,特别是来自纽约等高收入城市的律师,拒绝成为法官候选人;而一些曾任法官——例如最近的朱利叶斯·迈耶——则选择辞职以缓解财务压力。

格斯·汉德很快获得提名,但是确认的过程则令人烦恼地推迟了几个月。在他获得任命后,"勒尼德·汉德—奥古斯都·汉德—托马斯·斯旺"组成的"三巨头"终于成型。(勒尼德的好朋友、风趣而充满魅力的华盛顿律师内德·伯林用秘书的听写错误开了个玩笑,告诉汉德说,真正的第二巡回上诉法院是由"L 字手、格斯狗和汤姆猪"("Ellhand, Gushound and Tomswine")组成的。[10]在接下来四分之一个世纪里,这个法院代表着全国司法的最高水平。他们在专业上彼此钦佩,在个人关系上相处融洽,以此为基础,三人迅速形成了紧密的核心。而曼顿则与他们渐行渐远,不只是社交和政治上,还包括他行使资深法官的有限行政职能时的那种专横派头。

朱利安·W. 麦克(Julian W. Mack)法官和"三巨头"的关系要近许多,他在 20 世纪 20 年代是第二巡回上诉法院的一名兼职法官。麦克在1876 年以优异的成绩毕业于哈佛法学院,是《哈佛法律评论》的创始人之一,后来成为颇受尊敬的辛辛那提律师和法律教授。他在 1911 年被任命为商业法院(Commerce Court)法官,商业法院是一个新成立的用于管辖铁路管制案件的法院,由 3 名法官组成,其法官享有巡回上诉法院法官的职级。设立这个专门法院的早期实验相当短命:商业法院处于政治论战的中心,无论铁路行业还是监管倡导者都对它有敌意;该院法官罗伯特·W. 阿奇巴尔德(Robert W. Archbald)因为收受当事人礼物和获取贷款而于 1913 年被众议院弹劾,并被参议院定罪,国会随后撤销了该法院。剩下的两名法官成了没有专门指定岗位的"流动"法官,可以在全国范围内的任何一所联邦法院履行职责。麦克时不时会坐在辛辛那提的联邦法院审判席上,但渐渐地,在纽约市充当地区法院或巡回上诉法院法官占据了他一年中大部分时间。他贡献的判决不多:虽然他是全国最杰出的初审法官之一，但却患上了费利克斯·法兰克福特所说的"笔瘫症"。但他在幕后，在法院内部合议方面作出了不少贡献，另外，在某种程度上，在他与法院其他成员交换的备忘录里也贡献良多——麦克觉得备忘录还算容易写，因为不是写来公开的——他是第二巡回上诉法院的极其称职的成员。[11]

汉德没过多久就开始喜欢并尊重麦克了。他的背景恰好能给汉德留下深刻印象。由于第二巡回上诉法院的工作量成倍增加，另一名有能力的法律人能有空在初审和上诉法院都分担工作，使得所有人的工作任务都有所减轻。而且麦克是一个和蔼可亲的人，他体型壮硕，有幽默感，爱好美食（尽管患有糖尿病）。只是麦克不受节制地参与司法以外的事务这一点，招致了汉德的批评。正当汉德越来越多地避免公开参与有争议事务时，麦克却热切地投入到他最喜欢的那些争议性事务中去。例如，他和路易斯·布兰代斯一道，成为美国犹太复国主义运动的核心，并以犹太复国主义运动观察员身份参加了凡尔赛和平会议。对于汉德而言，倒不是因为麦克的种族使得他们的交往没能更进一步，而是因为他广泛参与耗费精力的非司法性事务。（相比之下，弗朗西丝·汉德倒是强烈地不喜欢麦克的犹太人身份；她不会邀请他参加晚宴，尽管麦克已经算是被接受程度最高的犹太人了，他在通常较为排外的圈子里也获得了接受——从他的长期担任哈佛大学监督委员会成员，到成为纽约哈佛校友俱乐部主席来看——比当时绝大多数的犹太人都高。）

在20年代行将结束前，另一名法官加入了第二巡回上诉法院。1929年，拟在第二巡回上诉法院增设一个法官席位的议案终于在国会通过。汉德和他在纽约市的朋友们意欲让在1925年被柯立芝总统任命为地区法院法官的托马斯·D. 撒切尔（Thomas D. Thacher）获得提名，坐上这一新增席位，因为他们认可他是最好的初审法官之一。但是，像以往一样，新职位竞争颇为激烈。经过一番运作后，"跛脚鸭"总统柯立芝（彼时他已经宣布："我不参与1928年总统竞选。"）提名了时任该州最高法院法官的年轻佛蒙特人哈里·布里格姆·蔡斯（Harrie Brigham Chase），汉德和朋友们完全不了解他。正如汉德对塔夫脱说的那样："对于一个有着'哈里'这个名字的人,我心里略微一沉。"然而,汉德还是打算"等着看看",毕竟,"存在各种各样的可能性;也许他比我们比可能得到的其他人选要好"。[12] 汉德向蔡斯发了一封亲切的欢迎函,新获任命者则回函致谢道:"我不敢奢求你能发现我符合你的期待,你完全有权作这样的期待,但我相信你会发现我总会愿意努力工作,渴望学习。"[13] 这种谦虚的自我评估被事实证明颇为准确;蔡斯从未声称自己智识出众或对法律有深刻的钻研,但他确实拥有诚信正直的道德品质和称职工作的能力——与曼顿不同,他不是一个汲汲钻营裙带关系的政治投机法官,不过,他更愿意在高尔夫球场上一决高下,而非参与辩论和发表司法意见。沉默寡言的蔡斯从未成为第二巡回上诉法院核心圈子的成员,但也不像曼顿那样保持疏远。他大部分时间都在布拉特尔伯勒度过,只有法院确有需要时才通勤到纽约来;他对家乡的地理偏好意味着他从未进入第二巡回上诉法院"三巨头"的亲密社交圈,正如他从未进入过他们智识活动的小圈子一样。

随着蔡斯在 1929 年 1 月获得任命,第二巡回上诉法院的阵容已经确定,并且在未来 10 年中都未再更迭。直到 1938 年,国会在第六巡回上诉法院又新增了法官席位时,人事才又发生了变动。

汉德在任的时代里,第二巡回上诉法院无与伦比的高水准表明,当多数法官能力超群,又能月复一月、年复一年地投入到公道而高素质审判过程中,以杰出技艺严肃对待每一个争议焦点,并借助其臻于极致的智识训练——予以解决,最终会造就怎样的成就。相形之下,甚至连他们处理工作量的过程似乎都显得不那么重要了。汉德自己就认为,程序性的规则远远不如合作者的素质来得重要。不过,他还是认识到,第二巡回上诉法院的工作方法中有一点,对于确保审理每个案件的 3 名法官都能保持对案件的专注至关重要。那就是"庭前备忘录"制度,当汉德在 1924 年加入第二巡回上诉法院时,这种做法已经行之有效,在随后 35 年时间里,则发挥了最大效用。

庭前备忘录这种做法使得联邦第二巡回上诉法院在美国全境的上诉法院中独树一帜。在联邦和各州的其他上诉法院,通常的做法是让法官在言词辩论之后尽可能快地合议,以便作出初步决定,但这意味着,除非所有的法官都已事先研究过律师诉状,或者均已在庭审时把握了焦点,否则裁判思路的形成可能只会落在其中一个法官身上,也就是说最熟悉该领域的法官往往会占据主导地位。而第二巡回上诉法院则恰恰相反,为此专门设计了庭前备忘录这一程序,以此来促使每个人各自对每个案件事先认真考量,此后才共同进行审议。在汉德那个年代,第二巡回上诉法院合议庭成员们通常不会在听取言词辩论的那周结束后的1周内讨论该案的问题。与此同时,每个法官在与同事们讨论之前,都会单独将案件从头到尾过一遍,并得出初步结论。在每个法官的办公室里,秘书会在专供法律文书之用的长页纸张上打出一份非正式的备忘录,并将"洋葱皮"复写纸①上的复写副本分发给其他法官。大多数时候,一个法官的备忘录里根本不会提及同事们的备忘录;通常情况下,一个法官在写完自己的备忘录之后才会读到同事们的备忘录。接下来,法官们在一两周后会面时,他们对事实和法律问题的熟悉程度就能比其他工作方式下要好得多了。

庭前备忘录(在第二巡回上诉法院不断变更形式并沿用至今,如今称作"投票备忘录")的形式保证了前所未有的智力投入程度。迫使每位法官都从头到尾思考案件并得出初步结论的做法确实存在风险,因为观点的不成熟和僵化,可能会导致合议庭出现多种意见,而且难以调和;但实际上,汉德在任期间,并没有发生这种情况。每个法官都能意识到,他的备忘录提出的只是初步结论,旨在促使更加富有针对性、信息更完备的讨论;这的确是最经常会有的结果。没有哪个法官可以轻易地注意力不集中;毕竟他们都得写出庭前备忘录来——通常长度在 2 到 4 页(就汉德而言,有时长达 10 页)——这督促法官阐明自己的推理过程。

---

① 当时使用的一种用于复写的薄纸,使用时在打字机上垫在正式打印文本的下方,形成复写副本。由于纸极薄,且可能垫数层,故被称为"洋葱皮"。——译者注

这一做法的结果是讨论会的持续时间比其他情况下大大缩短，因为讨论可以聚焦于大家持不同意见的地方，时间不会被白白浪费在甄别案件争议焦点上。

勒尼德·汉德保存了他和他的同事们在30多年间所写的几乎全部庭前备忘录。[14] 这些文件提供了罕见机会，能够从中管窥得见：他不仅在法院内部起到核心作用，而且也保证了同事之间高水平的交流。某个特定案件的最终决定，特别是法院的判决书，常常载有庭前备忘录的印记：当然，在阅读过同事们的备忘录之后，有的人会改变初步立场；随后的讨论更趋于集中；因而最终判决的行文和内容质量都得到了提高。[15] 因此，庭前备忘录制度是一个保证上诉运作程序接近于理想运作状态的重要机制，因为它推崇的是基于各自独立准备基础上的充分集体讨论，而不是事实上由一个法官来作出最终决定。

另一个制度性安排是法官们开始使用专业的法官助理，该项制度也对第二巡回上诉法院的特殊人际环境和智识氛围贡献良多。法官助理如今已经不再是第二巡回上诉法院所特有的了，但这里是使用法官助理的先驱——尤其是汉德；此外，汉德使用法官助理的方式也与我们历史上的任何其他联邦法官大不相同。

当汉德1909年成为地区法官时，法官们均缺乏雇用法官助理的经费，汉德创造性地将分配给他聘用速记员的经费用于雇了一位受过法律训练的助手。他向哈佛的熟人打听新近毕业的法学院学生里哪些能为他所用，在最开始的3年中，他聘请年轻人当助理，并协助进行法律研究。[16] 但是，极低的薪水导致根本无法吸引顶尖哈佛毕业生。汉德与他的一些助理建立了密切私交，但他不能从他们那里得到他所珍视的智力互动；他在第一次世界大战开始前就放弃了这种做法。

在1924年晋升到第二巡回上诉法院后，身为上诉法官，他面临着新职务所带来的法律分析和文书写作上更大的挑战，汉德比以往任何时候都更渴望身边能有一个受过法律训练的年轻人，但国会仍然没有为这一职位提供经费。托马斯·斯旺加入法院后,汉德找到了一个临时解决方案:从 1927 年开始的 3 年里,他与斯旺共用一名助理,每年的工资为2000 美元——他们自掏腰包支付这笔开销。1930 年,法律终于对汉德长期以来的做法提供了体制性支持:国会开始为每位上诉法官提供法官助理。最初的薪水是每年 3000 美元,终于吸引到了最优秀的法学院毕业生。随着"大萧条"加重,国会降低了工资,但优秀的年轻毕业生仍在这些低收入年份中继续担任助理。(直到 1953 年,法官助理的年薪仍然只有 3600 美元;相比之下,现在的上诉法官可能有三位法官助理,而如今的助理年薪已经超过 3 万美元。)

在汉德和斯旺共同雇用法官助理的那一小段时间里,助理都来自耶鲁大学,因为斯旺在纽黑文有些人脉。但是,当汉德自从 1930 年开始自己单独雇法官助理之后,他就经常向自己的母校求才了。费利克斯·法兰克福特是人才供应的中心来源:他已在为霍姆斯和布兰代斯大法官遴选法官助理,并且乐于将汉德添加到他的名单上。(1939 年法兰克福特加入最高法院后,哈佛法学院院长办公室接下了为汉德遴选法官助理的任务。)如今大多数法官会接到许多候选人的申请,并在亲自面试后选择其中数人作为助理,与他们的做法不同,汉德完全依靠法兰克福特的选择,通常在并未亲见的情况下就敲定人选。通常,他的法官助理们——汉德戏称作他的"小法官们"——都曾经担任过《哈佛法律评论》主编或资深工作人员,他们此后纷纷踏上了政界、学术界或私人执业的杰出职业生涯道路。

汉德的助理们有个最为显著的特点,那便是他们与汉德之间存在着非比寻常的智力上的亲密关系,这完全来自面对面接触而不仅是书面工作。自那以来,直至今日,几乎所有法官均依赖助理撰写大量文件,从即将庭辩或刚刚辩论终结的案件的研究备忘录,到关于棘手法律问题的调研和报告,再到起草待由法官修改并最终以法官名义作出的裁判文书。

汉德却并非如此:每一份载有汉德名字的判决书,字字句句,都由他亲笔写就,从无旁人代笔。汉德的助理的任务是帮助他尽可能地熟悉手头待审的案件,熟读诉状和补充法律材料,以便做好准备,与法官本人展开讨论。在每一个汉德认为尚未明朗的案件中——尽管已经有了几十年司法经验，他在大多数案件中都不确定恰当的结果是什么——他会在审判过程的每一个阶段与助理们花费许多时间交流，在撰写庭前备忘录之前和过程中，以及撰写正式判决之前和过程中，他都会反复征询助理们的批评和回应。

在撰写备忘录和判决时，汉德会拿一叠法律文书专用尺寸的黄色书写纸，夹在板子上，板子架在膝头或放在书桌上。在下笔之前，他会先告诉助理自己打算写些什么，比如说怎么写开头的一两段话，然后邀请——其实是督促——助理提出批评；汉德对此极其严肃。助理会回到自己的书桌前，而汉德会把这开头两段手写出来。不久之后，汉德将黄色书写纸给助理看，问他们有没有新的批评意见；如果助理有异议，而汉德觉得言之成理，他就会重写。他一再重复这个过程，写满了一页又一页黄色稿纸，不断迫使助理们发表评论；那些最难的案子可能要经过多达13道满是删改和重写的手写稿，才允许秘书誊清为打印版，并分发给其他法官。而且他还经常不完全满意。

汉德的大多数助理都刚从法学院毕业，他们发现一位如此经验丰富的法学家、近乎传说中"大神"级别的人物、每个法学院毕业生都耳熟能详的名字、这一代法官中的大师，会向他们这些初出茅庐的小伙子寻求帮助，还坚持要求坦率的批评和不断口头参与决策过程，都惊讶不已。他们不太理解，难道真的可以想象，汉德对这些走出教室才没几个月的学生的意见很感兴趣？或者说寻求批评性回复只是汉德为了使他们感到自己很重要而采取的礼貌姿态？当大多数助理们更熟悉汉德之后，才意识到，他是真想不断刺激他们，以引出批判性分析，这种与助理工作的独特方法是他作为法官与其他法官的显著区别之一。显而易见，汉德面对法律问题时的经验要比助理们丰富得多；但并没有那么显而易见的是，他对自己的工作抱有深深根植于心的开放态度和怀疑态度，有能力怀疑自己作出的初步结论，坚持要求将结论付诸最严格的分析检验。他从不过于自信；有着非凡的倾听能力，并真诚渴望着与自己不同的观点；除非已经穷尽探讨了法律问题的各个方面，否则他绝不会满意；这些特质让他意识到，他与一批批年轻聪颖的法律人的密切联系，对于履行法官职责而言至关重要，对于这样一颗永不自满、永不停歇追求的心灵来说，也必不可少。

汉德曾与一位前助理一起度过了漫长的整个下午，汉德点评了他此前的所有助理，并回忆了每个人的特点。法官并没有把他们全都置于同等的高度，但他的评价通常是正面的，更重要的是，屈指可数的几位令人不甚满意的助理具有一个共同特点：他会说他们都太矜持了，太不愿意交流。他不想要自以为是、态度生硬、不谙世事的助理，却非常想要积极参与的和富有批判精神的助理。尽管刚刚 20 岁出头刚从法学院毕业的年轻人要挑战——事实上，是试图击溃——拥有像汉德这样能力和经验的法官的推理是极其不容易的事，但汉德最好的助理们恰恰做到了这一点。

对于汉德的大多数法官助理来说，他们为其效力的这一年是职业生涯中最有价值的时刻。对于一些人而言，随后的一切都无法与之相提并论；对于所有人而言，这段助理生涯都是一段终生难忘的严格、紧张、智识参与程度极高的，与一位伟大的法官相处的可贵经历。而就汉德自身而言，助理们不仅能保证他时常与来自法学院的不同观点与现代观念亲密接触的机会，而且更是保证了他有机会满怀热情孜孜不倦地求索答案，汉德确信，没有什么答案是不容挑战的，也没有什么答案是永恒的。[17]

通过汉德所保留下来的成百上千份庭前备忘录，可以管窥他在第二巡回上诉法院的头 10 年里扮演着怎样举足轻重的角色。最显著的特点是他将每个案子都研究得极其透彻。法院面对的是涉及面极广的案件，仿佛潮水般源源不断涌来，其中许多案件激不起律师以外任何人的一丁点儿兴趣。然而，无论案件所涉事项是什么——专利和版权、海事法、破产、公司与商事法、外国人的驱逐出境、刑法、证据和管辖权问题——汉德总是坚持不懈地寻求事实和法律的真相。一再出现的情形是，有位同事的备忘录说这个案件很简单，没有任何实质性内容，但汉德通常会发现值得讨论的议题。他的备忘录经常以如下评价开头（他的同事们甚少如此）："这是个有意思的案子。"[18] 举例来说，他会娴熟地剖析和解释复杂的机械或化学专利技术资料，或者像个经验丰富的海员一样，解释船舶碰撞的方式和原因。那些资料经常将其他同僚弄得晕头转向，而汉德会首先会高度归纳总结案情，然后再探讨并阐明应当适用的法律规则，并丝丝入扣地将其适用于有争议的证据。随着工作量的增加，长达 10 页的汉德备忘录越来越罕见了，但他仍经常写出 3 页和 4 页长度的文件，这仍然超过了大多数同事。正如亨利·弗兰迪法官所言，汉德坚持不懈地逐个解决来到面前的无数案件，这就是他的主要成就恰恰源自"处理众多小案件的伟大方式"这一论断的明证。[19]

汉德的一丝不苟可能会让人觉得，这是位要求做事一板一眼的刻板法官，但这是个错误印象：汉德备忘录完整、清楚展现了，他对初步分析过程是如何乐在其中。他的备忘录充满了幽默和文字游戏。他有着驾驭语言的天赋，也喜欢游文戏墨。文学典故信手拈来，从莎士比亚和圣经，到古希腊经典和拉伯雷。他的幽默感和讽刺能力在法院里无人比肩。查尔斯·霍夫和格斯·汉德经常加入他的幽默互嘲，哈里·蔡斯偶尔也会加入，但只有在汉德备忘录里，这是个鲜明而常常出现的特征。

汉德的幽默感甚至可以将针对平淡无奇的常见案件的备忘录变得妙语连珠。例如，在一个小案子里，领带制造商声称竞争对手抄袭了他新设计的领带；原告为一种以"锁边"（merrowed edge）为风格特色的领带设计取得了专利。（汉德评论说，"我在字典中找不到'锁'这个词"。）曼顿和麦克的备忘录用寥寥数行就处理了本案；与此相反，汉德的备忘录是一则有趣的短篇散文，认为对待设计专利应当采取相对宽松、趋于保护性的态度。他对于此前的法院对此可能有怎样的说法"毫无概念"，他写道。——他自己比大多数法官对设计专利的态度要友善得多了——而本案中，这种新颖的形状和不寻常的边缘似乎"稍觉令人愉悦"，那就够了："究竟什么才能令人愉悦呢，没人能说清楚……神啊，千万别让标准变成由我们来测试这设计是否吸引人。"被告复制原告的设计这一点就能表明，他至少是认为这挺美观的，如果他说"这并不好看，那他倒是别用这个设计呀……看起来似乎此前没人想过给领带作这样的加工处理。对我来说这就够了：没有任何一个高尔夫球被打到果岭附近"。汉德继续写道，他拒绝参考另一个巡回上诉法院与此相反的决定，即声称"只有背心上方能看到的才是领带的设计"。汉德回应道：

> 人们因为各种各样的原因购买领带。我不明白为什么穿戴者就不能在穿上衣服之前高高兴兴地欣赏一下他的衣服。我自己就有这个希望。大多数设计专利都是琐细事项，这便是其中之一。采取高高在上的强硬态度来对待它们当然很容易，也能不经意地暗示[这些事情]配不上我们这等重要人物的关注，但这样做太幼稚了。[20]

当案件涉及的法律问题远非生死攸关时，汉德常常拿案件事实来开玩笑。1934年的某起案件就是个很形象的例子。格斯·汉德和哈里·蔡斯都只写了干巴巴的一小段，来确定纳税义务人的某项业务费用扣除是法律所不允许的，因为它并非"正常且必要"（ordinary and necessary）。他同意这个结论，但却任由不羁的想象力自由地驰骋而得出结论。本案中，英内珂（Inecto）染发剂制造公司聘请了一位著名的化妆师莫勒（Maurer）夫人，帮助推广他们的染发剂产品。除了薪水之外，英内珂还给了她另外一家公司的股票，并向她保证了保底收入。当股息收益低于预期时，她基于担保关系获得了现金支付的补偿，而公司声称这些付款是"正常"业务费用。

汉德这样描绘事实：人们只是期待这位"美容店之母"能够"将她那克制的有毒魅力的光辉"映照在英内珂的产品之上。如果一切顺利，她将成为"简直对母亲怀有病态感情"的美容师中的"宣传者"。汉德称英内珂的职责是"帮人掩盖岁月的痕迹，染发剂带走了容颜的尊严和美丽，皱纹应当能显示出时间所带来的温柔，并聚焦人生所遭遇的艰难险阻和未得平复的一切"。他接着补充说："哦，这是个有号召力的口号，成为美容师、化妆师、伪装师！……可以确信母亲甚至睡着了都会想着英内珂，所有数的羊都会叫'英内珂'。"对汉德而言，"母亲"所获的股息保底回报绝对不是"正常"的费用，而是为了确保她的忠诚而付出的一笔不寻常之财："她是来自一家威斯康星州报社的充满野性、不拘礼法的人，有着獾一般的智慧和密歇根湖鱼鹰的自由飞翔精神。"[21]

有时候，在一个其他方面都平淡无奇的案件中，仅仅是一艘船的名字就能让他激动起来。"合众国诉曼纽尔阿诺斯号案"（*United States v. S. S. Manuel Arnus*）涉及的是一部允许检方起诉未能确保不将未经合法移民渠道的外国人带来美国的船只的法律。托马斯·斯旺和格斯·汉德写了简短的技术性的备忘录，但是汉德足足写了一整页，以船名来玩了半天文字游戏：

阿诺斯，阿诺斯？曼纽尔·阿诺斯是谁？他的名字有不愉快的意思，但他一定有两把刷子。他是不可思议的阿诺斯（arnus mirabilis）；还是天神阿诺斯（arnus Dei irae）？算了，反正我也看不出这在本案中有什么意义。也许有；当然是有可能的。但是，呸！为什么要用这样文绉绉的诡辩术呢？我们不是些注重实用的人吗？我知道你们想到的头一件事就是我的脑子又信马由缰胡扯些不相干的事了，就像托马索［托马斯·斯旺］的前任老亨利·韦德·守财奴［前资深法官罗杰斯］[①]一样……

我是个绅士，尽管我没能进坡司廉俱乐部。而且，我要向你们俩好好表现一下，展现出这一点，**那就是**我是一个绅士，一个**完美**的绅士。好吧，好吧！毕竟还是得必须结束。写点儿引言当然没事，但看在上帝的份上咱们还是结束吧。特里斯杰·

---

① 此处是文字游戏，将罗杰斯法官的姓氏 Rogers 变换首字母为"Codgers"。——译者注

　　项狄①可不能作为一个忙人,一个大忙人的适当标准。朋友们,咱们废话少说,登桁致敬②。海员号子喊起来,水手长。看哪,鲸鱼她喷水了③。22

　　接下来,他才开始对法条和有拘束力的判例进行了直截了当的剖析。

　　有时候,汉德用几行应景诗句来为他的法律备忘录提纲挈领。23 也有时候,他会比任何律师的诉状或任何印刷成文的判决更清晰和诙谐地阐述技术性法律问题。例如,有个案件涉及的是房东向租户索赔,该房东向蒙哥马利·沃德公司(Montgomery Ward & Co.)④出租了他认为会开个连锁分店的空间;然而,蒙哥马利·沃德公司决定将这一空间用于其他目的。房东很失望:他预想中的分店会提高他在邻近房产的价值,于是他起诉称蒙哥马利·沃德公司违反租约,亏欠其预期利润。这个案件仅涉及两个法律问题,即租户事实上是否违反了租约,以及预期利润损失是否可获赔偿。所有的法官——斯旺和两位汉德——都同意,并不存在违约,因为租约中并未要求蒙哥马利·沃德公司将其租用的空间用于开设分店。但是勒尼德·汉德并未就此止步,而是继续讨论开了更难的问题,即倘若确实存在违约,房东能否就其原本可能获得的利润起诉求偿? 汉德认为是可以的,他如此解释道:

---

　　①　指英国作家劳伦斯·斯特恩(Laurence Sterne)所作的 9 卷本小说《绅士特里斯杰·项狄的生平与见解》(*The Life and Opinions of Tristram Shandy, Gentleman*)的主人公特里斯杰·项狄。该小说被认为是意识流小说的开山之作。以上两段中汉德可能是在尝试使用意识流的写作手法,是否成功只能说见仁见智。——译者注

　　②　原文为"man the yards",即古代帆船在进港等场合,除了在甲板工作以外的全部水手均爬上桁杆的一种礼节,后来发展为当代的登舷礼(man the rail)。此处由于涉及海事案件,汉德故意使用各种航海术语。——译者注

　　③　原文为"Here she blows"。"There she blows"为出自美国作家赫尔曼·梅尔维尔《白鲸》中水手们看到鲸鱼喷水时所喊的口号。——译者注

　　④　Montgomery Ward,为 20 世纪前半叶美国最大的零售巨头,二战后渐渐衰败,于 2001年停业。——译者注

如果合同真的这么约定了，那我认为被告是一个坏家伙，应该受到约束。譬如说，我要设立个卫理公会社团，于是买了块地，建了栋平房，打理出了个礼堂。假设我对坎农主教①说："博士，如果您同意连续 10 年每年在这个神赐的天堂度过 1 个月，就免收您的租金。您的存在将会吸引我国这自由的国度所有名声显赫的敬虔、严肃、禁欲、坦诚、僵化、无趣、讨嫌、暴虐、强迫、嫉妒和无情的卫理公会信徒。在那里，他们可以讨论将他人的生活变得如同他们自己的一样不见天日、凄惨、辛苦、饥馑、卑鄙和狭隘。我将从这个神圣的聚会中获得不少好处，而您则可以得到您的假期——如果您真能知道假期是什么的话，——您还分文都不用付。"如果这位"海员厨师之子"主教答应租下房子 10 年[却没有这么做]，我不太明白为什么他不应该承担我的损失，也即他的神圣存在对于我前述天堂的价值提升部分。

在举出这个例子之后，汉德继续进行了 2 页篇幅的法律分析，偶尔也戏笔打断一下（例如"当然，[允许这种损害赔偿]开启了可怕的可能性，例如要求有 12 名分别来自红人协进会、国际同济会和共济会的成员平均分配来担任连锁店的经营者，TW. S②会像遇到危险的河马一样抬起后腿，喷着鼻息。但合同就是合同，如果损害赔偿真的保持在诚信的价值增长区间内，这有什么不公正呢？"）。[24]

汉德的幽默感和文学天赋不仅体现在他想要将枯燥的日常案例变得鲜活生动之时。即使在他深切关心的领域，如对外国人的驱逐出境和归化入籍，他也将案件涉及的人生描述得丰富多彩，并在面对法律的不公正时激情爆发，尽管他有义务适用明确的规定。例如，"纽伯格案"（*Neuberger*）涉及一位在美国长大但在一战前返回德国的德国移民，他曾

① 此处应指著名卫理公会牧师小詹姆斯·坎农（James Cannon Jr. ）。——译者注
② 指汉德的同事托马斯·斯旺法官，这是他姓名的首字母缩写。——译者注

被迫加入过德国军队,并在返回美国后寻求公民身份。脾气暴躁又有从军背景的查尔斯·霍夫对于申请人毫不同情:他坚持认为,纽伯格没有"对宪法的原则"表示出必要忠诚,因为他从小一直在美国,却从未申请过公民身份,后来又成了德国军官,这使他"不适合成为美国公民"。汉德拒绝了这一立场:虽然他也同意拒绝授予公民身份,但那是因为纽伯格的离境时间太长,已经不符合法律要求的居留时间条件,他坚持认为外国人的动机是无关紧要的;居留时间条件"使得他无法融入这个周薪15美元的伟大而光荣的国度",但他肯定不能被认为是不忠诚于"宪法的原则":

> 据我们所知,他只是像其他任何处于他一般境遇的人一样行事……我不知道他是不是约翰·汉普登(John Hapden)(英王查理一世议会中坦率直言的反对派)或亚伯拉罕·林肯;但我敢说,他不是一个[叛徒],甚至不是贝比·鲁斯①。我认为他只是个普通人,像面团一样任命运揉圆搓扁。[25]

另一起案件涉及企图将一个被认为"缺乏必要的良好道德品质"的外国人驱逐出境,因为他是与情妇一道移民的,并且两人还继续在这个国家维持着通奸关系。汉德认为这样的法律是不公正的,因为国会不公平地要求外国人必须达到并不对美国人施加的道德标准:"我讨厌这种清教徒式的伪善,颁布这种见鬼的法律,为外国人制定了一个标准,而本地人却只是假装遵守这个标准,还装不像。"然而,国会有宪法权力将这种令人不快的限制强加于人,因而将该外国人驱逐出境的决定不得不得

---

① 贝比·鲁斯(Babe Ruth),是美国职业棒球联盟历史上最著名的球员之一,曾随纽约洋基队取得4次世界大赛冠军,随波士顿红袜队取得3次世界大赛冠军,被球迷昵称"棒球之神"。1918年波士顿红袜队在获得冠军后,由于老板的个人财务问题,将当时如日中天的王牌投手贝比·鲁斯以天价10万美元卖给了死敌纽约洋基队。有传闻说,当贝比·鲁斯得知自己被卖的消息后留下诅咒,"红袜队在我死后的100年里都拿不到冠军",从此红袜队确实一直难以夺冠,因而这句话也被称为"贝比·鲁斯魔咒"。直到2004年红袜队终于再次夺冠,才打破了此一魔咒。——译者注

到维持。然而汉德在描述案件事实时无法约束自己的用笔。外国人的名字是文森佐·德里亚·费米纳（Vincenzo Delia Femina）："这个外国人的名字起得不错，因为他确实很擅长征服女人的心。"①毫无疑问，"在爱神的影响下，这个来自阳光明媚的南方的体贴入微小伙子，与他的伦巴第美人移民来此，并在抵达后继续他们的感情纠葛"。对于"这个最高贵的文森佐"，汉德并不觉得内疚。²⁶

对于过分热心的检察官和报复心切的初审法官，汉德也表现出强烈立场。作为上诉法官，他没有权力修改初审法官的量刑，但他从不怠于追究过于沉迷法律技术问题的法官和检察官。例如，在一个案件中，他表示已经"以所能达到的最敌视态度"审阅了诉状，"因为我想要驳回初审裁判，因为对被告人的处理太令人发指。［然而我］实在想不出如何避免维持原判。不过，他"并不满足于让这个案子就这样在没有对［初审法官］作任何评论的情况下就不了了之"。"［初审法官］觉得自己能够把［巡回上诉法院的意见］置之不理，仿佛站在山巅的神祇一样行事。"而且，汉德补充道，"我不会保持沉默，虽然我也无法撤销原判"：

> 威廉·劳埃德·加里森（William Lloyd Garrison）②是此前从未有过的、无人能比的伟大人物，在此引用他的感慨："我的声音**会**被听到"，我非得把这些蠢驴的所作所为记下来不可。这些装腔作势的小驴子［初审法官］奸邪程度堪比大西洋的波涛，再邪恶的无赖都没有他们这么邪恶，那些言语上的花招，使我再也无法忍受。

对汉德而言，下级法院的行为是"肮脏的遁辞推诿"，他坚决不会沉默；他的愤怒体现在优雅而机智的用语中，更显有力。²⁷

---

① Vincenzo Delia Femina 从拉丁词源来看，可以翻译为"女人的征服者"。——译者注
② 威廉·劳埃德·加里森（William Lloyd Garrison），美国 19 世纪中叶著名的废奴主义者和社会改革家。——译者注

　　汉德的幽默感在最具技术性、最不涉及感情的案件中尤其明显。例如,他会中断关于公司税务案件的细致讨论,旁敲侧击地鄙视一下流行术语。"'作为一个整体的群体'(Group as a whole)是个价值'50 美元'的短语;它会令杰罗姆·弗兰克(Jerome Frank)[当时出类拔萃的现实主义法学家,后来与汉德成为第二巡回上诉法院同事]和耶鲁法学院、哥伦比亚法学院欣喜不已。光明之子万岁!!!"[28]("光明之子"是汉德称呼感情用事的改革派的常用术语)或者,在一个主张所谓行政自由裁量权的政府诉讼案件中,汉德写道:"这些官僚们会将其权力用到所允许的极致。我可不会允许他们用'他就是这么说的'(*ipse dixits*)[①]来替代法律规定……如果我们现在还什么都不做,那我们将永远什么也做不了——那就真的是在告诉那些腐败的政府官员们可以为所欲为了。"[29]另外一个案例让汉德有机会细数外国政府在联邦法院案件中援引主权豁免条款所需的技术性步骤。一名海员起诉一艘船舶要求支付薪水,被告声称该船只由葡萄牙政府拥有,因此不能被诉。汉德认为,葡萄牙政府未能适当地援引豁免条款,然后细致地剖析了其中的技术问题,最后来了这么一段:

　　　　将你彻头彻尾地拥有的一头牛,论证为归属于某个主权者,根本不需要多少时间。就算找 16 位主教来作证,也不会有一丝一毫帮助。只要有个主权者站出来,声称拥有主权,然后宣告权力。他得说:"我在这儿,因为我在这儿,因为我在这儿,因为我在这儿。看看我内衣上绣的字,你就知道我是主权者。鉴于我在此地,我要索回此牛;她是我的牛。把牛交过来。"根本无须证明,主张就是一切。[30]

　　汉德的备忘录迅速奠定了他作为第二巡回上诉法院领袖的角色。

---

　　①　拉丁文,意为"他就是这么说的"。语出西塞罗《论神性》,后被毕达哥拉斯的学生们用于辩论,即以"毕达哥拉斯亲口所说"来代替说理。——译者注

确实，从他到来的第一年起，大家就常常被他的观点说服。查尔斯·霍夫一再标注说，是汉德的备忘录说服了他，[31] 即使他无法抑制自己的冲动，对他们之间明显的分歧发表了评论。"汉德和我之间的真正区别是，"他曾经写道，"他的焦虑感（他自己称之为良知，因为没有其他称呼可以概括）会冲出来阻止任何人被相互矛盾和勉强凑数的证据定罪。"[32] 朱利安·麦克则更是对汉德推崇备至：他的简短备忘录一再重复写着"我完全赞同 LH 的备忘录"。[33]

　　尊重汉德的观点并不意味着法官们总能同意他的立场。在汉德在第二巡回上诉法院工作的头 10 年的档案里，在有庭前备忘录留档的 1000 多个案例中，法官们对略少于 60% 的案件在会前阶段就能达成一致意见，尽管他们各自的推理过程不尽相同。在大约 12% 的案件中，汉德是唯一的异议者；大约 25% 的案件里，他在站在多数派意见这一边，另有人持异议意见。而在对外发布的判决书里，法院看起来要团结得多。一致同意常常会取代法官们合议之初的差异。在涉及重要法律问题时，汉德也会单独站出来发声。但最常见的是，他致力于合议过程和机构内部的和谐，担任了法官之间的协调者，而当时的第二巡回上诉法院，尤其是其他人与马丁·曼顿之间，还是常常爆发冲突的。

　　例如，汉德指导麦克熟悉法院惯例，遏制了麦克批评他人判决初稿的倾向。1924 年，针对麦克就霍夫的判决草稿所写的一篇长达 7 页的备忘录，汉德评论说："你对这份判决初稿如此较真，不太符合本院惯例，我担心这会冒犯到霍夫。"他告诉麦克。他总会收到同事送来的判决初稿，"我很少发现另一个人起草的判决能说出我本想说出的话，但是，除非有自己明确不认同的法律论述，我一般很少提出否定意见。"就个人而言，他宁可让每位法官在每起案件中分别表达自己的看法，"但美国法院的做法"是"完全相反的"。[34] 从此以后，麦克通常会把对其他法官观点的轻微异议发给汉德审阅，如果汉德认为妥当，就以更具政治技巧的方式将这些批评告知作者。[35] 例如，1926 年末，汉德就帮忙调停了麦克和曼顿之间的一场刚刚露出苗头的争端。[36]

　　这种除非涉及至关重要的问题，尽量避免与同事发生争执的特点，有时会让汉德不太自在。汉德是一个坚信先例的人:作为一名下级法院法官,他比大多数法官更注重遵循最高法院的判例,即便是那些他不太赞成的判决;他对于遵循第二巡回上诉法院的先例,也抱有同样确信,因为这样才能保证法律的连续性和可预测性。他经常在备忘录中抱怨,他多么希望自己当初没有同意一个先前的判决,而现在却觉得无论如何都背上了与其保持一致的义务。如他所言,"我完全不同意"以前的裁决,但是"它已经成为有效法律……我经常向我并不赞成的立场妥协,现在看来接受这样的决定简直有点虚伪,毕竟这彻底违背我的信念。即便如此,……我想我们还是得说,那个判决毕竟凝聚了所有法官的共识"。所以他"遗憾地"在当前案件中适用了先例。[37] 又或者,正如他在另一起案件中所说,格斯·汉德先前的一份判决"把一条糟糕透顶的规则变成了板上钉钉的法律,我们连迂回绕开都做不到。我当初也参与了,我现在不得不闭嘴……捏着鼻子……只能维持这个判决"。[38] 对于勒尼德·汉德而言,"只有在极罕见的案件里,我们才应该不受先前明确作出的裁判约束"。[39]

虽然第二巡回上诉法院本院判决已具约束力,但是最高法院判决确立的规则更有权威。诚然,汉德会尽可能区分事实,据此排斥适用难以服人的先例。例如,他自己的观点是倾向于较为慷慨地承认专利权利要求(尽管他看到最高法院有越来越多敌视专利诉讼的迹象),只要没有来自最高法院的明确障碍,他就会坚持自己的立场,采用自己的方式。但是,即使他强烈确信自己的立场是正确的,仍会适用明确的最高法院先例,尽管有时他会呼吁第二巡回上诉法院在判决中表达与华盛顿"九人"相左的意见。正如他曾经说过的:"我找不到任何方式能避开这个问题,除非不仅推翻我们自己的先例,同时也推翻最高法院的先例。[但是]我建议,确实有必要明确地提出我们所面临的困境。"[40] 汉德认定具有约束力的最高法院先例,包括那些驳回他自己所作判决的案件。正如他在一起案件中所说:"我用古罗马长袍蒙住脑袋,就像你们的朋友,盖乌斯·尤利乌斯·恺撒,并且倒在那些无情的、不理解理性力量之人的匕首前。"[41]

即使事涉言论自由这样他抱有强烈信念的议题,汉德也会选择尊重更高权威的司法审级。1931 年 4 月诉至第二巡回上诉法院的"吉特洛诉基利案"(Gitlow v. Kiely)就是这样一起案件。本案原告反对邮政局长对一本有革命倾向的杂志作出的拒绝投递禁令。在 14 年前的 1917 年,汉德就曾强烈地反对过这类禁令,当初那个判决是美国法律史上最倾向于保护言论自由的宣言之一。但在此后岁月里,最高法院多数大法官并不赞成汉德在"《大众》案"判决中的立场。1926 年,最高法院维持了对本杰明·吉特洛的有罪判决;正如我们所看到的那样,汉德曾经强烈支持霍姆斯的异议意见书。汉德并没有改变他对吉特洛的"颠覆性言论"受到宪法保护这一观点,然而现在,作为受到最高法院先例约束的巡回上诉法院法官,他拒绝对他个人认为确实侵犯了吉特洛的第一修正案权利的政府行为加以干预。

在对吉特洛的刑事定罪所涉及的刊物中,有一份是与邮政局长现在所禁止投递的"大体上一样的文件"。对汉德而言,最高法院对"吉特洛案"的判决已经回答了"唯一可能需要讨论的问题;我们无权质疑这个决定,不论喜欢还是不喜欢",他促成了一份基于最高法院的"吉特洛案"判决所具有的权威效力而维持原审裁判的简单裁定。他或许更希望第二巡回上诉法院能在裁定中公开表示并不同意最高法院的做法,然后再适用最高法院的判决,但他也清楚这种愿望是徒劳的。他的同事曼顿和蔡斯的备忘录毫无疑问地显示出,再次让吉特洛完败有理有据。"如果展开一场关于言论自由在理论上的限制的大讨论,"汉德知道,"我们一定会搞得混淆不清,可能也不会达成一致意见。"[42]

作为法院里的观点协调者,汉德避免将他那种众人皆知的讽刺笔调指向任何一位在任同事。诚然,他并不介意调侃他所喜爱和尊重的人。例如,他会对斯旺对程序和管辖权等细枝末节的执念开玩笑。"我正在尽可能蹑手蹑脚地小步前进,因为担心会惊醒那头叫斯旺的猛虎,引起他对程序的注意。"有一次他这么写道;或者又如他在另一起案件中提到的那样:"要是斯旺说起他在司法管辖权上的疑虑,我会立马转身,逃得越远越好。"[43]汉德还不知道将来会发生什么:斯旺的执着与 1939 年成为同事的查尔斯·E. 克拉克(Charles E. Clark)相比简直不值一提。汉德通常指称克拉克为"GLAPP"——"当世最伟大司法实践和程序权威"(Greatest Living Authority on Practice and Procedure)——甚至在克拉克未参加合议庭的案件中,他在给其他的同事的备忘录里也这么称呼他。但只要不是同事,汉德对于在备忘录里抱怨其他不称职法律界人士就百无禁忌了,无论他们是已故的巡回上诉法院法官、在世的初审法院法官,还是律师。

例如,汉德觉得所有的同事都与他一样,对资深法官亨利·韦德·罗杰斯评价甚低,于是在罗杰斯去世6年后,他在一起与斯旺、蔡斯共同审理的案件中,提到了记忆中的罗杰斯。案件被告人因盗窃汽车而被判有罪,提出的辩解也完全经不起推敲。汉德写道,他本想以简简单单的一句本案"全是废话"来限制备忘录的字数,就像罗杰斯曾经做过的那样:

> 我曾一度荣幸地与尊敬的亨利·韦德·罗杰斯法官在一个合议庭共事,他是法律界的游侠骑士,以其对法学理念长篇累牍、漫无边际的评论,尤其是从不关注关键性问题而闻名于世,因为他从来没有抓住过问题的核心。就像在球场上,他看了整场比赛,却没关心过最重要的持球队员。如果他自己拿到了球,面前又是一片开阔地,他最多能往前跑10码,就会绊到自己的脚而摔一跤;再继续下去,结果总是他进了一个乌龙球。现在这位法学家要像我们一样对案子作总结了,他的总结可是浓缩精华的典范,毕竟,他一点儿功课也没做过。一旦他说,"我觉得这案子全是废话",这比其他任何备忘录都要完整、简洁、恰到好处。我一直羡慕他这个天赋,你俩都会同意神可没赐给我这个能力,这些话本身就是最好的证明,如果真还有必要证明的话。[44]

汉德在面对糟糕的律师和不称职的地区法院法官时,讽刺就要厉害得多了，他偶尔也会严厉责备自己，不该在法庭上如此不耐烦地爆发。他的发作会使一些律师面色发白，站立不稳。（有一次，他在一个学生组织的模拟法庭辩论阶段提出批评性问题，导致一名初出茅庐的律师当场晕厥。）汉德是一个温柔的人，但他讨厌那些用准备不充分或者不相干的论辩来浪费时间的律师，还有那些不回应他提出的尖锐问题的律师。有时，他会干脆背过身去，来表示自己如何蔑视糟糕的辩论；还有一些时候，他会敦促一位律师尽快进入正题，或者如果没什么真正有意义的话要说，那就干脆坐下吧。他的怒火并不限于发泄在缺乏经验和不知名的律师身上：某种程度上，他对于知名律师反倒更加严厉。

在不对外公开的备忘录中，汉德会连篇累牍地表达着对不称职人士的轻蔑，而无需担心伤害任何人的感情。他曾经写过，任何提出这样荒谬主张的律师都应该被剥夺执业资格；对初审法官的那些被上诉的判决内容唯一恰当的批评就是"话说得这么温和，实在不太恰当"："治疗这个可怜虫的唯一办法就是一再敲打他的脑袋。要是法官根本没让他开口的话，我绝对会赦免并赞许这个法官。"[45]他曾经把一个"挑剔"的律师称为"我所知道的最讨厌的出庭律师"；[46]他评价另一个律师的诉状"烂透了"；[47]他在一起案件中发牢骚说："这是个最最惨不忍睹的案件，但我们还是必须处理得当，就当它是由真正的律师提出的那样。"[48]这些不时重复的评论年复一年地出现："这个无脑傻冒律师带来的愚蠢的麻烦是——要是我们也可以用这种方式写判决书那该多好！"[49]"我的肠胃翻江倒海，真同情这些难以置信的大龙虾。律师们啊！我在一堆垃圾里都能翻找出比他们强的律师。"[50]

撇开嘲讽不谈，汉德与跟他不在一个水平线上的律师还算能够和平相处，他也从真正优秀的从业人员那里得到了一些安慰。但是，他对于低于平均水准的初审法官就远没那么宽容了：那可是汉德心目中的理想标准，若法官未达标就会让他特别痛苦。上诉法官定期审查某几个地区法院法官的大量案件，不可避免地对后者水平得出自己的看法，汉德的备忘录充满了关于最糟糕的法官的讽刺点评。汉德在任期间，纽约东区——也就是包括史坦顿岛、布鲁克林和长岛的区域内——处于及格边缘的法官占比格外之高。他在不公开的备忘录中对地区法院法官罗伯特·A. 英奇(Robert A. Inch)的评价,简直就是批判性点评的典范。

英奇1923年开始担任布鲁克林地区法院法官,1961年离职,也就是汉德去世那年。从一开始,汉德就发现英奇的裁决很少有可圈可点之处,却有不少值得谴责的之语;后来他称英奇为"毫米法官"①;在这之前他频频提到"英奇,J.——他的名字起得可真好";"无可救药的尺蠖虫";意图是如此明确,"除了毫米法官没人会怀疑";"'毫米,J.'驳回这些辩护理由的时候到底是在想些啥,这真匪夷所思,只能回想起这位法学大师在其他案件中体现出的聪敏和非凡洞察力"。[51] 有一次,汉德嘲讽式地引用了历史上一系列伟大的英国法官来表达对英奇的不满,把他称为达成下列伟业的"当代查士丁尼":

> 就像往常一样,他把事情搞砸了,他拒绝给出第四项陪审团指示……我们不得不找出曼斯菲尔德伯爵(Lord Mansfield)②在什么地方指示了陪审团来弄清楚[被告]在这种情况下不必承担责任。在一堆堆纯粹为了好看而写的废话当中,……埃伦伯勒男爵(Lord Ellenborough)③发出了如下噪音…… 这是该伟人口中冒出的司空见惯、无可指摘的蠢话。幸运的是,在漫无目的地浪费了不少时间后,科伯恩爵士(Lord Cockburn)④终于回过神来让自己说了以下的话…… [52]

即使在他同意英奇的说法时,汉德对英奇也极尽讽刺之能事:"尽管

---

① Inch 意为"英寸",约长 2.54 厘米,汉德在此称呼对方为"毫米",以及下文称对方为"尺蠖虫"(inchworm)讽刺之情溢于言表。——译者注

② 威廉·默里(William Murray),英国法官,曾任王座法院首席法官,受封为曼斯菲尔德伯爵。——译者注

③ 爱德华·劳(Edward Law),英国法官,曾任英格兰首席法官,受封为埃伦伯勒男爵。——译者注

④ 亨利·托马斯·科伯恩(Henry Thomas Cockburn),苏格兰检察官、法官,曾任苏格兰总检察长。——译者注

'英奇, J'像往常一样似乎完全没有理解的情况下就判了这个案子,我还是投票维持原判。"[53] 或者,"由于上帝显灵,'毫米, J.'判对了。让我在石碑上记上一笔吧,原来一个人可以不断地说啊说啊同时还能当上法官。至少在布鲁克林是这样的。"[54] 只有极罕见的几次,他给了英奇一些通常只会用来称赞那些称职的地区法院法官的好话："'英奇, J.'写了一篇很好的判决,……考虑到了所有方方面面……我投票维持英奇的原判。"[55]

汉德从不允许对愚蠢的蔑视妨碍他对案件进行全面和公正的审查。同样,他对先例权威性的强烈意识,以及他对立法机关选择公共政策的顺从(尽管在他自己看来这些先例和公共政策选择可能是错误的),并不意味着他对于人们所遭受苦难的疏离和冷漠。汉德的备忘录一再回响着一个声音,即他能意识到这些案件涉及的是活生生的人,他通常表现出的同情心比其他同事要多。贯穿在备忘录中的是对公平正义的坚定承诺:他认为,人民不仅有权受到保护而不受来自政府官员的压迫,也有权在法院得到公正审理;事实上,这一信念对于解释他在备忘录中所体现出来的通透是有帮助的。正如他曾经写道:"我希望,看在对原告公平的份上,霍夫法官将不会在还没有讨论的情况下就驳回这一主张。这一点让我心神不宁的程度超过了我的想象。"[56] 他反复说:"这个案子对我的困扰比对你们俩的都要多。"[57]

汉德以投入的、充满人情味的观点对待面前的案件,这在两类案件中能够特别好地体现出来:挑战驱逐出境令的外国人,和要求改变有罪判决的刑事被告。在这两个领域,他都受到极大限制。他承认,国会对移民和外国人领域的立法权是非常宽泛的,作为一个法官,他无法合法地与相关立法政策对抗,无论它们有多么严苛和不当。因此,在刑法的实质加持下,国会拥有申明这些政策的广泛权力,无论政策本身存在怎样的错误。然而,汉德确实能做到真切同情这些被相关政策伤害的受害者,他用尽一切机会,利用他那极为狭窄的自由裁量权限施以援手。作为法官，他在适用法条上适当地坚持程序公平；而对于影响外国人的一些特别令人发指的政策，他会抗议此中的不公，迫切要求法律作出改变，即使他被迫还是得适用这条法律。

汉德一再表达不得不适用这些不公正的法律条文的痛苦，尽管大多数同事们都没有类似表现——甚至有时候，有的人——比如霍夫——还会因为能为美国人打击"外国渣滓"而感到自豪。"我非常认真地关注这个案子，"汉德曾经说过，"因为这样的结果在我看来是残酷和不人道的。我必须说我浑身上下都对此感到震惊和厌恶。"[58]不久之后，他抱怨了"一起特别卑劣而且无情的案子"："这些外国人将被送回希腊，就因为很多繁琐的官僚手续……这难道不令你俩觉得羞愧吗？"[59]汉德的确也没能免俗地使用过在 20 世纪 20 年代很普遍的种族歧视言词；像他的同事一样，他的备忘录提到过"中国佬"（Chinks）和"南欧佬"（Wops）。但这些称呼并没有阻止他施以同情心。正如他曾经说过的："我对于这些中国人案件有一点敏感：陪审员坐上陪审席满心想的就是和他们作对，律师们收了钱，但也'只是交了文书了事'。"[60]

移民法中有项内容令汉德特别愤怒，那就是哪怕外国人在儿童时期就来到美国并在美国长大，也可能因为不道德行为而被驱逐出境。对汉德而言，这样将一个人随意抛出去的文明是一个令人厌恶的文明，毕竟美国社会本身也要对其行为承担很大的责任。他在备忘录里反复谴责这个政策是可耻的。正如他在一起案件的评论中所说："她必须去一个对她来说很陌生的国家，她对那里的熟悉程度并不比我们强多少。即使我们忽略了她所成长的环境条件，也即我们所创造的美国社会的成长条件，而将她单独作为一个人来对待，让她个人承担责任——我想我们也必须这么做——对我来说，这样的惩罚相对于她所犯下的罪行来说太过度了。"[61]他在几年后再次重申："这种将一个自从婴儿期以来便生活在这里的人放逐的法律是残忍的。"[62]汉德并没有将他对于该等法律的批评局限在备忘录和判决书里。他与移民专员和国会议员交换了雄辩有力的长篇通信，敦促立法以改善这些不公正现象，并亲自建议和起草了有助于实现这些目标的文本。

汉德的人文情怀，他对公平程序的关注，以及他对作为执行立法机关意图的法官的有限作用的认识，在刑事案件中同样占主导地位。汉德并不是心肠软或感情用事：他并不认为每一个上诉宣称无辜的被告都有理有据，当案件双方的立场都有充分证据证明时，他严格地服从初审法官对可信度和倾向性的判断。此外，就像在其他方面一样，当证言显然前后不一致或明显不可信时，他也能发现说谎的证人。但他坚定地认为，即使明确有罪的人也有权得到公平的程序，他对于因过度热心而未能遵守法律规定的程序保障的执法官员而感到出离愤怒，他从来没有忘记被告人是人。

一次又一次，即使他觉得不得不适用某些法律，汉德也对它们的不公正感到遗憾。"这是一个苛刻的条款，根据法条的规定，我看不出有什么可以规避的办法，正如最高法院所裁定的那样。"[63]于他而言，涉及公正程序的问题，尤其是涉及由宪法所设立的程序，为司法干预提供了大得多的合法性，他会毫不犹豫地行使他的法定权力。其中一个例子就是他无数次提出反对强制的累积刑期制度（cumulative sentences）这一"令人作呕的做法"，因为实际上被告人只是犯下了一桩罪行而不是好几桩罪行。[64]像本杰明·卡多佐一样，汉德并不认为"不得自证有罪"这一宪法保障一直以来就是文明社会正义观的核心，但他在适当的案件中会将这一观念付诸执行。汉德最为重视的一点是供词不能在胁迫情形下取得，[65]以及必须严格按照狭义解读宪法第四修正案的规定来进行搜查和扣押。

宪法第四修正案禁止宽泛的搜查令，坚持要求搜查令专门列明要扣押的财产，并要举证已经存在犯罪行为的合理依据，并实际上禁止随意进入嫌疑人的家或办公室，这是对执法官员行为最主要的限制之一。从20世纪初起，联邦法院被要求排除通过非法搜查获得的证据，即便这意味着可能让被告逍遥法外。因此，第四修正案是代表法律与秩序的国家强制力与个人权利保护之间角力的重要战场。在这场较量中，汉德的整个职业生涯都站在受宪法保障的个人权利这一边，也成为超越权限的执法者们的头号死敌。他对第四修正案的看法——从他成为地区法院法官开始,到几十年后他成为巡回上诉法院法官——获得了广泛引用,富有影响力;最高法院的大法官们也曾一再引用(通常会强调他们是依赖于勒尼德·汉德的裁判立场)。[66] 不意外的是,一望就知显系违反上述宪法保障的行为,会导致汉德在庭前备忘录中最愤怒的爆发。正如他某次所言,一名联邦执法人员"对 7 座仓库里的所有东西进行了地毯式扣押,而不是实事求是的有限搜查",汉德说这是"滥权专横到令人发指"的行为:"之后他开始筛选出他想要的东西……在我看来,此事体现出了一个宽泛搜查令所有的弊端,而没有任何保留的理由。要说执行逮捕的一名执法官员有权染指 7 座建筑物里的每一件东西,还能占有它们,这是在纵容最邪恶之恶。"[67]

在汉德效力第二巡回上诉法院期间,没有哪条刑事法律比 1919 年的《沃尔斯特德法》——即国会通过后成为宪法第十八修正案的"禁酒修正案"——更令他痛恨了。他对禁酒令的敌意远不止是因为它造成了个人的改变:他喜欢在社交场合喝一杯,但是在整个大禁酒时期,他尽其所能地避免酒精,除非喝的是明确来自在禁令之前私人购买的存货。更重要的反对理由,是禁酒令对联邦法官工作量的影响。汉德在地区法院的最后几年,正是由于无休止的与禁酒相关的刑事案而变得暗无天日,他抱怨说这简直把联邦法院变得和治安法庭差不多了。但他反对禁酒令最根本性的理由是反对将某种特定道德观念上升为国家法律,其显而易见的后果是,数以百万计守法的美国人因此变成违法者,这会滋生更广泛的藐视法律情绪。他在第二巡回上诉法院时不得不裁判许多禁酒令相关案件;他无权不适用法条,因为他明白国会具有明确的权力颁布这样的法律,但他的私人通信和备忘录中充满了对禁酒令是何等荒谬的嘲讽之语。

直到 1933 年 12 月——宪法第二十一修正案生效,废止了第十八修正案——这个错误的时代才告结束。两个月后,一起案件来到汉德庭前,其中涉及现在已无效的《沃尔斯特德法》中的一条税收规定。汉德再也忍不住了,写出了一句如拉伯雷式的感慨来赞颂废除禁酒令:"上帝啊!能自由地说这事儿真是太好了! 自由,自由,自由!!!!"他对《沃尔斯特德法》所代表的禁酒时期终被埋葬致以如下悼词：

> 诅咒它的名字，它的记忆，它的双亲，它的养育者，它的设计师，它的马屁精，它的提议人，它的支持者，它的执行者；诅咒所有与那西考拉克斯①、那赫卡忒②、那污迹、那怪胎、那污点、那诡计、那恶臭的东西、那巨怪、那调换儿③、那杂种、那怪物、那梦魇、那邪恶的杂烩、那恶蛇、那恐怖、那污秽、那痛苦、那个哈耳庇厄④、那大错特错、那虚伪、那圈套、那妄想、那幻觉、那幻火、那骗子、那毒液、那诅咒、那幻象同流合污的人！[68]

汉德对于细节的彻底和专注，他在备忘录中展现了具有坚实理据的说服力，可见于不少律师和法官们所关注的典型领域——合同纠纷、法条解释和公司法问题，以及侵犯人身和财产权利的侵权案件。但是汉德的特殊技能所带来的成果，在海事法和专利法领域尤为显著。

对大多数律师和法官来说，海事和专利案件特别具有神秘感。大多数海商海事和专利诉讼都是由一群专门的律师来处理，他们有自己的律师协会，其成员似乎构成了一个自成一统的法律世界。然而，汉德又不得不一再解决这些领域的争议。国会时不时地会考虑设立专门法院来裁判专利案件，而他却坚决反对这样的建议；他坚信，对于法官和法律而言，甚至在专门领域都宜由通才来对争议做出决断，这才是健康的，他担心专门化的法庭会产生过度狭隘的法官。[69]而要是海商海事和专利律师们碰到的通才法官都能有汉德的水平，那他们也没什么可以担心的。从他坐上审判席之初起，汉德就因为他在这些深奥领域也能如鱼得水而受到敬佩。

----

① 莎士比亚戏剧《暴风雨》当中的一位恶毒女巫。——译者注
② 赫卡忒，希腊神话中重要的泰坦女神之一，象征暗月之夜、鬼魂、巫术等，常与黑魔法相联系。——译者注
③ 调换儿，西欧民俗传说中的一种生物，通常是妖精、巨怪、精灵等传说生物的后代，与人类婴孩互换后留在人类家庭中。——译者注
④ 哈耳庇厄，希腊神话中的一种怪物，通常的形象为鸟身人头有翼，常被俗称为鹰身女妖。——译者注

纽约市是个重要港口，1个世纪以来一直盛产长于联邦海商海事法律的法官，但在汉德的同侪中，只有查尔斯·霍夫所成就的地位能与他相提并论；而在专利领域，则再无任何法官的声誉能与汉德匹敌。鉴于他出任法官之前并无海事法或专利法背景，汉德的成就就显得尤为瞩目了。他对于机械、电气或化学专利纠纷中典型的纷繁复杂性从未接受过任何培训，也没有天生的爱好，他的法律背景中，也不存在什么理论工具能帮他判断，发明人是否表现出了足够的独创性，从而能要求取得有效专利。孩提时代他偶尔会去叔叔在康涅狄格州纽伦敦的酒店附近，乘一艘小型帆船玩耍，那是他在航船技术方面的仅有经验，对他仲裁通航水域事故的纠纷，或者解决繁杂的海上保险合同条款，并没有什么帮助。

然而，汉德迅速掌握了个中关窍。他在不计其数的船舶碰撞案件中的裁决，正是展现这种能力的最佳例证。汉德意识到证人往往有着歪曲事实的倾向，这一点人尽皆知，并且他也对读到的大量记录中证人证言持怀疑态度。然而，他能够在表面上接受这些陈述的真实性，并就内部的不一致之处进行考察，哪怕双方就事故中的一些事项已经达成了一致看法。然后他尽可能地去重构实际发生了什么。他会用桌上的钢笔、铅笔和墨水瓶架来代表船只或码头，并通过移动这些文具来验证证言中所述的事件经过。他会去查询潮汐表、天气报告，画出图表，而且从很早开始，他似乎就对海员的行话很熟悉。他刚当上法官时买的头一本书就是奈特的《现代航海术》(*Knight's Seamanship*)，这绝非偶然，这本标准操作手册成为他审理海商案件的圣经。

进入上诉法院之初的一起简单案件，颇能说明汉德对案件细节的娴熟把握。东河上的一艘拖着重载驳船的蒸汽拖船，撞上了一座由纽约中央铁路公司负责维护的桥梁的桥台。拖船船东承认他的船存在部分过错，但坚称铁路公司也应该承担部分损害赔偿金，因为海事法规则是所有过错方均分损失：而纽约中央铁路公司未能妥善维护几块为了保护桥墩免受撞击而设计的木制"挡板"，因而存在过错。下级法院的判决赞成此种观点，霍夫和曼顿都要求直接维持原判，无需专门发布判决；对他们来说，这个案子太简单了。(比如说霍夫甚至"不知道也不关心"这个拖船撞上了桥台的哪一部分。)

汉德就没那么容易打发了。他的备忘录记载着"这个讨厌的小案子"令他困扰良久,因为他怎么也弄不明白,为何拖船的损坏发生在其水线以下 18 英寸处。他查询了潮汐表,并据以推断,在碰撞之时(1924 年 7 月 15 日上午 8 时),潮汐距离满潮尚有 2 个小时。在计算了桥梁处的平均潮差后,他发现事故发生时的潮汐水位应当比平均干潮①水位高 3.5 英尺;这意味着受到木制挡板保护的那部分桥台当时位于水下 8 英尺深处。在仔细分析了桥梁处的水位后,他得出结论,拖船确实撕开了松散的挡板,但在事故发生时不可能撞上挡板所保护的桥台。因此他敦促同事们根据这些数据重新审查本案,数据表明这根本"不是概率的问题",而初审法官将"拖船与桥梁应当受到挡板保护的部位相撞"这一"不可能发生的事情认定为案件事实"。[70] 本案极好地体现了汉德对细节何等专注,但却没能反映出他典型的说服效果;他未能动摇同事们的信念;在他撰写备忘录两周后,法庭直接维持了初审判决。[71]

在那年晚些时候由同样三名法官组成的合议庭听审的第二起船舶碰撞案件中,汉德发挥了更大的影响力——这是符合他一贯作风的。像上文的拖船案一样,事故也发生在曼哈顿附近水域,但此次碰撞涉及两艘远洋班轮,一艘法国籍,一艘德国籍,在启航开往欧洲时相撞于哈德逊河中心附近。法国船在离开曼哈顿码头后正调整航线,德国船则是自哈德逊河西岸新泽西的一处码头倒驶入河道。每艘船都误以为自己有优先通行权;但事实上在这种情况下,每艘船都有义务留意对方以避免碰撞,可是双方都没能留意。初审法官基于对双方各自优先通行权的错误理解,认定两艘船均有过错。

霍夫和曼顿的庭前备忘录又一次都没写满一页纸。霍夫觉得"详读全部记录"并不是他的义务;曼顿同样认为无需判断碰撞是如何发生的。只有汉德对事实作了详尽分析,仔细审查了关于每艘船是如何动作的相

---

①　海洋潮汐导致水位上升达最高时,称为满潮(High water);水位下降至最低时,称为干潮(Low water);两者之间的高度差称为潮差。——译者注

关证言,就碰撞地点作出了明智的推断,并且参考法国船舶的损坏情况的照片来推论出碰撞的原因。为了说明观点,他画了一个简单的图表,标示出德国船只的船尾与法国班轮的侧舷是如何接触的,而且还解释了为什么显而易见"关于碰撞角度的问题,德国人是对的,法国人是错的"。此外,他解释了为什么曼顿所依赖的先例与本案并不相关,但是判决双方均有过错的结果仍是正确的,因为德国船"保持倒驶太久",而法国船没有充分采取行动以避免碰撞:"每一方都假定对方会比自己做得更多。而安全规则要求每一方都做得足够多,以便在其他船没能做到位的情况下也避免碰撞。"即使与他的同事们基于较为肤浅的理由作出的判断结果相同,汉德的分析也并没有被浪费。公开发表的判决里一再回响着他查验细节的彻底性。[72] 同样的,在纽约市的高瓦努斯湾发生的一起相当简单的案件中,一艘内燃机船和一艘被拖船拖曳的驳船相撞,汉德在备忘录里极其清晰地厘清了案件事实。尽管本案争议只要直截了当地适用《内水航行规则》(Inland Rules of Navigation)便可解决,但要推断出究竟发生了什么仍非易事。但汉德的调查解开了谜团,使得真相从迷雾中显现出来:

> 沿着高瓦努斯湾布鲁克林的码头栈桥尽头画一条连接线,能看出这条线与栈桥延伸的方向恰巧呈约 70 度夹角①——至少我画出来是这样的。这就意味着行驶方向与栈桥尽头相平行的船只,是不可能处于一艘自栈桥延伸平行方向驶出的船只的侧舷正横后 2 点方向的,②除非后一艘船已经穿越了前船的航线。[73]

无论从事实层面还是法律层面而言,案件往往都要比这复杂得多。

①　原文为"at a six point angle","点(point)"为航海上用来标示方向的传统角度单位,每45度分割为4"点",即1"点"为11.25度角。"呈6点角"即67.5度角,因此取整为约70度。——译者注
②　即侧方向后22.5度方向。——译者注

然而,汉德对于优先通行权规则及航海惯例的熟悉程度无人能及,他坚持一定要用所有可能确定的事实来推断事故发生的原因,并抱持实质性解决争议的责任感。他对自己的能力很谦虚,但从不惮于在某些不可避免的争议性案件中作出决断。如他所言,"由我们这些旱鸭子来代替当时在场的那些人来作判断,总有些不太妥当;我们宁可还是多给他们一点信任";但他仍然认定,这位坚持在暴风天气拖着5艘满载沙砾的平底驳船从长岛开往纽约市的拖船船东存在过错,因为他没有作出最佳判断,在长岛北岸的安全港避风。[74]只要有需要,一次又一次,他做好了准备,将清晰的规则适用于此前一团泥淖的困境之中:

> 我希望我们可以就此坚定地公开达成一致:任何[认为如果拖船根据航行规则的要求行驶会造成不安全情形,就可以在海峡一侧错误的航道上行驶这一]惯例均是全然非法的,我们完全否定本案中提出的这些开脱理由,选择妨碍航道正常航行的拖船应被认定为具有严重过错……我承认关于这个问题我有些想法……要是这些被拖的驳船非得选择横穿过那些航船的船首,要求它们在如此逼仄的水域中如此迅速地移动,那么在我看来,它们完全是咎由自取。[75]

不久之后,他也同样要求海上航行的船只遵循明确的指南:

> 该领域的法律处于完全不确定的境地,我认为我们应该将需要遵循的规则确定下来,否则案件之间将永远处于相互矛盾状态。总体而言,最佳规则应是:追越船承担追越过程中对被追越船造成的风险,直到双方进行了信号交换。[76]

在彼此矛盾的说法中辨明真相远非海事法官的全部职责。核心问题常常是损害赔偿如何计算。在这样的案件中,汉德充分利用了从小培养的数学技能,一丝不苟地计算出适当的救助报酬和款项分配。例如,某一案件中,涉及从墨西哥的港口的一艘遇难船只里抢救出了价值超过30万美元的27000袋咖啡的救助方。奥古斯都·汉德说他并不"赞成详尽分析救助费用";哈里·蔡斯则避开了所有数学分析;只有勒尼德·汉德长篇大论地进行了深入而严谨的分析,还不失其标志性的幽默。[在本案中有个问题是救助方在韦拉克鲁斯(Vera Cruz)①的仓库里存放的货物因为延迟而造成的损失。汉德评论道:"我曾经去过韦拉克鲁斯;据说'真正的十字架'可不是个好占领的地方②,但韦拉克鲁斯什么也没有。不过对咖啡来说这地方可能不那么糟。"]77 说到底,这些海事案件所要求的计算技能与汉德在处理合同、侵权行为、专利和破产案件中所显示出的能力并没有太大区别。然而汉德明白,精通数学的头脑对于裁判而言必不可少,却远非充分:每种类型的案件也需要对特定事实背景的透彻领悟力;汉德的能力在应对这一挑战时也同样游刃有余。

专利案件同样要求法官将模糊的法律标准适用于复杂的事实问题。在专利纠纷中呈现的事实比海事案件对汉德来说更为疏远,法律原则也要模糊得多,但在这个领域,他对于纠缠不清的事实极强的吸收消化能力,以及坚持不懈地将法律规则合理化的努力,很快就成为传奇。早在1912年,第二巡回上诉法院在维持汉德在初审法院的判决时,已称赞他的判决做到了"淋漓尽致",并且以"最为清晰的方式"处理了"案件涉及的艰涩的化学问题"。78

专利案件将所涉范围极广的一系列发明带到了汉德面前,从至关重要的到看似微不足道的,从莱特兄弟的飞机,李·德富雷斯特(Lee De Forest)、雷金纳德·范信达(Reginald Fessenden)和埃德温·H. 阿姆斯特朗(Edwin H. Armstrong)的电子工程成果③,到修补丝袜跳线的方法

---

① 韦拉克鲁斯是位于墨西哥湾的一个墨西哥港口城市,"Vera Cruz"在西班牙语中的含义为"真正的十字架",所以汉德在下文中也用"真正的十字架"来指代该地名。——译者注

② 1914年,美国与墨西哥之间发生过一次小规模冲突,当时美国军队占领韦拉克鲁斯长达7个月。——译者注

③ 三人都是美国著名的发明家。李·德富雷斯特发明了真空三极管,范信达发明了电台广播和显微照相技术,埃德温·H. 阿姆斯特朗发明了调频广播技术、再生式振荡器。——译者注

和腋下吸汗垫片的改进。年复一年地,庭前备忘录展现出他对手头的案件了解得极为透彻,这种炉火纯青靠的是审慎钻研、辛勤工作,以及他对习得的法律智慧加以改进后得出的明晰而有力的诠释。

正如他在海事领域所做的那样,汉德时不时画出详尽图表来清晰说明涉案专利申请本应有的样子;他会仔细审查一台改进手袋制作工艺的复杂机器,[79] 或者借助三幅草图,勾画出专利权人制作女式内衣的方法与被控侵权人的方法之间的差异。[80] 汉德是唯一经常探究事实,直到事实能获得充分解释的法官;除了对技术细节极为关注外,他也表现出人文主义情怀。例如,在审查一个制造捕捉动物的陷阱的复杂新方法时,他认为该专利"对此种血腥而残酷的艺术作出了非常有效的贡献,但我希望能认定它是不道德的"。[81]

在汉德所审理的许多案件中,事实远比那些涉及女士内衣和服装垫片的要复杂得多。例如就在他刚晋升到第二巡回上诉法院后没几个月,霍夫、曼顿和他三人就接到了一起涉嫌侵犯电焊薄壁管专利的案件。被告发明了一种提高焊接速度的方法;核心争点是他是否侵犯了原告的专利权。要分析这个问题需要审查堆积如山纷繁复杂的电学、材料学和技术方面的证据。汉德尽可能地发掘现有资源为己所用,尤其是基于自己早年间所受的几何学训练来得出结论:

> 因为被告的设计中,压力是呈放射状施加在管道上的,最大的压力位于中心接触点处……就几何学而言他无疑是对的,因为压力必然随着压力方向与接触点切线的夹角的余弦值而变化。

然而,为了充分探索这起涉及焊接技术的案件的奥秘,汉德不得不勉强在双方专家证人相互抵触的证词前败下阵来。在一份备忘录中,他最终认为被告没有侵犯专利权;然而,曼顿和霍夫并未被说服,因而汉德只是写了一份简短而温和的异议意见书。他认为,该专利目前是通过"单次集中焊"来进行焊接;而被告则是用"多次分散焊"来实现了"热量的高峰",因此,并不存在侵权。不过他补充道:"我没能说服同仁们赞同我的看法,而我觉得,这种无能为力,自然而然地又使我增加了这种情况下本就不可避免的疑虑。"他觉得没有必要在"这个复杂的案件"中倾吐疑虑的细节;他提出异议的主要目的是,再次表达对一项制度的敌意,即审理中使用当事人聘请的有倾向性的专家,而不是法院指定的专家。自从他在奥尔巴尼执业时发表的第一篇论文以来,无论是在他的判决中,还是在国会听证会面前的证词里,汉德一直倡议无倾向性的专家证人制度。在涉及焊接技术的这起案件中,他也指出,"将问题提交给一个外行人,让他根据由当事人聘请的、有倾向的专家给出的证据,来作出决定,这一制度似乎已经令法律界满意";但在他看来,这个制度糟糕透顶。[82]他更乐于依赖专家证词以外的数据,比如用双方不持异议的关于墨水化学性质的证据,来判断一起涉及制造用于织物的可溶性油墨的专利争议。[83]

某一新兴行业领域的案件纷至沓来之际,汉德有了建立更深入的专业知识体系的机会,无线电接收机技术发展领域的情况正是如此。埃德温·阿姆斯特朗、李·德富雷斯特等人就一些成就了现代无线通信的基础发明的权利你争我夺,案件接踵来到第二巡回上诉法院。[84]其中许多案件涉及多项专利,需用长篇备忘录来涵盖诸如音频放大器的电路等问题;汉德的备忘录最长可达 12 页。[85]

他会细细探究专利纠纷的事实基础,目的在于希望厘清法律框架。在担任法官的大部分时间里,汉德都得与这门充斥着无用的泛泛概念和烦人的技术细节的部门法打交道。他能以通俗易懂的语言将真正关键点直白地表述出来,并且痛斥那些玄妙难懂的陈词滥调,他的声誉泰半藉由此种能力而来。

他关于"新设备**何时**有权获得专利保护"这一常见问题的论述表明了这一点。什么能构成一件"可获得专利的发明"?汉德的回答始于认定法院频频论及的用于认定发明的"客观性规则"(objective rules)并没有什么用。要说清楚什么构成突破,构成真正的发明,又不考虑过去曾经发生过什么,涉案发明者的贡献在哪里,这是不可能的;决定性的因素不是抽象的规则，而是特定领域的背景。

正如他在一份判决中所说的："已经成为通说的客观原则认为，是否构成发明是可以被检测出来的，但这是错觉，是无意识地模棱两可的产物；看起来势必能得出结论的三段论，其实是徒有其表。"[86]必须要体现出本领域多大的进步才能构成"发明"？在汉德看来，国会并不仅仅对天才的奇思妙想授予专利这种垄断权利，尽管"发明"确实要求在日常工艺的产出基础上更进一步。答案在这两个极端之间的某个地方，应当由具体的背景而非宽泛的规则来做指导。这也使得法官更重视案件的实际情况变得更为重要。

> 只将那些伟大先驱者的成就，例如极为罕见的天才成果，列为发明，这的确是荒谬的。事实上，这些恰恰可能是根本不需要专利制度就能取得的成果；这一层面上，利诱并不是主因，甚至完全不被考虑在内。专利法的目标是激发比这要低一些级别的想象力和技术能力。它确实比行业中老练的从业者在日常竞争的摸爬滚打中自动得出的经验技巧要高出一筹，但并不非得是什么高不可攀的技能。说到底，总会有些案子我们只能回过头来依靠自己的直觉尽可能地作出判断。到了某个层面上，问题总要通过主观性的意见来解决，这看来似乎是个简单的步骤，实则不然。[87]

但是，对汉德来说，这绝不意味着全然武断地作出决策，于他而言，这只是为了拒斥那种存在判断可专利性的自动测试的论点：

> 能否构成"发明"，取决于是否需要比普通技术人员的常规创造能力更多的能力才能满足某项需求。这一标准并不比其他法律上所采取的标准更难以捉摸，比如合理的谨慎义务、合理的通知义务等；要纠正这个标准的适用，需要回到以行业内平均水平的习惯、特征和能力作为标杆。任何用统一的规则

来下定义的企图都是妄想;最好还是放弃这个规则吧。[88]

　　判决书中的这些表述,展现了他在写作正式文件时特有的那种清晰而优雅的语言。在庭前备忘录中,类似的想法以更高频率和更辛辣笔调呈现。例如,在关于一种新型拉链的案件备忘录中,他评论说,法庭上使用的术语只是"掩饰关键问题的简单方式,问题的实质其实就是,把旧滑块与旧锁搭配起来,是否需要比普通蠢货多一点聪明才智"。[89]在服装垫片的那个案子里,他面对律师过分强调技术细节的诉讼策略爆发了:"虽然我同意你可以在书中找到太多关于它的说法,但我否认这是构成发明的规则,正如我否认任何这样的规则,除了一项发明应该是普普通通用脚掌走路的笨蛋(plantigrade bozo)想不出来的新东西。"[90]

　　服装垫片的案子给了汉德一个机会,让他可以去批评那些试图用偷懒的方法驳回专利权利要求的法官,他们声称能够仅从对申请发明专利的描述中就确定它够不上可取得专利的进步。有位女士设计了一款一次性的纸质服装垫片,以取代广泛使用于服装店内为顾客试穿衣服所设的传统橡胶制垫片。一审法官在未研究事实背景的情况下,立即驳回了她的权利要求。汉德强烈地反对:

　　　　我没法说这一装置完全不可能构成发明;测试标准是这样的,从专利权利要求描述文件表面上来看我们不能得出任何结论的进步。有位女士设计了沾满之前试穿者的腋窝汗渍的旧式垫片,那么我完全可以想象,一个女孩子会认为一次性可抛弃的垫片会更干净整洁,并因此发明了点什么……然而对我的朋友们,地区法院的法官来说,他们只想快快摆脱这种案子,省得麻烦。我完全反对这种做法,我希望他们能明白这一点。再也没有比发明更宜适用相关证据来判断的争议焦点了。

　　汉德的同事们持相反观点。麦克用寥寥数语讽刺地总结:"她的发明,如果能称作发明的话,只不过是用廉价的纸制服装垫片来取代更昂贵材料制成的更持久的服装垫片；这里面根本没有任何发明。"[91]汉德失去了这场战役，但他赢得了整场战争：他所坚持的充分考虑发明背景的做法，他所反对的通过适用宽泛而机械的规则来避免考虑背景的做法，成为第二巡回上诉法院的立场。他在专利法方面的判决是被其他法院最多援引，也是被评论界最多引用的。[92]

再没有一个领域能像版权这样，极好地显示汉德作为法官的才华。他作为联邦法官的 50 多年里所写的判决被一再援引和引用，当国会在 1976 年修改版权法时，立法者也很大程度上依赖于他的见解，并将其中许多看法纳入了成文法之中。汉德的重要判决以及庭前备忘录展现出他是如何创造性地塑造了版权相关法律，尽管他总是严格地遵守最高法院和国会的权威指引。他关于版权的判决总是别具魅力，因为它们的诞生背景极为有趣，涉及的问题虽然有限却很有普遍性，并最大限度地展示了他独特的风格和广度。

为第二巡回上诉法院带来数量稳定的案件的联邦版权法，是国会行使其宪法赋予权力的产物，即"为促进科学和实用技艺的进步，对作者和发明人的著作和发明，在一定期限内给予专有权利的保障"；[①][93] 大多数案件是根据 1909 年《版权法》而提起诉讼的，该法在此后 60 年里都具有效力。1909 年的这部法律，就像此前及此后的所有法律一样，充斥着关于某部作品如何能获得著作权保护的形式要件等细节，却将最基本的问题留给解释法律的法官去作最终决定；与此相对应的是，除了美英两国先例，以及他们对于立法意图的认识，法官们毫无指引可以借鉴。例如，无论是作出授权的宪法还是版权法本身，都没有解释谁是"作者"，或者什么是可以获得版权的"作品"。更重要的是，《版权法》提到了版权侵权，却并没有解释什么情况下版权持有人被制作相似作品的人"侵权"了。因此，从汉德的版权法判决可以看到，即便是一部专门化程度很高

---

① 该条款通译及美国联邦政府官方译文为"为促进科学和实用技艺的进步，对作家和发明家的著作和发明，在一定期限内给予专利权的保障"，但由于"专利权"一词在汉语中已经有法律上的特定含义，故以"专有权利"代之。——译者注

的法律,仍能为法官留下广阔的阐释空间。在汉德担任法官的岁月里,大部分答案来自司法对宪法和版权法的语言所作的解释;不少最具有影响力的答案就出自汉德本人笔下。

宪法保护版权的基本目的,是为原创性的表达的产出提供经济上的激励。版权立法这一宪法授权鼓励国会通过在思想市场(marketplace of ideas)建立有限垄断,进而促进艺术创新,而垄断确实得是"有限的",这个概念很重要:垄断范围太广,就限制了公众获取信息的机会,并阻止后来的创作者在前辈工作基础上创作;若垄断范围太狭窄,就会让进行创造性活动的个人经济回报太小,无法确保他们从中获益、持之以恒。总而言之,对版权制度需要进行富有智慧的解释,必须在公众自由获取信息与激励艺术创作之间作好平衡。[94]

面对作为创作者的艺术家和作为窃取者的盗版人这两个黑白分明的形象,一个头脑简单的法官势必会选边站队。[95]汉德的伟大成就之一,就在于他始终拒绝将世界看成天使和恶魔的二元截然对立,而是秉持各有所取立场找到合乎情理的平衡。在从电影到编码本、流行音乐和漫画书的范围广泛的背景下,他从未忽视基本原则,从来都能聚焦和阐释核心问题。

汉德关于版权的判决和备忘录显示出他很喜欢审理这些案件;阅读它们显然也是一件乐事。案件常常涉及家喻户晓的名人和趣味横生的事实,尽管大多数情况下,汉德会明确说他不会对所审案件的艺术创作考虑太多。他之所以被这些议题吸引,部分是源于一位接受了良好人文教育的法官对真正富有创意的艺术家的欣赏,另一部分原因则在于它们所提出的智识上的挑战。版权法上有两个具有普遍性的问题反复出现在他面前:第一,什么才足以构成有权获得版权保护的原创"作品";第二,涉嫌剽窃者在什么情况下"侵犯"了作者的版权?

就第一个问题而言,汉德采取了极为宽松的态度。"原创性"①的概

---

① "Originality"在中国著作权法中相对应的概念通常被称为"独创性",但此处还是译为"原创性"更符合美国版权法,也更符合汉德对于这一要件的理解。——译者注

念在汉德成为法官之前早已被版权法的解读所采纳，但其边界仍亟待厘清。此前，"原创性"可能被视为要求作者对于在先的"作品"作出了重要改进，法官必须评价作者创造力的艺术价值。汉德坚决拒绝了这些观念。

在他所审理并于 1910 年 1 月宣判的首起重大版权案件（在他被提名为地区法院法官后仅仅几个月）——"海因诉哈里斯案"（*Hein v. Harris*）[96] 中，西尔维奥·海因（Silvio Hein）取得了以《阿拉伯情歌》为题的一首歌的版权；他起诉要求禁止被告出版一首题为《我觉得我听到啄木鸟在啄我家的树》的歌曲，声称后者侵犯了他的版权。被告的辩解之一是《阿拉伯情歌》没有任何艺术价值；确实，这两首歌曲都在"音乐艺术中位于最低档次"，属于当时流行的雷格泰姆音乐，或者正如汉德所说，"所有曲子都具有相同特征"，"单调而相似"。当时，汉德在版权法上的背景知识并不比他在海事法或专利法上的多，他写的判决书没有援引任何权威，似乎也没有明确意识到存在先例。（他似乎完全不知道霍姆斯在 1903 年作出的具有里程碑意义的判决中确定了，某一特定作品的艺术价值并不是决定其是否可以获得版权保护的因素。）[97] 他坚持认为原告的版权有效，即使这首歌能"非常强烈地让人联想起"同一类别内的在先作品且缺乏创造力：

> 缺乏原创性和音乐价值在法律上没有后果。虽然公众的品味持续地向艺术价值不高的作品赋予金钱价值，但法院必须持续地承认它所创造的价值。显然，如果法官要担任艺术审查官的话，那么就需要对法官的任职资格有着与目前完全不同要求了。

首先，汉德认识到，在可版权性意义上的"原创性"意味着"作品"是作者自己头脑的产物；这仅仅意味着作者没有复制别人的作品。[98] 更基本的是，正如汉德认为的那样，对原创性施以最低要求，确保了由市场本身来判断作者作品的价值。其次，则是依靠市场作为促进科学艺术进步主要手段的宪法构想：虽然法官可能不会对艺术品的质量多加考虑，但公众的判断力理当胜过、且可能确实不输于法官的判断。

"海因诉哈里斯案"的原告西尔维奥·海因是当事人中，第一个见识到汉德尖锐的批判力的，尽管他并不认为自己的法定职责是"艺术审查官"。15年后，海因的律师写信给汉德说："可怜的西尔维奥·海因，自从你把他的歌曲定位为'音乐艺术中位于最低档次'，再加上'它们代表着音乐风格的普遍退化'的评价后，他再也没能恢复过来。我当时花了很大的力气让他打消念头，不要来说服你他的作品具有艺术上的价值。"汉德以道歉的语气回了信，正如他在法庭上对无能的律师暴跳如雷之后常常做的那样："我很抱歉海因因为我的评论而感到难过"，但"那是将近15年前的事情了，我希望自己不再使用那样的语言了"。99

汉德并非完全不受流行文化的影响：他偶尔会去看杂耍表演和音乐剧，虽然他在音乐口味上的底线是吉尔伯特和沙利文①，他喜欢戏剧，但很少看电影；他喜欢创造性的文学作品，但相比现代小说和粗制滥造的快餐文学，更爱读拉伯雷、蒙田和莎士比亚。在一个又一个案件中，他一再表达着对手头作品的蔑视。在1916年的某案中，他认为一首侵犯了《我养大孩子不是为了去当兵》(*I Didn't Raise My Boy to Be a Soldier*)②的版权的歌曲"极为短命，微不足道"100。1年后，当他认定电影《唐纳德·麦肯齐的力量》(*The Strength of Donald MacKenzie*)侵犯了原告的戏剧《樵夫》(*The Woodsman*)的版权时，明显他对后者的评价不高：他将剧情概括为"极其陈腐老套"，包含了"头脑简单的理想化男主角，一位来自北方的林间向导，赢得了一位被形容为交际花的人物的芳心，先不论交际花这个词什么意思吧"101。20年后，在他判决某个被告并没有复制一首流行歌曲时，他把被控侵权者之一描述为"只用一个手指的毫无声誉的作曲者"，其"天赋非常有限"，而另一位作曲者则"显然写出了流行

①　吉尔伯特与萨利文(Gilbert and Sullivan)指维多利亚时代幽默剧作家威廉·S. 吉尔伯特与英国作曲家阿瑟·萨利文的作品。——译者注

②　第一次世界大战时美国流行的著名反战歌曲。——译者注

情歌传递的甜蜜感,但遍布全国各地数以百计的打油诗人都能炮制这样的蹩脚韵文”。[102]

通常情况下,汉德的讽刺只是旁白。在认定由 1938 年的小说改编而来的 1939 年电影《致命风暴》(*The Mortal Storm*)并没有侵犯原告电影剧本《欧洲疯狗》(*The Mad Dog of Europe*)的版权时,他说电影和剧本之间的有个区别只是为了使片子“对于不够成熟的品位而言更具有吸引力”。此外,在驳回剽窃指控时,他提到法院都已经习惯了版权案件的原告拿着“最细的蛛丝一样的相似性”,提起“连影子都没有”的诉讼。同样,他也批评一名诉讼当事人从事了“廉价庸俗的剽窃”,另一名当事人则是患有“被迫害妄想症”的“疑心病患者”。[103]

来到汉德面前的案件也涉及一些美国最受欢迎的作曲家;但是杰尔姆·克恩(Jerome Kern)、西格蒙德·龙伯格(Sigmund Romberg)、欧文·伯林(Irving Berlin)和科尔·波特(Cole Porter)都输了官司。最常来并且还常常获胜的典型当事人,是叮砰巷(Tin Pan Alley)①的音乐出版商和平庸无奇的作曲者、剧作者和小说作者。通常来说,汉德沉浸在复杂的法律理论中,利用他在艺术和音乐方面的丰富知识,并用上佳的散文笔调来解决他觉得基本上毫无价值的两件流行艺术作品之间的冲突。在这种诉讼中,案件所涉及的社会性目标——促进“科学与有用艺术的进步”——异常清晰,却与案件事实相去甚远。然而,汉德会劳心费力,甚至到了将钢琴带进法庭,以及安排只有他独自一人观看的专门戏剧表演的地步。[104]他所面对的常常是质量很差的作品,但这从来没有干扰到他的法律分析:他对作品的评价再低,也未影响他对于法官绝不是审查官的信念,也没有动摇他对于市场评价才是决定性的这一判断,更没有改变最重要的一点,即他认为“原创性”应当作最宽泛的解释,只要作者不是从别人那里复制过来的,就能够被认定满足了版权所要求的“原创”。事实上,在长达 50 多年的版权裁判工作中,汉德从未认定原告的

---

　　①　指位于纽约市曼哈顿区第二十八街为中心的街区,当时是音乐出版商和唱片店的聚集地。——译者注

作品由于不满足原创性要求而不能获得版权保护。[105]对汉德而言,适用版权法并不是要处心积虑地去想着维护真正富有创造性的天才们的权利,而是通过一个复杂的法律框架来保护权利,间接地促进"科学进步"。

汉德在解释可以获得版权保护的"作品"的**范围**上有着同样慷慨的态度。"作品"是否仅限于有意义的词,还是无意义的词也能够格? 这一新颖命题,是在他进入第二巡回上诉法院 3 年前的"赖斯诉国家报价局案"(*Reiss v. National Quotation Bureau*)里提出的。[106]本案提出的挑战填补了法律空白,就像 4 年前的"《大众》案"一样:对初审法官来说,这是个罕见机会,他所面对的问题得不到联邦法院先例的指导,要寻求答案,就必须直接引用宪法。在那篇只有 6 个闪闪发光的段落、被认为"想象力精湛且令人信服"的判决书中[107],汉德极具说服力地解决了这个问题。正如一位评论家所说,"赖斯案"判决"最好地体现了汉德在版权领域的裁判技能。这一案件要求的不是对真理、美学和艺术的艰深的审美判断力,而是对所涉利益进行清晰剖析的分析力"。[108]

爱德华·D. 赖斯(Edward D. Reiss)印了一本书,里面除了 6325 个生造的词以外什么也没有,每个词均由 5 个字母组成,因而不会彼此混淆,按字母顺序排列。这些词没有意义,但都可以发音,是用作电报简码的,面向那些可以通过给生造词分配意义来编制保密电报简码的人。这本书获得了可观的商业价值。被告人复制了其中一部分,用于标准的商业电报简码;他对版权侵权指控的辩解是:一本仅由无意义的词组成的书不具有有效版权。

汉德的判决雄辩地论证了将"作品"限制在"已经有意义"的创作上并不具有合理性。他直接依赖于宪法版权条款所规定的范围:由于1909 年《版权法》旨在涵盖"作者的所有作品",他将其解释为"涵盖根据宪法可以受版权保护的所有创作物"。[109]在这样的背景下,汉德立即发散到了现实的类比中,"假如有人设计了一组单词或符号来构成一种新的抽象语言,……一种彻底生造的像世界语一样的语言;或者又假如一名数学家设计了一套新的更为精简和抽象的符号,来表达传统含义",他认为,没有理由对这种创作不施以版权保护。

不是所有的词语都传达思想；有些只是不由自主的发声。有些仅仅用作拟声，比如育婴时哼唱的童谣，或孩子们玩闹时念的押韵儿歌。就不能有什么生来就擅长捕捉音节的人，设计出点什么别的来？近来颇有些写成的散文，根本毫无意义，但却设计成仅因其声音就表达出某种感情。可想而知，可能会有那么一个诗人，将顺序并不合理的字词串在一块儿——甚至可能生造出某些音节——他通过这个组合可以追求到足以构成诗歌的美感、节奏、旋律和韵脚。音乐通常不是一种具有代表性的艺术，然而它也是一种"作品"。

造型艺术作品不一定以画面呈现出来。它们可能只是模型或设计，但是它们是可以拥有版权的。如果这些画是"作品"，我看不出来为什么字词仅仅因为没有表达任何含义就不能拥有版权了。它们或许终究还是有些用处的，美学上或是实用上，它们可能是极高创造力的，甚至天才的成果。因此，原则上似乎没有理由以被告要求的方式去限制宪法的规定。

简单而包罗广泛的这几个段落，是本案说理部分的精华。除此之外，他只说了他连"稍微有一点相关"的美国先例都找不到，但确有两个19世纪的英国案例支持他；基于对宪法解释的非常宽泛的理解，他认为应该适用两个案件中的观点，尽管它们都发生在美国宪法生效之后。[110]

最后一个问题，"什么情况下某个创作才足够符合原创性要求，从而能确保得到版权保护"，是在汉德于1924年写的一份富有开创性的判决中确立下来的，那时他刚进入第二巡回上诉法院才几个月。作曲家杰尔姆·克恩被诉侵犯版权。[111]原告对一首名为《达达内拉》(*Dardanella*)的歌曲注册了版权，汉德将其描述为"注定短命"，在《达达内拉》流行了一阵又迅速过气后，克恩为他的音乐喜剧《亲爱的，早安》(*Good Morning, Dearie*)撰写了一首名为《卡卢阿》(*Ka-lu-a*)的歌曲。正如《达达内拉》一样，《卡卢阿》一度极为流行。被控侵权之处是《卡卢阿》的副歌伴奏部分,原告指称这部分是从《达达内拉》的伴奏中抄袭得来的,这段模进仅由 8 个音符组成,一遍又一遍地重复。整个固定音型为旋律营造出一种循环往复滚动背景的效果——"就像大鼓或者手鼓的鼓点声",汉德如是说——是用来"表现浪花拍击在海岸上的砰砰作响"。两者之间惊人地相似,汉德毫不困难地辨认出克恩是复制了原告的歌曲。克恩发誓说"他完全没有意识到有任何抄袭的成分",汉德承认疑点利益应当归于被告,但还剩下一种可能,就是克恩是"无意识地"复制了伴奏部分。"无意识"的复制能不能构成侵权? 在这个新的问题上,汉德的判决对克恩不利:《达达内拉》一度相当流行,因而克恩肯定听到过它;在创作《卡卢阿》的过程中,他一定是"无意识地"将"他就在不久以前肯定曾听过的"给复制了下来。汉德接着写道:"否则我想不出怎么可能会这么相似,这已经是完全一样了。"由于作者的"版权是一项绝对权利,可以禁止他人复制他原创的字词或音符组合,而不依赖于侵权者的是否出于善意"或其意图,因此,克恩的记忆可能"欺骗了他自己"并"不是不构成侵权的理由"。

克恩还有另一项答辩理由,也是个同样新颖又复杂的问题。克恩声称原告的版权无效,因为相同的固定音型已被更早的作曲者们用过,落入了公共领域。汉德对此表示,这是"本案中最重要的法律上的争议焦点":此前曾独立地出现过的恰好相同的作品是否不再受版权保护?[112]

汉德判决该音型(musical figure)的在先使用并不能否定原告的版权,他的主要精力放在以前所未有的清楚程度澄清了专利权与版权的差异,极为明确地指出,版权与专利权不同,并不使得权利持有人有权禁止其他人独立工作而产生的恰好相同的结果。仅就版权而言,构成有效版权所需要的仅仅是作者的进行独立智力创作产出了作品;只要他不是复制了别人的作品,别人是不是"预先创作过"这一作品并不要紧。简而言之,版权中的"独创性"要求再次以最宽松的方式来解释。

在十几年以后的一起电影侵权案件中,汉德表达了版权法的这一特点,这是他最常被引用的一段话:

在先创作本身不能使版权无效。被借鉴的作品当然不能是由剽窃而来的，从某种程度上来说剽窃者根本称不上是"作者"；但倘若出于某种奇妙的原因，有个从来没有听说过济慈的人恰巧新写出了一首一模一样的《希腊古瓮颂》①，他会是"作者"，并且如果他注册了版权②，其他人就不可以复制这首诗，尽管他们当然还是可以复制济慈的那首。[113]

汉德对于专利制度和版权制度的澄清反映了两种截然不同的知识产权所提供的保护。与版权相比，专利持续的时间较短，给予权利人就其成果的对世权，但如果他的成果与他人重复，哪怕他并没有复制他人的成果，也不能获颁专利权。与此相反，版权所赋予版权持有人的，只有禁止他人盗版的权利，同时却确保了只要不是从他人那里复制，就无需畏惧侵权的创作自由。

从这些见解出发，汉德得出了以下洞见：版权法有两个基本原则——作者只要不是从他人那里复制的，那么无论写了什么都会被保护；但这种保护只使得作者有权禁止其他人复制他的作品——两者相互依存。正如汉德在"克恩案"判决中所说，"专利法上规制权利有效性的法律规则"不应该被"带到版权领域来"："很显然的是，对于侵权的规则包括了——鉴于它的相关性，也必须包括——应以原创性为有效性检验唯一标准这一规则。"[114]

汉德也经常遇到版权案件中的第二大常见问题—"涉嫌侵权人实际上是否剽窃了作者的作品"。他在这个问题上的观点也更为知名。"复制"是构成版权侵权的重要组成部分：被告必须有机会接触到原告的作

---

① 《希腊古瓮颂》为英国诗人约翰·济慈的著名诗篇。该案判决时济慈已是古人，因而其作品应当落入公共领域，不再享有美国法意义上的版权保护，故有下文的"可以复制自济慈"之说。——译者注

② 在 1976 年联邦版权法修订（自 1978 年 1 月 1 日起生效）前，美国对作品的联邦版权保护采取的是强制登记制度。没有在国会图书馆登记版权的作品就无法受到联邦法上的版权保护，只能通过州法上传统的"普通法下的版权"来进行有限的保护。因此汉德在这里说"如果他登记了版权"才能获得保护。——译者注

品;法律并不禁止独立完成完全相同的作品。但这种看法引入了识别剽窃中最困难的焦点问题:后续的作者要从前作中"借鉴"(take)多少才算越过了红线?

汉德为"**思想**不受版权保护,版权仅仅覆盖表达的**形式**"这一基本原则厘清了边界。版权持有者的基础思想是公有领域的一部分,任何人都可以使用,只要被控侵权人不从前作品中"借鉴"太多内容。正如汉德在 1919 年的一份未公开发布的地区法院判决中所说的那样,版权持有者的权利仅限于其实际的语词顺序,以及"任何在读者看来与作者的言语留下完全相同印象的等同的表述"。此类案件中一再重复出现的问题是:多少是太多?

正如在专利领域一样,汉德对于通过具有误导性的原则性概括来划出界限持怀疑态度;他认为必须通过具体案件情形逐一裁决。他的贡献不仅在于以非凡的优雅语句写下他的判决,而且还在于发展出了一套清晰可行的操作技术来划下这条界线。他认识到,将作者的权利限制在表达范围内,而不及于背后的观点,"这对于保证思想自由具有至关重要的作用"。[115]

由汉德撰写的两份著名的判决很好地说明了他的风格和技巧。两个案件均涉及剧作家原告状告电影公司侵犯剧本版权。第一起案件是"尼科尔斯诉环球影业公司案"(*Nichols v. Universal Pictures Corp.*),作有著名喜剧《艾比的爱尔兰玫瑰》(*Abi's Irish Rose*)的剧作家安·尼科尔斯(Anne Nichols)诉称,环球影业在制作默片《柯尼斯一家和凯利斯一家》(*The Cohens and the Kellys*)时涉嫌剽窃。[116](《艾比的爱尔兰玫瑰》是百老汇截至当时连续上演时间最长的剧目,于 1922 年首演,内容涉及犹太裔和爱尔兰裔的家庭由于子女联姻而不断发生纠葛抵牾。)[117] 第二个案子是"谢尔顿诉米高梅制片公司案"(*Sheldon v. Metro-Goldwyn Pictures Corp.*),[118] 这是汉德在版权领域被援引次数最多的案件。原告指控米高梅 1932 年的电影《情重身轻》(*Letty Lynton*)①剽窃了他们受版权

————————

①　片名为主人公姓名,直译《莱蒂·林顿》。——译者注

保护的戏剧《蒙羞的女士》(*Dishonored Lady*)。［电影是琼·克劳福德(Joan Crawford)最早的大卖商业片之一。］

　　"尼科尔斯案"，也即《艾比的爱尔兰玫瑰》案"，展现了汉德具有代表性的说理过程。首先，他以精妙得当而富有娱乐性的风格描述了受版权保护的作品和涉嫌侵权作品。接下来，他发现后者确实从前者抄了东西，于是就进入到审查是否"借鉴了太多"这个环节。在此过程中，他辨识出了一个细节具体程度极高的通用"模式"。最后，他考虑了这种模式究竟是不受保护的"思想"，还是由于人物的相似性和事件的并行性，已经落入了"作者的戏剧性表达之网"。

　　涉案的戏剧和默片之间存在着明显相似之处。两者都是关于互相敌对的犹太裔和爱尔兰裔家庭子女之间的恋爱和婚姻。但在戏剧中，犹太家庭和爱尔兰家庭的父亲都是宗教狂热分子，宗教是争吵的主要原因。而在电影中，主要的争端来源是一起继承案件。正如汉德所说的那样："两者之间仅存的共同点就是犹太家庭的父亲和爱尔兰家庭的父亲之间的争执，他们的子女的婚姻，孙子女的诞生以及最终的和解。"

　　庭前备忘录表明，法官们很容易就确定了这部电影没有达到足够侵犯安·尼科尔斯的版权的地步。然而，三名法官全都相信，电影编剧故意复制了尼科尔斯戏剧中的一些段落。正如勒尼德·汉德所提出的那样："我怀疑他们知道原告的戏剧并且复制了它的一些部分，这种可能性非常大。"此外，他们这样做很可能正是因为《艾比的爱尔兰玫瑰》已经"大获成功。在我看来，非常明显，他们的目的就是要借她（尼科尔斯）成功的势头"。

　　只有勒尼德·汉德的备忘录不仅停留在事实层面，而是进行了适当的法律分析。他说："只有在剽窃者与原作者之间的差距变得极近之时，法律才能介入。没人能说清楚要多近……想要下定义只能使得律师们更晕头转向。"他用那种惯常的对于简单粗暴绝对化表述的反感总结道：

　　　　不可能有标准存在，这就像定义发明一样。我们必须为每一个涉及此问题的个案单独制定标准：一方面，有些语词上稍作变动并不能意味着不再构成剽窃;另一方面,只有确切的表达才是法律所保护的对象。[119]

汉德在不到两周之内写就了他的正式判决——这两周内他还要处理其他未决案件——其中包括了一段精彩绝伦的讨论,直指如何确认涉嫌剽窃问题的核心。他说:

> 在对[剧情整体和戏剧角色的相似之处]进行一系列提炼中,到了某一个点上,它们就不再受到保护了。否则剧作家可以阻止别人使用他的"思想",而"思想"从不是他的财产,他的财产只是这些思想的"表达"。至今没有人能真的划出那道边界,将来也不会有人能做到……在这些案件中,我们关注的是表达和被表达的思想之间的那道界线。在涉案的戏剧作品中,争议主要围绕着人物形象以及事件的先后顺序,这些是实质性的争议内容。

为了给他的答案增添一些鲜活的气息,汉德举出了熟读经典文学的读者们都耳熟能详的例子来进行说明:

> 如果《第十二夜》受到版权保护,下一个惟妙惟肖地模仿托比·培尔契爵士(Sir Toby Belch)或马伏里奥(Malvolio)的人可能会构成侵权,但仅仅在作品里写出一位饮酒作乐弄得全家怨声载道的正义骑士角色,或者一位自负又虚荣还暗恋女主人的管家角色,都是不足以构成侵权的。这些仅仅是莎士比亚戏剧中的"思想",他就此能够获得垄断的程度,就像爱因斯坦对相对论,或是达尔文对物种起源说一样,一点儿也没有。因此,人物角色的展开越少,他们能获得版权保护的可能性就越小;这是在创作中写得太模糊的作者所必须承担的代价。

汉德的最后一句话，并不是在间接表示，那些写出富有深度与微妙人物的作者理应得到回报；他是想要强调，将版权保护加诸过于普遍性的层次上，将会限制未来作者对早期作品作出改进的自由。对一个基础的"思想"授予垄断权，将会不公平地限制"科学与实用艺术的进步"。

在"尼科尔斯案"中，无论人物还是情节都不够相似，因而无法得出版权侵权的结论。他的总结段落回应了庭前备忘录中关于难以划出分界线的看法；在类似案件中，仍应以个案分析为主：

> 无论先天上存在什么困难，我们对于判断本案落在界线的哪一边并无疑问。一部基于爱尔兰裔与犹太裔家庭因子女婚姻而发生冲突的喜剧，并不比《罗密欧与朱丽叶》的故事梗概更能受版权保护。[120]

"谢尔顿案"中的事实更为复杂。像"尼科尔斯案"一样，它涉及一部电影和一部戏剧，但还有另外两个文本也需要纳入考量。戏剧和电影中的故事都是以同一个真实事件为基础改编的，即玛德琳·史密斯（Madeleine Smith）的审判。她于1857年在格拉斯哥因毒杀情人而受审，她的年轻情人埃米尔·拉安吉尔（Emile L'Angelier）来自泽西岛，具有法国血统。在她决定嫁给另外一个男人之前，她曾给埃米尔写过"极度热诚而轻率的情书"。涉案的戏剧作者和电影剧本作者并非唯二从史密斯事件中获得灵感的作家：一位英国小说家根据同一事实写下了《情重身轻》一书，并注册了版权保护。

米高梅影业的高层看了原告创作的戏剧《蒙羞的女士》后，认真考虑过据此制作一部电影。1930年春，在与剧作家谈判时，影业公司了解到，当时电影业自律审查系统的首位掌门人威尔·黑斯（Will Hays）认为该剧是淫秽作品。米高梅因此将作品退还作者，但仍希望黑斯那边能开开绿灯。几个月后，到了1931年，米高梅影业的高管、杰出的天才欧文·塔尔伯格（Irving Thalberg）读了小说《情重身轻》，并且买下了改编权。所以现在，在这件诉讼中，米高梅影业辩称自己的电影完全是基于属于公共领域的 1857 年苏格兰审判以及被授权的小说,而不是基于戏剧《蒙羞的女士》。然而,原告诉称:"电影中的段落与戏剧中的原创部分之间存在着实质性一致。"

在一审中,地区法院法官约翰·M. 伍尔西(John M. Woolsey)将汉德在"尼科尔斯案"中的判决作为指导,并得出结论:正如环球影业一样,米高梅影业并未侵犯版权。[121]然而汉德在二审中撤销了一审判决,认定米高梅影业确实抄袭了剧作。一位杰出的费城律师曾对汉德的二审判决如此评价:"展现出了极端高超的技艺,堪称司法风格的典范。"[122]甚至连一位认为汉德所作出的区分过于模糊和主观的批评者也承认,这篇判决堪称"杰作"。[123]以上褒扬主要针对的是汉德在不得不连续四次讲述同一个故事过程中体现出的无与伦比的精当文风:他要做到的不仅仅是描述玛德琳·史密斯在苏格兰受审这一历史事件,还要描述戏剧、小说,以及最终的这部电影。正如另一位持论公允的评论者所说:"每一次叙述都比上一次更令人愉悦,绝不无聊,而是制造出一定程度的悬念。"[124]不过,汉德的判决更令人印象深刻的是它在法律分析上的纯粹说服力。

汉德高超的技巧在这四个版本的故事讲述过程中体现得淋漓尽致,不仅使得读者如痴如醉,更是明确点出了各版本间的异同。汉德以历史故事开篇,历史上的史密斯爱上了来自泽西岛的情人,尽管她可敬的双亲将她送进了寄宿学校:"他们认为这样她就可以不受自身欲望或者外界诱惑的影响。在这两件事上他们都料错了。"[125]接着她决定嫁给一位大她几岁的男子,但老情人却威胁说要向新欢披露她的私人信件。她在给老情人的巧克力里放了砒霜,毒杀了他。位于苏格兰的陪审团听取了她妹妹所作的不在场证明后,给出的裁决是"(控方)不能证明(谋杀成立)"。

原告的戏剧对上述基本情节架构作了大量演绎,汉德将其描述为"恣意妄为的年轻女子,为了摆脱阻碍体面婚事的风流韵事而毒杀了情人,并设法脱罪"。女主角现在成了纽约富家女玛德琳·凯里(Madeleine Carey),"聪明、妖媚、热切又放荡"。她的情人和受害者来自阿根廷,在夜总会里跳舞,经常用"唱一首南美牛仔歌曲"来魅惑她。随后,她又爱上了一位年轻的英国工党高层。

她最后一次前往阿根廷人的公寓,原本是为了让他接受恋情已经结束的事实。但恰恰相反,他又引诱她上了床,正如汉德所说:"因此,剧里必须等上1个小时或更长时间,让她的激情释放完毕,从他的卧室出来,趁着早餐时,将士的宁①放进他的咖啡里。"这个玛德琳同样也藉由一位老朋友提供的虚假不在场证明而脱罪,就如同历史上的玛德琳是靠妹妹作的虚假不在场证明一样,这位老朋友说他和被告人在事发当晚是在一起的。

小说《情重身轻》所描绘的年轻英国女子,在与一个有着一半英国血统的瑞典男子有过一段恋情之后,又遇到了一个年长的未婚贵族,并决定嫁给他。汉德表示:"因为这是天作之合,而不是其他任何理由。"瑞典情人威胁要将她的情书给他看。"他的动机,"汉德写道,"更多出于野心而不是爱情,尽管要用征服这个词是有些夸张了,而莱蒂确实楚楚动人。"莱蒂本打算吞砒霜自杀,但中途改了主意,毒杀了她的情人。在验尸官询问的时候,她向事先安排好的一位骑自行车的路人求助,取得了不在场证明从而脱罪。

汉德最后论及了电影剧本,这是他第四次讲述同一个基本的故事,却带着极强的艺术性。电影与戏剧之间的显著相似——以及电影与小说之间的显著差异——都充分显现了出来。电影就如戏剧那样,设定在纽约的富贵阶层圈子里(例如,就女主角下定决心毒杀情人这一点,汉德写道:"陷入绝望之际,她用一瓶士的宁来冒险,我们可以假设这是每一个富裕家庭都必备的,她抓住了机会。"),也都有一名来自南美的反派。其他角色也非常相似;事件也常常相同,包括被甩了的情人的种种举动,"用南美牛仔歌曲等手段来调情等"。

伍尔西法官同样也详细研究了情节和人物;他的结论是,电影大部

---

①　士的宁(Strychnine),又称番木鳖碱、马钱子碱,是马钱子中提取的一种生物碱,有剧毒。——译者注

分来自已经公开的苏格兰审判纪实，以及小说；相较而言，与戏剧的相似之处是微不足道的。但是，伍尔西和汉德两人的分析之间有着根本差异，而绝不仅仅是对于相似之处数量统计的不同。伍尔西仔细剖析了戏剧，并有条不紊地计算了相似处与差异处的数量。而汉德的终极论点与伍尔西截然不同：他并不想如此这般罗列复制的种种细节——于他而言，设定在同一个城市、相像的反派、近似的不在场证明等，都只是"思想"的重复，不足以构成版权侵权——而是这些细节如何汇总起来，组成了作者讲述故事这一门艺术的成果。他强调说，版权保护应当扩展到作者如何安排和呈现其故事的种种片段的方式。伍尔西将涉案作品化整为零予以考量；而汉德则恰恰相反，将作品作为一个整体来考虑。

"谢尔顿案"是一个双方之间势均力敌的案件，有批评者认为，汉德的判决过度诠释了不多的几个类似细节，但此种批评并不在点子上。汉德讲得很清楚：可保护的"表达"正是以独特的方式来讲出故事。有细心的观察者这样说过：

> 在汉德看来，伍尔西分析中的错误就在于，他不愿意承认在诸多角色和各种事件的序列之中存在着"富有戏剧性的表达"。具体的细节一一比对，诸如反派的国籍，涉及桃色纠纷的不在场证明，或者故事背景设置在纽约，都不是能给予作者禁止他人使用这些内容的垄断权利的"富有戏剧性的表达"。但当许许多多这样的细节串联在一起，它们就成为[援引汉德的判决]"作者所作的戏剧性表达之网，作者的表达之本质，他们用以说话的声音"。[126]

在强调了"他人可以'复制'一件作品的'思想'，但不能复制其'表达'"这一基本主题之后，汉德聚焦于角色的相似性以及"事件的同步性"之上。他指出，尽管没有照抄对话，戏剧仍然可能被盗版的；他的结论是，米高梅公司**确曾**剽窃了戏剧的"实质性部分"。[127] 简而言之，角色与情节顺序的相似性是认定抄袭的关键性元素：米高梅公司电影的叙事里,从剧作家的剧本里借鉴得太多了。

　　汉德之所以觉得版权类案件引人入胜,部分是因为给了自己施展文学领域兴趣爱好的渠道,同时也有部分原因有机会阐发对表达自由的全力支持。这些价值观在另一类常常来到汉德面前的案件当中表现得更为明显,那就是政府以构成淫秽为由查禁文字作品的案件。

　　汉德首次处理的淫秽作品案件,是 1913 年的"合众国诉肯纳利案"。在该案中,汉德屈服于具有约束力的上级法院先例,允许由陪审团来决定是否可以禁止邮政投递小说《海嘉·里弗利》。但他在"肯纳利案"中对当时通行的判断淫秽的标准作出极具有说服力的批评后,仍对该案念念不忘。在该案中,他论证了反对"希克林规则"的理由,当时的美国法院遵循英国司法观点采用此项规则,允许基于一段孤立的段落就认定淫秽进而查禁书籍,而不是将整部作品作为一个整体来考虑;同时它以最容易受腐蚀的受众,而不是普通读者,来作为衡量淫秽的标准。汉德在"肯纳利案"判决书中所呼吁的,政府应当大大减少对文学作品的审查这一观点,表现出他对表达自由的强烈信念。

　　汉德在第二巡回上诉法院期间所审理的淫秽作品案件能最好地体现他孜孜不倦的努力,无论是在公开的判决书里,还是在幕后,都不断将他对于文学表达自由的理想注入法律体系之中。在改变第二巡回上诉法院在这一领域的立场方面,他取得了巨大成功;至于他是如何取得此种成就的,则恰好为我们提供了又一个绝佳例证:充分尊重具有约束力的法律渊源的法官能具有怎样的创造能力。在"肯纳利案"判决中,他曾论证说,他相信上级法院应当着手废除僵化的"希克林规则"。在他自己成为上级法院一员后,他更加公开地主张,取消严苛的"希克林规则"。但直到 1936 年,汉德才有机会起草一宗淫秽作品案件的判决书;此时他已经可以名正言顺地写下:希克林已死(最高法院直到 1957 年才做好准备详细论述支持这种看法,很大程度上还是受了汉德的影响)。他在此前的庭前备忘录显示,将以查禁和压制为目标的"希克林规则"

送进坟墓,绝大部分功劳应归于汉德。

　　汉德进入第二巡回上诉法院后面对的第一起淫秽作品案件,是1927 年的"美国水星有限公司诉凯利案"(*American Mercury,Inc. v. Kiely*)。[128] 在本案中,邮政总局以《美国水星》杂志 1926 年 4 月刊包含淫秽作品为由,禁止邮政部门投递。上诉请求是要求撤销由初审法官发出的针对纽约邮政局长和邮政总局局长的临时禁令。这份精彩而受众广泛的杂志由艾尔弗雷德·A. 克诺夫(Alfred A. Knopf)出版,H. L. 门肯(H. L. Mencken)编辑,并由著名的戏剧和文学评论家、《美国水星》的共同创始人乔治·让·内森(George Jean Nathan)担任撰稿编辑。[门肯和内森在《时尚人》(*Smart Set*)杂志一道工作后,创立了《美国水星》杂志。]邮政总局门所认定的淫秽言论主要是两篇文章——用今天的眼光来看,哪怕是以当时的标准,作出禁令都是难以令人理解的。一篇是乔治·让·内森本人月度专栏中的一段,题为"对于性的新看法"(*The New View of Sex*)。内森风趣地评论说,人们看待性的态度随时代不断变化,正从把性看作"令人厌恶、严肃和不祥的事物"转变为认可性"可以拿来幽默一下":"性曾经戴着悲剧的面具,现在则戴上了喜剧的面具。当一个人拿这样东西开玩笑时,就不再畏惧它。"虽然邮政官员们没有明说他们的愤怒原因,但可能在内森一笔带过的以下言语之中,他认为性往往是"一个人纯粹而简单的转移注意力的方式,打发休闲时光的消遣,就像他的其他任何一种乐趣一样"。[129]

　　政府的第二个主要目标是当天另一位著名记者赫伯特·阿斯伯里(Herbert Asbury)写的回忆录《哈特拉克》(*Hatrack*)。[130] 阿斯伯里是美国第一任卫理公会主教的后裔,当时在《纽约先驱论坛报》担任编辑工作,正在着手撰写《从卫斯理宗开始》(*Up from Methodism*),这是他所写的许多书中的第一本。《哈特拉克》批评了位于密苏里的家乡小镇里原教旨主义牧师和会众的虚伪:它用寥寥几笔描绘了可悲的年轻女子哈特拉克的形象,作为镇上唯一的妓女,她每个星期天晚上在当地公墓与乡下男人做爱,换取几便士收入——但只有在她参加了教会的礼拜仪式之后才能拿到钱。在礼拜仪式上,牧师会谴责卖淫,并在谈到宽恕时将她排斥在外。阿斯伯里回忆说，哈特拉克在教堂里明白了"在天国没有她的一席之地"之后，退回到了墓地："从基督徒和他们的神那里，她除了鄙视什么也没有得到。在我们所在城镇所有的罪人之中，哈特拉克是最容易皈依的；她是如此渴望救赎。"然而她从来没有放弃希望："如此热烈谈论上帝的恩典和慈悲的弟兄姊妹们，既然能向镇上的任何其他人都慷慨播撒宗教上的抚慰，也能给予她一星半点。但他们没有，所以她回到通往邮政局的街道上，拉开裙子，向任何想要她的人献上自己的身体。"

共同受理"《美国水星》案"上诉案的合议庭成员是曼顿、汉德和斯旺——曼顿是坚定的传统道德捍卫者，而汉德作为表达自由的捍卫者也享有同样卓著的声誉，尤其是自"肯纳利案"和"《大众》案"之后。他们的庭前备忘录真实地反映了上述观点：两人都立即开始论述否构成淫秽的问题，且结论大相径庭。曼顿的表态短小而平淡，他认定两篇文章均"有害"，存在"腐蚀年轻人道德观念的倾向，因此应当禁止出版"。与此截然相反，汉德继续坚持他在"肯纳利案"中提出的开明标准。他坚称内森的作品"当然"不可能落入淫秽作品禁令的范围之内："往最坏处说，文章充其量也就是贬低了现有的性道德观念，完全不含有激发下流激情的成分，无论它是不是会因为批评目前对这些情绪的普遍限制而间接导致这些情绪泛滥。"阿斯伯里的回忆录同样不含有任何"会引发下流情绪的内容，至少对于普通人而言是这样"：尽管它描述了一些色情行为，"但写得令人觉得它们肮脏、可笑又可悲"。此类描写只有在以下情况下才能被禁止："以明示或暗示的方式呈现此类行为，意图吸引读者，而非让读者感到反感厌恶。使用的词句必须在提倡而非贬低法条所针对的罪恶。"

但汉德的备忘录中最为重要的讨论，适用于淫秽案件的法律标准那部分。"淫秽"只限于"下流或淫荡"："法条所针对的罪恶是激发读者头脑中的涉及性的不纯洁想法，此处的'涉及性的不纯洁'，我的意思是仅指直接的动物性的性欲。""真正棘手的问题"是"以天性易受下流观念影响的人为标准，还是以普通人为标准"。当时美国判例遵循的观点之一，就是书籍可能因为有人容易受不当影响就被禁止，而不是看它对"普通人"的影响。汉德又一次祭出区分先例的娴熟技巧,认为要么它们所确立的规则并不是后人所归纳的那样,要么它们对第二巡回上诉法院没有约束力,从而全力摧毁这一令人厌恶的立场。他充分说理,反对"希克林案"判决所确立的狭隘规则,认为它会"将一切文学作品都认定为非法,无论对普通人而言如何毫不冒犯,因为色欲熏心之徒总能从中找出满足他们口味的内容。这个测试标准在我看来是绝不可行的,因为其中会包括医学书刊和几乎所有不仅用抽象语言描写爱情的虚构作品……这个标准是不可能适用的,会摧毁所有的文学作品"。

汉德接下来转而讨论新问题:"抨击社会普遍接受的道德准则的言论"是否属于禁止淫秽法所规制的对象。他的结论坚定而具有说服力。

> 我在这一点上很明确,道德观念就如同宗教或政治一样,必须接受批评,无论批评的品味好不好,也不论是否冒犯到什么人。一句话不会因为攻击了现行普遍接受的道德准则就构成淫秽。虽然它可能会导致读者从这些规范施加的限制中解放出来,使他们沉沦于欲望的满足,从而间接地倡导法条所针对的罪恶。但那仍属于可讨论的范围之内,为了保障言论自由的利益,必须容忍它可能带来的恶……这部法律并没有那么僵化的目的,而且如果它有这样的目的的话,那么其合宪性就大成问题了……在这方面,这个问题和煽动性言论的问题是很相似的。[131]

在这番话中,汉德对淫秽的看法,与他对批评政府政策的言论所持的态度,形成了独特而合理的联系。对淫秽作品的禁令实际上是试图禁止对现行规范的批评,因此,汉德借鉴了自己在"《大众》案"判决中所强调的如何区分颠覆性言论以及是否有必要加以禁止的规则:只有直接地煽动非法行为时,才能禁止相关言论的表达。

曼顿与汉德之间就"《美国水星》案"所作的辩论从未见诸天日,也从未越出庭前备忘录的范围。斯旺稍作停顿,更仔细地审视了案件的具体事实。他注意到邮政总局直到1926年4月8日才下达了禁止投递令,而且门肯在证词中述称,当期杂志于3日前,即4月5日,已几乎全部投递出去。"是否应当邮寄以及邮寄的数量这两个问题,都已经仅具有学术上的意义。"门肯自己无疑希望法院能就"是否构成淫秽"的问题作出裁断,以驱除笼罩在他的杂志将来能否投递这个问题上的疑云,但斯旺觉得,仅就这些事实而言,初审法官下达初步禁令的决定是可议的:该等禁令只能在为了防止紧迫而不可弥补的损害时才能下达,在本案中,由于4月刊已经投递,这种损害已不可能发生。斯旺因此希望同事们能简单地只以"该等救济已无意义"为由改判撤销禁令,不必进入论述是否构成淫秽的环节(尽管在备忘录结尾处,他暗示说,如果不得不就案件实质性问题投票,他会站在汉德一边)。

合议庭采纳了斯旺的方式。曼顿写了判决,地区法院法官颁发的临时禁令被撤销了,撤销的唯一理由是证据材料未能证明该杂志将在"诉讼未决期间遭受不可弥补的损害"。[132]汉德所持的保护言论立场与曼顿所持的限制言论立场之间的战斗,还得推迟到下一次进行。

在1930年的"合众国诉丹尼特案"(United States v. Dennett)中,[133]第二巡回上诉法院一致同意撤销了一起淫秽作品案的定罪,案件所涉及的是邮递一本由玛丽·W.丹尼特(Mary W. Dennett)所写的科普小册子《生活中的性》(Sex Side of Life),该书旨在为儿童提供准确的性教育。勒尼德·汉德未参与本案;他的堂兄格斯·汉德主笔,撰写了以一致意见达成的判决书,合议庭另外两名成员是托马斯·斯旺与哈里·蔡斯。格斯·汉德总结道:反淫秽法并非"旨在阻碍严肃的对涉性事项的指导,除非传达该等信息所使用的词汇显属不雅"。本案的小册子倾向于"理性、严肃地分析这种情感,而不是要唤起肉欲";以及"任何引起性冲动的偶然倾向……也应从属于主要效果"。他并未直接挑战"希克林规则",但他这样宽容的判决使得勒尼德·汉德在将来只需要稍稍花一点力气,就可以引述该案,作为本巡回上诉法院拒绝遵循"希克林规则"的先例,不再基于孤立的段落来判断一整本书。

汉德下一次有机会审理淫秽作品案,要等到1934年关于詹姆斯·乔伊斯的《尤利西斯》的诉讼。在该案中,第二巡回上诉法院的审判席上坐着的是曼顿和两位汉德；格斯而非勒尼德撰写了判决的多数意见书，认定《尤利西斯》并不淫秽；但从庭前备忘录可以看出，勒尼德发挥了最有力的影响。

正如原告在向地区法院和上诉法院递交的诉状中均准确地指出的那样，詹姆斯·乔伊斯的《尤利西斯》是文学界数十年以来的巅峰之作。就它所提起的诉讼是美国司法历史上公众关注程度最高的淫秽作品案件，该案很大程度上是出于该书的美国出版商及其律师的蓄意策划。[134]该书自从 1922 年由西尔维娅·毕奇（Sylvia Beach）的莎士比亚书店（Shakespeare and Co.）在巴黎首次出版后即不断遭遇审查。美国人多年以来买了无数册这本禁书回家，但政府正式的立场始终认为这是一本淫秽作品。

该案诉讼之所以最终来到勒尼德·汉德面前，是出版商贝内特·瑟夫（Bennett Cerf）和律师莫里斯·L. 恩斯特（Morris L. Ernst）缜密策划的结果。1925 年，瑟夫购买了现代图书馆系列（Modern Library series）；两年后，他参与创办了兰登书屋（Random House），并成为总裁；当时他未满 30 岁，便已成为出版界中举足轻重的人物。兰登书屋的现代图书馆系列已经通过出版一些众所公认的经典开了个好头，但是瑟夫也渴望出版《尤利西斯》。正如他所回忆的那样：“《尤利西斯》是我们第一本真正重磅的购买版权出版的作品……这是一本重量级畅销书——能上报纸头版的新闻显然有助于它的上市——而且它为兰登书屋带来了很多东西。”[135]1932 年 3 月，瑟夫问恩斯特，如果兰登书屋能拿到《尤利西斯》的美国版权，他能不能在法庭上为之辩护。恩斯特立刻就同意了，尽管瑟夫说他不能保证“付你很多钱”；相反，他提供了一份非同寻常的风险代理费用安排：如果《尤利西斯》能成功地在美国出版，恩斯特将在他的余生中一直获得该书版税。

恩斯特同意接下这个案子是可以预见的。正如瑟夫意识到的那样：“他和我一样热爱营销效果！”[136] 事实上，当瑟夫询问时，恩斯特和他的合伙人亚历山大·林迪（Alexander Lindey）已经花了好几个月的时间，讨论了在被指控为淫秽作品的案件中为《尤利西斯》辩护的可能性。恩斯特在淫秽作品案件领域已小有名气：在1928年，他参与撰写了一篇攻击文学作品审查制度的文章；从1929年开始，他开始处理一些特别有争议的淫秽案件，包括"丹尼特案"。早在1931年8月，林迪就告诉过恩斯特，他"非常敏锐地意识到，这将是法律史和文学史上最为重大的淫秽作品案，因此我会不惜一切代价来启动这个案子"。[137]到了1931年10月，恩斯特对该案所可能带来的宣传效应进行了研究："诉讼程序中涉及的争议话题可能会有助于销售。"[138]这也就难怪在1932年春天瑟夫来接洽的时候，恩斯特对处理该案表现得相当热切。

恩斯特和瑟夫以极其谨慎的方式策划了这一案件，精心引导诉讼程序，并在每一步都确保媒体最大限度地关注他们的诉讼案件和即将出版的图书。第一个步骤是安排美国海关官员收缴了一册从法国运往兰登书屋的《尤利西斯》。（仅仅出资购买一本书显然比在美国出版后等着被诉构成淫秽作品更为合算；此外，他们确保了被收缴的图书内含有一些关于该书的附加材料——书评之类的——因而这也成为案件证据的一部分。）在向地区法院和巡回法庭提交的诉状里，恩斯特和林迪援引了汉德在1913年"肯纳利案"判决中的观点，由此展开论述，他们在整篇文书中对汉德判决的引用比其他任何法官都要多。而且，他们甚至以拖延几个月的诉讼程序进程为代价，巧妙地将案件送到了地区法院的伍尔西法官案头，他们正确地认识到，在初审法官中，他最有可能接受反对审查文学作品的立场。

1932年5月，海关果然按照恩斯特和瑟夫的计划查缴了这本书，到12月，政府启动了认定该书为淫秽作品的程序。又一年过去之后，在1933年12月6日，伍尔西作出判决，认定《尤利西斯》不是淫秽作品，[139]判决获得媒体的广泛报道。瑟夫很快就在他的"现代图书馆系列"里出版了这本书，并附上了恩斯特所写的简要前言，以及伍尔西的判决书全文。（伍尔西的判决就此成为历史上被最广泛阅读的判决书之一，因为它出现在兰登书屋所出售的成千上万册的《尤利西斯》里。）恩斯特的前言是这样开始的："文学作品领域法律的'新政'就此到来。"

伍尔西法官判决的重要性无论怎么强调都不为过……是对审查机构的沉重一击。[伍尔西的判决]将他提升到了前最高法院大法官奥利弗·温德尔·霍姆斯那样的司法散文大师级别。

恩斯特用欢快的笔调继续写道："1933年12月的第一个星期,将以两项禁令的解除而垂名青史,一项是解除禁酒令,另一项是解除法律对文学作品的苛刻强制。[我们]现在可以自由地汲取瓶中珍酿和书中畅言了。"[140]

伍尔西与《尤利西斯》堪称天作之合。伍尔西当初是作为一名资深海事律师来到联邦法院的,但他的个人特质很快就盖过了他的专业能力。宽领巾外束着夸张的金环,几乎总是挥舞着象牙香烟支架或长柄烟斗,脸颊红润的伍尔西无论是外表还是落笔都常常显得相当高调华丽。他热爱18世纪晚期;塞缪尔·约翰逊是他的半神(伍尔西试图收集能买到的每本约翰逊著作的初版),他自认为是美国殖民地时代风格建筑和家具的专家。[141]汉德的档案里就包含了几张伍尔西自己穿戴着某位英国法官的假发和长袍的照片,伍尔西是颇为自豪地让这些照片在法官同僚之间流传的。

伍尔西法官的声誉更多来自他那"富有文学性"的文笔和华丽的修辞,而不是他的法律造诣,这一特点在"合众国诉《尤利西斯》案"(*United States v. One Book Called "Ulysses"*)的判决书里体现得淋漓尽致。大量篇幅是对于乔伊斯意识流风格的写作目的进行颇有说服力的阐述;有一位自以为是在赞扬伍尔西的判决的评论者,将其描述为"判决读起来简直像是一篇极其睿智而热情洋溢的书评"。[142]伍尔西的判决书确实写得可圈可点,值得引用,也并未过度纠缠于法律分析。他得出结论:《尤利西斯》是"一本真挚而诚实的作品,我认为它的合理性远远胜过那些对它的批评"。伍尔西的判决里,满篇皆是他本人以及他曾经咨询过的友人们对这本书的看法,却几乎没有提到对于淫秽作品的法律判断标准这回事。他的判决确保了书籍铁定能出版,各大报纸连续几个星期都被近乎马戏团的气氛所占据。政府律师开始的建议是不要上诉,但经过几个星期的犹豫不决，新获任命的联邦检察官马丁·康博伊［Martin Conboy，他曾作为律师参与过安东尼·康斯托克（Anthony Comstock）的扫黄打非运动］决定上诉到第二巡回上诉法院。

1934年5月16日，也即第二巡回上诉法院法庭内的辩论开始时，兰登书屋的这本出版物已经销售了35000册。在由马丁·曼顿和两位汉德组成的合议庭面前，康博伊谴责该书"肮脏下流，攻击和颠覆社会规范"。[143] 他在相关文书中，完全依赖于"希克林规则"的有效性展开辩论，而在言词辩论中，他先是将这本书描述为写了"都柏林一名匈牙利裔犹太人生活中一天，以及他和他妻子的意识和思考"，他坚持要花费大量时间大声朗读冗长的段落，用来强调乔伊斯在书末结尾的46页里的内容，"在艰难的一天结束时，莫莉·布鲁姆太太的意识流独白"，[144] 这段独白被公认为是现代文学中最精彩也最色情的段落之一。报纸饶有兴味地描述了审判席上"三位庄严肃穆的老绅士""局促不安地凝视着"这本书，而联邦检察官"红着脸但意志坚定地"将莫莉·布鲁姆的绮梦读出了声。有那么一次，勒尼德·汉德打断康博伊问道："你要把整本书都朗读一遍吗？""嗯，我大方点，多给一点试读章节。"康博伊回答道。汉德继续追问道："你觉得本庭应该读这本书吗？""不，"康博伊回答说，"我会从这个下水道里掏出来的玩意儿里多给你们几章试读。我觉得尊敬的法官阁下们没必要读完这整本书。"对汉德而言，检方对某些拣选出的段落一再强调，而不是将整本书作为一个完整的作品看待，就清楚地显示出，如果适用他自从"肯纳利案"以来倡导的判断淫秽作品的标准，那么康博伊的观点的说服力就很弱了。[145]

《尤利西斯》案的庭前备忘录揭示出三个完全独立的头脑都在充分发挥作用，汉德站在一边，而曼顿站在另一边。对于曼顿来说，"希克林规则"显然就是适当标准。他写道："这本书末尾的那几页清楚地证明了它构成淫秽作品——也就是说，小说家倾向于激发淫荡和色情的欲望。"与此相反，格斯·汉德认为，如果我们不能在总体效果和客观目的上将一本书作为一个整体来看待，那么"许许多多正常的文学作品将被排除在合法作品之外"。尽管如此，他一直都是一名清醒的法官，从不会被热情冲昏头脑,也远没有伍尔西那样爱戴乔伊斯,"我认为要说这本书如何了不起那是有点夸张了,但它具有很强的影响力,在仔细阅读后,我似乎能看到":

> 也许布鲁姆夫人的独白造成的直接影响会是情欲,但总体而言,这是可怜而悲剧性的,这本书的大部分都是这样的。其中的喜剧与悲剧相互交织。我觉得它不像拉伯雷的故事中新郎带着棒槌上床那样轻浮。这种所谓的幽默根本就只是粗鄙而非色情,而《尤利西斯》的一些段落肯定是色情的。但这两者都不足以认定这两本书是淫秽作品。

寥寥数语之间,格斯·汉德清楚地表明,他比伍尔西自称得要更了解文学史,对乔伊斯的基本目的也更加敏感:"对宗教、圣事、神父和修女的讽刺是非常粗糙和鄙俗的,但这早已是古代作品了,我们没有权利挑三拣四……同样的攻击当然可能并且也确实发生在基督教新教的神职人员身上,而且我知道许多曾经地位显赫的人在道德上是何等堕落。"(作为本市最古老的圣公会教堂之一的资深堂长,汉德有充分理由知道这些事。)最重要的是:"我认为《尤利西斯》不纯粹是为了淫秽目的而写,也不打算让普通公众广泛阅读。"用这样一种拐弯抹角的方式,他正渐渐向勒尼德对文学表达自由的保护水平靠拢:"倘若我们在法律上将《尤利西斯》认定为淫秽作品,那么我们不得不将同样的结论加诸《维纳斯和阿多尼斯》①、奥维德的《爱的艺术》②、卡图卢斯③的几首诗作,以及许许多多其他经典著作。"尽管如此,他还没有准备好完全接受勒尼德那无比宽容的标准。

勒尼德·汉德对《尤利西斯》明显有着比任何一位同事都高的评

---

① 莎士比亚的叙事长诗。——译者注
② 又名《爱经》,为古罗马诗人奥维德的诗篇。——译者注
③ 卡图卢斯(Gaius Valerius Catullus),古罗马诗人。——译者注

价：他称之为"对文学领域作出了极为显著的贡献"。更重要的是，他直面了检方所依赖的先例和在淫秽作品案件背后所体现的政策性问题。他一上来就承认，该书中有一些段落"不仅对于年轻人而言，甚至对于一个正常的成年人来说，都足以激发情欲"。如果有人认为这样就够了，那么"这本书确实应该被禁"。但他补充说："我认为这是不够的。"确实曾有过联邦下级法院同意依据拣选出的段落来判断一本书的做法，但他反驳道，也有另一起案件已经实际上否定了这个观点，他非常希望第二巡回上诉法院现在能"明确否定这一原则，即只要作品中有任何部分可能对青年读者产生不良影响，就禁止任何人合法接触到这本书。无论各法院是怎么说的，它们是不会真的按照这样的原则去操作的"。

汉德论述本案最基本问题的方式完全符合他的特点：

> 不同的场合会涉及不同价值的利益，取舍的结果应当取决于法律如何衡量相互冲突的利益的价值。如果一个人写的书通篇皆是淫秽词句，那他当然不能得到豁免。但是也有一些主题，其真实而完整的表达涉及一些如果断章取义地看的确无法豁免的内容，但整体上的描述却并不激发淫欲之情。在这里，相互冲突的利益是：作者充分表达自我的自由，与对读者心智造成的败坏……很显然，如果不将作品作为一个整体，我们就无法作出判断；表达的完整性是有价值的，哪怕它包括了一些刺激性欲的内容。就个人而言，我倾向于一直用这个"相关性"标准的测试来进行判断。

但是，汉德自己也怀疑合议庭是否愿意这么极端地包容他的"相关性"测试。正如他在结尾时所说的：

> 无论如何，就乔伊斯所设想的灵魂史诗而言，这些涉嫌违法的段落显然是必要的，而在这种情况下，这些可能导致读者不雅念头的部分，在我看来不足以将这部对文学领域作出了极

为显著的贡献的作品加以禁止。[146]

法官们就备忘录展开讨论之际,很明显无法达成一致意见。格斯·汉德和勒尼德一样,早就厌烦了该案诉讼所引发的潮水一般的媒体报道,因此他呼吁道:"在我看来,我们应该不阐述判决理由而直接维持下级法院判决,越少给这本书做广告越好。"但是曼顿下定了决心要写出一篇激烈的异议,来宣扬他的道德正义观念。因此,汉德们这方的多数意见书变得必不可少了。然而,如何才能在不重蹈伍尔西的覆辙,为已经风起云涌的宣传浪潮再添砖加瓦的情况下做到这一点呢?

勒尼德·汉德当然不希望第二巡回上诉法院对伍尔西个人加以斥责;他想要的是劝阻这种把司法判决当作宣传闹剧表演的做法。至于对伍尔西本人,汉德的评价是审慎而温和的。多年后,80 多岁的他回忆道:"我渐渐喜欢上了[伍尔西],后来非常喜欢他。"但他对伍尔西的法律文书只怀有相当有限的尊重:"我从来不觉得里面能体现出敏锐和洞察力……他有点爱炫耀……耽于修辞。"如果伍尔西日常爱用的修辞能用得恰到好处又质量颇高的话,那还是可以接受的。但是,正如《尤利西斯》案"所表明的那样,"大部分情况下都不是这样——但它们被引用的次数却很多"。伍尔西显然地认为自己"文采斐然",但正如汉德所说的:"这对于法官来说是一件非常危险的事情。我不是说这是一件坏事;我是说这很危险……如果[一个法官]极其出色,那这是件好事。[但这需要]完全恰当的场合。"而伍尔西因辞害意的毛病在这个场合"并不完全恰当"。[147]

此时,格斯和勒尼德达成了一致:他们需要撰写的这份维持伍尔西判决的裁定,既要足以澄清法律规定,又要拒斥曼顿的观点,还不能侮辱伍尔西;同时如果可能的话,"绝不包含任何一行将来能被引用的名句"。鉴于上述目标,作者的人选不做他想:表兄弟俩都意识到,无论勒尼德怎么努力,他都没法写出一份不含有会被引用的佳句的文书;所以,正确的选择显然是沉稳而文风朴实无华的格斯。

最终事实证明,格斯·汉德在"《尤利西斯》案"判决书中的表达,不像他平常的文书那么平淡乏味，也许他是被曼顿那异常冗长、口气轻鄙的异议意见书所刺激到了。[148] 曼顿坚持认为，"希克林规则"不容撼动；他主张一个法院"不能放纵它可能会有的那种鼓励文学发展的想法"，并以以下段落作为结束语：

> 人民需要也应当得到一个明确的道德标准；文学家应该将维持道德标准作为一种荣誉来捍卫。杰作从来不是由沉湎于淫秽或色欲念头的人写就的——这种人失去了对自我的主宰……拒绝仿效下流的念头，不把它们写进书里，这是作者的职业贞操。好的文学作品需要针对人的目的——鼓舞、慰藉、净化、提升人的生命……文学家们只有通过好的作品，才能为自己正名，从而有权存在于世。[149]

相较而言，格斯·汉德的多数意见书更为简明扼要。它的重点是澄清法律，基本上是遵循了勒尼德在备忘录中给出的方向。而格斯所给出的法律结论也与勒尼德长久以来所倡议的非常相似。他坚称，淫秽作品的法律不应该禁止符合以下情况的文学作品：

> 客观地来看，作品的呈现方式是真诚的，色情内容不是为了激发欲望而放入的，也不构成出版物的主要篇幅。在每个案件中的问题是，该出版物作为一个整体来看，是否具有诲淫诲盗的效果。本案中，该书洋洋洒洒鸿篇巨帙，描绘某类特定人群时显而易见极为可信，仅仅造成了那么一点点的色情结果，不属于应被禁止的类别。[150]

格斯汉德认识到，《尤利西斯》已经"成为一本当代的经典著作"，但补充说："我们可以忽略某些《尤利西斯》崇拜者的溢美之词，也可以不认可有朝一日它将永列文学经典之林的看法。"不过，他认为，借用勒尼德的表达方式，它是"真诚、真实、与主题密切相关，并以足以构成艺术的方式写就"。这样一本"具有艺术价值和科学见解"的书不能被认定为淫秽作品而禁绝。

尽管格斯·汉德已经有意识地控制了自己,但他不仅清晰明了地将他的表弟一直倡议的观念表达了出来,而且也写出了一篇比他俩所设想的要更具有文学性和引用价值的散文,他俩之前一直觉得这对于这个案件并不合适。不过,他的分析对处理这个法律问题至关重要,至少这一点可以令他满意。

第二巡回上诉法院就淫秽作品认定的法律规则,从勒尼德·汉德在1913 年最初遇到的"肯纳利案"以来,已经发生了很大变化。"《尤利西斯》案"判决让"希克林规则"寿终正寝了。又过了两年之后,汉德有机会最后一次为他的合议庭发声,并重申了他多年来一直不知疲倦地努力造就的现行规则。这个机会终于在审理 1936 年的"合众国诉莱文案"(United States v. Levine)时来临。[151]

莱文因为几本书的投递,被以淫秽广告行为定罪,这些书差不多都是些普普通通的色情读物。包括《人类学的秘密博物馆》(*Secret Museum of Anthropology*),收藏有一系列"女性野蛮人"的照片;《性的十字路口》(*Crossways of Sex*),是一本性病理学主题的伪科学专著;《黑色欲望》(*Black Lust*),是一本假托为就施虐与受虐进行研究的作品,汉德发现该书"具有相当的价值,但显然是色情的",并补充说"它会在几乎所有读者中引发性欲"。第二巡回上诉法院的合议庭再次由两位汉德与曼顿三人组成。可以预见到,曼顿毫不犹豫地将三本书均贴上了"淫秽"的标签。格斯的庭前备忘录写着《性的十字路口》和《黑色欲望》构成淫秽。而在勒尼德看来,只有《黑色欲望》能被陪审团认定为淫秽作品。

格斯好像特地强调了自己和勒尼德之间的分歧,表明他不愿意将勒尼德的偏向于保护言论的立场适用于这些没有被"尊敬"的人群所认可的材料。他的备忘录中强调:"这些作品既不是经典的,也不是任何意义上的科学作品。"相反,它们是"色情的,也旨在被就想要读这种东西的受众所获取"。[152] 他对起诉淫秽作品案并没什么兴趣,感到不高兴,但对他最有说服力的理由是现状:他怀疑禁止淫秽作品法律是否真的达到了目的；其主要作用似乎是"大大促进了原本试图禁止的作品的销售"。对于勒尼德而言则恰恰相反，文学表达所涉及的广泛的自由——属于思想和言论自由的一个方面——才是勒尼德最关心的。而自由表达的权利并不限于严肃文学或纯粹科学；对他来说，正是要将保护性标准适用于更为边缘化的著作，才能确保真正的保护言论自由。

幸运的是，在"莱文案"的文书中，并不需要详细探讨这些书是否构成淫秽作品。相反，勒尼德·汉德基于初审法官在向陪审团解释法律细节时未能充分说明适用的标准，宣布撤销了定罪判决。这反过来更让他清楚地看出，"《尤利西斯》案"所赢得的保护是如此来之不易，这毫无疑问是他就淫秽作品问题最为出色也最为权威的阐述。

在备忘录中，汉德强调了他的看法，即地区法院法官在"法条所保护人群的问题上显然对陪审团作出了错误的引导"。初审法官显然是弄糊涂了："对整个事情的看法就像绝望地在海上打转；他不知道自己在想什么，先是给了一种说法，然后又换了一种说法。"从他的引导当中，"陪审团根本无法想象出他到底是什么意思；他的引导仅仅是一些混乱的胡话，根本没有意义"。

汉德在备忘录中关注的重点也成为他撰写的判决的主旨。但是要保证他的立场成为合议庭的多数意见而被接受，则不太容易。这一回阵营的划分不太寻常：曼顿虽然认定这些书构成淫秽作品，但也勉强同意法官对陪审团的引导"自相矛盾"，且在"《尤利西斯》案"判决之后是不能接受的。这意味着两票反对有罪判决。然而，格斯·汉德不太愿意达成一致判决。虽然他也同意初审法官的"引导混乱"，但他不确定这是否足以构成撤销判决的充分理由：他认为这些书的淫秽性质是如此清楚，"尽管有一些不一致的引导"，陪审团无论如何都会作出有罪判决。

最终，基于有些尴尬的联盟，一篇由勒尼德·汉德主笔的多数意见书出炉了。它指出，勒尼德·汉德和曼顿认为，对陪审团指示中的错误"严重到足以否定定罪"，但补充说，奥古斯都·汉德认为其中某些内容的"淫秽性质是如此明显，以至于这些错误可以被忽略"。最后全靠了勒尼德·汉德与曼顿达成"案件应当发回重审"的多数共识，勒尼德才有机会写下(由他和格斯签名的)对案件应当如何重审的指导意见。但这一微妙的立足点,已足以让他就"法律应当如何对待淫秽作品"这个问题作出精彩的重述。

撰写"莱文案"的判决给了汉德一个机会,通过官方公布的渠道来重申他在"《美国水星》案"与"《尤利西斯》案"备忘录里引用的先例所证明的观点,他无比详尽地解释了为何应当真正保障言论自由的立场的理由。曾经保密的备忘录中的大多数观点现在得以公开发表,并用以指导未来。而早先的希克林时代所遵循的更为限制言论的规则,则如他所写的那样:

> 必然是假定了该法条所针对的恶是如此罪孽深重,远比艺术、文学或科学上的所有价值都重要得多,因此他们必须屈服于一些头脑易受侵蚀的人可能会通过阅读或观看而得到感官满足的可能性,且禁绝在大多数人看来全然无辜,甚至可能令人愉悦或富有启发的读物。除非是狂热的清教徒,否则没有文明社会会容忍这种法律……正如常常发生的那样,问题的关键在于从互相对立的价值中找到各方均可接受的妥协结果,正如所有的社会或个人价值一样,这些价值的重要性难分伯仲。我们将此种责任交给陪审团……因为他们所确立的标准很可能是个可接受的折衷方案,能够满足该社区的道德要求。宪法原则不可能用来指导这种判断,事实上至多只能起到避免异常的个别陪审员的警示作用。我们在《尤利西斯》案中提到过上述观点。

就"《尤利西斯》案"判决中确立的规则,他自己作了总结。简短一句话,不仅涵盖了格斯·汉德在"《尤利西斯》案"判决书的许多段落中写下的指引,还对该案所涉法律规则进行了他自己的详尽阐述。勒尼德·汉德眼中具有决定性意义的"警示作用"是这样的:

作品必须作为一个整体来权衡其优点和缺点。倘若是旧作，那么它在艺术界已经树立的地位应当获得认可，倘若是新作，那么公开发表书评、称职评论或者类似文章中的观点均可以被考虑在内；不仅仅是它对某一特定类别的人会产生什么效果，而是要考虑它可能面对的所有受众。因此判定"淫秽"与否是个涉及许多变量的函数，陪审团的裁决并非适用了三段论、找对了小前提而得出的结论，而是有点像一次急就章的立法行动，就像判定"注意义务"的标准一样。[153]

勒尼德·汉德所持有的保护言论自由观点在合议庭里得到支持的程度，在"莱文案"里可能已经到达顶点。这的确远没有到达他所想要的高度，但也足以比以往任何时刻都要清楚、明白、一劳永逸地埋葬"希克林规则"了。再过21年后，联邦最高法院才会在罗思诉合众国案（*Roth v. United States*）[154] 中认可"希克林规则"确已消亡，并认定一本书应当作为一个整体而非基于某些拣选出的段落来考量，并且应当根据普通读者的反应，而非最为敏感的读者的反应，作为判定是否构成淫秽作品的最重要依据。

在这些淫秽作品案件中，汉德展示出他最典型的特征。他一再反复论证，一些此前被认定具有约束力并被广泛遵循的先例所确立的法律原则，事实上并不像人们所认为的那样；他认识到了处于迫在眉睫的冲突之中的基础价值，并坚定地勾勒出走出困境的正确道路；尽管他由衷地尊重立法界的判断和有约束力的判决，却仍设法设定出新的法律规则。特别重要的是，他多年来怀着强烈的热情，义无反顾地投身于促成更开明法律观念的工作，这全都是基于他对自由主义怀疑论者基本信念的坚定承诺——对思想自由和表达自由的坚守。

第八章

繁荣岁月中铸就赫赫声名:1919 年至 1928 年

　　第一次世界大战结束之际,有着 10 年审判经验的汉德已获纽约法律界广泛认可,被公认为最出类拔萃的法官,但在全国范围内还算不上声名显赫。然而,他的知名度很快就将显著提升:到 1930 年,他已被纳入联邦最高法院提名人选的考虑范围了。

　　汉德的知名度在全国范围内不断提升,倒不是因为他参与了更多有争议的公共事务。恰恰相反:在看待法官是否适宜参与党派政治这件事上,他的态度发生了 180 度大转弯。在 1912 年和 1913 年,他几乎毫无顾忌地投身积极参与进步党也即公麋党的竞选活动,甚至以终身任职的联邦法官身份,参与了纽约州最高层级法院的法官竞选。相比之下,一战结束后,他转而有意识地自我克制,不再参与这些活动,避免与有"煽动"或"宣传"之嫌的事业扯上公开的关系。例如,在 1922 年 11 月时,汉德坚称:"如果[法官]对政治有积极的兴趣,他就应该辞职。"[1]

　　当然,战前和战后的政治环境差别很大。战前,泰迪·罗斯福呼吁应当使用国家权力应对美国的经济社会问题,这激起了汉德很大热情。相比之下,在 20 世纪 20 年代,不再有如此富有说服力和个人魅力的领袖了。汉德非常蔑视哈丁(他曾希望共和党人能提名赫伯特·胡佛),对柯立芝的看法也差不多;他把选票投给了他们的民主党竞争对手,因为民主党人似乎相对没那么精糕一些;在这样平淡乏味的政治氛围中,积极参与政治的诱惑急剧减少了。

　　但汉德在战后退出"煽动性"活动,有着更为重要而且更基本的理由。核心事实是，随着年龄增长，勒尼德·汉德变得更明智、更深思熟虑，他下定决心，认为法官避免党派往来对法院的公正性（以及公众对其公正性的看法）是至关重要的。与奥利弗·温德尔·霍姆斯大法官的交流，对他的态度转变有着最重要的影响。"霍姆斯曾告诉我，要避免触碰所有'激烈争论中的议题'，"汉德常回忆道，"[他]曾告诉我，他总是避免涉足争论激烈的领域。"[2] 对汉德来说，霍姆斯是司法界完美无瑕的偶像，来自他本人的建议是如此难能可贵，必将产生深远影响。汉德得出结论：霍姆斯的"建议很好"。正如他向哈佛时代的老朋友、记者诺曼·哈普古德所解释的那样：

> 法官必然要就那些呈现出强烈感情的议题表达自己的观点，可能是在工作中，也可能是与所交往的人，或者通过他的言论。这是不可避免的。但如果将自己的立场与某项旨在从某个角度唤起公众意识的社会运动联系在一起时，那情况就完全不同了。我不想表现出隶属于哪个党派的样子……虽然我也承认，自己过去在这方面的记录并不总是很好，但也不能因此就让它变得更糟。[3]

对霍姆斯而言，做到在"激烈争论"中保持清醒，要比汉德来得容易。尽管霍姆斯博览群书，并充分参与同时代的智识生活，但他始终能够保持着奥林匹斯诸神般超然的疏离态度；他很少对当代政治斗争感兴趣，也很少对其结果感到担忧。像霍姆斯一样，汉德是一个怀疑论者，为了促进司法独立，也愈来愈多地坚持司法的超然地位，但他非常关心政治争议的进展和结果，这也在他的私人信函中一再表现出来。不再公开参与这些引发他强烈同情的事业，需要的绝不仅仅是自我克制。尽管如此，从一战后开始，汉德尽了最大努力，决心再不越雷池一步，再也不超越那条虽然无形却无比重要的，限定一名法官能说什么、不能说什么的界限。他并不总能成功做到这一点。

汉德的知名度显然主要源自他在审判席上的工作。公众无从得知他是如何用了不起的方式解决了不计其数的案件;[4] 但相关报道确实见诸报端,无论是因为当事人恶名昭著,还是因为判决中某句话写得特别精彩。律师、专业期刊、法学教授和法官们有着更充分的理由来欣赏他的高超才华,而在这些专业精英眼中,汉德已迅速跻身美国首屈一指的法官之列。早在20世纪20年代初,霍姆斯就曾希望提名汉德进入最高法院,他不断高唱赞歌,告诉各路访客,他认为汉德的司法工作是"真功夫"。[5] 最高法院大法官路易斯·布兰代斯和纽约上诉法院法官本杰明·卡多佐是美国法律系统内公认的另两位顶级法官,他们也附和这一说法。卡多佐敏锐地意识到,仅仅谈论才智上的杰出——鞭辟入里的分析能力,环环相扣的说理能力,娴熟而深刻的写作能力,并不算抓住重点,尽管正是这些特质使得他在诸多法官之中脱颖而出;他认为汉德"更了不起"的贡献是在"《大众》案"这样的案件中,对言论自由的全力捍卫。[6]

　　同行的高度评价,最终也影响到了更广泛的精英群体,比如记者和学者。在20世纪20年代早期,汉德参与了美国法学会(American Law Institute)的组建,他也成为诸多荣誉协会和顾问委员会的成员,其中包括美国文理科学院(American Academy of Arts and Sciences)和社会科学研究理事会(Social Science Research Council),哥伦比亚大学在1930年还向他授予了他的第一个法律荣誉博士学位(10年之内他会再获得5个荣誉法律博士学位,之后还有更多),这些都足以证明他的卓越表现得到了广泛认可。他的声名鹊起与判决之外的演讲和著作也有很大关系。他不时接受邀请发表演讲,针对的不再仅仅是专业观众,而是慢慢吸引了越来越多听众和读者的注意。汉德在小型社交场合里是个全情投入滔滔不绝的人,却畏惧并尽可能地避免作即兴公开演讲。他对匆匆组织并发表的空洞言辞并不满意。正如在审判席上所做的那样,他对自己提出了很高要求,在这些与法律界无关的公开演讲上花费了不少心血。他那强迫症级别的完美主义倾向确保只有在确实有话要说,并且还能说得很出色时,才会开口。

　　这种倾向也意味着他拒绝的邀请比接受了的要多得多。由于无法随便对待演讲，也由于他清楚自己会花几个小时起草和修改讲稿，所以每当司法工作繁重时，他就会拒绝邀请。在 20 世纪 20 年代中期的大部分时间里，也即第二巡回上诉法院请求国会新增员额期间，大量案件使得汉德无法频繁公开演讲。在 1929 年增补新法官之后，汉德演讲次数明显增多，但随后在 20 世纪 30 年代早期，案件量又一次激增，再一次迫使他专注于裁判工作。然而，在不那么忙碌的时期，哪怕并不热衷于此的汉德也有着充裕的时间作数量可观的公开演讲。他以一贯的谨慎天性和刻苦努力，花了许多时间起草和打磨文本，从而打造了一系列极富文学价值的璀璨宝石，上述文章被频频刊出，不仅是在专业期刊上，而且会在杂志和报纸上。

要用真材实料为公开演讲作准备，对于一位努力避免参与时事议题的法官来说尤为困难，但是汉德设法做到了这一点。在不就党派立场站队的前提下，他探讨了美国民主的一些最基本问题：他宣扬了克制、怀疑、宽容和思想自由的美德，详细阐述了文明社会最基本的原则，告诉受众对于正在发生的争议性事件应如何反应。遵从霍姆斯的忠告，他通常能做到避免触碰"激烈争论的话题"，但仍设法为光明的一面作出巨大贡献。

1920 年 5 月 21 日，时任联邦地区法院法官勒尼德·汉德致信给纽约州长"尊敬的阿尔弗雷德·E. 史密斯阁下"：

> 数月以来，再也没有什么事比您否决《勒斯克法》更让我欢欣鼓舞了。政府官员敢于直面冥顽不灵、睚眦必报的反对者，敢于坚持对自由制度的信仰，这实在令人耳目一新。尽管居然需要如斯勇气本身就令人震惊，但无论如何，谢天谢地您会愿意这么做。在今后很长时间里，所有相信民选政府的公民都不会忘记，这一回所纠正的是对民主政体产生最险恶和最具毁灭性影响的企图——建立政治正统的企图。[7]

这份出自汉德之手的非同寻常的信件表明，他很难遵守所谓的克己自持,也无法避免在富有争议的辩论中公开站队,尽管他已经认识到这并不适合法官的身份。汉德与史密斯并无私交,也没有其他书信往还。此外,这番不请自来的赞扬给的还是一名坦穆尼社民主党人,那是他一直以来都十分厌恶的身份标签(事实上,史密斯于1903年入选纽约州议会的那场竞选中,汉德曾经在史密斯参选的东区发表街头演讲,反对坦穆尼社)。史密斯当时已朝着更独立、更进步的方向前进,当汉德赞扬他的"一贯的自由主义立场"时,他脑海中想到的是史密斯提出的支持劳工补偿、最低工资和督查工厂的立法提案,这些都恰恰是作为公麋党人的汉德最关心的问题。正如许多前进步党人所看到的那样,汉德也觉察到,尽管受到令人鄙视的坦穆尼社标签影响,史密斯在20世纪20年代的保守政治氛围中是一位罕见的改革者。

汉德是被州长在否决所谓的《勒斯克法》时表现出的"勇气"所触动,才向他写信的。《勒斯克法》包含6项法案,是一系列针对社会党及其同情者的"反颠覆性煽动"法案。州长在公开声明中解释了他为何否决这一系列法案(针对每一份否决的落款均为1920年5月18日,并于5月25日向汉德递送了打印稿),他强烈谴责整个一揽子计划,并反复援引了"基本"原则。他坚持认为,法案中的一部分旨在打击"人民在思想和言论领域享有充分自由的基本权利";国家不需要一种"知识暴政制度";其中有一个条款不允许成立反对政府立场的政党,他认为这剥夺了不受欢迎的少数派"参与代议制的基本权利"。[8]可以想见,史密斯的否决引起了勒尼德·汉德的共鸣,因为史密斯所再三强调的这些原则,与汉德在"《大众》案"判决中所阐述的原则极为相似。

给艾尔·史密斯写信这件事对于汉德来说不太寻常,但他在许多场合一直是言论自由的捍卫者。在战争期间,对持不同政见者的迫害也许是可以预见的,尽管汉德即使在那样的时刻也谴责此类行径,但在战后岁月中,国家陷入更为歇斯底里的状态,则更令人不安。在全国各地,罢工和爆炸事件使许多美国人想象着俄国革命的阴影已在国内潜伏,因此应该抵制"赤色威胁"。1919年11月下旬,汉德向霍姆斯大法官写道:

　　狂热的赤色猎巫运动还在继续，这伙人的口吻也愈发尖刻。说实话我对受害者没什么同情，但我对如此种种明显恐慌的症状不断加剧而感到沮丧。人们在多大程度上恐惧发言，或者谁真的有什么值得说的话，这些我并不清楚，但我确信总体而言，公众渐渐不辨轻重缓急，显著缺乏宽容观念。对于没有自以为无所不能的人来说，这幅天堂图景看起来充满罪恶。天空也似乎密布不祥之兆。[9]

　　几个月后，当纽约州议会批准《勒斯克法》时，天空的晦暗丝毫未减。对于汉德来说，史密斯州长的否决是一股喜人的新鲜空气，与之前一年来思想自由的"不祥"前景形成了鲜明对比。

　　这段时间里，汉德不再痴迷于读报。在进步时期和此后一段时间里，他曾订阅了多达 5 种的纽约日报；到 1921 年初，他却可以不无夸张地向扎卡利亚·查菲坦白犯了"从不读报"的毛病。[10] 但是在汉德丰富多彩的熟人圈子——主要是那些乐于做"万事通"的人，比如沃尔特·李普曼和费利克斯·法兰克福特——确保了他对当时最重要的争议均有所了解。虽然汉德可能没有意识到，《纽约时报》那些特别保守的社论版对《勒克斯法》表达的强烈支持（在一篇社论中，《纽约时报》称赞勒克斯的提议是"杰出"而"明智"的，谴责"要么太感情用事，要么就是外行的人"，说他们"为了庇护致力于蓄意颠覆政府的人"而"煽动'言论自由'和'新闻自由'的呼声"），[11] 但他很清楚，激起寒蝉效应的冷风已经吹遍本州和整个国家。

　　纽约在反激进运动中获得了"最起劲的州"这一并不令人艳羡的声名。早在勒斯克委员会[以其主席、州参议员克莱顿·R. 勒斯克（Clayton R. Lusk）的姓氏命名]提出一揽子法案一年前，它就在"颠覆性煽动活动"的调查中扮演了侦探、检察官、警察和宣传机构的复合体。它最受关注的技术是突袭搜查所谓"颠覆分子的温床"，包括兰德社会科学学院（Rand School of Social Science）和社会党总部。[12] 但它影响力的巅峰，是因阻止了 5 名当选为纽约州议员的社会党人宣誓就职而登上了报纸头条。社会党是合法政党,其州长候选人在 1918 年选举中还获得了超过 12 万张选票,然而在当选进入纽约州议会的社会党人于 1920 年 1 月宣誓就职仅仅两小时后,议会就将他们停职,因为他们是基于"一个绝对有害于政府最佳利益的纲领选举出来的"[13] 随之而来的是全面除名程序,在 4 月 1 日,也即《勒斯克法》实施前不久,州议会以压倒多数投票决定将 5 位议员悉数罢免。[14,15](议会中"起诉"此案的律师之一正是马丁·康博伊;10 年之后,作为纽约市的联邦检察官,为了抑制言论自由、禁止《尤利西斯》出版,康博伊在勒尼德·汉德的法庭上宣读了莫莉·布鲁姆的独白。)

具有讽刺意味的是,这些由勒斯克委员会缜密策划的罢免行动,反而使得困扰该州的歇斯底里平歇了下来。因为绝大多数纽约市的法律精英,以及大多数报纸(包括《纽约世界报》和《纽约先驱论坛报》,但不包括《纽约时报》)都激烈反对这项行动。受人尊敬的共和党人查尔斯·埃文斯·休斯首先采取行动,他曾在最高法院任职,并于 1916 年竞选总统失利后,又回到了华尔街执业。他在 1 月初勒斯克委员会开始运作时就立即给州议会议长写了一封出离愤怒的信;他在市律师协会内据理力争,确保协会任命了一个委员会,在奥尔巴尼为反对罢免的势力发声;在随后的几个月里,他为了"言论自由、结社自由"多次发表演讲。[16]

勒尼德·汉德并没有天天紧跟报纸上对罢免行动的报道,但他对这一争议相当清楚。他经常去位于西四十四街的律师协会图书馆;他认识休斯的委员会的律师;与休斯还讨论过其中涉及的法律问题。1 月,在议会开始针对社会党人的迫害后,他向《纽约世界报》的基金捐款 25 美元"以支付为社会党议员辩护的律师费用"。[17,18] 但哪怕汉德没有在事先充分阅读关于这些议题的媒体报道,到 1920 年末,在通读扎卡利亚·查菲所著的《言论自由》一书后,他已充分了解了情况。查菲将该书题献给汉德,以褒扬他在"《大众》案"中的勇气。这本影响力颇广的书中用了 30 多页篇幅,详尽描述了纽约州议会将社会党人罢免一事,并给出了迄今为止最为充分的事实和法律依据,以反对州议会的举措。

1921 年 1 月 2 日,汉德亲笔给查菲写了一封 10 页的信,信中满是对查菲的学术才华和公民自由意志主义直觉的褒奖，但也有批评性评论。汉德信中最重要的部分，是致力于为他所设立的"煽动性"标准辩护，并批评霍姆斯提出的"明显而迫切的危险"标准。但是，汉德也对涉及立法机关罢免合法当选成员的章节表现出特别兴趣，他说"我对此非常感兴趣"；他也毫不含糊地表示他内心站在查菲和休斯这一边。"我是你这派的，"他向查菲保证，"至少对纽约州来说，不应允许超越宪法要求之外的对议员的要求。"[19]

尽管汉德支持他们，但他对休斯作出的、查菲也赞同的法律论证持保留意见。他们的观点是，一旦议员宣誓就任，议会就无权再就其资格进行质询。"大约1年前，我跟休斯讨论过这个问题。"汉德告诉查菲。如果有明确证据表明议员宣誓时即居心不良那又怎么说？难道议会不能至少考虑一下那个证据吗？汉德同意，对5位社会主义者所进行的这项特定质询是完全站不住脚的，但他也看到议会的说法并非完全没有合理性；如果有明确的证据表明议员宣誓时并非诚心诚意，则可以将其罢免。汉德用特有的机智表达了自己的立场，他用一个幽默的假设来反问查菲：

假设有这么个案子：克拉森［社会党议员之一］就要去宣誓支持宪法了。在前往奥尔巴尼的州首府山的路上，与两位主教手挽手时，他说他明白自己不得不去宣个誓，但这只是毫无意义的废话，他只想要"打入内部挖墙脚"。因为对他来说，怎么见效快，就可以怎么来，他想要建立全面苏维埃，由富基耶-坦维尔（Fouquier-Tinville）、库东（Couthon）、圣茹斯特（Saint Just）和阿纳卡西斯·克鲁特（Anacharsis Kloot）[20]的当代翻版组成肃反委员会，而且越快越好。与此同时，他会尽力与议会里那些可怜的笨蛋们周旋，将他们的努力化作悲哀而荒唐的泡影。

如果这两位主教面对资格委员会或者别的什么机构，还有州众议院，说出了克拉森的上述言论，进而质疑他的资格，那这个问题有没有正当性呢？"不，"裁决者卡罗勒斯（Carolus）[21]、（失势之人）[22][休斯]说，"不，如果克拉森已经宣誓，那他的资格就不该被质疑。标准就是有没有宣誓。"好吧，尽管我想避免这种已经成为现实的可能性，不想让导致这5个人被罢免的这一系列事件发生，我仍觉得这样听之任之有点令人不安……当然，我不是说他们[州议会]应该比询问克莱森是否真的支持宪法更进一步，休斯认为他们不应该做，但他们是不是有权更进一步呢？这个了不起的人[休斯]说不，而且绝不允许一位地区法院法官[对休斯]说个不字。不过他当然是有权质疑的。[23]

简而言之，即使在他非常热情地致力于捍卫社会党人作为议员履职的权利时，他仍坚持批评辩护词中的法律要素。几乎与此同时，当一位熟人邀请他与其他自由派人士共进晚餐时，汉德答复说：

谢谢你能把我看成自由派。我时常怀疑自己可能算不上是个好的自由派。我在保守派当中算是自由派，在自由派当中算是保守派……在当下，自由主义的本质在于人应当保持宽容。但我时不时会觉得，言论自由的倡导者们在涉及自己的立场时，与他们的对手一样毫不宽容。宽容不是件容易的事。[24]

致力于捍卫言论自由和宽容的汉德，显然是偏向自由主义价值观的。但与他的许多自由派同道们不一样的是，他对这一事业的奉献从未堕落为自以为是、不加批判、全盘接受的盲目忠诚。无论是否身处审判席上，他都保持着这样一种能力：认真聆听另一方的论证，并痛苦地重新审视自己观点的前提。

汉德非常了解《间谍法》（Espionage Act）所引发的、导致大约2000

名反战异议人士被判煽动颠覆罪的大规模起诉：他自己就曾试图在 1917 年的"《大众》案"中保护言论自由，并立刻意识到他的观点并未得到美国大多数法官的认可。但他对战争期间发生的对其他公民自由的限制就不太熟悉了。

例如，汉德没有密切关注雇主施加于工人及工会的严苛待遇。在战争最初几个月里，美国各地都爆发了罢工，工人们走上街头的主要原因往往不是薪水上的要求，而是针对雇主对工会的敌意：雇主以不屈不挠的决心来反工会，并试图激起公众对据说持无政府主义和暴力观点的世界产业工人联盟（Industrial Workers of the World，简称 IWW）的恐惧，进而合理化他们的行为。

汉德与费利克斯·法兰克福特的友谊加深了他对这场日益加剧的劳资纠纷的理解。法兰克福特在战争初期离开哈佛前往华盛顿，担任战争部长纽顿·贝克（Newton Becker）的首席文职顾问。1917 年 9 月，威尔逊总统成立了一个调解委员会，希望能够解决威胁到战争产业生产能力的重大罢工，法兰克福特成为该委员会的法律顾问。它的第一个任务是调查亚利桑那州铜业的失序状况。法兰克福特和委员会在亚利桑那州度过了将近两个月时间，他随时向汉德通报相关情况。

法兰克福特在那里发现的情况很快使他确信，国家在"这场为民主而战的战争中"正在失去"大局观"。正如他在 11 月 6 日在亚利桑那州比斯比的铜后酒店写的一封长信中说："此行从深度和广度上都向我展现了大张旗鼓的劣质爱国主义的方方面面。即使是你，恐怕也会感到惊讶，以'忠于国家'的神圣名义所行下的是怎样的暴虐统治。"他内心深处作为进步党人那一面，被贪婪、虚伪的老板们所激怒了：

> 事情就是那么肤浅，那么差劲，也那么残酷。这些老蠢货已经把劳工和工会当作为毒蛇猛兽斗争了 10 年了，现在披裹上大旗，用激情澎湃的爱国主义来证实自己旧有的偏见。上帝啊——这太可怕了，然后他们还奇怪为什么 IWW 的盟员与日俱增——盟员被生动形象地称为"抖动人"（Wobblies）。正是

他们造就了 IWW——正是他们，还有老式工会[萨缪尔·龚帕斯(Samuel Gompers)的美国劳工联盟(American Federation of Labor,简称 AFL)]对于从西部来的移民和非英语母语的季节性劳工的忽视。[25]

　　特别激起法兰克福特愤怒的是在比斯比本地发生的无法无天的行为。法兰克福特代表调解委员会编撰了一份关于"比斯比驱逐事件"(Bisbee Deportation)的报告呈递总统,并向汉德发去一份副本。[26] 为了尊重该委员会普遍的保守情绪,尽管法兰克福特认为这是一起令人发指的动用私刑事件,却无法在报告中直抒胸臆,但他还是在报告中认定,当年夏天发生在比斯比的"驱逐事件"是"完全非法的"。事情经过是这样的,铜业企业菲尔普斯道奇公司(Phelps, Dodge & Co.)的负责人说服了一些镇上的居民,通过从比斯比驱逐超过 1000 名罢工者和同情罢工者来解决其劳工问题:在治安官的首肯下,超过 2000 名居民在 7 月 12 日早上围捕了 1186 人,并将他们置于一列开往一个新墨西哥州小镇的火车上。但那个小镇也拒绝接受"被驱逐者",于是火车将他们留在了沙漠中的一个车站里,"整整两天完全没有足够的食物、水和住所……带走他们的警卫们完全放弃了他们,[还]让他们自己想办法解决"。将近一半的被驱逐者是美国公民,其余的是来自 20 多个国家的外国人。(直到两天后战争部才得到通知,于是派出了联邦军队护送被驱逐者到附近的一个城镇,政府在那里为他们提供了几个月的食宿。)这场还驱逐了"大量其他人"的行动持续了数周,直到亚利桑那州州长最终在 8 月末下令制止这种滥用私刑的行为。法兰克福特断然否定了所谓为避免生命和财产的风险而不得不将他们驱逐出境的说法。

　　法兰克福特并不知道,他那份厚重的信到达汉德手中时,汉德正患重病:在 11 月和 12 月的大部分日子里,因又一次险些危及生命的肺炎,汉德正处于"一段相当焦虑的时期"。但是当汉德病愈读信时,他震惊了。"你的比斯比报告是绝对正确和无比勇敢的,"他回复道,"无论这之后会发生什么,任务完成得很好,我毫不怀疑你对事件的整体看法是正确的,尽管我唯一的信源就是你的说法。"[27]

　　此时,汉德还未得知外界对法兰克福特的批评浪潮已经如何风起云涌,尽管他的报告用词已经相当温和了。批评者包括西奥多·罗斯福,颇令他的旧日战友、进步党的支持者感到沮丧的是,他在战争期间变成了一个超级爱国者。法兰克福特将他与罗斯福之间的通信副本抄送了汉德。在通信中,罗斯福指控法兰克福特玷污了爱国者的声誉,毫无原则地纵容无政府主义者:"你所宽恕的是如同俄国布尔什维克那样的人,他们是杀人犯,是背叛盟友、民主和文明的叛徒。"[28] 对于他该站在哪一方,汉德丝毫不会犹豫。"我非常钦佩你处理这件事的方式,"他向法兰克福特写道,"我很高兴你敢于像这样站出来与罗斯福唱反调,你显然已经把他逼到拳台的绳栏了。这对泰迪来说还挺常见的,他在对事实有充分了解之前就会开口说话,他一旦错起来就是大错特错。"[29]

　　比斯比驱逐事件是在地方官协助下实施的滥用私刑,但威尔逊政府本身也为爱国主义狂热分子火上浇油。支持战争的公民自由意志论者们对威尔逊政府声明的基调感到失望,但他们幻想着一旦和平到来,政府将回归更宽容的道路。这样的幻想在战后的几个月里破灭了。"现在政府已经不要体面了,"法兰克福特于 1919 年 1 月向汉德写道,"在更广泛的领域里全都畏畏缩缩裹足不前。[威尔逊]已经放弃了——至少此时此地(pro tem)已经放弃——美国应当创造一个崭新世界的想法……他优柔寡断的下属们顺从而懦弱。他们简直就是公开宣告信誉破产,并邀请共和党人作为接管人。上帝救救我们吧!"[30] 随着美国变成"世界上最保守反动的国家"[31],法兰克福特辞去了在政府中的职务,回到了哈佛。

　　更糟糕的事还在后头。虽然在 1919 年和 1920 年,政府领导人在大多数政策问题上都起不到什么作用,但他们集中精力激起了一波歇斯底里的反激进主义民意浪潮,这种歇斯底里甚至超过了国家在战争期间经历过的一切。战后的猎巫行动始于 1919 年初夏,部分是因威尔逊新任命的司法部长米切尔·帕尔默(A. Mitchell Palmer)家里被人投掷炸弹引起的。帕尔默很快成为镇压力量的领导者。他在司法部设立了一个综合情报部门,并安排了时年 24 岁、野心勃勃的 J. 埃德加·胡佛担任负责人。胡佛建立了详尽的激进分子档案,而帕尔默则计划利用联邦权力驱逐外国人,以作为对付共产党人、无政府主义者和其他激进分子的核心措施。1919 年 11 月,刚好是在停战一整年后,司法部人员掀起了大规模突袭搜查和逮捕的浪潮。在 1920 年 1 月初,与勒斯克委员会在奥尔巴尼罢免社会党议员的行动同时,"帕尔默大搜捕"行动共逮捕了约 6000 名外国人。到了春末,这些"赤色大搜捕"被劳工部制止。但"驱逐狂热症"过程中不人道的拘留中心、残酷的暴力行径,以及许多违反法律和行政法规的行为,均已经作为这段历史的污点被记录了下来。

在阅读查菲的《言论自由》一书之前,汉德并没有完全意识到这种现象在多大程度上和多广范围内存在。虽然在审判过程中,他经常抱怨个别案件适用驱逐出境过于严厉,但除非他可以找到程序上的瑕疵,否则他还是觉得自己有义务适用相关法律。但查菲书中长篇累牍描述的滥用驱逐出境权力的情况令他震惊了。他赞同查菲的观点,即政府对外国人滥用权力的行为极其恶劣,但他仍怀疑法院是否可以合法地废除这些法律。

> 我的天哪,我从来不知道[驱逐出境]是那样的。但我认为我不能同意你就任何驱逐出境法律的合宪性表示的怀疑。总的来说我认为,言论自由的合理性在于公共启蒙,从历史的角度来看,这项"权利"……是被赋予发言者的,我们的立法者可以出于蒙昧主义而随心所欲,前提是他们不会阻碍[有权]发声的个人。现在的[国会政策]是不人道的,不得不承认这一点令我厌恶,但事实就是如此,如果我过来了但拿不出[归化]"文件",那我待在这儿就是不受欢迎的。我认为我们法官不该介入此事,哪怕他们决定驱逐所有用刀吃饭的外国人。毕竟法院甚至都不承认投邮权是一项"基本权利"[即,将使用邮政业务看作特权而非权利],更不会在像驱逐出境那样的蝇头小事上花费过多精力。[32]

又一次，汉德对基本自由主义价值观的支持，并未削弱他持着怀疑态度审视自身法律论证的能力。

战后猎巫者的狂热大多源自对俄国革命的恐惧。对于政府撒网行动的组织者来说，追捕国内激进分子是合理的，因为他们相信苏联的布尔什维克正试图在美国复制一次革命。来自（美国政府坚决不予承认的）苏联的新闻也强烈影响了国家的外交政策。汉德对于不承认这件事感到沮丧：他确信，就像对国内持不同政见者的迫害一样，这样做只会让共产党人戴上殉道者的光环，为本已不平静的局势火上浇油。在 1920年夏天，他向一位熟悉的英国海事法律师解释说，他不同意这项政策：

> [威尔逊]正在采取反法同盟各国对法国[大革命]采取的态度，正是这种态度使得欧洲陷入了长达 20 年的破坏性战争。如果说俄国人对他们现在所拥有的那种好战的寡头政治很满意，或者即便不满意却也缺乏推翻它的公共意志，我们现在的态度则显得是在竭尽所能巩固其权力，并使其获得所有俄国国民的情感支持……尽管这是个不懂得宽容的政府，我们仍要竭尽所能维持和巩固它，而威尔逊最近这一项声明，不过是再一次在帮他们壮声势。

然而，他对共和党人刚刚提名的总统候选人哈丁的前景充满恐惧：

> 哈丁在我看来是没药可救的。提名他意味着事不关己、小美国主义的态度，潜台词是，最可信赖的仍然是那一群与大型利益集团有着千丝万缕联系的旧势力，在背后提线操纵。西奥多·罗斯福在公共生活中所主张的一切，都被他曾经领导的政党抹得一干二净。该党今天所主张的一切，正与 1900 年马克·汉纳与他所代言的工商业巨头统治整个国家时如出一辙……他们没有计划，没有政策，没有想法。[33]

然而，与法兰克福特不同，汉德拒绝签署抗议声明或参加公众集会。他的书信中充分展现了因此而引发的一些不快。例如，在还处于战争期间的 1918 年 1 月，全国公民自由促进会（美国公民自由联盟的前身）邀请汉德，加入一个由大约 70 名因"众所周知的自由派倾向"而被选中的人组成的委员会，来召集一场关于"战争时期美国的自由"的集会，以抗议全国范围内"剥夺宪法权利"，特别是"特权利益集团阴谋利用战争和爱国主义作为借口，来恐吓劳工和激进运动"的行为。他谢绝了邀请，理由是他应当避免参与涉及"作为法官可能需要反复面对的"那类问题的"政治性煽动"。[34] 战争结束后，1919 年 12 月，他再次私下表达了他对一项旨在团结"美国全体自由派人士"的"美国化"（Americanization）运动的"总体看法"怀有"同情"，这至少比右翼在谴责外国劳工中体现出的高举"无知无畏"的大旗，"盲目排外，对何为美国化特性的认识颠三倒四毫无逻辑"要清醒多了。[35] 随着 1920 年总统竞选的开始，国会对"赤色威胁"的持续关注令他更为沮丧。在给一位曾在《纽约时报》撰文主张美国应对欧洲战后重建工作进行经济援助的大学时代朋友写信时，汉德怀疑国会是否能把工作重心放在这个问题上，即使这完全符合"他们自己的利益"：

> 他们让自己陷入了对布尔什维克的狂热猎巫行动之中，他们愿意花费数百万美元压制有点疯狂的激进分子。在这样做的过程中，我的判断是，他们不仅完全失去了理智，忘却了自己最光荣的传统，而且每镇压一个人的同时就又造就两个敌人。[36]

汉德私下所表达的信念，与他从不公开表达立场的做法之间的矛盾，使他受到了严峻的考验。作为一名法官，他受制于上级法院对"《大众》案"初审判决的驳回，也受制于联邦司法系统对反颠覆性煽动法律的严格执行；但他希望一旦停战，就能对被告人们进行大赦。因此，当他的朋友、哥伦比亚特区法官威廉·希茨（William Hitz）请他帮忙说服政府赦免被告人时，汉德热情地答应了。[37]

考虑到汉德一贯的自我克制，当一个向多位入狱异议人士提供经费的组织向他索要捐款时，他的举动就比较容易产生非议了。他向劳工监狱救济委员会捐款 25 美元，该委员会组织了一次大规模集会，向政府施压要求释放政治犯，其中许多是世界产业工人同盟盟员。由于预料到捐款人名单会被公布，汉德要求简单署名为"L. H"。汉德可能没有想到的是，他的捐款金额是第二大的。大多数富裕的纽约人只捐了两三美元，而汉德送礼向来很节俭；在这种情况下，这种不同寻常的金额规模既体现了他的情绪激烈程度，也表明他有时无法遵循自己所定下的不参与高度争议性社会议题的规矩，甚至到了有些不计后果的地步。[38]

汉德与生俱来的温和秉性，对晦暗阴霾的洞察力，以及对蛊惑人心的情感勒索的厌恶，均在这一事件中显露无遗：1919 年 12 月，保守的波士顿建制派抨击他的朋友费利克斯·法兰克福特具有激进主义倾向。在停战日，法兰克福应波士顿上流社会一些成员的要求，在波士顿的法纳尔礼堂（Faneuil Hall）主持了一次呼吁美国承认苏联的群众集会。两天后，被法兰克福特认为属于前进步党成员、现保守派人士的哈佛大学校董会委员托马斯·尼尔森·帕金斯（Thomas Nelson Perkins）致电法兰克福特，询问"你主持的这次共产主义集会"的情况。有一位曾批评哈佛法学院存在数目可观的所谓"左翼分子"的"地位与财富相当可观的先生"向帕金斯致函。他所说的所谓左翼分子包括扎卡利亚·查菲、罗斯科·庞德（自 1916 年起担任法学院院长）和来访的英国费边社会主义者哈罗德·拉斯基，还有就是法兰克福特。[39] 法兰克福特被激怒了，他向帕金斯洋洋洒洒情绪激动地写了一系列长信；汉德并不完全接受法兰克福特的立场——这为他带来了整场书信往还的记录副本，还有几封法兰克福特为自己正名的信件。正如汉德告诉法兰克福特的那样："我只能说我的直觉——无论其来源——还是倾向于反对在此时此地情绪过激，因为对俄国的态度可能发生变化，就我个人而言我完全不赞成大众 [反对承认苏联] 的观点。我可能生来就是中间派吧，或许偏左一点点，是沼泽派"。他认为,在这个保守派当道、四处给人贴赤化标签的时代,最需要的是"混凝土,而不是炸药";他不觉得有必要"顶着飓风把旗帜挂在桅杆上来亮明观点"。汉德补充道,"正如你所说的那样,这并不是什么令人兴奋的位置,也享受不到自由的乐趣。安纳托尔[·法朗士](Anatole France)在《贝热莱先生在巴黎》一书说过:'我能了解各方的意见,这是我的弱点;不了解反而能保住更多面子。'总有些时刻我们不该过多考虑利弊得失。也许你是对的,能保持独立姿态的日子已经一去不复返了,虽然哪怕去奋斗也不见得有什么结果。没能有位更加勇敢的朋友,一定让人觉得有点失望吧。"[40]

法兰克福特在这封信上字迹潦草地批注:"他不正是'诚实'这个词的最好写照吗?"他以又一封长篇大论的批判性文字作为回应:难道汉德愿意将阵地完全拱手让给反动保守派吗?"如果庞德和[《新共和》]和我(更不用说霍姆斯大法官和汉德法官在'《大众》案'中)保持沉默的话",那就是"必将发生的事"。自由是"一件微妙的东西",而帕金斯信件的背后,则是将颠覆自由制度的"极端恶劣的势力"。[41][42]

这并不是汉德和法兰克福特之间因性情差异而发生的最后一次激烈争论。汉德不断被法兰克福特当面和用文字狂轰滥炸。汉德深深地尊重他的朋友"非常出色的专业能力和他对正义事业的慷慨热情,他几乎每次都是对的",但是,正如他曾经告诉李普曼的那样,"我向上帝祈愿,他能不能别把每一个案子都当成是发起一场为理想信念而战的运动的信号,或者即使他坚持要这样做,那我至少希望他能表达得更自重一点。"汉德暗示,当法兰克福特被正义运动的理念所裹挟时,他不仅仅是"有点儿烦人",而是甚至到了"令人无法忍受"的地步。每当汉德罕见地对法兰克福特的其他法官偶像——例如霍姆斯、布兰代斯或卡多佐——表达批评时,他就会觉得自己好像"正在对圣灵犯下罪孽"。汉德觉得,"认为最优秀的人就不会犯错这种想法太荒谬了。"然而法兰克福特的激愤程度几乎呈现出"宗族分子的狂热,用在那些需要宁静和沉思情绪的事情上肯定是不合适的"。[43]

然而,法兰克福特觉得是战后的歇斯底里使他成为哈佛大学内被攻击的主要目标,这种感觉实际上是有根据的,他也并非绝无仅有的单例。法兰克福特向汉德转告了哈佛大学法学院教师们士气低落——"有些人在他们的判决里做了缩头乌龟,还有一些人则害怕得要命";校友和校方管理层,包括校长 A. 劳伦斯·洛厄尔(A. Lawrence Lowell),忙于抨击罗斯科·庞德和哈罗德·拉斯基;在教师们推荐任命一位有前途的年轻学者时,大学以他是"布尔什维克"为由否决了他。[44] 这消息让汉德感到不安,[45] 而很快就有更多的理由让他担心笼罩在哈佛教师周围的"惶惶不安的氛围"了。[46]

扎卡利亚·查菲与法兰克福特一道,加入了起诉司法部大规模驱逐外国人行为的律师团队(当时法兰克福特已经收到担任联邦法官的邀请),他们设法说服了一些法官,认定政府确实剥夺了外国人的正当程序权利,从而搁置了一些驱逐出境令。[47] 不久之后,他们与其他批评"赤色恐慌"的人一起签署了一份严厉批评司法部做法的律师报告。[48] 可以预见的是,这些活动再次引发了针对哈佛"激进分子"的新指控。

虽然托马斯·尼尔森·帕金斯似乎并未参与其中,但法兰克福特又一次向汉德抱怨说:他缺乏"胆量……他知道我不是'赤色分子'(天知道这个词是什么意思)[而][司法部长]帕尔默是个'危险'的人……但他并没有勇气公开说出来"。"与此相反,他不想被我的问题打搅,——只希望我当一个安静、乖巧、奉承、不惹事、不去为'共产主义者'辩护的老师。[他只是]安坐不动听着周围人诅咒霍姆斯、布兰代斯、庞德、查菲和我——这些人被州街[49] 和这里的这帮人一概定为'危险'的布尔什维克。尼尔森一动都不动,整天说什么'充沛精力'和'有情有义'有何意义?"[50] 汉德不想再次参与关于帕金斯作为波士顿右翼代表的讨论:"我们得打住不谈这件事了。"他这么告诉法兰克福特,但其实又开始为帕金斯辩护——事实上,这也是在间接地为自己辩护。

汉德像法兰克福特一样,已经认识帕金斯多年了,正如他告诉法兰克福特的那样。"我为了拯救朋友可以不惜牺牲智识上的清白。"对于法兰克福特所指控帕金斯缺乏"道德勇气"这一点,他尖锐地回答说法兰克福特肯定是"错的"。他认为,帕金斯本质上有一种"对自己的结论不够自信的倾向"，这使他无法持有"明确定义且恒定不变的信念"。他补充说：

> 我对这样的人抱有很大的同情，我在这方面很像他，或许正是因为如此，当他被指责缺乏勇气时，我或许过于敏感了……你可以随意批判这种人；天晓得，我应该是最后一个出来为他辩护的人，但是像你和我这样做学问的人，必须始终保持严谨。[51]

法兰克福特并未善罢甘休。作为哈佛校董会的成员，帕金斯必须作出决定。"不论他可能会对自己的结论怎样地不自信，"他补充说，"事实是，不知何故，这种不自信——你将其称作是一种智识上的谦逊——倒是并不妨碍他作出那些有利于他自己和他那伙人的决定呢。"[52]

法兰克福特认为属于右翼对哈佛法学院自由派人士的骚扰的情况，在 1921 年 5 月达到高潮，查菲成为"哈佛俱乐部审判"的"被告人"，哈佛大学监事会将在法学院召开听证会，审理来自纽约的保守派律师奥斯汀·G. 福克斯（Austen G. Fox）向监事会提交的指控。指控称，查菲关于"艾布拉姆斯案"判决的文章包含不胜枚举的错误（而事实上错误很少而且微不足道）。"艾布拉姆斯案"是一起臭名昭著的起诉反战异议人士的案件，促使霍姆斯大法官在最高法院历史上第一次就言论自由的保护发出振聋发聩的异议。即使监事会成员中包括本杰明·卡多佐、格斯·汉德和朱利安·麦克等几位法官，哈佛的自由派人士仍担心最坏情况可能发生。法兰克福特认为听证程序是"异端裁判"，并谴责"奥斯汀·福克斯的自命不凡"。[53] 但是，令自由派人士颇为惊讶的是，他们长期以来认为属于波士顿保守的建制派一员的哈佛大学校长洛厄尔挺身而出，成为英雄。他在听证会上强烈捍卫学术自由，其观点占据上风，这次干预被广为称颂，将哈佛大学内压抑的气氛一扫而空，转变为真正的自由之风；[54] 监事会一致认为查菲"发表的文章中不存在可以被认为是错误的言论"。[55] 甚至法兰克福特也不得不承认，哈佛大学的这位校长并

非一无是处："洛厄尔这件事真的做得很了不起。"他写道。他让汉德从
"朱利安·[麦克]和其他知名法官那里打探些会议室内的八卦消息"，
看看到底发生了什么。[56] 但是汉德没有成功。"据我所知，"他告诉法兰
克福特，"异端分子们能被悄无声息地无罪释放就该知足了。"更令汉德
感到不安的是，他的一些熟人（例如，曾帮助他获得联邦地区法院任命的
律师詹姆斯·伯恩似乎"非常担心"查菲文中所谓的"不准确之处"）。
"他那个态度，"汉德爆发了，"让我都有点累了。"格斯·汉德看起来也
表达了类似的保留意见，勒尼德在他面前为查菲争辩。"我最近开诚布
公地和格斯谈了我的看法"，他向法兰克福这样写道：

> 老格斯有个优点就是，无论他对我絮絮叨叨还是破口大
> 骂，最后你还是会发现他能站到正确的立场上来，而且毫无疑
> 问，比起你我这样已经被看作是激进分子的人，他在对家那边
> 的影响力要大得多了。激进分子——天哪，这种标签！想想
> 吧，居然有人认为我是激进分子——我这个人可是一直认为新
> 的社会实验太危险了，现在还不到尝试的时候啊。这种指控总
> 让我觉得好笑。[57]

法兰克福特对查菲的"审判"结果感到宽慰，他以罕见的乐观态度
向汉德表示："难道你不觉得战争时期的歇斯底里正在趋向于放松吗？
我是这样认为的。"[58] 但不那么容易被左右、头脑更清醒一些的汉德则不
太确定："歇斯底里[59]正在消失吗？只是因为现在没发生什么吧。只要
有人出来做了任何事，他们就会又冒出来的。"[60]

两人之中，还是汉德说得更准。虽然到了 1921 年夏天，歇斯底里的
反赤化浪潮已经在全国范围内全面衰退，在哈佛大学内同样也衰退了，
但很快就"发生"了新的威胁——哈佛大学打算以给定明确配额的方式
来限制犹太裔学生的入学。法兰克福特和汉德都参与了哈佛大学就"犹
太人问题"发生的争论。法兰克福特很快就认定了故事中的头号反派：
洛厄尔校长。汉德一开始持怀疑态度，但他主要关注的本来就是问题本

身；在这一点上，他无所畏惧地公开发声了。

洛厄尔就限制哈佛大学录取犹太裔学生名额的提议，在 1922 年 5 月下旬为公众所知，很快就跃上《纽约时报》头版。洛厄尔一直担心哈佛大学犹太裔学生录取人数不断上升：在 20 世纪的前 20 年，犹太人的入学人数从大约占 7% 上升到超过 20%。在 19 世纪 90 年代汉德的同届同学中，犹太人屈指可数，主要是已经同化的德国犹太后裔。从 19 世纪末开始，新一波来自俄罗斯和波兰的犹太裔移民的涌入，使得这一数字大大升高，而这些犹太人的贫民窟背景导致一些教师和校友担心他们会颠覆哈佛大学宝贵的学术环境。洛厄尔声称："学生们的反犹太主义情绪正在增加，并且它与犹太人数量的增长成正比。"对于洛厄尔来说，显然存在"一个问题——一个新的问题"，在他看来，"为了犹太人和其他所有人的利益"，解决"种族问题"的恰当方案，就是要让每所大学"只招有限比例的犹太人"。[61] 他敦促哈佛开风气之先，采用公开的配额制度：哈佛应该将犹太申请人的录取限制在不超过 15%。[62]

配额的提议激起了广泛争议。洛厄尔曾希望将讨论保持在哈佛的圈子里；事实上，他最初试图通过招生委员会不事声张的行动来达成配额的计划，但该委员会坚持将问题交给全体教职员工来决定。5 月 23 日，文理学院的教师们考虑了洛厄尔校长的族妹夫[63] 提出的议案，要求招生委员会做到使"任何不容易被同化参与学院共同生活的学生人群人数都不宜超过学院学生总人数的 15%"。[64] 所有人都清楚，这一数字就是针对犹太人的。一开始，面对不断增加的犹太裔学生录取人数，教师们非常恐慌，因而对上述提案略微修改后就予以采纳，敦促招生委员会在考虑某些特定类型的申请人时，只有当能确认"他们作为学院成员的存在将对学院的整体利益作出积极贡献的情况下"才能录取。为达此目的，委员会要"考虑到哈佛大学成员中不同种族和国籍群体的比例"。此外，教师们还投票赞成设立一个特别委员会"来考虑更有效地筛选候选人的原则和方法"。[65]

曾有人说，配额提案仅仅是因为限制"未经教化的"东欧犹太人的考虑才提出的，这种说法很快就被戳穿了。相反，正如哈佛大学的一名犹太裔学生写道的那样："我们知道重要的其实是**数字**；无论是好是坏，反正犹太人太多了，就有人不乐意了。富的还是穷的，聪明的还是蠢的，文雅的还是粗俗的——犹太人太多了，怕哈佛成了新耶路撒冷，怕成了'城市学院'。"[66]"城市学院恐慌"源自纽约市立学院（College of the City of New York）的经历，该校犹太人入学率已经攀升至 80 个百分点。位处拥有大量犹太人口的大都市地区的其他大学也瑟瑟发抖，唯恐被类似的人潮淹没。哈佛是唯一一家提议以明确的犹太裔学生配额这种方式来应对恐慌的，其他学校早已各自在暗地里采取措施来遏制这一趋势。例如，尼古拉斯·默里·巴特勒（Nicholas Murray Butler）的哥伦比亚大学，仅仅一两年前犹太人入学率还曾经接近 40%，在采用了"品格"测试、"个性"调查并修订了调查问卷后，使得犹太裔学生的百分比降至 20%以下。[67]洛厄尔自己看到犹太裔学生占哈佛总人数 40%的威胁即将来临（"如果他们的人数增加到学生群体的 40%，种族的感觉就会变得很强烈了"），而且他很自豪哈佛大学坦率地直面这个问题，而不是通过诡计来解决它（"有些大学似乎通过间接方式来解决这个问题，我们不想采用这种方式"）。[68]

　　洛厄尔的提议最初获得成功，但没过几天就遇到障碍。经过深思熟虑之后，许多哈佛教师意识到自己的行为过于仓促，于是签署了请愿书，敦促洛厄尔召开特别会议重新考虑投票。在 6 月 2 日，以近三比一的比例，他们撤销了此前决议中的大部分内容，唯一还有效的内容只剩下任命那个特别的"筛选"委员会。[69]第二年，该委员会[由查尔斯·H. 格兰金特（Charles H. Grandgent）教授担任主席]经讨论决定，不采取任何进一步的正式行动。但关于限制性配额的辩论在校园内外都引发了愤怒。最终，在 1923 年 4 月，教师们批准了该委员会的核心提议：正式否决任何基于种族或宗教的入学限制。

　　洛厄尔对"犹太人问题"的执着反映了全国范围内的普遍趋势。显然，并非只有哈佛在考虑对大学录取名额进行限制。这些问题也不局限于高等教育界。首先，第一次世界大战后，反犹情绪愈演愈烈。洛厄尔及其支持者的观点和行为，并不像有亨利·福特背书的鼓吹国际犹太阴谋或者三 K 党的仇外活动那么粗暴,但哈佛对于蜂拥而至的犹太裔申请人看似礼貌的恐惧,也是从类似的情绪中汲取的营养。在 19 世纪 90 年代,哈佛大学社交俱乐部的排外甚至伤害到了汉德;而犹太人是"局外人"这一点则比以往任何时候都要清楚得多。其次,用于煽动迫害外国人的"美国化"运动只是为了维持盎格鲁－撒克逊裔白人新教徒(WASP)、北欧裔在美国人口中占据的主导地位。洛厄尔自己就是这么说的。他不仅是新英格兰上流社会知名人物中最积极推动哈佛配额制的,还同时担任了全国限制移民联盟(Immigration Restriction League)的副主席,积极反对"外来种族"的大规模移民。[70]

　　由于他的几个朋友亲身参与了这场战斗,汉德没法不对哈佛的配额争议知之甚详。他在法院的同事朱利安·麦克是第一位在哈佛大学监事会任职的犹太人,是他最固定的信息来源,当然还有法兰克福特。(麦克向洛厄尔提议让法兰克福特进入"筛选"委员会,被他拒绝了,称法兰克福特反对配额制的立场太鲜明,不适合被任命。)一开始,汉德仍然认为法兰克福特过早预设了洛厄尔的动机就是坏的。法兰克福特坚持认为洛厄尔对"犹太人问题"的所作所为,包括追求目标时的手段、掩盖这一切的方式,全都极其可鄙。[71] 汉德最终同意了他的看法:"通过最近的一系列事件,证明了你之前在我这里对洛厄尔的评论是有道理的。我这么说是因为我完全相信朱利安的报告,而他是一个完全准确的报告者,至少我至今知道的情况是如此。"

　　更重要的是,早在 1922 年 6 月,汉德就已经很清楚在这场争议中他会站在哪一边。他不喜欢排斥犹太人"这种勾当",但他认为公开提议的配额至少"比遵循尼克·巴特勒在哥伦比亚的隐蔽路线要好"。通过公开辩论,他准确地认识到,这个提议是注定要失败的:"[学院]不敢这样做;这就是表现得光明正大的好处,至少从结果上来看是这样。"整个过程中,汉德始终持有着最为深刻的信念:"我最想要的,是能拥有一个仍然代表着哈佛所代表的一切的哈佛……如果我国也要搞得像欧洲那样种族四分五裂,那我们不如趁早关张来得好。"[72]

　　在 1922 年夏天的大部分时间里,汉德与家人一道在欧洲游历。当他回到家时，情绪仍然很高昂，而他对这一事件也很关注，以至于使他迈出了非同寻常的一步，放弃了多年以来不参与公众争议的做法；他艰难地写了一封长信寄给查尔斯·格兰金特教授，有理有据地论述了为何反对哈佛采用任何犹太裔学生配额制。他在信中区分了"那些会去施加限制的和那些不会去限制的人"之间"真正的差异"："大学当然可以只聚集来一个共同传统的人，或者它也可以对学习这件事抱有更多信任。如果是这样的话，我认为它应该抓住机会，因为只有靠学习才能带来最大的希望，并且事实将证明，一支学习者组成的队伍胜过其他任何队伍。"[73]

汉德也艰难地尝试着去理解主张限制犹太裔学生人数的观点；他认为，越来越多的犹太裔本科生所引起的困难"无疑是真实的，因为 30 年前的毕业生会很难相信会发生这样的情况"。他假设人们所说的一切都是真的：哈佛现在有许多"不顾他人感受、冲动好斗、物质条件恶劣的〔犹太裔学生〕，他们的存在引起了基督徒的很大敌意"，并且招收更多犹太裔学生确实会"赶走我们习以为常的那种学生"。然而，即便接受上述假设，以上理由中还是没有一个可以使得配额制度合理化："尽管如此，我不能同意基于种族的限制最终会起作用，无论其目的有多崇高。如果犹太裔学生与基督徒学生不能很好地融合，那么把他隔离起来也不是解决问题的答案。"

当然，并没有人提出将犹太人隔离或完全排斥，但是汉德认为配额制度是"更糟的"。对他来说，任何"防止犹太人在任何一所大学占比太多的计划"都和隔离或者完全排斥"一样坏"："他们并非自愿地分散在各所学校，这必然意味着一些人被排除在外，"而那些被录取了的人"也只是被勉强容忍"。他着重论述了大学的最终目的——作为学习的中心场所，而不是社交俱乐部——他坚持认为"学生只能通过学术水平测试来选择……只要有人会因为某些人不想与一群下里巴人为伴而被拒之门外，那他们的主要目的就不是学术性的"。

虽然这封信是私人的，但是汉德知道它必然会得到广泛的关注，他自己也给一些熟人发送了副本。[74] 信中低调冷静的笔调刻意隐藏了他在

犹太裔学生配额问题上的激动情绪。但当他向当年教过他的哈佛大学
艺术教授查尔斯·艾略特·诺顿（Charles Eliot Norton）的女儿、剑桥的
格雷斯·诺顿小姐（Miss Grace Norton）寄出副本时，他解释说：

> 我无法在面对自己时掩饰这一事实，无论最后给出的原因
> 为何，我的立场最终都是由我的感情决定的。或许如果我能更
> 坦率的话，就能承认这一点。至少我现在可以坦率地说出来
> 了，尤其是对你，我得说我不相信我的理智可能得出另一个结
> 论……我不能让自己相信，在哈佛学院，我们居然能作出基于
> 种族来划界线的事；如果真的到了反对歧视就会威胁到学院生
> 存的存亡关头，……那我们也必须承担这个风险。但我已经努
> 力去寻找能解释我的感情的"好的"理由，而不是"真实的"理
> 由，这两者是截然不同的。[75]

汉德直言不讳地反对犹太裔学生名额配额，并且对此表现出明确的
敌意，这种表现在他的社交圈里并不典型。无论是因为他自己很容易就
能与"局外人"身份共情而理解其感受，还是因为他已经习惯于根据个
人品质而不是他们的宗族身份来与个人打交道，他的内心和头脑一样都
支持这一观点。

在20世纪20年代，汉德的朋友和同事的上流社会圈子里大多都是
非犹太人，圈内对于犹太裔群体的诽谤性言论是司空见惯的，但是汉德
自己个人的行为和态度并没有被流行的刻板印象所误导。他喜爱并钦
佩朱利安·麦克，就像对哲学家莫里斯·科恩（Morris Cohen）那样；他与
费利克斯·法兰克福特的友谊与他生活中任何一位挚友一样亲密；他与
大多数法官助理都产生了亲切友好的长期友谊，他们中许多是犹太人。
此外，尽管他知道作为犹太人在世纪俱乐部里会面临一番艰苦的斗争，
还是促使精神分析师卡尔·宾格（Carl Binger）被接纳进入，而他拒绝加
入另一个社交俱乐部的原因，就是因为不能邀请犹太裔朋友在那里共进
午餐。[76]

　　汉德很清楚,尽管哈佛的教师们在 1923 年 4 月接受了委员会的报告,但这并不意味着在哈佛大学内或者整个社会上的反犹情绪已告终结。哈佛大学的反犹太主义并不仅限于学生入学,在 20 世纪 20 年代后期,当汉德结识、欣赏并且喜爱上了为纽约联邦检察官工作的犹太裔年轻律师内森·马戈尔德(Nathan Margold)时,反犹主义也找上了他的家门。马戈尔德是费利克斯·法兰克福特的众多门徒之一,汉德在 1927—1928 学年期间支持他成为哈佛法学院的讲师。但是,当法学院的教师们推荐他担任为期 5 年的非终身教职职务时,洛厄尔校长非但拒绝将该提议提交给监事会,还试图说服马戈尔德悄然离开。法兰克福特确信洛厄尔反对马戈尔德是因为把他当作了又一个犹太"激进分子",但罗斯科·庞德因与大学管理部门的不断摩擦而疲惫不堪,敦促教师们不要再挑起战端;在一次争论激烈的会议之后,大多数教师都支持了他的决定。[77] 与此同时,汉德从他的朋友莫里斯·科恩那里了解到,哥伦比亚大学法学院可能愿意让马戈尔德加入。他立刻自愿提供帮助,并向哥伦比亚大学法学院院长扬·B.史密斯(Young B. Smith)写了一封热情洋溢的推荐信,[78] 明确表示他与马戈尔德有私交,且对他在法庭上的表现也有亲身体会,非但对他"印象甚佳",并且"在我看来他举止得当、人品过硬"。汉德与该校的交往很少,也不认识它的新院长;因此,他并不知道任命一位犹太裔教授在哥伦比亚和在哈佛一样罕见,并且史密斯经常带头阻止潜在的犹太裔候选人获得任命。哥伦比亚未作任何反应。

　　几个月后,1928 年 11 月,汉德从华尔街律师乔治·威尔伍德·默里(George Welwood Murray)那里得知公益基金会(Commonwealth Fund)的法律研究委员会正在考虑在哥伦比亚大学赞助一项关于工人赔偿的研究,并提到研究可以让马戈尔德来进行。[79]

　　汉德向默里推荐马戈尔德比他向史密斯院长推荐的时候更加热诚和强烈了。他对默里说:

　　　　是我推荐他去哈佛法学院试试的,我很遗憾他们没能让他留下。他们从来没有宣布理由,至少没有公开宣布。但我不认

为这与他的工作质量有关。我猜是他们不想让教师群体里有
太多犹太人。[80]

但是又一次,马戈尔德没能得到这份工作。(他最终确实找到了一
个能够吸纳他的就业岗位:就像当时顶级法学院许多最优秀的犹太裔毕
业生一样,他前往华盛顿,成为新政时代的一名官员。)

到 1920 年,汉德毫无疑问已经成为一名国际主义者。他在战前几
年就密切关注欧洲的事态发展,并坚决支持美国参战;在战后关于和约
缔结的适当形式以及美国参加国际联盟的辩论中,他对孤立主义的敌意
加深了。以他与老朋友赫伯特·克罗利的绝交为例,他确信美国应该加
入国际联盟,即使这意味着必须接受参议院对此的保留意见。在汉德看
来,不愿妥协、坚持完美主义眼中的世界秩序,必然会失败,将产生美国
与世界其他国家的接触大量减少这样难以承受的代价。

在哈丁和柯立芝政府时期,美国似乎又一次不再参与外交纠纷了,
汉德多次为这种变化而悲叹。对于他和他的大多数朋友而言,国际舞台
通常是欧洲的同义词,他认为祖国与欧洲的历史、文化和经济联系使人
不得不反对孤立主义。他有机会近距离观察欧洲局势,并与许多欧洲人
建立友谊,这使他对国际关系感兴趣。当看到欧洲独裁政权的崛起时,
他再次加强了国家之间应当建立联盟的信念。

虽然汉德经常去欧洲旅行,但他并不总是一个渴望旅行的人。从每
年的 10 月初到下一年的 7 月,沉重的司法工作牢牢地占据着他,常常令
他精疲力竭。要是让他自己来选的话,他宁愿花几周时间在康沃尔郡与
家人和朋友一起休息。他从来都不是充满热情的观光客,对访问三四个
欧洲国家所需的不断打包、拆包行李的事感到极不耐烦。汉德夫妇越过
大西洋的主要原因是弗朗西丝无法抑制的旅行爱好。事实上,在 1929
年至 1930 年的冬天,她与她的朋友路易·道一起在欧洲进行了一次漫
长的旅行。不过到了暑期,勒尼德可以有空加入她,随便她去哪儿跟着

走就行,虽然他们的三个女儿都尚年幼,但汉德夫妇创造了很多机会向她们展示异国风情。

到 20 世纪 30 年代,夫妇俩通常不再带着孩子旅行,欧洲之旅为汉德提供了他所期待的与妻子相处的时光。在家里,两人经常分开:当法院处于开庭期时,弗朗西丝经常在康沃尔一连待上几个星期,而勒尼德则在曼哈顿下城的办公室与东六十四街的空房子之间通勤。正如他在 1929 年一次异常漫长的欧洲旅行结束后不久向她说的那样:"这两个半月时间里我一直和你在一起,不要说没有分开过 1 天,甚至连 1 小时也没有分开过,这真是我最大的快乐。"[81]

如果必须要出门旅行,欧洲显然是汉德首选的目的地。他只去过两次西部的辽阔疆域:1917 年,访问新墨西哥州,游览落基山脉,在怀俄明州徒步旅行;1930 年,他冒险一路向前到达了西海岸,从加利福尼亚南部前往旧金山和更远的北部。加利福尼亚让汉德觉得很没意思,以至于他回家的时候说再也不想再去了。"我永远不会[再次]心甘情愿地去西海岸。"这是他在旅行了 8000 多英里后作出的最终裁决。弗朗西丝的评价甚至更为负面:她"玩得很不开心",汉德对他们的大女儿玛丽说,[82]夫妇俩取消了继续沿西海岸一直向北延伸到加拿大艾伯塔省贾斯珀国家公园的计划,决定从俄勒冈州向东返回。[83]

正如汉德告诉沃尔特·李普曼的那样,他发现洛杉矶彻底"难以忍受":"全是又爱吹嘘又粗俗的暴发户[84]。"[85] 只是因为能有机会亲眼见见米高梅公司拍摄电影的场景,他才在城里逗留了一会儿。大批量的版权案件中他处理过不少电影剧本争议;现在有机会亲眼见见行业是怎么运作的了。然而,正如他对玛丽说的那样:"从业者的聪明才智与愚蠢的成品之间完全不相称,这让我对人类的命运感到有些沮丧。如果即便如此技巧精湛地掌控自然奥秘,人类还是做不出在美学和价值观上比这更像样的东西,那么这么多的技巧又有什么用呢?"[86]

与他在其他领域一样,汉德是个有鉴赏力的游客。就像他对旅行的普遍观感那样,他对他和弗朗西丝游历的许多国家都怀着矛盾的情绪。例如,虽然他一生都对希腊文化感兴趣——甚至在书信中使用希腊短语

(用希腊文写的)——但他在 20 世纪 20 年代期间不愿意前往希腊旅行。在他看来,当时英文知识分子对古希腊持有一种不加批判且常常并不真正理解的无脑狂热,因此他要反其道而行之。沃尔特·李普曼跟他说起在英国古典学者吉尔伯特·默里(Gilbert Murray)陪伴下在德尔斐度过的一天,汉德突然爆发了:"噢,我的上帝啊,那些英国人和他们见鬼的古希腊人!"对于他自己来说,他"完全清楚"他们那些"繁重规矩"、他们的"情感掩饰"、他们的"只看眼前"(瞳孔过小或者收缩,意即"目光短浅")会让"古希腊人觉得无聊透顶"。"我厌倦了古希腊以及一本正经地论证福特汽车受惠于阿那克西美尼(Anaximenes)!"(他还说他对吉尔伯特·默里的评价有所保留,并举了几个例子来说明为什么"我一直不信任[默里的]翻译"。[87] 实际上,格斯·汉德的希腊语阅读水平远胜于勒尼德——格斯直到临终前还在阅读古希腊经典——但勒尼德还是能读希腊语的,只是不算很流利。)

　　对于汉德来说,英格兰比希腊更具吸引力,他和弗朗西丝经常去那里。然而他对英格兰的评价同样也是矛盾的。从智识角度,他是一个崇英派:英国历史和英国制度都流淌在他的血液之中。正如法兰克福特有一回向他提到的那样:"像你我这样崇英的人……关心英格兰不仅是因为知识和情感上的共鸣,而且因为从政治上来说它是最文明的社会。"[88] 但是,在两次大战之间的大多数国际危机中,汉德之所以在感情上成为英格兰的坚定支持者,主要源于他对该国的理想和价值观的热爱,而不是对其风土和人民的任何感情。他并不认为该国地形地貌对美国游客有很大的吸引力。"我认为英格兰简直不能算外国,"他告诉李普曼,"事物大体上看起来就跟我们这里一样。"[89] 更重要的是,在受过良好教育的上流社会英国人面前,他感到局促不安、信心不足甚至自卑。他不断注意到"英式骄傲自满"的特征,只有通过阿谀奉承才能进入他们的圈子。他对于他认为典型的英国人的傲慢态度非常敏感:"语带讽刺简直是他们与生俱来的能力,与普巴[90]一样。"[91]

　　只有一个欧洲国家几乎从未招致汉德的批评:意大利显然是他的最爱,他总是特意为佛罗伦萨、威尼斯或罗马,尤其是他所喜爱的托斯卡纳乡村专程留出时间。1939 年 9 月，汉德称意大利为"我成熟岁月之爱，但这感情就如年轻时那样炙热"。[92] 意大利确实激发出了他非凡的热情：只有在这里，他才会孜孜不倦地花费一个又一个小时参观博物馆，被文艺复兴时期的艺术深深吸引；也没有其他任何地方能像那里一样，让他憧憬着变化多样的景色中的每一处新景观。

与侨居于此的鉴赏家伯纳德·贝伦森（Bernard Berenson）的长期友谊，也强化了汉德对意大利风景和艺术的特殊好感。汉德和"B. B."是长达近 40 年的朋友；在这段岁月中，他们交换了 200 多封信件。[93]1920 年，他们首次在纽约市首次相遇，这是贝伦森最后一次到访美国。介绍他们认识的可能是李普曼。[94] 贝伦森回到意大利后不久，就发出了许多邀请函中的第一份，邀请汉德夫妇来意大利，无论是在他的别墅，佛罗伦萨附近的塔蒂别墅，还是在一小时车程外凉爽的山区贡苏玛的避暑山庄。贝伦森在情感上和实体上都与世界保持着一定的距离来观察世界。1875 年，他作为一名来自立陶宛的 10 岁犹太移民来到波士顿；12 年后，他结束在哈佛的学业，前往意大利，开启了一段惊人的职业生涯，就文艺复兴时期艺术撰写了大量作品。他通过为富有的收藏家鉴定画作赚到很多钱，尤其是通过与有权有势的艺术品经纪人约瑟夫·杜文（Joseph Duveen）的长期合作。当汉德第一次在塔蒂别墅拜访他时，贝伦森安居于此已经很久了，日常招待社会知名人士来访，他们都向他表达了倾慕之情，接受他进入了当地社交圈。贝伦森喜欢向那些如扈从一般前呼后拥跟着他在花园漫步的各界名流滔滔不绝，但汉德则是极少数他愿意与之对话的人之一。[95]

当汉德与他相识时，贝伦森的名声正如日中天。时年 55 岁的他比汉德大了近 7 岁，是个沉稳、自信、纤瘦的小个子男人，仪表与穿着均无懈可击。他通常身穿一套精心剪裁的灰色西装；西装的颜色与他那渐趋灰白的头发和整齐修剪的胡尖相得益彰，穿衣打扮的风格有些像英格兰国王乔治五世。而塔蒂别墅本身也已成为一处壮丽奢华的名胜。别墅及其周边环境确实是贝伦森自我形象的重要组成部分。塔蒂别墅被称为"美与艺术"的缩影，并且像它的主人一样，是思考者与学术性的象征。奢华的幽静居所，散发着古典时代的淡泊克制气息，是发展高雅审美情操的完美场所。别墅坐落在塞蒂尼亚诺村后的山丘上，距离佛罗伦萨仅有几英里。柏树和冷杉树林覆盖在后面的山坡上，三面环抱着建筑。该别墅原为一座16世纪的托斯卡纳农舍，占地40英亩，多年来已扩建成有40个房间的住所。

贝伦森的以自我为中心、上层阶级的矫揉造作，还有塔蒂别墅的氛围，这一切对于像勒尼德·汉德这样的人来说似乎不太可能产生吸引力。然而，汉德很期待成为贝伦森的客人，哪怕只是因为这样的拜访确保了在弗朗西丝·汉德紧凑的观光时间表中能得到几天的喘息。两人都兴趣广泛：他们在哈佛受过相似的教育；都保持了终身阅读的习惯；都对政治局势很感兴趣——不过汉德比贝伦森更有深度，也参与得更多。有时贝伦森会选择只找一个人出去散步，汉德也喜欢这样。对于汉德来说，沿着塔蒂那规整的花园砾石小径徜徉的时刻弥足珍贵。汉德一直都喜欢漫步，也喜欢美丽的风景——从阿迪朗达克山脉和瑞士阿尔卑斯山，到新罕布什尔州青翠的乡村和更壮观的落基山脉的景色。但没有一处风景比托斯卡纳乡村更让他感动。当他们一块儿散步时，贝伦森本着他对风景的热爱和对这片土地的强烈感情，会停下来指出某个特别美丽的景观，他的这种迷恋也感染了汉德。

贝伦森还让法官卸下了肩上的一个负担，那是当年查尔斯·艾略特·诺顿教授在哈佛无意中给他留下的。傲慢的诺顿教授宣扬的是他那空灵而神秘的"高雅文化"标准，导致汉德觉得，如果不下无尽的苦功学习，没有对艺术技巧以及艺术史的专业知识，他就永远也无法欣赏"艺术"。汉德曾告诉贝伦森，诺顿"让我觉得，艺术的享受只有在经历了能把苦修瑜伽士变成纵情声色的花花公子的那种学术训练才有可能。'艺术'是需要带着敬畏和谦卑来走近的；它永远不该只是自发的流露"。但是贝伦森到底还是让汉德相信了他是"足以""理解"其中一些"精妙绝伦的艺术品"的。与贝伦森共度时光，以及阅读他的作品，向汉德传递了一种"安慰"，"说到底，你得给人相信未受训练的直觉的权利"："你不会明白这对我来说是多大的鼓舞。"[96]

20 世纪 20 年代中期，大多数美国人已经沉湎于对柯立芝繁荣的满足和享受。汉德认为柯立芝几乎和哈丁一样没指望，对民主党人也报以讽刺，但他不愿跟随法兰克福特一道加入拉福莱特（La Follette）的进步党阵营；他确信所有的希望只能放在主要政党的候选人身上才能实现。（汉德不愿意支持拉福莱特也是出于传统东部进步党人的观点，他们觉得拉福莱特是个不按常理出牌的人；直到几年后，汉德才承认他当初可能太小瞧 1924 年进步党人在竞选中的前景了。）[97] 但公民自由问题仍在继续恶化，多数决规则下对持不同政见者的压制再次沉渣泛起，自由派知识分子们对此忧心忡忡。在与法兰克福特和李普曼等朋友的谈话和通信中，汉德努力形成了属于自己的观点；这很符合他的特点：总会走上一条属于自己的道路。

汉德的反应中有两项内容，使他不仅区别于大多数满足现状的人，也区别于他的自由派朋友们。首先，汉德作为一个怀疑论者，很难热情地投入任何运动的怀抱，而他典型的开放心态，也常使身边那些并不忌讳全身心投入运动中去的人感到沮丧。其次，对于汉德来说，法院应当扮演的适当角色始终是一个重要问题。他长久以来一直批评司法界对立法机关多数通过的经济政策决定进行阻碍，不可能现在突然转向，来急切地向法院寻求帮助，以追求自由派的政策目标。自 19 世纪 90 年代听了詹姆斯·布拉德利·塞耶的课以来，他一直反对法院依据第五修正案和第十四修正案的正当程序条款中含糊不清的措辞来阻止立法决策。但是，20 世纪 20 年代的事件带来了严峻的考验。政府对持不同政见者的镇压带来了一个问题：自由派是否应该要求法院依据同样的正当程序条款来打击限制言论的法律？许多自由派人士对最高法院对经济改革变得更加宽容的迹象表示满意。看来，公廪党对大法官们的抨击已经把"对上帝的敬畏"根植在了他们心里；[98] 司法食人魔大杀四方，干掉来之不易的经济改革成果的时代，似乎已成为过去。例如，在 1921 年的通信中，汉德和法兰克福特同意"见鬼的权利法案"——特别是正当程序条款——允许法官将他们倾向于自由放任经济的偏见倾注到宪法解读中去。[99] 而到了 1922 年 12 月，汉德发现有迹象表明最高法院再次向右转，并认为这个前景并不"令人高兴";随着哈丁任命多位最高法大法官,汉德遗憾地承认考虑候选人的意识形态倾向是合理的,因为大法官们已经将正当程序条款变成了生死攸关的政策制定工具。[100]

　　1923 年 4 月,任何认为立法机关已经从经济正当程序的宪法约束桎梏中解放出来的想法,都被最高法院以 5 票对 3 票通过的"阿德金斯诉儿童医院案"(Adkins v. Children's Hospital)判决毫不留情地粉碎了。该案中,最高法院判决哥伦比亚特区的一部规定女工最低工资的法律违反正当程序条款。[101]"阿德金斯案"判决是个令人吃惊的倒退,汉德于次日就此向法兰克福特写道:"原以为 1912 年[在公麋党运动中]已经赢得的所有东西现在全都被抛诸脑后,我们又重新回到了起点。"他原本有着更高的期待:"我承认我没想到[这样的结果]。"[102]

　　汉德对"阿德金斯案"的来龙去脉知之甚详,因为法兰克福特就在最高法院代理支持最低工资法的一方,在他长达数月的准备期间,汉德曾鼓励他说,"愿上帝与你同在,强健你的头脑"[103];然而,尽管最高法院曾在 15 年前罕见地允许过一部限制女性最长工作时间的法律,但这一次新任命的大法官乔治·萨瑟兰主笔的判决认定,规定女工的最低工资是违宪的。萨瑟兰被普遍认为是哈丁任命的大法官当中最有能力也最灵活的一位。[104]萨瑟兰大法官坚持认为,合同自由是"普遍性的规则,而对其进行限制则是例外情况",并表示任何对工资的规定,无论针对男人还是针对女人的,都是违宪的。萨瑟兰补充说,自从第十九修正案赋予女性选举权以来,女性在公民权上的劣势地位已经接近于"消失点"。可以预料到的是,霍姆斯大法官表达了强烈异议,他认为多数意见是对司法权的"赤裸裸的滥用"。他再一次攻击了"契约自由神圣信条",他说,他不能理解,多数派如果能够承认规定女性最长工作时间的限制是合宪的,为什么会剥夺设定女工最低工资的权力。他补充说:"要我相信男女之间不存在差异,或者立法者不能在立法时考虑这些差异,光有第十九修正案恐怕远远不够。"即使是通常保守的首席大法官塔夫脱也转换阵营到了异议这一边。[105]

　　正如汉德向法兰克福特所说的那样,"真正需要的"是"不对'阿德金斯案'判决生闷气，而是想清楚我们应该做些什么"。他一如既往地清楚，那种法官们将个人观点强加于开放式的正当程序条款中去的"危险""还在持续"。他坚称："我看不出从第五和第十四修正案中得到的任何东西值得我们去冒这样的危险。"法兰克福特迅速表示了认可："让五个基本没可能具备所需资质的人去裁决州和国家的社会政策路线，这样做肯定是弊大于利。你和其他的法官所关心的那些普通的法律问题，那些思考习惯，那些先例，都是几个世纪沿袭下来的，在判定一部最低工资法是否在正当程序条款的'模糊边界'之内时，傻瓜才会去假定那些东西是派得上用场的。"[106]

给出适当的补救措施就是一个更困难的问题了。"在我看来，应该拿修正案本身开刀。"汉德建议道。最初，他并不接受参议员威廉·博拉（William Borah）所提议的宪法修正案，该提议要求最高法院只有在达到 7∶2 多数的情况下才能废除州法。"我反对普遍适用 7∶2 规则，"他告诉法兰克福特，"我不希望就因为 3 个法官挡路，联邦权力就对一部州法无可奈何。"他评论道。[107]

进一步的反思令他对补救方案的看法发生了改变。最明智的方案可能是废止正当程序条款，但这肯定不是一个切实可行的方法："我不知道你要做什么才能废止这些宪法修正案。"相反，他暂时接受了要求最高法院只有用 7∶2 多数才能废除州法的想法，只要该方案仅限于正当程序问题就好："我倾向于认为一个比较好的妥协方案是在第五和第十四修正案里适用 7∶2 规则，回顾一下历史，就会发现 7∶2 几乎可以解决所有难题。"[108] 最终，汉德屈服于法兰克福特的批评，认同了这不能靠机械的小修小补来解决，而需要更基础性的变革："正当程序条款应该废止"，因为它过于宽泛，容易引致将个人偏见作为司法观点注入宪法之中。[109] 汉德接受了这一观点：就他所代表的原则而言，这是最纯粹的立场；尽管正如他准确地警告法兰克福特的那样，这是在实践中最不可能实施的立场。

当汉德和法兰克福特交换意见并重新审视他们对"阿德金斯案"的看法时，法院用这种长期以来被自由派所憎恨的说理路径，作出了对自由派有利的判决，并且该判决在法院内外均造成了自由派的分裂，这种分裂甚至至今都尚未弥合。只要大法官们几十年来所依赖的实质性正当程序概念是用来作出偏向于自由放任和经济改革的判决，自由派们就会团结一致。但如果这个概念被用于自由派的目标呢？自由派对此应该鼓掌还是谴责？这个问题正是在 20 世纪 30 年代后期罗斯福任命的最高法院大法官之间的核心争议——尽管他们全都是新政自由派，但在司法权应当如何保障公民自由问题上迅速分裂了。在 20 世纪 30 年代后期，由于最高法院在经济问题上不再干预立法政策选择，许多自由派大法官采取了"双重标准"，即不再插手经济领域法律的同时，却积极干预保护个体权利的法律。在 20 世纪 70 年代，争议变得更加激烈了，因为最高法院的多数派明确地恢复了对实质性正当程序概念的依赖，以保护开放定义的"自由"，例如获得终止妊娠的权利等。这场辩论至今仍然在持续进行中。

引发该分裂的问题首先出现在 1923 年，当时，就在最高法院在"阿德金斯案"中以空前凶狠的方式废除了最低工资法两个月之后，法院又宣布了"迈耶诉内布拉斯加州案"（*Meyer v. Nebraska*）的判决。[110] "迈耶案"的多数意见书是由麦克雷诺兹大法官写的。众所周知，他是法院占统治性多数的保守派中最为反动保守（和偏执）的一位。"迈耶案"判决以实质性正当程序的理由废除了州法律，麦克雷诺兹大法官依赖的先例是从"洛克纳案"到"阿德金斯案"的一系列经济相关法律的案件，这些先例对"自由"作了宽泛的解释，将"契约自由的信条"放进了对宪法的解读中，因而对除了在"紧急"状态下以外"肆意"干涉"自由"的行为予以否定。到这里为止，这一观点听起来像是又一个最高法院阻挠立法机关对经济事项的改革性立法的裁决。但是，"迈耶案"的结果存在很大不同，这种不同足以促使一些自由派人士重新审视他们对最高法院的敌意。

内布拉斯加州颁布了一项禁止在小学教授外语的法律。罗伯特·

T. 迈耶（Robert T. Meyer）是一名教会学校教师，他被指控向一名 10 岁学生教授德语。内布拉斯加州在联邦最高法院捍卫其法律的正当性，认为这是一项合理的政策，能使得"美国理想的阳光照耀到共和国未来公民的生活中"。[111] 该法律是州立法机关针对在第一次世界大战期间整个国家弥漫的仇外心理的产物；当时有 22 个州禁止了外语教学。麦克雷诺兹大法官基于过去 20 年来将正当程序条款用于限制立法的判决，坚持认定"自由"不仅包括契约自由，还包括"获取有用知识、缔结婚姻……抚养孩子"等权利，也包括其他长久以来受到认可的"对自由人有序追求幸福同样至关重要的"特权。这些权利中的每一项都存在于笼统的正当程序条款之中，都隐含地宣告了除非在极其特定的情况下以外不得被州的立法权所侵害。根据"迈耶案"判决，如果没有满足大法官们在一系列正当程序案件中所要求的强有力的正当理由，"德语教师教授德语"的"权利"以及"父母选择他来如此教授自己子女的权利"，都不应当受到侵损；因此该教师的"自由"被违反宪法的法律非法地限制了。有史以来第一次，实质性正当程序被用来达成令自由派欢呼雀跃的结果。

布兰代斯大法官默默加入了多数意见，在最高法院的自由派中，只有霍姆斯提出了异议。（主笔"阿德金斯案"判决的萨瑟兰附和了他的异议！）霍姆斯表示他和所有自由派一样，不喜欢内布拉斯加州的法律；但他坚持认为，在这个问题上"理性的人可能会有不同看法"，"因此我无法用［宪法］来阻止实验性的尝试"。[112] 这是典型的霍姆斯与布兰代斯式说理，在许多案件中，这两位伟大的异议者就是以这样的理由来为经济领域的立法实验辩护的。

"迈耶案"是一个分水岭：在这 10 年剩余的时间里，每当公民自由受到威胁时，自由派们就以"迈耶案"作为先例，向法院要求对他们所珍视的个人权利加以保护，而自由派大法官之间就"迈耶案"而发生的分裂，很快也在整个支持公民自由的社群中得到了回响。汉德和法兰克福特很快接受了霍姆斯的立场：他们与准政治性的正当程序条款相关判决斗争了太长时间，不可能现在就机会主义地转而接受他们认定为非法的宪法工具。法兰克福特在判决后的第二天向汉德写道：

> 就我自己而言，[在"迈耶案"中]我应该会投票给少数派。当然，我认为这种无知的立法是不文明的，但就算要了我的命，我也看不出它如何能满足缺乏"正当程序"的要求而遭到废除，除非我们干脆承认联邦最高法院就是个修改立法的机构算了。如果诸多使用多语种社区的立法机关都愚蠢地认为禁止外语教学是可取的，而第十四修正案却不允许他们这样做，那么我不得不说，哪怕是用最宽泛的概念来定义"基本"，他们所受到的限制可也远超过"自由和正义的基本原则"所允许限制的范围……对立法机关的此等限制，减弱了立法机关应当承担的职责，也削弱了选民的责任感，这大大超越了健康的最终防线的作用。我对这整个"正当程序条款"的事考虑得越多，我就越不愿意把这种权力交给华盛顿的那九位先生。[113]

（法兰克福特在1923年对"迈耶案"的立场基本上就是他在1940年和1943年最高法院在关于一些州强制要求小学生向国旗致敬的判决中的立场。[114] 在1940年，他还属于最高法院里的多数派，维持了要求礼敬国旗的法律，但是到了1943年，多数和少数的形势发生了逆转，于是他就成了异议方。大多数现代评论家都对他的立场颇有微词，很少有人试着从他对正当程序条款问题的长期立场来理解它。）

一天之后，汉德对法兰克福特的立场表示赞同，与许多自由派人士不同，他发现根本问题很简单："如果州立法机关希望通过这种形式的'美国化'来让自己看起来像个傻瓜，我看不出有什么理由应该由最高法院来承担责任，而不是由它自己来承担。但是，就像你一样，我在这些问题上是个极端放任主义者（ultra-latitudinarian）"——也就是说，他支持最广泛的立法实验自由，即使他不喜欢立法过程的产物。[115]

最高法院在"迈耶案"之后对正当程序条款的适用愈发具有限制性效果，继续废除了不少规制经济领域的法律。但两年后，实质性正当程

序原则带来了第二个偏向于自由派乐见其成的结果的裁决。1925 年 6
月，在"皮尔斯诉姐妹协会案"（*Pierce v. Society of Sisters*）中[116]，保守的反
改革派麦克雷诺兹再次狠狠打击了狂热的美国化运动的产物：一项要求
儿童必须上公立学校，实际上就是禁止创办私立学校的法律。该法律是
俄勒冈州根据直接民主的方式，在 1922 年通过对一项提案进行全民公
决而设立的；一所教会学校和一所军事学院对其进行了挑战[117]。该提案
之所以提出，是得到了三 K 党的大力支持。该运动中的方方面面也体现
出了俄勒冈州作为诉讼一方提出的法律上的辩护意见：俄勒冈州所依据
的正当性理由中包括，选民们不仅想要遏制"不断上升的质疑宗教的势
头"，来"防范未来的内部分歧和外来威胁"，同时也是为了进一步使"新
移民美国化，并将他们培养为爱国和守法的公民"。虽然俄勒冈州的大
多数私立学校都是教会学校，但州政府警示说，"某些对我国执政基础起
到彻底破坏作用的经济学说的信徒"也完全可能建立类似的学校。"难
道能说州政府无权阻止布尔什维克主义者、工团主义者和共产主义者控
制和执行对其相当一部分未来公民的整个教育吗？"[118] 但凡听取了 1925
年州政府律师在最高法院的陈词的人都没法否认，战后的"赤色恐慌"
仍然在俄勒冈州肆虐。

　　麦克雷诺兹大法官的判决认为"皮尔斯案"比"迈耶案"更容易作出
决定：没有任何迹象表明非公立学校的教育有任何不足之处；相应地，也
就"没有特殊情况或现存的紧急情况需要对初等教育采取相关的极其特
殊的措施"。因此，根据"迈耶案"确立的规则，"我们认为事情很清楚，
该法律无理地干涉父母和监护人指导他们控制下的儿童的成长和教育
的自由。[正当程序条款]不允许州拥有这样的普遍性权力，无权用强
迫它的儿童只能听取公立学校教师授课的方式来对其进行标准化教
育"。[119] 与"迈耶案"不同，这一次最高法院里根本没有异议，布兰代斯和
霍姆斯都附和了麦克雷诺兹的判决。

　　汉德读到"皮尔斯案"判决时正在奥尔巴尼，他去那里参加最近去
世的姐姐莉莉（Lily）的遗产分配。在闲暇时，他在斯泰特街 224 号的老
宅子里提起笔，写信给沃尔特·李普曼。在李普曼离开《新共和》前往

《纽约世界报》担任社论版编辑后,汉德与他更为亲近了:李普曼对政坛时事冷静理性的评论似乎越来越有吸引力。他们在纽约频繁见面,经常交换字条。到了奥尔巴尼后,汉德预计他可能几周见不到李普曼了:李普曼正在巴尔的摩,他妻子刚从一次重大手术中康复,他还陪在医院病床边;而汉德很快就会去欧洲旅行。汉德觉得李普曼擅长展示纯粹智力活动的一面,而很少表现出对人的真诚同情,因此李普曼夫人的病可能让她的丈夫有机会摆脱对情绪的刻意约束。他还怀疑李普曼应该可以比他自己更平静地处理个人问题:"我觉得你会比我应该做到的还要更稳重。"在家庭危机中,李普曼不会被那些困扰汉德的感情所折磨——"那种会让你炸裂的感觉";汉德认为,李普曼与"像他这样很难'与人打成一片'的人相比"可能具有"巨大的优势"。然而他并不完全确定,所以他写信主要是为了将他友好的热情延伸到他冷冰冰的年轻朋友那里:"能知道你在朋友心里是一件令人高兴的事。你是在的。"

但是,在给像李普曼这么招摇的知识分子写信的时候,汉德发现不可能不捎带一些其他话题。在长达 8 页的信的第 6 页,他转而提起了刚刚判下来的"皮尔斯案"。"我被逗笑了,俄勒冈州学校的案子从他们笔下出来,毫发无伤。即使是老霍姆斯也咽不下这口气。"他写道。但霍姆斯和布兰代斯沉默的认可在理智上很难令人接受:

> 有点难以理解为什么州政府可以对阿尔文·约翰逊(前《新共和》编辑,现在是社会研究新学院院长)说,"我们不会让你的孩子离开学校,除非时不时地让她考试来确定她能跟得上教学大纲标准";如果州政府可以这么说,那为什么不能说,"总体来说我们还是觉得我们想要的教育必须在我们的学校里进行"呢?

然而他还是站在了附和判决的自由派一边:"嗯,这完全是个程度问题,而且当三 K 党在捣鬼的时候,我没法抱怨逻辑上缺乏的完整性。如果我在那儿,我想我应该也是投'附议'。"不过,他仍然对于正当程序条款那模糊的话语中灌注的巨大司法权力感到痛苦："人们或许索性就可以承认'九人'是个更高级别的立法机构，整件事也就了结了。但他们得小心，不能超越民意呼声传达的压倒性共识所允许的程度。"他忍不住以一句对那些在正当程序的幌子下强制推行政治倾向的大法官的嘲讽来作结尾："这个原则对于司法独立来说倒真是挺好的。"[120]

　　总而言之，汉德害怕大法官们将正当程序条款用来解决激烈争议且有党派倾向的议题，会破坏他们在判决涉及更坚实的法律规范的争议时的权威性。在皮尔斯案判决后的几天之内，他明确表示，他不敢苟同那些认为只要受挑战的法律威胁的是公民自由而不是自由放任，就打算放弃对正当程序的传统解读的自由派人士的观点。在"皮尔斯案"还在最高法院审理期间，田纳西州的另一个案件令这场争议的战火又延伸到了一个新的议题上；汉德极力否定了李普曼所建议的，认为自由派人士是时候放弃旧的进步主义信仰，改向法院寻求有利于其运动的帮助的观点，这也最为清晰地展现了汉德的看法。

　　1925 年 3 月，田纳西州通过了一项法律，禁止任何公立学校员工"教授任何否认《圣经》教导的神创论的学说，转而教授人类是低级动物后代的理论"。[121] 田纳西州反进化论的法律——"猴子法"——是由世界原教旨主义基督教协会（World's Christian Fundamentalist Association，简称 WCFA）为首的达尔文理论之敌的胜利。1925 年，新近成立的美国公民自由联盟（American Civil Liberties Union，简称 ACLU）一开始专注于对抗邪恶的美国化计划和三 K 党对天主教学校发起的攻讦，后来又将对抗宗教原教旨主义的运动添加到其目标当中。公民自由维护人士说服了一位正因为该项新法而受到刑事审判的年轻科学教师约翰·T. 斯科普斯（John T. Scopes），并招募了一支由克拉伦斯·达罗（Clarence Darrow）率领的显赫律师团队为他辩护；WCFA 说服了三次担任民主党总统候选人的虔诚传教士威廉·詹宁斯·布莱恩（William Jennings Bryan）来率领控方。ACLU 在斯科普斯案中有两个方面的目标：第一，揭露（和嘲弄）造就这种法律是何等的无知；第二，通过最终将问题送到最高法院来检验其合宪性。[122] 但 ACLU 仅仅在第一个目标上取得了成功。当达罗设法将布莱恩传唤上证人席,对他发起激烈的质问,并有效地嘲笑了他对圣经拘泥于字面的解释时,围绕审判的巨大宣传效应达到了最高点。数百名记者来到田纳西州的代顿市,他们中的大多数人把反进化论运动描绘成一种南方乡下落后无知的现象;ACLU 可以说在宣传上取得了重大胜利。(被击垮了的布莱恩在出庭一周后去世了。)

但不能说 ACLU 在法律上也取得了胜利。斯科普斯被判有罪,处罚金 100 美元。达罗一直都清楚他在法庭上的焰火表演[在几十年后被改编为戏剧和电影《承受清风》(*Inherit the Wind*)[123]]不能使他的当事人免罪;事实上他就希望陪审团给斯科普斯定罪,这样他就可以在上诉时狠狠抨击"猴子法"了。但是,田纳西州最高法院设法挫败了 ACLU 将案件送到联邦最高法院的企图:州法院驳回了 ACLU 的所有基于宪法的论点,但又以一个技术性的理由撤销了对斯科普斯的定罪(理由是罚金是由一审法官而非陪审团决定的)。ACLU 的一名律师指责这是田纳西州的"诡计",目的就是为了防止法律的合宪性遭到检验。但州法院的二审判决结束了案件:既然没有定罪,也就没有什么可以向华盛顿上诉的。[124]

虽然在"猴子法"审判中,ACLU 赢得了全国公众舆论的支持,但类似法律花了 40 年才到达联邦最高法院,并最终遭到废止。[125] 尽管许多历史学家断言"斯科普斯案"为反进化论的法律敲响了丧钟,但事实上直到 1968 年这个问题仍没有得到最终解决,反倒是需要建立新的判例来挑战新一轮的"神创论"法律。此外,ACLU 在 20 世纪 20 年代的法律目标始终未能实现。在"斯科普斯案"中,ACLU 希望确保公立学校教师享有学术自由的宪法权利;然而,教师们是否有权根据自己的想法来进行学科教育仍然是非常不确定的。就法律上而言,现代对"猴子法"和"神创论"法的攻击的确取得了成功,[126] 但胜利的依据是该等法律构成了国家对宗教的"确立",这一法律基础在 20 世纪 20 年代还不存在,直到 20 世纪 40 年代末开始的一系列最高法院判决才认定,宪法第一修正案对"确立"官方宗教的禁令也适用于州政府。[127]

汉德和李普曼都注意到田纳西州的反进化论法律和媒体对"斯科普

斯案"庭审铺天盖地的报道。两人都认为该法令人憎恶。李普曼一篇接一篇地发表着激情洋溢的社论。汉德像克拉伦斯·达罗一样是个不可知论者，他对田纳西州的政策感到十分困扰。他在奥尔巴尼给身在巴尔的摩的李普曼写了一封信，就医学研究事宜评论道："有朝一日，我们会对这围绕某颗普普通通的恒星的不起眼卫星上莫名其妙出现的复杂化合反应有所了解。更确切地说，如果我们没有被狂热的田纳西人和诸如此类的人吞没的话，我们会的。"他继续着自己的沉思：

> 吉尔伯特·默里（Gilbert Murray）在哪里写过一段不错的话，他说希腊人有一种意识，觉得自己生活在一座随时可能被野蛮人的海洋所淹没的小小岛屿上。最后还真就是这样。我一直觉得我们很安全。过去 10 年应该能让任何人停下来想一想了。我仍然认为事情会好起来的，但这将是一场漫长的战斗，而结局总是不确定的。[128]

汉德的猜测中只有一部分只与李普曼产生共鸣，因为李普曼越来越同情想让最高法院以实质性正当程序为由废除反进化论法律的努力了。他回答道：

> 我非常急切地希望看到你就田纳西州案件提的建议。［宪法学教授托马斯·里德·］鲍威尔（Thomas Reed Powell）和莫里斯·科恩（Morris Cohen）认为，法律的合宪性不应被质疑。此类行为尽管愚不可及，却仍应该在立法机关的地盘之内……虽然我很清楚这是进步党的信条，因为在法院驳回我们想要的法律的那些日子里，我们都接受了它。鲍威尔和科恩是前后一致的，但我想知道我们是否可以不用重新设立新的原则，就能保护好教育免受多数人侵害。我自己的思想一直在逐步走向反民主的道路：选民的规模，无法对其进行足够的教育，数百万半文盲的、被神父或牧师控制的人群，如此种种弄得我想要对

多数人的行为进行限制了。无论如何，我们必须对抗田纳西州的这档子事。你怎么看？[129]

汉德并不同意，并立即坚定地将这个见解写在了回信里。他不信任最高法院能处理好学校之类的政策问题，就如不愿意将经济理论问题交给它一样：

> 我认为你对田纳西的案件的看法是错的……我针对俄勒冈的案子（"皮尔斯案"）所说的话已经表明了我的态度。说老实话，就算是那个案子我也能咽下这口气，这个案子就更毋庸置疑了，……总要有人来决定课程大纲。应该由谁来决定呢？法官吗？要是这样的话，那也只有在占压倒性优势的情况下才这么做。这个案子最后是用来保护[法官的]独立性的，但凡没在这个位置上坐过的人不会知道这有多重要。如果他们真的一定要在这些问题上采取行动，那一定只是在最极端的情况下，不过我很怀疑行动的必要性。

对汉德来说，为了保护自由主义价值而请求法院基于正当程序条款施以援手的想法，最终被他对民主进程的信念所否定——人民及其代表有权自行决定有争议的事项，而不是被非经选举、反应迟钝、不民主的司法机关的政策选择所统治。这是他后来几年经常认同的在 E. M. 福斯特（E. M. Forster）的《民主的两声欢呼》（*Two Cheers for Democracy*）中的立场：支持这样一种由民众投票进行多数决的制度——人们能认识到这个制度的瑕疵和风险，但也能认识到其要素较其他选择而言已是最优。正如汉德告诉李普曼的：

> 我们已经选择了民主制度，当我[因为它的过激行为]像你一样震惊时，我想过有没有任何可用的替代品。需要满足这些条件：连续性原则——这就排除了独裁制；有确保稳定的强

大力量——在现代意味着人民大众的接受；保证政府行为的聪明才智不会过多花费在自私自利和剥削上——在我看来这基本上就否决了寡头制，不过我对这一信念持开放态度。总的来说，数人头的原则显然确保了第一点和第二点，至少是第一点。如果我要说的是远一点的事，那可能第三点有些不确定，但是在可以预见的近距离范围内，我可以相信即使是现代的暗示手段[即政治宣传]也不会允许这种作为不受控制的权力的绝对剥削的。无知是可能有机会战胜我们，但我打赌它的赢面不大。[130]

几年前李普曼出版的《公众舆论》巩固了汉德对他的赞赏之情，这或许是他最重要的著作，也绝对是最受欢迎的。[131]该书超越了政治分析人士传统上对制度和政府正式运作的关注，而花了大量篇幅聚焦社会心理学的新领域。他在其中提出：固有偏见、刻板印象和刻意宣传正在破坏民选政府的传统基础："民众拥有作出政策决策所需要的信息"这一假设，也即"民主制度的原初信条"，在纷繁复杂的现代社会中已经过时了。"在共同利益在很大程度上与公众舆论无缘，而且只能被一个专门化的阶层来控制。"然而，他却以乐观情绪作为结语："仍应像相信善有善报那样生活下去。"他主张说："人持有这样的信念并不是犯蠢，智慧、勇气和努力并不见得就一定能为所有人创造美好的生活。"[132]

汉德怀抱极大热情拜读了《公众舆论》一书：在对大众的心理和能力抱有忧虑，以及对民主制度的存续似乎仍保有信念这两点上，他都与李普曼看法一致。他认识到，如果没有格雷厄姆·瓦拉斯（Graham Wallas）所做的"开拓性工作"，就不可能有这本书的完成。瓦拉斯是一名费边社会主义者，是李普曼早年的导师，与汉德也认识很多年了。但汉德也认可了李普曼的独创性，尽管他觉察到这位比他年轻的朋友的作品渐渐趋向于保守。毕竟，汉德也已经失去了早年《新共和》时期或者更早的公麋党人年代的改革主义热情；尽管如此，他从未变得像李普曼一样保守，并仍对生活为更质朴简单的时代更有好感。李普曼提出的由专家来进行统治的方式,对他来说过于机械化,过于有序,过于书生气。从理论上讲,由于唯恐媒体和政坛上蛊惑人心的煽动者——比如"赫斯特[133]之流,汤普森之流"("大比尔"汤普森是当时的芝加哥市长和话事人)——的"蛮族入侵"征服一切,而"让专家们来做"有合理之处。但汉德指出,李普曼并不完善的分析并没有充分考虑到驱动人类行为的动因具有复杂性:

> 你所设想的通过排除煽动性话语来为争议降温的方案或许部分起效,但我仍坚信,通过释放情绪获得快感是人人皆有、无药可救的天性。真实可信、有血有肉的反应碰撞交织成壮丽的现实,个人欲求在真实世界环境中饱受艰辛磨砺。怎可能弃绝此间之乐?

在褒扬和真心赞赏之外,汉德仍对李普曼有所不满,认为他过分依赖"专家",无法完全理解大众的情绪所具有的力量:

> 恕我愚钝,竟然满心指望你能指点迷津……[但]何人可能做到呢?诊断结果除了发烧以外一切健康;我们得到处打听什么治疗方案能见效。"试错法",对的,那会有用,但我昨晚读信的时候想的是"对,用试错法",但得是"有记录的试错法"。我觉得猴人(Banderlog)[134]也会用试错法,有试验和错误,但这对它们来说有什么用呢,它们今天就会忘了昨天做过什么。公众也正是如此。你能让他长记性吗?要是能,我会为此付大价钱,比其他任何东西都高的价钱。那样的话他就能学到教训了。[135]

汉德的一系列质疑性猜测使得李普曼将他的分析更向前推进了一步,并寻求解决前著中难以调和的三者:复杂而悲观的分析、对"专家"的简单呼吁和模糊而乐观的结论。李普曼的续篇名为《幻影公众》(*The*

Phantom Public），是直到 1925 年也即斯科普斯争议后不久才出版的。[136]
那年夏天，李普曼在一封信的结尾处向汉德"再讨一个人情"：

> 我的《幻影公众》一书将于秋季出版……我打算把这本书
> 题献给你，我很是尴尬，因为我觉得你应该有个机会说不，但我
> 担心不论实际感受是什么，你都不会直接拒绝。我已经准备好
> 接受粗疏不堪这个评价，甚至相信你会认为它立论不扎实，因
> 为我是在试水一个相当陌生的理论领域。请坦率地告诉我，你
> 最希望我怎么做。[137]

汉德欣喜地接受了此项殊荣：

> 这给了我相当长时间以来最无与伦比的满足感。我不需
> 要阅读证据：我了解你本人和你曾说过什么，即使未必完全同
> 意。毋庸置疑，在我读完它之后，它至少会和我的想法合拍，这
> 我是敢打包票的。另外，我觉得也不能假设在这种事情上能字
> 字句句都完全同意。既然你这么说了，我只能说这大概是我有
> 史以来接受过的最重大的荣誉之一，要是我得不到这个荣誉，
> 我会非常失望的。[138]

然而，汉德在阅读本书时心情一定非常复杂，甚至时有失望。他从
未就此写信给李普曼；与《公众舆论》不同，它没有激发他最强烈的反
应。李普曼放弃了他在《公众舆论》一书结尾时的乐观主义，现在改为
主张相信大众具有统治自己的意愿或者能力是一种"虚幻的理想"。传
统的民主政治的前提，即选民主导政府的进程，是完全错误的；这一意义
上的公众只是一个"幻影"。甚至李普曼对专家的信心也已经减弱了：
现在他认为真正的区别在于局内人和局外人，而只有前者有足够的资料
作为依据从而可以采取行动。"公众必须回到属于自己的位置，该干嘛
干嘛去，"他坚称，"这样我们每个人都能免于被没头没脑的群体踩踏和

咆哮。"汉德也有时称群众为"群体";但他的恐惧混杂着同情,他也从未做过如此灰心丧气的结论。李普曼是作为一名幻想破灭的前浪漫主义、前理想主义者、前进步主义者来撰写本书的:正如他在书中特别提到的那样,他"已经度过了政坛充斥浪漫主义的时代",而"不再被曾经的热烈呼喊的陈旧回声所感动";他现在"头脑清醒且不为所动",不再是投身运动的积极分子。但是,正如汉德没有支持李普曼对以正当程序条款进行司法干预的赞颂一样,他也没有接受李普曼对于多数决这一政治实验的过于宽泛的谴责。

1925 年末,李普曼提醒汉德,霍姆斯大法官将在 1926 年 3 月 8 日年满 80 周岁,因此要求他为了这一特殊场合为《世界报》写一篇简短的祝颂文章,"最好能署名"。[139]汉德写了文章,以他一贯的个性,对文章质量并不满意,但不管怎么还是将其发给了李普曼,只是坚持要求匿名发表,最后文章确实就是这样发布的。

> 显然我不能署名;它太明显地暴露了作者的观点与霍姆斯一致……如果你要刊登它,我必须要求你隐去作者身份。我试过写得平淡不带个人风格一些,这样就可以署名了,但这让文章黯然失色。作为法官就不能说任何不符合法官身份的话。[140]

尽管汉德在信中颇为自谦,但他向霍姆斯的致敬实际上是一篇重要而优雅的短文,就像是在继续他与李普曼就斯科普斯审判的论辩一样,他详细阐述了霍姆斯(实际上是他自己)在宪法问题上的立场:

> 有两个学派,准确说是两种倾向;其一是将目前暂时占主导地位的"基本政治假设"强加给宪法的学派;它认为宪法修正案的概括性条款能保护个人免受派系斗争的变幻莫测和不尽之扰。其二是在理论上并未偏离前者太远,但适用上更加谨慎的一派。这种谨慎是建立在听取疑虑的基础上,或者至少认

可,对于众说纷纭的流行学说,除了社会实验以外别无其他检验方法,毕竟任何实验都比不让实验的危险性要小。霍姆斯大法官就是第二个学派最重要的成员。

霍姆斯就受到挑战的立法的看法,并不基于他是否赞成这项法律;汉德强调说,恰恰相反,他的看法"表明了他的坚定信念是法院不应轻易干涉此类事项,他坚信宪法设立的不是三院制,一部能被通过生效的法律背后不会一丁点道理都没有"。他就此进行了详尽说明(就好象是在为自己辩护),霍姆斯倡导司法机关应当服从立法决策,这反映了他所顾虑的问题:应该由政府的哪个分支来承担"大量失望的人的憎恶":"法院应该承受人们的怒火吗?他们能承受得了吗?毕竟法院是不必对公众舆论负什么正式的责任的。让法院从此类争议中抽身,很可能到最后这才对司法权力最可靠的保护。"

汉德也富有洞察力地谈及霍姆斯的个人特质;和往常一样,在向他人致敬时,他往往不是在谈论对方,而是在夫子自道。他将一项自身特质归到了霍姆斯身上:对法官来说这是种"危险的能力"——"质疑精神"。汉德说,霍姆斯的特殊品质在同样认为"生活纷繁复杂、规律难以捉摸、追求真理是一场险象环生的实验,而人类的调查能力又何等笨拙"的"那群人中间"获得了最高评价。汉德自己显然就是"那群人"之一。[141]

法官怎么能做到同时保持质疑和心胸开阔这两种态度?这种"超然的态度"究竟是如奥林匹斯诸神一般超脱于人类问题之后的自然产物,还是来自在经历了痛苦的情绪挣扎、自由意志的艰难抉择后的有意为之?"

超然与审慎的态度并不有趣;人们觉得这是一盆冷水,而不是推波助澜,能得到那么高的评价实在有些非同寻常。然而,它在任何理性的世界中都显然必须占有一席之地,人们不得不注意到它的价值,并探寻其背后的动因。探寻的结论就是冷静与中立,因为文明人终将习得克制妄下判断的冲动,而这是人类意志最高成就之一。[142]

当汉德将"克制妄下判断的冲动"描述为"意志"的艰辛成就时,他准确地描述了自己在20世纪20年代因好几起公民自由案件感受到的痛苦。"迈耶案""皮尔斯案"以及围绕着"斯科普斯案"的一系列争议自不待言,而还有其他几个案件也令他摇摆不定,这种犹豫不决的行为,显示出他自孩提时代以来一直具有的犹疑甚至畏惧的脾性;而其他更谨慎的行为则并不是自律的"克制"的结果,而是他自己有时称之为缺乏勇气的产物。

这种畏惧在1919年就曾显现。当时,费利克斯·法兰克福特因在波士顿主持召开的主张应当承认苏联的会议而遭到抨击,这在广大自由派人士中广泛掀起了巨大的愤慨,而汉德则拒绝参与其中。但是,在20世纪20年代,没有任何其他争议比"萨科和万泽蒂案"(Sacco-Vanzetti)更能清楚地说明汉德的犹疑不定了。这个案件比20世纪20年代的任何其他争议性事件都更深地唤起了法兰克福特的激情,然而,尽管他使出浑身解数想要调动汉德的情绪,引起他的兴趣,但进展非常缓慢,而且汉德只是在很后来才意识到,针对这两位意大利移民的刑事诉讼确实存在问题。

鞋匠尼古拉·萨科(Nicola Sacco)和小贩巴托洛梅奥·万泽蒂(Bartolomeo Vanzetti)是两名无政府主义者,他们于1920年5月因劫持和谋杀一名警卫和一名出纳而被逮捕。他们在马萨诸塞州戴德姆的韦伯斯特·塞耶法官(Webster Thayer)席前受审,很快被认定有罪并判处死刑。最初,"萨科和万泽蒂案"主要是为极端分子之间提供了论战的舞台:左派人士认为这是传播阶级斗争信仰和指责美国社会腐败的机会;右派人士认为这是发泄仇视外国激进分子情绪的机会。塞耶法官确实存在偏见——他私下将被告人称为"那些无政府主义混蛋"[143]——但是他小心翼翼地将自己的偏见排除在庭审记录之外。[144](事实上,证据很复杂而且相互冲突,而且关于被告人究竟是有罪还是无罪的问题至今仍在争论中。）

自 1920 年定罪后之后的 5 年时间里，法兰克福特几乎都没有注意到这个案子。然后，在 1925 年，一名走中间道路的新辩护律师指控检察官误导了法院，从而破坏了司法公正，法兰克福特相信被告没有得到公平的审判。一朝被唤醒，他就开始不知疲倦地工作：除了在漫长的诉讼程序的最后几个月协调战略和宣传策略之外，他还埋头于堆积如山的庭审记录中，写出了一篇旨在打动那些"最高贵的人"的长篇文章，发表在《大西洋月刊》上。[145] 1927 年 3 月，法兰克福特首次就此撰文后不久，他开始向汉德发来不计其数的信件讨论此案，旨在激起他同样程度的关注。

汉德最初打算置身事外；[146] 在那之后的好几个月里，对于到底是否要投身其中也还是犹豫不决。汉德拒绝在这场争论中站队是出于什么原因呢？在某种程度上，是由于对既定司法秩序的信念；在某种程度上，也是因为他与生俱来的秉性中的不确定性。但也有别的解释。一方面，每当法兰克福特散发着充满热情的狂热者自以为是、信心满满的气质时，汉德的直觉就会是先等等再说；另一方面，他原本就经常怀疑美国刑事司法系统为被告提供如此无穷无尽的机会来挑战定罪是否明智。

例如，早在 1923 年，汉德就对法兰克福特投身他所支持的运动时那种强烈而凶猛的攻势感到不耐烦，那年的事是阿默斯特学院的校长亚历山大·米克尔约翰（Alexander Meiklejohn）被迫辞职。米克尔约翰是一位有天赋的教育家和哲学家，他在阿默斯特的改革受到了学生的欢迎，但却令他疏远了大部分教师，而且失去了校董会的信任。这一方面是因为校方对教育改革存在分歧，另一方面也是因为他在财政上管理不善。法兰克福特确信迫使米克尔约翰离开阿默斯特是违反学术自由的行为。"这件事真把我气到了，"他告诉汉德，"自从一战停战以来，美国几乎没有发生过能令我这么激动的事了。"尤其是当汉德指出由于"用于判断的信息不足"，他"倾向于信任"他所认识的阿默斯特校董们［其中汉德最熟悉的是自由派共和党人德怀特·莫罗（Dwight Morrow）］时，法兰克福特更是火冒三丈。汉德则主张，应当在宽泛的机构层面的意义上来理解校董会的决定,而不是将其理解为个别的私人行为。[147]面对法兰克福特狂风暴雨一般的激烈言辞,汉德在通信中完全放弃了相关问题的探讨:他对法兰克福特说,没必要再继续讨论下去了,"尤其是鉴于你对此的情绪是如此强烈"。[148]正如他向李普曼所说的那样,他发现法兰克福特"对此投入了大量精力",因此只能放弃争论而评论说:"好吧,我们不是用同样的材料制成的。"[149](事实上,法兰克福特因为《世界报》在阿默斯特事件问题上模棱两可的态度大发雷霆,李普曼已经为此烦恼了好几个星期了。李普曼已经写了称颂米克尔约翰的文章,但对校董会的做法也予以开脱。[150]法兰克福特则教训他说,他的职责是应当主动介入,而不是仅仅当一名中立的报道者。"到底是地狱里的什么东西附体了费利克斯,让他变得那么疑惑重重、牢骚满腹、争论不休?"李普曼这样问汉德。)[151]

只有极少数情况下,汉德会愿意更深入地探索他们之间的气质差异,正是这种差异一再困扰着他。20世纪20年代后期的一次对话显示了他们的"不是用同样的材料制成的"。这次的争议焦点相当技术性,是一场关于联邦法院适当管辖权的辩论。法兰克福特是首个对该主题产生学术兴趣的人,他一再主张,联邦法院不应仅仅因为争议发生在不同州的居民之间就获得裁决纠纷的权力。汉德并不完全同意,他认为,即使已经到了20世纪,仍有理由为州外居民提供一个中立的联邦司法平台,毕竟如果不得不将案件提交给该州法院的话,他们仍有可能遭遇地方主义偏见。像往常一样,法兰克福特坚持不懈长篇大论地灌输自己的观点,汉德也一再表达自己的不同意见,经过无数次的信件和谈话后,汉德当面对法兰克福特表达了自己的不满——但又立刻后悔了。在1929年4月的一张便条里,汉德道了歉。汉德说,奥利弗·温德尔·霍姆斯曾经说过,法兰克福特不懈努力的最终"结果"会是"使得事情变得更具有合理性",而汉德对此表示同意。

我想我和其他人没什么不同,每当我发现朋友们似乎在对我施加影响时,总是因为他们触及了我已经习以为常地忽略,但其实却仍在内心进行冲突的地方。他们唤醒了那些冲突，因此才令得我不安。布兰代斯曾经对我说，民主制度中最首要的美德就是好战。我不会说得那么过头，因为好战常常激发好战，而争论会使人失去判断力；但我无法否认这种美德的价值。随波逐流很容易，时间长了就更是加倍容易了。你能影响我，能打断我随大流这种坏习惯，而我也越来越容易受到你的影响。既然我时不时会被你搞得有点心烦意乱，那你可得时不时接受这样的代价。

在以下的动人段落里，他既承认了自己的弱点，也表达了他们之间感情如何深厚，并对法兰克福的直言不讳的特点作出了批评，正是这样的深厚感情保证了他们之间存续超过 50 年的友谊：

> 我有时会希望你能不那么经常地投身到某些运动事业中去，但这难道不正是因为我没有足够的力量或意志——也或许是勇气——来自己投身进去吗？不要觉得这会使我不明白你在做什么，以及你将一直会做什么。必须有人采取行动；它不足以影响持超脱态度的人，但超脱可能只是在掩饰无法作出决断的无能。请相信我并不是看不到你身上的这些东西；无论距离远近，我仍能感觉到，与你独处时，我的心没有一次不被你的友谊所温暖。[152][153]

但是，汉德不愿意和法兰克福特一起讨伐对萨科和万泽蒂的有罪判决，这也源于他对刑事案件中不公正定罪风险的看法。在萨科和万泽蒂的争议达到顶峰之前好几年，汉德已经向法兰克福特明确阐述过自己的立场。1923 年，在"美国诉加尔森案"（*United States v. Garsson*）的地区法院判决中，他发表了严厉的"法律与秩序"式的言论，批评对刑事被告人的过度关注："我们的危险并不在于对被告人不够温柔。我们的刑事诉讼程序一直为被定罪的无辜者的幽灵所困扰。这是不真实的幻觉。我们需要担心的是,过时的形式主义和眼泪汪汪的同情阻碍、拖延和挫败了对犯罪的起诉。"[154]这些语句激起了法兰克福特的兴趣和愤怒,但汉德坚持立场毫不动摇:

> 和你一样,我对赋予被告人怎样的程序性保护这个问题有多种看法。有时候事情是会搞砸。总体上来说凡是搞砸,基本是因为公众处于"绞死他"的狂热情绪里,我怀疑在这种案件中,你提到的保障措施还能否有效。也许我低估了它们。在正常情况下,你也会同意美国的刑事司法系统一直受到繁琐的官样文章之网的束缚。如果我们想抓到要打击的违法犯罪分子,就必须以某种方式学会更直接和有效地对待犯罪行为。我宁愿在偶尔发生司法私刑上赌一把运气,也不愿意对正常的司法程序施以过多限制,当然我也承认问题在于做到什么程度。[155]

到 1927 年 3 月,当法兰克福特将他在《大西洋月刊》上的文章寄给汉德时,第一次申请对萨科和万泽蒂进行重新审判的动议已经失败了,很快,马萨诸塞州最高法院又维持了对第二次动议的否决。在穷尽以上法律手段过程中,法兰克福特发表了他的研究结果,指控法官和检察官在审判中共同创造了一种歇斯底里的氛围,而且说到底,针对被告的证据全都是间接的。不久之后,马萨诸塞州州长阿尔文·富勒(Alvan Fuller)拒绝减轻刑罚。然而,当汉德收到法兰克福特的文章时,他似乎并未急于阅读。他写道,希望能够"在时机成熟时"再去读。"我发现自己无意识地更倾向于我对秩序的偏好,我现在希望我当初没有这么想。"他承认,他假定了经过全面审判并在州法院系统内多次上诉后,不太可能还会发生严重的错误;他愿意姑且相信经正式司法机制所证实的定罪。不过,他向他的朋友保证:"我相信我去读你的文章时,我会克服任何我本能中的偏见来理解案件。"[156]

在接下来的几个星期里,法兰克福特以一反常态的温柔态度,持续地试图引起汉德的兴趣。例如,4 月初,他向汉德寄了哈佛大学历史学家塞缪尔·艾略特·莫里森(Samuel Eliot Morison)给《波士顿先驱报》写的信，以"让你了解一下，在没有陷入对布尔什维克攻陷州街的恐慌与畏惧时，新英格兰最优秀的头脑与心灵是如何看待萨科－万泽蒂事件的"。[157]但是，汉德又一次退缩了，不愿站出来表明立场。他告诉法兰克福特，要作出坚定不移的判断，"所需要涉及的调查比我有机会做的要多"。然而，法兰克福特成功引出了几句评论，至少可以推断出汉德开始有些怀疑死刑的必要性了。[158]

最终，汉德确实对该争议更多地加以关注了，但并不是在与法兰克福特的交流过程中：在接下来的两年里，两人之间完全没有一封信提到萨科和万泽蒂事件。相反，他们达成了默契，完全避免提及这个话题。1927 年夏末，他们在新罕布什尔州的一次会议上见面时，汉德向李普曼提道：

> 我不得不坐在桌边听他滔滔不绝，这对我来说非常痛苦。他对案件的了解真的精确到每一个细节，这让人根本没法跟他辩论了，他的结论至少对我来说是没有分量的，因为很显然他脑子里连光都透不进去，全都被激烈的情感占满了。我需要的是能够给出我能接受的结论的人。显然他现在的状态做不到这个。[159]

然而，随着关于此案的辩论越来越激烈，汉德不得不更加密切地关注萨科和万泽蒂悲剧的进展。法兰克福特的文章发表在《大西洋月刊》上，随后又在他关于此案的"小书"《萨科和万泽蒂案》中重印，两者都产生了重大影响。在法兰克福特述及本案之前，大多数抗议的声音都来自政治光谱中最靠左的人。法兰克福特的尖锐抨击令波士顿的建制派颇为困扰，而这正是他的打算；文章引起了全世界的广泛关注。法兰克福特本人比以往任何时候都更加忙碌于对拯救被告人的策略发表建议。大约就在他最后一次努力引起汉德注意的同时，法兰克福特认定代表萨科和万泽蒂进一步向上级法院上诉已不太可能会有效果了。他和其他律师们转而尝试争取行政赦免。他们希望能通过说服马萨诸塞州州长富勒任命一组公正的公民来调查审判程序的方式,最终说服他将死刑减刑。州政府确实同意了任命调查委员会,但该委员会由哈佛大学校长劳伦斯·洛厄尔领导,也就是法兰克福特的老对头。法兰克福特并没有指望洛厄尔在这个问题上比他对"犹太人配额"更加公正,但被告人的支持者们希望委员会的调查足以质疑审判结果,从而鼓励州长富勒(法兰克福特后来形容他"粗鲁无礼、目不识丁、盲目自信")来减刑。

但是当洛厄尔的报告于 8 月初公布时,自由派人士们惊呆了:报告称委员会宣布审判是公正的,并认定被告人有罪。洛厄尔的老朋友、哈佛校董约翰·莫尔斯(John F. Morrs)评论说,调查委员会"怎么也看不到两个意大利佬怎么可能是对的,而且美国北方佬的司法机构怎么可能是错的"。法兰克福特衷心地同意:洛厄尔"无法超越对自己人的信赖"。[160] 经过这次挫折后,法兰克福特和他的助理律师们继续努力避免萨科和万泽蒂被处决。但这一切都无济于事。8 月 23 日,萨科和万泽蒂被电刑处决。作为漫长斗争的最终高潮,整个欧洲以及美国范围内均为他们举行了大规模的抗议游行。随着他们的去世,萨科和万泽蒂激起了不断回荡在报纸和书籍、小说、诗歌和戏剧中的愤怒和同情,直至今日依然如此。[161]

在处决前的最后几周里,汉德一直住在康沃尔郡的避暑居所。在他统统站在被告这一边的自由派老朋友们的包围之下,他更加仔细地关注了诉讼程序;日复一日的大部分信息均来自李普曼的《世界报》。到了高潮之处,他终于完全被感染了。渐渐地,他得出了结论,审判确实是不公平的,并且阶级偏见影响了洛厄尔的调查委员会。

具有讽刺意味的是,他在处决几周后才对这场争议进行了最有意义的反思,那时他终于能集中精力(和时间)来仔细思考这件事了;直到此时,他才感到自己可以作出判断了;在反思后,他向李普曼坦白道:"但愿我当初"在被告人们还活着的时候"就能让自己作出更为确定的结论"。[162]

即便到了此时,即便当此终于意识到不公正之大错可能已经铸成之时,汉德几乎同样关注的是欧洲人对案件的评价:"在我看来,外国媒体极其不负责任，要不是这事很方便他们宣泄对所有美国事物的仇恨，他们也不至于此。"令他特别恼火的是"英国人，他们有种天赋是让别人感受到，自己身上打上了斯基泰野蛮人行为举止的烙印……我能够感受到身为被压迫种族的一员是什么感觉，以及这对人心态均衡产生的危险。我这会儿算是承认了我有挺严重的英国恐惧症"。[163]

在 9 月 20 日给李普曼的一封信中，汉德继续遭受着困扰，他感到抑郁、疑虑和动摇。他同意可能"正义未得伸张"，然而仍然痛苦于法律制度究竟应当如何回应。他因为屈服于情感诉求而感到不安，这种情感诉求威胁到了法律平静的表象；他对于向欧洲的歇斯底里让步而感到不安；他对刑事诉讼制度本身感到不安，制度中经常发生的错误更有可能是错释罪犯，而不是惩罚无辜；以及，在内心最深处，他对自己根深蒂固的不确定性感到深深的不安。在他的朋友们选定立场之后很久，在被告人已被处决之后，汉德仍在寻找路径，逃离他再次陷入的泥潭。

该案特别令他感到不安地方在于，大规模的公众抗议活动对司法机构的正常运作施加了非同寻常的压力。屈服于欧洲公众强烈抗议的诱惑深深地困扰着他："因为外面的世界"群情激愤，就得让法院或州长留被告人一命，这对汉德来说似乎是"一个非常值得怀疑的提议"。屈服于公众舆论是汉德所不能接受的。对于定罪一事"唯一可靠的质疑"，在他看来，必须落在"案件实质性问题上"，"并将整个诉讼程序作为一个整体来考虑"。如果萨科与万泽蒂的申诉仅限于这些理由，那么汉德并不完全确信重审或赦免是合适的。他再次向自己对美国刑事诉讼法存在的问题的看法中寻求庇护。汉德不能纵容"将任何形式的激情引入司法程序"的做法。通常，激情有助于释放罪犯；"萨科和万泽蒂案"则是个特例，激情可能将无辜者定罪。但是，通过诉诸群众性抗议活动来对抗任何审判中的偏见是不可接受的：这代表了又一次向制度中非法"引入激情"的事件，而他所想要的正是摆脱了这类扭曲影响的制度。[164]

从他作为司法裁判者的角度出发，汉德对该案的最终判断是深思熟虑而负责任的；然而，他从针对案件的特定事实，撤退到了针对美国刑事司法中存在的易于犯错的普遍特征，正如汉德自己偶尔承认的那样，这本质上也是一种软弱，可以被视为是缺乏勇气。法兰克福特暮年时回忆起萨科和万泽蒂风暴时，指出了争议的核心问题："是什么原因让这么多人沦为懦弱者？"他想知道为什么"那些经济上独立的人，那些身处高位的人，那些只要开口［就能］开启理性潮流，并遏制非理性潮流蔓延的人"沉默了。[165] 法兰克福特无疑将汉德置于这些"懦弱者"之列，尽管司法职务给了他一个不公开发言的理由。

1927 年 8 月，萨科和万泽蒂引发的全球性骚动在他们被处决后迅速消退。正如他对李普曼所说的那样，在造成了如此多的动荡之后，"整件事情现在似乎正流向被遗忘事物的领域"，这令汉德感到惊讶。他将这种稍纵即逝的冷漠与这个时代的"神秘、不可思议，尽管事实上，繁荣富足……"联系起来，"人们希望变得富裕和舒适，只要维持这一状态就感到心满意足。我们这样的改革者，以及总体上致力于促进社会改良的人，最好尽可能脸不变色心不跳地接受这一点。道德主义者倒不该如此惊讶，毕竟他们不厌其烦地告诉我们，只有通过历尽苦难才能成就至圣。"[166]

但是，令汉德心烦的问题并未完全消失不见，提醒则往往来自出乎意料的情况之下。例如，11 月，法兰克福特送给汉德一本他职业生涯中最重要的学术著作《最高法院的运转》（*The Business of the Supreme Court*）。[167] 1928 年 1 月在查尔斯顿短暂的冬日休假期间，汉德终于有机会阅读此书，并立即给作者写了一封热情洋溢的致谢信："这是何等神奇的富含智慧的矿藏！能有机会写出如此细致和彻底的著作是何等非同寻常！"然后，在长篇大论表达支持的信件即将结尾时，他写下了一条重新揭开旧伤口的评论："你在此书中的情绪是如此简洁而超然，如此地'科学'，丝毫没有被宣传炒作牵着鼻子走。我希望那些抱怨《萨科和万泽蒂》一书的人能好好看看你可以多么冷静，当你从事真正的研究活动，而非试图达到特定目的时，你可以多么冷静。"[168]

可以想见，评论中隐含的对他在进行"真正的研究"时的职业超然态度，与他在"宣传炒作"中"为了达成特定目的"时不那么冷静的情绪之间的区别，深深刺痛了法兰克福特。在推迟了 6 个多星期才回复汉德的信件中，他爆发了：

> 我知道人们对我是如何批评的。但是，就个人而言，我认
> 为 S. V.（《萨科和万泽蒂》）一书的背后的学术精神，与产生
> 《最高法院的运转》一书的完全相同。我的目标在于准确性，
> 迄今为止没有人……指出其中任何作为或不作为的疏失。倘
> 若你得知有任何人打算具体地进行批评，那么我真诚地请求你
> 让我知晓这样的批评。[169]

在萨科和万泽蒂被处决后的几个月，有过一桩并不那么举世闻名的争议事件，汉德对此表现了出比法兰克福特更强烈的反滥用政府权力态度。这一次的争议焦点在于美国联邦参议院是否有权阻止民选议员在国会任职。

1927 年 12 月，参议院对最近当选的成员进行了两次调查。被调查的两位参议员——宾夕法尼亚州的威廉·S. 瓦尔（William S. Vare）和伊利诺伊州的弗兰克·史密斯（Frank L. Smith）——都是共和党人，他们是在自由支出的初选活动后当选的。几年前，最高法院认为将《联邦腐败行为法》（Federal Corrupt Practices Act）适用于初选是违宪的，[170] 现在，那些急于遏制过度竞选开支的参议员试图通过另一条路径实现目标：他们转而基于国会两院有权"判断本院议员的资格"的宪法权力（宪法第一条第五款）来"排除"参议员史密斯和瓦尔，禁止他们任职。占据压倒性大多数参议员投票禁止了这两名议员就职。[171]

汉德和法兰克福特长期以来都一直对金钱在政治选举中的过度影响有所担忧。此外，两人通常都支持由来自爱达荷州的进步派共和党参议员威廉·博拉（William Borah）领导的，主导驱逐行动背后的自由派力量。法兰克福特欣然接受了进步派人士所采取的策略，要求排除用黄金铺就前往华盛顿之路的当选议员。但是汉德对此强烈反对：他认为参议院的驱逐结果是违宪的，更糟糕的是，参议院的自由派是在罔顾自身的长远利益。[172] 他认为，国会参众两院判断其"议员"的"资格"只限于年

龄、公民身份和居住地这样在宪法中明确的"资格";在他看来,参议院只有在确定其未能满足这些宪法规定的资格(或者其系通过明显的欺诈赢得选举)时才能排除当选议员。

汉德与法兰克福特之间的分歧远不止技术性的宪法问题。促使汉德如此犀利地反对法兰克福特的,既不是法学上的迂腐之见,也不是对主张自由开支的保守派共和党人的赞同,而是对历史的记忆和对未来的先见之明。排除行动使汉德想到了 1920 年将当选的社会党议员排除在纽约州立法机构之外的行为,也令他回忆起了众议院早些时候对社会党国会议员维克多·伯杰(Victor Berger)的禁令。法兰克福特愿意让步,认为能够对参议院委以宽泛的排除之权,而汉德则坚持认为参议院并不足以信赖,他主张自由派尤其应该加以反对,因为从长远来看,自由派持不同政见者可能是最常见的受害者。

1967 年,在汉德和法兰克福特去世后不久,长期持自由派民主党立场的国会议员、纽约哈姆莱人小亚当·克莱顿·鲍威尔(Adam Clayton Powell, Jr.)因为所谓的财务不当行为而被排除在众议院席位之外。两年后,最高法院终于就汉德与法兰克福特在 40 多年前辩论过的问题作出判决。首席大法官厄尔·沃伦(Earl Warren)1969 年主笔的判决书中认定,国会不得以除宪法明确规定的资格之外的任何事项排除当选议员;他的"鲍威尔案"判决[173] 实际上是在多年之后对汉德立场的支持。

与萨科和万泽蒂事件不同,在这个问题上,汉德完全没有痛苦或动摇。"我的观点,"他告诉法兰克福特,"非常积极,并且是基于人们一般称之为情境的'哲学'。"[174] 法兰克福特的回应热情高涨但不太有说服力,试图阐明一个清晰易懂的温和立场——希望参议院掌握的排除权限能超出汉德所坚持的范畴,但他这么做是徒劳的。"我所设想的'妥协',"他解释说,"是不承认只有这两种选择,即要么遵循宪法明文列举的资格,要么给予参议院独断专行的权力";参议院应该有权"遵循道德行使权力",这意味着"根据与参议院席位相关的标准进行判断"。这是个模糊而狡猾的标准——"我知道这是个宽松的标准"——并且汉德不为所动。[175]"你说服不了我。"他径直对法兰克福特说道。他承认,当然可以设想,能让立法机构可以"有权清除其中持有其反对的道德品质的人",但是对于汉德而言,"每个选区选举其想要选出的人这一绝对权利似乎更为重要……在某些事情上,我会是个绝对主义者,尽管不是出于绝对主义的原因"。[176]汉德从来都反对扼杀异议者,尽管他是个怀疑论者,却深信法律原则和先例可以帮助保护真实世界中的异议者。他在1927 年排除事件的背景下对风险的猜测,与他在 1917 年对"《大众》案"原则的辩护有着惊人的相似之处,这绝非偶然。

汉德对 20 世纪 20 年代所有这些公民自由问题的看法,都仅存在于他与一些亲密朋友的通信里,但随着他的名气越来越大,听到他在庭外发言的受众也越来越多,其中几次也吸引了报纸的关注,并登上了杂志。到了 20 世纪 30 年代初,成千上万的美国人都知道了汉德是全国最具穿透力和天赋的写作者之一。

汉德的所有演讲都没有长篇大论地阐述当下的争议,只有细心的倾听者才会捕捉到他随口而出对当天新闻的讽刺评论。他在演讲中的主要关注点是更基本、更长远的问题。他一次又一次地谈到在一个日益同质化的大众社会中自治个体生存的阻碍;考虑到民主制度在 20 世纪美国社会对一致性的压力下如何存续;他试图描绘个人自由的基本要素,他认为个人自由已经受到了威胁;他也反思了司法裁判工作的本质,以及从事这份工作的满足甚至欢乐。

汉德用心地对待演讲。他在拒绝越来越多的邀请时说,准备一次演讲对他来说意味着痛苦和折磨,这是真话。他一再声称他不能即兴演讲,这更多体现了他强加于己身的高标准,而不是他的表达天赋,他的表达天赋其实是很好的。

汉德优雅的文学风格带来了一个尴尬的后果,那就是他的听众中很多人都难以捕捉到他演讲中相当重要的内容。他的风格多样,分析独特而微妙,这使他的演讲更适合于边思索边阅读,而不是立即理解。难怪汉德常常因为评论者未能掌握他的核心观点而感到沮丧。这发生在他首次被广泛报道的公开演讲中,他于 1927 年 6 月 2 日在布林莫尔学院发表毕业典礼演讲。[177] 布林莫尔的邀请难以抗拒:弗朗西丝曾在那里读书,并一直作为校友和校董会成员参与学校运作;他的三个女儿都在此上学,最年长的玛丽于那年毕业。汉德的发言成功地将原本虔诚的仪式变成了赞扬青年反叛精神的场合,更重要的是,他论述了个人应如何在一个日趋循规蹈矩的世界中保持独特的自我。

身处"咆哮的 20 年代"之中,汉德写下了《人格的保持》(*The Preservation of Personality*)一文,当时,纨绔子弟和美人们开着簇新炫目的豪车,除了自我陶醉之外别无所求,正如他所说的那样,"年轻一代在奢靡堕落之路上起舞"似乎给他们的长辈造成了前所未有的震撼。但是汉德拥抱了青年的叛逆。"你们充满怀疑和不满,"他对毕业生们说,"无论面对的是发现宝藏还是骷髅的风险,你们希望打开所有的衣柜门,不愿将任何事留给道听途说的传闻。"他并不难接受这种质疑精神:"我自己也很赞成这种脾气。经验很快就会教导探索者,倒不是说他能找到宇宙的关键,而是会发现他的探索何等受限,以及他的宝库是何等匮乏。"虽然大学一代的离经叛道的行为会带来危险,但是汉德相较而言显然更喜欢这些风险,而不是毫无保留地向传统投降:

> 他们可能不知道要去往何方,但"在路上"这一事实本身就令人神往。我可以与他们交谈,一起感受,而且足以让我自己产生一种错觉,以为自己已经与他们融为一体,这比和我的许多同龄人在一块儿要强多了,他们就像螃蟹和龙虾一样身披戒备,早就因为胆小怯弱而被淘汰。

汉德对"势不可挡的青春"的赞美(《纽约时报》在用一篇长文报道该演讲两天后,又发表了一篇社论,标题就是这句话),[178] 引发了人们的关注。有位宾夕法尼亚读者写信告诉他,她确信他一定是被断章取义了:她无法相信他会"宣扬一种远非神圣的教义",而不是提供"寻求至高幸福与生活的指导,而这种指导就在对自我的征服过程中"。[179] 另一位自称为"愤怒的母亲"的女性坚持认为，汉德应该被判"终身禁锢于最近的疯人院"："你所教导的自私自利，正是养猪场喂食时段的常见举止。布林莫尔的毕业生现在可能被当作受过良好教育的猪。"[180] 曾经赞扬过汉德演讲并赞同他的朋友，也对他所激起的争议进行了评论。海伦·托马斯·弗莱克纳（Helen Thomas Flexner）祝贺他"把笃信传统的保守派逼得发出了绝望的尖叫"：

> 现在您已经被树立为布尔什维克父母的代言人了，是不是很享受这个身份？就像苏格拉底一样，我恐怕你腐蚀了青年！对于你说你做了的事情，你在当时当地这么做，令我极其高兴。因为我觉得这会让一些年轻人的生活变得容易一些。[181]

汉德的演讲所引起的轰动让他大吃一惊。"一个他这样年纪和尊荣地位的人，对青年的叛逆精神表示欣喜，到底该怎么看待呢？"《纽约时报》发问道。但批评者误解了他的观点。新闻界忽略了他的核心观点是：

> 我们的危险……不是来自离经叛道的群体，而是来自那些顺从的人；不是来自那些偶尔因为招致公众严厉批评谩骂而令我们的道德感有所不适的，或者那些因为不常见的举止而令我们震惊的人，而是来自那些令得我们这样的大众会接受他们的德行和品味，就像在市场提供的有限款式中接受他们的衬衫和家具的人。[182]

这种令人窒息的一致性风险，是 20 世纪大众传播手段的结果。汉德特别关注这些操纵着人们品味和观点的现代技巧，自从 20 世纪 20 年代早期与李普曼交流以来，这个问题一直困扰着他。从来没有这么多人：

感受相似,想法相似,吃得相似,睡得相似,讨厌的东西也相似——如果他们还会讨厌什么东西的话——穿同样的衣服,在同样的房子里使用同样的家具,去同样的比赛,看到同样的戏剧,验证同样的情感,相信同一个上帝……在这场大合唱之中,个体那微弱的声音听起来还不如最轻的伴奏;开口唱歌似乎毫无意义、荒谬绝伦。为什么不融入广泛认可的吟唱,而去发出洪亮的不和谐音呢?[183]

这种睿智而带有预见性的现代大众文化认知,构成了一个核心问题:个人是否应该欣然接受"新发现的这种从众暗示"并听从"操纵者的召唤"? 还是能保住自主性? 马基雅维利式的操纵"不仅仅存在于俄罗斯或意大利",汉德警告说。"即使在这片自由的国度,也可以发现它们的身影……在我看来,我们的问题在于,如何才能给予这具遭受着来自全方位宣传轰炸的躯体,作为一个'人'存活下来的机会,而非作为随风起舞的叶片、公式中的符号。"

在寻找答案时,汉德拒绝了普通美国思维中对"野心"和"竞争"的依赖,认为这是自寻死路。他也不认可隐士的逃亡路线。相反,他认为,个人的自我实现最终来自根据个人偏好选择一份工作,然后表现出色。他坚持认为,选择工作不应该源于对名声或财富的渴望,甚至不应该是"为人类服务"的愿望(他对这种公共服务理想的拒斥令听众颇为震惊)。相反,他主张"纯粹因为热爱,而不是任何别的目的"而工作,因为以"敏锐的工匠精神"来工作才最能保证个人的满足感和创造力。

我们心里某个地方潜藏着一种想要以某种形式留下印记的渴望……我得与这一整个侧面的"我"和平相处,我生活在其中,运动在其中,存在于其中,这一无形无体、难以约束、无法解释、不合逻辑、变化无常的事物。在内心至深之处,总有一丝冲动,想要在这无知无识的宇宙中留下些什么来,哪怕只是在陶土上留个手印。

汉德承认他有一段"念念不忘"的记忆，孩提时代，他曾观赏过一场马戏表演，并为飞翔的杂技演员那令人寒毛尽立的技巧所深深折服：

> 他们做了自己能做的事，完全按照计划来完成，……他们的行为展现的是他们自己创立的模式；他们不仅是完成了一份工作，而且做得很漂亮。如果其他人能知道，那当然更好；但倘若没人知道，对他们自己来说，成果就在那里放着，将目的化为行动，将设想中的图景变为现实。

这和当法官有什么相似之处呢？

> 法官的生活，就像每个人的一样，充满了苦差事，毫无意义的争吵、愚不可及的执拗、吹毛求疵的妄想，所有这一切都在掩盖和阻碍唯一可以证明全部努力的合理目标。他在这些事上花费了过多的时间；这个不幸的可怜人被骚扰、被欺骗，甚至有时几乎被从审判席上赶走，就像干其他任何工作的人一样，他得把活干完……[但]只要案卷全部呈交，纷繁动荡骤停，他获得独处机会时，就能慢慢形成看法……从阴暗混沌之中，渐渐浮现成型，他所见及因此之所作为，在非我之事物上打上自我的印记，他曾经只是这迄今无形的物质中的一份子，如今却成为其主宰。
>
> [这]冷酷而顽固的世界到头来或许只不过是一系列复杂的公式，而我们将这些公式强加给了不断变动的世界……当我们有意识地进行写作时，偶然会有幸福时刻，使人感受到自我的存在是如此真实，逃离了逃离的努力，单单靠意识流无法带来的满足感，一个方向、一次安慰、一股力量和一种哲学……要是从事自己喜欢的工作就被认为是自私自利，除了爱好以外没有其他目的，那我们就接受自私自利这个恶名吧。我宁愿永远

活在堂吉诃德们的陪伴下,而不要跟一群宣称只致力于促进彼
此的福祉的幽灵在一块儿……一帮主要致力于为彼此服务的
生物所构成的社群,除了干涉其他人的事务的乐趣外,至少对
我来说是如此乏味和空洞,我宁可欣喜地在天堂合唱团里永远
唱下去,也不愿意和他们这病态的事业扯上一丝一毫关系。要
是直言不讳地说,我们就好好地为自己把工作做好吧;我们根
本没有颠覆国家的风险……你将有机会拯救自己,在这个街道
上满是轰鸣的汽车引擎、收音机在每个角落啸叫的时代,这已
经是求之不得的事了。[184]

1929 年至 1932 年期间,汉德的司法工作量暂时下降了,这令他有机
会发表更多演讲。1929 年,国会终于为辛勤工作的第二巡回上诉法院
搬来了救兵,创设了第五个法官职位,哈里·蔡斯加入了汉德兄弟、斯旺
和曼顿的队伍。勒尼德·汉德从一直以来毫无松懈的法庭工作中获得
了数年的喘息。他这段时间的演讲中,有机会发展和深化了他对在布林
莫尔的演讲中所涉主题的反思。

例如,1930 年 3 月在哈佛大学法学院,汉德在查尔斯·霍普金森
(Charles Hopkinson)所作霍姆斯大法官肖像的揭幕式上发表了演讲。[185]
霍姆斯是汉德的偶像,也是他最爱的话题,因此他欣然接受了发言的邀
请:"能获得邀请令我诚惶诚恐。"他在写给弗朗西丝的信中说。起初,
他又陷入了一贯的自我怀疑:他会"努力说点什么配得上他的话,但我真
的能做到吗"?[186] 但是,这一次,他设法压制了对自己工作成果进行过度
批评的倾向:"我真的觉得讲稿非常好。"他在 3 月 20 日动身前往坎布里
奇参加活动之前写信给弗朗西丝。[187] 那里的大量听众似乎都很热情。
不久之后,他写信告诉弗朗西丝:"你知道事情是怎么样的,你讲完之后,
每个人都说讲得有多了不起,或多或少是出于真心。我宁愿相信确实讲
得不错……或许他们确实爱听吧。"[188]

汉德对霍姆斯的致敬尤为令人难忘的是,他详述了在布林莫尔所提
到的那些要素,描述为"一个人的自我之中最为可靠的组织",工匠精神

与由此产生的创造过程中的愉悦，将霍姆斯描述为"工作至上者协会"
（Society of Jobbists）的会长——这是个将致力于完成工作看得至高无上
的人的神秘聚会。那么这个工作至上者协会的入会标准是什么呢？

> 这是一门诚实的手艺，从薪水来看回报不错，并且只要求
> 成员承担他们力所能及的工作，就像个规规矩矩的普通工人那
> 样干活，这意味着只要他们热爱工作就行，没有别的要求。[它
> 对工作成果的]质量要求很高，得比市场上通行的要好。[189]

至少在美国，汉德继续说，有资格成为该协会会员的人"不多"：

> 因为对于那些长期生活在道德制高点上的人，那些但凡见
> 到不平之事便寝食难安的人，那些时刻焦虑于求索救世良方的
> 人，还有那些不肯在无谓闲聊上花上 1 个小时、不愿去寻找赏
> 心悦目惹人分心的事，或者不会在漂亮女人面前坐立不安的人
> 来说，[190] 这种人并不被看好，甚至也不被认可。其成员既没有
> 死而复生的计划，也反对大肆宣传，不进行组织动员，也不鼓噪
> 声势；他们不崇拜圣牛、美国人或者俄国人。仅仅通过做好本
> 职工作，工作至上主义者就可以实现"某种心灵的宁静"，它
> "一定是源于我们安居的这个既伟大而又可怕的宇宙，在此之
> 中，人类如此渺小，命运如此无情"。[191]

在汉德看来，霍姆斯作为对一切"形式"都持怀疑态度的大师，已经
获得了心灵的宁静，也体验过了创造的愉悦。勒尼德·汉德没有霍姆斯
那么疏离于世，却更容易陷入思考，也更多自我怀疑——因此也就更难
获得这种宁静和愉悦。对他而言，致力于工作带来的结果要小一些：常
常只是一点抚慰。"与其他工作一样，工作的乐趣就在于完成工作本身。
如果你喜欢它，它就是好的；如果你不喜欢它，那就跟地狱一样。就个人
而言，我喜欢它。"[192]

不久之后,汉德在宾夕法尼亚大学法学院法学会(Juristic Society)发表了演讲,这是一群对"法律的学术层面"感兴趣的"青年法律人"。如果他的听众期待的是对技术性主题的老套解释,那他们一定会失望的。在题为《宽容的来源》(Sources of Tolerance)[193] 的讲演中,汉德重拾之前关注过的话题,即在以推销手法进行的宣传空前普遍而高效的时代,独立的个体该如何生存。他给出了一个精准的补救措施。汉德从回顾历史开始讲起:他邀请观众回溯一个半世纪,比较国家在当时与如今的情况。他将汉密尔顿和杰斐逊在建国时代相互竞争的愿景作了对比,汉密尔顿希望建立强大的全国性政府,杰斐逊则对所有权威持怀疑态度;汉密尔顿不相信"人性的完美",杰斐逊则笃信"人类的基本美德"。

自祖父奥古斯都以来,汉德全家都坚持传统杰斐逊主义观点的民主信仰;然而当他还是奥尔巴尼的年轻律师,第一次投身于政治独立行动中时,勒尼德·汉德就拒绝了这种最小化政府的观念,认为它不适合 20 世纪。他早就认识到,全国性政府的权力,应该被视为改革的工具,而不是斥之为威胁。在费城,汉德敦促应当保持杰斐逊主义的个人自由和自治理想,以抵御同质性和统一性的倾向。他承认,从许多方面来说,汉密尔顿的预言更准确,但杰斐逊主义的自由理想值得保留。

> 我们被由大量巴比特(Babbitts)[194] 聚合成团形成的集体意识所掌控,这令人感到难以忍受……我们没法尊重他们的智力水平,很可能也厌恶他们设定的标准……杰斐逊对强加于人的集体压力深恶痛绝显然是有意义的……难道我们不该同情他的观点吗?难道要把每个人的生活都公之于世让当下的流行规矩来主宰?这不是极其荒谬的吗?[195]

汉德对杰斐逊主义愿景罕见的支持使他回到了中心问题:杰斐逊对自由的观念如何在 20 世纪的美国得以保留?他建议说:

> [自由]是产物,不是制度的产物,而是特征的产物,是对

待生活的态度；是那种事前事后前瞻后顾，选择之后又渴望另一种选择的心态的产物。求诸法律、法院、公职人员或公权力来保障自由，都是无济于事……只有通过公平竞争、等价交换、人类假设的不确定性，以及我们所谓最可靠的信念其实何等多变而不持久这些观念，才能保障自由。

汉德清楚，没有什么一定能够保障自由的措施；但是"倘若我们不能建造防波堤，也许能够加深底部"。对他来说，最有希望的是通过教育，只有教育可以帮助人们超越当下的激情。他所说的教育涵盖了"历史"以及"文科通识教育、小说、戏剧、诗歌、传记"，他并不仅仅是在倡导"为了教育而教育"或为了"成为高雅的人"；事实上，他否定了"通识文化背景"本身是教育的有效目标，因为这"往往掩盖了自以为是、附庸风雅、卖弄学问……"与此相反，他主张文科通识教育的重要性最终在于政治上的原因，作为"见识并掌握身居高位坐拥权势的推销员们推销政治专利药品的能力"的绝佳方式。汉德意识到大多数学生更喜欢"立即就能派上用场的东西"——"科学、经济学、商业管理、狭义上的法律"，但是他强烈反对这样的课程设置。[196]

汉德通过一段特别适合法律人听众的形象生动解说，令主题愈发鲜活起来。这一段话是汉德最为著名的段落之一，反映了终其一生他都最为关心的话题：

我冒昧地相信，对于一位被要求回答宪法法律问题的法官来说，至少他得与以下著作有过点头之交：阿克顿[197]和梅特兰[198]，修昔底德、吉本和卡莱尔[199]，荷马、但丁、莎士比亚和弥尔顿，马基雅维利、蒙田和拉伯雷，柏拉图、培根、休谟和康德，还有那些专程写来阐述这些主题的书籍。因为这些著作之中有他在着手解决眼前问题时所需的一切精神指导。他必须写就的话语乃是空洞的载体，可以承载他想要倾诉的任何东西。

人们不会在蒺藜里摘无花果，[200]也不会让司法机关里充斥着眼界被地域或阶层所局限的法官。他们必须意识到，面前的不仅仅是文字写就的问题，不仅仅是确认具有普适性的一般性规则的最终解决方案。他们必须意识到作为一个有机体的每个社会中，不断变化的社会紧张局势；哪些需要适应新的图景，哪些如果严格地进行限制，就会产生破坏作用……我要强调的是这个问题政治性的一面，即保有自由精神的机会，没有这种自由，生活将会难以忍受。[201]

1929 年，汉德在美国法学会发表的一次演讲，为他带来了他所不习惯的公众关注。在这篇题为"是否存在共同意志？"的演讲开头，他先从最近发生的事件中抽取了几个具体的例子，他的目的只是为了举例说明他讲话中的核心哲学问题；举这些例子是为了表明，虽然大众可能在理论上相信言论自由和公平的刑事程序，但他们常常愿意支持滥用权力。因此，将他的哲学思辨与特定举例相提并论，不可避免地带来了风险，这正是他所不喜欢的那种反应：因参与有争议的政治斗争而在公众中名声扫地。事实上，他在 1929 年 5 月的演讲开场白是冒着被媒体报道的风险的——并且确实被媒体大肆报道了：简而言之，他描述了仅仅几个月前在纽约市发生的事件。一位新的警务总监就任，他是位"举止有礼、着装优雅的绅士"，多年来"特别欢迎所有尊贵的客人来访我市"。此前的警务总监是格罗弗·A. 惠伦（Grover A. Whalen），一位风度翩翩、引人注目的人物，由纽约市同样华丽高调的市长、丑闻缠身的詹姆斯·J. 沃克（James J. Walker）任命。

当时及此后的几十年里，惠伦成为纽约市最著名的公众人物之一。直到 20 世纪 50 年代初，他都一直是城市的迎宾大使。他将抛洒彩带欢庆英雄的巡游活动完善到了极致，人们迎接了从查尔斯·林白（Charles Lindbergh）到道格拉斯·麦克阿瑟等无数英雄，还有他的外表——精心修饰的小胡子、一套永远插着康乃馨胸花来衬托的深色西装、无可挑剔的淡蓝色衬衫、深色的翘边帽，深深吸引了公众的想象力。1928 年 12

月,吉米·沃克说服惠伦辞去瓦纳梅克百货公司总经理职务,来担任警务总监。惠伦以行动迅速且令人印象深刻的锐气开始履职:他向地下酒吧、赌徒和各种帮派流氓开战,为纽约的每一份报纸提供了稳定的头版新闻;他组织了"长枪队",由强悍的警察组成一个个小队,根据命令严格执行"警棍法";他的侦探们成了突袭地下酒吧并用斧头和撬棍将其拆除的专家。公众对惠伦的粗暴战术报以掌声,令汉德感到担忧。他向华盛顿的听众们保证说,警务总监及其支持者的态度无疑会得到"纽约市遵纪守法好公民的压倒性同意",尽管"如果你问他们是否认为,任何人应该在没有任何证据表明他犯了罪的情况下,仅仅根据政府官员的意志就被惩罚,他们就会对这个问题表示不满"。他们同时为宪法对个人权利的保护感到骄傲,但同时又支持警方的策略,就像布鲁克林的一位法官说的那样:警方的这些行为"非美国、非法、不公平,也不公正"。[202] 汉德一般的观察结果是:公众的意志确实"不确定且自相矛盾"。[203]

媒体几乎完全忽视了演讲的核心议题。《纽约时报》大肆宣传:"汉德法官谴责惠伦的措施",[204] 其他报纸也附和了这一主题。"纽约的报纸像往常一样,抓住了他们可能引起轰动的一件事就死死不放,"汉德向一位对演讲表示赞赏的康涅狄格州法官写信道,"并且忽略了说出我到底想要做什么,因此区区一个例子变成了唯一获得广泛报道的东西。我想我应该预料到这一点,但我仍然被惹恼了。"[205]

《纽约电讯报》的一篇社论尤其令他目瞪口呆,文章称他的演讲体现了"极不寻常的司法原则",并指责"汉德法官使用的一些词句,出自这位被公认最为明智的联邦法官之一之口,似乎显得特别极端"。[206] 汉德立刻向社论作者表示,这完全要怪报道中的错误,"因为记者们只抓取了他们的读者会最感兴趣的部分"。他坚称记者报道的版本极不准确:"割裂背景断章取义之下,它给人的印象与我的预期,还有我希望理性而明智的人在通读全文之后能获得的印象,都截然相反。"[207] 但这当然并非故事的全貌:尽管以惠伦为例并非汉德的核心论点,但也与他的主题并无矛盾。[208]

这一回,汉德没能避开激烈争议的中心,尽管这是自从 20 世纪 20

年代早期以来他就一直告诫自己要做到的事。他的"共同意志"演讲恶名昭彰,虽然一时引致了令他痛苦不已的反应,却最终带来了正面的影响。从后续的演讲中可以看出,报纸充满误导的宣传促使汉德更充分地深化论述了他的主题,无论好坏,争议事件更令汉德名声日隆了。

在写作演讲稿、法庭文书、书评和其他文章的间歇,汉德在社交场合也颇为忙碌,他接受邀请,加入了与来自法律、商业和艺术界的意见领袖进行非正式会谈的聚会活动。他早已经是世纪俱乐部(Century Association)的活跃成员(他曾在俱乐部的招新委员会任职多年),现在他还每月都参加被称作"大晚宴"的聚会,晚会在大学俱乐部(University Club)会面,他在那里会遇到 C. C. 博林恩以及詹姆斯·伯恩(James Byrne)、查尔斯·埃文斯·休斯、亨利·斯蒂姆森(Henry Stimson)、亨利·塔夫脱和乔治·维克瑟姆(George Wickersham)等活跃于政界的律师,还有他最喜欢的几位法官,包括他的堂兄格斯。在尼克博克俱乐部(Knickerbocker)相对小一些的"圆桌俱乐部"晚宴上,他可以与本杰明·卡多佐法官、建筑师卡斯·吉尔伯特(Cass Gilbert)和哥伦比亚大学校长尼古拉斯·默里·巴特勒(Nicholas Murray Butler,他是汉德的引荐人),以及金融家托马斯·拉蒙特(Thomas Lamont)夜夜畅谈。此外,他还成为外交关系委员会(Council on Foreign Relations)和外交政策协会(Foreign Policy Association)的成员,是该委员会出版的《外交》(Foreign Affairs)杂志的热心读者。

在哈佛念书时,汉德曾被坡司廉俱乐部之类的精英俱乐部排斥在外,自那以后他就一直有着身为"局外人"的想法。但在纽约市的社交聚会上,如今他终于成了受欢迎的宾客:他是个富有活力、聪明绝顶、善于对话的人,兴趣极为广泛,讲起故事来诙谐幽默,模仿起来也绘声绘色颇为逗乐。在与这些受过良好教育的熟人交往过程中,他表现得如鱼得水。然而,在他内心深处,"局外人"的感觉从未完全消失。

部分缘于这些非正式聚会加深了友谊,汉德必须处理来自更多组织的邀请他加入董事会的邀约。他拒绝了其中大多数，一部分是因为参与其中会使他直面想要避免的当下争议事件，更常见的原因是他并没有时间充分参与活动，所以也不想那么贪慕虚名。但他确实加入了最感兴趣的团体。例如，尽管多年来他越来越少参加外交关系委员会的活动了，但至少直到 20 世纪 30 年代后期他仍然是该委员会成员。[209] 对于那些倾心于学术研究的团体，比如社会科学研究委员会的犯罪研究委员会（Committee on Crime of the Social Science Research Council）和合作基金会法律研究委员会（Committee on Legal Research of the Commonwealth Fund），他就更加毫无顾忌地参与了。[210]

1929 年，汉德成为约翰斯·霍普金斯大学的全国法律制度咨询委员会（National Advisory Committee of the Institute of Law）创始成员，这是一次促进将法学作为实证科学来研究的短暂努力。保守派法律学者认为，该研究机构的成员全是无可救药的先锋派激进分子，尽管成员中包括了不少法官（其中就有两位汉德和卡多佐），更不用说还有富兰克林·D. 罗斯福了。尽管汉德本人不是社会科学家，但他很乐意支持该机构试图通过研究法律的实际运作来研究法学，而不是通过抽象化的理论。正如他在致约翰斯·霍普金斯大学校长的一封表达支持的信函中所说的那样，关于法律的"预设假定""几乎从没有被认真检视过"……"我们仍然主要生活在并不成熟的教条规范之下，这些教条往往未经批判，常常还源起于我们只有模糊认识的目的。该机构至少能让人意识到我们所持有的预设是什么；这已经很不容易了。"[211]

1930 年，汉德获颁了他后来获得的诸多荣誉法学博士中的第一个，这很能体现出他所受到的万般崇敬。6 月 3 日傍晚，在哥伦比亚大学的毕业典礼上，他被称赞为是一位"正义的法官"，因为他"将正义原则适用于现代的需求"。[212] 汉德在公开场合对这一荣誉表示欢迎，但私下却颇有微词，部分原因是因为他认为哥伦比亚大学的荣誉学位颁得太过泛滥了。当他头一次从"尼克·巴特勒"那里得知大学的计划时，他告诉弗朗西丝，这可以说是个"批量发放的头衔；他们把 LL. D. 发给随便什么乱七八糟的人"——甚至约翰·伍尔西，那个主审了《尤利西斯》案的文采斐然但水平有限的法官,也已经获颁了——而且他们"主要是犹太人"。(对于汉德来说这是一句极不寻常的嘲讽,虽然弗朗西丝倒是很轻易就会发表这样的言论。)[213] 真正让他感到不快的是,他的第一个 LL. D. 并非来自他心爱的母校哈佛。自从学生时代以来,汉德就一直对哈佛充满敬畏,毕业后他也是一位日益活跃的校友。他早就参加了纽约市的哈佛俱乐部;也曾在哈佛大学法学院的客座委员会任职,并担任过多位法学教授的非正式顾问;此外,在 1929 年,他还以微弱的票数优势被补选为监事会的成员,任期 1 年,以填补任期尚未届满的一个名额空缺;1930 年,在获得校友会提名后,他轻而易举地再次当选,并任满了完整的 6 年任期。实际上,可能正是因为他在监事会的职务,阻碍了他被授予荣誉学位,但他对此耿耿于怀:"说真的我唯一有那么一点点在意的就是哈佛的(荣誉学位),但他们偏偏就是不给我。"[214]

直到 1939 年,哈佛才将这一荣誉授予汉德;但在哥伦比亚大学之后,其他学校的荣誉学位接踵而至,1931 年是耶鲁大学,两年后是宾夕法尼亚大学。耶鲁大学授予汉德荣誉学位的原因远比哥伦比亚大学的更为具体和详尽。提名汉德的威廉·里昂·菲尔普斯教授(William Lyon Phelps)似乎特别重视他对公民自由的承诺,正式的推荐辞也同样雄辩有力。[215]

尽管汉德正在公众之中获得越来越高的知名度,他的地位还是因为规模较小但特别重要的听众而达到了新的高度。律师们早就意识到了汉德杰出的司法工作,但再没有什么能比他在美国法学会的工作更能提高他在职业领域内的声誉了。

美国法学会成立于 20 世纪 20 年代初,是美国法律界建制派精英的化身,由一群致力于促进"法律的改进"[216] 的优秀从业者、学者和法官组成。汉德参与了法学会的创立,并在其余生中均一直担任重要职务。

美国法学会的创立,是成立于 1922 年 5 月的法律改革常设组织委员会(Committee on the Establishment of a Permanent Organization for the

Improvement of the Law）艰苦工作的成果。委员会名单上有近 40 名成员，均是美国法律界的重量级领袖人物。"美国律师界领头人"埃利休·鲁特（Elihu Root）担任主席；前司法部长乔治·W. 威克沙姆担任副主席；其成员不仅包括 C. C. 博林恩、詹姆斯·伯恩、约翰·戴维斯（John Davis）和维克托·莫拉韦茨（Victor Morawetz）等当时执业律师界的翘楚，还包括了一些来自法学院的学界精英，包括哈佛的塞缪尔·威利斯顿、约瑟夫·比尔（Joseph Beale）和罗斯科·庞德（Roscoe Pound），还有哥伦比亚大学的哈伦·菲斯克·斯通。也有一些法官：除了勒尼德·汉德，还有来自联邦巡回法院的朱利安·麦克和纽约上诉法院的本杰明·卡多佐和卡思伯特·庞德（Cuthbert Pound）。[217] 虽然汉德在 1922 年时还只是地区法院法官，但其杰出成就足以使他成为最早被邀请加入委员会的人之一。[218] 经过为期近一年的会议，委员会发布了设立一所常设的美国法学会的详尽蓝图，并召集了一次由"全美著名法官、律师和法学教授"组成的全国大会以审议其提案。[219] 1923 年 2 月 23 日，大约 500 人在华盛顿集会，宣布美国法学会的成立。[220] 虽然保守派公司律师在其中占据着主导地位，但是汉德自己提出了旨在确保来自不同地域和多样背景的律师都能被囊括其中的建议：他提名了像亨利·L. 斯廷森（Henry L. Stimson）和约瑟夫·P. 科顿（Joseph P. Cotton）这样的律师，也提名了他的司法界同僚奥古斯都·汉德和查尔斯·霍夫（Charles Hough），甚至还提名了莫里斯·希尔奎特（Morris Hillquit）——一名日后成为美国社会党领袖的东欧移民。（希尔奎特选择了拒绝。）

在成立后的最初 20 年里，美国法学会的实质性工作主要包括，在法官制法的普通法各个领域，从合同法到侵权法，从财产法到归复法，均写就了一系列的"法律重述"。这些法律重述旨在确定和阐明普通法的主导原则，以向法官和律师提供指导，"有助于使现在不确定的规则确定下来，对不必要的复杂规则加以简化，同时促进法律变革以适应社会生活的需要"。[221] 汉德一开始就被此项事业牢牢吸引是有原因的：作为一名法官他很清楚，被报告的判决越来越多，必然会带来更多不确定性，而他则有一种特别的天赋，就是从纷繁复杂的细节的泥淖中挣脱出来，领悟到背后的基本原则。

然而,从一开始,美国法学会的创办者们就对自己的角色施加了严格限制。最初的"使法律适应生活的需要"这一目标——体现了旨在超越法律的逻辑结构,回应社会现实的意愿——很快就被淘汰了;而有争议的主题——例如"倡导全新的社会事务性立法"——也超出了讨论范围。汉德支持这种限制:他一再表示,法律重述的定义就意味着其阐明的是"实然"的法律,而非应然的法律。他也一再强调,美国法学会的任务是"重述法律,而非立法";[222] 而正如他反对由非经民主选举的法院来决定公共政策一样,他对法律精英们在富有争议的问题上以自身意愿强行取代民主决策的选择也持批评态度。

在撰写法律重述时,美国法学会遵循了严格的操作规程。就普通法的每个主题,都先指定一名法律学者作为"报告人",他与一组顾问一起准备出草稿,然后由法学会的理事会进行辩论,最后交由年度全体大会讨论和批准。一开始,理事会由 21 名成员组成,勒尼德·汉德在最初就是其中一员。执业律师和学者占了大多数名额,但汉德的好友本杰明·卡多佐在 1923 年也加入了进来。[223]

第一批的五部重述涉及合同法、侵权法、代理法、法律冲突规范(conflict of laws)[224] 和归复法(restitution),相关工作立即开始进行。第一批被选中的报告人中有两位汉德在哈佛的法学教授,负责合同法的塞缪尔·威利斯顿和负责法律冲突规范的约瑟夫·比尔。年复一年,全国最优秀的学者与最优秀的律师和法官合作,敲定了涉及合同法和侵权法、代理法和财产法的重要法律条款、法律评述和假设性示例,以明确其涉及的法律原则。通常,每部重述的草案需要 10 年甚至更长时间才能走完法学会的起草程序:例如,在 1923 年委托进行的第一批 5 部法律重述,是直到 20 世纪 30 年代才全部完工的。尽管如此,美国法学会和其组织者继续推进工作,在越来越多的主题上启动了法律重述。到了 20 世纪 50 年代,在发现了此前的法律重述并未能阻止互相冲突的先例不断涌现后,美国法学会在已经被"重述"过的一系列领域又委托了新的重述,——也即后来美国法学会的《第二次重述》(Restatements Second)。

　　鉴于美国法学会的自我约束，限制自己的职责是"重述"法律，而不是使法律"适应""社会生活的需要"，这项工作必然是技术性的，并且最终会使如同汉德这样思维敏捷的人觉得受到了局限。有时候他会抱怨说美国法学会的会议"很无聊"，并且他经常以存在于此相冲突的责任为由，不参加咨询委员会的会议。[225] 然而他多年来一直投身于法学会的事务，甚至在1935年还接受了副会长的任命，从而承担起在华盛顿举行的年会上时而主持会议的额外职责。是什么促使一个像汉德这样才智出众的人始终保持参与美国法学会的事务呢？

　　部分原因（但这仅仅是部分原因）是，"法律重述"这个想法确实吸引了他。这有些类似汉德学生时代的哈佛法学院院长兰代尔的宏伟计划，要建立起一个体系完整严密而富有逻辑的法律建筑，无需过多考虑法律的社会背景，对此汉德虽然一直持批评态度——他很清楚法律调整的是活生生的人和社会势力，不能用植物学家一般超脱的数学精度来剖析，它反映的是社会中的种种力量，而不仅仅是逻辑本身——但随着先例如潮水一般不断涌来，他的工匠精神仍令他孜孜不倦地追求着其中的基本原则，他赞赏法律重述对法官和律师的潜在指导意义。

　　在自己的裁判文书中，汉德很少提及法律重述，甚至在1938年之前，也就是联邦法官仍然有权独立于州法院自行制定普通法规则的年代，就已经是这样。在1934年，当乔治·威克沙姆要求参与了美国法学会的法官在判决中更多引用学会的工作成果时，汉德的回答显得缺乏热情："我觉得已经为法律重述找到了许多用途，"他告诉威克沙姆，"正如我所预言的那样，它们节省了大量的精力，尤其是在那些并没有争议但需要更多时间才能查到的事项上。"但他认为现在判断它们最终会有多大用处还为时过早。[226]

　　在美国法学会早期，汉德一直反对各讨论组提出的准备撰写示范法的建议，尤其是所涉及的是有争议的问题时。例如，当美国法学会准备撰写其第一部"示范法典"——《刑事诉讼程序示范法》[227] 时，汉德表示反对，一方面是因为这可能会影响法律重述的如期完成，另一方面也是因为"我这个鞋匠还是想专心在做鞋子上"，毕竟法律人们不应当在有争议的问题上颠覆社会多数共识的决定。[228] 渐渐地他才对此释怀,并参与了美国法学会制定示范法的活动,而且这也只是因为公众也要求进行这样的改革,而美国法学会看起来是最有能力将这项工作做好的机构。[229] 后来,在 20 世纪 50 年代,美国法学会开始准备编制《模范刑法典》(Model Penal Code),这是它有史以来最为雄心勃勃的项目,也触及了有史以来最具争议的领域;尽管在理念上对此有所保留,但汉德发现这比任何一部法律重述都更刺激。除了研讨会和理事会会议之外,汉德还在一系列美国法学会顾问小组中提供了很长时间的服务。同样一直在美国法学会担任职务,并且在 1940 年成为联邦第三巡回上诉法院法官的赫尔伯特·古德里奇(Herbert Goodrich),曾赞扬过汉德对理论性辩论的贡献可以与本杰明·卡多佐比肩:"他对任何法律问题的评论都如此重要,以至于如果他表达了疑义,那么无论一个提议听起来被论述得多么合理,都因此会有不被接受的风险。"[230] 但是,美国法学会选择解决的事项的类型中,很少有能真正从智力上激发出汉德兴趣,令他感到兴奋的地方。

那么,怎么解释汉德对美国法学会长达数十年之久坚定不移的忠诚呢? 其中一个原因是它满足了他对于能与法学教授们交往的渴望。自从他在哈佛大学的日子开始,汉德就一直非常重视法律学者,以一种压抑了他一贯的怀疑情绪的敬畏态度看待他们。当然,这种热情是双向的:1925 年他在芝加哥举行的美国法学会年会上作了主题发言(尽管前往芝加哥需要进行他所不习惯的长途旅行),他被当作英雄人物来引荐给听众,被称为"审判席上的偶像"。[231] 汉德显然很喜欢法学会给他机会,来与这些广受尊敬的法律学者一道详尽研讨法律上的基本议题,尽管他们的意见不尽相同。正如他曾向一位正在撰写《侵权法重述》的耶鲁大学法学教授所说的那样:"与像您这样的学者接触,唤醒了我,使我的头脑焕然一新。"[232]

汉德喜欢美国法学会的另一个原因纯粹是社交上的:他期待着与友善同伴共享晚餐、饮品,以及非正式闲聊的机会。每年春天,当他去华盛顿参加年会时,他通常会和老朋友内德·伯林(Ned Burling)一起住在伯林位于乔治敦的住所，还有更让他开心的是住在附近弗吉尼亚州丘陵的"小屋"里。在早年间，他可以肯定本杰明·卡多佐也一定会出席；汉德深深地仰慕着圣人一样常常独来独往的卡多佐。

在 1935 年成为该组织的副会长之后，汉德更享受法学会会议的社交层面了。他能当选部分是因为乔治·威克瑟姆最后代表他进行了干预。1909 年时，事实上也是当时担任塔夫脱总统的总检察长的威克瑟姆将汉德任命到了地区法院。汉德和威克瑟姆这位纽约律师界的共和党关键人物之间的关系虽然不是很亲近，但仍然是相互尊重的；在他提名汉德担任副会长之前几个月，威克瑟姆以罕见的温暖，向汉德担任法官的 25 周年纪念表示祝贺。"我很高兴能在将你任命到法院的过程中出了力，"他写道，"我希望我能对公职生涯中所做的一切都能像做了这件事一样自豪，你创造了杰出的纪录。"[233]1935 年 2 月初，威克瑟姆通知汉德说，美国法学会理事会一致同意提名他成为副会长。另一位副会长是乔治·沃顿·佩珀（George Wharton Pepper），宾夕法尼亚州的前共和党参议员，也是费城的知名律师。

威克瑟姆在 1 年后去世，佩珀继任他成为法学会会长；汉德取代佩珀担任第一副会长。多年来，佩珀-汉德团队一起愉快地工作：两人有着对文学典故与文字游戏、对吉尔伯特和沙利文的戏剧、对幽默风趣的共同热爱。没有证据表明佩珀感受到过汉德那些忧心忡忡的特质，他一有机会就赞美他这位同事的"了不起的个人魅力，敏锐的洞察力，丰富的幽默感，……并且对矫揉造作和装模作样嗤之以鼻。"[234] 从 1936 年开始，两位友人密切合作，"全身心地投入准备美国法学会聚会的工作中去"，因为这个场合已经几乎"堕落到无聊的程度了。"[235] 在每年年会之前的几个月里，他们频繁通信，确保议程足够有趣，并计划好有趣的余兴节目。他们会在宴会上背诵吉尔伯特和沙利文的胡说八道的诗句或歌词——尽管佩珀认为他们不应该唱起歌来。[236]（而如果问时不时会在办公室里爆发出歌唱声的汉德，他恐怕是愿意唱的，唱的内容包括古老的长老会赞美诗、海员号子、吉尔伯特和沙利文剧作中的短歌。）他们也努力寻找有趣的发言者。1936 年，他们找到了一位博学多才的英国人威尔莫特·

刘易斯爵士(Sir Willmott Lewis),他是伦敦《泰晤士报》在两次世界大战期间驻华盛顿的通讯员。佩珀引荐威尔莫特爵士的发言是以《当英国真正统治海洋时》(*When Britain Really Ruled the Waves*)[237]中的一些词句来结尾的。

在准备另一场宴会时,汉德和佩珀策划了一个"阴谋",打算让年轻的哈佛法学教授 W. 巴顿·利奇(W. Barton Leach)身着英国法官的全套行头出场。他们打算告诉晚宴的观众,演讲者是"尊敬的英格兰首席大法官约翰·波普姆阁下"——事实上,这位英国高官在 17 世纪初便已经去世了[238]。佩珀会要求汉德护送"首席大法官"进入宴会厅;头戴假发、身着猩红色长袍的利奇,被汉德带领着走上讲坛;佩珀将会宣布:"尊贵的首席大法官"想要在"在音乐的伴奏下"给出判决;而汉德接着就会"朗读来自大英博物馆的一封信,表示他们愿意借出英王詹姆斯统治时期制造的一件罕见乐器",以便让首席大法官可以拥有"必要设备来进行伴奏",于是利奇会演奏起手风琴来。该计划并未能付诸实施,因为利奇不同意穿着上述服饰;但他确实演奏了音乐。[239]

第九章

胡佛时代和与最高法院失之交臂

1930 年初,全国陷入最严重的经济危机;大萧条迫使汉德重新审视他所珍视的某些立场。股市在上一年 10 月就已崩溃;到 1930 年底时,已有超过 1000 家银行关闭,失业人数增至 450 万。1928 年时,赫伯特·胡佛当选总统,汉德为从长达 8 年的保守派共和党统治之下解脱出来而欣喜不已。

他与胡佛相识已久。他俩都是"百夫长"——世纪俱乐部的成员——而且他很钦佩这位"伟大的工程师",这个称呼来源于一战期间胡佛所负责的欧洲援助工作。[1]汉德曾经希望共和党人在 1920 年提名胡佛,但由于党内极端保守势力阻挠,保守派候选人沃伦·哈丁最终当上了总统,他对此也并不感到惊讶;在这 10 年之中的大部分时间里,汉德与共和党渐行渐远。

1928 年,他曾满怀热情地投票支持胡佛。[2]然而作为总统,胡佛远远没有达到人们对他的希望,没能有效解决问题:面对日益严重的灾难,他畏葸不前,受制于共和党对个人主义和自由企业的传统信念,无论在意识形态上还是秉性气质上,都不愿诉诸国家权力。1930 年 11 月,共和党人 15 年来第一次在国会选举中遭遇失败;在这之后,总统才开始寻求以工代赈相关立法来缓解失业影响。

随着大萧条日渐加剧,经济停滞愈发严峻,人心也愈发愁云惨雾,汉德只能为之哀叹不已。在大部分时间里,他全神贯注于法庭上的工作:正如他反复告诉朋友们的那样,他沉浸在"填字游戏"里,"在罗马陷入火海之际拉着提琴"。[3]① 然而他从来就不是消极旁观者,现在也一样。汉德对经济危机的反应,为了解决危机而付出的诸多努力,展现了许多他所特有的品质。他身上特有的怀疑精神时常显现,但他质疑自己所做推测的能力也同样如此。他能怀疑自我,从而心胸开阔,也因此对贫穷之人所处的困境心生同情,感到确实需要采取强有力的措施了。

1928 年,富兰克林·D. 罗斯福谋求连任纽约州州长,汉德信心满满地投票给了他的对手。汉德对罗斯福的唯一印象是一位和蔼可亲的政治家,在纽约作为律师执业过几年,乏善可陈;在一战期间当过海军部的助理部长;1920 年作为民主党副总统候选人出现在选票上,并输掉了大选;1928 年,他接替阿尔·史密斯(Al Smith)当上纽约州长。汉德觉得他头脑平庸,虽然八面玲珑、魅力四射,却缺乏内在价值观,也没有能力设计连贯的长期计划。当时,他绝不是唯一一个这么看的人。比如,1931 年,沃尔特·李普曼也认为罗斯福是个"友善的童子军","没什么头脑"。[4] 甚至费利克斯·法兰克福特也会提醒汉德,他重视"头脑和文化",对罗斯福在这些方面的"局限性"心知肚明。[5] 对汉德来说,罗斯福曾经几度与令人憎恶的坦穆尼社结盟这件事,就足够了;汉德告诉法兰克福特,这意味着"他的胜利就是他们的胜利,尽管他们也不怎么喜欢他"。汉德对罗斯福的共和党对手、前联邦检察官查尔斯·H. 塔特尔(Charles H. Tuttle)也没有更多好感,他似乎是个热衷宣传的政客,"卑劣的企图"昭然若揭;但是正如汉德所言,"用烂苹果换烂苹果,我还是宁可咬他这个。"[6]

汉德预计罗斯福可能会以领先 25 万票的优势赢得选举,但罗斯福的压倒性胜利达到这个数字的 3 倍之多,而民主党在国会中期选举中也大获全胜,所得颇丰。汉德觉得民主党此次完胜"令人惊讶";他告诉法兰克福特说,在他的纽约社交圈子里,对人民的"这种感受毫无察觉"。[7] 然而,他仍对胡佛的头脑抱有信心。

随着大萧条日益恶化,汉德渐渐开始意识到,胡佛并没有能力应对

---

① 这里用的是罗马皇帝尼禄在罗马城陷入火海之际还在拉小提琴的典故。——译者注

危机;胡佛的阴沉性格和糟糕的政治直觉也日益清晰地呈现出来。胡佛沉浸于对个体主动性的迷信过久,在应对不断增加的失业人数、银行停业和生意破产所引发的汹涌群情时,理性的性格令他麻木不仁。法兰克福特帮助汉德了解了胡佛的上述弱点。1930年大选后不久,他说,华盛顿的政治已经变得"乌烟瘴气";面对普遍存在的"萎靡",就连约瑟夫·科顿也显得情绪低落;"白宫里的那个人"正陷身于"无可挽救的悲惨时刻"。[8]

1931年,汉德真正意识到了危机来临:

> 我们驱车缓缓驶过工业区的大道,每个人都显得沮丧不已,没有笑容,没有希望,什么都没有。没有人还抱有勇气;所有人都像波吕斐摩斯洞穴中奥德修斯的同伴们一样枯坐呻吟。[①]

他意识到对"缺乏领导力"和"没胆量"的抱怨越来越多。"明年冬天令人忧惧",他在给李普曼的一封信中补充道,"可怕的命运"就在前方。有史以来第一次,他表示已意识到,自己的安逸生活有可能滋生了过度狭隘的态度:他意识到"整个产业界全面陷入衰败的可能性",他还承认说,"它所造成的损害,比我暂别酷热都市闲坐度过愉快周末时所能意识到的,要远远大得多"。他询问哈佛大学是否愿意授予摩根大通的合伙人托马斯·拉蒙特荣誉学位;他可能是一位自由派的银行家——热心公共事业,关注理念,还是一位令人愉悦的晚餐伴侣——然而汉德考虑的是这其中的象征意义:"有时候我也会怀疑,但并不如我对其他事情的怀疑来得更多。"[9]

在那年夏天的一趟欧洲之旅中,汉德去奢华的世外桃源塔蒂别墅[②]

---

① 波吕斐摩斯是希腊神话中吃人的独眼巨人。《奥德赛》中记载,奥德修斯在特洛伊之战后回家途中停泊在西西里岛,误入波吕斐摩斯的洞穴后与同伴一起被困洞内。奥德修斯告诉波吕斐摩斯自己的名字叫"没有人",并给他喝葡萄酒,趁他酒醉时将削尖的橄榄树插进他的独眼。波吕斐摩斯呼喊其他巨人来帮忙,但他喊得是"没有人在攻击我",因而未能获得援助。此处汉德使用该典故是为了强调"没有人"抱有勇气。——译者注

② 塔蒂别墅坐落于意大利的佛罗伦萨,目前是哈佛大学意大利文艺复兴艺术研究中心。——译者注

里拜访了伯纳德·贝伦森（Bernard Berenson）①。贝伦森安居于别墅里，没有流露出任何不自在的迹象。而乘坐豪华班轮回到美国的汉德则很是惴惴不安：他讨厌这种奢侈，他告诉贝伦森，他知道自己将要回到的是一个已然陷入危机的国家：“也许整个系统都在向下滑行的轨道上。显然，我们各行各业的掌舵人们，既不抱希望也缺乏勇气。至少我看不到地平线上有哪怕最微弱的闪光预示黎明的到来。”10

这些年来，勒尼德·汉德名声越来越响，最显著的一点是他第一次真正有了进入联邦最高法院的机会：1930 年初他刚满 58 岁时，首席大法官威廉·霍华德·塔夫脱因身体欠佳而退休，汉德确曾有望补缺。

在选择新的首席大法官时，胡佛总统面临艰难的抉择：他应该提名自己的好友、57 岁的联席大法官哈伦·菲斯克·斯通吗？或者还是选择 68 岁的共和党资深政治人物查尔斯·埃文斯·休斯更合理？休斯在1916 年辞去在最高法院的职务，作为共和党总统候选人参与总统竞选，对阵伍德罗·威尔逊。胡佛选择了休斯，据说他此前考虑过让斯通升任首席，而把空缺出来的席位留给勒尼德·汉德。

这个说法来自媒体报道提到的 1930 年 1 月下旬总统与时任代理国务卿约瑟夫·科顿的谈话。这个“约瑟夫·科顿的故事”引发诸多讨论，偶尔也受到质疑。科顿此后不久便去世了；数年后，这个故事首次见诸报端时，胡佛与休斯两人都出面予以否认；此后，历史学家们一直在争论它可靠与否。但重新考虑旧证据和检视新材料后即可看出，汉德确实曾非常有希望获得这个席位。

约瑟夫·科顿是一位能干的华尔街律师。他比汉德年轻 3 岁，于1900 年（汉德离开奥尔巴尼之前 2 年）开始在纽约市执业，成为著名的科瓦斯律师事务所（Cravath）的合伙人，而汉德此时仍在疲于应付生计；大约在汉德成为地区法院法官的同时，科顿创立了自己的律师事务所，

---

① 伯纳德·贝伦森，美国艺术史学家，主要研究文艺复兴时代的艺术家。——译者注

并且大获成功。(如今的卡希尔戈登律师事务所,前身就是科顿与富兰克林律师事务所。)他"天资聪颖""魅力出众""气量非凡""效率超群","主要为大型金融机构利益集团提供公司事务法律咨询",在他所谓的"绿色商品产业"中斩获颇丰。[11] 但科顿从未醉心于为他带来巨额收入的法律工作,他最感兴趣的是公共事务。不过,他还是婉拒了大多数的政府职位和哈佛教职,没有离开法律执业领域。

然而,科顿偶尔的几次履行公职都非常重要。1910 年,他担任纽约州工人赔偿委员会(New York State Commission on Workmen's Compensation)的法律顾问,并(在咨询了汉德之后)撰写了一份报告,强烈捍卫工人赔偿法的合宪性(然而,因为纽约上诉法院判决该法律违宪,他的努力付诸东流,该判决激起了泰迪·罗斯福、汉德和其他进步人士的强烈愤慨)。在一战期间,他在食品管理局(Food Administration)担任胡佛的法律助理,为战后的欧洲提供食物并使胡佛受到了全国关注。1929 年,他成为亨利·斯蒂姆森在国务院的得力助手。① 作为副国务卿,他成为胡佛信赖的政治顾问,斯蒂姆森也很高兴能通过他与白宫建立更多联系。实际上,他声称科顿是"唯一能与总统共事的人"。[12]

1930 年 1 月 27 日,斯蒂姆森一整周都在伦敦出席海军裁军大会(Naval Disarmament Conference),由科顿担任代理国务卿。胡佛则暂时在老国务战争与海军大厦(现为行政办公大楼)办公;科顿的办公室就在胡佛办公室"门外走廊的拐角处","总统的门任何时候都向他敞开"。[13] 1 月 30 日,塔夫脱即将离任的消息传来时,根据后来科顿反复提到的说法,他正在总统办公室里。他告诉总统,这次空缺是个"很好的机会":"现在,您可以擢升斯蒂芬·斯通担任首席大法官。然后,您可以任命勒尼德·汉德法官填补斯通的席位,如此一来,当今最杰出的联邦法官就能进入最高法院了。"[14]

---

①　胡佛提名斯蒂姆森做国务卿时,斯蒂姆森反过来要求两位老朋友找一名律师担任他的副手,其中之一就是费利克斯·法兰克福特,法兰克福特说服科顿接受了该职务。"我——这个'新政'的头号恶魔——居然是负责给胡佛政府选择副国务卿的人。"(Harlan B. Phillips, ed., Felix Frankfurter Reminisces, 228)

在提出这个建议时,科顿对斯通没什么兴趣;他的动机是与汉德的多年友谊和对他的钦佩之情。费利克斯·法兰克福特回忆说:"当塔夫脱退休时,乔·科顿觉得机会来了,可以把斯通推上去,留出一个空位来给 L. 汉德。那才是他想要做的事,他对斯通才不在乎呢,一点儿也不在乎。"[15]

按照科顿的说法,胡佛总统对此表示了疑虑:"我认为必须先问问休斯州长是否愿意担任首席大法官。作为一名前大法官,他毫无疑问是称职的;我对他在大选前那个星期六(1928 年)为我所做的精彩演讲非常感激,要是我不先问问他要不要这个职位,那就太忘恩负义了,我会没法原谅自己。"科顿立即就向总统指出了休斯不能担任首席大法官的原因:

> 他的儿子小查尔斯是首席政府律师,负责处理联邦政府在最高法院的所有诉讼,这大概占了最高法院案件量的40%。因此,如果父亲是首席大法官,儿子就不能当首席政府律师。这意味着休斯州长不能接受任命。

胡佛的反应是,如果休斯拒绝,"那就解决了我们的问题。接下来我就可以晋升斯通,并任命你的朋友汉德。但是,既然公众都知道休斯而不知道汉德,那么我们宣布曾经问过休斯要不要这个职位,这应该没什么关系。所以我真得先问问休斯"。胡佛迅速拿起电话,打给纽约市内的休斯。科顿后来回忆道,休斯想也没想就答应了下来。科顿震惊了!他想:"这狗娘养的根本没想到过他儿子!"

休斯连夜乘坐火车前往华盛顿,第二天早上(1 月 31 日)与总统共进了早餐,并立刻同意担任首席大法官。3 天后,2 月 3 日,塔夫脱的正式退休函件送到了胡佛手里;同日,胡佛提名休斯担任下一任美国首席大法官。斯通的机会成了泡影,汉德的机会也一样。

在这一系列转折事件发生后的几天里,科顿曾向好些人讲过这些事,并且被大范围地传播。约瑟夫·科顿于 1931 年 3 月 10 日去世。几年后,这个故事终于见诸报端,人们对此提出了质疑。科顿真的这么说过吗?有什么根据呢?科顿和胡佛真的讨论过首席大法官的人选吗?

胡佛是否真的考虑过除了休斯以外的任何人选?

事实上,科顿确实讲过这件事,这一点似乎是确定的。费利克斯·法兰克福特声称在事发几天后就从科顿那里听说了他与总统的谈话,终其一生中也多次提及这件事。(如果他是在几十年后才头一次说出来,那么我们还算有充分的理由质疑他的回忆:法兰克福特是个容易受到不断修正的记忆影响的人,很难说在很久以前的事情上是个完全可靠的见证人。)并且有书面证据表明,1931 年 2 月,法兰克福特在普罗维登斯的一次晚宴上,向他的 3 名刚从哈佛法学院毕业的得意门生讲了基本相同的事。[16] 其中的一位——奥林格·G. 贾德(Orrin G. Judd),后来经由法兰克福特的推荐而担任了汉德的法官助理(再后来他自己也当过联邦法官),有记日记的习惯。他在 1931 年 2 月 5 日的日记里写下了从法兰克福特那里"听说了汉德、休斯的事"。

在胡佛和科顿进行这番或许发生过的谈话 50 多年后,约瑟夫·科顿唯一的女儿伊莎贝尔(Isabel)生动地回忆了父亲对与胡佛总统谈话的直接反应。她从来没有见过素来平静自持的父亲像那天晚上回家时那么生气、愤怒和情绪化。用她的话来说,这种"反常行为"针对的是休斯在回应时完全无视了自己的儿子:科顿本人和孩子们非常亲近,尤其喜欢他唯一的儿子;他简直无法想象父亲会甘愿冒着毁掉儿子职业生涯的风险;更重要的是,他"无法接受"自己经过了充分考虑的关于斯通和汉德的安排,就这样戏剧性地"出了错"。他女儿也记得那句法兰克福特和其他人都记下来了的充满藐视之情的话:"这狗娘养的根本没想到过他儿子!"[17]

但大多数人质疑的,都是科顿故事的内容,即科顿描述的他和胡佛之间的对话是否可靠,尤其是打给休斯的电话,以及科顿对于胡佛的倾向和动机的理解是否正确。问题是这样提出的:后来为塔夫脱写作传记[18] 的作家亨利·F. 普林格(Henry F. Pringle)在 1935 年 6 月和 7 月出版的《纽约客》杂志上分三部分连载的休斯小传里,写了关于电话的这个故事。休斯读到文章时"极为不安",并想要立即给胡佛写信,但之后便"随它去吧"。[19] 两年后,调查记者德鲁·皮尔逊(Drew Pearson)和罗伯特·S. 艾伦(Robert S. Allen)出版了名为《九个老男人》(*The Nine Old Men*)的书,引起了社会的广泛关注;该书对大法官们的抨击毫不留情,出版时正值罗斯福总统的法院重组方案引发的争议闹得沸沸扬扬,书中也讲述了与科顿的说法大体差不多的故事。[20]

前总统胡佛迅速就这本"肮脏的书"致信首席大法官休斯,向他保证:"您自己的回忆能够佐证我的回忆,我从未与您在电话中讨论过这个话题。"[21]第二天,休斯感谢胡佛"证伪了这故事",并询问胡佛(也得到了允许)是否能把他的信出示给普林格看:"他可能会忍不住复述这个故事,我希望阻止这件事发生。"[22]几天后,胡佛向休斯寄了一份更全面的对1930年事件的回忆。重申"没有打电话讨论过",甚至还补充说"我认为总统不太可能在这些重要事情上使用电话"。胡佛坚称司法部长威廉·德威特·米切尔(William DeWitt Mitchell)是唯一与他讨论过塔夫脱继任者的政府官员:"这个问题不需要与他人协商。这次任命是显而易见的。"胡佛补充道,再说,他不能与科顿谈论这个问题,因为科顿是国务院的官员,"与司法任命毫无关系"。[23]①

1951年,梅洛·普西(Merlo Pusey)的休斯传记出版,激烈地为自己的传主辩护,用尽手段想推翻科顿的故事。[24]但阿尔菲厄斯·托马斯·梅森(Alpheus Thomas Mason)在1956年出版的哈伦·菲斯克·斯通传记里收集了大量证据,证明在1930年时斯通确实作为首席大法官候选人受到过认真考量,并且得出结论说:"出于某些原因",胡佛"在晚些时候改变了主意"。[25]同年,梅森在给一本关于休斯的新书写书评时重申:"似乎,胡佛之所以向休斯提出这个想法,是怀着并非不合理的期待,觉得他是会拒绝的。"[26]胡佛立即向该书作者写信驳斥了这一说法。[27]但法兰克福特大法官之后随后向梅洛·普西写了一系列理据充分的信,坚称科顿的故事是基本

---

① 胡佛还声称休斯在他们会面的几天之后才接受了职位任命。休斯纠正了这一点,提醒胡佛他当场就接受了;并且他重申他"很高兴你强烈谴责了这个似乎已经获得了很大关注度的荒谬故事"。(休斯致胡佛,1937年3月8日,自传注释,294)几年后,胡佛向休斯的传记作者梅洛·普西作出了更强烈的否认,(根据普西的说法)他声称,"科顿的故事里没有一丝真相"。(引述自普西致法兰克福特,1956年11月19日,法兰克福文集,国会图书馆)。

可信的。[28]这场笔仗一直打到20世纪80年代才偃旗息鼓。[29]

真相究竟如何？各种证据足以证明，科顿确实与胡佛讨论过提名，并如同他说的那样，提出了斯通与汉德的人选建议，并且，胡佛在科顿在场时立即打电话给休斯，要求他第二天来华盛顿。根据他所知道的情况，对于休斯对首席大法官职务的兴趣，科顿的愤怒完全可以理解。

然而，胡佛最终选择休斯，取决于科顿所不知道的因素。在科顿不知情的情况下，强大的势力迫使胡佛提名了休斯而不是斯通；胡佛是一位软弱而摇摆不定的总统，他向压力屈服了。科顿对休斯的回应感到愤怒和惊讶，但胡佛却没有。

胡佛经常使用电话处理重要的总统事务；事实上，他在1932年向本杰明·卡多佐提议最高法院席位时就用了电话。梅洛·普西本人采访了一位曾在休斯的律师事务所中担任助理律师的男子，当休斯接到胡佛的电话时，他就在场。当时，休斯和助理律师们正在修改一封为私人客户提供法律意见的信，当休斯放下电话时，他说，"暂缓发这份意见书，这事儿不能说出去"。[30]胡佛可能没有在电话里直接给出首席大法官职务的提议；但同样可能的是，在休斯同意连夜坐火车赶往华盛顿时，他很清楚胡佛心里在想什么。"精明的"科顿震惊的焦点在于休斯没有立即否决对最高法院的任何想法。[31]胡佛反驳说他不可能与科顿讨论提名的事，因为代理国务卿"与司法提名没有关系"，这也没有什么可信度，这种声辩出自对组织结构的僵化、呆板的理解，掩盖了两人之间亲近而宽泛的关系。更为合情合理的是，胡佛愿意听取一位备受尊敬的律师和政府官员的建议。

但胡佛否认这则故事里的关键点在于，他坚持认为休斯是他考虑过的唯一候选人，休斯是个"显而易见的任命"。然而，人们谈论斯通大法官时，都把他当作塔夫脱的接班人，他还是胡佛的老朋友。在斯通于1925年去最高法院之前，他们一直是柯立芝内阁的同事。在柯立芝执政期间，以及胡佛执政早期，两人过从甚密。1928年或1929年初，胡佛曾试图说服斯通担任国务卿，然后又试图让他成为全国守法与执法委员会（National Commission on Law Observance and Enforcement）主席。他俩都是白手起家的人，都来自穷乡僻壤；他俩常常携眷去对方家里用餐。众所周知，斯通是总统的"健身球内阁"的成员——这一小群人每天早上都聚集在白宫，从事当时最流行的运动，扔实心橡胶健身球，然后在白宫地下室一边享用丰盛的早餐，一边闲聊。[32]

没有人比塔夫脱本人更了解和关注与斯通有关的传言了。在他的首席大法官任期内，他满怀着让最高法院成为捍卫财产权的堡垒的使命感；正是这种时常萦绕心头的想法，促使他不时向行政部门的朋友们提出建议；只要有不可信赖的自由派——例如汉德——的名字出现在对最高法院人选的猜测中，他就会这么做。1929年9月，保守派大法官皮尔斯·巴特勒写信给塔夫脱，提到不断涌现的"关于擢升斯通的媒体报道"。塔夫脱毫不怀疑这则传闻"在很大程度上是真的"，因为这是他一直担心的风险，在他眼中过于自由主义的胡佛总统会擢升斯通。塔夫脱最担忧的是审判席上由6名保守人士构成的多数派会遭到破坏；对塔夫脱来说，所有异议者——斯通、布兰代斯和霍姆斯——都"无可救药"，他在给弟弟亨利的信中写道，他非常害怕，"如果我们之中有人死了，胡佛会派来一些破坏宪法的极端派"。[33]

关于斯通将被任命为首席大法官的传闻，直到休斯的提名被宣布才停歇下来，[34] 这些传闻的来源是胡佛的一位新闻秘书，他向新闻界的朋友"透了消息"，说斯通将成为他们的选择。[35] 事实上，当胡佛意识到斯通的谣言正在传到全国各地报社时，他决定提前一天宣布提名休斯。在认为斯通才是真正候选者的人中，也包括斯通本人。斯通的秘书后来回忆说，当总统宣布提名休斯后，斯通"极度失望"，"但咬牙忍了下来"。[36]

既然斯通很有可能在1930年成为首席大法官，科顿便有充分的理由在胡佛面前提起他。另外值得一提的是，当胡佛在1937年否认这个故事时，恰逢罗斯福提出"最高法院重组计划"，这让胡佛更加厌恶使他落败的竞选对手，而且，它在很大程度上缘起于斯通于一年前所写的一份异议意见书，这可以称得上是有史以来对法院占多数的保守派最猛烈的抨击。[37] 休斯在率先抵制罗斯福的计划[他给蒙大拿州参议员伯顿·肯德尔·威勒（Burton Kendall Wheeler）写的一封表达反对的信起到了至关重要的作用]，而反对罗斯福的人自然不会去拆他的台。如此一来，胡佛就有了充分的理由向休斯给出一个 1930 年事件的错误版本，而休斯也同样有充分的理由如此回应。

在白宫内部，司法部长米切尔是维持法院保守派多数的头号人物。他与巴特勒大法官关系密切，而巴特勒与塔夫脱讨论斯通的传闻已有数月之久；可能就是巴特勒说服了米切尔，休斯是首席大法官的理想人选。而米切尔反过来又促成了巴特勒大法官和威利斯·范德万特大法官（Willis Van Devanter）在纽约与休斯一起用餐，从而得知他对可能被提名的反应，当时距离胡佛那通电话还有两天；大法官们回来后，确信休斯有意于该职位。米切尔将这一情况转告了胡佛，于是，尽管胡佛是个开明派的共和党人，并与斯通有着深厚的友谊，还是向保守派的压力屈服了。正是出于这个原因，休斯在 1 月 30 日对胡佛电话的回应——科顿无意中听到了这段谈话——对于胡佛而言并不像科顿那么意外。因此，威廉·霍华德·塔夫脱至少第二次要为阻止将汉德晋升到最高法院负上间接责任。[38]

汉德自己对于休斯被任命的反应，也证明了他确实很有可能曾有机会晋升到最高法院。法兰克福特当时担忧地给他写信道："可怜的斯通一定非常失望——但我怀疑反对他的保守派影响力太强大了……总而言之，要是斯通能成，我会更满意的。"然后他又添上一句安慰："我担心纽约的任何其他人也都会被排除——你和 B. N. C.①都是。"[39] 汉德的回答相当克制：

> 是的，我很为斯通感到遗憾，他一定很失望。但是，如果一个人对这种事情抱有太多幻想，那到头来失望也只能怪自己了。这世上唯一能确定的事情就是太多事情无法解释，任何超

————————

① 指本杰明·卡多佐。——译者注

过同意年龄①的成年人都应该随时牢记这一点。你说的关于我的这件事也是如此。

汉德估计到自己的希望相当渺茫,勉强有过那么一丝机会罢了:

要是有人在记"账"的话,那我可能得放在异类里。就我个人而言,我把自己归为体育术语里称为"远投"的那一类;但我的名字上过那本"账簿",这应该是真的。从"远投"到彻底打消念头并不是什么大不了的事;从某种程度上来说,账簿现在已经经合上了。只要是个法官,如果他说不想要,那肯定是个骗子,但这样说的话,任何或者几乎任何说自己不想当总统、当英国国王,或者任何"有牌面的大人物"的人,也都一样。我们人类生来如此,这不值得称道,但却是人之常情。

汉德也能感觉到,他的毕生之敌、首席大法官塔夫脱必然在幕后施加了相当大影响,尽管他影响力已渐渐衰微,不复当年:"我听说老 C. J. 已经在该话题上畅所欲言了,而且立场非常坚定。我不怪总统向他屈服,虽然我相信这真的令他深感痛心。"[40] 在面对法兰克福特时,汉德坚持认为自己在 1930 年进入最高法院的机会很渺茫。但他慢慢地意识到了自己是如何懊恼沮丧;但他只在与妻子的一系列书信中吐露过这些私人感情。

1930 年 1 月 31 日——在约瑟夫·科顿与胡佛会面后的第二天——弗朗西丝·汉德在路易·道的陪同下,启程开始为期 3 个月的欧洲和近东旅行。[41] 在她旅行期间,勒尼德每周给她写两三封长信。这些信件清楚地表明,在她离开前,他们经常讨论最高法院提名的可能性——并且她的期望值很高。事实上,弗朗西丝已经告诉她的一位朋友,勒尼德"有可能"获得晋升。尽管如此,在第一封信里他写道,当时她尚在公海上,而他也刚刚听到有关休斯的消息:"你得为我说一句公道话,我之前时常

---

① 同意年龄(age of consent),即最低合法性行为年龄。——译者注

警告大家,虽然这是有可能的,但几率是很小的…… 我必须承认,有那
么一会儿我感到一阵难过,但正如生活中的许多其他事情一样,骰子一
旦掷下,我们总会找到独特的方式来适应新的情况。我一直认为这只是
一种可能性,也当然知道如果[任命的是休斯],那我可能有的任何希望
就都破灭了……"[42] 4 天后,他更充分地表达了自己的感受:

> 真的,华盛顿的大门对我关闭这件事,并不怎么令我遗憾。
> 那件该死的事情每时每刻在我脑海里萦绕,将我变作了懦夫。
> 一开始是有点儿冲击,但之后反而渐渐感觉精神上卸下了什么
> 东西,如今我觉得更自由了。[43]

汉德得以调整心态,一部分原因是寻求了合理化的解释:他找出了
一些理由来解释为什么任命休斯可能是最好的选择。他的猜测很正确:
"整个事情早已经安排好了,塔夫脱可能有很大的发言权,他不信任斯
通——觉得斯通野心太大。""站在胡佛的角度考虑,我想我也会选择休
斯,因为我怀疑斯通是否能领导整个法院,毕竟其中好些人不喜欢或不
信任他。"无论如何,"也许查理会变成一个像样的'自由派'呢,天晓得,
最高法院可太需要这么个人了"。[44] 几天之后,他对于这种合理化解释已
经深信不疑:"对斯通来说当然是个沉重的打击,但胡佛绝对是正确的。
斯通并不足以负责最高法院,毕竟法院里有那么多又老又凶恶的獒犬对
他既鄙视又憎恨。"当休斯在参议院听证会上开始受到攻击时,汉德如此
评论道。对休斯的攻击来自内布拉斯加州的乔治·威廉·诺里斯
(George William Norris)和罗伯特·拉福莱特(Robert La Follette)。[45] 事
实上在参议院通过休斯任命的表决中有大量反对票,理由是休斯在华尔
街执业期间代理过大量的公司客户,以及再次提名一位曾经离开法院去
参与政治竞选总统的人担任大法官不甚妥当。

尽管汉德尽了最大的努力去平复心情,仍花了大约 1 个月才冷静接
受了休斯的任命。直到 3 月 1 日,他才令人信服地写道自己已经放下了
失望情绪:

我真的不再关心最高法院了。真的,这是真的。我仍然无法对自己说,这已经不再可能。人类与生俱来的好奇秉性会一直坚持下去,让我们所有人都想知道,是否命运之轮的转动会改变一切,尽管现在看来已经尘埃落定。但我可以诚实地说,我已不再有任何失望之感,而且这个该死的东西不再占据我的脑海,这是一种解脱。[46]

几天之后,汉德的这种对晋升可能性的"好奇秉性"有了新的宣泄出口。3月8日,最高法院里第二年轻的大法官——哈丁总统所作的最后一个任命、64岁的爱德华·特里·桑福德大法官去世了,这立即引发了广泛猜测:"胡佛有可能会选一位巡回法院法官。"对于汉德而言,此类报道轻而易举地揭开了他的新伤口:"我相当确定,如果不是任命了休斯,那很可能就会是我。"[47]他立即积极推动新奥尔良的律师朋友蒙特·莱曼(Monte Lemann)赢得提名。但他很快发现他的努力是徒劳的:莱曼是民主党人,而且不是法官。(汉德认为因为这些理由就排除莱曼的资格是愚蠢的。)获得提名的是北卡罗来纳州的一位非常年轻的联邦巡回法院法官约翰·J. 帕克(John J. Parker)。帕克立刻就因为一份据称反劳工的判决和据说存在种族主义倾向而受到抨击;他没能得到参议院的确认。最终,这个席位落到了费城律师欧文·J. 罗伯茨(Owen J. Roberts)头上。

两年后,霍姆斯大法官退休时,纽约上诉法院的本杰明·卡多佐成为众望所归的接替人选,卡多佐确实获得了任命。[48]1932年的情况完全不同,因而可以解释为什么选了卡多佐而不选汉德:要求让另一位著名的普通法法官接替霍姆斯的呼声很高,而卡多佐正是全国最具声望的,他在州最高法院的职业生涯,也与霍姆斯来到联邦最高法院之前在马萨诸塞州最高法院的多年经历相似。胡佛政府在1930年还急于从较低级别的联邦法院提拔一名法官,但到1932年,这种想法已经渐渐淡去。在不同的社会背景下,卡多佐接替霍姆斯的席位获得了广泛支持。[49]

在他仍然对失去最高法院的机会耿耿于怀之际,汉德意外发现自己有可能接替查尔斯·埃文斯·休斯,担任海牙常设国际法院(Permanent Court of International Justice)——通常被称为"世界法院"(World Court)——中由美国提名的法官。[50] "最近事情真是一件接着一件冒出来",勒尼德在给弗朗西丝写信时道歉说,信里"充斥着公职任命之类的事情"。[51] 世界法院的消息令他寝食难安辗转反侧了好几个星期:就个人生活而言,他并不想去荷兰;然而这种荣誉是不容拒绝的,而且在世界法院可能真正有机会为国际秩序作出贡献,这令他心向往之。

国际联盟(League of Nations)于1920年设立了世界法院,它是一个自治机构,即使不是国联成员国也可以参与其中。西奥多·罗斯福的国务卿伊莱休·鲁特是创设法院的倡议者之一,而休斯于1921年至1925年担任国务卿期间,已经多次要求美国加入关于该法院的国际公约,但参议院始终没有正式予以批准。然而,即便美国拒绝接受法院的管辖权,美国通常还是会提名一名法官。(提名权来自一战前国际仲裁法庭的成员,正式选举则由国联进行。美国提名的人选实际上就是世界法院"美国席位"的占有者。

意料之外的发展令汉德颇为震惊。正如他告诉妻子的那样:"首先,休斯的任命让我的生活变得如此陌生;至少在内心是这样。然后……这个世界法院的事……"[52] 他首次得知"这个世界法院的事"是在2月10日与沃尔特·李普曼的谈话中。李普曼是曾任过一届克利夫兰市长的前威尔逊政府战争部长纽顿·贝克(Newton Baker)的好朋友(法兰克福特在一战期间做过他的下属)。贝克作为常设仲裁法院的成员,是有权提名美国在世界法院法官的提名者之一。[其他有权提名的人是休斯、休斯在世界法院的前任约翰·巴塞特·摩尔(John Bassett Moore),以及伊莱休·鲁特。]贝克迫切地想要提名汉德,所以向委员会的同事们提出了建议;李普曼被派来了解汉德对此的想法。[53] 汉德不太了解贝克,并对他的兴趣感到惊讶;但贝克证明了自己是个非常坚定的拥护者。"他是个情绪化的家伙,"勒尼德在给弗朗西丝的信中写道,"由于种种原因,我决定接受海牙的工作,尽管我其实应该在最高法院工作。"[54]

在超过 1 个月的时间里,勒尼德一直在考虑这个意想不到的变故,
并不断浮现在他写给弗朗西丝的许多长信中——而她正在海外旅行之
中,可能好几周都读不到其中任何一封。在与李普曼谈话后的第二天,
汉德向妻子写道:

> 我必须把这个重大决定放在你面前周都读不到其中任何
> 我陷入了怎样的恐惧。其实我并不想这样做,但也可能只不过
> 是我非常害怕不得不远离家乡,以及它对我的生活将产生如何
> 重大而不可逆转的破坏。

汉德不想对支持他的人无礼,但在海牙生活的前景对他几乎没什么
吸引力:

> 我完全不熟悉国际法,我的法语水平你也知道,而那里所
> 有东西都是用双语的。当然我不得不辞去现在的职务,必须受
> 到约束不能再执业或者做其他任何事情,除了如果我愿意的
> 话,可以讲讲课。① 任期为 6 年②,你必须在海牙待上 5 个月,
> 不过有机会不时离开。55

但最负面的因素来自世界法院的实际工作。去年夏天汉德在欧洲
时,亲眼观察了这家法院是如何运作的,他告诉李普曼他对法院的"繁
重"工作的想法。由于法院处理的是主权国家之间的争端,它"必须尊
重各方,以便他们可以随心所欲地说个不停;他们可以一再重复、答复、
回应、反驳,无休无止,而法官们必须耐心听完"。他们可能会"听"这一
切,但他们很少会注意地听。"一位法官把时间花在写诗上,——这是个
法国人;——另一个人睡着了,这是一位年长的荷兰人。"休斯曾经告诉

---

① 事实上,休斯在 1929 年在海牙的几个月前后均曾执业。
② 实际上任期通常是 9 年;"6 年"是因为他是去填补休斯任期的剩余部分。

过汉德,在海牙"作出裁判比听庭审辩论还要令人难受";汉德"不理解怎么会有人愿意为这样微不足道的结果忍受那么多痛苦"。[56]

然而,这个职务也有好的一面,由于必须作出决定,汉德处于"忧心忡忡"和犹豫不决的情绪中。他觉得自己应该感到"兴高采烈";不停地告诉自己说:"你连这都不感到高兴的话你到底是个什么样的人啊?"他向弗朗西丝提到,每年的薪水会是2万美元,比他如今当法官的工资要高得多;他反复写道,有必要向女儿们提供资金作为保障(他毫不犹豫地提出给每个女儿10万美元,至少要确保每年有4500美元收入)。[57]一周又一周,汉德沉浸在纠结痛苦之中,咨询了他能想到的每个人。格斯·汉德和托马斯·斯旺都告诉他"没有充分理由接受它";只有本杰明·卡多佐不这么看。

进一步的思考让他想到了家庭问题。把女儿们留在美国将近半年时间,这在他看来肯定是"一件坏事"。而且在世界法院服务之后的职业生涯存在不确定性,这更加持续地困扰着他。然而,拒绝这一职务似乎是不可能的。汉德焦虑的核心是他害怕他必须面对面告诉胡佛总统,自己不会接受任命:他担心胡佛会逼迫他,哪怕只是为了"有助于我国接受世界法院"。他想在胡佛召见他谈话之前就作出决定;但他作不出这个决定来。[58]

在3月中旬,他再次推迟作出决定——推迟到了6月份,主要是因为约瑟夫·科顿希望能保留他作为候选人,哪怕只是为了阻止更不合适的人入选。由于个人原因,去海牙似乎越来越不可能了;但与此同时,"作为一项工作的"世界法院差事似乎变得更具吸引力,因为汉德现在觉得他可以期待在其中发挥主导作用。[59]

幸运的是,勒尼德·汉德并不需要解决他的心理矛盾;他很快就会知道这一事项被无限期推迟了,主要是因为各国在伦敦海军裁军会议上的分歧。汉德松了一口气,他告诉妻子说:"很可能这事儿最多也就是昙花一现。"[60]①

---

①　世界法院的这个空缺席位在几个月后才得到填补:9月17日,弗兰克·B. 凯洛格经选举取代了休斯。

　　这一系列的事件原本应当能使汉德对自己的声誉和地位放下心来。但他仍时刻处于不确定之中,自尊心也仍摇摇欲坠:他从不相信他真的有希望进入最高法院,而事实上他很有希望;他不确定自己有资格坐在海牙的法庭上;最重要的是,在他对"萨科和万泽蒂案"争议的回应中能明显地看到他内心优柔寡断的暗流,这也说明了他对世界法院提名一事是如何犹豫不决。

　　1931 年,两位非常好的朋友在几个月内相继去世,在极端悲痛的同时,汉德对胡佛的信心正日渐消失,他对经济危机也不再持事不关己的态度。3 月时,长期缠绵病榻的约瑟夫·科顿撒手人寰;10 月时,看似身体健康的德怀特·莫罗(Dwight Morrow)在突然中风后死亡。对于汉德来说,这两个同辈人的死亡所带来的震撼远超过死亡本身——科顿比汉德年轻 3 岁,莫罗比汉德年轻 1 岁。

　　汉德极其喜欢这两个人,尽管他俩与他是完全不同的人,甚至也可能正是因为如此他才喜欢他们。科顿是个亲切友好的朋友,具有真正的广阔的眼界和自由派的直觉;莫罗也是很亲近的熟人,虽然汉德曾对法兰克福特说,莫罗"一直如此忙碌,以至于他几乎没有时间来建立亲密的私人关系"。[61] 但是,莫罗和科顿一样,都是心胸宽广的进步主义者。世纪之初,他在华尔街的辛普森撒切尔(Simpson, Thacher)律师事务所成功执业数年之后,作为摩根大通银行部门的合伙人度过了一段收入更丰厚的时间。但就像科顿一样,他会抽出时间来从事启蒙性质的公共服务。1927 年至 1930 年,他担任了驻墨西哥大使,从此永久地投身于公共部门。在回到故乡新泽西州北部后,莫罗成功竞选了参议员,那场胜利还使他立即成为共和党总统候选人资格的有力争夺者。

　　科顿和莫罗两人与汉德之间的区别,也正是他们身上吸引汉德的地方,那就是他们都是行动派。两人都不耐烦于长时间的猜测论证,而是锐意进取,以求得斩获直截了当的结果。正如有一次,在周末访问莫罗并度过了一段"美好时光"之后,汉德向法兰克福特报告说:"他总是富有魅力,巧妙而睿智,在我看来他对于眼前事物有着务实而正确的看法。"汉德钦佩这些行动派,也有点羡慕,但他也会懊恼他们没能更谨慎从事。正如他告诉法兰克福特的那样,他觉得这种对眼前事物的务实看法并不"完全充分":"难道人世间的事是如此偶然,如此反复无常,如此无法解释,以至于所有长远的打算都只是不自量力而已?"[62]

失去科顿和莫罗之后,汉德对胡佛政府应对经济危机的能力产生了严重怀疑。他们的离世绝不仅仅意味着"重大打击";[63] 失去他们也引发了一种令人不寒而栗的感觉,即国家可能需要一位更强有力的船长来引导它度过经济危机。到了 1932 年初,随着科顿和莫罗的离开,汉德确信胡佛不会"有下一个任期"了,而且"下一任[总统]将会是民主党人"。[64]

在 1932 年 11 月总统大选之前那漫长的几个月时间里,大萧条日益加深。保守派继续鼓吹自力更生和勤俭节约;自由派敦促政府采取更有力的行动;激进派则预见到了资本主义的终结和民主制度的破产。费利克斯·法兰克福特和沃尔特·李普曼都认为,共和党的执政即将结束,因而忙于制定旨在 6 月底的民主党全国大会前能奏效的策略。汉德仍旧远离政坛运作,并不仅仅是因为他的职务所约束,而是因为他对任何一方都缺乏热情。但从长远角度来看,他明确表示了他非常关心国家及其政治制度的存续。

例如,1932 年 3 月,汉德向华盛顿的联邦律师协会发表了一番雄辩的演说。在这次题为《民主:假设与现实》(*Democracy*：*Its Presumptions and Realities*)的演讲中,[65] 他认识到了来自左翼和右翼的极权主义者们对代议制政府的挑战,反对"超人"的统治,并承认美国民主存在不完美之处,同时尽可能地给予鼓励,因为这肯定是最"宽容的制度"。对于许多美国人来说,经济从过度繁荣到大规模失业和大萧条的过山车正在激发反民主的思潮。但是,汉德从悲观的前提中得出了适度乐观的结论:对他而言,考虑现代背景后重新定义的民主进程仍然是最好的政治制度,尽管它有着自身的缺陷。

《民主:假设与现实》描绘出了现代美国政治与开国元勋们的期望之间存在着多大差距;但在他的演讲中,汉德拒斥了普遍的绝望情绪,正是这种绝望促使许多人在大萧条时期接受了极权主义意识形态。他坚持不懈地抓住机会,让绝非完美的个人尽可能地参与民主进程。他认为现代民主制度"并不像看起来那么糟糕","无论好坏,我们仍可从中获得其他任何制度无法替代的优势"。他承认"数人头不是理想的治理方式",但指出"但至少比砍人头要好"。

　　我们做的可并不仅仅是数数;我们正是通过衡量互相冲突的阶级之间的敌意与合作,来衡量政治力量,虽然这可能会令改革者绝望,但我想指出它的亮点。它可能不够理想,[但]我认为它是个可堪忍受的制度;它能确保连续性,并为缓慢变革提供空间,因为它允许现实存在的、哪怕是未被承认的社会组织得到充分发展。

汉德认为,对民主制度缺陷的恰当反应,是培育那些对民主制度存续至关重要的习惯:"了解一点;克制一点;与他人相处;想要很多却得到很少的时候接受现实,生活,并且让别人也能生活,不得不放弃的时候那就放弃;也许,我们可能期待,这没有花光人们所有的力气。"

他一如既往地在演讲最后提起偶像奥利弗·温德尔·霍姆斯(演讲当天是他的91岁生日)。最后,他用充满诗意的雄辩语句作为结束:

　　要警惕那异教的诸神,莫要盲信诡称永恒的教义。报以温和的嘲讽、友好的质疑与开放的心灵。永不要灰心丧气,因为黎明总会降临。破晓即将到来,在东方地平线上,朝阳即将升起。会阳光灿烂吗?也许永远不会。然而天渐渐放明,定睛望去,曾经漆黑一团的道路,渐渐清晰。我们将学会径直向前。是的,黎明终会到来。[66]

第十章

新政时代

1932 年,年近花甲的汉德总是担忧自己年事渐高,会接受不了新观念。事实恰恰相反:他警惕老顽固心态,因此更善于聆听、思考和反思了。他的朋友们,从惶恐不安的富人,到改革派的知识分子,都坚守着各自迥异立场,汉德的态度却始终未被左右。他很清楚改革势在必行,指望自由市场体制自行纠偏是不现实的;同时,他的怀疑态度,又决定了不愿义无反顾地支持体系宏大但缺乏条理的大规模改革。

汉德的与时俱进与不墨守成规,体现在他对富兰克林·德拉诺·罗斯福的看法改变上。比如,1930 年罗斯福再次当选纽约州长时,汉德清楚他已堪为胡佛对手,但当时对胡佛仍抱希望,认为罗斯福并不值得追随。到 1932 年,汉德对胡佛的信心开始动摇,但这年大选中还是把票投给了胡佛。美国国内局势空前严峻:失业人口达到 1200 万;破产银行数量创历史新高;所有的经济指标几乎都跌到了 1929 年的一半——薪资水平、股息、工业产值、农民购买力。汉德逐渐认识到了罗斯福的长处——他勇敢,没有被小儿麻痹症打垮;他乐观,为遭受冲击的国民带来信心。汉德在 1936 年、1940 年、1944 年连续三届大选中都把票投给了罗斯福。他始终对罗斯福的新政抱有疑虑,但认同美国需要积极行动和有力领导。

汉德对新政从未无条件吹捧。部分是因为,联邦机构飞速发展,必将威胁个人自由。几十年以来,他并不反对宽泛定义政府权力;但当极权主义在欧洲抬头的同时,国内政府权力的扩张,尤其是总统权力逐渐凌驾国会的趋势,确实令人忧虑。很多人公开表示过对新政措施的担忧,包括保守派的自由联盟(Liberty League),但这些人口中的保护个人自由,不过是贪婪的伪装。汉德绝非如此。

汉德对大萧条和新政的看法有个发展过程,他与三位朋友之间的通信最清楚地反映了这点。这三位朋友分别是:伯纳德·贝伦森、沃尔特·李普曼,以及费利克斯·法兰克福特。他们四人在通信中阐述了各自的不同观点。

贝伦森一贯是个注重审美的高冷贵族。西方文明是他的谋生手段,也是人生意义;不幸,蛊惑人心的政客和茫然的民众总是让这个文明岌岌可危。自然,他对政治家缺乏耐心:整个 20 世纪 30 年代,他对罗斯福态度不屑;在内心,他鄙视民主政体。他有次鼓吹"压迫"群众的贵族精英政体,引发了跟汉德的冲突。贝伦森确信"我们是金字塔型社会中的阶级动物,自上而下地、而非自下而上地统治";汉德激烈反对。他告诉贝伦森:无论理论上对贵族统治者如何评价,他从未听闻有哪个体制能够保证顺利选出这些人;柏拉图的理论"完全不可信";历史上也从来不存在"长期不滥用权力"的贵族统治。[1]

贝伦森爱好高雅文化,价值观偏向贵族主义,在这两方面李普曼与他颇有共同语言,不过李普曼更关注时局。1931 年,《纽约世界报》关张以后,李普曼在《纽约先驱论坛报》上开了时政评论专栏"今天与明天"。他的专栏文章态度中立、冷静、理性,广受赞誉,汉德也很喜欢。比起汉德,李普曼对大萧条和新政的看法波动大得多,而且是从一个极端走向另一个极端。一开始,他是罗斯福的忠实拥趸。1932 年,他呼吁要有一个强有力的政府领导层,罗斯福第一个任期的前两年,他还鼓吹扩大总统权力到近乎独裁的程度。到 1935 年,他忽然发现了罗斯福政权的极权主义威胁,于是开始全面右倾。1936 年大选中,他支持共和党候选人。罗斯福在 1937 年试图向联邦最高法院下手时,李普曼对他的抨击比绝大部分评论者都要更加尖锐和激烈。

1932 年时,汉德对罗斯福的态度还远没有李普曼热切。他一开始就看出来,行政机关的强势隐藏着极权主义风险。其后汉德逐渐倒向罗斯福,到 1936 年大选时,他认为罗斯福毫无疑问比阿尔夫·兰登(Alf Landon)强得多。对罗斯福的"重组最高法院计划",汉德并不赞同李普曼的猛烈抨击态度:他不喜欢罗斯福撼动原有的制度,但也认为反方歇斯底里,没什么道理。

费利克斯·法兰克福特在这段时间依然是与汉德通信最多的朋友。李普曼对新政的看法游移不定,贝伦森的态度始终是避而远之,相较之下,法兰克福特始终在感情和行动上全力支持罗斯福和新政的改革目标。1928 年大选时,法兰克福特支持的是胡佛总统的对手艾尔弗雷德·E. 史密斯(Alfred E. Smith)。史密斯败北后,法兰克福特认为罗斯福是民主党的明日之星,转而支持罗斯福。到 1932 年,法兰克福特已经是罗斯福的顾问,对罗斯福顺从、忠诚,深得罗斯福信任和倚重。

当时,法学院毕业生就业时,首要考虑经济回报;法兰克福特对这点深感忧虑。罗斯福担任总统之后说服一群最优秀的法学院毕业生去华府任职。(新政反对者把这群从哈佛法学院蜂拥而至的年轻人称为"开心的热狗"。)自然,法兰克福特与罗斯福原有的"智库"、宏伟经济计划的最初设计者,也就是来自哥伦比亚大学的经济学家三巨头——雷蒙德·查尔斯·莫利(Raymond Charles Moley)、A. A. 伯利(A. A. Berle)以及雷克斯福德·盖·特格韦尔(Rexford Guy Tugwell)——展开了论战。法兰克福特追随罗斯福的原因更多是被其领导力折服,对新政的具体经济主张,他其实算不上非常拥护。汉德对严格的、中央集权的计划经济也抱有疑虑。在汉德看来,法兰克福特是罗斯福的智囊团中最保守的人士之一,这个看法无疑是准确的。

法兰克福特是让汉德认识到罗斯福上台必要性的关键人物。造成大萧条的关键因素是社会财富分配不均,这需要国家层面的政策才能纠正。法兰克福特认识到这一点比汉德要早很多。两人迅速发现了他们在很多问题上的共鸣。"无论我们在具体措施上有多少分歧,"法拉克福特在给汉德的信中说,"我们都是老派民主党人,比我们左的人,对当前社会不满;比我们右的人,生活太舒适。"[2] 这个说法恰如其分。法兰克福特对路易斯·布兰代斯的警惕"大"政府论深信不疑,因此他虽然支持罗斯福个人,却并不赞同计划经济学家最激进的改革措施。汉德则是善于思考的怀疑论者,他不赞同贝伦森全盘否定新政,也不像李普曼对新政的态度从全盘拥护转向全面敌对;同样,他也不像法兰克福特那样对罗斯福个人忠心耿耿。

法兰克福特和汉德虽然在根本问题上有共识,但也存在很多分歧。1932 年上半年,他们之间的通信有不少谈及了这些分歧。

两党在竞选期间都宣传财政均衡政策,不过法兰克福特和罗斯福的其他顾问逐渐倾向于开展更基本的经济改革,认为只有政府赤字才能给穷人提供足够的经济帮助。也许因为受到出身和交往富裕阶层的影响,汉德支持财政保守主义。法兰克福特则火力全开批评经济危机的深层来源:既得利益者对现状的维护、对挣钱的执着,以及随着贫富差距的扩大日益明显的社会财富分配不均衡。

汉德的看法改变,部分是因为法兰克福特和李普曼在 1932 年就民主党应当提名谁参选总统发生了争论,把他夹在了中间。法兰克福特是罗斯福的坚定拥趸;李普曼支持纽顿·贝克。贝克是威尔逊派理想主义者,拥护国联。法兰克福特认为,相比 1918 年,贝克变化很大:他当了律师,为克利夫兰的工业和经济利益游说;他不能带领国家走出经济衰退。汉德认为法兰克福特太悲观,法兰克福特则一如既往地坚持己见。他认为贝克不是理想人选,对基本经济问题无动于衷;不相信"民主的方向",不愿意挑战"占据经济领导地位的阶层",那些人"使得贫富、阶层差距日渐扩大,直至人们忍无可忍"。(作为法学教授,他还有一条不喜欢贝克的理由:贝克是成功的公司法律师,是很多学生的效仿对象,但帮助别人赚钱绝对不是法兰克福特待在哈佛的理由。)法兰克福特强调,罗斯福比贝克强得多,至少是在"基本方向上"。"脑力和文化修养,如果只是据以自满,不是用在实处和正道上,在我看来就没有什么意义了。"[3]

汉德继续为贝克辩护:在他看来,罗斯福"是想要做点好事,但没有能力或者不愿意把自己的计划说清楚";他说话的方式"可以理解成任何内容,也可以毫无内容"。[4] 法兰克福特则坚持罗斯福与贝克不同,罗斯福理解美国社会的根本问题。他认为,对平等主义的坚持已成为人民的"骨与髓";"主张追求公平、削减富有阶层的权力的人,并不就必然等于激进主义者"。[5]

选举过后不久,法兰克福特专门提示汉德注意胡佛最后的选举演说自命正义、报复性强,这时汉德才承认:"胡佛这种粗鲁易怒的性格确实是缺陷,我同意你的看法。"[6] 至少,他开始意识到,罗斯福的某些特质他觉得是缺点,却恰恰可能是长处。用法兰克福特的话来说:"他身上让许多人烦躁的'软'个性,也许就是当总统能成功的因素。我们不是总是忘记,民主政治家最不可或缺的作用,也许就是调和他的人民的感情和非理性吗?"[7] 对此,汉德回复道:

> 我试图牢记,像罗斯福那样克服了可怕的疾病的人,一定具备高尚的道德品质。但凡想象患上小儿麻痹症的是我自己,对他的敬意就油然而生。但人类的灵魂是复杂的,甲之英雄主义也许只是乙之盲目乐天。我得说,到现在为止让我对他最有信心的就是这一点,可惜强调这点并不明智。[8]

罗斯福 1932 年 6 月接受总统提名时,宣布"为美国人民施行新政"。然而他的竞选纲领中的财政政策是非常循规蹈矩的,对于这一点,11 月 8 日那天让他取得一边倒胜利——只输掉了 6 个州——的选民毫无概念,他们只知道即将入主白宫的是个乐天人士。当时宪法第二十修正案(将总统就职日从 3 月改到 1 月)尚未生效,等到罗斯福 1933 年 3 月 4 日就职时,已经过去了 4 个月。期间,大萧条没有好转的迹象,罗斯福也还没有明确计划,他让自己的顾问团队持续辩论。论战的两派是:鼓吹中央规划派,以他的"智库"为首;信奉布兰代斯主义、对大联邦政府抱有疑虑的一派。法拉克福特属于后一派。

就任以后,罗斯福迅速采取行动,一扫过去那种懒洋洋的氛围,代之以偏向中央规划的经济政策。他迅速宣布银行放假,3月9日召开国会特别会议。国会这次议期持续了3个月——"首次新政"的"首个百日"——民主党占压倒性多数的国会迅速通过了一批改革立法,涉及广泛的社会和经济领域。《农业改革法》(Agricultural Adjustment Act)旨在减少粮食生产过剩,为农民提供经济帮助;田纳西河谷管理局(Tennessee Valley Authority)成立;《证券法》(Securities Act)推进证券交易信息披露;这些立法中最有野心的是国会在6月中旬休会之前通过的《全国工业复兴法》(National Industrial Recovery Act)。根据这部法律,联邦政府成立了国家复兴管理局(National Recovery Administration)(以蓝鹰作为标志),建立一个产业自我监管体系来激励商业发展,减少失业,企业推行政府监督下的公平交易法规,以此换取反垄断调查豁免。这部法律还包含其他的重要条款:成立了全国劳资委员会(National Labor Board)①来确保工人们的集体谈判权;成立了公共工程管理局(Public Works Administration),通过工程建设来减少失业。

　　到了这一年夏天,汉德对罗斯福的很多疑虑已经不复存在。他找到了为罗斯福的强势措施鼓掌的理由。确实,汉德对罗斯福还持保留态度,但这时的保留已经不再是过去那种富裕阶层对私有财产之敌抱有的盲目仇恨态度了。汉德的保留出自他长期以来对美国的宪政体制抱有的信念。宪政体制下,总统与国会之间必须分权;他坚守自由主义原则,对大一统主义,以及由之而生的对个人自由空间的挤压始终抱有警惕。汉德认识到经济形势危急,但他不会像李普曼那样鼓吹罗斯福掌握独裁权力。他在给法兰克福特的信中说:

　　　　完全可以肯定,无论输赢,我们都丢掉了宪法神圣的分权制衡机制。美国人民习惯当风吹来的时候,由船长说了算,无论船长说什么。如果有反对的声音,他只需发表广播讲话,反

---

① 该委员会存在时间较短。后来被根据1935年《全国劳资关系法》成立的全国劳资关系委员会(National Labor Relation Board)所替代。——译者注

对者就乖乖听话了……我承认这让我有些畏惧;这跟俄国、意大利、日本和德国太像了,非我所喜。在我看来,我适应、并且心系的那种程序的生存空间所剩无几。

汉德借用了一位英国学者的用语。这位学者关于与经济周期相反的政府开支的主张很快会让许多新政支持者着迷:荒年多花钱,盛世多征税,来平衡经济周期。汉德对法兰克福特说,约翰·梅纳德·凯恩斯(John Maynard Keynes)近来发表在《新政治家》(*New Statesman*)的一篇文章让他印象深刻,他评价凯恩斯"承认如果资本主义得以保留,必然遭受巨大的经济损失",但坚持"如果代价是消灭不同主张、变成高压氛围,那么他就宁可转向 19 世纪的自由主义。"凯恩斯的疑虑与汉德相同:汉德虽然意识到罗斯福 1933 年的政策有其必要性,但对新政经济政策带来的长远影响不乐观。"这种感觉对我来说并不愉快",他告诉法兰克福特:

> 一旦习惯在风大的时候威吓全体船员和船上的乘客,那只要事情一不顺利,你的风力计上就一直都是大风状态。我不介意为了摆脱危机损害资本主义,但以苏俄作为另一种选择绝不鼓舞人心。我的立场一如既往如乔治·桑塔亚纳所说,"悲痛之余又有困惑"。

白宫统治了所有的公共辩论,总统没有有力的政敌,这点尤其困扰汉德:"法西斯的幽灵到处飘浮,我深恶痛绝;我无法呼吸。不发声,毋宁死。"[9]

汉德经常声称他不清楚华盛顿的情况。但一次又一次地,他在自谦之后发表的评论非常准确。比如,1933 年 6 月,国会通过《全国工业复兴法》的当天,汉德致信李普曼,生动地描绘了华盛顿的氛围。当时李普曼正在伦敦，与凯恩斯第一次长时间会见。汉德说：首都气氛犹如疯人院；一帮资浅助理——我的老天爷啊——在对着他们的速记员口授事关重大的法令；他们的上级则整日接受采访、会晤面谈，重复着从那些资浅助理口中听到的陈词滥调；无人思考，所有人都在感受和行动。

虽然语带讽刺，汉德无疑认识到：国家需要强有力的领导人。"有时，哪怕仅仅是为避免灾祸，也必须采取行动，或者看起来在采取行动。现在就是这种时刻；罗斯福必须像一个高效的工程师，以上帝的名义，他做到了这一点，而且非常出色。"汉德对新政法律造成的诉讼浪潮也态度讽刺——并且有些忧虑："上帝，纠纷堆成了山。我认为，无论在我们的时代，还是在别的任何时代，无论在我国，还是在别国，这绝不是济济一堂的人才能够交出的最好答卷。" 10

汉德明白，经济改革的后果可能无法预见，但政府必须采取有力措施："我们必须采取类似行动……即使仅仅只为了人民已经等不下去这个理由。"他在 1933 年 9 月给伯纳德·贝伦森的信中说。而且到现在为止，美国"比我所想的坚韧多了——这样的环境会让绝大部分人只能自怜，而在这样的环境里人们已经坚持了 4 年"。 11

汉德回忆，他与贝伦森之间曾有一次严肃的争论。贝伦森将罗斯福的政策归于极权唯物主义，汉德否定了贝伦森的观点。他承认："尽管犯了某些严重的错误，罗斯福还是带领我们前进并且给了我们一点信心。就好像一剂皮下注射的针剂，非常急需，也确实起到了作用。"这与他一年前对罗斯福的态度截然不同。贝伦森主张，唯物主义泛滥导致全球滑向极权主义，汉德对此尤为反对。"如果我不知道下一餐饭来自何处，或者下周我就要无家可归，唯物主义对我来说并没有什么紧迫的危险。"他尖锐地评论道。"我们受保佑的资本主义民主"也许跟"希特勒、墨索里尼及其同伙"一样唯物主义，但他坚持民主主义者与极权主义者是有区别的：

> 我对极权主义阵营的任何成员毫无好感，很大程度是因为
> 他们会压迫我，一个将近 62 岁的美好灵魂，尤其是他们不会让

我表达我对何为真、善、美的看法。

汉德以他的经典思考笔触结尾："我抱有疑虑;我始终抱有疑虑。"[12]
但他的判断惊人准确。

极权主义之滥用权力——否定客观公正、依赖专权,利用恐惧——
与汉德最深层的价值观抵牾。汉德对专制的反感远早于希特勒的崛起。
例如,墨索里尼在意大利巩固权力的同时,1928 年 2 月,汉德给北达科他
州的联邦法院法官查尔斯·F. 阿米登(Charles F. Amidon)写信阐述了
他的理念。(阿米登法官与汉德同属反对引用《间谍法》指控一战期间
不同政见者的少数联邦法官阵营。)他在信中说,自由主义意味着"一种
思维方式",不是"对特定政治纲领的拥护"。"自由主义者",是"不相信
人类预见遥远未来的能力的人",因此他们对"远大的纲领"并不信任。
这就是为何"自由主义最遭法西斯仇恨,因为他们知道,对他们的目标而
言,怀疑主义是致命的"。[13]

汉德反对极权主义,还因为他同情受害者。意大利青年政治学家马
科斯·阿斯科利(Max Ascoli)是汉德最早认识的反法西斯主义者之一。
1931 年 10 月,两人在从欧洲出发的航行途中结识,阿斯科利持有贝伦森
写的介绍信。汉德在这个"风度翩翩、聪慧过人"[14] 的年轻人身上看到了
"杰出的才华",立刻感觉到阿斯科利渴望"远离法西斯",因此被美国吸
引。阿斯科利在纽约时,汉德十分关照他;后来阿斯科利去了哈佛,汉德
又请求法兰克福特照顾这位"非常优秀的先生;正直,优雅,谦虚,有出色
的幽默感,而且——我猜——是位真正的学者"。[15]

阿斯科利在美国待了下来。1933 年,他成为"流亡大学"(University
in Exile)——美国为从法西斯国家出逃的难民建立的主要避难港——
最早一批教员。这批教员一共包括 12 位反法西斯学者,阿斯科利之外
全都是德国人,主要是犹太难民。流亡大学由纽约市社会研究新学院

（New School for Social Research）①及其领袖阿尔文·约翰逊建立；一年之内，这些出逃的学者就成为新学院的研究生院教员。

汉德夫妻同为阿尔文·约翰逊的朋友和支持者。汉德对新学院的兴趣不光是因为赞同其使命，也来自朋友在其中的参与。新学院1918年问世，它诞生于《新共和》杂志创始人圈子中的讨论；他们在赫伯特·克罗利家中定期聚会。学院两条宗旨中的一条是成人教育，约翰逊依靠这条拯救新学院免于毁灭。到了1933年，流亡学者们让学院的另外一条宗旨能够成为现实——系统性研究。汉德一家是学院主要的资助者。[16]②

汉德反对反犹主义，他也是最早反对希特勒对犹太人发动的宗教战争的人之一。1933年，汉德的许多朋友，包括沃尔特·李普曼，低估了希特勒的演讲和著作的煽动性，认为纳粹现象在德国政治中不过是昙花一现；汉德则迅速认识到纳粹反犹主义的危险性，即刻远离纳粹。到11月份，几乎凭借一己之力将人类学升级为一门科学的哥伦比亚大学学者弗兰兹·博阿斯（Franz Boas）邀请汉德参加学术聚会，讨论如何收集实证数据用于反驳纳粹的种族理论。汉德为自己制定了不参加任何"具备政治性质的活动"的戒条，他拒绝了这次邀请。他在给博阿斯的回信中

① 社会研究新学院于1919年成立，其宗旨是成为一个宣扬进步理念的成人教育机构。主要创始人包括历史学家查尔斯·A. 比尔德（Charles A. Beard）、经济学家范伯伦与罗宾森（James Harvey Robinson）以及哲学家约翰·杜威。创始人中有些人原为哥伦比亚大学教授，因为宣扬和平主义理念遭到校方言论钳制，故图思建立一个能自由表达进步思想的成人教育机构。1933年，为收容当时被欧洲极权主义政权排除于学术圈之外的学者，在社会研究新学院底下成立了"流亡大学"（University in Exile）。欧洲极权主义垮台后，流亡大学改名为"政治与社会科学研究所"（Graduate Faculty of Political and Social Science），到2005年再度改名为社会研究新学院。以流亡大学之名创始的这个研究及教学机构是新学院的重心，许多著名的知识分子与学者通过该机构跟新学院大学建立学术关系，如政治哲学家汉娜·阿伦特。新学院当时也支援法国流亡学者机构人文学科高等学院，在戴高乐主导的流亡政府"自由法国"的授权下，这所高等学院招罗了法语系的流亡学者，如哲学家马里旦（Jacques Maritain）。人文学科高等学院在二战后逐渐发展成巴黎研究机构社会科学高等学院，且跟新学院保持密切关系。——译者注

② 费利克斯·法兰克福特、托马斯·拉蒙特当时担任新学院董事会成员。法兰克福特、C. C. 博林恩也是学院咨议委员会成员。汉德本人在1920年代在咨议委员会任职。

透露出了他对横扫德国的狂热的反感之情：“你心知肚明，我对整个纳粹运动以及其荒谬的种族论的看法和你一致。”[17]

数日之后，法兰克福特从牛津大学（他当时在那当访问学者）写信给汉德，讲述他与流亡英国的“形形色色的德国难民”的会面。“德国深陷疯狂与残忍，而我们的公众媒体对此一言不发，非常可怕。”[18]汉德深以为然；但当时大多数美国民众对此还谈不上有什么认识。对优越种族理论不屑一顾，反映出汉德对反犹主义不同寻常的敏感。但对欧洲的其他危机和日渐严重的冲突威胁，他的情感就复杂得多，态度也不那么明朗。二战中最终加入同盟国阵营的国家的大多数国民惧怕战争，汉德也不例外；但他认识到：制止希特勒和墨索里尼，可能必须诉诸武力。早在1932年，汉德就在给法兰克福特的信中写道：“世界局势注定一坏不可收拾。”“如果要我指出那厄运的起源，我必须说是国家归属感。”[19]

汉德对罗斯福的看法随着1933年上半年的密集立法、第一次新政、1935年的第二次新政中更周详的立法活动的推进而逐步变化。华盛顿缺乏深思远虑、氛围混乱，让他深感不安。“也许，”他想道，“如果我们度过了这个阶段，至少我们不会听到这么多关于计划经济的提法了；更也许，我们会听到计划需要更激进；总而言之，国家必须——就像上帝一样——存在。”但汉德也从来不相信末日近在眼前：

> 我不认为美国人准备接受政府主导的组织形式；我国自立国以来的传统就有太多无政府主义的成分，一开始的狂热过去之后，我敢说我们会回到原有路径上去，走一条更加个人主义的道路。[20]

虽说法兰克福特是坚定的改革者，但他对第一次新政的结果却丝毫不满意——除了田纳西河谷管理局和他参与起草的1933年《证券法》。不管如何，1933年的大多数改革都是短命的。直到1935年，新政才迎来更恒久的成果，以及更成功的岁月。到这时，布兰代斯-法兰克福特的观点已经变得很有影响力。法兰克福特在华盛顿度过的时间之长前所未有,他经常与聪慧的年轻律师,比如本杰明·V.科恩(Benjamin V. Cohen)与托马斯·科科伦(Thomas Corcoran)一起起草重要新政法律中的关键条款。这时,总统的主要目标已经从复兴国家经济转向了如何提升普通人的经济安全。当时,罗斯福的智囊团中间,以雷克斯福特·塔格威尔为首的一派主张中央计划经济;雷蒙德·莫利(Raymond Moley)为首的一派鼓吹合理工作条件。罗斯福的经济政策立场走了一条中间偏左、在这两者之间的道路。当时的右翼是大商业体组成的自由联盟,与罗斯福在经济政策上针锋相对;居于左翼的是各种鼓吹消灭经济不平等的极端主义者,从弗朗西斯·汤森(Dr. Francis Townsend)博士①到路易斯安那州参议员休伊·朗(Huey Long)。作为回应,罗斯福提出了自己的再分配措施。1935年4月,国会成立了公共事业振兴署(Works Progress Administration),意图由政府雇佣上百万人;5月份,农村电气化管理局(Rural Electrification Administration)和徙置局(Resettlement Administration)开始为农民提供经济援助;夏天到来的时候,《社会保障法》(Social Security Act)生效了,这是当时最重要的社会变革。[21] 法兰克福特按照布兰代斯的学说起草了这部法律的一部分。

1930年,联邦最高法院首席大法官塔夫脱去世以后,由休斯而不是斯通大法官继任;桑福德大法官辞世空出来的法官席位由宾州的欧文·罗伯茨接任。汉德对最高法院的人事变动逐渐担忧起来。法兰克福特永远乐观,他认为这些新任大法官在不过分干预立法革命上的立场会与自由主义者一致,[22] 但汉德的态度更加谨慎。他尊重罗伯茨大法官的正直品格,但就像他偶尔提醒法兰克福特的那样,他一直牢牢记着乔瑟夫·柯登(Joseph Cotton)对罗伯茨的评价:"把欧文·罗伯茨看作自由主义者的人都要犯错误。"[23] 偶尔,罗伯茨同意正当程序条款并非经济改革的阻碍,这点和自由主义者的立场一致;[24] 但更加经常地,他加入保守主义者的阵营,阻止法规通过。

---

①　汤森复兴计划呼吁政府出资向每位60岁以上的公民每月发放200美元养老金,条件是发放对象必须花光这笔钱。

自从 20 世纪伊始,最高法院对正当程序条款的理解和适用就是汉德一直以来的批评对象,但这绝不是新政唯一需要担心的。政府部门对国会权力造成空前挑战,联邦制对国家层面的权力行使造成的潜在阻碍前所未有。最高法院面对着联邦权力和州权划分的路线冲突,必须作出选择:一说认为,从经济现实来说,国会权力及于广泛意义上的州际商业活动;另一说则认为,国会权力仅能管制"直接"与州际贸易相关的活动,而对绝大部分在"本地"进行的商业活动,比如制造业、采矿业、农业无权管制。

1934 年,联邦最高法院向新政发出第一次警告:在罗伯茨法官代表多数方法官执笔的一份判决书中(这份判决让法兰克福特把罗伯茨称作经济反动派),法官们宣布调整铁路工人退休金的法规违宪,而在新政前的司法实践中,铁路业就已经被认定是联邦政府能够管制的对象。[25] 不久,联邦最高法院否定了更多新政法律,向政府发出了直接的挑战。影响最大的是"肖特案"(Schechter)。该案中,联邦最高法院判决《全国工业复兴法》违宪。[26] 这部法自身确实存在缺陷——它是 1933 年百日新政中最宽泛的立法——但这份判决发出的信号十分不祥,罗斯福迅速批评这份判决意图将国家拖回到"马车时代"。冲突最早发生在 1935 年 3 月,联邦第二巡回上诉法院受理了"美国与 A. L. A. 肖特家禽公司案"(United States v. A. L. A. Schechter Poultry Corporation)。[27] 肖特家禽公司是布鲁克林的家禽批发商,购入鸡只屠宰后批发鸡肉给当地商家。肖特公司被认定违反了《全国工业复兴法》。这部法律授权总统(通常经由商会组织的申请)执行"促进公平交易的公平竞争法规"。几百部法规得到了通过,国家工业复兴局的蓝鹰标志出现在全国各地商户的窗户上。一部典型法规通常规定:对不公平交易的限制措施、最低薪资和价格、最长工作时间,以及集体谈判。其中一部法规规制纽约市区的活禽交易;肖特公司被认定违反了其中关于薪资、工作时间和交易活动的规定。

一开始,《国家工业复兴法》发挥了作用,得到了广泛支持。但到汉德任职的法院受理"肖特案"之时,支持热情已经逐渐低落,执法上的困难和法院的禁令使得监管结构逐渐解体。之前已经有两起试探性的案件质疑这部法律的合宪性，政府收集了大量的数据证明受影响的工业（石油、伐木）的经济规模；但在这两起案件中，联邦最高法院都没有对这部法律本身的合宪性作出裁判。[28]"肖特案"并非政府为《国家工业复兴法》选定的试金石：大萧条影响的产业虽然不分大小，家禽业却很难说属于大型工业；而且，"肖特案"的记录并不特别说明布鲁克林的家禽宰杀工的工资和工作时间如何对跨州贸易造成足够的影响，从而使得它进入国会对跨州贸易的管辖范围。不管如何，这起案件现在已经进入法院，汉德和他的同事马丁·曼顿、哈里·蔡斯除了给出判决别无选择。

"肖特案"提出了两个宪法问题。第一个是"授权"问题：《全国工业复兴法》是否赋予总统足够的授权制定公平竞争法？或者，国会没能自己立法，却赋予了总统未经定义的过多权力，国会这种将自身的立法权力授予行政机构构成违宪？汉德和他的同事认为这种看法不能成立。汉德在庭前备忘录里指出，联邦最高法院长期以来认可宽泛的授权，比如法条授权联邦贸易委员会界定"不公平的竞争手段"。

"肖特案"中更麻烦的问题是认定国会对州际贸易有多大的规制权力。汉德认为，贸易惯例与州际商业的关联密切，因此属于联邦管辖范围；联邦对肖特公司雇员的工作时间、工资有无进行管制的权力，这才是案件中真正的难题。彼时是1935年，联邦最高法院尚未对《全国工业复兴法》或者其他主要的新政立法表态，这类案件对于法官来说是难题。这个问题上司法判例并不统一：例如，在针对铁路运输业和货场业的一部分案件中，法院认为联邦政府出于更好地管制州际商业活动的目的，对州内商业活动进行管制并无问题；而在另外一些案子中态度就保守多了，主张案件的关键并不在于州内商业活动和州际商业活动在经济上的联系，而是这两者在逻辑上的联系，暗含着所有那些传统上的"本地"商业——制造业、采矿业、农业，当然也有家禽屠宰——并不属于联邦管辖，因为这些行业跟"州际商业活动"之间的关系并不那么"直接"，只能算是"间接"的。那么，"肖特案"的争议应当如何解决？

汉德长期以来对联邦政府在商业活动上的管制权力持一种相对宽

泛的态度。自从他结识赫伯特·克罗利、支持西奥多·罗斯福的进步运动以来,他一直相信全国统一市场符合宪法理想;他相信国会有权处理国家层面上的所有重要经济问题。但1935年,汉德承认宪法毕竟是建立了联邦和州的二元体系,这意味着联邦政府的权力来自授权、受到限制,有些问题是在各州的权限之内。汉德个人认为,就解决当代经济问题而言,联邦体制施加的限制太多,效率不高;但他忠于宪法所规定的联邦与各州之间的权力划分体制,这点最终让他认定联邦权力在某些方面应当受限。

因此,在"肖特案"的庭前备忘录中,汉德的结论是:肖特公司的雇工的工作时间和薪水问题**不**属于联邦政府的权力范围:

> 我不认为肖特公司雇工的工作时间和薪水问题与州际商业活动存在什么直接联系。如果认为这两个问题之间存在直接联系,那么任何影响屠宰市场从业者的事物都可以算作直接联系,比如仓库租金,比如除虫剂或任何工具例如屠宰用刀的价格。当然这些对家禽需求都有影响,也因此影响波及州际商业活动。同样,政府命令把屠宰业场所迁往郊区或者要求它们除臭,也会提高成本。但没人认为国会能够立法规制这些问题。无论将国会权力的边界划在何处,都可能会显得主观武断;但没有这条边界线,国会会接管所有的政府权力。[29]

哈里·蔡斯同意汉德的观点;马丁·曼顿则写了个毫无批判性的备忘录,完全没认识到这里存在的宪法难题。曼顿代表合议庭执笔判决书,但其中的说理只解释了为何合议庭全体法官一致反对"授权"论;在国会管制商业活动的权力的问题上,他只是陈述"合议庭多数法官"认为其违宪。解释工资-工作时长规定无效的任务留给了汉德,他和钱斯执笔了协同意见书。他的开场白并非堆砌辞藻:"宣告任何国会立法违宪都是严肃的事情,尤其是在该法案属于复兴国家的宏大计划中的一部分时。"[30]他随后写道,国会对商业活动有多大的管制权力,这个问题"触及联邦体制的根本"。汉德几乎毫不掩饰他认为联邦体制效率不高："国会在所有方面拥有最高权力、各州作为分支机构仅仅保留自己选择的自治权,也许是、也许不是一件好事。"但他的任务是适用宪法,改变现状则需要修订宪法。

汉德的说理回避了那些对联邦权力持限制态度的判决中"直接"和"间接"的逻辑两分法,而持另外一种路径。经过几年,他的路径成为主流:

> 在以快速、便利的运输和交通方式组织起来的工业社会中,比如我们这样的社会中,商业活动即使表面看来孤立存在,但实际上不对他处发生影响是不可能的;这样的工业社会将商业活动的影响向全社会传递,唯一的问题是影响的程度。

虽然现实如此,但只要联邦与州的分权体制存在,国会的权力就不是无限的。汉德以他一贯的直白态度指出,在国会权力范围之内和之外的事务并不具备清晰的分界线。他所坚持的意见,直到今天仍然不是大多数法官勇于接受的:"真相是,边界到底定在何处,是个程度问题,取决于个案中的特定后果。"

允许国会对家禽屠宰业工人的工作时长和薪资进行规制显然超过了这条边界:"州内的工人将原材料加工成最终产品,必须将之视为州内活动。"汉德由此得出结论,家禽业工人不受国会立法管制。他认为这个结论是不可避免的。第二巡回上诉法院在1935年4月1日公布了"肖特案"判决。肖特公司立即针对其中根据宪法判决其违法的部分向联邦最高法院提起上诉。这次上诉给联邦政府造成了难题:这部法律已经颁布了很长时间,在这个时候,因为家禽业这样一个边缘产业启动对它的合宪性审查无甚益处,而且联邦最高法院有很大可能作出不利判决。但联邦政府最后选择不反对上诉:司法部长办公室,通常被认为是联邦执法机构中最有原则的一个,决定不反对司法审查,虽然它有权这样做:"这种选择不是政府官员通常所做的。"[31] 联邦最高法院立即受理了"肖特案",5 月 2 日开庭,5 月 27 日作出判决。判决时间距离《全国工业复兴法》的失效时间仅有不到 3 周。

　　比起汉德来,联邦最高法院对《全国工业复兴法》和国会立法管制经济活动的打击就要狠多了。大法官中的三位——布兰代斯、斯通、卡多佐——对大多数的经济改革措施都持支持态度,但他们在"肖特案"中全都同意宣告《全国工业复兴法》违宪。在汉德提出的商业活动管制权力的基础上,他们还认为,这部法律将国会立法权力授予总统也违宪——这条理由汉德并未采纳。行政机关对此反应迅速,且态度强硬。罗斯福从中看到的"大问题"是这样的:"这个判决是否意味着美国联邦政府对全国性的经济问题没有控制权?"如果最高院的"判决措辞"得到了广泛的接受,这意味着"全国的经济和社会问题存在 48 种①不同的控制权。"[32]

　　判决的措辞确实引人忧虑。即使卡多佐大法官在协同意见书中批评《全国工业复兴法》规定的行政机关权力"定义不清",属于"滥用授权",[33]认定其违宪的理由如果只是给予总统的权力过大,并不意味着严重后果;这个错误通过修改法条就可以修正。但判决中就国会对商业活动的管制权利的观点意味着**所有**规范传统上属于"地方"商业活动的新政法规都可能违宪。汉德的观点留有的余地就大得多:按照他的观点,针对主要工业的国会立法还是存在不违宪的可能性的。联邦最高法院的立场就不那么灵活,强调"直接后果和间接后果之间必要的、既有的区分"。[34](联邦最高法院 1 年后的一个判决中,这点体现得更加明显。合议庭多数法官宣告《全国工业复兴法》之后的、规定采煤业工人的工作时间和薪资的一部立法无效;联邦最高法院表明,它对经济方面的考虑并不感兴趣,它关注的是地方和联邦之间的逻辑联系。这意味着管制地方产业不在国会立法的权力范围之内。)[35]

　　汉德作为新政执政的**旁观者**,他可以、也确实经常批评新政。但身为法官,汉德清楚,自己对这些措施是否有效的怀疑不应该影响自己履

---

①　美国当时有 48 个州。阿拉斯加州和夏威夷州于 1959 年加入联邦。——译者注

行法官职责。第二巡回上诉法院所受的影响也逐步显露出来:案件持续增长,其中很多都是新政立法浪潮引起的争议。这批案件涉及的问题很多:改革措施是否符合宪法;国会在新的立法中的意图管制范围;对权力范围和机构规模都日渐扩张的行政机关的司法审查。汉德从未在判决中表露他个人对新政的怀疑。相反,他对新政法律,相比 1937 年之后的联邦最高法院,支持力度还要大一些;他虽然对行政机构的专业度、公正性时有怀疑,却对行政机关抱有真正的尊重,这点与他的同侪迥异。

给汉德带来最大困难的是涉及违宪性争议的案件。他的司法哲学让他不太愿意宣布国会通过的法律违宪。从 19 世纪 90 年代在哈佛听詹姆斯·布拉德利·塞耶的课以来,汉德的观点一直是:存疑时,给予立法者信任。自 20 世纪早期批评"洛克纳案"中的正当程序理论以来,他一直反对仅以立法不合理为由宣布法律违宪。更进一步的是,他支持强有力的联邦政府和对国会权力的宽泛理解,并且他明显更欣赏有作为的总统。但在新政施行的头几年中,他有两次判定立法违宪。

1934 年 8 月的"西立格与鲍德温案"(*Seelig v. Baldwin*)[36] 是第一起,也是两起案子中争议较小的,但汉德仍然对之抱有疑虑。他宣布无效的这部法律也是为应对大萧条而制定的,是一部州法,不属于新政立法。纽约州尝试通过稳定牛奶价格来解决奶业经济难题。为此,纽约州出台法律规定了牛奶最低收购价。1 年之前,这部法律遭受了从正当程序角度提出的合宪性挑战,法院判决认定:如果交易发生在纽约州的奶农和贸易商之间,该法并不违宪。[37]"西立格案"中,争议交易是在纽约州的牛奶收购商和佛蒙特州的奶农之间进行。这样问题就变成各州是否有权管制跨州商业活动。佛蒙特州的牛奶价格低于纽约州,纽约州坚持州内贸易商必须按照该州法律规定的牛奶最低收购价付款给佛蒙特州奶农。显而易见,其后果(和可能的目的)是保护面临州外竞争的纽约州奶农。

"西立格案"与宪法商业活动条款施加给各州的限制有关。表面看来,这一条款只是授权国会管制跨州商业活动,但一般认为该条款通过限制各州采取贸易保护措施来保障了全国范围内的自由贸易。原则上,汉德宣布纽约州法律违宪本该没有什么障碍：他一直认为保护州际贸易畅通是法院的职责。他的观点与霍姆斯大法官类似。后者在多年以前的著名评论中曾说："我不认为宣告国会通过的法律无效，美国就会走向灭亡。我倒是认为，如果我们不能宣布某几个州的法律无效，美国就会处于危险之中。"[38] 因此，汉德在判决书中说，这部法律"通过排除州外商品的竞争保护州内工业，这恰恰是商业条款所要禁止的目标"。他的结论是，"无论本地的需求是什么，作为一个国家，各州之间的经济壁垒不应当存在，至少直到国会认为应当允许其存在之前"。[39] 联邦最高法院对该案作出了一致的维持判决，判决书由卡多佐大法官执笔——不如汉德的那样犀利，但更加有名。

简而言之，就"西立格案"整体而言，汉德并不认为判决州法违宪本身有什么问题。[40] 但即使是在这样一起案件中，要宣布一部法律违宪，汉德也不是全无疑虑。法兰克福特读完汉德的判决书之后，带着轻微的讽刺，祝贺他"认定了一部立法违宪，至少是在其执法过程中违宪"。[41] 汉德旋即否认他因履行司法审查职能、宣布法律违宪感到开心："不，我对宣布法律违宪并不感到高兴。我感觉，在违宪判决这个领域，我应当保持我的记录清白；哪怕我不得不宣布立法违宪，我也总是不那么情愿。"不过，他也承认，认定"西利格"案中涉及的法律违宪，理由是充足的：

> 在我看来，这类立法如果缺少国会的协同，就会迅速引起各州割据，因此宣布其违宪我并不感觉到遗憾。各州为了保护本地工业建立经济壁垒，就会导致跨州保护主义立即出现，而我认为我们过去的经济成就正是因为确保自由贸易而取得的。没有国会的同意，这类经济保护主义不应当存在，因此认定这个案件中的立法违宪，我是**很乐意**的。如果是在争议第五或第十四修正案①作为违宪依据的案件里，我就很难想象自己的心情会是同样的。

---

① 美国宪法第五修正案为正当程序条款，第十四修正案为平等保护条款。——译者注

汉德准确地告诉法兰克福特,这个案件是"25 年以来的第二次"[42]认定某部法律违宪。第一次是 8 年前,在"弗鲁诉鲍尔斯案"(*Frew v. Bowers*)中。汉德在该案中属于合议庭的多数意见方,同意认定 1921 年税收法的一个条款无效,并且写了协同意见书。对汉德来说,该案中不寻常的税收规定"不可能合宪",因为太"朝令夕改"。这里合宪性的基础,令人惊异地,是第五修正案正当程序条款。汉德一直以来反对引用正当程序条款认定所谓"不合理"的法律违宪;他反复强调,通过立法程序、被多数立法者支持的法律,绝大部分情况下仅凭得到多数支持就可以认定是合理的,至少不太可能因专断而无效。但在这起案件中,他最后认定:"如果正当程序限制确实存在,我承认我不能想象还存比本案更加明确地违反这一限制的案件了。"[43]但是在 1934 年 12 月,他还跟法兰克福特说他"很难想象"自己以违反正当程序为由认定某个法律违宪。显然他忘记了"弗鲁诉鲍尔斯案";实际上,这是他在自己的整个法官生涯中唯一一次以违反正当程序为由认定法律违宪。

1935 年初,沃尔特·李普曼开始杞人忧天。欧洲极权主义抬头,休伊·朗在国内的煽动也让他看到了美国法西斯主义的苗头。作为回应,他开始鼓吹限制言论自由,坚持第一修正案权利只属于"愿意保护它的人"。[44]汉德则一直立场坚定;他主张言论自由是最基本的权利。此后,第二次新政立法时,李普曼激烈反对罗斯福总统,控诉国会"放弃权力"。[45]相反,汉德对总统的态度转为支持。"我发现自己对华盛顿的活动开始态度热烈起来。"1935 年 10 月,他对李普曼说。[46]此后不久,他带着少见的乐观态度对伯纳德·贝伦森说:"我们似乎开始发展起来了……在国内,还很慢,但确实是如此。"

汉德对罗斯福的态度虽然有所转变,但仍然对新政的两个问题深感忧虑:一是联邦政府的支出增长,以及随之而来的期望;二是政府机构规模日渐扩张,这意味着个人自由可能受到威胁。"人们一旦习惯了政府这种花钱方式,"他告诉贝伦森,"停止就是最危险的政治选择。一旦罗斯福宣布停止,他会发现过去的政策让人们养成了一种思维方式……最后会推翻他。"[47] 当时有位在农业发展局(Agricultural Adjustment Admin-istration)工作的年轻律师想要另谋出路,因为"新政的相关工作,尤其在我的部门,危险而又不愉快"。[48] 汉德回复道:"我不由自主地感觉到:调子日渐变得既尖锐、又专制、还官僚。"[49](这位年轻律师就是特尔福德·泰勒,曾经给格斯·汉德当过法官助理。)

此后不久,田纳西河谷管理局考虑录用汉德的前助理,该局因而请求汉德填写一份长问卷。他在写问卷的时候态度讽刺而不耐。在回答"他在何种程度上受到职业道德、公益驱动,而非仅仅考虑个人的经济利益?"这个问题时,他写道:"我假定他想谋生。我拒绝回答这么傻的问题。"而在回答"为了社会公益,在个人没有获利的情况下,他作出过什么贡献?"时,汉德很生气:

> 我不知道。你们是想要能胜任的律师,还是想要自命不凡的管闲事的人?这位年轻人非常可靠,能够胜任工作,对工作有责任心。我没法告诉你们更多,要是可能,我也不想回答这么荒谬的问题。[50]

汉德想要发泄他的不耐烦,但想到可能会危害求职者的前途,又改变了主意;这不是最后一次。他又要了第二份问卷,态度谦卑地解释第一份"弄坏了"。[51]

汉德在熟人面前就比较无所顾忌,时而会直言不讳地说出来他对那些立场过激的改革者的不以为然之情。他有次形容前来寻求他资助写书的某人身上有"改良者的圣痕"①:"一个圣人群体,我对他们越来越不赞同。我会给他们荣誉的皇冠,给他们一个独立的宇宙让他们在其中发挥作用,但我们的世界如此凶残,我不欢迎他们这样的人来插手这个世

---

① "圣痕",也作圣伤,出自《新约·加拉太书》6 章 17 节:"从今以后,人都不要搅扰我,因为我身上带着耶稣的印记。"被认为是一种超自然现象,因不明原因在基督徒身上出现与耶稣受难时同样的伤口。——译者注

界中的实际事务。尽管他似乎是个'政府计划者',他还是可能有所作为的。我的年纪大了,我不想失去青年的品质,变成一个老顽固、无条件接受现状的人。"[52]

1936 年的大选日到来之时,汉德把票投给了罗斯福。在总统大选中,他总共给罗斯福投了三次票,这是第一次。罗斯福的首个任期内,美国联邦负债上涨了 50%;联邦立法日渐频密;汉德在金融界的绝大部分熟人追随自由联盟(Liberty League),激烈反对民主党上台。李普曼对罗斯福完全丧失了信心,转而支持自由派共和党候选人、堪萨斯州的阿尔夫·兰登。汉德仍然对罗斯福意志是否坚定、改革措施是否明智抱有疑虑,但他认同美国需要改革,而既然民主党人开始了改革,那么应当允许他们落地改革措施。他 9 月底给李普曼去信说,"我认为,总体上……让地位不稳固的政党上台要比让地位稳固的政党执政更加安全。有些事可能不得不做,但我不想共和党来做这些事。"1 个月之后,就在大选前几天,他再次肯定:"周二我会给'更丰盛的生活'①投票,虽然这么干我并不愉快。"[53]

在给党派立场没有李普曼那么分明的友人写信的时候,汉德表达起自己投票给罗斯福的原因好像容易一些。广受尊重的华尔街律师格伦威尔·克拉克(Grenville Clark)就是这种友人。克拉克比汉德小 10 岁,所创始的律师事务所在公司法领域十分成功,也因自己在公共事务中的兴趣而闻名;他最有名的是在二战后那些年里宣传世界政府。他偶尔参与政治活动。他不是"非常机敏",但以他"缓慢"而仔细的风格,他对问题可以研究得很深。[54]10 月下旬,克拉克对汉德和一小群友人发表了一篇题为《选举笔记,或独立-保守派选民的困境》的备忘录。[55] 比起汉德来,卡拉克对罗斯福个人的信心更充足——他从小认识罗斯福,一同上的哈佛(克拉克是坡司廉俱乐部成员,而罗斯福则和汉德一样被坡司廉

---

① 罗斯福曾在 1933 年 12 月作过题为《过更丰盛的生活的权利》(*The Right to a More Abundant Life*)的演讲,并在 1936 年 12 月再次在演讲中使用"更丰盛的生活"的提法。典出《新约·约翰福音》第 10 章第 10 节:"盗贼来,无非要偷窃、杀害、毁坏;我来了,是要叫他们得生命,并且叫他们得的更丰盛。"——译者注

拒之门外）——但同样，克拉克对罗斯福的施政纲领也有疑虑。[56]

在他的回信中，汉德对自己的观点作了比平时更详细的阐释。他对罗斯福的个人能力仍然抱有怀疑：

> 在我看来，他本质上太容易受影响、太情绪化，因此我怀疑他是否具备信念，而且在我看来，他几乎没有批判思维——因为在应对抽象概念时，他似乎不甚了了……我承认他对受压迫者抱有真正的同情，但这种同情很大程度上是社会工作者式的；他和社会工作者同样对统治阶级抱有真正的报复心理。（我想把他对他们的反感归因于他当律师不成功。）确实，我对他在个人方面最大的疑虑来自……他煽动敌意；他在不少方面表现出不负责任和鲁莽无情，我无法原谅。

尽管他对罗斯福有这么多疑虑，他仍然把票投给了他，理由是：

> 此时此刻绝非共和党上台的良机……我完全同意你的观点，改革纲领在政治上是必需的，虽然我对其效果不那么肯定。这样的改革纲领在改革派的手中更可能获得成功……它的目标向善，它可能成功……但也可能失败。如果它失败了，我不想看到保守党上台……在现代，大衰退来临时，左翼政府应当上台，正如法国总理莱昂·布鲁姆（Le'on Blum）已经表明的那样。[57]

在另外一封信中，汉德说明了他选择罗斯福而非兰登的理由。汉德赞同哈佛哲学家拉尔夫·巴顿·佩里（Ralph Barton Perry）在《哈佛深红报》（Harvard Crimson）上发表的一篇支持罗斯福的文章，把选择罗斯福的理由归结于新政："通过纠正……资本主义和民主制度的弊端……来挽救资本主义和民主制度。"[58] 汉德评价佩里"观点基本和我一致……我给罗斯福投票不那么情愿，与其说是我更喜欢罗斯福，不如说是我更不喜欢兰登和共和党"。[59]

　　罗斯福在1936年大选中取得大胜。他在普选中获得的票数接近2800万,兰登则不到1700万;他的选举人票胜出数是史上最多的,兰登只在两个州内获胜。(邮政总局局长詹姆斯·A. 法利就此开玩笑:"缅因州去哪儿,佛蒙特州必然跟随。")此外,罗斯福这次大选获胜让民主党人对国会形成了空前的控制。汉德并不因此气馁。贝伦森沮丧地问:"罗斯福又能为所欲为了,你给美国诊断一下命运如何?"[60]汉德回答,"我很高兴我投[给了罗斯福]",因为"现在不是让右翼上台的时候。另外,罗斯福性情敏感、有少年气、有戏剧天分;这些对于民主国家的统治者来说,都是非常重要的品质"。[61]

　　这并不意味着汉德对他所有的疑虑都已经释然。比如,1935年下半年,联合矿工工会(United Mine Workers' Union)主席约翰·L. 刘易斯(John L. Lewis)在美国劳工联合会内部成立了数个工会联盟;美国劳工联合会是个传统的产业工人组织,刘易斯成立的工会联盟则更有阶级敏感、更军事化。汉德担忧,刘易斯的手法可能是"走向法西斯的第一步——或者也可能是走向共产主义"。汉德对罗斯福遏制这个势头的能力有信心:"罗斯福似乎准备让刘易斯自食其果。罗斯福在这点上的判断比其他人都精准;如果不去抹黑刘易斯,就意味着民意反对刘易斯。"对贝伦森时不时的悲观主义,汉德评价道:"在他完成(这件事)之前,白宫的笔杆子会让他忙一阵……但他擅长兼顾。"[62]

　　但对1936年总统大选的长远影响,汉德不是那么乐观。他认识到,大政府已成定局,且有其风险。尽管很多人认为罗斯福在大选中再次获胜意味着通过一大批新的联邦法案,这种预感并未成真。1937年1月20日,罗斯福发表了连任演说。演说中,总统誓言对"三分之一的全国人口流离失所、衣不蔽体、食不果腹的局面"采取措施。但罗斯福对国会提出的第一个议案却不是意图解决这些问题;这个议案引发了一场危及新政的政治风暴。

　　1937年2月5日,罗斯福提出一项立法建议,意图在每位联邦最高法院大法官年届七十、仍不辞职或退休时,授权总统新指定一位大法官进入联邦最高法院,从而将联邦最高法院的任职大法官人数从 9 人提高到最多 15 人。当时,大法官中的 6 位已过古稀之年。其中 4 位对改革立法始终持反对立场(分别是巴特勒、麦克雷诺兹、萨瑟兰、范迪凡特大法官);一位有时反对改革立法(首席大法官休斯);第 6 位则是联邦最高法院的最年长者,80 岁的路易斯·D. 布兰代斯大法官,1916 年提名时,就被攻评为"太激进"。

意料之中,罗斯福"重组最高法院"的计划非但引来了保守派的怒火,而且也引发了拥护新政的人和其他自由派的强烈反对。民主党在国会中取得的压倒多数四分五裂,再也没有团结起来。人们批评总统不真诚、想要改变美国的基本体制。在 2 月 5 日对国会发表的咨文中,罗斯福想要把这个提案说成是为了提高司法效率采取的改革措施;但在 3 月 9 日的电台演讲中,他坚持这个提案有其必要性,因为"我们必须采取行动从最高法院手中拯救宪法,也从最高法院手中拯救法院自己";他想要增加大法官人数,因为"把社会和经济问题交到年轻一些的人手中,他们对现代普通人的生活和工作情况接触更多、更有经验。这能预防我们的联邦宪法患上司法动脉硬化症"。

联邦"重组最高法院计划"在接下来 3 个月里一直是美国的政治辩论的中心。6 月 14 日,参议院司法委员会发表了一份"反对报告",批评这个计划"毫无必要、毫无价值、放弃宪法原则,导致危险",断言这个计划的通过会导致宪法解释"随着政府的每个变化而变化,这个计划应当坚决否决,以后任何类似计划都不应提交给自由的美国人民选举出的自由的民意代表"。[63] 不久,罗斯福的提议就被放弃了。但吊诡的是,联邦最高法院很快不再阻碍经济改革立法:主要是因为罗斯福在选举中取得了压倒性胜利,休斯和罗伯茨大法官在 4 月份转变了立场,开始在判决中肯定新政法律的合宪性,而同样的法律在 1 年前无疑会被判决违宪。(例如,4 月 17 日,联邦最高法院认定《全国劳资关系法》——瓦格纳法——属国会职权范围,多数方意见对联邦贸易权采取了一种事实导向的立场,这与 1 年前逻辑导向的阻挠定性天差地别。此前不久,联邦最高法院还认定一部规定女工最低工资和最长工作时间的法律合宪,在该案中,最高法院限缩了对规制相似经济活动的法律的正当程序审查。)[64]

罗斯福日后会说他输掉了一场战役,但赢得了整个战争。就最高法院对规制经济活动的立法的限制而言,这个评价是准确的;但就他推行重大改革的政治实力而言,这个说法就不算有市场。他在 1937 年秋季召集了国会专门会议审议资助农场主和工人、推进保守主义的法案,这次就遭遇了失败,主要是因为反对"重组最高法院计划"的那些人阻止了这些法案的通过。1938 年,罗斯福插手国会初选,目的是为民主党消灭他树的新敌。再一次地,他遭遇了失败;11 月的选举中,共和党的议席数量自 1928 年以来首次增加了。

在这次关于"重组最高法院计划"的纷争中,汉德的态度和立场一如既往平静、独立。李普曼领头在报纸上对这一计划开火。通常,他的观点虽然充满激情,态度却能维持表面平静;但这次他有些歇斯底里。从 2 月开始,他在 5 个月的时间里发表了 37 篇专栏文章——占到他这个时期的报刊文章的一半——激烈抨击这个计划。他坚持:罗斯福"陶醉于权力","策划了一次不流血的政变"。[65]

在汉德看来,对"重组最高法院计划"的攻击有点走极端;他认为,联邦最高法院此前有意识地借执行宪法之名,行制定政策之实,因此行政分支的反弹理所应当:"除非我们各自所在的分支在分权上能做到如同我们各自的职业一样泾渭分明,否则我不认为这种歪曲值得大惊小怪;内在的歪曲不可避免地要显现出来。"他在给李普曼的信中写道。[66]确实,作为对联邦最高法院的越权司法行为的回应,罗斯福的计划绝不能称作恰当,但最高法院近期作出的判决确属滥用司法权力。"重组最高法院计划"恰恰是由此催生,而后者又是对分权机制的滥用。

李普曼的传记作者罗纳德·斯蒂尔(Ronald Steel)试图将传主对罗斯福的"重组最高法院计划"的愤懑之情归于"担忧极权主义扩散"。[67]汉德对极权主义在欧洲抬头同样警惕,对美国当时对总统权力的过度依赖也十分忧虑。但汉德的立场没有因情感而动摇,法院遭受攻击的原因是滥权,汉德无法对此表示同情。1936 年大选前夕,格伦威尔·克拉克批评罗斯福将任命联邦法院法官作为一种政治手段,汉德反对了他的论调。他反问:"顺便说来,你为什么**现在**对任命法官这么激动? 在所有罗斯福的毛病里,我认为最不严重的就是'危害联邦司法'。"[68]差不多以同样的口吻,汉德告诉李普曼:"只要你受制于全民公决,冲着极权专制倾泻炮火,我都站在你这边;我抗议的是用法官们来填补空白。"[69]在汉德眼中,过于政治化的司法裁判才是首恶。

汉德和法兰克福特偶尔会面,他觉得法兰克福特属于罗斯福的支持者阵营,但对他在"重组最高法院计划"中的参与程度知之不详。(实际上,法兰克福特因此对罗斯福激赏不已,并且反对任何让步。)[70]在争论最激烈的那几个月里,汉德与法兰克福特在通信中完全没有谈及这个问题。通常,汉德顶多回复法兰克福特说"希望能与你谈个1小时"。但有一次他加上"随着时间过去,我对宪法问题的态度越来越革命。"[71]法兰克福特看得出来,在让美国人民认识到司法权越界这件事上,他得到了汉德的支持;但他很快发现,汉德并不像他那样赞同罗斯福的方案。在联邦最高法院于4月份作出判决后,汉德有5天时间在华盛顿参加美国法学会年度会议。在那里,他发现每场交谈都围绕着"重组最高法院计划":"所有的音乐都演奏着'最高法院,最高法院,最高法院'。"他告诉法兰克福特。"这是一场真正的战斗,他的笔杆子可能需要以退为进。"汉德提出,罗斯福至少可以把提案修改得不那么激进:"我会说,一下子增加6位大法官是不太可能的,但我觉得增加两位大法官对罗斯福来说应该不费什么力气。"汉德不喜欢罗斯福的激进方案,但他也同样反对最高法院此前阻碍新政立法的做法,正是最高法院的所作所为引发了罗斯福的计划。他对法兰克福特说:"我反对整个'重组最高法院计划',但我不会因此义愤填膺,或者气急败坏。"[72]

就"重组最高法院计划",汉德在费利克斯·法兰克福特面前表现出来的平静态度很大程度上是因为他对此前一年联邦最高法院在"煤业案"以及"合众国诉巴特勒案"(*United States v. Butler*)两案中的判决的失望之情。在"巴特勒案"中,联邦最高法院依据对国会的财政支出权力的狭义解释,判决1933年《农业改革法》无效。[73]虽然布兰代斯、卡多佐和斯通大法官都投了反对票,但多数意见仍然是坚决反对新政。联邦最高法院判决，无论在经济意义上"本地"的商业活动与"州际"贸易之间存在何种联系和互相影响，国会权力都不能及于与跨州贸易仅有"间接"联系的"本地"商业活动。这些判决表现出的法院态度是刻意逆时代潮流而行，汉德认为这些判决恰恰证明了罗斯福对联邦最高法院的批评是合理的。"我认为，'《农业改革法》案'判决中最高法院显然是错误的。"他在与自己的前助理通信中谈及巴特勒案时评价道。[74] 汉德分析了国会对"公共福利"用途的资金施加的支出条件，他承认，现实地说，如果只要资金服务于"公共福利"，就让国会立法规定如何支出的话，那么联邦制就是徒有其表；但这并不就意味着悲剧。对联邦最高法院的多数保守派大法官而言，他们最关心的仍然是阻碍国家权力；而汉德早在联邦最高法院还没准备好放松对国会的限制的时候，就已经作好准备接受政府控制国内经济了。

在"黑色星期一"这天，也就是 1937 年 4 月 12 日，联邦最高法院被保守派主宰的日子结束了。在"全国劳资关系委员会诉琼斯和劳克林钢铁公司案"（*NLRB v. Jones & Laughlin Steel Corp.*）中，最高法院以 5 票对 4 票，认定《瓦格纳法》（即《全国劳资关系法》）合宪。这部法律于1935 年通过，授予工人成立工会、开展集体谈判的权利，旨在限制罢工。[75] 作为试探，联邦政府选择了一起涉及钢铁工业的案件，并提供了海量记录证明钢铁工人罢工对州际贸易的潜在影响。虽然如此，如果联邦最高法院的多数大法官仍然坚持他们在前些年判决中对国会管制贸易的权力作限制性解读的态度，这部法律将遭否决：根据严格解释的立场，无论规模多大，制造业都属于"本地工业"，与州际贸易只有"间接"联系，联邦政府不能立法支持制造业工厂成立工会组织。但《瓦格纳法》没有遭到否决。

联邦政府在该案中的律师团队包括一名司法部律师，时年 30 岁，名叫小查尔斯·E. 韦赞斯基（Charles E. Wyzanski, Jr）。韦赞斯基非常杰出，他毕业于哈佛，1931 到 1932 年期间担任奥古斯都·汉德法官的助理；勒尼德·汉德的新任助理 1932 年 9 月因故没有按时到岗，那个秋天韦赞斯基留下来给勒尼德当了一阵助理。汉德 1931 年就认识了韦赞斯

基,在给自己做助理以后,汉德对他更加欣赏了。他们对很多事物的看
法相同,包括对法院的角色的认识、宪法的意义。汉德对韦赞斯基离开
法院后的职业发展非常关注。新政开头那几个月的时间里,韦赞斯基担
任劳工部律师,是新任部长弗朗西斯·珀金斯(Frances Perkins)的首席
法律顾问;此后,1935 年他转任司法部,参与到了 1937 年"琼斯和劳克
林钢铁公司案"中。① 汉德一得知该案的裁判结果是政府胜诉,就向担
任过自己的助理的这位年轻人发去了热烈的祝贺:

> 这是个大胜。你会说,这不是你的功绩;这是上帝——或
> 者他的仆从罗斯福的功绩。我不会坚持说时下的这些不满意
> 见并没有改变欧文(罗伯茨大法官)的观点;但是,我亲爱的小
> 友,你不应该否认自己的功劳。如果你不是出色地完成了自己
> 的分内事;如果你头脑偏狭、态度傲慢、不可一世,像新政党人
> 那样,——至少他们经常这样——局面就可能无法收拾。不,
> 查尔斯,你要承认这个功劳就是你的,这是了不起的胜利,各种
> 意义上都是……看到我对你的预言变成现实,我非常高兴:我
> 只是没有想到会这么快。[76]

韦赞斯基在给汉德的回信中倒是非常准确地点出了最高法院改变
态度的核心原因:"赢得'瓦格纳法案'系列诉讼的不是韦赞斯基先生,
而是时代精神先生。"[77] 汉德同意韦赞斯基的观点。在他眼里,最高法院
改变立场一事——虽然作为宪法规则这是好事——恰恰证明他对司法
审查逐渐政治化的担忧是正确的。

————————

① 韦赞斯基为"琼斯和劳克林钢铁公司案"写了上诉摘要,但没有出庭。他也为与该
案合并审理的劳工局系列案件撰写摘要。他唯一一次出庭辩论是系列案中的"美联社诉全
国劳资关系委员会案"(Associated Press v. NLRB, 301 U. S. 103),联邦最高法院在"琼斯和劳
克林钢铁公司案"宣判的同一天作出了判决。这是韦赞斯基的殊荣,因为"美联社案"中,对
方出庭律师是约翰·W. 戴维斯(John W. Davis)——可能是美国最著名的上诉律师——当
时戴维斯已经 63 岁了,韦赞斯基才 30 岁。

联邦最高法院 1937 年对"琼斯和劳克林钢铁公司案"以及合并审理的系列案件的判决，认可了《瓦格纳法》在钢铁工业和其他大型工业中的效力，与韦赞斯基 1935 年就提出的放任观立场相似。[78] 韦赞斯基自己在劳工局案件中并未敢于采取这种大胆的辩论策略；但联邦最高法院内部局势被 1936 年大选结果所改变，大法官的多数意见书说理范围超过了政府律师的观点，开始采取宽泛解释，认为所有的本地经济活动都对全国经济活动有重大影响，因此归入国会的立法规制权限范围内。1937 年，判决好像只及于真正的全国性重要工业；但是，这个审查标准跟旧标准一样模糊：在此后的这些年里，联邦最高法院没有因为任何一部国会立法超过这个宽泛的越权标准而判决违宪。

偶尔，汉德还是会受理有关新政法律合宪性的纠纷，但到了 1937 年，就国会权力是否应当受到联邦制的限制，汉德已经不需要再费什么思考了。在最高法院这种新的宽泛解释基础上，后来的案子都没有造成什么困难。就如他在 1937 年之后的一份备忘录中所说："我认为，认识到法律对州际贸易的管制权扩大了，也就够了。"[79] 汉德知道——也愿意接受——在国会的其他权力，包括征税、财政支出、邮政权力方面，情况也是如此。但尽管来自联邦制度的宪法限制日渐减少，汉德从未在宪法限制上放松：他技巧高超，对重要问题不可能轻慢，而且他执笔的备忘录通常要比同事的细致和透彻很多。

汉德 1935 年在"肖特案"中艰难地判决新政法律违宪后，只在 1937 年受理了两起主张重要的新政法律违宪案。汉德在两起案件中都驳回了违宪主张，但具体说理不同。两起案子都遭受了批评，但判决理由经受住了时间考验。第一起案子是"合众国诉凯案"（*United States v. Kay*），[80] 该案中被诉违宪的是 1933 年通过的主要新政法律《屋主贷款法》，其立法目的是缓解因大萧条造成大量房屋抵押贷款违约、房屋被银行收回。根据《屋主贷款法》，国家成立了政府所有的屋主贷款公司。该法给予贷款公司如下授权：它可以从政府分配的小额资金和以公司名

义对外筹集的大额借款中拨款帮助贷款即将逾期的屋主还贷。在审前
会议备忘录里,汉德将针对这部法律的违宪争议称为"轻率而且荒谬":

> 毫无疑问,美国可以出于任何"公众福利"的目的征税和
> 支出税款;如果能够征税,那么为了同样的目的也可以借款;借
> 款权力不受限制,而且借款的支出用途与税款的支出用途完全
> 可以相同。如果政府有权征税和借款,且可以用税款归还贷
> 款,那么宣称借来的钱不能用于归还贷款显然是荒谬的。[81]

第二巡回法院在该案中作出的一致判决由马丁·曼顿法官执笔,采
纳了这个说理。

事后来看,这个说理的思路显然是正确的。但在 1937 年 3 月,该案
由第二巡回上诉法院受理时,形势并不这么明朗。考虑到联邦最高法院
此前对新政法律的整体否定态度,以及"巴特勒案"判决还不满一年,该
案对政府财政权力界定并不清晰。汉德和他在第二巡回上诉法院的同
事认定"合众国诉凯案"与"巴特勒案"并不相似;联邦最高法院对此采
取了一种狭窄得多的解读,并且成功绕开了这个宪法问题。[82]

汉德 1937 年办理的另一起案子是"电气股票公司诉证券交易委员
会案"(*Electric Bond & Share Co. v. Securities and Exchange Commission*)[83],该案前后长达 10 年,涉及的新政法律要比"合众国诉凯案"中的
复杂和重要得多,也给汉德造成了一些困难。案件中被提起违宪争议的
是新政中的关键法律,即 1935 年的《公用事业股票公司管理法》(Public
Utility Holding Company Act)。该法宗旨是防止股票公司损害投资者和公
用事业用户的权益。规制架构十分精细;条款从强制公司注册到简化公司
治理架构,而且,在某些情况下,关闭经济渠道,判处这些公司"死刑"。

在立法规定这些宽泛措施时,国会主要依据的是其在某些特定情况
下禁止邮件和便利州际贸易的权力。汉德在"电气股票公司诉证券交易
委员会案"的备忘录中对这些权力的理解非常宽泛:

我看不出：禁止将邮件渠道使用于不道德、不诚实的用途，与禁止将邮件渠道使用于一般认为不适宜的用途，有什么不同。国会的权力有其限制，但国会能够出于增进公共福利的目的、以其认为合适的方式来行使这些权力……国会能够对注册公司说：你们不能使用邮政渠道或者跨州贸易来出售我们没有批准的证券；或者签订、履行服务协议；或者取得证券。[84]

但该案中，涉及合宪性争议的只有规制方案的第一步：注册要求。执笔判决书的曼顿法官十分资深，写作的方式也如往常一般迂回冗长、漫无边际。这份判决最终只论述和维持了注册条款的合宪性：曼顿法官坚持，法院无需就《公用事业股票公司管理法》中其他激进措施是否合宪进行裁判。与曼顿法官不同，汉德的审前会议备忘录篇幅颇长、用词精确，但他在该案中单独发表的协同意见书却仅有一段。这段判词不仅通过更宽泛的解释认定该法核心条款合宪，还就不那么核心的条款是否违宪提出了质疑。[85]汉德认为，正是因为该法同时规定了一些措施来应对注册带来的后果，注册条款才能被认定是合宪的。他暗示，这些措施条款的某些方面可能并不合宪；但即使"删除掉所有这些存疑条款"，"一套行之有效的控制体系仍可能留存"；他简短地描述了其中一些，表明注册要求条款并非徒有其表。

汉德很清楚，他在意见书中的这种说理方式可能会得罪政治立场比他右倾、捍卫现状，认为该法整体违宪的人。但判决公布后他很快就发现，他得罪的还有新政改革者。该案中，保守派和自由派的对立，在双方律师身上也体现出来了：代表电气股票公司的是来自华尔街的托马斯·D. 撒切尔；政府这边的出庭律师则是新政党人本杰明·V. 科恩（Benjamin V. Cohen）。撒切尔与汉德是多年老友。1920年代，撒切尔在汉德的支持下出任纽约地区法院法官一职；在胡佛总统任内，他离开法院就任司法部长，这次转任也得力于汉德的推荐。罗斯福1932年当选后，撒切尔重操律师旧业。汉德告诉法兰克福特：撒切尔能力非常强，虽然他是共和党人，法兰克福特还是应该向罗斯福建言，让撒切尔再次出任联邦法官。撒切尔代理此案时，仍然秉持着自己一贯的信念，但欣赏和友谊不可能影响汉德的裁判观点。作出判决后不久，汉德在写给法兰克福特的信中说："我很遗憾，我知道这个案件……一定让撒切尔非常失望；见事明晰、感事深刻如他，发现别人采取迂回的方式，一定大失所望。"①[86]

　　汉德接到法兰克福特的回信后发现，他冒犯的对象还包括一部分新政支持者。法兰克福特教授在回信中以纡尊降贵的口吻给汉德上了一课，指出判决中分析方法存在的问题。在未来的岁月里，法兰克福特教授这种炫技方式，将会无数次地让他在联邦最高法院的大法官同事们感觉不适。法兰克福特让汉德读一下他最新的法学评论文章，主题是"关于不作出宪法裁判"。法兰克福特宣告，他"反对法官像在判例汇编里那样，就在办案件以外的问题发表意见"。法兰克福特给出这条语气严厉、不请自来的建议时，口吻听来像是一位有原则的学术观察家。他提醒汉德，某次一位哈佛同事曾（责备）法兰克福特："你对待法律确实认真。"他对汉德强调："没错——我确实对法律认真！"[87] 但汉德本来就是这样做的，他并不需要上这堂课。实际上，虽然表现得似乎如此，法兰克福特说这些话的主要出发点却并不是学术——但一如既往，法兰克福特没有透露这点。数天之前，他从本杰明·科恩那里接到了一封信，这封信才是主要的出发点。

　　科恩曾是法兰克福特的学生和门徒。与托马斯·科科伦（他担任"电气股票公司案"次席律师）一样，科恩是来自哈佛的"开心的热狗"中最当红的一个。科恩、科科伦、法兰克福特在起草《公用事业股票公司管理法》的工作中曾经有密切的合作。科恩写给法兰克福特的信篇幅很长，一开头就评论道："我对判决的满意度因汉德法官的协同意见书大打折扣。"科恩信中余下的内容都在解释这句话。汉德表示这部法律的条款未必全都合宪，这点让科恩不满。科恩认同为了确定注册条款的合宪

---

　　①　汉德一针见血地指出了撒切尔和自己在性格方面的差异，说明他对自己的认识非常准确："这个混乱的世界，在某些人的眼里是明亮、清晰的。我有时也会羡慕这样的人；但是，当然，这就等于希望现在的这个我从未出生。我经常心灰意冷，但不至于此。"

性,需要对其他条款是否合宪进行讨论;他反对的是,汉德提到的条款不仅包括显然合宪的,还包括合宪性有疑问的。科恩承认,汉德对合宪的条款所作的直接认可,对联邦政府来说比曼顿只回应注册条款的合宪性要更加有利,但这点也没阻止科恩把对汉德的胆大妄为的抱怨写满了整整两页打字机稿纸(还是单倍行距)。法兰克福特在给汉德的信中复述了这些观点,但对观点背后的捉刀人只字不提。[88] 他在信里最后预测,最高法院会维持第二巡回上诉法院的判决,事实证明他是对的:几个月后,最高法院以 6 票对 1 票的比例作出了维持判决。[89]

《公用事业股票公司管理法》的其他条款在此后几年的诉讼中经受住了挑战,联邦最高法院在这些诉讼中作出了不少里程碑式的判决。[90]1940 年代的联邦最高法院由新政同情者组成,汉德对这部法律的边缘条款提出的质疑没有说服他们;他对这部法律的大部分条款作出的具备合宪性的判断则得到了他们的肯定。因此,"电气股票公司案"再次说明:汉德个人尽管对很多新政措施持有疑问,他却比华盛顿的 9 位联邦最高法院大法官们更早确认了新政法律基本的合宪性。

1937 年以后,联邦最高法院终于承认国会在管制经济活动方面有宽泛的权力,但这并没有终止新政的大规模立法继续引发诉讼。情况正好相反:移除宪法障碍让汉德和他在第二巡回上诉法院的同事们接到了一大批有关新政法律的案件。这些案件中,法官们需要将新政法律适用于特定事实。本来,联邦法官们花在解释和适用国会立法条文上的时间就远比解决宪法冲突要多;而新政立法的浪潮则加剧了这一局面,在第二巡回上诉法院法官们的工作时间中,解释和适用新立法占了比原来更大的一块。

解释国会立法,意味着要对法律条文的措辞及其意图进行细致研究。这又意味着:在解析具体措施、子章节、例外、互相引用的同时,还必须关注全局——也就是立法目的。这不是个轻松的任务。汉德有次这么描述法官在"法律和行政法规构成的茂密灌木丛中找路"的工作:

就我自己而言,类似所得税法的条文用词,一开始是无意义的：它们只是在眼前杂乱地飞舞；此条引用彼条，一个适用例外加上另一个适用例外——抽象名词堆叠在一起，缺乏实际的抓手——在我的脑海中只留下重要、但却模糊的目的，而我的责任和义务是去发现和具象化这个目的；但发现这个目的，即使是可能的，也得要在花费大量的时间以后。我知道这些难以理解的用词是精心设计的结果，为了堵住这个漏洞、兜住那个问题，防止所有扭曲滥用的可能，但有时我不由自主想起威廉·詹姆斯评论黑格尔的某些作品——作者确实是以理性的激情写作；但人们会不由自主地发出疑问，对读者来说，它们除了是语法正确的一堆词汇的集合体之外，还有别的意义吗？今天的很多法律，理解起来也同样困难，而且越来越多的法律变成这样；但法官的责任是在法律条文的迷宫中找到道路——因为路就在那里。[91]

汉德是解释法律的大师。最能表现他的才华的莫过于他受理的新政立法引起的纠纷。在这些案件中，尤以有关《公平劳工标准法》(Fair Labor Standards Act)的为佳。《公平劳工标准法》公布于 1938 年，是罗斯福第二个任期内的重要成果，为劳工最低工资和最长工作时间提供了法律依据。按照最高法院对国会权力的宽泛认可的观点，这部法律的合宪性无疑是可以肯定的。[92] 但国会权力的行使范围问题却没有完全厘清。在"瓦格纳法"中，国会试图行使的是宪法准许范围内的全部权力，涵盖了全部"影响"州际贸易的商业活动。但在《公平劳工标准法》中，国会没有选择同样的做法。有很多案件都是对国会的实际权力范围存有争议，这些案件很多由第二巡回上诉法院和最高法院受理。汉德在其中两起纠纷中所作判决尤其引起关注——1941 年的"弗莱明诉阿森纳建筑公司案"(Fleming v. Arsenal Building Corp)[93] 和 1944 年的"博雷拉诉博登公司案"(Borella v. Borden Co.)[94]。两案涉及的问题在当时争议很大；最高法院都维持了汉德的判决，肯定《公平劳工标准法》适用的对象包括案件中的当事方雇工；最高法院也都采用了汉德的分析思路；并且,汉德的说理不仅比最高法院的更具说服力,而且在界定国会权力边界上要更为宽泛。[95]

《公平劳工标准法》适用的对象不仅包括从事"州际贸易"的雇工,还包括从事"用于州际贸易的商品的生产"的雇工。阿森纳建筑公司案和博登公司案都与"生产"条款有关。《公平劳工标准法》将"雇工"定义为"任何受雇参与……对生产来说不可或缺的步骤或者阶段的人"。在这两起案件中,核心问题都是:不参与生产活动本身的雇员是否属于这部法律规定的适用对象范围? 两起案件中,主张享受《公平劳工标准法》规定的雇工福利的都是建筑维修工人。他们对商品生产来说是"不可或缺"的吗? 在不歪曲法律明文规定的情况下,法院在保护那些没有参与商品生产活动本身的工人的权益问题上,愿意跨出多大的一步呢?

"阿森纳建筑公司案"中,被告是纽约一家工厦业主。这家工厦主要出租给女装制衣厂。诉讼主张是请求法院判令业主向建筑维修工人支付加班费。业主坚持,业主不同于制衣厂,本身不生产用于州际贸易的商品,从事建筑维修的工人与商品生产的联系太远,不能看作是对商品生产"不可或缺"的。汉德在他的审前会议备忘录和判决书中都开门见山地点出了问题。他指出,如果生产商自己就是工厦业主,那么维修工显然能够得到法律的保护:"虽然这些人可能不从事商品的'生产',他们所从事的劳动仍然是对商品的'生产'不可或缺的。在寒冷、肮脏的建筑里剪裁、缝纫布料显然是不可能的;布匹显然也不可能在楼层之间手动运输。"[96] 在这样的宽泛解释下,汉德认为,仅仅基于制衣工厂主们并不拥有工厦而将建筑维修工排除在保护范围之外,依据不足。正如他在判决书中所说:"同样的工人,如果是制衣厂雇佣他们,他们就能得到保护,而受雇于别的雇主就不行,那立法目的就无法实现了。"

被告在该案中抗辩,这样理解法律"偏离立法原意,因为国会不可能意图将'公平劳工标准'适用于参与到商品生产的任何不可或缺的'要素'中的任何人身上"。汉德解释法律的技巧在回应这个抗辩理由上表现得尤为突出。汉德在判决书中回应,说国会并未意图将《公平劳工标准法》的保护范围扩大到"为往州外销售面包的面包商人供应面粉的磨坊主",又或认为"卖厨刀给大型屠宰商的刀具商"就是正确的,但是在本案中没有理由将维修工排除在外:"本案中,如同很多案件那样,争议的是个程度问题。"汉德补充,本案无需解决更加极端的例子,因为被告的雇员如果是受雇于生产商,其工作没有本质区别。这是问题的实质。法条的条文和目的到目前为止都必须作为整体考虑,我们不会陷入对本案不涉及的那些细枝末节问题的讨论,那些问题的答案也不应当影响我们在本案中的观点。[97]

汉德作出判决之前,就已经知道其他巡回上诉法院对同一问题作出过相反判决,而且合议庭是4票对1票的大比数。正如他在判决书最后所言:"显然,针对这个问题的争议要到最高法院作出终局裁判才可能休止。"[98] 最高法院的判决不久公布,但关键争议并未"休止"。代表多数方法官执笔判决的是已进入最高法院的汉德老友——法兰克福特。法兰克福特虽然对巡回上诉法院"颇有分量"的判决书[99]予以注意,也遵循——毋宁说复述——了汉德的裁判观点,实际上却采取了不同的策略。不同于汉德宽泛的、自由派的立场,法兰克福特反对对宪法进行可能损害联邦制的解释,也反对将传统上归属各州的权力给予联邦。他同意汉德的结论,但认为汉德的说理有问题。这个现象颇具讽刺意味:充满激情的新政设计师、经由罗斯福任命的最高法院大法官,在宪法问题上却远比对新政采取怀疑态度的汉德更加保守。

不过,最后是汉德法官在辩论中占据了上风。在"博登公司案"中,汉德又一次对《公平劳工标准法》进行了扩大适用,实际上否定了法兰克福特4年前在"阿森纳建筑公司案"中的意见。"任何不根据《公平劳工标准法》立法目的来确定国会权力边界的做法",他坚持,都必须摆脱一种模糊的顾忌:扩大该法的适用范围,就等于是让联邦行使了国会本来意图归属各州的权力。我们丝毫没有这种顾忌。当然,整部《公平劳工标准法》调整的都是原来各州的权力范围。国会是否想要将其权力行使到极限这个问题,并不重要;问题是我们是否能够这样说:国会权力的边界,需要靠考虑其目的来发现,或者考虑不相关的问题是否会影响我们发现其目的。[100]

　　这个回答简洁有力。汉德一针见血地指出,对联邦行使传统归属各州权力的那种"含糊的顾忌",对于法律解释来说无济于事。相反,解释法律应当首先依据立法目的,其次是法律的条文含义,而非摘要。汉德更为精确的分析方式得到了联邦最高法院的肯定,法兰克福特则写了协同意见书,只对多数法官的裁判结果予以认同。[101]

　　"博登公司案"涉及汉德在"阿森纳建筑公司案"中认为是"无关紧要"、因而未作讨论的细节问题。这一次,另外一组维修工人主张获得《公平劳工标准法》的保护,但涉及的事实细节超过了"阿森纳建筑公司案"中涉及的事实范围。"博登公司案"中的维修工人在博登公司的纽约总部工作;博登公司经营着"庞大"①的牛奶和牛奶制品生意,但只有管理人员在总部办公。在总部负责维修的工人是否离实际的商品生产过程太远,以至于超过了《公平劳工标准法》的保护范围? 又一次地,汉德对这部法律进行了宽泛解释。[102]

　　汉德在"博登公司案"中的审前会议备忘录简明扼要:最高法院对"阿森纳建筑公司案"的维持判决划定了对商品生产来说"必要"的人的范围;维持判决"是很大的一步;也许根本不必要"。因此,他的结论是:我会认为一家大公司的管理部门与生产的关系最为"直接"和"紧密",毕竟,就像詹姆斯·密尔(James Mill)曾经说过的那样,人类所能做的全部工作无非是在一定的空间里移动物体,这描述了所有的工业。如果是这样的话,我们如何区别那些用自己的手移动物体的人,以及告诉别人将物体移动到何处的人? 我不知道区别何在;这无非是场赌博,而我押注原告这方。[103]

　　汉德在"博登案"中的判决书,最关键的是那些概述内容。也许是为了回复法兰克福特在"阿森纳建筑公司案"中就如何正确解释法律的说教,他加倍详细地阐述了自己解释法律的方法论。他的方法论比起法兰克福特更为重点突出,也不那么关注与案件事实无关的、对联邦与州之间的分权机制的讨论。《公平劳工标准法》的适用条款使用了"日常

　　① "庞大"(enormous)为汉德的用词。

用语",规定其适用于从事"商品生产"的雇工;条文含义不明,因此"可以预见其解释多种多样";成文法条文"不像科学术语,为了精确阐述而制订"。立法者"就像从事日常事务的其他人,用语并不以追求极度精确、避免曲解为要务"。他的判决体现了他的这种观点:

> 一如既往,我们在这里理解条文意义的最好方式是发现立法目的。并且,以立法目的作为指引,考虑如果立法者当初遇到了这一特定的问题,他们根据立法目的,将会如何处理这个问题。说这是个危险的过程不过是老生常谈,但这个任务我们不能逃避;因为文义解释更不可靠,必须放弃。[104]

这并不意味着法律的文本不重要,汉德指出,在任何"语言理解问题上,想要发现某样文本的目的,最可靠的依据永远是其用词";只不过,要完成充分理解法律及立法者目的的任务,仅仅理解法律文本,并不足够。

这些内容体现了汉德在成文法解释方法论上的才华。尊重条文本身、但不囿于条文用词;以立法目的为指引。这听起来似乎是泛泛之论,但在特定的案件中,条文解释和立法目的解释完全可能南辕北辙;宽泛的建议只能体现某种精神。汉德在许多案件中的评注意见,以及司法活动之外的那些言论,最有见地和影响力。即使仅仅作为宽泛的格言,他的意见也是有帮助的;但只有在具体情境中,才能检验杰出的司法智慧。

汉德将成文法解释称为"富于想象力的创造性活动""令人愉悦的不确定性实践"。[105] 有时,汉德会坚持,解释法律不能违背条文的字面原意;在另外一些时候,如果他发现条文的目的清晰,但条文的用语与其目的不一致,他也会将条文含义解释到甚至与字面相反。[106] 这些指引似乎彼此矛盾,而到底需要重点适用哪一条,是个个案问题。法官是否在其中取得平衡点,取决于每个案件中争议的特定条文和特定事实。一位知名联邦法官曾经评论,汉德在成文法适用上的记录代表了"他会在这个领域中取得个人最辉煌的成就"。[107] 汉德在数百个案件中富于技巧地适用了他的原则,这一赞誉实至名归。

　　汉德在新政早期发表的一次全国广播讲话里最清晰地阐明了自己的法律解释方法论。这一讲话发表于 1933 年 5 月 14 日晚间,由哥伦比亚广播公司播出。1930 年成立了全国广播教育促进委员会(National Advisory Council on Radio in Education),宗旨是提高广播节目质量。该会赞助了一系列广播讲座,主题从经济学到政治科学无所不包。1933 年的主题是法律。5 月 14 日的广播讲座请来了两位主讲人:汉德和法兰克福特。当时政府已经启动了一系列新的立法计划,讲者很清楚,不久之后这波浪潮就会变成诉讼涌向法院。法兰克福特讨论了宪法案件,强调"最高法院大法官们实际上是社会政策的裁判者",拥有解释用语宽泛的宪法条文的权力。他很有信心地说,宪法"有足够弹性应对社会需要"。汉德准备讲的题目是成文法解释,他明白这个主题对普通听众来说也许"既抽象又干瘪",但他坚持"既然这个话题非常重要,我们还是应当努力让听众对它产生一些理解"。他的讲稿大概有 2000 字,主要内容是"理解法律",这篇讲话的最后一段显露出他说理平实、直接、透彻的才华。解释法律的法官处在"冲突的位置上",他评价,"受到两股相反的力量所左右":

　　　　一方面,法官不能用自己心目中的最佳方案代替法律,他适用的对象是民选政府传达出的公众意志;另一方面,他必须竭尽全力发现公众意志的具体形式,不是亦步亦趋地遵照条文字面含义,而是精准地传递立法意图。

　　他呼吁普通民众理解司法工作之复杂,不要用类似"欠缺常识"这种理由批评法官:

　　　　没人能保证不犯错误,伟大的法官只不过比我们中的其他人做得更好。只要我们还想实现集体自治的伟大梦想,司法工作就是不可或缺的。人们指责犯错误的法官无可厚非,但人们同样应当认识到法官工作之困难。指责法官之前,人们也许应当相信法官们已尽全力。犯错误的法官应该受到惩罚,但只有花力气去理解他们的人,才有资格评判他们。[108]

在新政那些年里,第二巡回上诉法院还经常受理一类案件:激增的行政机构引发的司法审查案件。这些行政机构不是在新政中新成立的:州际贸易委员会(ICC)1887年成立,联邦贸易委员会(FTC)则成立于1914年,都远远早于罗斯福执政。但20世纪30年代,各种管理局、委员会飞速增加。政府经常通过设立新的行政机构来试探新通过的法律是否适用于某个特定领域;行政机构将法律适用于一个特定争议后,法院才会进入这个领域。设立证券交易委员会(SEC)实施1933年和1934年的《证券法》;成立全国劳工关系局(NLRB)实施1935年《瓦格纳法》,都遵照了这个模式。

这些独立的行政机构——"无头的"政府第四分支,一定程度上不受总统直接控制——多年来引起许多社会疑问。让专业执法者直接执法一开始被视为能够有效提高政府措施的合理性和效率;同时,人们也担心这些机构的自由裁量权过大,滋生乱象和政治化。[109]汉德也抱有同样疑问。他私下经常怀疑这些机构的政治中立性和专业性,但在履行法官职责过程中,他大体上尊重他们对事实争议的认定和相关的政策判断,只有在这些机构错误适用法律时,他才介入。

汉德在很多案件中对全国劳工关系局作出的行政决定进行了司法审查。他在这些案件中的审前会议备忘录充分展现了他这种私下抱有怀疑、但是总体上对行政机关的裁量权保持尊重的态度。《瓦格纳法》在一个争议激烈的问题上确立了原则:在情绪对立严重、有时暴力的罢工中,国会保护工人组织工会的权利,禁止雇主通过"不公正的劳工待遇"干预工会活动。全国劳工关系局成立的前几年里,一直因为过于偏袒劳工一方遭受批评,汉德有时也同意这种观点;但他从一开始就做好准备执行劳工关系局的决议,这一态度也很出名。

按照《瓦格纳法》,全国劳工关系局需要将决议提交给有管辖权的上诉法院申请强制执行。只要具备"实质性的证据",法官们通常倾向于尊重劳工局查明的事实情况。汉德尽管私下有疑虑,但对待这些训示非常严肃,有时甚至有点过头。就像他在审前会议备忘录里阐述的那样,这类问题中"法院发挥的作用应当比劳工关系局小。劳工关系局的部分创立宗旨即为:根据专业经验,比法院更好地判断这个领域里的问题的后果。"理论上,这就好像建立"司法专家局"①来给审理专利案件的法官提供建议;法院理应尊重这个机关查明的事实和该机关的专业性。把这种分析进路适用于劳工案件,汉德坚持劳工关系局不仅应当在事实上、而且应当在劳工组织工会的权利问题上得到尊重:"我们应当假设劳工关系局在这些问题上具备独特的才能。"他仍然认识到现实困难:

> 劳工关系局如果不公正,这样的权力在他们手里就会变成可怕的压迫工具;我个人对他们在这个层面上是否具备更强的洞察力,颇为怀疑。但是,毫无疑问对这个领域有所了解的人作出的判断,比普通的对这个领域一无所知的法官要明智一些……如果国会想要这样的机构,那么法院应当尊重国会。[110]

劳工关系局成立的头几年,汉德对这些专家的公正更不抱信心。但随着时间过去,他认为在几乎所有的案件中,"神圣局"的结论都是终局性的:

> 如果我们假定,正如我们应当假定的那样,劳工关系局比我们更懂劳资双方的利益,这里还有什么需要讨论的呢?我认可我们必须这样假设,而且也有证据表明劳工关系局在这些问题上确实比我们更专业。[111]

---

① 汉德20世纪初在《哈佛法律评论》(15 Harv. L. Rev.)上发表了一篇文章,也是他发表的首篇文章。文中呼吁不依靠当事人聘请的专家,改为使用独立的法庭专家。这篇文章里他举了化学专家的例子。参见原书第60页。

他对尊重劳工关系局"专家级"的意见作好充分准备,但这样的立场在联邦最高法院来看有时过于激进了。法兰克福特大法官在阿森纳建筑公司案中批驳汉德对《公平劳工标准法》的解释过于宽泛、对劳工关系局查明的事实全文照录。在"全国劳工关系局诉联合照相机公司案"(*NLRB v. Universal Camera Corp.*)中,汉德法官和法兰克福特大法官进行了第二轮交锋。1949 年 12 月,第二巡回上诉法院受理了该起案件。[112] 当时,该院办理涉及劳工关系局的纠纷已经超过 10 年了,但该案的裁判结果是个罕见的 2 票对 1 票。这起案件正好发生在劳工关系局因为国会行动引发全国性的争议后不久:1947 年,共和党控制下的第 80 届国会通过了《塔夫脱-哈特利劳工关系法》(Taft-Hartley Labor Relations Act),该法一开始被杜鲁门总统以太反劳工为由否决,但仍经两院通过。

这部法是在 1935 年的《瓦格纳法》基础上修订通过的。《瓦格纳法》原有的司法审查条款规定,只要劳工关系局认定的事实"有证据支持",那么劳工关系局的裁决就应当得到法院维持。但一开始联邦最高法院就认为,"有证据支持"意味着事实必须建立在"实质性的证据"上。汉德与其他审查行政裁决效力的法官一直遵照"实质性证据"标准。1947 年的《塔夫脱-哈特利法》则将这个条款改为:对劳工关系局查明的事实,符合"将记录作为整体考虑、具备实质性的证据"标准时,应予确认。对联邦法院来说,问题就在于,修订后法条中"作为整体考虑"的用语,其目的是否要求法院对事实问题的审查比过去更加仔细?[113] 这个问题在这一案件中得到了解决。立法历史中散见劳工关系局被认定"有党派偏见",而针对该点的司法审查力度不够;[114] 但立法语言没有改变法院的权力范围,像汉德这样的法官,则可以断言他们过去也是"作为整体考虑"劳工关系局的记录的。[115]

"联合照相机公司案"本身涉及的事实相对简单。公司以违反规定为由解雇了一名雇员,案件中的争议焦点是公司的解雇理由是否充分(他过去曾指责公司人事经理醉酒)。解雇是否出于反工会的偏见?该雇员几个月前曾在劳工关系局调查中作证支持工会。初审官(现称行政法官)采信了公司一方证人的证言,认定解雇背后没有反工会的动机,因此建议法官对"不公正的劳工待遇"不予认定。劳工关系局的结论则相反。汉德和他的同事要解决的问题就是是否执行劳工关系局的裁决。

在审前会议备忘录中,汉德同意多数巡回上诉法院的观点,即《塔夫脱-哈特利法》没有影响法院的审查权范围。第二巡回上诉法院的判决,像"所有明智的判决"那样,一直以来认定"作为整体考虑的记录必须显示有'实质性的证据'";因此,新法"没有改变"法院在司法审查上的权限。[116] 就如他在判决书中写的那样:

> 在我们看来,如果国会意图建立新的司法审查方式,那么这个问题不可能被放过。我们不能同意我们的审查权力"变宽"的观点;我们认为国会只不过是将以前法条隐含之意讲明了而已。[117]

更进一步地,他并不认为劳工关系局推翻它自己的初审意见这一事实值得大惊小怪:"法院不可能……将劳工关系局推翻结论作为法院自己审查的一方面因素。"[118]

汉德的判决被最高法院推翻,案子发回第二巡回上诉法院重审。最高法院的判决阐明大法官们认为这起案子非常重要,但裁决理由阐述得就不如其重要性那么清楚了。判决书由法兰克福特执笔,行文冗长繁复,十分晦涩。判决书详细回顾了法律修订的历史,意图为法院审查提供指引;他显然认为,《塔夫脱-哈特利法》的立法宗旨的确是改变法院的角色。国会只是"表达了一种情绪",但其表态应当执行。国会认为,部分法院只要找到任何孤立的证据支持劳工关系局的认定,就会对认定予以维持(虽然法兰克福特未将汉德所在的第二巡回上诉法院列入指控名单);"作为整体考虑的记录"的用语,其目的是为了"强调法院一直以来未能全面履行的"责任;新法要求法院"在推进劳工关系局裁决的合理性、公正性上,比过去担负起更多的责任"。第二巡回上诉法院对劳工关系局推翻自己初审官的裁决这一点未予以足够注意是错误的;重审时,

第二巡回上诉法院必须在审理中"给予初审官的裁决相应的考虑"。[119]

法兰克福特反复强调:司法审查标准实际上并不清晰;在这个领域,"精确定义是不可能的。"[120] 该案其后的进展说明了这一点。重审中,第二巡回上诉法院的法官们再次发生分歧。汉德这次仍然代表多数方执笔判决书,但因最高法院的判决改变了自己的观点。他在第二次"联合照相机公司案"[121] 的判决书中对法兰克福特的意见进行了宽泛解读。最高法院认为,《塔夫脱-哈特利法》"虽然形式上只是纳入了一贯以来更好的做法——包括我们自己的做法",意图却是要求各上诉法院对劳工关系局的裁决采取更为严格审查的态度;不仅法院应当将记录作为整体来考虑,他们还应当增加对事实本身的审查,引入更多的法官个人的判断,至少比之前更多。结果是,因为争议事实并不在劳工局的"专业经验"范围内,汉德否定了劳工关系局的抗辩意见"在判断哪一方证人更可能在劳资纠纷中说实话上,劳工关系局的条件更有利"。因此他的结论是,再次审查记录并且"考虑初审官的结论后——遵照联邦最高法院的指引",他的"第一次上诉裁决"是"错误的"。[122]

汉德的同事杰罗姆·N. 弗兰克法官另行起草了一份意见书,坚持汉德对最高法院的裁决作了过多解读,论证法兰克福特的"指引"不精确:

> 认识到汉德法官非同寻常的智慧和学识——只有蠢人才认识不到——我很少与他发生分歧;即使发生分歧,一般也伴随着严重疑虑。这次我克服了这种疑虑。因为我认为,我们之前那份由他起草的判决书受到最高法院批评后,由于谦逊的秉性,他对这种批评作出了过于广泛的解读。[123]

但汉德不应为此遭受批评。他在公布第二次判决之前曾坚持,联邦最高法院大法官们"意图让我们在**所有的**案件中都更严格地审查劳工局认定的事实。他们认为这一要求包含在法律修订中,我们则不那么认为"。[124] 当然,汉德没有理解错法兰克福特冗长的判决书中包含的批评。

然而,正确的很有可能其实是汉德的第一次判决:尽管联邦最高法院的严格审查论被《塔夫脱-哈特利法》1948年的修订纳入,此后的数十年却证明,正如汉德所做的"对行政机构认定的事实予以相当的尊重",才是实践中的常态。[125] 劳工关系局的案件,在汉德的时代已经数量众多、不易解决,至今仍然是联邦司法系统的一大案件来源。[①][126]

对汉德来说,决定性的因素始终是将个人的意见与履行司法职能的责任分开,怀疑抽象指引的作用,以及尊重、积极履行立法表达的公民意愿的司法义务。这些任务,他都出色地完成了。他受理的成百上千宗法律适用纠纷和行政争议,也始终是在这些主题之下进行。

---

① 上诉法院法官普遍抱怨,太多劳工局上诉案件"只涉及事实问题";有位法官在回答"不想要哪种上诉案件"的时候,说"我会首先把劳工局案件剔除出去——这些案子最浪费时间。审查的对象太窄了。让我们阅读数千页资料,在我眼中至为浪费时间。"(小伍德福德·霍华德:《联邦司法体系中的上诉法院》,普林斯顿大学出版社1981年版,第287页,n. r.。)

第十一章

通往战争之路以及与李普曼的决裂

1930 年代中期,欧洲法西斯政权开始扩张,逐渐威胁世界和平。1935 年 3 月,德国公然撕毁《凡尔赛和约》,开始重整军备;同年 10 月,墨索里尼的军队入侵埃塞俄比亚;1936 年 3 月,德国重新占领莱茵兰;4 个月后,西班牙爆发了惨烈内战。西班牙内战迅速成为二战极权国家的武力试验场:希特勒和墨索里尼向挑战西班牙共和国的法西斯势力提供援助;斯大林则支持共和国的保卫者。

时局令汉德忧心忡忡;但这几年中,他仍然相信,灵活的外交手段能够避免战火延烧。1937 年 1 月,在读完一本新近出版的有关一战爆发经过的书[资深反纳粹报纸编辑西奥多·沃尔夫所著的《1914 前夜》(*The Eve of* 1914),1934 年在瑞士首版,1936 年在美出版]后,他致信伯纳德·贝伦森[1],提到 1914 年"时局固有的不稳定性"——"即使不能排除独裁者孤注一掷的可能性,我也认为要比今天更不稳定"。当时,纳粹言辞和军国主义行径都散发着不祥气氛,但汉德与同时期的很多美国人、欧洲人一样,尚未意识到纳粹有发动世界大战的可能:"我不认为……日耳曼的洛基会把这个世界付之一炬;毕竟,愚蠢也有其限度。"汉德认为,如果希特勒不挑头,"战争根本不会爆发"。他并不想表现得过于自信:"我知道局势不稳",但他同时强调,"世界作为一个整体"现在"更为稳定",并且假定 20 世纪 30 年代的世界领袖要比 1914 年那些更为明智。[2]

比起民主国家大多数人,汉德更渴望通过有力的外交来遏制扩张主义。1935 年 11 月,国联罕见地展示了力量,对意大利实施制裁,试图制止意大利对埃塞俄比亚的侵略。但令汉德沮丧的是，由于措施有漏洞，未来的同盟国之间也存在种种分歧，行动很快瓦解了。汉德一贯持国际主义立场，他不满美国的孤立主义，也并不幻想国会采取实际行动遏制独裁者的玩火试探。1935 年年底，他评论：德国重新武装；意大利走上帝国主义道路；英国态度反复无常，而大多数美国人面对这些，只能"作壁上观"。汉德看不到国会支持国联制裁的希望；最多也就是对美国的中立法律作点小改动。但是，美国对欧洲的麻烦避之不及，参与欧战更是绝对免谈……除了那些因为反法西斯而支持国联的人，大多数人的立场仍然是美国传统的那一套，主张只要不加入盟军、不与交战方贸易，就什么也不会发生在他们头上。大城市当然有强力团体，但这个强只是情绪的强，不是实力的强，他们选择站队，把对希特勒的仇恨扩大到一切非红色独裁政权。[3]

1937 年秋天到来时，汉德已不再对靠外交手段避免战争抱有幻想。轴心国插手西班牙内战未得到有力惩罚，令汉德尤感失望。意大利和德国的物资和人员源源不断涌进西班牙，佛朗哥叛军的势力很快就压倒了共和国军队。之前，英法曾提议签订不干预国际公约，但德国和意大利未予理睬。面对德国这种态度，英法继续摇摆不定。实际上，不久之后，英国就开始与墨索里尼和谈；和谈形成的一项没什么约束力的双边条约到 1938 年 4 月终于签了下来。

汉德对局势悲观的原因有几方面：如果欧洲民主政体不表现出更大决心，美国选民也不太可能放弃孤立主义立场。英国不够强硬，尤其让亲英的汉德难以接受。1937 年夏末的意大利之旅让他对这个国家更加失望。他发现意大利人"思想很危险"；英国的软弱助长了意大利的傲慢态度。他在信中对法兰克福特说："他们认为英国不会干预，不仅能掐一下她的鼻子，还能抢走她所有的玩具。意大利人真的相信他们能够对英国为所欲为，这是我在这次旅途中认识到的最糟糕的事。"[4]

有那么一段时间，国内局势似乎有所好转。罗斯福的领导力逐渐得到汉德欣赏，尤其他在国内盛行的孤立主义限制下，仍然带领国家走向反极权道路。10 月 5 日，罗斯福在芝加哥就国际局势发表了一篇振奋人心的演说，谴责"对别国内政的无理干涉"和"入侵别国领土"的行径，告诫美国人"文明的基础"和"世界和平"正在遭受威胁。[5] 这篇演讲鼓舞了汉德。"罗斯福的芝加哥演讲正中红心，"他在给法兰克福特的信中说，"演讲的调子正是时下急需的。要嚎叫，但别说你是不是准备咬人，或者准备什么时候咬，那是另外一回事；但我们现在理应更凶狠一些，不要让人觉得我们有太多'蜗牛意识'。"[6]

　　罗斯福的演讲带来了一线希望，但事后证明也不过是昙花一现。芝加哥演讲放出的是个试验气球，很快就瘪了下去：孤立主义者一攻击这篇演讲，罗斯福的调子就迅速软化。而英国的外交政策仍然没有强硬起来。法兰克福特预测英国很快会坚定起来。汉德跟法兰克福特一样，并不好战，但他对局面之复杂却比任何人都更清楚，他暗示法兰克福特想得太简单而无谓，他建议采取一种更有力的立场：

　　　　能够让希特勒和墨索里尼正视的只有坚决表态，表明有当即开战的可能。麻烦的是，法西斯政权已经武装起来，英国的态度必须足够坚定，这样德国和意大利会让步，但又不至于迫使他们太快收缩。这正是能展现政治手腕的地方。[7]

　　法兰克福特坚信而汉德希望的是英国会强硬起来，但这一年，时局发展并非如此。人们迅速意识到：相比墨索里尼，希特勒对和平造成的威胁更大。新的争夺焦点是捷克斯洛伐克的苏台德地区，这块土地面积占到捷克的三分之一，居住着捷克大约三分之一的人口，主要讲德语。苏台德地区的德裔人口是纳粹的狂热支持者，几年来一直要求自治，至少是在意识形态上与德国统一。1938 年春，在希特勒吞并奥地利前后，苏台德地区危机爆发，集合的军队规模是 1918 年以来欧洲仅见。苏台德德意志党——并不公开支持纳粹，但秘密为德国做事且明显忠于希特勒的政党——领袖康拉德·亨莱因（Konrad Henlein）公开提出自己的要求，包括给予苏台德地区德语人口自由跟从"德国人的意识形态"的权利。布拉格政府顶着来自英法要求让步的压力，坚决拒绝了这一主张。

这年夏天,亨莱因集团与捷克政府进行了会谈。与此同时,希特勒调动军队,建造了新的军事要塞。英国偶尔会暗示如果危机持续,不排除宣战;法国则动员了预备役部队。但英国依然是老样子,没有实际动用武力,法国也是同样——当时捷克已经是中欧地区硕果仅存的民主前哨,觉得英国会提供更多支持也算情理之中;而且,捷克和法国之间签订有协防条约,在捷克遭受进攻时,法国必须提供援助。9 月 12 日,希特勒要求给予苏台德地区的德语人口自决权,捷克街头陷入一片混乱,政府宣布戒严,苏台德领导人逃亡德国。

面对迫在眉睫的战争威胁,英国首相内维尔·张伯伦(Neville Chamberlain)不得不采取了某种意义上的应对措施:他要求与希特勒私下会谈。两人在希特勒的贝希特斯加登度假别墅会面。希特勒要求完全控制苏台德地区,并以发动战争相威胁。张伯伦与法国总理爱德华·达拉第(Edouard Daladier)商议后,立即向捷克政府施加压力,要求捷克接受希特勒的主张;作为交换条件,英法将对捷克的新国界提供国际武装保护。捷克拒绝后,英法威胁不向捷克提供援助,并且暗示,一旦爆发战争,捷克需要承担未能与希特勒和解的责任。在压力面前,捷克政府在 9 月 21 日作出让步,但危机并未因此解除。张伯伦前往巴特戈德斯贝格再次拜访希特勒时,后者又提出了加码条件,要求立即移交苏台德地区的控制权。张伯伦要求与希特勒第三次举行会谈,保证苏台德地区的和平移交;其他主要国家的领导人,包括美国总统罗斯福,支持继续与希特勒会谈。

希特勒同意在慕尼黑与张伯伦举行会谈。9 月 29 日,英法德意签订了《慕尼黑条约》,希特勒的要求在这份条约中几乎完全得逞。张伯伦旋即返英,宣称自己实现了"我们时代的和平"。英法深恐爆发战争,两国为了保住和平,几乎愿意付出任何代价。两国认为,首先德国要求控制讲德语的苏台德地区的要求是正当的,为此对德宣战谈不上正义;其次,当时两国国民普遍认为,共产主义的威胁比法西斯更大。但国内和国际上,张伯伦的批评者们把他归为绥靖主义者——这个称号将会在此后数十年间的政治斗争中反复出现——他们批评张伯伦为了换取一纸协议,背弃民主堡垒;如果他面对希特勒采取更加强硬的态度,是能够制止纳粹扩张的。

汉德一直主张:西方民主政体应当坚决反对极权政权。这么看他似乎应该属于张伯伦的批评者阵营。但在慕尼黑阴谋之后的好几个月,汉德的态度一直不是这样。比如,在苏台德危机最终爆发之前,他对贝伦森说:"我猜想你对张伯伦评价不高,但我不敢苟同……(他)是在走钢丝,两边都是悬崖。以我而言,我又怎么知道最安全的路线是哪条?"[8]他告诉弗朗西丝,他无法忍受"光明一代,也就是那些原来的和平主义者"现在"叫嚣开战"。他承认,外交部长安东尼·艾登(Anthony Eden)敦促采取有力措施也许是对的,而且国家领导人肩负着艰难的职责:"作出这个决定,是可怕的……我想到要跟人大喊大叫或者作利益交换就觉得恶心。感谢上帝,需要作这些可怕决定的人不是我。"同时,他也不能不假思索地否定张伯伦的立场:"整体上我同意(张伯伦的策略),只要能够在足够长的时间里不让独裁者开战,他们自掘坟墓的可能性很大。"同时,他一如既往态度矛盾:"不过,法国无足轻重,英国又总是摆出一副轻蔑的样子,情势不妙。"[9]

慕尼黑阴谋过去 3 个多月以后,对张伯伦的苛责还是让汉德很不舒服,虽然他现在承认,换人当首相也许"能把牌打得更好,从大独裁者手里得到更多"。[10]直到 1939 年 1 月中旬——几周后纳粹军队就占领了布拉格,数月后捷克斯洛伐克宣告解体——他才承认张伯伦也许犯了错误。汉德的妻子弗朗西丝跟路易·道一起去了欧洲,告诉汉德她在欧洲跟布林莫尔学院的校友、罗素的前妻艾莉斯·罗素碰面。两人讨论起张伯伦的时候,艾莉斯对他辱骂不已。汉德对此的反应是,"艾莉斯让我非常生气":"张伯伦的确有可能犯了错误,但是这么侮辱他仍然非常过分。"[11]汉德的朋友圈子普遍持坚定反对法西斯态度,汉德则与他们不同,并不愿意批评张伯伦在慕尼黑阴谋中的表现。这点反映了他性格中的核心特征:他总是看到问题的两面;他的自我怀疑在慕尼黑阴谋的相关问题上表现得尤为明显。

1939 年余下几个月里,希特勒继续不断发动侵略,汉德对武力抵抗希特勒的抵触情绪终于化为乌有。捷克斯洛伐克灭亡之后仅仅一周,希特勒提出借道波兰,实现德国与但泽自由市之间自由通行;当时但泽讲德语。英法随之宣布,假如希特勒入侵,就协防波兰,这才阻止了希特勒立即进军波兰。当时,汉德对德国局势终于有了一些了解,但还谈不上认识全面。弗朗西丝·汉德、路易·道、汉德老友乔治·鲁布利一起参加了一个行程10天的外交使团,出访柏林。旅程中,弗朗西丝写回了不少信讲述见闻。信中关于政治的内容虽然比谈论博物馆和歌剧少,[12] 却还是让汉德深感不安。"到处都是突变,180度大转弯,但是没有解释——事态日渐明显,这个民族受到两股政治势力的控制——时而是这股,时而又是那股。"汉德在给贝伦森的信中说。

欧洲局势日渐不稳,这让汉德对罗斯福的支持更加坚定了。他在给贝伦森的信中说,"虽然我不喜欢他的心智、行事方式,还有他的朋友们",罗斯福仍然是1940年大选的"最佳候选人"。[13] 不久,汉德就有了亲眼观察欧洲局势的机会。弗朗西丝结束与路易·道的旅程后,计划保持两年一次的频率访问欧洲,这次想要丈夫随行。法官大人对局势远比妻子清楚,怕"我们被困在那里",但在妻子的坚持面前还是败下阵来:"弗朗西丝已经作了决定,我又有什么资格反对?"[14] 不过,他还是恐怕局势恶化,在访问完法国后,取消了原定接着去意大利拜访贝伦森的行程:"如果战争爆发,被困在意大利就非常糟糕了,"他在6月下旬跟贝伦森的通信中说,"如果那帮野蛮人大开杀戒,我们可不想被困[在欧洲]。"到了这时,汉德承认:"看起来战争的确有可能爆发———半对一半。"[15]

8月23日,汉德一家自欧返美。1天前,英国政府刚刚重申了对波兰的协防义务,并且要求与德国谈判。23日当天,德国外交部长约阿希姆·冯·里宾特洛甫(Joachim von Ribbentrop)在莫斯科与斯大林派出的代表签订了《苏德互不侵犯条约》;1周之后,9月1日,德国发动闪电战占领波兰;两天之后,英法对德宣战。第二次世界大战就此爆发。汉德在康尼什写信给贝伦森,提到法国之旅让他"有大祸临头之感,而且挥之不去";"形势正滑向死局,两边都不能也不会退缩"。汉德第一次在信中将纳粹领导人形容为"那些德国疯子"。某种程度来说,他松了口气,因为同盟国的态度非常坚定。但是,他又觉得:"当一个战争鼓吹者,从来非我所愿。好战、但又不能参战,我根本不是这样的人——尤其是,从我自身的经历来说,即使我年轻的时候符合入伍条件,我也不是会主动参军的人。"尽管对动用武力一直有抵触心理,他很清楚战争已经爆发:"我不希望波兰成为独裁者的又一场胜利。即使是在斯大林和他的同伙的这些蹊跷行径之后。现在宣战看起来更好,而且最终会被证明更安全。"

汉德比过去更清晰地认识到,美国在孤立主义中陷得有多深。他也发现:"有那么一部分人认为,这场大战不过是不合时宜的权力之争。《芝加哥论坛报》(Chicago Tribune)就持这种观点;我认为参议员威廉·博拉(William Borah)和海勒姆·约翰逊(Hiram Johnson)也是这一派。但是我不认为共和党会拥护他们。"[16]

罗斯福身边的智囊团中,孤立派人数不少;但战争一爆发,罗斯福立即向反法西斯一方表示了道义上的支持。这点让汉德有了一些信心。次年,美国逐渐转向同盟国:11月上旬,国会废止了1937年《中立法》中的武器禁运条款,向交战方出售武器,但仅限于购买方支付现金、自理运输;1940年,虽然两党政纲都反对参与他国之间的战争,罗斯福还是让国会提高了国防预算。1940年8月德国开始大规模空袭英国,其后美国向英国转让了50艘旧驱逐舰,英国则以让美国长期租用某些地产作为交换。9月14日,美国国会通过了第一部和平时期征兵法;1941年1月,罗斯福刚开始自己第三个总统任期,就请求国会向反轴心国提供更多的援助;3月上旬,他签署了《租借法案》[①];6月,他宣布美国与德国、意大利断交。

汉德和法兰克福特都对罗斯福赢得1940年大选感到高兴。两人都

---

① 《租借法案》1941年3月11日生效,内容为授权美国总统"售卖、转移、交换、租赁、借出、或交付任何防卫物资,予美国总统认为与美国国防有至关重要之国家政府";法案最初授权总统借出不多于13亿美元的物资。租借法案改变了原来军事物资需要现金交易的惯例,亦改变了原来"中立国"的意义。根据租借法案,英国、苏联、中国均从美国取得军事物资。——译者注

认为,罗斯福击败共和党内竞争对手温德尔·L. 威尔基(Wendell L. Willkie),大大打击了党内孤立主义势力。不过,汉德偏爱罗斯福还有另外一个原因:汉德坚信,美国至少需要成为盟军的主要武器供应商;罗斯福是最有可能实现国内统一、从而保障这个目标得以实现的人选。在"不那么直接的理由"之外,罗斯福"更有可能提高国内生产力。只有依靠生产力,我们才能拯救英国"。[17]

美国对盟国的支持态度日渐明朗,但力度显然不够,盟军的处境则越来越不妙,汉德很快开始心神不宁,难以控制自己的情绪。1940 年春天,纳粹横扫西欧,关心时局的汉德不再沉默。一开始,他只私下反对孤立主义。例如,1940 年 4 月,汉德夫妇的一位自我定位为"不那么坚定的孤立主义者"的熟人描述汉德对孤立主义"态度之激烈,严重不符合他的冷静形象";尽管这时汉德还没到主张美国人民必须"唤醒这个民主国度,作好准备,以免悔之不及"[18]的地步。不到 1 年,1941 年 2 月,他致信一位州法院法官。汉德与这位法官并不十分相熟,如果不是汉德在信中的爆发,这封信的内容也十分平常:"如果我们不愿意为自己的自由抗争,我们就没有资格享受自由。不懂这点的人太多了。[19]"

8 月份到来,离珍珠港事件爆发已不足 4 个月,汉德的情绪越发激烈。他给一位仅有一面之缘的英国法官去信说:

> 美国仍然不愿意采用武力,其原因,我恐怕是民主国家的陋习;某种似是而非的态度,而这种态度是我们中间那些觉得必须马上采取行动的人所不能忍受的;其程度,几乎与贵国那些处境更危险的人感受相同。虽然,以我的判断,我们所面临的危险几乎相去无几。罗斯福已经尽力了,但是共和党人的态度真是不可理喻。[20]

汉德周期性的情绪爆发逐渐超出了熟人的圈子。比如,二战爆发后不到两个月,他高涨的反轴心国热情就让他打破了自己"从来不就时局问题给国会议员写信的铁律,因为我认为法官不宜如此",他写了一封信给佛蒙特州共和党参议员、国际主义者沃伦·R. 奥斯汀（Warren R. Austin）。两人当时并不认识（后来他们成为朋友）。奥斯汀的某次演讲深深打动了汉德，他在信中祝贺了奥斯汀，提及这次演讲让他"不那么耻于做一个美国人"。

> 你昨天在参议院的演讲充满男儿气概，我觉得我必须得说点什么。以我之见，周围充斥着太多腔调沉闷、不值一哂的言论。在他们眼中，比起冒险参战，任何恶行、任何让步都可以容忍。我很骄傲，至少还有一个声音冲破他们死气沉沉的态度。[21]

1941 年 1 月，阿尔·史密斯发表广播讲话，敦促加紧"战时生产"，援助所有抵抗法西斯的国家。史密斯担任过纽约州长，1928 年获民主党推选为总统候选人。这番演讲结束了他和罗斯福之间的长期分歧。汉德跟史密斯基本从未打过交道，却立即给后者去信，行文情绪激昂："知道还有你这样的人，公心超越了私欲，共赴时艰、敢为人先，你带来的激励不是言语能描绘的。"[22]

1940 年到 1941 年，汉德全家向战争救济组织和活动捐出了不菲的款物。但汉德一直拒绝加入英国战争救济协会（British War Relief Society）。理由是：他一贯不加入任何从事政治活动、包括从事国际事务的委员会。不过在私下里，汉德并不避讳精神支持："我认为我不需要强调自己的感受；而且它们非常强烈。"[23]

1939 年到 1941 年，时局艰难。这期间，汉德的情绪确实一度冲破他自己筑起的堤坝。1940 年 5 月 17 日，美国法学会举行年度聚会，数百名会员齐聚华盛顿。汉德当时是法学会两位副会长之一，受邀在聚会上发表简短讲话。马奇诺防线抵挡住纳粹攻势几个月后，终于在 1 周前，防线以南的国家遭到进攻，荷兰和比利时迅速陷落。不到 1 个月，法国陷落，英国从敦刻尔克撤回了余下的军队。汉德没有预备演讲稿，本来只准备简短问候一下会员们。不过，欧洲传回的严峻战况还是让他即席作了一番讲话：讲话只有寥寥数语，但听众准确无误地接收到了他发出的警告:各个民主国家危在旦夕,急需美国立即作好战备、提供援助。

汉德的即席演讲收到很多回复:在场的听众告诉他,他们很少这样深受感动。亨利·J. 弗兰迪当时还只是一位年轻律师,在纽约执业;几十年后,他跟汉德一样,担任了第二巡回上诉法院首席法官的职位。他写了他毕生中的第一封信给汉德:

> 迄今为止,我有幸聆听过两场——只有两场——演讲,它们内容激越,辞藻精美,给我带来的感受和阅读林肯总统那些最伟大的演讲词是一样的……您带来的正是我们一直翘首以盼的,也是其他人未曾做到的。无论如何感谢您都不为过。[24]

当时在场的听众还有法学学者劳伦斯·H. 埃尔德里奇(Laurence H. Eldridge)。他告诉汉德:"我感您所感;演讲结束时,我热泪盈眶。"埃尔德里奇希望聚会于此结束:他没法鼓掌;他只想"沉默而庄重地离去";"《帕西法尔》①的最后几个音符渐渐归于沉寂时,我也有同样的感受"。[25]

汉德对当时美国民众的普遍观点知之甚深。指望美国民众支持立即对轴心国开战是不现实的,靠宣传也不够。只有发生更加戏剧化的事件,才可能让美国行动起来。汉德认识时任美国关税委员会主席雷蒙德·B. 史蒂文斯(Raymond B. Stevens),他私下告诉后者:如果武装冲突导致美国参战,他至少感觉安全一些。这么说听起来似乎十分无情,但是时局要求无情的行动,我们只有正面面对那些看似掌握一切的暴徒,才有可能谋得安全。就算失败,至少我们尝试过;如果我们现在袖手旁观不采取行动,我们的下场一定更加痛苦和耻辱。[26]②

---

① 瓦格纳创作的最后一部歌剧作品,共有三幕,音乐风格庄严、沉肃。——译者注
② 史蒂文斯曾经写信辱骂林白"愚蠢、危险、胆小怯懦","孤立主义",而且个性"冷淡傲慢"。史蒂文斯认识路易·道:"路易告诉我,你多少同意我的观点"(雷蒙德·B. 史蒂文斯致汉德,1941 年 5 月 27 日,80-13)。汉德则回信评论道,林白"造成的损失太大,我无法公正地评判他,虽然我很想对他公正,因为我非常欣赏他太太"(汉德致史蒂文斯,1941 年 5 月 29 日,80-13)。林白的妻子是安妮·斯宾塞·莫罗和德怀特·莫罗之女。安妮父亲与汉德是密友,因此她自小与汉德熟识。

汉德认为,除非轴心国犯下什么"血腥罪行",否则美国人民还没准备好投入战争。他是对的。不久,这样的"恐怖罪行"[27]就发生了,但犯罪的不是德国人,而是日本人:1941 年 12 月 7 日,日本偷袭了珍珠港的美国舰队。汉德并不认为这次袭击完全出乎美国的预料。他后来在给贝伦森的信中说:

> 当然,我们最大限度地利用了这次偷袭。这次袭击是"卑鄙""邪恶"的,袭击的时间点又是"深度和平"期间。胡扯,我亲爱的 BB,你我都清楚这一点。说军事行动应当光明正大——假定战争公约规定了这点——那么袭击前应当宣告,这是一回事;然而,事先就知道对方不是动起手来规规矩矩的类型——不像提伯尔特(Tybalt)①——还叫嚷对手让我们猝不及防,这就是另外一回事了。但是,不管是否站得住脚,义愤总是强大的武器。我们现在确实占着道德上的上风——这不正是我们和"约翰牛"②的专长吗?[28]

珍珠港事件后不久,法兰克福特大法官在最高法院开庭审理案件。每逢律师在庭上的观点千篇一律、毫无新意,法兰克福特就在最高法院的备忘录小本子上给朋友写信。他有一封信用了 9 页这样的备忘录纸,信中写了他对时局的预测:

> 不管怎么样,我们现在开战了,这是我们一直以来认为应该做的事,为了荣誉和正直。但我们没有期望过,所谓"事件"

---

①　莎士比亚剧作《罗密欧与朱丽叶》中人物,朱丽叶的堂兄,在剧中与罗密欧的朋友茂丘西奥决斗,将对方杀死,又在与罗密欧的决斗中,被罗密欧杀死。——译者注

②　原文为"John Bull",约翰牛,英国的拟人化形象和代称。源于 18 世纪讽刺小说《约翰牛的生平》,主人公约翰牛是一个头戴高帽、足蹬长靴、手持雨伞的矮胖绅士,为人愚笨而且粗暴冷酷、桀骜不驯、欺凌弱小。这个形象原本是为了讽刺辉格党内阁在西班牙王位继承战争中的政策。——译者注

会是这么爆炸性的一个事件。虽然如此……如果 12 月 8 日的报纸真的用上"海军轻取日本人"这样的大标题，我们就落入了自满的马奇诺防线。爱默生说得真是太对了——"胆子有多大，人就有多懒"。[29]

汉德很快回信。他跟法兰克福特一样，都因为开战松了一口气："我的情绪随着战事的进展变化；不过，每隔一阵，我就让自己回想一下 1940 年的夏天，这样我的灵魂就又长出了信心之翅。"[30]

1937 年初秋，美国国内的观察者们忧心忡忡关注着欧洲局势的同时，沃尔特·李普曼和汉德之间的友谊突然破裂了。他们之间的密切交往始于 1914 年。李普曼开始主办《新共和》之前，两人之间就开始频繁通信，口吻私密；1917 年 5 月，李普曼决定和费伊·艾伯森结婚时，汉德是最早收到喜讯的几个人之一。[31] 李普曼平时对人态度冷淡，因此这种亲密表示让汉德很高兴。[32] 他们经常邀请彼此到家中共进晚餐，也经常在世纪俱乐部碰面，或者在市中心各自的办公地点附近共进午餐。这些聚会都让他们之间的联系更加紧密，无论是在私人还是学术层面。那么，又是什么让这对密友之间的感情在 1937 年突然破裂的呢？

李普曼与汉德都是知识分子，政治立场都倾向于国际主义；随着战争的威胁日渐逼近，他们对西方民主世界的分裂感到困惑，面对法西斯政权的日渐扩张，也经常一时怀抱希望，一时充满忧惧。正是因为两人有这么多共同点，他们面对 1930 年代欧洲局势的反应不同，就显得耐人寻味。

两个例子可以说明他们之间的分歧。美国采取孤立主义；在同盟国抗议法西斯扩张的时候，美国往往也只是口头表态，不采取军事行动。这两点都是汉德经常抱怨的对象。李普曼则至少在 30 年代末还在公开表态支持美国保持中立，至少保持不干预欧洲局势。比如，1935 年，他写道："当下，我们最好的策略是远离欧洲。"[33] 这种冷眼旁观的漠然态度,正是他的常态。1936 年的西班牙危机也没能让他改变态度:尽管他害怕这件事会导致欧洲全面爆发战争,但对事件本身兴趣不大。欧洲民主国家面对德意两国的扩张、向西班牙军售,却没能采取强硬手段反制;汉德对此口诛笔伐,李普曼则从无一言批评。罗斯福 1937 年 10 月发表"隔离侵略者"演说试探公众对放弃中立立场的态度,汉德为之激情欢呼;李普曼无动于衷。1937 年末,汉德对法兰克福特说,靠外交手段无法阻止侵略者,同盟国需要在口头抗议之余采取军事行动,李普曼则认为对侵略者采取军事行动"十分冒险"。"就我自己而言,我不知道采取什么行动合适。"[34]

　　汉德与李普曼之间的分歧,在他们对希特勒第三帝国的种族歧视政策的不同反应上表现得再明显不过。从一开始,汉德就憎恶纳粹种族主义,同情纳粹受害者。李普曼本人身为犹太人,对纳粹的早期反犹主义的反应,却是用维护的语调谈起希特勒,而且在整个 30 年代从未公开发声反对迫害。1933 年,两人都注意到了纳粹宣传的泛滥,但在李普曼眼里,纳粹迫害犹太人和其他民族不过是外交政策方面的分析对象,其本身不是什么令人震惊的事件。5 月上旬,纳粹第一轮焚书后,他在专栏中提出有两个因素可以防止希特勒将世界拖进战争:其一是法国军队,其二则令人困惑,是纳粹对犹太人的迫害。这是李普曼少有的提及集体迫害的场合之一。他暗示,也许"满足纳粹一定必须征服什么人的愿望,和某些存在就业需求的纳粹的贪欲",可以"起到某种避雷针的作用,从而保护欧洲"。[35] 和李普曼交情不输于汉德的法兰克福特看到这篇专栏,立即去信就"这篇文章隐含的态度和情绪"表达忧虑。[36]

　　李普曼不为所动。1 周之后,他发表了另外一篇文章,更详细地分析了希特勒。这篇文章对大独裁者居然态度十分乐观,对受害犹太人的命运却漠不关心。[37] 希特勒不久之前发表的演说少有地温和,这催生了李普曼的这篇文章,他在文中评价这是一场"起到安抚作用"的演说:"德国总理超越大家的希望,给出了他不想破坏和平的保证。"

　　　　在迷雾和喧嚷、歇斯底里和革命的动物激情中,我们又一

次听到,一个真正文明的民族的真实声音……因为德国存在野
蛮的行径和言论而去否定这是一个文明大国,本身也是一种极
度狭隘的表现。和所有的偏狭一样,这暴露出道德智慧的缺
失,具体在这件事上,还表明对人的两面性缺乏宗教洞察。

在道义问题上越说越起劲的李普曼发出警告,以一人或一国的罪恶
而非优点衡量其人其国是危险的:不应该对德国和德国的领袖在"罪
行"和"原罪"上进行超出一般的评判:

　　　研究历史、想要追寻真相的人,会以雅各宾专政时期发生
的事件作为评价法国人民的标准吗? 或者西班牙宗教裁判所
之于天主教? 三 K 党之于新教? 犹太暴发户之于犹太人? 那
么谁会用战时,以及当前革命中发生的事件,作为对德国人民
的评判标准呢?[38]

这篇专栏反映出李普曼的理性主义和超然态度,但是,无论如何李普
曼的行文都是——用他自己的传记作者的话说——"极其令人反感的"。[39]
法兰克福特就因此深感冒犯。出生于奥地利的法兰克福特,在犹太
教信仰上并不比身为德国犹太后裔的李普曼更虔诚,但法兰克福特对自
己的犹太人身份有更多认同。法兰克福特没有就此写信给李普曼,事实
上他停止了与李普曼的通信。直到三年半过去,他才解释他停止通信的
原因。法兰克福特听说,李普曼认为他"被法兰克福特所弃"的原因是
两人政治上的分歧;于是在 1936 年 11 月 28 日,法兰克福特给李普曼去
信指出,不通信的原因并非政治观点分歧:

　　　1933 年 5 月 19 日,你在专栏中将希特勒描述成"一个真
正文明的民族的真实声音"——我不是不清楚此言的语境——
第三帝国冷血迫害,本国的一些最杰出、最良善之人被驱逐,仅
仅因为他们的祖母或者妻子碰巧是犹太人,而你竟然将这种行

径类比于"犹太人中间有暴发户",于是我实在忍无可忍了。[40]①

此后过了 7 年,汉德才知道法兰克福特写信驳斥李普曼。1943 年 4 月,法兰克福特在给汉德的一封短信中提及李普曼近期的一篇专栏。汉德的回信更短,不过透露出了他的惊讶:

> 你原来还看沃尔特的文章? 我敢说其实看看也有好处,但我现在不看了。我的立场如同幼年听到的古老圣歌:"主啊,我的主要不满,是我的信念又弱又摇摆。"[41]

汉德的评论得到了典型的法兰克福特式回复:"既然你问起我和沃尔特的关系,我需要作出一个沉闷但精确的回答。"法兰克福特非但专门写了一封信解释,还附上了许多参考资料,包括两人 1936 年的通信,以及李普曼 1933 年那篇专栏文章的打印稿。法兰克福特在信中述及他与李普曼的过往通信:"只要我表扬李普曼的文章,李普曼就会回复一封热情洋溢的信,赞扬我忠实聪慧。"不过,只要法兰克福特"但凡是对他的作品有一点批评","他就要让我正视自己:我实际上没读懂他的作品"。"就我个人口味而言,"法兰克福特补充,"他越来越世故,这点对我们的友谊造成了不可估量的改变。"以及,"那篇关于希特勒的'和平'政策的专栏简直不可置信,超越了我的忍耐极限,所以我不再给他写信了。"[42]不过在那时,汉德也早已"抛弃"李普曼,并不比法兰克福特晚多少。

法兰克福特与李普曼断交的故事可能让汉德感到了安慰。一来这表明汉德并不是唯一一个与老朋友断交的人;二来也提醒他,当初李普曼的文章为什么让他如此厌恶。汉德与李普曼之间对欧洲局势的看法

---

①　李普曼回复说,法兰克福特的信让他"震惊"。他说他重新读了一遍自己 1933 年的那篇专栏,法兰克福特的"断章取义"和"无视这篇文章的历史背景"是"不可原谅"的。他补充:"这反映出你对我缺乏个人层面的善意。"[引自罗纳德·斯蒂尔(Ronald Steel):《沃尔特·李普曼与美国世纪》(*Walter Lippmann and the American Century*),波士顿李特布朗出版社 1980 年版,第 332 页]。

的确日渐分歧,但这件事本身并不足以毁灭他们之间的友情。1937 年秋天,李普曼出版了《良善社会》(*The Good Society*)[43],这本书是友谊终结的更重要原因。

《良善社会》吸引了广泛关注,销量也非常不错。这很好理解:它是大部头,又出自李普曼这样有名的作者。但事实上,这本书十分奇怪。用李普曼传记作者的话来说,"有些人格分裂"。[44]这本书的头一部分攻击了集体主义和中央计划经济,李普曼认为,这两个现象普遍存在于极权主义国家。中央计划经济需要统一规划,因此压迫个人自由;希特勒的纳粹主义、墨索里尼的法西斯主义、斯大林的共产主义都是如此。而且,李普曼认为,罗斯福的新政也是如此。

在《良善社会》的第一部分,李普曼呼吁避免中央政府控制、依靠自由市场,并充满钦佩地引用了自由放任派经济学家弗雷德里希·冯·哈耶克(Friedrich von Hayek)、路德维希·冯·米塞斯(Ludwig von Mises)的观点。但在第二部分,他的观点又退回去了:李普曼自命自由主义者,核心观点承袭自社会主义和赫伯特·克罗利的新国家主义。他不想让自己显得像个普通的经济保守主义者。因此,他建议自由民主政体采取广泛的改革措施——建设公共工程、推行社会保险制度,通过税收调控消灭贫富差距。但他并未回答随之而来、显而易见的问题:国家调控危害民众自由,但没有国家调控,改革措施何以实现?在这点上,该书可谓自相矛盾。李普曼认为,官僚专制可以依靠普通法和让法官作为终极决策者来避免。他引用格劳秀斯(Grotius)、圣托马斯·阿奎那(Saint Thomas Aquinas)以及柯克爵士(Lord Coke)的著作颂扬"法律"和"更高的法律精神"。只要公民能够在普通法法庭控告官员,就可以避免能动主义的政府对自由施加限制。[45]

这种论述不能让谨慎的读者满意。左翼评论家——艾德蒙·威尔逊(Edmund Wilson)、刘易斯·芒福德(Lewis Mumford),以及约翰·杜威——反对李普曼对集体主义的批评,尤其反对李普曼将新政放到批评对象之列。右翼评论者则无视李普曼的自由主义立场,赞扬他将"更高的法律"作为捍卫自由的机制。[46]汉德是跟李普曼关系最好的法官,但对这部李普曼花费 4 年才写成的大作不以为然。汉德认为,依靠模糊的"更高的法律",也就是"自然法"的某种变式,弊远大于利。他尤其鄙视让法官为这些模糊的概念背书的思路。汉德坚持认为,滥用司法裁量权是严重的恶行。

汉德在多年的通信中,了解到很多李普曼尚未付梓的观点。1937年 9 月 10 日,汉德在伯纳德·贝伦森位于贡苏玛的夏季别墅做客期间,也曾写信给李普曼。李普曼计划几天后才到贝伦森的别墅,因此汉德在信中先抒发了一番没能见到老朋友的遗憾,然后提到自己对尚未完成的《良善社会》的最初观感:"你对极权专制主义开炮,受全民公决限制,我是同意你观点的;我抗议的是你把法官填到了空隙当中。"[47] 在信末,汉德表示希望回纽约后多见面。但实际两人直到数年之后才会面。①1955 年,汉德终于向李普曼直接表达了他对《良善社会》的批评。当时李普曼出版了《公众哲学》,比《良善社会》卖得更好。[48] 他祝贺了李普曼:"你的阅读之广泛、思考之深刻,都使得你的观点鼓舞人心,富有力量,再一次登上畅销书榜。你很有可能会长居此榜。"他承认,李普曼的新版哲学,如果用贝伦森的话来形容,比他自己冷峻的原则"对生活更为有益"。不过,毫无疑问,他仍然反对李普曼那些美好的通则:

> 当我回忆影响了我青年时代思想的那些大师之时,他们并不,或者至少在我的理解中他们并不,认同存在政府治理的基本通则,可以作为解决具体问题的指引;我们认为,我们已经给"自然法"盖上了棺盖。

不过这个希望有点实不切实际,因为自然法的"同位体""强势复

---

① 1930 年代,汉德在给好几个朋友的信中提到他对《良善社会》的反对。比如,他在给贝伦森的信中说,这本书在他看来"完全不符合我对李普曼作品的预期:难以相信,这本书的作者和写出《道德序言》(李普曼 1929 年出版的著作)前半部分的是同一个人。在我眼中这本书严重注水,论理充满谬误……这本书会对我们的友谊产生重大影响。"[汉德致伯纳德·贝伦森,1938 年 8 月 3 日,99-16。(影印自贝伦森文件集,伊塔蒂)]

活","在法哲学的各个领域里如雨后春笋般冒了出来,而且独立于任何神学背景;这是这个时代的突出运动"。① 汉德显然反对这波自然法潮流。

> 如果我没有误读,……你的确认为存在持久不变的、可以界定的"文明"概念,任何社会非其不足以实现"良好的生活"。坦率地说,对此我不能苟同。当然,我并不是说我们就不遵从康德式的基本原则:在且仅在 B 前提下,A 成立;王子与贫儿并无差别;我们当爱邻如己……我坚持霍姆斯大法官的观点,虽然他的表达方式十分直白残酷:在政治上,或曰在道德上,我们面对的困境,其本质是在不可计量的事物中取得平衡;或者是,必须在既没有衡量标准、又不能测试的情况下提出解决方案,除非是寻找最有可能得到各方接受、与现存准则体系最相符的方案。也许最终,某种确定的衡量标准或测试方式会出现;理论上,找到某种标准或测试也是可能的,如果我们的生理学研究足够深入的话。奇怪的是,这些最终都会演变成,或者至少我是这样想的,在我国的宪法体制下,最后的制衡就是联邦最高法院……也许你提出的解决方法是可行的,但现在,我不能同意这种方式。[49]

时年 83 岁的法官以这句强有力的否定作为批评的结语。

李普曼从未想过:1937 年他和汉德之间的友谊破裂的原因是他自己的论调与观点。在他眼中,理由只有一个,与他的私生活有关。当事人一共有 4 位,全部都是汉德的朋友:李普曼;李普曼的妻子费伊·艾伯森·李普曼(Faye Albertson Lippmann);海伦·伯恩·阿姆斯特朗(Hel-

---

① 比如,原来当过汉德法官助理的小查尔斯·E. 韦赞斯基,现在当上了联邦法官,也是汉德的朋友。他最近发表了一篇神秘主义、倾向自然法的演说,在观点和风格上都和李普曼的新书中那些我反对的部分如出一辙。(汉德致李普曼,1955 年 5 月 23,106-18)

en Byrne Armstrong),此人在 1937 年春天成了李普曼的情人;汉密尔顿·费希·阿姆斯特朗(Hamilton Fish Armstrong),海伦的丈夫,李普曼多年来最好的朋友。阿姆斯特朗意外收到自己妻子和李普曼的几封通信,两人的婚外情曝光。李普曼和妻子离婚;不久,阿姆斯特朗夫妻也离了婚。李普曼和海伦不久就结了婚,一起搬到华盛顿。[50]

汉德认识沃尔特和费伊·李普曼夫妇差不多有 25 年了,认识海伦·伯恩·阿姆斯特朗还要更久;她的父亲詹姆斯·伯恩(James Byrne)从 20 世纪初开始就被视为纽约律师界的领头人物。[①] 汉密尔顿·阿姆斯特朗热情善良,是个记者,在外交关系委员会[②]任职,担任该会出版的杂志《外交》的编辑。这份杂志的影响力巨大。汉德加入外交关系委员会已经数十年,而且是《外交》的忠实读者。汉德夫妻和阿姆斯特朗、李普曼两家人经常在晚宴聚会上碰面。

到了 1937 年初,李普曼夫妻之间的感情已经开始疏远:费伊对政治议题、哲学都不感兴趣,而李普曼却对这两者越来越着迷。夫妻两人在市内或者乡间都经常与阿姆斯特朗夫妻碰面,甚至同游欧洲。李普曼和汉密尔顿关系尤其紧密。他们在外交委员会经常见面,常常在世纪俱乐部共进午餐,而且几乎每天通电话。海伦·阿姆斯特朗精明、思维敏捷、爱好寻根究底,兴趣范围包括政治,而且善于倾听。1937 年 1 月的一次晚宴上,海伦和李普曼以纯粹探讨的态度谈及爱情和婚姻。这次谈话的末尾,海伦轻轻抚触了李普曼的手,李普曼对此念念不忘。几天以后,他离开纽约,准备去佛罗里达住上 3 个月,写完《良善社会》。期间他经常思念海伦。4 月,他返回纽约,继续与海伦见面,虽然这回仅仅是在她丈夫也一同在场的情况下。

5 月的一个下午,汉密尔顿打电话给李普曼,说到他必须出席晚上的一次会议,问可否请李普曼带海伦晚餐。李普曼带她去了时髦的彩虹

---

① 伯恩曾在 1909 年与人一同支持汉德取得法官职位。汉德将他视为自己实现法官梦的主要助力。他是担任哈佛监察委员会委员的首位天主教徒。

② 也称美国外交关系委员会,著名智库。——译者注

餐馆,位于洛克菲勒大厦顶层。李普曼通常以冷淡、超然的分析家形象示人。但那天晚上他向海伦敞开了心扉——他对写专栏的厌倦,他的孤独,以及最后,他的妻子不再让他着迷。他告诉她,自己的婚姻缺乏激情和爱意,他感觉自己与妻子相处时比独处更加孤独。当晚在酒精和舞蹈中结束,永远改变了两人的人生。海伦后来回忆,5月初,她决定离开丈夫嫁给李普曼。但李普曼当时没有、实际上过了好几周也还没有产生离婚再娶海伦的明确想法。

第二天,李普曼邀请海伦在下次丈夫有事的时候与自己共进晚餐。机会来的时候,他们先是去了一家安静的餐馆,然后去了酒店。不久,海伦就在东九十五街租了一个小公寓,他们几乎每天下午在此幽会。

起初,他们的这段婚外情好像无人知晓。但数年后,海伦还记得她与汉德的一次奇怪的、充满预见性的谈话。汉德无论是在法官席上、还是在生活中,都一样敏锐。李普曼的传记作者是这么记录这次谈话的:

> 某次,海伦在公寓中与李普曼幽会后,直接去了晚宴。晚宴上,坐在她隔壁的汉德突然转身问:"你跟沃尔特·李普曼有多熟悉?"海伦猝不及防,嗫嚅道:"呃,你知道我们跟李普曼一家是多年的朋友了。"汉德的眼神在又粗又黑的眉毛下显得穿透力十足:"那么,我确定:你意识到了,他看上去冷漠,其实是个极为敏感的人。不要做任何伤害他的事。"她脸红了,连连辩称她跟李普曼的关系不是会伤害后者的那种。法官微笑着转移了话题。[51]

与此同时,李普曼继续与海伦频繁约会。在公众场合维持冷静的表象、欺骗最亲近的朋友,对他来说毫无难度:他被外遇的激情击倒,20年来第一次陷入了热恋。他满脑子唯一能想到的是海伦不久就要展开3个月的欧洲之旅;分开这么久让他无法忍受,他很不开心。海伦想让他高兴起来。她的丈夫要到7月底才返回纽约,她和13岁的女儿可以在法国再待1个月;她提议,也许8月可以在南法秘密见面?李普曼很高兴,对再会十分期待。在分开期间,他几乎每天写信给海伦,海伦则在回信中越来越直白地要求他给出承诺。但他好像并不明白这是什么意思。虽然跟平常文章中冷静超然的口吻比起来,他几周以来写给海伦的信已经热情许多,但却没有给出任何明确答复。

汉密尔顿·阿姆斯特朗8月初返回纽约。他和李普曼见了几次面;李普曼没有告诉他海伦的事。李普曼后来说,8月初他还没有打算与费伊离婚,或者对海伦有什么长期的打算。但8月中旬,在李普曼去欧洲的途中,外遇意外曝光。李普曼7月中旬写给海伦的信通过阿尔卑斯山麓的一家度假酒店转交,其中有4封在她离开酒店后才寄到。酒店没有把这些信转寄给当时人在欧洲的海伦,反而寄到了她丈夫的美国地址。汉密尔顿·阿姆斯特朗的纽约办公室8月16日收到了这些信,外遇因此被发现。

阿姆斯特朗只读了第一封信的头几行,就给海伦去了电话,说服她立即返回纽约。1小时以后,李普曼从法国给海伦打电话,得知阿姆斯特朗已经发现他们的外遇。他取消了与海伦的原定会面计划;两人在巴黎的一个火车站短暂碰面。李普曼不知所措。他催促海伦回去跟丈夫见面谈话,然后再作决定。

海伦回到纽约,写信给李普曼说她无法跟丈夫待在一起,要求他答复两人的未来计划。终于,李普曼下定决心跟费伊离婚娶海伦。海伦发电报回复——那时李普曼在贡苏玛的贝伦森家中做客——她准备好按照李普曼的要求行动。李普曼在跟妻子摊牌这件事上仍一筹莫展,他无法自己面对费伊,只好委托她的继父拉尔夫·艾伯森(Ralph Albertson)转告她这件事。他在海伦面前坚持自己不算懦夫。

李普曼于10月初返回美国。不到两周,10月19日这天,费伊·李普曼在佛罗里达起诉离婚;圣诞节后不久,海伦·阿姆斯特朗也在里诺法院提起离婚诉讼。1938年1月,离婚诉讼还没了结,李普曼就搬到了华盛顿;次年3月,海伦与汉密尔顿·阿姆斯特朗的婚姻结束后仅仅一个月,李普曼就与海伦结婚了。

1937年11月,李普曼写信给阿姆斯特朗解释为何没有在8月告诉他出了什么事，并表达了对两人之间的友谊结束的遗憾之情。阿姆斯特朗拒绝阅读来信。他此后担任《外交》杂志编辑长达35年，这期间从未允许李普曼的名字出现在该杂志上。1973年阿姆斯特朗去世，把1937年意外收到的那4封信留给了海伦；只有1封拆开过。这些信件写于36年前，这是36年来她第一次有机会读到它们。

外遇和离婚事件让阿姆斯特朗和李普曼的朋友圈子流言四起。婚外情在圈子里并非绝无仅有，但导致两起离婚，就是离经叛道之举了。大家眼里，阿姆斯特朗是受害者：众人谴责李普曼背叛最好的朋友，对待费伊的方式也是懦夫行径。几位密友很快跟李普曼断交。李普曼以为汉德夫妻也是因为这个原因跟他不再来往，对汉德的离弃尤其伤心，认为原因是汉德夫妻不能接受离婚。

李普曼的想法绝大部分是错的。这次丑闻只有一小方面确实与绝交有关。勒尼德·汉德反感的绝非离婚或者婚外情；他反感的是李普曼对待费伊和阿姆斯特朗的方式。但汉德夫妻没有像其他朋友那样当即与李普曼绝交。离婚事件之后不久，他们与李普曼还有联系，并邀请他晚餐，李普曼没有接受。[52]时间流逝，绝交逐渐成为现实：双方逐渐疏远的趋势也使得友谊更加难以重获新生。

李普曼的传记作者记录：李普曼深感受伤，因为汉德"事友不忠"。而且，李普曼认为两人友谊破裂很大原因在于弗朗西丝，她"专横，对自己生活中有第二个男人并无懊悔之情，但不能接受离婚丑闻"。以上说法来自纽约小说家、律师路易斯·奥金克洛斯（Louis Auchincloss）。李普曼后来确实发表过此类言论，[①]但1937年他是否就已经有这种想法，并不确定。这些年间他一直放不下的话题就是他离婚时，所谓汉德夫妻抛弃了他。李普曼的传记作者写道，他提到"某个男人［很明显就是汉德］与我曾是密友，此后却在离婚丑闻期间弃我而去：'这个人的传记作者的首要任务，就是搞清楚为什么他和自己妻子的情人关系这么好。'"。[53]路易·道和弗朗西丝·汉德非同寻常的关系确实在当时引起

---

① 李普曼1974年去世。他晚年健康不佳，经常发表对熟人的负面评价。

不少议论,但是两人是否确实有婚外情,是不清楚的;虽然有些人,尤其是李普曼那代人,认为如此[54]。而且,外遇是否真如李普曼所想,对他们的断交有着决定性的影响,就更不清楚了。

李普曼-阿姆斯特朗危机的高潮持续了 6 周时间,也就是 1937 年 7 月中旬到 9 月期间。当时,汉德对朋友们身上发生的事并不知情。他在欧洲旅行,当事方即使曾想联系他,也联系不上。他计划去贡苏玛待 6 天,拜访贝伦森;而且他一直希望待在贡苏玛期间能遇上李普曼来访。汉德从贝伦森那里得知李普曼卷进了不同寻常的事件,虽然当时两人都不清楚具体情况。汉德离开后不久,李普曼到访贡苏玛,贝伦森写信给汉德说"李普曼比任何时候都高兴,谈锋更健"。贝伦森补充了令人担忧的一点:"他似乎是在一次严重崩溃的边缘。"(着重号系原作者所加。)贝伦森觉得,李普曼因为写作《良善社会》已经精疲力尽:"我无法说服李普曼在我这儿住到好转。魔鬼驱使他前进,直到他患上神经衰弱症。让我祈祷他免于此患。"[55]

9 月 21 日,汉德登上罗马号远洋轮返回美国前夕收到了这封信。他在航程开始的几天里写了回信,其中透露出的直觉微妙而令人惊讶,非但关于李普曼,也关于他自己:

> 你所说的沃尔特的事令我不安;坦率地说,我不太同意你说的。就我的经验而言,让人崩溃的不是工作,而是持续的情感压力。当然我们无法知道别人的状况,沃尔特可能确实有很多压力。但说来奇怪,以他那种冷静自控的智慧,竟然也有应对不了的时候。不过我承认,确实在他身上看到过压力的症状。这让我十分惊讶。[56]

李普曼与贝伦森待在一起时,就知道自己会离开妻子,但不确定海伦会怎么做。据他自己不久之后所说,他在等海伦作决定的时候下定决心,如果她拒绝了,他就退出新闻业。他还说:他准备在贝伦森的伊塔蒂别墅找间小屋,终身居住。[57]贝伦森看着李普曼终日苦思,然后,9 月 19

日,海伦从纽约忽然来了电报;也许就在贝伦森给汉德去信后几小时。李普曼终于对贝伦森说出了自己的秘密,贝伦森满腹同情。他详细描述了李普曼与费伊之间的婚姻如何毫无爱意、困难重重。"他的压力一定非常巨大",贝伦森在给汉德的信中说,"我希望他能够度过危局,重见星辰。他已经在地狱待了好多年。"[58]①

到了这个时候,汉德已经听说了故事的很大部分。李普曼连续两次拒绝晚餐邀请之后,汉德写信给贝伦森说,他"听到了各种转述,李普曼对付问题的方式不体面"——这些转述主要是关于李普曼如何欺瞒阿姆斯特朗。汉德迅速补充:"我从未对此事进行评判,在我听到李普曼本人陈述事情的经过之前,我也不应该进行任何评判,也许这个时刻永远也不会来。"但不止于此:

> 不,我从来没有、也做不到这么公正高尚:我会说,我不会形成任何结论,我会让这件事悬而不决,但我做不到,任何人,不管男女,都做不到。听说的故事确实给我造成了影响,让我对他的看法产生了一些改变。

然后,汉德提到了对《良善社会》的看法:"这是因为我在潜意识中对他有了意见?"

> 我认为不是;回想起来,在我读这本书的时候,阿姆斯特朗这个动机还在巴松管组酝酿呢……他可能以为我就是联合起来孤立他的众人之一,但我不是,无论你觉得我上文所写的包

---

① 一年后,贝伦森补充道:"如果这件事中有过激、轻率的成分,我也倾向于认为是海伦的过错,不是李普曼的。她给人的印象更像个行为者——我说的是采取行动的人,而非剧院中的表演者——而李普曼不是。我确实不知道,他对她的目的是否清楚。我自己对此没有什么看法,但我猜测她很清楚,李普曼对自己和她能够采取什么行动。我想象她潜意识中是个世故、有野心的人——而且事实上也是。她似乎非常有能力,也想让人认为她有思想。"(伯纳德·贝伦森致汉德,1938 年 9 月 2 日,99-16)

含了何种潜台词。[59]

　　汉德与李普曼之间的往来中断逾 10 年。朋友们常常催促汉德恢复与李普曼的交往，其中贝伦森最起劲；汉德一直自觉尴尬，迟迟没有采取行动，并且因此自我批评；他经常感觉到失去朋友的痛苦。两年后，1940年 8 月，美国尚未参战，同盟国则在希特勒的铁蹄下颤抖，李普曼终于放弃中立主义立场，汉德也重新开始偶尔读一读李普曼的专栏文章；他在给贝伦森的信中说，觉得李普曼的文章发出了"国内最清醒，最明智，最富于哲学意味"的声音。但他仍然不与李普曼联系。汉德显然尚未忘怀李普曼对待阿姆斯特朗的方式：

　　　　虽然我从未听到过李普曼这边的陈述，当然永远也不可能听到了；并且，即使我能听到他的，我也不可能听到阿姆斯特朗本人的；所以让我止步于起点吧。我非常清楚这些，而且我经常对自己说，下次我去华盛顿我就要打破自己可笑的羞怯，李普曼显然将我的羞怯理解成截然不同的另一种感情；我要去见他，但是，因为这样那样的原因，我好像总是找不到时间。但我会去找他的，我会的……一直保持现在这种局面，太荒谬了。[60]

　　汉德从未下定决心去找李普曼。1941 年 2 月，与意大利的通讯因为战争断绝之前，汉德给贝伦森去了最后一封信，为自己一直不跟李普曼联系辩护。[61]又过了几年，汉德与李普曼终于又开始了往来，但始终没能重拾昔日亲密。

第十二章

首席法官之职与第二次世界大战

1939年2月，在第二巡回上诉法院作了15年法官后，勒尼德·汉德成为该院首席法官。汉德出任首席法官，并非对其出色工作的褒奖，而是自动升级：这一职位由现任法官中年资最长者担任。[1] 相比晋升本身，当时的背景更富戏剧性。时任首席法官马丁·曼顿因恐遭弹劾和刑事起诉而被迫辞职，这个职位就这么在1939年空了出来。

汉德和巡回上诉法院的同事们从未敬重过曼顿。曼顿在1916年，也即他36岁时成为地区法院法官。此前，他在律所工作过几年，收入颇丰。与坦穆尼社政治人物W.伯克·柯克兰（W. Bourke Cockran）合作后，曼顿深受纽约民主党官员喜爱。这些政治关系，加上纽约州罗马天主教会的支持，使他获得了联邦法官任命。曼顿当上法官后，并未断绝与政界人士的往来：他的法官办公室里，政界朋友络绎不绝，而与坦穆尼社的渊源也让他与同事们格格不入。

早在1917年两人竞争巡回上诉法院法官席位时，汉德就透露出对曼顿的不屑。1923年，有人提议曼顿出任最高法院中那个具有罗马天主教背景的大法官席位，汉德公开发声批评。首席大法官塔夫脱的积极干预，则成功将曼顿及其众多政治、宗教支持者的努力化为乌有。曼顿未能入选，最终获得最高法院大法官任命的是明尼苏达州天主教徒皮尔斯·巴特勒（Pierce Butler）。

但让汉德和朋友们始料未及的是，到1939年1月底，纽约市各大报纸头版突然大肆报道对曼顿的指控。1月27日，《纽约世界电讯报》

(*New York World-Telegram*)刊登了系列报道第一篇,掀起这场指控风波,报道指责曼顿法官在联邦法院任职期间从事商业活动。次日,美国司法部长弗兰克·墨菲(Frank Murphy)宣布,司法部正在对其被指控的不当行为进行调查。[2]

1月29日,指控详情浮出水面。时任纽约县地区检察官的托马斯·E.杜威(Tomas E. Dewey)公布了他此前写给得克萨斯州国会议员哈顿·W.萨姆纳斯(Hatton W. Sumners)的一封信。彼时,杜威打击犯罪的职业生涯才刚拉开序幕,后来因在这方面的建树而成为纽约州州长,并多次被提名为共和党总统候选人。哈顿·W.萨姆纳斯是众议院司法委员会主席,该委员会负责考量是否提起弹劾。杜威告诉萨姆纳斯,自己的办公室过去一年来一直在调查曼顿,并准备根据纽约所得税法起诉曼顿。[①] 杜威指控的核心是曼顿及其同伙腐化联邦司法系统,在案件审理过程中索要和接受当事人贿赂(通过向曼顿或其控制的公司付款或借款的方式)——事实上,曼顿收了钱就会投票支持行贿者的诉请。杜威在信中细数了6起事件,从1932年开始,曼顿及其拥有或控制的公司从第二巡回上诉法院的当事人处收取了40多万美元。[3]

不久之后,曼顿向罗斯福总统提交辞呈,辞呈原本预计到3月才会生效。但总统不愿等到那时,更不愿自己的政府与一名涉嫌腐败的法官联系在一起,因此在2月7日就接受了曼顿的辞呈。

其实在《纽约世界电讯报》曝出此事前,汉德就已知晓曼顿在接受调查,但他没料到曼顿会被迫离职。杜威办公室在调查曼顿的传言当时已在纽约法律界传开了,汉德给妻子的信中也提到了这点。他的妻子当时和路易·道在欧洲。新年第一天,汉德给她写信道,乌云依然笼罩着曼顿,坊间传言四起,但我猜想,消息没有被曝出来的时间越长,被曝光的可能性就越小,我估计他会度过这次危机,仅此而已。[4] 几天后,汉德在给妻子的信中谈及一场纽约市律师协会的晚宴,这场宴会上他和曼顿

---

① 杜威给萨姆纳斯写信应该是因为,他知道州所得税法关于两年时效的规定将使大部分指控免于起诉。

都作了发言。曼顿说了一些愚蠢废话。主持这场活动的律师艾伯特米尔班克(Albert Milbank)"非常害怕曼顿在晚宴前夕被起诉;尽管有人听到他们还在为此事大惊小怪,但我觉得不会有什么结果。"[5]

但是1周后,奥古斯都·汉德催促勒尼德和第二巡回上诉法院三驾马车的另一位成员托马斯·斯旺,我们对此应该做些什么。勒尼德认为没什么可做的[6]——他觉得法官们唯一能提供给杜威的消息就是,他们不太认可曼顿的业务能力,并且曼顿总是被政治拥趸所包围;但这些远构不上犯罪证据。

第二巡回上诉法院长期以来一直被视为全国范围内出类拔萃的联邦上诉法院。但直到2月7日汉德接任首席法官一职,巡回上诉法院仍笼罩在一片阴郁之中。1周前,一个联邦大陪审团开始了"曼顿案"听证,并在1个月内公布了一系列指控[7],最终在4月26日依据两项刑事法律——分别是禁止阴谋欺诈国家和禁止贪污妨碍司法公正——给出了一份替代起诉书。起诉书指控曼顿实施了一系列串谋行为,其中部分是之前地区检察官杜威向众议院司法委员会提出的指控,部分是新的指控。[8] 显然,最令汉德担忧的指控事由是:曼顿在第二巡回上诉法院任职时,通过中间人索要贿赂,在案件审理过程中投票支持受贿者的诉请。

对曼顿的审判从5月22日开始。所有在纽约市的联邦法官都认识他,因此大家都要回避。首席大法官休斯只得指派一名纽约以外的法官来审理此案。首席大法官选择了马里兰州的 W. 卡尔文·切斯纳法官(W. Calvin Chesnut)。(曼顿一审被判有罪后,向第二巡回上诉法院提出上诉,纽约没有法官可以审理此案的问题再次出现。和一审一样,还是要指定不认识曼顿的法官组成合议庭,他们是:最高法院退休大法官乔治·萨瑟兰、最高法院在任大法官哈伦·菲斯克·斯通,以及新任命的第二巡回上诉法院法官查尔斯·E. 克拉克。)[9]

几个月来,各大媒体头版争相报道这场即将来临的风暴。案件开始审理后,媒体进一步加大了报道力度。随着法庭审理过程中丑闻逐渐浮出水面,各种详细的报道也充斥着各大报纸;《纽约时报》还经常发布证词笔录。[10]

在这些铺天盖地的庭审记录中,直接涉及汉德的内容只有短短一段。这是因为他和同事奥古斯都·汉德、托马斯·斯旺和哈里·蔡斯都作为证人出庭,他们均非自愿,而是经被告传唤上庭。被告召集了一长串政法名流出庭作证,以证明曼顿诚实正直的良好声誉,其中还包括两位前民主党总统候选人约翰·W. 戴维斯和艾尔·史密斯,但曼顿的法院同事们并不在这份长长的品格证人名单中。他们只是在听取证人证言的最后一天(6 月 2 日)出庭作证,被安排在曼顿接受交叉询问之前。他们每个人都只被问了一个问题,都没有被交叉询问。他们被问到,在和曼顿审理案件过程中,是否**观察**到任何事情使他们相信他做了违背法官誓言和职业良心的事。每个人都回答,没有觉察到任何迹象表明,曼顿的意见是基于案件是非曲直以外的因素。[11] 他们的出庭作证看来对陪审团影响不大,陪审团没有商议太久就形成了意见:6 月 3 日,经过不到 3 小时的讨论,曼顿就被判有罪。6 月 20 日,切斯纳法官判处曼顿 2 年徒刑,并处 1 万美元罚金。曼顿在宾夕法尼亚州路易斯堡的联邦监狱里待了 17 个月,1941 年 10 月 13 日获释。(5 年后,他在纽约州北部去世,长达 23 年的法官生涯以前所未有的耻辱告终。)[12]

审判记录清楚表明,曼顿收受贿赂是为了支撑自己的商业投资免受大萧条影响。他的财务状况其实非常糟糕。成为法官前曾是百万富翁,但到了 1931 年实际上已资不抵债,并很快开始违法行为。20 世纪 30 年代的近 10 年间,他依靠当事人的直接付款和贷款来维持自己在房地产和其他企业的众多投资。

对勒尼德·汉德来说,最痛苦和尴尬的莫过于有两个曼顿受贿的案子,他也参与了审理。这两个案子都涉及专利诉讼:一个关于汽车点火装置零部件专利,另一个则是雪茄打火机专利。

在第一个案子,也即"通用汽车公司诉首选电线公司案"(*General Motors Corp. v. Preferred Electric & Wire Corp.*)中,[13] 第二巡回上诉法院作出一致判决,通用汽车公司诉请依据的专利无效。庭前备忘录显示,曼顿、汉德和斯旺三位法官从一开始就同意这样判决。曼顿的备忘录上没有任何内容表明他收受过贿赂。[14] 诚然,曼顿的备忘录没有汉德那样包罗万象,但这很正常;本来,在曼顿的上诉法官生涯中,他就一直以"拼凑贴"著称,他的许多判书,不过是从胜诉方材料中挑几段有用的表述,再凑上些先例和法条内容。

在"通用汽车案"中,曼顿备忘录中的内容未能清晰表明他有腐败嫌疑。因为曼顿将受贿投票限定在正反观点接近、立场看上去合理的范围内,这就使得他的不轨行径很难被发现。在"通用汽车案"中尤其难以察觉到腐败迹象,因为他的备忘录和判决书都与同事们的分析相似。事实上,曼顿被定罪后,第二巡回上诉法院批准重新审理此案,但在重新审查之前的记录,并充分了解到曼顿收贿行为的情况下,通用汽车公司的专利仍被认定为无效。[15]

但第二个汉德参与审理、曼顿受贿的案子就没那么简单了。在这起名叫"铁艺工坊诉亚伯拉罕与施特劳斯公司案"(*Art Metal Works v. Abraham & Straus*)的案件中,汉德从一开始就不同意曼顿的观点。[16] 这场官司大战的开始是由好斗的铁艺工坊总裁路易·阿隆森(Louis Aronson)提起诉讼,称他的竞争对手阿尔弗雷德·赖利(Alfred Reilly)和赖利的公司埃文斯箱盒公司(Evans Case Company)侵犯了广受欢迎的朗森(Ronson)打火机专利,并通过布鲁克林的一家百货公司亚伯拉罕与施特劳斯公司出售仿制打火机。铁艺工坊的诉请——系列案中的第一个——获得了支持,第二巡回上诉法院在1932年8月裁定埃文斯公司侵犯了该项专利。埃文斯的总裁赖利立马开始寻找挽救生意的方法。一位熟人把他介绍给曼顿的受贿中间人威廉·J.法伦(William J. Fallon)。法伦向赖利承诺,自己是曼顿的"挚友",会和曼顿谈及此事。不久之后,法伦传话过来,曼顿认为这个案子并非完全没有希望。在曼顿的支持下,赖利试图阻止铁艺工坊执行胜诉判决。

赖利提出新的主张,宣称铁艺工坊及其销售人员曲解了支持朗森专利的判决,号称判决禁止**所有**竞争对手的打火机销售,属于滥用胜诉专利权益。据此,赖利提出,铁艺工坊应丧失对专利侵权提起诉讼的权利。初审法院驳回了赖利的这一请求,案件再次进入第二巡回上诉法院。上诉审理过程中,赖利再次与法伦会面,法伦要求赖利给自己1万美元,给曼顿 15000 美元,以换取曼顿的支持票。1934 年 4 月 30 日,合议庭讨论案件结果当天,法伦打电话给赖利,要求立即支付 15000 美元,因为"法官……急需用钱"。赖利立即以现金方式支付了大部分款项,曼顿于是投出决定性一票,合议庭最终以 2 票对 1 票的表决结果支持了赖利的主张,认定铁艺工坊涉嫌不当行为,故朗森的专利不能强制执行。裁判作出后不久,法伦把赖利介绍给了曼顿,两人成了社交场上的好友。赖利还把法伦列在了公司的工资名册中,确保能够继续向这名曼顿的中间人付款。

　　1939 年,地区检察官杜威公开对曼顿的指控时,"铁艺工坊案"并未出现在杜威的案件清单上,但曼顿担心可能会查出该案中的违法行为。于是,在 2 月 5 日,从法院离职的前两天,他打电话给赖利,询问埃文斯公司与法伦的关系,并暗示如果查出法伦在埃文斯公司的工资名册中,将对他"极为不利"。他问赖利:"你能不能销毁这些记录?"赖利觉得可能不行,并于当天晚些时候,打电话给曼顿,再次讨论这个问题。曼顿担心用家里电话通话可能不安全,于是几分钟后假借他人之名用另一部电话打给赖利。估计是这几通电话起了作用,赖利试图说服他的会计销毁所有向法伦付款的记录。这遭到了会计的反对,但大部分文件实际上还是被烧毁了;少量没销毁的文件在之后曼顿的审判中,被用作起诉证据。[17]

　　汉德从第二巡回上诉法院开始审理本案的时候就不同意曼顿的观点。汉德不认同所谓的专利权人的不当行为,特别是销售人员在该领域的不当行为可实际上导致专利无效。这一次,也可能是曼顿被定罪的所有案件中的唯一一次,他受贿支持的观点无法找到先例来证明合理性。[18] 曼顿在备忘录中坚持主张,铁艺工坊正致力于清除主要竞争对手并"抢占业务","销售代理对被告客户说的话应被视为原告公司行为",因而"构成不公平行为,应据此禁止原告行使对侵害专利行为申请禁令和会计信息披露的权利"。[19]

　　汉德认为曼顿的分析完全是错误的。他指出,专利的真正含义是授予专利持有人一种垄断权。他承认:"(专利权人)一口咬定垄断会掐断别人生意。"但他坚持认为,这样的权利才是专利的应有之义:

虽然这种权利不友好,但这是合法垄断。对行使权利后果
畏畏缩缩,只能算是愚蠢。我认为所有这些关于"威胁"的絮
叨都毫无意义;原告当然有权阻止所有人出售(其专利打火
机),威胁要将销售之人诉诸法院也完全属于合法行权。这就
是整个诉讼的本质。

的确,专利发明人不能违法"歪曲法院判决",而是否存有这类歪曲
是案件的核心焦点。汉德审查案件事实后发现,"并没有任何证据证明
存在对判决的歪曲":他仔细审查了铁艺工坊每一项所谓的不合理行为,
最终没有发现任何"不当行为"。[20]

1939 年,曼顿被定罪数月后,第二巡回上诉法院再审了"铁艺工坊
案",新的合议庭由勒尼德·汉德、格斯·汉德以及新提拔的罗伯特·
P. 帕特森(Robert P. Patterson)组成。这一次,法官们一致同意汉德早
先的异议意见,而曼顿在 1934 年审理过程中发表的意见被推翻了。在
勒尼德·汉德自称的"汉德不洁之案"中,他的备忘录非常简短。但在
其中,他写下了特别引人深思的句子:"我[在 1934 年的时候]觉得,我
们那位令人痛惜的首席正在干着某种肮脏的勾当,而现在我知道了。"[21]
当他写下这句话时,他当然明白,朗森专利诉讼案在曼顿的刑事审判中
起着重要作用。1934 年曼顿坚持主张这么牵强的专利滥用认定原则
时,汉德很可能怀疑他是出于与旧时政治盟友的关系。但没有迹象表明
汉德曾怀疑曼顿收受贿赂。

尽管汉德不知道也没有理由知道,曼顿哪次投票收受了贿赂,但在
曼顿离任后的几年里,汉德始终忧心自己对曼顿的腐败是否负有部分责
任。他反复琢磨自己本可以做些什么来帮助曼顿抵制诱惑:他会想,如
果他和格斯·汉德、托马斯·斯旺努力把曼顿带进他们的圈子就好了;
当曼顿忙着干些游走法律边缘之事,接待室里政治掮客络绎不绝时,他
们不只是袖手旁观就好了。这种自我折磨根本没有意义,因为曼顿本就
是那样的人。但直到最后,汉德还是拒绝为自己开脱。

　　这种有点牵强的自我反省反映出曼顿丑闻给汉德和第二巡回上诉法院带来的心理压力。多年来,第二巡回上诉法院的大多数法官都被认为是联邦司法体系中最具智慧的裁判者和诚实正直的典范。现在他们中有人受贿的报道广为流传,这势必会伤害法院名誉和法官个人自尊(该法院以审理专利案件著称)。这种伤害持续了很长时间。1951 年汉德从首席法官位置上退下来时,给曾审理曼顿刑事案的法官卡尔文·切斯纳写过一封信。信中可见,即使 12 年过去了,这种伤害还是没有消退:"我一次次地想,如果当年没有您接手这项最不受欢迎的工作,我们要怎么办。我知道自己经常表达感激之情,但请允许我再说一次……我们一直欠您一份情,这份情我们永远无法偿还,惟愿始终铭记于心。"[22]7 年后,汉德告诉切斯纳:"您出面审理曼顿法官一案,多年来我从未忘记。也许我已向您表达过我一直以来的感激之情,但对您恩情的感谢,我此生不倦。"[23] 汉德在给萨瑟兰大法官的信中同样辞情恳切。在"曼顿案"中,萨瑟兰大法官撰写了第二巡回上诉法院维持原判的判决书。尽管汉德长期以来批评萨瑟兰和其他在最高法院占据统治地位的保守阵营大法官,但他非常感谢萨瑟兰大法官当时愿担此任,"为我们解围"。[24]

　　汉德对曼顿丑闻的深刻反思,很可能与他们之间的长久摩擦有关。这种摩擦可以追溯到曼顿担任首席法官的最初几天。首席法官的任务之一就是制定工作计划,明确法院将在哪几周开庭,以及每周由谁坐堂。曼顿行使这些工作职责时傲慢跋扈,同事们不断被激怒。就在他受大萧条影响走上犯罪之路前,他公布了一份与过去惯例背道而驰的计划表,这次汉德真的被惹恼了。(法官们都加入了汉德的阵营,在收到一堆愤怒的反馈信后,曼顿修改了他的工作安排。)[25]

　　让汉德更难忘的是,曼顿在为破产公司指定管理人的过程中,采取了一种高高在上、消极懈怠的态度。指定管理人是为了让管理人运作公司,使其继续经营、恢复生产,不致被债权人相互争抢债权所吞噬。通常,负责案件的初审法官会任命律师做管理人。汉德在地区法院作了 15 年法官,早已深谙管理人任命中的权力滥用现象。1909 年,他担任法官仅 1 个月,就开始抱怨政治上关系较好的律师向他寻求任命,他知道指定管理人是法官举手之劳的小恩惠,却是真正实现司法独立的拦路虎。在地区法院任职期间,他经常主张制度改革,但效果甚微。

直到汉德进入第二巡回上诉法院,这个问题才浮出水面,而此后曼顿成为这场战争中的主要人物。随着大萧条来临,破产公司增多,对破产管理人的需求也相应增加。关于在管理人任命过程中存在偏袒的投诉纷至沓来,引发了国会分别对第二巡回区内两名初审法官[格罗弗·莫斯科维茨(Grover Moscowitz)和弗朗西斯·A. 伍尔西(Francis A. Winslow)]展开调查。莫斯科维茨虽被批评但最终免于指控,伍尔西则在猛烈抨击下辞职。曼顿所称的"所谓破产丑闻"[26]一经报道,导致南区初审法官采取纠正措施:他们指定欧文信托公司作为唯一的"常设破产管理人",并且把多数股权接管案件也指定给这家信托公司。汉德支持这一举措,但曼顿公开批评欧文公司的"垄断",力主任命私人律师,并主张由负责监督的法官逐案确定管理人。[27]

曼顿很快找到一种其特有的专横方式来解决自己与地区法院法官之间的冲突。根据《司法法典》规定,"如有公共利益需求",则巡回上诉法院首席法官可指定任何巡回上诉法院法官担任辖区内的地区法院法官。曼顿有时会指定自己担任地区法院法官,接管此类案件,以获得指定私人破产管理人的权力。1932年6月,在福克斯剧院公司(Fox Theatres Corporation)破产案中,他首次尝试使用这种办法。对此,地区法院法官一致修改了各自法院的规则:"如有可能,除非首席地区法院法官允许,否则被正当任命的首席巡回法官(在破产管理中)不享有任何权力。"[28]愤怒的曼顿坚称,地区法院的新规定限制了他的权力,并据此违反了《司法法典》,他坚持要一如既往地行使自己的权力。

数周内,曼顿完全按此模式,处理了广为人知的跨区捷运公司(IRT)破产案。IRT拥有价值约5亿美元资产、数千名员工和火车,运营着纽约市大部分的捷运系统。① 曼顿担心监管破产管理的地区法院法

---

① 曼哈顿铁路公司拥有曼哈顿轻轨列车特许经营权和所有权,并将其资产租赁给了跨区捷运公司。在这套复杂程序的相关部分中,曼哈顿也被单独指定了管理人。

官会指定公司破产管理人,故决意阻止这一结果,[29] 他无视地区法院规定,再次发布命令,任命自己为地区法院法官来监督 IRT 的破产管理。[①] 曼顿的介入很快引发争议。地区法院法官约翰·M. 伍尔西裁定曼顿的命令违法;他坚持表示,当巡回上诉法院首席法官指定自己担任地区法院法官时,需遵守地区法院法官行为准则。[30]

伍尔西的裁判被上诉到第二巡回上诉法院,由勒尼德·汉德、托马斯·斯旺和哈里·蔡斯组成合议庭进行审理。[31] 在仅考虑曼顿是否有权行事的前提下,合议庭形成一致意见,曼顿的行为合法,并由汉德执笔撰写判决书,推翻了伍尔西的裁决。曼顿在撰写指定自己担任案件初审法官的命令时十分小心,照顾到了方方面面的细节。在形式上,他依法有权这样做。对于第二巡回上诉法院来说,这点理由足够充分:法官们觉得从技术的角度来说,必须肯定曼顿的立场。三位法官一致认为,曼顿委派自己担任初审法官是否真的出于"公共利益"需求这个问题,并非二审审查要点。

但是第二巡回上诉法院的法官们显然私下并不认为,曼顿的命令实际上是处于"公共利益"所需。例如,斯旺在他的庭前备忘录中曾写道,将投票推翻伍尔西的裁决,但却"带着遗憾(因为我不赞成巡回法官能够选择在地区法院审理特定案件)"。[32] 同样,尽管蔡斯认为"不可能对曼顿法官的行政命令进行司法审查",但他也表示,"事实上没有根据"能证明曼顿这么做是为了"公共利益"。[33]

第二巡回上诉法院的裁决很快被上诉到联邦最高法院。在范德万特大法官执笔的一致意见达成的判决书中,[34] 最高法院很罕见地用长达23 页的篇幅来阐述法律和事实,并最终维持了第二巡回上诉法院的裁决;第二巡回上诉法院在裁决中从未批评曼顿,最高法院却在裁决结尾

---

①　曼顿指定一位名叫托马斯·默里(Thomas Murray)的人担任破产管理人之一。后来对曼顿的调查显示,默里是曼顿的亲信之一,在默里被指定前不久,他曾支付两万多美元购买曼顿一家公司毫无价值的股票。另一位破产管理人是维克多·道林(Victor Dowling),他是查德伯恩、斯坦奇菲尔德与莱维律师事务所的合伙人。曼顿与这家律所,尤其是与莱维,有着一系列可疑关系。

处寄语曼顿。范德万特大法官写道："[曼顿]行事仓促且有违常理。该种行事让破产管理陷入尴尬境地。"如果曼顿退出该案，这种"尴尬将得到缓解"，据此大法官们宣布，他们"相信，经过进一步考虑，曼顿将认识到[退出]的适当性，并将退出此案，由其他拥有适当权力的法官继续进行接下来的程序。"³⁵

汉德一直关注着"IRT 案"的进展，不仅因为报纸的广泛报道，也不仅因为案件上诉到了第二巡回上诉法院，而是因为长久以来，他一直希望能够扫清破产管理人指定过程给庇荫和裙带关系留出的余地。但是这些事件都不足以使汉德有理由怀疑曼顿有犯罪行为。尽管如此，如果汉德有任何理由自责的话，那就是他没有做更多事情来确定曼顿长期以来对裙带关系的偏好是否促使其滥用司法权力。他常常思考自己对曼顿的贪污是否负有部分责任，这主要反映了他近乎自虐的自我怀疑和自我批评倾向。

最终，曼顿的行为并没有像汉德所担心的那样，给第二巡回上诉法院名誉造成永久伤害。汉德和同事们努力提高法院专业水平，重振法院公正名声，终使其再次成为全国领先的上诉法院。在去世前几个月，汉德曾评论，相比以前，现在的"司法行为规范好多了"。³⁶

汉德从 1939 年 2 月起担任巡回上诉法院首席法官一职。这个职位不单单是一种名义上的荣誉，还需要汉德承担很多行政职责，既有琐事，也有要事，但都有可能是麻烦事。例如，在第二巡回上诉法院内，汉德要安排哪周法庭听取辩论，指定哪些合议庭（由三名法官组成）负责每周的审理工作。此前，曼顿对此事多有懈怠。而汉德不仅会选择撰写合议庭多数方意见书，还负责了大部分以上诉法院名义作出的一致性判决——当法院认为无需深入展开裁判理由时，会采用这种法官不署名的概括式判决书。为了确保人手够用，汉德经常要求初审法官帮助完成工作，他也向其他地区的巡回法官寻求帮助，但这一程序需要首席大法官的许可。作为巡回上诉法院的首席法官，汉德还要决定法院人事事务，如选拔法官助理。此外,他有义务召集巡回辖区内全部初审和上诉法官召开年度会议,审议司法管理中出现的问题。第二巡回上诉法院工作之外,他还有其他工作:首席法官每年都必须出席首席巡回法官会议(后更名为美国司法会议),并参加其中多个委员会,包括会前准备和出席会议。会议就影响联邦法院运作的事项及司法与其他政府部门关系等许多问题提出建议。[37]

　　首席法官工作的实际内容主要还是取决于在任者的处世哲学与态度。对许多现代司法管理人员来说,行政工作至少占据他们一半以上工作时间。[38] 汉德本人偶尔也会抱怨新的行政工作太过消耗时间,[39] 但其实他用于正式行政工作上的时间基本不到全部时间的 10%。这个比例反映了他的性格和观念。他对通过职位来实现自我满足或炫耀自身权力毫无兴趣;除非必需,他根本不想把时间投入到乏味的行政工作中去;他坚信,自己的主职是判案,而非管理不断扩大的官僚机构,此外,建立和谐的合议庭关系,依靠的是非正式的方式,而非权力命令。正如他在 1939 年 2 月 3 日所说的,对首席巡回法官所施加的附加责任似乎“并不可怕”。“他当然要处理一些(行政)工作,但我相信安排得当,就不会花太多时间。”汉德怀疑,法定职责给首席造成巨大负担“这个想法,很大程度上是凭空得来的。首席法官每年参加一次司法会议;指令地区法院法官去其他地区参与审判;还有一些其他职责我一时想不起来。”最重要的是,汉德明确表达了未来 12 年将如何管理自己:“毕竟,法官会把大部分时间花在审判上,或者至少应该这样做。”[40]

　　汉德履新后,试图改善首席法官和其他法官之间的关系,并清除那些经由政治任命的二流法院工作人员。纽约联邦法院的法警办公室就是急需净化的重点之一。法警办公室其实就是法院的警力部门。参与审理曼顿首个上诉案件特别合议庭的斯通大法官和负责起诉曼顿的司法部长约翰·卡希尔(John Cahill)都迫切希望看到“更优秀的人”被任命为法警,也都希望能够得到汉德的相助。汉德与他们想法一致。正如他对斯通大法官所说:“走廊和一些审判室里……到处都是攀附权贵与奉迎之人,关于这一点,不时传出流言蜚语……事实上,我记得,有那么一两次,尽管我不确定,执行法警变成了操纵陪审团的工具。"但事实证明,任命执行法警的权力"对于拥有任命权的政党来说,有着重大的经济利益",而"这些职位也总是被一些低阶政治工作者所占据。他们的知识水平不高,道德情操有时也令人怀疑。"[41]

在给斯通的第二封信中,汉德告诉大法官,卡希尔认为纽约市的联邦法院是"一座随时可能爆发更多丑闻的火山"。汉德则坚持,"有一点非常重要,我们要任命那些有勇气委任可靠法警的人,而不是把办公室变成给从政人员'回报'的地方"。他支持卡希尔推荐的候选人——朱利安·斯塔尔(Julian Starr),一名"虽在党内不活跃,但立场坚定的民主党人"。他曾是《纽约太阳报》在联邦法院的记者,"据信非常熟悉情况"。[42]

在努力扫清曼顿时代恶习后,汉德转而肩负起更多日常行政职责。他行事不求浮华,不拘形式。他对"满席听审"(en banc hearings)的态度就说明了一切。满席听审是指败诉方不立即将案件上诉至最高法院,而是请求巡回上诉法院全体法官对案件进行重审,巡回上诉法院全体法官将共同参与庭审,全面听取案件。在法律尚未明确授权前,有些巡回上诉法院就依据其本身既有的权力开始举行满席听审。而到1941年,国会正式提出法案,授予巡回上诉法院满席听审权力。对此,汉德直截了当地表示:"我非常反对这项法案。"

终其一生,汉德始终对满席听审的作用都嗤之以鼻。1941年,第二巡回上诉法院有6名法官,通常由3人组成合议庭审理案件。汉德认为,占用6名法官的宝贵时间审查合议庭裁决毫无意义:"对我而言,我决不投票赞成召集满席听审听证会。"他知道,对大多数人包括律师而言,"数字是特别唬人的",因此,比起3人合议庭裁决,由更多法官共同参与作出的满席听审裁决,会被视为更具权威性。但是,"司法等级制度"规定所有巡回上诉法院都"认定为权力平等"。因此,汉德认为:"这项法案确实扰乱了整个司法制度。"[43]

在国会明确授权建立满席听审制度后,汉德坚持自己"决不投票召集满席听审"的承诺,并嘲笑那些越来越频繁召集满席听审的法院。他曾经写信给朋友、第三巡回上诉法院法官赫伯特·古德里奇:"我不得不佩服[第三巡回上诉法院首席法官]约翰·比格斯(John Biggs)采取让全院法官一起参审的方法,来大大增加结果的确定性。比如,这个案子里(古德里奇寄给汉德的一份判决书),原本投票结果只有2∶1,现在可就达到4∶3了呢。"[44] 汉德曾不无骄傲地向哥伦比亚特区巡回上诉法院首席法官介绍,在自己担任巡回上诉法院首席法官近4年里,第二巡回上诉法院从未召开过满席听审。[45] [汉德对满席听审的抵触一直延续到如今,已成为第二巡回上诉法院的一项传统,尽管并非完全没有。首席法官威尔弗雷德·范伯格(Wilfred Feinberg)曾写道:"第二巡回上诉法院的传统,由勒尼德·汉德创立,就是不鼓励满席听审。我和前首席法官欧文·R. 考夫曼(Irving R. Kaufman)都认为,多数情况下,满席听审不是个好主意。这会消耗大量时间,对于阐明法律没有多少帮助。"][46]

汉德始终坚持法官应致力于审判——裁决案件并充分论述裁判结果,并因此坚决反对联邦司法系统日益官僚化。例如,在1939年,美国法院行政管理局[47]成立,促使建立在各个巡回区和地区内平行的官僚机构体系。当时,汉德试图保护自己监督的法官不受额外行政事务影响。当第九巡回上诉法院首席法官就建立和发展综合性机构向汉德征求意见时,汉德毫不犹豫地回答,在第二巡回上诉法院,"我们没有机构,没有办公室,也没有常设委员会"。[48]

相比正式的官僚关系,汉德更喜欢法官之间的私人关系,也因此特别抵触每年都要参加的巡回司法会议。他曾这样向一名前法官助理描述即将召开的会议:会议成员"都会出席,自觉相当重要……我们高谈阔论,向对方展示自己多么睿智;……我们达成共识,向国会提交一些他们大概率不会去做的事情。然后,我们各回各家,带着一种我们可真是棒小伙的感觉。事实就是这样。"[49] 汉德不想这样,他独辟蹊径。尽管自他接任首席法官后的几个月内,一项联邦法令获得通过,要求"为了深入思考法院事务,并就改善(每个)巡回上诉法院司法管理方式和方法提出建议",[50] 各巡回上诉法院每年必须举行一次会议,由全部在职巡回和地区法官参加,但汉德只是表面上遵守该项法律要求。在大多数巡回区,年度会议很快变成了持续两到三天的活动,会议通常还会安排在度假胜地举行,法官可以在此社交,参加研讨和讨论,并与受邀律界成员交流。
这类集社交和工作于一体的活动在其他巡回区很常见,集会人数通常可
达 500 至 1000 人。但从 1939 年到 1951 年,汉德担任首席法官的这段时
间里,他从不组织这类集会。[51] 他不屑于这种浮夸形式,通常他会向每位
法官发出一个简短的年度通知,引用要求召开会议的法定条款,宣布今
年的会议将在曼哈顿市中心弗利广场法院大楼的某个房间举行,并注明
具体日期和时间。他希望会议不会花太多时间,有时还会提前附上空白
的准假条,以防有法官因当日有更重要的事务要处理而缺席(根据法律
规定,每位法官都必须出席,"除非首席法官同意请假")。汉德确有一
次请一名十分信赖的地区法院法官帮忙,为年度会议制定一个最简洁的
议程,但他还是明确表示,应避免像其他巡回会议那样铺张浪费。正如
他对那名地区法院法官所说,与第二巡回上诉法院相比,"或许因为他们
没有那么忙。"[52]

　　虽然——或许也正是因为——汉德瞧不上庞杂的官僚机构、委员会
和正式会议,但他却被证明是一位出色的管理者,广受所在巡回上诉法
院法官们的尊重和爱戴。他一丝不苟地参与处理一切行政要事,却从未
让这些事务支配自己的生活或法官工作。汉德从不迷恋官职荣誉,只有
当他把主要精力放在裁判和说理上时,他才对自己的工作充满自豪。

　　对首席法官汉德来说,增加第二巡回上诉法院和睦融洽的氛围,是
一项重大挑战。曼顿被迫辞职前,这间法院 10 年来一成未变:汉德兄
弟、斯旺和蔡斯都是在 20 世纪 20 年代被任命的,他们形成一个关系紧
密的群体。但曼顿辞职后不到 3 年时间里,法院迎来了 3 位新法官:
1939 年,罗伯特·P. 帕特森接替曼顿;同年,法院增设第 6 个法官席位,
查尔斯·E. 克拉克获任命;1941 年,帕特森辞职后,杰罗姆·N. 弗兰克
继任。此后,上诉法院人员构成在汉德担任首席法官的最后 10 年里基
本保持不变。

　　即使新成员都像托马斯·斯旺和格斯·汉德一样脾气温和、思想开

明,保持法院凝聚力依然是个挑战。在这 3 位新人中,只有帕特森的背景和气质与已在职的法官们相近,他很快为同事们所接受。克拉克和弗兰克成长于新政时期,他们所处的政治环境与法院的几位老人完全不同。

罗伯特·帕特森曾做了 10 年地区法院法官,是汉德眼里最出色的法官之一。从一开始,他就和汉德有一种亲近感;很快,两人成为密友。他们视对方为英雄,但和以往一样,汉德怀疑帕特森对自己评估的准确性。汉德曾说,帕特森:

> 赋予我一些他独有的特质,很可悲,这些特质都是我缺乏的。我有时试图让他看清真实的我,却总是没能成功;当我们分开时,一种绝望感常常涌上心头,我们交往的基础永远无法相同,因为他如此固执,拒绝听我诉说。我是什么样的人,我自己很清楚,他却不会相信这个真相。由此得出的结论只能是:由于他坚持认为我是英雄,我只得尽力去实现他的想法。这种表里不一的感觉来自长期经验教会我的事实:无论此刻感觉自己多么高尚,这种影响都不会持久。[53]

汉德和帕特森有着共同的背景。帕特森比汉德小 19 岁,和汉德一样出生于纽约州北部,就读于哈佛法学院。经过 10 多年成功的公司法执业,帕特森于 1930 年春季接受胡佛总统任命,担任地区法院法官。虽然汉德当时只听过帕特森名字,并不认识他,但还是热情地迎接:"自从我堂弟加入以来,再没有比这更令我高兴的了……你将成为一位杰出法官,成为我们所有人的骄傲。"从一开始,汉德就把帕特森当作家庭成员,几乎待他如子。汉德赏识他的能力,为他所取得的成就而感到高兴。有一次,他在赞扬帕特森愿意放弃成功的律师职业,去做一份薪水较低的法官工作时,回想起自己 21 年前出任法官的情景,颇为动容:"我可以保证,在法律人可以选择的一切方式中,这是最接近美好生活的……你不会后悔……作为按此方式生活很久并且发现其美好之人,我为你迎来新生活而感到高兴。"[54]

帕特森曾在战争中负伤,在第一次世界大战期间因服役而获得勋章,并在战争部担任高级官员多年,他对军事史料充满热情。汉德一直很赞赏威廉·詹姆斯所称的"意志坚定"而非"温和柔顺"之人,并对这些人怀有特殊敬意。帕特森的军旅背景使汉德更加钦佩他。1938年国会讨论是否在上诉法院增设第6个法官席位时,汉德全力支持帕特森。尽管他认为没有必要新增法官,但还是敦促朋友们"把鲍勃·帕特森的事告诉司法部长,让他来我们法院",[55]曼顿辞职时,罗斯福选择任命帕特森来接替曼顿。通常,总统可能会倾向于选择新政拥护者,但在曼顿丑闻之后,一个有着丰富司法经验,尤其是品格无可挑剔的人,似乎是更加明智的选择。不久,帕特森得到了汉德和同事们的喜爱与钦佩。就连平时沉默寡言的佛蒙特人哈里·蔡斯也为帕特森一年半后的离开而感到难过,他对汉德说:"帕特森是真正的男子汉,你不会再遇到像他这样的人了。"[56]

帕特森于1940年7月从法院辞职,成为战争部助理部长。帕特森和汉德曾就是否接受新职位进行恳谈,汉德虽不愿意见他走,但还是被他的责任心所打动。[57]当时,随着总统选举的临近,面对温德尔·威尔基的挑战,罗斯福能否保住白宫位置尚未可知,为此第二巡回上诉法院的法官们尽最大努力给帕特森留出一个法官席位空缺。汉德从费利克斯·法兰克福特那里得知,第二巡回上诉法院的空缺让一干人等"趋之若鹜",汉德鼓动大家都给司法部长罗伯特·H. 杰克逊(Robert H. Jackson)写信,向他施压,要求他尽可能推迟任命。[58]汉德的努力取得了一些效果:杰克逊告诉汉德,在决定帕特森"是否会永久留在"华盛顿前,这个位子不会填补,汉德明白这表示任命将推迟"到选举后"。[59]

罗斯福最后当然赢得了第二次连任,而帕特森在迅速晋升为战争副部长后,在整个战争中负责美国陆军庞大的采购项目。1941年初,当杰罗姆·弗兰克被提名接任帕特森在第二巡回上诉法院的职位时,汉德仍坚持没有必要任命新法官。他写信给詹姆斯·M. 兰戴斯(James M. Landis),"没有任何理由去填补鲍勃的位置而把他拒之门外;我们不需要第 6 名法官,如同猫不需要多一条尾巴"。"但我想,我们就不该指望他们会任由任何位置空缺好几年,哪怕并没有填补空缺的需要。"[60]

帕特森在亨利·斯蒂姆森退休后接任战争部长,并领导了将三军合并归入全新国防部的计划。1945 年,汉德主持了帕特森的战争部长就任宣誓,他感到无比自豪,[61] 几乎当场落泪。[62] 他们始终保持联系,相互钦佩之情在战争期间只增不减。1947 年 7 月帕特森从内阁辞职时,汉德赞许地写道,帕特森"有望填补最高法院下一个空缺"。[63] 但帕特森却重回律所,从事公司法执业,他告诉汉德:"请允许我这样说,您是我的真朋友,是我最亲密的伙伴;这些年来,您的支持和认可给了我巨大动力;您对我的恩情无法尽说。"[64] 事实上,关系亲密的近距离观察人士都认为,"帕特森的成功主要归功于"汉德。[65]

帕特森再也没有回到法院。在明确拒绝哈里·杜鲁门总统重返第二巡回上诉法院的提议后,[66] 他在新泽西州伊丽莎白市的一次飞机失事中丧生,生命戛然而止于 1952 年 1 月。汉德听到帕特森去世的消息犹如晴天霹雳,当时刚好离汉德 80 岁生日还差 5 天。汉德取消了原本打算参加晚宴的计划,向宴会主人、出版商艾尔弗雷德·A. 克诺夫解释道:"我现在没心情参加派对。我想他会认为我软弱,也许是因为他比较严厉;但他是我身边最亲近的人,他的死让我快要喘不过气来,没法和大家在一起了。"[67]

汉德在给帕特森遗孀的慰问信中写道,两人之间的友谊已"成为我最宝贵的财富"。[68] 汉德和帕特森有时在法律问题上会出现意见分歧,但两人丝毫不会因此愤怒或急躁。帕特森在飞机事故前写了一篇文章,收录于 1952 年哈佛法学院年鉴。他在其中提到汉德:"当对朋友和伴侣的感情不断涌进思想的洪流,写一首颂词是多么困难啊。……最重要的是,[汉德]是一个自由的人,比他生活的世界文明得多。但世界因为他而变得更美好。正如爱默生所说,全部历史很容易归结为几个强有力的赤诚人物的传记。勒尼德就是这些人中的一员。"汉德对帕特森的悼念词如下:"他诚实、对金钱毫不在意——事实上太过不在意了,对留给别人的印象也漠不关心,无所畏惧,慷慨大方,从不嫉妒,对弱者仁慈甚至温柔以待,对强者不卑不亢;他还推己及人,常以为别人也具有这些品质。"[69]

汉德担心,罗斯福任命的第二巡回上诉法院新法官不会像帕特森那么适合,新政拥护者可能会严重影响合议庭的和谐。汉德认为许多新政拥护者太过狂热,与他那无处不在的怀疑主义态度格格不入。他相信审判席上没有这种政治狂热分子的发挥空间,因为汉德"毫不掩饰对这类情绪的蔑视"。就像他在纪念帕特森时说的那样:"对政治的狂热情绪会把法官化为正义斗士,好似那炽热的良心中充满正义。"[70] 他并不否定新政社会改革的总体方向,但他担心改革者对实现社会目标的全心投入,可能会动摇第二巡回上诉法院对公正、去政治的追求。为了任命新的第 6 名法官,以及填补 1940 年帕特森辞职后空出来的第 5 个法官席位,罗斯福按照他的政治倾向,选择了两位绝对忠诚,同时能力很强、经验丰富的新政支持者。对于汉德和柯立芝时代任命的其他人而言,不和谐的幽灵赫然出现。

查尔斯·克拉克和杰罗姆·弗兰克的确扰乱了第二巡回上诉法院的和谐;法庭上的摩擦和分歧不断增加;究其原因,竟不是意识形态上的冲突,而是性格上的冲突,而且冲突还主要发生在两位新任命者之间。然而,在这些频繁的冲突中,法院的声誉并未受损,甚至进一步提升。法院出色的工作质量部分源于法官们高超的业务水平,部分源于汉德娴熟灵敏的领导能力,平息了弗兰克和克拉克之间最初的不和。

查尔斯·克拉克在进入法院前,在耶鲁法学院任教近 20 年。他于 1919 年进入耶鲁法学院,当时的院长是托马斯·斯旺。经过多年在诉讼程序和财产法领域的教学与写作,克拉克于 1929 年接任法学院院长。他长期以来"因自由主义而闻名"。正如《纽约时报》所述,罗斯福在 1937 年提出的"重组最高法院计划"饱受争议,而克拉克显然是当时唯一一位公开表态支持的法学院院长。[71]

1939 年 3 月,他出任第二巡回上诉法院法官——同月,帕特森也进入法院工作——克拉克确实经常和其他人产生摩擦;因为他专注于法律的某一领域,并且性格尖刻、好斗。他是法庭上的斗士,但并非为了实现新政社会理想,而是为了倡导诉讼程序改革。多年来,他一直致力于研究联邦法院的实践与程序规则。正如波特·斯图尔特大法官(Potter Stewart)所说,他是 1938 年颁布的联邦民事诉讼规则的"建构师"。[72] 作为最高法院民事诉讼程序咨询委员会的成员和负责人,他负责起草一项重要的改革方案,将以往普通法与衡平法的各自做法结合起来,以确保"诉讼当事人得到公正、快速和诉讼成本较低的裁决,而不是经历一系列繁杂混乱的司法程序"。[73] 在联邦民事诉讼规则颁布后不久,克拉克被任命为美国最重要的中间上诉法院法官,这使他处在一个战略高度,足以影响对联邦民事诉讼规则的解释:他不仅继续担任咨询委员会成员,起草规则修订,在美国司法会议相关委员会任职,还可在法院发表意见、行使投票权。

　　很不凑巧,但也可以理解的是,第二巡回上诉法院的同事们并不像克拉克那样看重程序规则。正如克拉克在一封信中的哀叹:"法官职位越高,对程序问题的耐心就越少。"[74] 同事们并非对程序问题不屑一顾,而是克拉克在具体规则上的固执己见常让大家不胜其烦。在克拉克看不到的庭前备忘录中,汉德就经常把克拉克称作"GLAPP"("当世最伟大的诉讼与程序权威"的缩写)。克拉克被任命后的一年里,汉德发给哈里·蔡斯(蔡斯讽刺克拉克为"伟大的异见者")[75] 的一份意见书副本中提到了"新的'微则'"——原来,对于这个自己最喜爱的词,克拉克是这样发音的——并补充说:

　　　　我们敢在没有查尔斯的情况下来解释任何微则吗? 我作了首打油诗:

　　　　　　从前有个家伙叫克拉克,

　　　　　　他认为讨论微则,

　　　　　　乐趣多又多,

　　　　　　他称我们人人是傻瓜,

　　　　　　因为我们的观点他根本看不到。[76]

克拉克对程序问题的痴迷非常令人恼火,因为他总坚持自己的解释才是正确的。作为新英格兰清教徒的后裔,他认为联邦民事诉讼规则是高度原则性的问题,因此视妥协为罪恶。他曾称赞一位学界同仁"天生不善妥协;我认为,采取和解或委婉态度,往往从本质上来说,是在原则上的屈服和最终让步,这当然会迅速平息争论,但最终就丧失了领头地位"。[77] 克拉克的意见常让同事们觉得刺耳和自大,更糟糕的是,由于不善面对面交谈,克拉克与大家的交流主要通过书面,通常是说教式的书信往来。其他法官很快因他的刻板顽固、总爱发表不同意见以及自以为是而不胜其扰。当蔡斯冲汉德喊出克拉克"太他妈令人火大"时,他发泄出了法官们的普遍情绪。[78] 有一次,克拉克"决定再写一篇又是只有他一个人赞成的意见"。蔡斯在感谢汉德"为阻止这场风波作出最后努力"的同时,抑制不住地表达了对克拉克发给同事们"小讲座"的恼火,"没有这些小讲座,我们一样做得很好,他没来之前这么多年,我们一直做得很好,那时他可还不是法官呢"。[79] 几周后,蔡斯把克拉克单独提出的协同意见称为"那些意见之一",这令敏感的克拉克非常生气。汉德劝蔡斯妥协,蔡斯一开始是拒绝的:"那个某某某无事生非还可以像没事人一样,这种情况到底还要发生多少次?"[80]

至少从 1940 年 8 月,克拉克加入第二巡回上诉法院一年多后开始,他就建议法院建立制度,在判决书中载明上诉案件的初审法官姓名。汉德觉得这不是什么大问题,向新同事解释道,不透露初审法官姓名是"我们二巡的习惯",这么做"仅仅是温柔地照顾他们所谓的敏感"。汉德认为一些初审法官"会坚决反对"对现有做法的变更,但他还是同意征求初审法官们的意见,并立马着手此事。[81] 调查显示,正如汉德告诉克拉克的那样,辖区内 23 名初审法官中只有 4 人支持这种改变(其中有一位还退休了);有几个对此不发表意见;剩下 13 人明确表示"更喜欢"目前的做法。[82] 然而,即使这样一个仅仅关乎格式的小问题,克拉克也始终揪着不放,[83] 在巡回司法会议上反复提出。(1944 年,他告诉勒尼德和格斯·汉德,虽然自己被指摘"小题大做",但还是准备在即将召开的司法会议上再次提出这个问题。)[84] 当涉及对联邦民事诉讼规则如何正确解释时,他就表现得更加积极了。汉德发现,克拉克反复要求他在参加美国司法会议时更多关注联邦民事诉讼规则;而一旦涉及联邦民事诉讼规则的解释,他又多次成为克拉克所持反对意见的开火对象。汉德请克拉克放心,自己不介意他撰写反对意见的苛刻语气,或许克拉克的观点还确实代表着未来发展潮流。[85]

在与克拉克的工作关系中,汉德设法保持平静,表面上他们相互尊重、亲切友好,但汉德从未对克拉克产生好感;只能说,汉德已经尽可能让克拉克融入法院合议庭了。其实,如果说汉德有理由担心新任命的新政拥护者中谁会扰乱第二巡回上诉法院,那他选择的一定是杰罗姆·弗兰克。但事实证明弗兰克既不令人生厌,也不徒添负担,相反他与汉德很快成为法院里最亲密无间、情同手足的朋友。

这主要因为两人性格极为相似。最重要的是,弗兰克是个精力充沛、涉猎广泛的人,一位永不满足的读者、一位劲头十足的作家。他似乎能源源不断迸发出各式各样想法,他还是个健谈的人。汉德一直很喜欢这样的人,因为他们会激发自己提出新问题、重新审视旧方法。尽管汉德与弗兰克在哲学思想上分歧很大,但两人都是怀疑主义者,渴望挑战为人所接受的智慧,这就是两人亲密关系的核心。[86]

弗兰克比汉德小了近18岁,早年步入律师行业(在芝加哥大学完成本科及法学学习后)从事复杂的企业重组业务,起初在芝加哥,后来在华尔街工作数年。罗斯福赢得1932年选举后不久,弗兰克让费利克斯·法兰克福特帮忙在新政政府谋求一席之地。[87]很快,他被任命为农业调整局总顾问。当时,新政制定的农业价格支持计划使中间商而非农民本身受益,弗兰克对此提出反对意见。因为他坚决捍卫佃农和农民利益,1935年初,农业部长亨利·A.华莱士(Henry A. Wallace)解雇了他。弗兰克此后很快被任命为重建金融公司(Reconstruction Finance Corporation)的特别法律顾问,但在1935年底,他回到纽约继续律师执业。华尔街待遇优渥,但弗兰克回归的时间并不长。1937年,经时任美国证券交易委员会主席威廉·O.道格拉斯(William O. Douglas)推荐,弗兰克被任命为委员会委员。1939年,道格拉斯进入最高法院任职,弗兰克成为委员会主席。

尽管汉德并不了解弗兰克在政府工作的情况，但他很清楚 1930 年弗兰克出版第一本书《法律与现代思想》（*Law and the Modern Mind*）时所引发的轰动，弗兰克也因此被推到"法律现实主义"这一新法理学运动的前沿。弗兰克当时对心理学和精神病学十分感兴趣，便以这两方面为切入，猛烈抨击"法律由一套合理、可预见的规则组成，这些规则规范着司法裁决"的观点。他强调法官个体的品性才是司法裁判的核心要素，并主张法律规则对司法自由裁量权的限制非常有限。他嘲笑对法律确定性和可预测性的盲目崇拜，基于对弗洛伊德思想的痴迷，他把这种崇拜比作稚童对专制父亲的需要。

因此，《法律与现代思想》挑战了美国法律制度的核心信仰——汉德就是这种信仰的忠实拥护者——并隐讳地质疑了司法权威的合法性。弗兰克这一打破传统的思想核心在 20 世纪 30 年代开始流行，其他法律现实主义者也提出了同样的质疑，尽管侧重各有不同。哈佛等传统法学院对这些批评意见愤懑不平，并认为与耶鲁法学院密切相关，后者被视为法律现实主义的温床。[88]1932 年春，在哈佛监督委员会调研哈佛法学院的会议上，出现了汉德称之为"法律中的新运动"这样一个议题，汉德发表了对此不屑一顾的评论。哈佛大学宪法学教授托马斯·里德·鲍威尔（Thomas Reed Powell）——汉德十分钦佩的一位教授——打断了汉德的发言，教授认为，新法律现实主义者"比这个专业中的其他任何人都更有想法"。汉德立即就刚才的不当言论道歉："我刚才的发言不过是一个愤怒之人的爆发，我想这个人已经厌倦了尝试接受新观念，他在旧观念上投入了太多精力，因此不想看到它们被废弃。换句话说，恐怕这是典型的老年人观点。无论如何，我没有权利在还不理解内涵的情况下就作出批评，而不了解内涵也是因为我读得还太少。"汉德请教鲍威尔去读哪些书来增加对新运动的理解："我想一开始就读杰罗姆·弗兰克的书不是个好选择，对吧？谁的书以一种更为平实的方式阐述观点？读谁的书最好？"[89]

弗兰克在 1930 年论文中的表述确实"天马行空"——他的"规则怀疑

论"或者说他对法律规则和判例重要性的怀疑都表达得过于空泛,而他关于法官实际上可以在相互竞争、不确定的法律规则间自由选择的说法则言过其实。但是如果汉德去读了弗兰克的书,他就会发现还是有很多东西是可以接受的。他从来就不是 C. C. 兰代尔努力构建严密逻辑结构的忠实崇拜者,也从不否认法官个人性格和偏见在司法裁判中的作用。

事实上,当弗兰克 1941 年被任命为法官时,汉德热情地欢迎他,并从一开始就打算和弗兰克好好相处。就像他当时写信给法兰克福特说的:"我毫不怀疑自己会喜欢他。"[90](法兰克福特回信称,很高兴汉德能这样想:"他值得你用足够的耐心去了解。你会发现他是个一流的法律人,为人还非常可爱。当然,他但凡有可能就要用精神分析方式来进行研究,这确实让文字变得糟糕透顶。他之前的生活也很复杂。但他的本质非常善良可爱。")[91] 汉德知道弗兰克是出了名的精力旺盛:在给这位新同事写的第一封信中,汉德提到弗兰克可能"觉得生活有点太安静了,不适合他"。[92] 几个月后,两人之间感情日渐深厚。举个例子,到了 1942 年夏天,汉德给弗兰克写信:"你给我的激励与陪伴,我都不会放弃。"[93] 1955 年,汉德已从首席法官之职退休,他写道:"毫无疑问,我们一起共事的 14 年对我来说十分幸福;从你那里,我得到了源源不断的建议和信息,这是我长年司法生涯中,从未从其他同事那里获得的。"[94]

弗兰克同样也非常敬爱汉德。差不多同一时间,他写信给汉德:"我所认识的人中,没有一个人能让我如此钦佩和敬爱。作为法官,您是我的榜样。更重要的是,您极大影响了我对人对事的态度。您的卓越之处,不仅体现在您的思想上,更在于您能将思想注入高尚且幽默的情感。您是出类拔萃的民主贵族。上帝保佑您!"[95] 1949 年,弗兰克停止了对规则和判例重要性的批判,转而对法院事实认定程序的不充分和陪审团判决存在的缺陷进行猛烈抨击。弗兰克把自己在法哲学领域的第二次探索成果《初审法院》(*Courts on Trial*)一书①献给了汉德,称赞他为"我们

_____

① 该书中译本为〔美〕杰罗姆·弗兰克:《初审法院:美国司法中的神话与现实》,赵承寿译,中国政法大学出版社 2007 年版。——译者注

最富智慧的法官"。⁹⁶弗兰克被任命后不久，一位书评家称这"可能是［罗斯福总统］最满意的一次任命"，将此比作"一个异教徒被任命为罗马教会主教"。⁹⁷

如果透过《法律与现代思想》中一些最极端的片段，似乎可以推断杰罗姆·弗兰克急于毁灭陈旧思想，但事实上，1941 年进入第二巡回上诉法院、与其他资深法官共事的那个杰罗姆·弗兰克，并非改革者。他根本不是同事们以为的那个大怪兽。他看起来平易近人，实际相处起来也确实如此。他发际线高，嘴唇丰厚，脸上最明显的特点就是眼窝深陷、眼圈暗沉、眼袋肿大。《纽约客》作家理查德·罗弗(Richard Rovere)在尝试为弗兰克写传记的过程中，和弗兰克成为好朋友。他恰如其分地描述弗兰克有着"一副疲惫而颓废样子"，看上去像个"狂热分子"。但是，罗弗准确地补充道，弗兰克"充满激情，但并不是狂热分子"。⁹⁸这位汉德越来越了解和喜欢的同事，思维敏捷、阅读广泛——心理学、哲学、历史，几乎所有类别的出版物均有所涉猎——所读之书在他生动流畅的谈吐中、时常过于天马行空的观点里自然流露。他很少运用跨学科学习方法，尤其是在面对面交谈时。正如威廉·O. 道格拉斯大法官曾说的："他的思想太过急切因而不会自负，他对事务充满怀疑精神因而不会自大。"⁹⁹弗兰克经常看起来不修边幅，为了跟上自己的思路而常常滔滔不绝、语速飞快，周围人觉得他友善、有人情味，对各种想法有着无限兴趣，也对与他人交流和辩论这些想法乐此不疲。

和弗兰克一样，汉德也喜欢读书，虽然涉猎没那么广；和弗兰克一样，汉德也喜欢思考和争论；和弗兰克一样，汉德也常常不修边幅，尽管他身着伦敦裁缝街定制套装。最重要的是，汉斯寻求并喜欢刺激和挑战。他根据法官助理对他草稿的批评程度和对他想法的质疑程度来对他们进行排名；同样，他会评价同事们的批判性思维，而弗兰克是所有人中最具批判性、最反传统的。汉德显然被弗兰克"异乎寻常的——有时对我来说，是惊人的——阅读水平"和"似乎把［每件事］都记在脑子里，并随时能调取出来的能力"所震撼。¹⁰⁰汉德敬佩弗兰克旺盛的脑力，评价他似乎总在"无休止地思考"。¹⁰¹正如汉德曾给弗兰克的信中所写到的：“我满怀钦佩地看着你 1 年 12 个月都精力充沛、能量满满——等等，1 年是 12 个月还是 16 个月？日立上一共有 12 个月，还是 16 个月？”[102]① 汉德不仅赞赏弗兰克的精力充沛，也很感谢弗兰克据理力争式的独立给自己带来的挑战。有一次，汉德承认弗兰克会“刺激”到他，并坦言“独自办案的老马原本跑两步就算了，有时却因此也要跳几下”。[103]

虽然两人相互钦佩，但并不意味着他们的工作关系就始终风平浪静。分歧部分源于好友弗兰克和写了众多书籍、文章和司法意见书的作者弗兰克之间的差异。在智力的较量中，弗兰克会戳穿自己所看到的一切自命不凡和前后矛盾，这样很伤人；虽然他能敏锐地感受到别人情绪的轻微变化，但他还是肆无忌惮地伤害了对方。

弗兰克撰写的判决书不仅言辞犀利，而且篇幅冗长、结构松散。他在法庭的第一个月里，弗兰克交给汉德的初稿远比第二巡回上诉法院通常的判决书要冗长得多，文中还着大量笔墨详细介绍所涉法学原理的前世今生。汉德虽然赞同弗兰克的判决，但觉得不够精练，并预测当“工作量越来越大”时，弗兰克将无法深入研究如此广泛的细节。[104] 可即使法院工作量不断增加，弗兰克仍不断发表长篇大论式的判决，并在脚注中大量引用哲学、历史和文学作品，内容极为详尽，这在其他人眼中，很可能被视为自命不凡。哈里·蔡斯讽刺道：“我同意亚里士多德的脚注，杰里也照猫画虎，把他的意见附在了脚注上。”他有次对汉德说：“这种权威有着醇厚老酒的味道，尤其吸引我，让我在节日期间无法抗拒。”然后他给自己加了脚注：“脚注，脚注，脚注。废话！”[105] 时任哈佛大学法学院院长的詹姆斯·兰戴斯在弗兰克被任命时就曾警告过汉德，必须教会弗兰克“不能再像往常那样啰唆”。[106] 但弗兰克简直不可救药。汉德曾向一名州法官写道“我个人……很讨厌脚注……但这种做法已变得如此普遍，以至于我担心自己注定要失败。我反对脚注，是因为它让判决书看

---

① 此处汉德调皮地佯装糊涂，来反衬弗兰克精力旺盛。汉德既装作记不清 1 年有几个月，还故意拼错单词，将 calendar 写作 cylinder，故翻译也将错就错地将“日立”来替代“日历”。——译者注

起来更像一篇法律论文,对此我十分反对。这不是美国或英国法庭的传统;脚注让判决书变得冗长,让法官化身教授;但毕竟,我们不是在谈论永恒,而是在决断争议。"[107] 但汉德无法说服弗兰克接受这一观点。他曾警告弗兰克:"很少有人会读这么长的判决书。"他补充道:"当然,这是我从小受到的教育,也许现在世界会把法官意见当法理学论文来用。但是! 我不认为他们会一直这样。我认为你押错了筹码。"[108]

然而汉德还是欣然接受了这些差异。与其他一些法官不同,他没有过分操心弗兰克的判决书写作风格。正如他曾经告诉弗兰克的那样,判决书的风格,毕竟只涉及"作者个人品位"问题。[109] 费利克斯·法兰克福特就很喜欢用大量脚注来装点说教观点,汉德给他写信道:"要控制[弗兰克]这种旺盛的精神状态是不可能的。……在这世上,我们不能为别人做太多。总的来说,我认为他会慢慢收敛。"[110] 当法兰克福特把他写给弗兰克的那些批评信件抄送给汉德时,汉德坚持要避免争吵。[111] 法兰克福特批评弗兰克的判决书内容过于冗长,告诉他,在一个案子里,看不出"任何理由为何同样一个简单问题,霍姆斯可以用一页半的篇幅就完成论证,你却以此为切入写了一篇重商主义的论文"。但是弗兰克能言善辩、长篇大论、善于说教(在第二巡回上诉法院工作的大部分时间里,他都会每周五下午去耶鲁大学法学院讲课,他的课颇受欢迎),为自己张扬而独特的写作风格找了很充分的理由:"对律师进行教育的最佳方式就是通过判决书。很少有律师会去看法律期刊。阅读'法理学'书的律师就更少了。但他们中绝大多数都会读判决书。"[112] 而他的一些判决书确实产生了实质影响:他的协同意见书和异议意见书多次被用于向最高法院提出复审的请愿书,而且经常获得成功。①

弗兰克和克拉克之间的冲突几乎不可避免,克拉克的短处恰恰是弗

---

① 最著名的例子就是在最高法院审理的第一个重大淫秽案"罗斯诉美国案"中,354 U. S. 476 (1957),弗兰克的协同意见书大量引用社会学和心理学资料,迫使最高法院根据第一修正案原则来决定允许控制淫秽的程度。他成功地让最高法院选择审查此案,但未能说服最高法院接受他的观点。(See United States v. Roth , 237 F. 2d 796, 801 [2d Cir. 1956].)

兰克的强项——弗兰克友善、讨喜，而克拉克不善口头辩论，呆板固执，还相对缺乏幽默感——而他们的一些共同点还加剧了冲突。他们都对别人的冒犯很敏感。两人都会在汉德面前抱怨对方，汉德希望他们可以当面谈问题，而不是写冗长激愤的信件。

第一次冲突大约爆发在弗兰克进入法院一年后，而汉德的解决办法体现了他特有的办事风格。克拉克指责弗兰克在合议庭会议上引用了其他未参与案件审理法官的非正式观点来支撑自己的立场。弗兰克为此写信告诉汉德，克拉克的指责"不公平"。汉德在一封信中告诫弗兰克，并极力让自己听起来不那么生气：

> 事实上，如果我们的非正式会谈都被认为是重要的，那么我们——我们所有人——都将持续陷入水深火热之中。如果发生这种事，我会非常抱歉；但我相信，如果我们可以互相交流，互相加油，那将对我们大家都大有裨益。但是，如果这种对话都需要负责任，那将是对自由的致命打击。我相信你会同意我的观点，只有当你研究并花时间去考虑相反观点后，你才会感到自己所说的不只是一个肤浅的、马虎的判断。……我知道你们都同意这一点。唯一的问题是，我们如何才能最好维护我们的自由，同时又不相互误解。我能想到的唯一办法，就是我们都像以前那样，不引用三人合议庭以外法官的言论，即使该法官的话看上去很重要——其实并不重要。这完全是一个我们处理这类谈话时的心情问题；如果我们失去了适当的心情，就不得不重新调整我们之间的沟通。我不知道如何保持适当心情；这个问题没什么大不了，没有人愿意让别人认为他很看重这件对他似乎很重要的事。[113]

就在汉德给弗兰克写信的同一天，他在和法兰克福特讨论弗兰克写作风格的信中也写道，这位年轻同事"如此敏感，以致有点反应过度了"。[114] 弗兰克对汉德来信的回应，也恰恰说明了汉德观察的准确性。

显然，汉德的告诫激怒了弗兰克，因为同年晚些时候，汉德不得不劝告他不要再激动，平静下来："天啊，杰里，你真是个敏感的人；不，小伙子，你别把工作看得太过严肃；我的话只是开个玩笑——挺无趣的笑话。"[115]

克拉克和弗兰克之间最激烈的争论涉及《联邦民事诉讼规则》第54条 b 款规定，这项规定涉及的问题复杂而充满技术性，即法院应如何处理针对承认或排除证据的庭前命令等提起的"中间"上诉或部分上诉。针对初审法院判决的一般规则是明确的：只有地区法院的"终局"判决才可上诉到巡回上诉法院。因此，通常不允许中间上诉；受害方必须等到初审法院作出"终局裁决"，如作出支持一方诉请的判决时，才可提起上诉。然而，当审判涉及多项诉讼请求时，就会出现问题。第二巡回上诉法院一直考虑的问题是，是否必须等特定案件中所有的诉讼请求都处理完毕才能提起上诉，或者说是否可以就那些仅适用于特定诉讼请求的终局裁决单独提起上诉。第54条 b 款原本规定，有多个诉讼请求的情况下，初审法院可针对单个诉讼请求单独作出判决，该判决可立即上诉。

克拉克认为，第54条 b 款把中间上诉的最终自由裁量权给了初审法官，他极力维护自己的解释。弗兰克和汉德强烈反对。弗兰克更倾向于将最终自由裁量权赋予巡回上诉法院法官，由巡回上诉法院法官来决定是否需要审理单独提起的上诉，汉德对此表示同意。汉德和弗兰克都反对克拉克不断尝试起草和重新起草规则，以更加详细地规定如何行使司法自由裁量权。对弗兰克来说，任何程序规则都不应被允许来干预案件的实体正义。裁决"不应仅仅为了满足那些致力于维护程序理论的美学比例之人。比享受这种文字对称更重要的……是避免让当事人遭受不必要的不公平"。[116]

当这场争端于1943年第一次在第二巡回上诉法院爆发时，克拉克最初以为汉德出色的判断力是受到了弗兰克个人魅力和巧妙游说技巧的干扰。为此，汉德不得不告诉克拉克，他对中间上诉的看法，全部都是他自己的观点。[117]1951年的三个裁决加剧了争论，并在此后持续了好几年。第一个案子里，克拉克把针对第54条 b 款的修订（他协助起草了该修订）解释为明确授予地区法院法官权力以最终决定案件能否上诉。弗兰克坚持认为,这些解释对于裁决结果并不必要,仅作为"附带意见"而不必理会。8天后,另一个合议庭由勒尼德·汉德撰写判决书,也声称可以不考虑这项早先的"附带意见"。汉德写道,修订后的规则,不能被解释为有意"对目前已形成的统一习惯进行革命性颠覆"。[118]

克拉克很生气。他私下向哈里·蔡斯抱怨:

> 您看到勒尼德·汉德在做什么吗? 这么多年来,我坚持参加规则委员会等地的工作,致力于制定出任何人,甚至律师都能理解的上诉规则,这正是卑职孜孜以求的结果,而我们杰出的同事们似乎随时准备用大锤砸碎我那可怜、无力的尝试,这真使我哭笑不得。

他认为,汉德的意见"是对同事工作成果相当奇怪的回应,都没有事先通知或咨询"。[119] 几个月后,克拉克找到机会在书面意见书中宣泄对汉德的愤怒,这下所有人都知道了。[120]

但争端并没有就此结束。在1951年3个案件之后的案子里,克拉克成功获得了大多数人的支持。弗兰克最终也作出了让步,但他转而争取推动国会立法,以赋予巡回上诉法院更大的自由裁量权来审理本属于非终局裁决的上诉。在弗兰克与汉德的共同努力下,美国司法会议审议了这项问题,最终国会也将此纳入考虑。1958年,弗兰克去世1年后,一项立法妥协获通过。关于第54条b款的争论,甚至连费利克斯·法兰克福特也卷入其中。他一度暗示克拉克,在撰写的意见书中对汉德过于无礼。克拉克从不会放过任何一句对自己的尖锐评论,他着手给法兰克福特写了许多信,意图通过反驳这一"毁灭性"的评论让自己的声名"昭雪"。[121]

法兰克福特其实没必要为汉德发声,因为汉德总是向同事们保证,强硬的、有争议的意见完全可以接受,他不会把这些意见当作人身侮辱。他曾经写信给弗兰克:"我想你也知道,我更希望被反对意见猛烈抨击。"[122] 但他对于无休止争吵所导致的精力浪费大为恼火。他曾给克拉克写信:"你和杰里修正意见后,停止争吵吧,看在上帝份上,赶快提交意见书。"[123] 他在一份针对案件重审申请的备忘录中更生动地阐述了这一点,在那个案件里,他与克拉克、弗兰克组成合议庭:

> 我和大家一样喜欢在月光下跳舞,但是我唱歌不如以前那么好了,我无法跟上年轻同事们的轮唱和对唱。"如果某时某地"你们都精疲力竭,那快乐时光终将到来,我会弹琴打鼓,高声赞美上帝。但是,当你们的大脑仍在高速运转、积极思考时,我就只能晾在一边,眼神放空、喃喃自语。[124]

克拉克与弗兰克之间的矛盾还涉及《联邦民事诉讼规则》其他部分内容,但都没有这场争论这么激烈、这么旷日持久。① 在刑事领域,克拉克和弗兰克也经常意见相左,但汉德都站在克拉克一边。弗兰克和克拉克在对刑事被告的同情心上差异很大,对于汉德曾提到的"无辜囚犯的阴影",两人的关心程度也天差地别。克拉克认为"当前有一种很强的趋势,即在刑事诉讼中[对被告]给予特别照顾和考虑",他不喜欢这种趋势,特别当"被告罪行明确"时。[125] 汉德本人并非严格意义上的反被告主义者。例如,当执法人员违反第四修正案,通过不合理搜查和扣押取得证据时,他会惩罚执法人员的不当行为,并支持被告的抗辩,排除非法证据。但他不是那种会去寻找程序错误的人,特别是当错误没有上升到宪法层面时。相比之下,弗兰克走在了时代前沿,他所秉持的原则到了20世纪60年代成为最高法院多数意见:即严格保护刑事被告,几乎不会将任何审判错误视为"无害"。[126] 弗兰克对刑事被告所提主张的关切,成为他与其他所有法官之间经常发生争执的根源。

---

① 比如 1946—1947 年"阿恩斯坦诉波特案"[*Arnstein v. Porter*, 154 F. 2d 464(1946)]所展现的关于即决判决的争论。克拉克强烈赞成赋予法官更多即决判决权力,而不是将案件提交陪审团。弗兰克不喜欢陪审团,但更不信任法官。此外,他和大多数自由派法官(如大法官雨果·布莱克和威廉·道格拉斯)一样,担心赋予法官更多即决判决权力最终会伤害到提起诉讼的弱势群体,比如铁路工人和海员。在这个问题上,汉德站在弗兰克一边。("阿恩斯坦案"是个非常有意思的案件,科尔·波特多首著名歌曲涉嫌剽窃。)

根据无害错误规则,初审即使有错误,也并不必然导致二审改判,除非被告证明初审错误事实上影响了裁判结果。在沃伦担任首席大法官时期,无害错误规则在最高法院的重要性大大降低。(自 20 世纪 70 年代开始,最高法院开始转变立场,其中一个重要迹象就是它又重新以初审中的错误无害为由维持原判。)但从 1943 年起,弗兰克就不愿将任何审判错误视为"无害"。在"美国诉丽丝案"(United States v. Liss)中,包括汉德在内的多数意见方认为:"陪审团结论正确的极大可能性不应为些微偏见所抵消。"[127] 弗兰克对此强烈反对。

弗兰克对于无害错误规则的态度,让他在这一问题上在整个法院内势孤力薄。而围绕这个问题的争论,又触发了他和克拉克之间新一轮尖锐的个性冲突。例如 1945 年,克拉克向汉德抱怨:"杰里一直游说最高法院的法官助理们,来反对他所谓可怕的'第二巡回上诉法院无害错误规则'。"(汉德没能成功平息这场争论。)克拉克一再抱怨,弗兰克利用他在耶鲁大学的课堂来宣泄与第二巡回上诉法院同事们的分歧。1946 年初,当汉德、克拉克和弗兰克组成合议庭审理"合众国诉安托内利烟花公司案"(United States v. Antonelli Fireworks Co.)时,克拉克和弗兰克的冲突到达顶点。该案中,被告被判合谋制造不合格军火,以诈骗政府。上诉理由主要针对检察官在最后陈词环节大肆呼吁由第二次世界大战产生的爱国主义。初审法官指示陪审团忽略检察官的说辞,因为"如果我们让战争的歇斯底里替代冷静思考,那么我们会给政府造成伤害,也会给被告们造成极大的不公",但他没有宣布无效审判。由克拉克撰写的多数方意见书,维持了有罪判决;克拉克和汉德都认为,在一份冗长的控方声明结尾,偶尔提及爱国情绪是"无害的错误","没有合理理由将这种情感上的不负责任归咎于陪审团"。[128]

弗兰克不同意上述观点,坚持认为检察官的言论是错误的,不可避免地带有偏见。他认为,无论对被告的影响多么微弱,法院都应该撤销对被告的定罪,以防止检察官未来的不当行为。他强烈批评"仅仅因为本院法官相信这些被告有罪"就维持判决。"如果如此行事,我认为,这是在破坏美国信仰的基本原则。……也许我的幽默感已弃我而去,这里

绝无夸张之意。" [129]

弗兰克的措辞让克拉克又伤心又生气,几周内,两人一直通过信函往来进行激烈辩论。克拉克始终没有原谅弗兰克此次异议意见,即使在弗兰克去世 10 多年后,仍喋喋不休提及此事。此二人之争论波及甚广,汉德不可避免地再次卷入漩涡。汉德快要淹没于弗兰克来信之中,信中提及克拉克曾说弗兰克"对法院成员个体进行了猛烈的、肆无忌惮的人身攻击"。[130] 弗兰克还把前法官助理们的一系列信函转寄给汉德,以证明自己在游览华盛顿期间,只是与当时在最高法院担任法官助理的前法官助理们共进午餐,并不构成克拉克所谓的不正当游说。[131] 弗兰克为自己在"安托内利案"中提出的异议可能冒犯汉德而道歉——"您知道我对您深深的钦佩之情,不论是作为朋友还是法官"——但他抱怨克拉克不断散布谣言,说包括汉德在内的其他法官都认为与自己极难相处。他深感忧虑,不知道汉德是不是真的把他看作"扰乱司法和平之人",并为此产生辞职念头。

汉德正在康沃尔度假,他觉得有必要对弗兰克的这一连串信件作出回应。1946 年 8 月 9 日他写信给弗兰克,表示自己很遗憾,一周前大家在一起时,这个问题没有被提出来:"因为我相信,在这种事情上,5 分钟谈话比一大堆信件要好得多。"汉德再次试图安慰弗兰克:

> 直截了当地说,我从没发现您有一丁点儿的难相处,或者意见顽固,或者不合作,或者不愿接受建议。相反,与您一同工作,或是与您对话时,都让我大获裨益。

不过汉德承认,他对弗兰克在"安托内利案"中发表的异议确实感到生气:

> 是的,我对您在"安托内利案"中提出的异议感到生气,在我看来,这似乎是在谴责我们的故意任性。但我没有这样对您说,因为,正如我曾经所说,我深感当一个人为自己写作时,他

应该完全自由地说出自己的想法，而不受任何约束。这不仅是他个人自由的一部分，而且是他的同伴们免于为其言论负任何责任的一种条件，不这样的话，同伴们就不可能完全免于责任，而他们本应如此。……至于"安托内利案"本身，算了吧；我早就不计较了。[132]

1941 年 12 月，美国最终加入第二次世界大战，汉德非常关心，密切关注着美国与轴心国战事的进展，并时常为之焦虑不安。第一次世界大战期间，他在给前法官助理路易·亨金(Louis Henkin)的信中写道，当别人为了真正重要的目标而作出牺牲时，"自己只能坐着做填字游戏，有一种愚蠢的徒劳感"。[133] 战争初期，法官工作量骤减，[134] 更使汉德感到自己被边缘化了：1942 年 1 月，他 70 岁了，没有再像一战时那样，积极寻求政府任职机会。

在整个20 世纪 30 年代，汉德一直主张，美国向那些与极权主义势力作战的国家提供援助，并批评美国强大的孤立主义势力。从某种意义上来说，偷袭珍珠港袭击是件好事，他对伯纳德·贝伦森说，日本决定对美国发动战争，紧接着希特勒和墨索里尼政权也宣布对美国开战，"迫使我们作出了很好的转变，因为如果他们不这样做，我们很可能任由欧洲自生自灭"。甚至在国会宣战后，汉德起初还担心，美国人的情绪只会推动对日战争，而继续忽略欧洲战场。"在非常有影响力的群体中，特别是在密西西比河盆地区有影响力的群体中，反纳粹战争一直被视为英国人的事。而一到危急时刻，对英国的宿怨就会再次被点燃。"[135]

在战争最初几个月里，日本在亚洲势不可挡，德国战争机器继续吞噬欧洲大部分地区，汉德对于盟军的进展感到沮丧。1942 年 8 月，在纳粹军队进入斯大林格勒的几周前（最初看起来德国又将取得胜利），汉德觉得轴心国可能真的要获得胜利。他告诉费利克斯·法兰克福特，自己渴望参与到"拯救世界的行动中去"，语气决绝而强硬，"事实上，我真的很想去做这件事"。法兰克福特更加乐观，认为战争很快会取得胜利，但汉德赞同不了这么乐观的观点。几周后，他写道：

好吧,除了你那无可救药的乐观……还有什么能让你相信我们会在1943年摆脱这场恐怖。也许,当然。可能;但可能性不大。这场战斗现在变成了一场生死搏斗,[欧洲轴心国]和日本将倾其所有投入其中,因为如果他们输了,他们将被消灭。……但能听到你的信心真好。[136]

汉德给了路易·亨金小小的安慰:即使纳粹获胜,"他们的帝国也会在他们手中分崩离析,因为这个帝国没有理性基础;除了那些措辞不真实到荒谬可笑的陈述外,它不允许有其他任何陈述,而且,如果不是因为它的恐怖,它是荒谬的"。他努力寻找希望之光:"尽管俄国的战役令人沮丧,尽管德国U型潜艇取得了成功,但我还是觉得事情并不像胆小鬼说的那样暗淡无望。毕竟,[纳粹]必须在10到12周内攻下斯大林格勒,否则他们将永远无法实现这一军事目标。这可是个大工程。"[137] 汉德热切期望俄国人能取得胜利,并告诉亨金:"如果他们的军队能够坚持到冬天,我倒要看看阿道夫和其团伙怎么完成这个任务。"[138]

汉德的愿望实现了。德军在夏末战役中把补给线拉得太长,苏军得以成功反击。1943年2月初,在斯大林格勒被击垮的德国残余部队投降了;列宁格勒从长达17个月的围攻中解脱出来;到1943年夏天,苏军装备上从西方运送来的大量军事物资,开始了一场大规模战役。从东线传来的好消息,以及美国在太平洋和反纳粹战争中取得的第一次胜利(在成功登陆北非后),都让美国人对战争胜利燃起了希望。到1943年初,汉德开始注意到,美国人对战争胜利过度自信,他越来越担心美国的这种自满。他写信给亨金说道,所有关于胜利的报道——在苏联的反攻、同盟国轰炸德国、墨索里尼倒台——都给了美国人民"一些我们没理由拥有的自信"。"我更担心的是,有人会认为获胜犹如囊中探物。"[139] 到12月,他也不再认为美国会输掉战争,但他对国家团结的衰落以及"相较于特殊利益,共同利益的普遍崩塌"感到失望:

一个社会居然在年轻人生产力最旺盛的时候,以极低的工资去换取他们的死亡和伤残,还不给我们其余人施加必要压力,让我们为社会贡献绵薄之力,这是多么荒谬的事啊！……当然,这里的主要原因是,我们一直没有受到战争影响,以至于我们没有真正意识到这一点。正如[战争部副部长]帕特森在不到一年前对我说的那样,扔几枚炸弹能给我们造成意想不到的效果。[140]

但即使是汉德也不能否认,虽然国内存在分歧,但美国经济在战争生产过程中创造了"神话般的"奇迹。汉德把大部分功劳归功于老同事也是好友罗伯特·帕特森。正如汉德在1945年1月给伯纳德·贝伦森写的信中所述(这封信恢复了他们因战争而中断的通信):

> 我们的国家令我感到困惑。……很难找到一个更加无纪律、不守规矩的群体了……;这是一个融合了所有种族、所有传统、所有环境的大杂烩,连同一段舒适、安逸、富有的历史交织在一起,自从人类从树上跳下来开始使用拇指以来,还从没有类似经历降临到他人身上。那么,我们到底做了什么？真的,这是迄今为止在地球上完成的最惊人的表演——我指的是这种大规模生产。毫无疑问;我们做到了;不知在何地,不知怎的,突然间,仿佛是受到了某种神灵的启示,我们团结在了一起,发明创造源源不断、层出不穷、令人难以置信地大量涌现。……必须有一个组织能力强的人站出来,防止每个人妨碍到他人;并提供"装配带",这样东西从工厂里滚出来时,火花塞就已经在打火了。一个社会的未来一定会以某种方式实现这一切。

汉德很少有这种乐观情绪。而且他还坚信,美国九死一生,已经从更糟糕的命运中顺利逃脱。然而,1944年6月6日美军在法国诺曼底的

登陆,以及德军对欧洲北部的入侵,都造成了重大伤亡,这让美国人民"既清醒又悲伤"。他继续道:

> 我没有看到任何证据表明我们的意志被削弱了;但有时我感到很高兴,因为我们所经受的真正严峻考验,直到我们都对胜利充满信心时才到来。当结果未知,而我们有机会做出让步来停止这一切时,我不确定,我们是否真的有必要来承受这些损失。[141]

汉德如此关注战争进展,部分源于他对美国士兵经历的苦难所保有的强烈同情心。因为从未在军队服役过,他常常感到后悔,甚至是内疚。他认识的人里有些也参军了:他的多名前法官助理、朋友们的儿子和孙子。他很钦佩这些人的勇气和使命感,对于他们所面临的困难感到很伤心。在战争最黑暗的日子里,例如 1942 年的圣诞节期间,第十巡回上诉法院法官奥利·菲利普斯(Orie Phillips)在给汉德的假日短笺中写下这么一句话:"黑暗笼罩大地,三个暴君下令不准让光明出现"——这句话让汉德很激动。他回了长长的一封信,信中提到"这些年轻人经历了一切,他们面对致命危险,仍能乐观面对,沉着应对。……只要我们能培养出这样的人,我们就是安全的"。他还补充道:"我希望自己现在能回顾这些人曾经所展现出的英雄气概;但是,唉,他们中有多少人能度过难关?"[142]

在与海外服役的前法官助理的通信过程中,汉德表达出了最强烈的情感。例如,1936—1937 年担任汉德法官助理的 W. 格雷厄姆·小克莱特(W. Graham Claytor, Jr.)在珍珠港事件近一年前成为一名海军军官,在太平洋多艘舰船上服役,并最终成为一艘驱逐舰护卫舰指挥官;像汉德的其他助理一样,他把自己的经历一五一十地告诉汉德。[143]汉德如饥似渴地读着这些信,就像他曾经津津有味地读理查德·哈利特的海上故事一样,这位汉德早年在地区法院工作时的法官助理,为寻求冒险而放弃了法律职业。汉德不断鼓励、安慰和支持他的前法官助理们,但即使试图分享他们的感受,他也意识到自己不可能真正了解在前线的感觉。

　　最终,汉德的挫折感改变了他的一贯行事方式。本来自一战结束时起,他就总是试图避免公开参与"热点问题"讨论,但现在,他在各种团体机构中表现相当活跃。比如,在 20 世纪 20 年代和 30 年代间,他只不过在形式上隶属于美国外交关系协会,但到了 1939 年他再次成为该委员会的正式成员。[144] 从 1940 年到 1944 年,他积极定期参加协会晚宴,听外国来宾的情况介绍。这些外宾包括比利时前总理、哈利法克斯勋爵、希腊国王、美国驻意大利大使、澳大利亚总理和苏联驻美国大使马克西姆·李维诺夫(Maksim Litvinov)。[145]

　　汉德还投入时间和精力参与团体机构活动,帮助受轴心国迫害或与轴心国为敌的国家。[146] 汉德对希腊命运的关注尤为引人注目。或许是受妻子热爱希腊文化的影响,汉德多次代表陷入困境的希腊向公众发出呼吁。1940 年,希腊被意大利军队入侵后,美国支持者们自发组织起来确保希腊获取足够战争救济。1941 年 4 月,名为"美国希腊之友"的团体找到汉德,希望他能够支持战争救济活动,但按照他战前的一贯做法,他拒绝了。[147] 汉德坚持不就潜在热点问题公开自身立场,但美国甫一参战,汉德就不再坚持这点。珍珠港事件发生几天后,他收到了美希医疗援助学生委员会的请求,恳请他写一份正式声明,当希腊流亡国王出席在纽约的招待会时,这份声明将连同一卷信件一同呈递给国王。汉德立即写了一封信给"国王陛下,乔治二世——希腊人民的国王",向国王建言,美国人"坚信,地球上自由的人民终将维护他们的自由,抵抗那些企图奴役他们的敌人"。[148] 此后不久,他在美国希腊之友和希腊战争救济协会中都变得活跃起来。例如,1943 年 3 月 25 日,他与温德尔·L.威尔基一起在美国希腊之友组织的希腊独立日活动上发表演说。1 年后,美国希腊之友又邀请汉德为他们的杂志《希腊之友》(Philhellene)写一篇关于希腊和战后重建的文章。在汉德认真准备的草稿中,他赞扬希腊人民的"英雄气概""坚韧不拔"和"为正义而牺牲",并借此机会反思战后世界的理想形态。几天后,汉德修改了草稿,进一步明确主旨、详述主题。修改后的文章发表在《希腊之友》上,取名"世界对希腊的亏欠"。[149]

汉德在感情上对反轴心国战争的投入,促使他参与了一些远比赞扬勇敢的希腊人民更具争议性的活动:战争初期,他加入了支持苏联反法西斯战争的组织——俄罗斯战争救援组织和美苏友谊全国委员会。他从 1942 年起开始支持这些组织,因为他和许多美国人一样,"急切盼望着俄罗斯"帮助击败纳粹的战争机器。[150] 在当时,苏联似乎是阻止纳粹闪电取胜的唯一希望,因此得到了汉德的热情支持,而这种支持到了二战结束、冷战开始时,将会引来争议。

早在 1942 年 4 月,汉德便慷慨响应俄罗斯战争救援组织的呼吁,捐款购买医疗用品、食物和衣服。[151] 之后,在华尔街律师艾伦·沃德韦尔(Allen Wardwell)的鼓动下,他参加了 1942 年 5 月 7 日为前美国驻苏联大使约瑟夫·戴维斯(Joseph Davies)举办的晚宴;俄罗斯战争救援组织立即对此表示感谢。在另外两场重要宴会上,汉德还代表俄罗斯战争救援组织作了发言。只有在他被邀请担任俄罗斯战争救援组织代言团主席,很明显后者是想利用他的声望时,他才划清界限。"我不想把自己和公众运动联系在一起",他过了许久才回复道。[152]

更令人感到不安的是,汉德参加了美苏友谊全国委员会。1942 年10 月下旬,就在德国军队进攻斯大林格勒期间,汉德同意把自己的名字列入委员会赞助人名单;[153] 直到 1946 年底,他的名字还留在信笺上。赞助人大约有 100 名,很多来自自由派和左翼政治派别,包括托马斯·曼(Thomas Mann)和阿尔伯特·爱因斯坦;在按字母顺序排列的名单中,汉德的名字往下数 3 行就是剧作家莉莲·海尔曼(Lillian Hellman)。但汉德是名单上唯一的法官。[154][他于 1946 年 10 月辞去委员会职务。当时媒体已经在说,该委员会支持前副总统亨利·华莱士(Henry Wallace)抨击战后美国对苏联的政策,过于亲苏。从那时起,汉德觉得,是时候回到自己战前不碰"热点问题"的状态了。][155]

汉德只在一个与战事直接相关的官方岗位上,工作过非常短的时间:1943 年底,他在华盛顿担任公正赔偿顾问委员会(Advisory Board on Just Compensation)主席,工作了几周时间。公正赔偿顾问委员会由罗斯福总统设立,负责起草战时航运管理局指南。当时,战时航运管理局征用了几乎所有美国商船领域的私人船只,用于战时使用。很快,船东们提出索赔,要求对征用财产进行合理赔偿。[156] 公正赔偿顾问委员会的职责就是消化海量实践和法律数据,以制定公平的船舶估价标准。虽然,正如汉德在工作结束时对委员会办公室主任所说,"我对于[船东]损失或许不会像同事们那样心痛",[157] 但他尽职尽责地完成了自己的任务。这是"一项重要的工作",[158] 汉德想到,战事连年不断,年轻士兵牺牲的越来越多,这份工作至少能让他做些什么。当罗斯福感谢汉德的付出时,汉德坦诚表达了自己接受这份工作的态度:"在这样的时刻,我所做的与大家正在做的相比,实在微不足道,根本不应引人注目。但对于能作些贡献,我深表荣幸。"[159](战争结束后不久,汉德还有过一次处理战争相关事务的机会,当时杜鲁门总统希望他出任新成立的劳工管理委员会主席一职,就战后工会与雇主之间即将发生的大量纠纷,制定争议解决程序。汉德左思右想,最终谢绝了。)[160]

战争期间,汉德对国内政治动向保持浓厚兴趣。他的国际主义倾向让他支持罗斯福在 1944 年谋求第三次连任,一如他在前两次选举中支持罗斯福一样。一方面,汉德担心罗斯福 1944 年的竞选对手托马斯·E. 杜威所代表的孤立主义会卷土重来;[161] 另一方面,他还害怕战时侵犯言论和结社自由的倾向会死灰复燃——这种倾向后来在麦卡锡时代演化为常态。

1943 年春,众议院非美活动调查委员会掀起了一场政治迫害运动,迫使汉德以公民自由之名,就政治热点问题发表公开演说。自 20 世纪 30 年代末以来,该委员会(以其主席、得克萨斯州民主党人马丁·戴斯的名字命名,被称为"戴斯委员会")一直从事反"颠覆"活动。1943 年 2 月,在一次冗长的演讲中,戴斯声称 39 名政府雇员是"不负责任、不代表人民、失去理智、极端激进的官僚",是"共产主义战线组织"成员。戴斯怂恿国会拒为这些"颠覆分子"的工资拨款。最终,众议院通过一项决议,授权拨款委员会成立特别小组调查这些指控。众议院议员约翰·

H. 克尔(John H. Kerr)负责该小组,并很快以秘密行政会议的方式展开听证。特别小组很快得出结论,包括罗伯特·莫斯·洛维特(Robert Morss Lovett)在内的 3 人被认定参与了"颠覆活动"。

洛维特是汉德的哈佛大学校友,在芝加哥大学当了几十年英语文学教授后,他加入联邦政府,担任美属维尔京群岛总督的秘书。[162] 汉德的朋友内德·伯林很崇拜洛维特,在特别小组举行秘密听证会期间,四处劝说相识之人给科尔寄抗议信。尽管汉德特别不愿意就可能提交法院审理的问题发表意见("洛维特案"最终真的到了法院),但他还是立刻着手写信。1943 年 4 月 19 日,他给克尔写了封信,内容与一战期间,他支持《大众》杂志在纽约地铁报摊售卖的信大致相似:

> 我听说,您负责的特别小组被要求停止支付罗伯特·莫斯·洛维特作为美属维尔京群岛总督秘书的薪金,我写信来,正是希望能说服小组不要如此行事。我与洛维特相识已逾 50 载,我们结识于大学时期,后来成为朋友,感情与敬意愈加深厚。我所识之人中,无一能如他一般,无私献身于正义事业和救济苦难;他的勇气和奉献已被证明不受欢迎,教师地位也受到威胁。对于那些让他觉得遗憾或冒犯了他公平意识的事情,他从不退缩。诚然,有时我与他有着很大的不同;他的意见与我的也迥然有异;但若以为他曾扶植过颠覆活动或认同这些活动,那就大错特错了。
>
> 回顾他的一生,我确实应该感到高兴,因为他始终如一、宽厚慷慨、坚持不懈致力于改善同胞福利;如果这样的人生将以被剥夺现有职位而告终,那真是令人触目惊心。我完全相信他有能力胜任现有工作,事实上他也正在做很多事情来帮助少数需要理解和帮助的人。[163]

这些温婉言辞背后其实是汉德深深的愤怒。4 天后,他写信给费利克斯·法兰克福特:"他们真的要诬陷鲍勃·洛维特吗?内德说,确切来说,这件事已经不是戴斯委员会在主导了,而是一个名叫马修斯(Matthews)的政治迫害者,此人特别野蛮,对官位有着近乎狂热的追求。为什么世上有这么多混蛋?"[164]

无论是汉德还是洛维特的其他支持者都无法阻止众议院的反颠覆浪潮。内政部长"强烈呼吁"让洛维特继续担任职务,但众议院拨款委员会拒绝了。相反,后者报告称:"坚信洛维特不适合担任政府信任的职位,因为他与那些企图颠覆美国政府的机构往来。"[165]众议院有人指出,禁发洛维特工资违宪,但这种意见被置若罔闻;相反,众议院通过了重大拨款法案附加条款,禁止向包括洛维特在内的3人支付工资,除非他们的名字重新提交参议院确认。参议院在第一次投票中,一致否决该附加条款,但最终还是向众议院妥协了。当罗斯福签署该法案时,他发表声明:"为避免拖延我们在战争中的行动,参议院作出了让步,就像我被迫作出让步一样。但我必须公开表明我的观点,这项规定不仅不明智、带有歧视性,而且违宪。"[166]

拨款附加条款禁止为1943年11月15日之后的任何工作提供工资。洛维特在这个日期之后还在政府工作了一段时间,当然没有得到任何薪资。他和附加条款中列明的另两人旋即向索赔法院提起诉讼,要求支付工资。他们的案件直到1946年才上诉到最高法院;那年夏天,雨果·布莱克(Hugo Black)大法官撰写的最高法院判决,裁定该附加条款是一项剥夺公权法案——立法机关在未经司法审判情况下施加的违宪惩罚。汉德向众议院奋力疾呼,彻底突破了自己在争议问题上不公开发表声明的一贯做法。因为,对洛维特的处罚触犯了他最深的信仰。战争期间,就公民自由问题发声的机会非常有限。几年后,汉德将有更多机会捍卫公民自由,对抗狂热的反颠覆运动。

在战争期间和战后不久,新闻界和汉德的朋友圈开始频繁讨论如何安排战后事宜,来确保和平。有的提议,制定和加强国际法原则;有的提议,民族主义冲动在30年内引发了两次世界大战,因此要建立一个能够有效遏制这种冲动的世界政府体系。汉德否定了所有这些提议。他认为,起草新的国际法"原则"不过是毫无意义的规劝,并视所有提议建立世界政府的计划不切实际、充满危险。他认为,这些宏伟浮夸的计划只会宣言不切实际的目标,并再次把美国拖入孤立主义。上一次美国陷入孤立主义,还是在 20 世纪二三十年代,因伍德罗·威尔逊和赫伯特·克罗利等"有原则的"国际主义者拒绝在《凡尔赛条约》上妥协而导致的。汉德坚持认为,只有像以前一样,大国之间的力量平衡才能确保世界相对安宁;他怀疑,即使是这些措施也不能避免所有新冲突的发生。

例如,在珍珠港事件发生前,当卡内基国际和平基金会向汉德咨询,可以开展怎样的国际法项目来满足战后需要时,汉德的表现显然很冷淡:"在当前动荡局势下,我看不出做什么事会是有益的。……我并非永远对(国际法)保持悲观态度。"在遥远的某个时刻,也许各国将不再只受武力统治,但汉德直言,这个时刻,并不在眼前。[167] 而临近 1944 年年底,当和平组织研究委员会主席、国际关系学者詹姆斯·肖特维尔((James Shotwell)恳请汉德支持国际人权宣言草案时,他拒绝了:

> 在我看来,我们正处于巨大危险中,渴望太多,终会失去一切。我们决不能期望创造一个更新、更好的世界,在那个世界里,你们提议的事情定然会被视为理所当然。我们应该满足于"强权政治",它现已成为魔鬼的别名。通常情况下,相比你能得到的,去追求更多,并没有错;但在这种情况下,我相信,这正中某些人下怀,他们想把我们同其他国家人民隔绝开来,就像 25 年前亨利·卡伯特·洛奇(Henry Cabot Lodge)那伙人所干的。[168]

战争期间,汉德多次遇到支持建立全新世界机构的倡导者,包括最高法院大法官欧文·J. 罗伯茨和美国联邦世界主席克拉伦斯·斯特赖特(Clarence Streit)。1947 年,当他被邀请对拟订中的世界联邦宪法发表评论时,他拒绝了,因为他发表的任何意见"都将是令人沮丧的,而不具有建设性"。"坦白说,"他补充道,"我不得不认为,这种努力是如此超前于任何切实可行之事,以至于在当下这种可怕局面中,它们只会阻碍我们有力应对。"[169] 就像他在珍珠港事件 3 周后给美国法学会一名工作人员写的那样:

> 当我们结束战争并获胜时(如果我们真的做到了),我们是否会努力去创造一个更好的世界,对此我并不看好。我知道,怀有这样的疑虑不好,表达这种疑虑当然也不好,但是我怀疑,目前为和平作准备是否有这么大的用处。如果民主国家获胜,那么这类提议能否成功将在很大程度上取决于民主国家战后态度;如果战败,那什么也不用谈了。我希望自己能更肯定地感受到,我们国家,这个一直不愿降低关税壁垒的国家,能够更多地感到自己对其他国家的依赖。[170]

到 1944 年,汉德告诉他的美国法学会同事乔治·沃顿·派珀(George Wharton Pepper):"我非常反对你们试图建立一个包括所有人在内的国际社会,并试图规范所有的国际关系。"几天后,他在给派珀的另一封信中补充道:"在很长一段时间里,我不知道,除了各国结成强大联盟,让人们感受到它们追求和平的坚定意志外,还有什么办法可以阻止世界周期性地陷入现在这样的混乱之中。"[171]

汉德一贯反对雄心勃勃的国际声明和国际组织。例如,在二战欧洲胜利日前几天,一位老熟人请他签署一封给美国代表团的"公开信",代表团当时正在旧金山参加联合国国际组织会议,商讨成立联合国事宜。这封信敦促代表们加强拟议中的联合国警力,并敦促成立联合国最高法院。汉德拒绝签字,正所谓"道不同,不相为谋":

> 在我看来,《大西洋宪章》的内容虽振奋人心,但并不适合纳入法律、原则或规则,它们只应作为人们的理想而存在。我担心的是,大家不过是宣布非常渴望正义和权利法案,就以为已经明显促进了和平。恰恰相反,我认为,我们最大的希望在

于尽可能持久地把大国联合起来。[172]

战争期间，汉德只有一次在正式场合表达了他对国际法原则和世界政府蓝图能否发挥作用的怀疑——那就是他在 1944 年为《希腊之友》写的文章《世界对希腊的亏欠》。

> 我们很轻易地以为，只要自己怀着美好愿望，就能找到解决问题的办法。我们周围充斥着很多模糊的概念，如"主权""民主""小国权利""法律面前人人平等"，好像它们有明确定义一般，实则不然。希腊人不该被这么搪塞过去；洋洋自得的泛泛空谈，不管本意有多好，都是虚废之词。

仅仅帮助希腊人重建国家，并不能保障"他们真正为之战斗"的东西。比利时、荷兰、丹麦、希腊等小国仍将屈服于强国破坏性武器的淫威：

> 我们必须为自己所指的"独立""自由"和"自治"构建出全新的概念。这些我们必须面对的问题需要我们好好地思考一番；我们的答案将不可避免地为空想主义者所排斥和厌恶，除非我们能建个天堂，否则他们永远不会满足，他们还要谴责所有的妥协都是叛国。……[希腊人民]对我们所要求的——他们的要求很正当——不是对更好世界的梦想，不是乌托邦式的憧憬，而是一个能让他们安全生活和工作的可行安排。[173]

同样，针对纽伦堡审判，汉德也与圈子里许多人的意见相左，他强烈反对审判纳粹战犯的合法性。汉德反对审判，并非因为随着时间流逝，自己不再痛恨纳粹政权，而是因为他清楚记得一战后《凡尔赛条约》所包含的苛刻条款对世界造成的不利影响。他认为，有序的战后世界不可能建立在过于苛刻的和平条款之上。1943 年，他写道："我不相信一个彻头彻尾报复性的和平,'迦太基式的和平',最终会带来持久的和平。"
他能理解苏联有多么希望"吊死那些屠杀同志们的野蛮人;但是我想知
道,这最终是否有助于让德国人更加理解并且转变'武力并非一切'的
观念"。二战期间,他不同意《摩根索计划》所反映出的广泛观点,即强
制德国永久裁军,并削减其工业生产能力。他给路易·亨金的信中
提道:

> 　　我不相信现在各国联合起来仍会继续要求解除[德国]武
> 装;上次战争结束后的临时裁军所带来的结果,不过是在限制
> 解除后,引发更大规模的军备狂潮。你知道吗,我有时在想,难
> 道夺走德国全部的领土收益,让他们除了滔天罪行、破败的城
> 市、迷失或致残的年轻人外,一无所有,以此来彰显他们的苦难
> 就是最明智的计划?如果是为了宽慰大家、消除怨恨,那这么
> 做远不如把希特勒、戈培尔、希姆莱和戈林全部绞死来得痛快。

汉德认为,俄罗斯、捷克、波兰等欧洲受害者们对纳粹怀恨报复"很
自然,可以理解",但他补充道,如果"我们所期待的是一个更为宽容的
社会,一个人们不再持续杀戮的世界,那么报复并不是通向这样一个社
会的好途径"。[174]

汉德认为,在纽伦堡审判中对纳粹领导人提起的指控,包括发动"侵
略战争"的指控,都是披着法律外衣的报复行为。当时很少有美国人发
表类似观点。第四巡回上诉法院法官、汉德在1943年公正赔偿顾问委
员会的同事约翰·J. 帕克(John J. Parker)法官,曾在纽伦堡部分审判
中担任法官,他恳请汉德放弃批评立场,希望这位"支持了这么多有意义
事情的天才,在这次依据法律建立世界秩序的重要步骤中,不会被用来
发表质疑"。[175] 汉德不为所动。正如他多次明确的,复仇是一种可以理
解的人类情感,但把复仇称为"法律"的同时,又溯及既往地用文明标准
来评判纳粹首领的所作所为,实在无法令人信服。汉德承认,他强烈反
对"'侵略战争'是犯罪的概念",[176] 甚至到了1948年,他还表示,"再没

有比纽伦堡审判更让我讨厌的了"。[177] 他觉得有位熟人对这些审判的看法很"在理"："如果纳粹头目在逮捕时被击毙，没人会抱怨。但复仇和正义的区别在于，正义必须适用于所有人。"[178]

直到二战的最后一年，汉德仍不是一个广为人知的公众人物，尽管此时他已经做了 35 年联邦法官：大部分美国人从没听说过这样一位有着奇怪名字的法官。直到 1944 年 5 月的某个周日下午，他才说出了那番让他一举成名的话。1944 年 5 月 21 日，汉德应邀在纽约中央公园举行的"我是美国人"年度庆典上发表演说。新入籍的 15 万美国公民将在此宣誓效忠国家。根据议程，他会先发表讲话，然后领誓。汉德一贯害怕即兴演讲，在这种情况下，他如往常一样提前花时间写好了演讲稿。他的演讲很简短，当场并未引起关注，但后来却被人们久久铭记。这次的演讲胜过他以往的任何一次，使他的声名从法律职业范围中"出圈"，正式享誉全国。

这次演讲吸引了纽约市有史以来最多的听众。（除了 15 万名新入籍公民外，还有 100 多万人因温和明媚的夏季天气和典礼上的百老汇表演，通过散布在公园各处的扩音器收听演讲。）在"万里无云的蓝天下"，近 150 万人参加了典礼。爱国主义达到了顶峰。胜利女神显然垂青于盟军，大家都预计军队即将挺进被纳粹控制的欧洲大陆北部。纽约市长菲奥雷洛·拉瓜迪亚（Fiorello La Guardia）的欢迎词表达了这种情绪："我们准备好了。我们在等待。没人知道什么时候出征。但我们对指挥官充满信心。……只要一出征，我们就会支持军队，把所拥有的一切都交给他们。"[179] 两个多星期后，6 月 6 日，盟军在诺曼底登陆，进攻开始了。

当汉德起身发言时，已过了下午 4 点，收听演讲的人群想必早已疲惫不堪。第一批观众早在上午 10 点半就来到公园占位，其中许多人还带着午餐。活动从下午两点半开始，以长篇大论式的演讲为主，间或穿插娱乐表演，包括 3 个乐队的演出及《卡门·琼斯》《俄克拉荷马！》等百老汇音乐剧表演。纽约州的新政参议员罗伯特·F. 瓦格纳(Robert F. Wagner)发表的演说最长,他概述了一个"美国理想"计划,用于指导战后美国。几位纽约市官员以及基督教、犹太教和伊斯兰教的神职人员也都进行了演讲,更添庆典氛围。[180]

在当天下午所有的演讲中,汉德的演讲最简短。在他500多字的演讲中,他首先提醒听众们,所有美国人都是移民或移民后裔,所有人飘洋过海来到美国都是为了追寻"自由"。然后他提出了此次演讲的核心问题:"当我们说自由优先于一切时,意味着什么?"法院、法律和宪法不可能是自由的主要守护者:"相信我,这些是不切实际的希望。自由存在于人们心中;一旦它在人们心中死去,没有任何宪法、法律或法院能拯救它;甚至没有任何宪法、法律或法院能给予它一丝一毫帮助。"[181]

他继续说道,自由不是"冷酷无情,不受约束的意志";不是"随心所欲。那是对自由的否定,会直接导致自由的毁灭。倘若在一个社会中,人们不承认对他们的自由应有所控制,那么它很快就会变成一个只有少数野蛮人拥有自由的社会;对这一点,我们已有痛苦教训。"在这样的背景下,汉德说出了他演讲中最令人难忘的几句话,也是最广为流传的几句话:

> 那么,什么是自由的精神? 我无法给它下定义,只能告诉你们我自己的信念。自由的精神,就是对何谓正确不那么确定的精神;自由的精神,就是尽力去理解别人想法的精神;自由的精神,就是兼顾各方利益、没有偏见徇私的精神;自由的精神要求人们牢记,即使是一只坠地的麻雀,也不能对其视而不见;自由的精神,也就是基督的精神,他在将近2000年之前,就教给人类至今尚未领会,却也未曾遗忘的一课:或许有那么一个王国,那里的人们对最伟大者和最渺小者,都一视同仁。

凭着这种精神,"这种我国年轻人此刻正为之战斗献身的美国精神",他请听众们起立,与他一起宣誓。[182]

汉德简短的演说并没立即得到赞扬。第二天《纽约时报》的头版报道大篇幅引用瓦格纳参议员的讲话，同时也简短报道了其他几篇演讲，但对汉德的演说只字未提。然而几周内，汉德关于"自由的精神"的阐述便引起广泛关注。

如果纽约市政广播电台(WNYC)没有播放中央公园这场活动，公众也不会注意到汉德的演讲。当天下午，《纽约客》工作人员菲利普·汉伯格(Philip Hamburger)将收音机调到了 WNYC，希望能来点儿该电台主打的古典音乐。但他听到的却是"我是美国人"活动的全程播报。汉德的口才给他留下了深刻印象。第二天早上，他发现"城里没有一家报纸引用这篇演说"，正如他后来报道的那样，他打电话给汉德的办公室，然后去了弗利广场法院大楼，不仅借出了汉德的演讲稿，还与汉德进行了简短交谈。

每期《纽约客》都以"城市之谈"栏目开篇，汉伯格是该栏目的作者之一。在 1944 年 6 月 10 日发行的这期杂志上，他写了一篇短小、闲聊式的文章"关于自由的笔记"，在这篇文章中，他写了自己与汉德的简短对话，并摘录了演讲稿中的一些内容。[183]① 虽然《纽约客》的受众范围远超法律评论、判例汇编的读者群，汉德的文章通常发表在后者上面，但这还不足以让汉德的演讲引发广泛关注。几周后，为弥补初期疏忽，《纽约时报》在周末版杂志上全文刊登了这篇演讲稿。[184] 第二天，《生活》杂志也刊登了全文，称之为"筑就美国演说大厦的一块崭新基石。它没有继承韦伯斯特的演说传统，而是发扬了林肯那种更加宏大简洁的风格。"[185]《读者文摘》紧随其后，让更多人看到了汉德的演讲稿。[186]

舆论热潮远未结束。两年多后，菲利普·汉伯格写了一篇非常精彩的汉德传记文章，作为人物特写发表在 1946 年 11 月 4 日的《生活》杂志

---

① 汉伯格还报道自己非常惊讶地了解到，汉德"经常在经过数小时激烈斗争"后，才能手写出全部裁判和演讲稿。这位法官不习惯口授文稿，所以只得手里拿着笔，对着大大的黄色便笺簿苦恼。"对我来说，写任何东西都像生孩子一样，"他告诉汉伯格。汉德还告诉汉伯格，他在奥尔巴尼长大，当时非常崇拜演说家，但现已不再痴迷，因为太多的现代演讲不真实。"太多人让别人代写演讲稿，"他说，"哎呀，就在前几天一个晚宴上，我和一群面无表情之人一起坐在高台上。有个家伙站起来，说了几句非常机智的开场白。然后那家伙把手伸进口袋，掏出一张纸，说'为这篇演讲我花了 50 美元，所以我最好把它读出来'。我对此避之不及。"

上。在标题《伟大的法官》(The Great Judge)旁边,一段名为"自由的精神"的粗体文字尤为醒目,这段话摘自汉德演讲中对自由精神的定义,正对着汉德的整版照片。[187] 汉德以前常对现代大众文化使品味同质化的能力嗤之以鼻,现在突然发现自己成了民众的英雄;他收到的关于这篇简短演讲的信件,远比涉及任何判决书或其他演讲的信件多。自 1941 年起,他一直参加拉瓜迪亚市长委员会组织的"我是美国人"庆祝活动。事实上在战争大部分时间,汉德都会参加委员会活动,很大程度上是因为他的女婿纽博尔德·莫里斯(Newbold Morris),也就是他女儿康斯坦丝的丈夫,在拉瓜迪亚担任市长期间担任市议会主席。[188] 在这种责任感的鞭策下,他当时匆忙写下了演讲稿。此外,首席巡回法官会议为执行一项国会早期决议,于 1942 年 9 月通过了一项内部决议,要求所有联邦法官重视入籍程序的重要性,将入籍程序视为促进战时爱国主义的关键。[189] 因此,在 1944 年,当汉德被邀请担任效忠誓词的领誓人时,他没有随意拒绝邀请。虽然他不认为自己写出了一篇令人难忘的演讲,并对所有赞扬感到困惑和惊讶,但他偶尔也会承认自己确实乐在其中。而随着公众的赞扬声越来越多,他发现要坚称这篇演讲"似乎并没有……上乘的质量"也越来越难。[190] 在给戏剧评论家朋友约翰·梅逊·布朗(John Mason Brown)写的信中,汉德评论道:"我想,如果我说,在我看来这篇演讲稿浮夸到愚蠢,那只会被认为是虚伪的谦虚;所以还是不说了。"[191] 一年后,在回复布朗另一封热情洋溢的信件时,汉德承认:"尽管你狂放肆意,但你对我的喜欢还是太过离谱。"他不再否认汉伯格带给了他巨大的公众关注。他称自己为"老绅士":《纽约客》的一名可爱小伙帮这名老绅士登上了头版,并把他推向公众。按照传媒这只猛兽的特性,公众对他的关注如同滚雪球般,越来越多,为什么都不深呼吸放松一下呢?"[192]

称赞汉德的人中,其实只有少数人真的亲耳聆听了这场演讲。纽约市律师协会秘书长就是其中一位,他告诉汉德,"我觉得……我们正在聆听的您的演讲,也许会像'葛底斯堡演讲'那样令人难忘。"[193] 以后几年里,汉德的演讲常被拿来与葛底斯堡演讲相提并论。弗吉尼亚州律师协会主席也坚持认为:"[您的演讲]简洁精彩,可与林肯在葛底斯堡的演讲媲美。"[194] 一位老朋友告诉汉德,她第一次知道这个演讲是家里厨子从中央公园回来时告诉她的,厨子描述汉德"对她所说的话意义有多么重大"。[195] 一位极具洞察力的熟人希望汉德能真正接受掌声,并从此中获得满足,因为汉德毕生都在寻求认可,这对他十分重要。[196]

汉德,尽管始终有疑虑,但还是很享受这掌声。他在给朋友哈里·金(Harry King)的信中提道:

和几乎所有人一样,我喜欢掌声,所以我"欣然接受"。如果有人说不喜欢掌声,那他肯定是在撒谎。尽管如此,我还是为自己如此享受大家的赞扬而感到羞愧。我想,凡是有理智的人,只要一躺到床上,拉上被褥,回想过去生活,然后一想起自己曾经是个胆小鬼、谎话精、懦夫或蠢驴的那些日子,就会感到不寒而栗。

所以我觉得,当人们像你一样称赞我时,好像大家都没有发现我只是运气好罢了。但我很高兴他们一直没有发现,如果我能继续骗过你,我就会一直这么做下去。[197]

尤其令汉德感动的是,有报道称他的演讲鼓舞了许多军人,其中包括一名海军军官,他在制服里放了一份演讲稿,大声念给所有愿意听的人,直到杂志剪报变得破碎不堪。[198] 但是,没有人比路易·亨金更清楚地看到汉德新获名声所具有的讽刺意味。远在法国的亨金给汉德写信,报告自己在《生活》和《读者文摘》上都读到了汉德的讲稿,深受感动:"为我的前老板感到骄傲,觉得好像自己也和这篇演讲有关联呢。"

但是,令我震惊到足以对这里一些"中尉"大声说出来的是,您已年近73岁,只是某个夜晚,为赶上交稿期限,匆匆写下了了百字,就赢得了广泛赞誉。35年来,您始终以勒尼德·汉德法官的身份工作和生活,曾有最高法院的人告诉我,我是在为"英语世界最伟大的在世法官"工作。但对我们共和国的伟大公民来说,勒尼德·汉德可能只是一个新阿姆斯特丹民间故事中的人物,或是古英语对当地乡村文士的描述!⋯⋯但我还是很高兴。[199]

汉德在中央公园发表的演讲好评如潮,但这在某种程度上却也自相矛盾。一直以来,汉德以不可知论者自诩,但却发表了一篇带有明显宗教色彩的演讲,其中还包括一段耶稣基督的祷词。[200] 此外,这篇演讲的不同之处还在于,它呼吁平等地尊重社会上所有成员,并提到"一个王国,那里的人们对最伟大者和最渺小者,都一视同仁"。但汉德演讲的主题是他一贯主张的,即自由的精神是自我怀疑的精神。毕竟,他是在战争期间发表这番演讲,当时,对国家的绝对忠诚被视为每个美国人的责任。然而,在一场重要的爱国典礼上,一位联邦法官却赞赏这种"对何谓正确不那么确定的精神"。即使在民主国家生死存亡之际,他仍能坚持对怀疑精神的信仰。战争年代,怀疑和不确信并非时髦的特征,但他铿锵有力的演说和对怀疑精神的赞美,即使在崇尚确定的大环境下,还是引发了广大听众的强烈共鸣。

第十三章

进入最高法院的最后机会：1942 年的空缺

汉德争取联邦最高法院大法官席位的最后机会，出现在 1942 年秋，此时他已年近 71 岁。整个国家正被卷入一场前途未卜的战争：日本在太平洋势如破竹地扩张；而随着纳粹军队抵达斯大林格勒，轴心国的战争机器已将西方同盟国赶出欧洲大陆，并正深入苏联国土。同盟国急求好运，却只得寥寥数次胜仗：中途岛海战，海军陆战队的瓜达尔卡纳尔岛之战，还有艾森豪威尔率军在北非登陆。

战事对国内产生的广泛影响甚至波及当年秋季的最高法院人员构成，罗斯福总统于 10 月初说服詹姆斯·F. 伯恩斯（James F. Byrnes）从最高法院辞职，以担任经济稳定办公室（Office of Economic Stability）主任。① 罗斯福在首个任期内，连一个大法官提名机会都没有，遂在挫败感驱使之下于第二任期发起"重组最高法院计划"，是故，彼时的他已有充足机会确保建立一个稳固的支持新政的最高法院：自 1937 年任命亚拉巴马州参议员雨果·布莱克始，他总共向最高法院任命了 7 位新大法官：斯坦利·里德（Stanley Reed）、费利克斯·法兰克福特、威廉·道格拉斯、弗兰克·墨菲（Frank Murphy）、詹姆斯·伯恩斯（James Byrnes）和罗伯特·杰克逊（Robert Jackson），还有雨果·布莱克。[1]（伯恩斯于 1941 年得到任命，以接替最后一位，也是最为保守的反新政保守派大法官麦

---

① 伯恩斯于 1941 年 6 月至 1942 年 10 月 3 日在最高法院任职。他随后担任经济稳定办公室主任，不到一年后又于 1943 年 5 月成为战争动员办公室主任，并一直任至 1945 年。其后，他出任杜鲁门政府的国务卿（1945—1947 年），及南卡罗来纳州州长（1951—1955 年）。

克雷诺兹。）

　　伯恩斯的辞职带来了新的空缺，于是，由费利克斯·法兰克福特和查尔斯·C. 博林恩牵头，汉德的几个朋友发起了一场声势浩大的助选行动，藉此说服罗斯福总统提名汉德至最高法院。要是放在几年前，这种努力根本不会有结果：罗斯福曾经宣称，70 岁以上者无法胜任大法官职务，并以此为主要理据推行他的"重组最高法院计划"。但最高法院重组之战已过去 5 年，汉德的支持者们有理由期待，此时的罗斯福已不会再为提名一位七旬老人而感到难堪。费利克斯·法兰克福特是提名汉德至最高法院这一计划的发起人和主要推动者。在 1939 年 1 月成为大法官之后，法兰克福特仍与总统保持着密切联系，他在战时亦持续向白宫提供大量建议，不过会尽量回避可能出现在最高法院的议题。此外，法兰克福特和伯恩斯在最高法院共事时，亦与其建立起了密切的关系。伯恩斯于 1941 年成为大法官，他此前曾有过非常活跃的政治生涯，包括在参众两院担任议员长达 20 多年。法兰克福特在伯恩斯进入最高法院时并没有抱太大期望：他预计伯恩斯会表现得很"务实"而非司法超脱；令他惊讶的是，他发觉这位南卡罗来纳政客有着"非凡的远见卓识"和"真正的司法脾性"。[2]（在一个日渐分裂的最高法院，伯恩斯倾向于支持法兰克福特，这无疑助推了法兰克福特产生如此观感。）他早在公开声明发布前，就已知晓伯恩斯将从最高法院辞职以加入行政分支。通过与罗斯福的联络，法兰克福特清楚总统几个月来一直在敦促国会通过一项经济稳定法案，以遏制通货膨胀和战时投机倒把的行为。因此，他不失时机地启动了他的计划，以保汉德获此提拔。

　　9 月 30 日，也就是伯恩斯从最高法院辞职的三天前，法兰克福特给总统写了两封短笺。他在第一封短笺中盛赞罗斯福选了他"最投契的朋友"伯恩斯担任管理者；到了第二封短笺，他便以其特有攻势透露了想法，集中火力为伯恩斯在最高法院的继任者谋划起来。他写道："当然，吉姆[·伯恩斯]和我谈到过他离开最高法院所带来的影响。我相信他和我都认同，你又有机会像[1941 年]任命斯通担任首席大法官时那样，为最高法院和国家做点实事了。而且我十分确信，斯通也会同意吉姆和我对这件事的看法。"[3]

法兰克福特迅速释放出巨大的能量储备,组织起一场助选行动以说服总统选择汉德。接下来的一个月里,他大多在幕后动作,鼓动潜在支持者。他动员了 C. C. 博林恩作为他的主要盟友。1942 年的博林恩已经 84 岁了,但依然思维敏捷,对幕后操纵的兴趣亦是分毫不减。他曾组建融合联盟①,令菲奥雷·洛·拉瓜迪亚于 1934 年得到纽约市市长之位;此时,他迅速协助编制了一份名单,名单上皆是可以帮助说服罗斯福的有影响力之人。

总统在 11 月收到了密集的支持信件,这场助选行动随之到达顶峰。法兰克福特在与罗斯福的会面和电话中多次谈及汉德,而在 11 月 3 日,也就是他们某次谈话后的第二天,他如此写道:

> 尤其是在政治方面,勒尼德·汉德是唯一一个不会给你制造麻烦的家伙——或者说,什么祸都不闯就把事办了。您若提名他,媒体报章必是一片赞誉他的年轻——对社会和现代的观念并不僵化——大家有目共睹。以他的工作带来的贡献说,他其实早就是最高法一员了,而这次不过是将此公之于众罢了……在政治上,我从未如此满怀信心。

在附言中,法兰克福特试图打消总统的疑虑,让他相信汉德的年龄不该成为障碍:"[罗斯福的]3 个任期、72 岁的伯尼[·巴鲁克]②、莱希也到了他那个的年纪[五星上将威廉·D. 莱希(William D. Leahy),罗斯福的军事参谋长,时年 67 岁],吉米[·伯恩斯]离开法院——这些都

---

① 融合联盟,是指 1933 年由支持改革的独立民主党人、共和党人和民权活动人士组成的跨党派组织城市融合党(City Fusion Party),该党在 1933 年纽约市长选举中支持前国会议员及共和党人菲奥雷·洛·拉瓜迪亚(Fiorello La Guardia)并助其当选。——译者注

② 即伯纳德·曼尼斯·巴鲁克(Bernard Mannes Baruch),美国金融家、政治家和政治顾问,曾为总统伍德罗·威尔逊和罗斯福担任顾问,并曾为罗斯福的新政提供重要经济建议。——译者注

比汉德的问题要紧的多。"[4]

3 天后，博林恩也出手了：

> 亲爱的富兰克林：
>
> 　　我来向最高法院推荐一个人吧，他会像卡多佐得到胡佛总统的任命时那样，得到整个法律行业的赞誉。
>
> 　　　　　　　　　　　　　　　　　　勒尼德·汉德

他承认，汉德已年逾七旬且来自纽约，而最高法院已有两名来自纽约的大法官了。"但是，"他坚称，"他工作勤奋，而且无疑是所有巡回上诉法院中最出色的法官。"他向总统提及汉德杰出的职业生涯，包括 1930 年那段与最高法院失之交臂的经历："您知道胡佛和乔·科顿的那件事。"博林恩接着解释了原因，并补充道，提拔汉德有其特殊的"政治和诗意的正义；他无需经历学徒期，即可迅速融入最高法院，继续他 33 年来的伟业。"他总结道："你立于世界之巅而又无所不能……我就以首尾呼应的方式来收尾罢。汉德会像卡多佐一样表现优异且广受欢迎，并为最高法院添砖加瓦。"[5]

1 周后，奥古斯都·汉德也来添了几句颇有分量的美言。勒尼德的堂兄从一开始就参与了谋划：他早在 1 个月前就告诉勒尼德，他深信，勒尼德终归还是确有可能进入最高法院的。[6]与勒尼德不同，格斯可以像博林恩那样，作为一个终生的民主党人向总统进言。对于一向寡言的格斯来说，这是个难得的表达对堂弟的喜爱和深深敬意的机会——他对罗斯福说，汉德"更像一个小弟弟"；他俩作为"我们家这一代人中唯二的男性"，"比一般的兄弟更团结"。基于两人几十年来的亲密友谊——"童年时代是彼此的玩伴"，"过去 25 年在美国法院每天都是同事"——格斯可以理直气壮地自称对勒尼德"知根知底，无人能及"。

同法兰克福特和博林恩一样，格斯·汉德认为总统或许是因为不了解勒尼德而有所抵触，故而试图写信打消这种疑虑。因此，他力证勒尼德拥有"能让苏格拉底蒙羞的求知欲"，以及"更重要的是，他的想象力和人品,使他能够理解并同情地看待当前的运动,同时令自己的观点顺应时代变迁"。"事实上,我一直叫他'赫拉克利特'(Heraclitus)①,因为他真切地领会到了这位老哲学家的格言之真谛:'一切皆流,无物常驻。'"②7

格斯的 3 页长信中提到勒尼德的判决书所得到的重视,他认为这些文书理应广为人知,这不仅是因为论证和行文,更是"因为这些裁判展示出一种运用创造力和理解力来看待眼前问题的杰出能力"。没有一位在任法官拥有如此"众多的学术追随者";若是任命他,"将同提名卡多佐时那样广为称道"。此外,因为担心罗斯福可能对勒尼德的政治资信有所保留,格斯又对"他的自由主义观点"补上几句溢美之词,并强调他"早在成为法官之前",就已是现代宪法立场"最早期的倡导者之一",他反对新政早期曾遭遇的那种司法阻碍立法改革的做法。奥古斯都·汉德最后特别呼吁道:

> 他的活力和机敏并未衰退,才能亦实属一流法改革的做法。奥古斯都运动,同时年纪太大了,但他并没有任何为人所知的缺点,他具备丰富经验、杰出文化素养和哲学深度,已经为此职位作好了完美的准备。8

首轮猛攻之后,法兰克福特和博林恩趁热打铁,对总统继续施压。他们的主要目标之一,就是首席大法官斯通。尽管法兰克福特自信满满地向罗斯福保证,斯通会认可汉德这个人选,但他实际上并不很确定:由于两人在许多判决上意见不一,他与斯通已日渐疏远,法兰克福特告诉博林恩,他认为这个新罕布什尔"农民"③"太胆小了",特别不愿意直率

---

① 赫拉克利特(Heraclitus),古希腊哲学家,爱菲斯学派的代表人物。——译者注

② "一切皆流,无物常驻"(Nothing ever is,everything is becoming),赫拉克利特名言,意指自然万物始终处于永恒的运动变化之中,强调了事物发展变化的绝对性和永恒性,是赫拉克利特对其以流变说为核心的哲学思想的概括。——译者注

③ 哈伦·伦·斯通大法官来自新罕布什尔州,其父为当地农户。——译者注

地表达自己的看法。对斯通一直仰慕有加的博林恩并不同意这一观点：他认为斯通只是"为礼数所限"，更不消说斯通还要考虑自己是共和党人的这一层关系。⁹斯通确实不愿主动提出自己的观点，但他在回应罗斯福政府的正式质询时对汉德持肯定态度。首席大法官告诉博林恩："我要重点强调，我认为这项任命……将对最高法院有极大的助益，我会为此感到非常高兴。"¹⁰但此番强力支持并不足以将汉德誉为唯一合资格的人选，斯通亦提醒道："我猜……年龄问题是个障碍。"¹¹

接着，汉德的支持者们转而向司法部长弗朗西斯·比德尔（Francis Biddle）寻求帮助。法兰克福特和比德尔的关系有些紧张，但博林恩毫不顾忌地向司法部长提出了他特有的简短而又有力的建议："任命一个七旬老人似乎与 1937 年罗斯福就老年法官所持的立场相悖；但勒尼德·汉德是个例外……至于所谓一以贯之，要知道爱默生在《自立》①中，将追求一以贯之称为渺小心灵上的恶鬼②。"¹²几天后，不屈不挠的博林恩又给总统写了信，试图令他相信汉德拥有广泛的支持，并化解这个烦人的年龄问题。他说，"不断有人跟我说他们支持勒尼德·汉德"，汉德 70 岁的年纪不该成为障碍："罗马人的人生大关口是 63 岁（第 9 个 7 年）③。能渡此关口的必是强者。对这些生活规律、与世隔绝的法官们而言更是如此。"博林恩像 3 天前对比德尔说的那样，向总统进言：

> 　　一贯性是对比德尔说的那样，向总统您曾在 1937 年承认过，例外情况是存在的。勒尼德·汉德就是这样一个例外。你若是任命他，便能出色地证明自己的思想开放。汉德的心智和你一样正常且自由。¹³

---

① 拉尔夫·瓦尔多·爱默生（Ralph Waldo Emerson），美国散文作家、思想家、诗人。——译者注。

② 原文为"愚蠢的一以贯之是渺小心灵上的恶鬼，受到小政客、小哲学家和小牧师的顶礼膜拜。如果强求一成不变，伟大的灵魂就一事无成。"——译者注。

③ 此处原文为"The grand Climacteric of the Romans was 63（9×7）"，在古希腊哲学和占星术中，人生关口（Climacteric）被认为是一个人生命中某些关键的年份，以 7 年为周期，而大关口（grand Climacteric）通常指第 63 年（第 9 个 7 年），被认为或有重大变故。——译者注

罗斯福最初的反应并不令人振奋。他只是不置可否且开玩笑似地对博林恩写道:"幸亏……你从未当过法官! 你若是生活规律或是与世隔绝,就不会有现在的博林恩了。"[14] 在他写给格斯·汉德的一封信中,情况更是不妙:总统幽默但明显话中有话地表示,希望格斯"作为家庭成员,能在档案中更改 B.(指勒尼德·汉德)的出生日期"。[15] 总统的不情不愿还不足以让博林恩就此收声,他又给罗斯福写了几封信力促其支持汉德。例如,早在 12 月,他取笑了总统建议格斯更改勒尼德的出生记录这件事:"我不知道格斯会不会像对我说的那样告诉你,他作为一个(圣公会①的)堂长②,居然被另一个堂长唆使犯下篡改出生记录的罪行,他很是震惊。我们同为堂会理事,我认为没必要犯罪。"汉德即将启程去华盛顿,在最高法院为路易斯·布兰代斯举行的追悼会上发表演说;博林恩向罗斯福打包票,如果总统能在那里"想尽办法看到他","就会毫不犹豫地当面任命他,他就是一位大写的法官,堪比英国法官中的佼佼者,甚至可与吉尔伯特和沙利文笔下最优秀的法官媲美③。"[16]

在博林恩发出这一请愿后不久,法兰克福特亦向罗斯福递交了自己最后的呼吁:

> 我知道前人曾为最高法院和这个国家作出多么伟大的贡献——当然,自内战以来,这里只有霍姆斯、布兰代斯和卡多佐堪称真正伟大的法官——我因而渴望,你能在你的总统任期历史上,留下唯一一个堪比霍姆斯、布兰代斯和卡多佐的人。如

---

①　圣公会(Episcopal Church)是基督新教的一个宗派。——译者注

②　堂会理事(Warden)是圣公会教区或教会的非神职人员,通常作为兼职志愿者为教会服务,由牧师委任或教众选举产生,依不同的任命方式及职能有堂长(Senior Warden)和福堂长(Junior Warden)之分。——译者注

③　吉尔伯特和沙利文,指的是维多利亚时代英国剧作家威廉·舒文克·吉尔伯特和作曲家亚瑟·沙利文,以及他们共同创作的滑稽歌剧作品。曾有过短暂大律师执业生涯的吉尔伯特写下不少法律和法律职业相关的幽默讽刺作品,其中尤以两人共同创作的独幕剧《陪审团的审判》最为知名。——译者注

果你能提名勒尼德·汉德,消息传出 5 分钟后,所有关于年龄、
地域等方面的考虑都会变得无关紧要了。即使汉德只能任职
短短几年,他也只会给最高法院带来荣誉,并为促成此事的总
统增光添彩。[17]

这是法兰克福特最后一次口头和书面的请愿。但他还保留了一份
与汉德的提名有关的,更引人注意的文件。他为罗斯福起草了一份公开
声明,声明的内容是向最高法院宣布汉德的提名:

> 我提名第二巡回上诉法院资深巡回法官勒尼德·汉德接
> 替詹姆斯·F. 伯恩斯,担任最高法院联席大法官。
>
> 年龄和地域在平日或许是决定性因素,但此时国家正处紧
> 急状态,人人都应服务于能够发挥最大效用的地方,在选择应
> 由何人接替一名被征召参战的最高法院大法官时,年龄和地域
> 应让位于对国家需要的首要考量。
>
> 勒尼德·汉德法官在我们的联邦司法体系中享有卓越地
> 位。他任法官多年,对各个层面的法律,尤其是联邦法律,均有
> 深刻理解,因而独具担任最高法院大法官的资格。他是此时此
> 刻当之无愧的人选。在宪法的总体框架之下,他会将他那朝气
> 蓬勃的思想,和经过检验的为国所需的理解,带给最高法院。[18]

据一位与晚年的法兰克福特大法官相处甚久,并为其整理与罗斯福
之间通信的编辑称,法兰克福特是在总统首肯之下准备的这份声明。[19]
法兰克福特一向很乐观——而且常常过分乐观,他很可能以为自己是在
按罗斯福的授意行事,但期待甚高的他很快就遭遇了冲击。第二天,总
统在一封标有“私密”的短笺中如此回应道:

> “诚心考虑”这种话大多是言不由衷的。可我现在的确在
> 诚心考虑。我也同样在考虑“例外能反证规则”这句话——但

适用例外的必要条件之一，是时机这个非常重要的因素。

　　有时，一个人会被自己的言行所束缚——他本人也不会乐见这种事情发生。[20]

他指的就是自己于 1937 年发起的"重组最高法院计划"，他在该计划中表示反对七旬老人担任大法官。这封信传达的信息很明确：他不愿推进汉德的提名，并为此感到痛苦，但年龄问题是不可逾越的障碍。

收到这封短笺后，法兰克福特便放弃了助选汉德的努力。在他看来，这个"在整个最高法院之争中最为愚蠢的"年龄问题，将令这个国家蒙受损失：

　　罗斯福现在清楚这事是多么愚蠢了，而且他当时就该知道，毕竟，在最高法院，最为自由主义的法官曾是 90 岁的霍姆斯和已经超过 80 岁的布兰代斯。但正如罗斯福对一二旁人所言，他觉得自己无法克服 1937 年对年龄问题的表态，亦担心批评者将如何借此大做文章。我确信，那是他的判断失误，因为即便有人拿他开点小玩笑，任命勒尼德·汉德引来的溢美之词也会淹没嘲弄之声。无论怎样，为了让像勒尼德·汉德这般高度的人进入最高法院，承受少许嘲弄也是值得付出的代价。[21]

博林恩并不打算这么快就放弃。他对法兰克福特写道："你的确应该安静而有尊严地屈服，但我宁要死磕到底。"[22] 然而，当听到"小道消息"说爱荷华州的威利·布朗特·小拉特利奇（Wiley Blount Rutledge, Jr.）将得到提名时，连博林恩也心灰意冷了，但他仍拒绝相信此时已到了山穷水尽的地步："我非常反对'老迈'——这种反对每一天都在以各种方式加重。"84 岁的博林恩如是说；但年龄更多地在于心理而非年岁，而且在他看来汉德并不算太老。博林恩从未听说过拉特利奇；他在查证后发现拉特利奇是一名前法学教授和在任院长，遂向着法兰克福特发起脾气："唉，恕我直言，最高法院不需要再多一位教授了。有你、斯通院长和 W. O. D. 教授[威廉·O. 道格拉斯]已经够了。"11 天后，博林恩补充道："我认为，除非此人经验丰富，要不然，你这最高法院再添一个教授，就该是一场公共灾难了。"[23] 在圣诞节的前一天，博林恩向总统发出最后的请愿，并再次谈及法学教授这一问题："他们的弱点就是从来不需要去面对现实。他们可能在这个庭期是这么想的，到下一个庭期或下一个礼拜就变成相反的了。他们不必为其说教的后果负责。初审法院还能给他们上上课，学学怎么当法官；而在上诉法院，他们会是真正的危险因素。"[24]

1943 年 1 月 11 日，白宫宣布总统选择提名爱荷华州的威利·拉特利奇。[25] 拉特利奇比汉德小 22 岁，在 1943 年才不过 48 岁。他的大部分职业生涯都是在法学院度过的；1939 年，罗斯福任命他为哥伦比亚特区上诉法院法官，这一经历满足了罗斯福需任命经验人士担任大法官的要求。但年龄问题不过是个虚妄的理由：拉特利奇只当了 6 年大法官就于 1949 年去世，彼时汉德仍是第二巡回法院的现职法官①，直至拉特利奇过世 12 年后，汉德才因身故终止任职。

法兰克福特和博林恩在此后余生中一直深信，汉德之所以没能在 1942 年得到最高法院大法官提名，纯粹是因为罗斯福太看重年龄问题，并且被"一以贯之"这个恶鬼所限。然而，罗斯福几次三番令熟人们摸不清他的计划和动机，时而还会被其误导：他那高超的政治技巧之一，就是在听取了一系列观点之后依然不暴露自己的意图，并在最后自行其是；法兰克福特当然不是唯一一个相信总统会令其得偿所愿，却在最后一刻眼见着美梦落空的人。事实上，总统不选汉德，还有着其他未曾言明的理由。

---

① 此处的现职法官，区别于保留法官职位但退出常规现职工作的资深法官。联邦巡回上诉法院法官职务为终身制，但任职达到一定年龄并符合服务年资要求时可选择退休，又或保留法官职位但退出常规现职工作的半退休模式，后者可在承担低于现职法官的工作量要求的前提下领取原职位薪水。1949 年的汉德仍是现职法官；而在 1951 年，汉德选择了保留法官职位但退出常规现职工作，但仍一直承担大量审判工作直至身故。——译者注

　　法兰克福特对助选行动的执着可能正是原因之一。司法部长比德尔从来就不是汉德的有力支持者,他密切观察着各方如何谋划争取这一席位,并在后来的日子里声称,法兰克福特的热忱在更大程度上是一种障碍,而非帮助。汉德本人曾在 80 多岁时忆起,比德尔告诉过他:"假使费利克斯不这样反复施压、纠缠不休,你本可以有更大的胜算。"汉德亦补充道:"确实。这是费利克斯的一个失误。"[26] 比德尔直至 1951 年某次与汉德同乘一船自意大利返程,才开始了解这位"聪慧且风趣"的法官,所以这些话其实是他在事过近 10 年后才对汉德说的。而且,比德尔当时告诉汉德的或许也不过是些流传于华盛顿的坊间旧闻:正如他在 1962 年的自传中如此写道:"我**后来**听闻,[罗斯福]将这件事评价以汉德的名义进行的'有组织施压',并且甚是厌恶。"[27]

　　这一猜测在大法官威廉·道格拉斯的自传中得到了证实。时隔 30 多年,道格拉斯讲起,自己在那场汉德助选行动期间,常和总统打扑克。在 1943 年 1 月的一次扑克牌局上,道格拉斯喋喋不休地对伯恩斯大法官的继任者表示好奇,而罗斯福为此取笑了他。道格拉斯最后问总统"不会任命"谁,罗斯福仰头大笑,答道:"我不会任命勒尼德·汉德。"道格拉斯称,自己当时告诉罗斯福说,他"错失了一个人才"。但总统回应道:"也许是这样没错。但这次费利克斯有点过火了……你知道今天有多少人让我提名勒尼德·汉德吗?"他自问自答式地继续:"20 个,每个都是费利克斯·法兰克福特的传声筒。"道格拉斯最后写道:"他顿了顿,伸出下巴补充道,'天哪,我才不听他们的呢。'"[28]

　　这个故事的真实性有几分可疑。写下这些时,道格拉斯回顾了自己与法兰克福特在最高法院共事的那些年,这是一段伴随着与日俱增、逐渐激化的憎恶之情的时光。抹黑法兰克福特必然有其独特的吸引力。此外,道格拉斯给出的日期也颇为可疑:他说扑克牌局上的对话发生在拉特利奇被提名的前几天;然而那时,法兰克福特早已放弃了他的助选行动,而且几乎不可能有"20 个"法兰克福特的传话人在那一天向总统请愿。更有可能的是,道格拉斯回想起了罗斯福曾对法兰克福特这种凡事都不晓得适可而止的脾气表露过某种厌烦情绪——汉德自己在"萨科和万泽蒂案"以及其他一些问题上也时常留意到这种脾气。

政治理念因素在汉德被拒绝提名一事中的作用要更值得一说一些，这些因素源自 1942 年最高法院的内部生态。因新政而被任命的大法官们日渐分裂；法兰克福特越来越觉得自己身处少数方；任命汉德会给他所在的这一方增加 1 票，同理，任命拉特利奇必定会招致该方更为强烈的反对。

法兰克福特和博林恩一直清楚知道，汉德面临遭遇政治反对势力的风险。例如，从他们的通信记录中可以看出，他们迫切地想要避免汉德的名字被过早提及，因为他们担心遭遇身份不明的政治对手的狙击，担心如博林恩形容的这般，汉德的名字"若是泄露了出去，群狼便会猖狂起来"。[29] 可是，这种针对汉德的潜在敌意又是缘何而起的呢？法兰克福特推举的人选在 1942 年未被选中，很可能反映出他的手段已令人失去耐心，而他对最高法院角色的构想更是难获认同。

法兰克福特于 1939 年 1 月进入最高法院，作为对罗斯福颇具影响力的顾问，他自信满满且名声在外，与多数同期新政大法官们是老相识，并且作为宪法和行政法方面的知名学者，以及最高法院历史和现代事务专家，向来享有良好声誉。他满心期待成为最高法院的智识领袖。起初，一切似乎都很顺利。布莱克、道格拉斯、里德和墨菲大法官都与他关系密切，并且通常都会尊重他的观点。可到了 1942 年，法兰克福特的自信心已大为动摇；同僚正在变成对手，他时常发觉自己身处少数一方。

法兰克福特的影响力下滑，有着理念和个人两方面的原因。理念问题与最高法院在保护个人权利上的职能有关。罗斯福很少考虑个人权利问题，所以他惊诧于自己提名的大法官们在这些问题上如此急剧且迅速地分裂开来。数十年来，最高法院通过对国会权力的限缩解释和对立法机关正当程序限制的宽泛解释阻碍经济立法，而法兰克福特最关心的，就是找到能够终结这一切的大法官。他毫不费力地实现了这一目标：自 1937 年始，最高法院放弃了对经济改革的司法干预；很快，确认经济立法合宪的裁决已经是十拿九稳。但是，关于最高法院应如何保护公民自由和公民权利的又一种争论很快爆发了：例如，当言论自由和宗教自由这类权利而非财产利益受到威胁时，最高法院是否应当采取更为积极和干涉主义的姿态？

　　1938 年，斯通大法官在"卡罗琳产品公司案"（ *Carolene Products* ）中写下一个著名脚注，早早预示了这场重大的宪法之争①。[30] 斯通反对就经济法规提出宪法挑战，并在此提出，当法律限制了"政治进程"，或是在"法律指向了特定宗教或少数族裔"的情况下，"对分散和孤立的少数群体的偏见可能会妨碍政治进程的运作"，那么"合宪推定的适用范围可能更为狭窄"。[31] 核心问题很快就变成了，司法克制——在总体上遵从政策辩论的立法决议——是否应该成为法官对所有类型法律的全面立场，抑或是否应当适用一种双重标准，在这种标准下，大法官们不会干涉经济法规，但同时会更仔细地审查那些被控侵犯个人自由的法律。

　　所有新政大法官都认同，这种不干涉的态度适用于经济类法律，但他们在如何适当处理个人权利案件这个问题上存在巨大分歧。法兰克福特派坚持认为双重标准不妥：司法尊重多数决原则并非仅适用于经济利益受到威胁的情形，即便某项法律被控剥夺个人权利，这一原则也应

---

　　①　此处指的是 1938 年联邦最高法院"美国诉卡罗琳产品公司案"（ *United States v. Carolene Products Company* ）判决书的"脚注 4"注（ *Footnote Four* ）。此案涉及一项联邦立法，它限制一种混合奶的跨州销售。卡罗琳公司认为这一法律违背了宪法第十四条修正案中"正当法律程序"条款，剥夺了公司的商业自由权。最高法院斯通大法官在法院的多数意见书中指出，判决与州际商业相关的案件时，最高法院应该认可立法者制定规制商业活动的法律时所依赖的"知识和经验"；如果不缺乏这样的"理性基础"，就不应该宣布这些立法违宪。而意见书中的第 4 个注释产生了巨大影响，也激发出众多的法学研究成果。如果用通俗的语言来解释斯通的注释，那就是司法克制有以下三个例外：其一，明显违反《权利法案》和第十四条修正案的立法；其二，限制更多人参与政治进程的立法；其三，歧视弱势群体、妨碍他们参与政治进程的立法。对这三类立法，最高法院要进行严格司法审查。这个注释的重要意义在于，它提出了对于不同类型的立法需要适用不同程度的司法审查。通常说来，同样情况必须得到同样的对待是法治的一个基本原则。可是，斯通的注释却明确提出，产生于同样程序的立法，因为其涉及的内容不同，司法部门应当采取不同的对待方式。具体说来，法院对国会的经济调控（主要是州际商业）立法，遵从立法机构的判断；对待非经济立法，则应加以严格审查。这种区别对待立法的司法审查态度后来逐渐发展成为美国宪政史上著名的"双重标准"原则。——译者注

适用①。而以布莱克和道格拉斯大法官为首的反对阵营争锋相对，称当个人权利寻求保护时，最高法院理应发挥更为积极的干预作用。这场理念之争在1942年伯恩斯的席位出缺时到达顶峰。最引人瞩目的标志性案件，就是耶和华见证人②教会学童基于宪法第一修正案，挑战当地要求学生在课间向美国国旗敬礼之规定一案。教会称，这些要求违反了他们严格遵守"十诫"的宗教义务。1940年，最高法院在"戈比蒂斯案"（*Gobitis*）³²中首次审议了这一主张，法兰克福特撰写了判决书，并在其中驳回了耶和华见证人教会的指控③，这份判决得到多数同僚的掌声欢迎；³³在判决中，他代表9位大法官中的8位，支持学校董事会有权决定"用适当的各种方式来唤起一种对自由而言不可或缺的共情"。他解释道："只有当个人自由扎根于个人习惯之中，并且无需通过法院裁判的强制力以违反通行原则的方式行使，个人自由方能得到最好的维护。"³⁴只有斯通大法官持异议：他秉持自己在"卡罗琳产品公司案"中的意见得出结论，称其"无法认定这个弱小无助的少数群体的权利……将被国家利益压倒"。³⁵

最高法院之外，法兰克福特在"戈比蒂斯案"中所持的立场遭到了

---

① 在20世纪50至60年代沃伦法院掀起一场权利革命风暴之前，斯通在"脚注4"中提出的看法并没有受到广泛的重视。当时的主流司法观念是司法克制，其旗手就是法兰克福特。他认为，既然司法不应该推翻立法对社会和经济事务的干预，那么，同样道理，司法也不能推翻限制言论自由和结社自由的立法，不能推翻维护对弱势群体实质性歧视的立法，除非立法部门的做法从程序到内容都是完全不合情理的。因为法律的内在一致性要求司法对立法的遵从是普遍性的，而非有所区别。——译者注

② 耶和华见证人，是美国的基督教非传统教派，其教义反对任何形式的偶像崇拜。——译者注

③ "戈比蒂斯案"（*Minersville School District v. Gobitis*）中，最高法院裁定公立学校可以强制要求学生（该案中即信仰耶和华见证人教派的学生）向美国国旗敬礼并背诵效忠誓词，即使学生在其宗教信仰上反对这些做法。法兰克福特大法官撰写了多数方意见书，他强调，法院的一个重要责任是必须在"自由和权威的冲突中寻求协调。但是，当所涉及的自由是宗教的自由，而权威又是保卫国家民众的权威时，司法的良心就面临着最严峻的考验"。而在他看来，在这一考验中，当个人的宗教信仰与政治社会的利益相抵触时，当事人不能推卸其政治责任。而向国旗致敬就是这样一种不能推卸的政治责任。此案之后，全美多地发生迫害耶和华见人信徒的事件，一些历史学家认为该案为社会上的迫害和歧视活动开了绿灯。——译者注

更为广泛的批评。许多报刊及多数自由派人士认为这是过度的司法克制并加以谴责,很快,这些攻击开始影响到"戈比蒂斯案"中多数意见方的几名成员。到了1940年秋,道格拉斯已告诉法兰克福特,布莱克将不再加入这个判决。法兰克福特问:"难不成雨果在夏天重读了宪法?"道格拉斯答道:"不——他一直在看报纸。"36 一年间,直至1941—1942年最高法院开庭期,最高法院的"自由派"们——布莱克、道格拉斯和墨菲——对法兰克福特领导地位的反抗与日俱增。1942年6月,被法兰克福特称为"邪恶轴心"的这三个人借着耶和华见证人的另一起案件(不涉及向国旗敬礼)发表了一份不同寻常的公开声明,宣称他们已改变了在"戈比蒂斯案"中的投票立场,他们宣布:"我们现在认为,['戈比蒂斯案'的]判决是错误的。"37 这个公开分歧令法兰克福特这个开庭期变得分外艰难:他持异议意见的几率急剧上升,而道格拉斯、布莱克和墨菲小团体则联合了起来。正如一位学者所言:"1941—1942年开庭期对于罗斯福最高法院来说绝对是一个转折点。"38

是故,最高法院1942年秋季开庭期伊始,伯恩斯的席位出缺之时,法兰克福特的领导地位正处于四面楚歌、岌岌可危之境。比如,在国旗敬礼这一议题上,他知道斯通和"邪恶轴心"都反对他。这或许有助于解释法兰克福特为何在这个时点如此迫切地试图说服罗斯福将汉德提名至最高法院。诚然,他与汉德之间的友谊和他对汉德的赞赏都是发自真心且由来已久的,但在自己司法生涯的这一关键时刻,这位腹背受敌的大法官或许亦是忍不住要以格外激进的方式为汉德开展助选行动。由此可知,法兰克福特和博林恩担心汉德可能遭遇的那些身份不明的政治反对势力,很可能正是最高法院自由派司法能动主义者的拥趸。

法兰克福特认为,罗斯福对伯恩斯继任者的选择将极为关键,他的预测是对的。拉特利奇坚定地站在布莱克、道格拉斯、墨菲和斯通这一边;相比之下,在导致新政法院产生分歧的公民自由议题上,汉德可能会站在法兰克福特这一边。尽管汉德终身笃信宪法第一修正案,但他和法兰克福特一样通常不接受双重标准,即区别于"财产"权利,而对"个人"

权利采取更为干涉主义的司法立场。①

　　1943 年,国旗敬礼议题重回最高法院,在"巴内特案"中,法兰克福特在"戈比蒂斯案"中的判决书被推翻。[39] 法兰克福特提交了一份篇幅极长且个人情绪极为激烈的异议意见书。(该案的多数方意见书由杰克逊大法官执笔,而杰克逊大法官通常是法兰克福特的盟友,所以这对法兰克福特来说无异于伤口上撒盐。)

　　法兰克福特标榜自己长期以来体恤政治少数群体权利的自由主义记录。他宣称自己"身为历史上遭受污蔑和迫害最为严重的少数群体之一员,不可能对我们的宪法所保障的自由无动于衷",[40] 但他的个人观点并不能用于决定是否合宪:这是一个合宪性议题,无论立法政策是否影响经济领域或公民自由,都应得到极大的司法尊重。②

　　继"巴内特案"的挫败之后,法兰克福特曾在信中多次为自己在国旗敬礼案中的立场辩护。20 多年后,他如此说道:"我知道汉德兄[对"戈比蒂斯案"]是怎么想的。勒尼德·汉德写信给我了,所以我知道他是怎么想的。"(参见哈利·N. 赫希:《费利克斯·法兰克福特之谜》,

---

①　具有讽刺意味的是,汉德在纪念斯通的悼词中十分清楚地表达了这一点。在某个著名的段落中,他(错误地)声称,斯通不会认同个人权利比财产权更应得到司法保护这一立场:"早在斯通大法官成为首席之前,每当涉及'个人权利'问题时,好像就会有某种与捍卫财产制度的守旧派们对《权利法案》的质疑态度异常相似的东西,正在重新获得承认。至于为什么财产本身不是一种'个人权利',没人花时间去解释……但事实仍是,法院正在以《权利法案》之名推翻立法,而这些立法明显只是冲突利益之间的妥协,其中每一种利益都有合理理据支持……无需了解首席大法官那坚定与忠诚的性格亦可知,于他,这是一种有违其对法院权力之信念的机会主义的倒退,他不会安于此等做法。他不能理解,他一贯支持的原则怎么可能意味着,相较于财产本身,法院在对待财产之外的利益时应享有更大的自主权来执行自己的偏好。"(《首席大法官斯通的司法职能观》,《自由的精神》,第 201、205—206 页)。汉德在此阐述的所谓斯通的观点,实际上更像是他自己的观点。正如保罗·弗洛因德教授所言:"悼念演说往往会令人更真实地洞察讲者,而非其演讲的主题;况且,汉德法官以如此尖锐的方式提出这些观点,与其将此归为已故首席大法官的观点,不如归为汉德自己的观点来得更为稳妥。"(保罗·弗洛因德:《美国最高法院:其业务、宗旨和表现》,纽约世界出版公司 1961 年版,第 34 页。)

②　杰克逊在多数方意见书中断然反对:《权利法案》的目的正是将某些议题从政治争议的变迁中剥离出来,令其不会被多数派和政府官员左右,并将其确立为法院适用的法律原则。正当程序条款所保障的"基本权利不应交由投票表决;他们并不由选举结果决定。"(*Barnette*, 319 U. S. at 638)

New York：Basic Books，1981，第 175 页。）

法兰克福特影响力日渐式微不仅仅是因为哲学上的分歧。他在异议中愈加遭到孤立，与他的个人风格也有关系：他的同事们不喜欢他性格中粗暴的一面，这令布莱克更易赢得多数支持，继而将最高法院引至激进自由主义的方向。

成为大法官之前的那几十年里，法兰克福特在他那极为广泛的交际圈中有着非比寻常的影响力。他善于利用自己那敏捷而又精明的头脑和渊博的学识；他的成功亦有赖于他的毅力和奉承技艺，从亨利·L. 斯廷森到路易斯·布兰代斯，从奥利弗·温德尔·霍姆斯到富兰克林·D. 罗斯福，无一不是他的奉承对象。然而在最高法院，此番做派往往只会适得其反。他比所有其他同事都更了解最高法院和宪法法律，但他只是 9 名大法官中的一员，而每个大法官都有自己的自尊和骄傲，且都享有终身任职。与多数熟人在一起时，无论对方年长、年轻还是同辈，法兰克福特都投入，热情，充满魅力且令人信服。然而在最高法院，在平级的同僚之间，他的奉承、花言巧语和学者派头的施教却事与愿违。他的办公室没完没了地往外发备忘录，他更是频繁地亲自拜访他的同事。每当有新的大法官任命，法兰克福特都会认为自己多了一个盟友；他的希望一次次地落空了。在最高法院合议案件用的会议室中，时常可以轻易地透过会议室那厚重的橡木门，听到他那高亢而又尖利的嗓音。

1942 年秋，伯恩斯的席位之争变得越来越错综复杂，汉德一直保持着沉默，但他绝非漠不关心或是置身事外。他知道朋友们为此所作的努力，但他从不对自己晋升的可能性抱有乐观态度。他认为自己已经错过了 1930 年的那个最佳时机。尽管如此，1942 年的他显然同 1930 年一样对结果感到失望。但汉德比法兰克福特或博林恩更清楚，高龄绝非他晋升的唯一障碍，他知道罗斯福对他可能有着司法理念方面的保留看法。

1942 年 12 月，拉特利奇即将入选的谣言流传起来，不久后，博林恩告诉法兰克福特："汉德兄"现在认为"［就算］自己再年轻 10 岁，罗斯福也不会任命他的。"[41]博林恩和法兰克福特都不同意这个观点,法兰克福特更是激烈辩称,助选汉德的行动失败,单纯只是因为罗斯福害怕在年龄问题上难堪:

> 我会更进一步。如果比德尔[曾任霍姆斯的法官助理]真正领会了霍姆斯的伟大之处,和以霍姆斯为代表的杰出人才之于最高法院的重要性——如果这新罕布什尔农民(即哈伦·菲斯克·斯通)如塔夫脱一般重视在最高法院任用贤能,罗斯福就不会如此抗拒了。但是,司法部长和首席都向富兰克林保证说拉特利奇是个不错的人选……[42]

汉德本人对形势的看法则更为敏锐和开阔:

> 法兰克福特对于罗斯福会如何行事的论断,我是一个字也不信的;他愿意这么想。他现在不怎么喜欢比德尔,和新罕布什尔农民也有些小摩擦。我很遗憾。他在现在所处的位置上潜力巨大,而他说得太多,又在法院举止失范,这多少有点——其实是严重地——有损他的前景。新政支持者们此时正在快速地抛弃他,而对另一个群体而言,他总归不太些小摩擦。我很遗憾。①,我希望他别这样了,尤其在这种境况下。我太喜欢他了,不想让他两头落空;况且,就像我之前说的那样,他真的是最优秀的人才。[43]

事实上,斯通和比德尔已经向罗斯福确认过,他们认可汉德这个人选,但也没到反对选拉特利奇的程度。[44] 是故,尽管比德尔告诉总统,汉德在下级法院法官中"出类拔萃""卓绝群伦",他也尽责地收集了"其他

---

① 法兰克福特出生于犹太家庭,但并不履行犹太教的教义(non-practicing Jew) 。——译者注

人"的资料,并称拉特利奇尽管"啰里啰唆""律师做派",还是"一个拥护人权的自由派",但他是"除汉德之外""最有前途的"。[45] 可惜,直到 10年后比德尔才认识到,"我本该抛开年龄问题,力促总统任命[汉德]"。[46]

汉德曾在 1 月 12 日给博林恩写过一封私人的感谢信,他在信中感念因承蒙博林恩"厚爱"而促成助选行动,并十分清楚地表明了自己的见解:

> 我想都没想过您、格斯和费利克斯能让罗斯福任命我。虽然年龄这个问题已经足够棘手了,但我认为还有着比年龄更深层次的难点。也许我应该依着他的喜好去投票,但不是因为他偏好的理由而投——虽然我都不确定他有没有理由。就像我之前。他对人的嗅觉很灵敏,而我的行事方式与他太不一样了,他完全有理由觉得我和他不是一路人;我想他是这样觉得的。[47]

在所有关于罗斯福为何不提名汉德的猜测中,这条评论是最具洞察力的观点之一。罗斯福并不熟悉汉德,但他对汉德的了解足以令他认识到,汉德并不是意识形态上的改革派。汉德是一个刨根问底的怀疑论者,一位致力于独立、缜密决策的法官;这些特质对于总统来说确实"不是一路人"。

理论上,汉德无疑是 1942 年最高法院的最佳人选。然而,最高法院大法官的遴选并非是一个择优录取的过程。有人会说,运气是最主要的因素,但是想要在最高法院获得一席之地,还有着比运气更实在的考量。要一个深陷战时问题的总统去任命一个既无私交,亦非新政拥趸,甚至不是民主党人,而且还来自一个最高法院已有两名成员代表的州,并已年逾七十的人,这未免有些强求了。相较之下,最终得到这个席位的人要年轻得多,又来自中西部,拥有组织有序的支持者,个人长期支持罗斯福,秉持可预见的自由派激进主义司法理念,而且预计可在最高法院长期任职。拉特利奇去世后不久,汉德给法兰克福特写信说道:

可怜的小威利——他是那样谦逊，那样正派，那样刻苦，那样极其认真而又勤奋，又是那样愚钝至极！死神有时真有些讽刺；先知早已示下，此人将会无休止地继续这样耐心、啰唆而又温和地预设结论，总是满怀善意地同情又约莫带着些仁慈，死神为何还要将手放在这样一个人身上呢？[48]

1959 年，在纽约联邦法院举行的汉德就任法官 50 周年纪念仪式上，费利克斯·法兰克福特向包括首席大法官厄尔·沃伦和大法官约翰·马歇尔·哈伦在内的重要来宾发表了演说。[49] 他此次演讲的一大主旨，就是勒尼德·汉德这一生之"幸运"，他还声称，汉德"幸好没有在那场古怪的美国最高法院大法官抽奖中抽到头彩"。[50] 尔后他又再次说道："尽管我这一生中花了不少时间利用机会推动这一目标，我依然深信，他没有在那场奇怪的抽奖中胜出，是一件幸事。"法兰克福特在这以及在其他场合都曾表示，若是汉德在最高法院，其影响力将不及他在第二巡回上诉法院的影响力那样大，因为在华盛顿，"他的观点会被另外 8 个大法官削弱"。此外，他还声称，汉德并非"好战之人"，所以相较第二巡回上诉法院，汉德不会喜欢最高法院的那些"更为尖锐"的"争议"。[51]

但汉德本人早在近 10 年前就已坦承实情。1950 年 6 月，他起草了一封特别感人的信，煞费苦心地修改后寄给了法兰克福特——他请求法兰克福特不要回应，"等我们见面时，连提都不要提这封信的事"。他解释道："我大可以把这些事写给其他人看，只要他们看完后不回应就行，但是去讨论这些事就太痛苦了。"汉德这封信所谈论的，正是其晋升最高法院的抱负受挫之事：

[在最近一次看到全体大法官合照时]我想到，在过去可以说是 50 年里，这手握大权之九人齐聚的场景，令我的心绪发生了怎样的变化。我想到自己过去常常如此归因，他们的学识并不过人，辩证智慧当然也绝非出众，但那种对我们含糊谓之

"法律"之物的超脱与服从,令他们拥有了一种超越法院释法的权威;这赋予他们一种尊严,令他们有资格得到尊重,而这种尊重以某种方式弥合了我与他们之间的分歧。

他对 9 名大法官略渐不满,部分想法亦是由此而来:现在,只有包括法兰克福特在内的一两名大法官,"尚能满足我的要求了"。然而"说来也怪",一想到最高法院,他便感到"宽慰":

> 我现在可以毫不羞愧地说出来了——我无比渴望能在那里拥有一个席位。可千万别说我已经做得很好了;那不是问题的关键。(这是一场悔过的自白。)真正吸引我的,是那该死玩意的重要性、影响力和身份象征,我相信自己绝不是唯一一个臣服于这种可耻而又低俗的欲望的人,但除此之外我没有任何借口。这对我来说尤其不可原谅,因为我一直与那个人[弗朗西丝·汉德]生活在一起,在我遇到的所有人中(或许格斯除外),她最看不起这种为了逃避不安全感而刻意努力的行为。

没错,他多年以来的确一直渴望着晋升:他无法否认自己很想成为最高法院的一员,而未能得到提名着实令他心痛。事到如今,他才肯承认自己满怀失望之情:

> 我记得霍姆斯曾说,他在 90 岁时已对善与恶的准则无所顾忌。我永远也达不到那个境界,但我还是希望在某个时刻,这些准则不再显得那样不可撼动。哪怕只有一线自由之光也是好的。[52]

汉德终于可以心平气和地看待自己错失良机这件事了——至少差不多算是心平气和了。然而,错失成为美国最高法院大法官的机会,无论是对他还是对这个国家而言,都绝非"幸事"。

20 世纪 40 年代初带给汉德的不仅是职业抱负上的和解；他在婚姻中也得到了更大的和解。1944 年初，长期抱怨身体不适的路易·道病重垂危。弗朗西丝赶忙到康沃尔陪他。勒尼德一如既往地表示支持。几个月前，汉德曾告诉妻子，他想知道"当你想起路易斯看见你时脸上焕发的光芒，你觉得他会怎么样"。[53] 弗朗西丝最后一次探望路易斯是在 2 月份，勒尼德本打算和她一起去，但因一场感冒而不得安生，遂未能成行。他对弗朗西丝写道：

> 我希望路不会太失望；你打算待在他那儿，我知道他会为此感到莫大的宽慰。你知道的，我在这一切都好……我觉得，你在那儿能让路易斯得到很大的帮助，相比之下你不在这儿也没什么……我俩的状况差别太大了，我若是对你［何时返程］的打算有半点犹疑，都该感到惭愧。

然而，即使在这封信中，他也无法抑制自己因为不清楚她此次隆冬出行的具体行程而急躁的情绪：

> 你什么时候定下回［家］的日子，就告诉我吧……只是，你会这样做吗？你定下的返程的日子，不会推迟吧？这样问似乎有点傻；但这确实会让我有点失望的……你可别，千万别因为我而感到有任何压力……但如果你能在定下［你何时返程］之后告诉我，并且不推迟归期，我就不会那么失望了。[54]

10 天后，道显然已是大限将至。那天晚上，勒尼德和妻子打了一通很长的电话，第二天，他写信对她说道：

> 我真不想让你独自承受这一切。……我今晨起得很早，自然便开始想到你，想到你是那样的坚韧。这个以一种奇妙的方式让我回想起过去的岁月。有些人能满怀欣慰地追忆往昔；我

做不到。我一回首过去，便觉得那些往事令我那样困惑，那样不安，那样焦虑，又牵涉了那么多无谓之事。你与你自己应该会相处得更好，而且我觉得你确实做到了；你总能更好地了解自己；即便不是这样，至少你能更好地和自己成为朋友。[55]

3月5日，在弗朗西丝·汉德的陪伴之下，路易·道去世了。弗朗西丝打电话给勒尼德通报了这个消息；第二天，勒尼德写信对她说道：

　　我一直在想念你，现在真是这样，比想念路易更甚。可过去这整整30年正带着一种奇怪的不真实感不断向我涌来；那么多的情感现在来到了尽头，看上去有种难以名状的徒劳之感。我们是如何给过去注入不真实的！仿佛过去就不如未来真实似的。[56]

几周后，弗朗西丝返回新英格兰，清理道在汉诺威的居所。道在生前最后几个月立下遗嘱，把自己收藏的葡萄酒、威士忌和汽车都留给了汉德一家。弗朗西丝仔细地将房子里的每样东西都列了清单，整理了他的书籍、文件、衣服和家具，并且没有声张这笔威士忌的遗赠（她告诉勒尼德："我可不想让这里的邻居们知道我有这么多酒"）。[57] 汉德夫妇很快将汽车重新注册到他们的名下，并且使用了数年。8月，弗朗西丝督办了道的葬礼；她认为葬礼"安静操办为宜，不要牵涉任何人"，只有一位老友、一位殡葬人员和一位牧师陪同在旁。[58] 在这段时间，她写给丈夫的书信都显得异常开朗且平静。也许她想尽量不伤害勒尼德的感情；也许这正体现了她那令勒尼德无比钦佩的活在当下的特质。路易·道走了，而她如同自己母亲去世时那般，并未为此悲戚呼号。她同往常一样对生活充满热爱，但此时，她将这种热爱更为热烈地倾注在了勒尼德的身上。

她清理了路易斯的房子，随后写信对勒尼德说道："我很爱你。我与你感同身受，我也觉得人生短暂，不可耽于愁云惨雾之中。我们每分每秒都不能浪费。必须努力生活，至死方休。"[59] 勒尼德总算从弗朗西丝那里得到了他渴望已久的那种炽热的爱意。她告诉他："我一思念起你旧日那甜美的声音，便感到难过"。[60] 不久后，她开始在信中以"吻你的某某"落款，而勒尼德已有 30 年没见过这样的情感表达了。[61]

　　勒尼德以他奔放乃至旺盛的情感作出了回应。此时，他写给妻子的信洋溢着一种顽皮而又充满朝气的爱意，两人新婚的头几年过后，他已许久未表达这样的爱意。他会像这样给她寄去一封短笺，致"我心爱的人；同样可爱的恋家男人"，并以"我爱你。小兔子爱小猫咪"结尾（他没有画猫，而是画了个小小的一箭穿心的图案，里面是两人名字的首字母"FAH"和"LH"）。在回应她的"吻你"落款时，他会反复写下"我爱你，我爱你，我爱你"。他决心花更多的时间和她在一起，而她也乐意如此。"我爱你，我不愿与你分离"，78 岁的他在 1950 年 6 月如此写道："不能再这样下去了；在我们中的一人永远离去之前，我们必须设法在一起。"[62]

第十四章

战后岁月、冷战与麦卡锡主义

　　1947 年 1 月 27 日,汉德迎来 75 岁生日。虽然收到比往年更多的问候,汉德仍认为之前 75 个春秋并无特别之处。他告诉费利克斯·法兰克福特:"尽管这个生日本来应该具有某个类似'转折点'意义,但事实并非如此。一切照旧。"[1]3 天后,他告诉一位老友。"让人害怕的那一天过去了,还是老样子的我走入了人生第 4 个 25 年。"唯有日历在告诉他年纪的增长,可他却厌烦聆听岁月的提醒:"现在的问题是:'多久,噢上帝,还有多久?'也许我对此好奇,却不希望生命缩短哪怕一天。我正享受美好时光……"[2] 这时的汉德身体健康,思维依旧敏捷,这让他没有理由停下坚定前行的步伐。相反,他在第二巡回上诉法院首席法官的任上持续保持着忙碌与专注,在当时的政治活动中寻找着自己感兴趣的议题。

　　世界还没有准备好让这位 75 岁的显赫人物自此销声匿迹。相反,汉德的生日让他迎来了新一波热烈赞誉。1947 年 2 月,《哈佛法律评论》史无前例地将其全部文章版面用于赞誉一位在世校友。这一期《哈佛法律评论》致敬汉德,称赞他的"智慧与雄辩让其 75 岁生日成为所有法律从业者的节日"。[3] 几位杰出法官和律师代表撰写了 8 篇论文,分析并赞扬了汉德的贡献。3 月,汉德的助理们与"哈佛法学院联谊会"(Harvard Law School Association)共同向哈佛法学院赠送了一尊他的半身铜像。《美国律师协会期刊》(American Bar Association Journal)认为他是"美国最好的法官",而历史学家小阿瑟·M. 施莱辛格(Arthur M.

Schlesinger, Jr.）在《财富》上撰文，指出汉德是"美国最聪明的法官"。菲利普·汉伯格（Philip Hamburger）在《生活》上发表的详细介绍文章则将汉德形容为"联邦最高法院错过的司法巨人"。"西奥多·罗斯福纪念协会"（Theodore Roosevelt Memorial Association）向汉德授予荣誉奖章，评价他是"英语世界最重要的法官"。[4] 美国主流报纸也是一片赞誉。例如，《纽约先驱论坛报》认为汉德是霍姆斯大法官"名副其实的继承者"，并坦承他所拥有的罕见品质："很少有人能做到文雅而不脆弱，博学而不炫耀，在保持司法超然的同时却不冷漠。"[5] 在《华盛顿邮报》看来，汉德：

> 相比所有其他仍在岗位上积极工作的美国法官而言，更具有以下特征，即秉持真诚的精神和开放的心态询问事实问题，并且从基于那些事实作出的判决中提取规则……他已经赢得了"法官中的法官"的尊号。无论我们的法律延伸到哪些领域，他在相关领域的裁判都令人肃然起敬，这并非因为他在司法系统中的地位，而是因为他的清晰思路和中肯论理塑造了这些裁判。[6]

一如往常，汉德很难接受这样的溢美之词。他的认知中反复出现自我怀疑的情绪。罗伯特·道奇（Robert Dodge）是一位与他同时期在哈佛求学的波士顿律师。当道奇恭喜汉德成为当期《哈佛法律评论》的主题时，汉德似有所指地回复道：

> 在我看来，法官职业有诸多好处，其中之一便是：如果一位法官始终勤勉工作，能力上也还过得去，那么随着年龄增长，对于这位法官的认可便会自然形成……我觉得这些孩子们主要就是因为这样的原因赞扬我——经年累月未必有功劳、但有一些苦劳的工作，以及远离冲突的一份超然。[7]

但是，要忽视广泛赞誉也非易事。正如汉德向道奇指出的那样，他自己也不得不承认，这些赞扬出奇地令人感到高兴。当一个人的朋友们"显然认真地当回事",他在给一位旧识的信中写道,"这就会[给这个人]带来危险,让大家开始想知道,对于这个人的赞誉是否真的名副其实"。[8]

汉德的怀疑是真实的。他否认自谦的回应是一种对虚荣心的压制,而是将大部分赞誉归功于自己的长寿以及置身麻烦之外的能力。汉德向法兰克福特诉说了自己身处满足与不确信之间的矛盾感:

> 毫无疑问,[掌声]令我深感欣慰……也产生了这样神奇的效果:尽管许多年"亲自验证过的证据"均显示并非如此,但我还是想知道,这些赞誉的背后究竟是否缺乏足够的真相支持。就那些判决而言,我的脑中反复出现似乎更为真实的评价版本,那就是如同一枕黄粱,我只是在梦里称王罢了,醒来却是一场空。[9]

潮涌而来的赞美声虽然暂时缓解了汉德长期以来自信的缺乏,但他从来就没法不去想那个"更真实版本"的自己。他仍然在怀疑自己的成就是否配得上这些喝彩。

其实,这个"更真实版本"的自己几十年来始终都是一个过于严苛的想象。事实上,对于汉德的许多褒扬之词在写就以前都经过了详细缜密的分析,因而这些赞美不仅仅是基于友谊,也建立在坚实的事实基础之上。汉德昔日的保举人、当时已经 88 岁的 C. C. 博林恩形容汉德是"最讲道理"的人,"现在毫无疑问在美国法官中名列第一。"[10] 汉德原来的法官助理阿奇博尔德·考克斯赞扬了这位法官的"智慧"与"根深蒂固的宽容"。[11] 在哈佛法学院的汉德铜像捐赠仪式上,纽约最高法院的托马斯·D. 撒切尔法官动情地介绍了汉德"早年优柔寡断的弱点"和他"对于退而求其次的拒绝"。撒切尔的结论是:"他的信仰授予了他真正的谦逊和永不泯灭的良知,这些与他的学识和匠人精神一起,让我们拥有了一位伟大的法官。"[12]

在上述铜像捐赠事件中,汉德本人有一些反对意见,不过并非针对仪式的基调,而是针对铜像本身的缺陷。这尊铜像是由纽约雕塑家艾丽诺·普拉特(Eleanor Platt)创作的。事实上,虽然浓密的眉毛和突起的眉骨让这件作品看上去更像是夸张的漫画形象,但还是与汉德本人足够形似。问题在于,铜像没怎么传递出汉德作为一个"人"的气质。汉德的反应显示,他不仅仅是虚荣心受到了些许伤害。汉德问艺术家,像他如此"不自信而又胆小的生物",怎么会给人留下铜像这样威严的印象?[13]他在给另一位法官的信中写道:"我的一位聪明朋友告诉我,这尊雕像简直像极了一个旧石器时代的人。在我看来,我会说如果我看到了那个老家伙,我就再也不想来到他的面前了;他看起来就像是一位典型的'专门判人绞刑的法官'。"[14]汉德还向其他人抱怨过,这尊铜像让他看上去像个"态度恶劣的老头子",或者像是"恶魔"的"阴森"写照。[15]艺术家未能让这尊铜像传递出任何温暖,这让汉德耿耿于怀,尽管他自己使用多年的个人官方照片(可能因为他以很便宜的价格拿到了很多张)看上去其实更加孤僻和冷漠。①

来自各方的致敬没有明显打乱汉德日常的生活作息。获得生日赞美之际,汉德不仅全神投入司法工作,同时还在用心撰写一份针对《星期六文学评论》(*Saturday Review of Literature*)杂志所刊文章的批判回应。在1947年2月1日那期上,《星期六文学评论》编辑诺曼·卡森斯(Norman Cousins)呼吁身在华盛顿和奥尔巴尼的纽约州民意代表颁布一部"族群诽谤"法,禁止对于少数族群的诽谤性言论。卡森斯指出,鉴于个人诽谤成为可诉事由已经很久了,他建议对于诽谤的救济可以有所扩张,以约束那些像希特勒和他的党徒们在德国进行种族主义和反犹大屠杀一样"把我们的自由作为向自由进攻的武器"的人。支持针对族群诽

---

① 汉德始终没有对艾丽诺·普拉特的这尊雕像释怀。在该雕像揭幕6年后,当纽约市律师协会募资请普拉特完成另一尊铜像时,汉德表示:"我非常后悔选择普拉特女士担当这一工作。我赞成她为爱因斯坦和布兰代斯做的头像作品很好,但是她的史汀生让我感到乏味无趣。她还为我做了一尊恶魔雕像,现在就立在哈佛法学院,那将会是一个永久的标志,因为那该死的玩意儿是用铜做的。这位女士因为某些原因得到了博林恩的认可,后者把他能交给她的工作都扔给了她。其实他在这种事情上是缺乏能力的……为什么你们不去寻找真正懂行的人呢?我们法律人不适合作决定,我们看上去似乎有可能被说服接受这一点,但事实并非如此。"(勒尼德·汉德给乔治·A. 斯皮格尔伯格的信,1953年10月21日,95-32)

谤立法的主张在二战后受到广泛支持,而《星期六文学评论》的上述社
论也是这场旨在限制"仇恨专业户"的运动的一部分。正如卡森斯所指
出的那样,针对族群诽谤立法对于遏制"仇恨言论"具有"杀菌作用":
"如此这般,像'锡安长老议定书'(*Protocols of Zion*)①这样的谣言,或者
主张种族或宗教族群在精神和宪法上劣等的言论就可以被有效锁定,而
随之缓慢建立的相关判例就可以充当对抗极权主义纵火行为的法治灭
火器。"16②

　　6周后,针对其先前提出的"社论建议",杂志刊登了两篇来自公众
人物的评论,其中一篇回应来自汉德。汉德毫不犹豫地谴责了文章的观
点,表示他"相当确信任何创造出'族群诽谤'概念的法律都将是不受欢
迎的"。汉德重申了他对公开辩论和自由表达的信仰。他写道:

　　　　有一点是不错的,那就是你们想象中的那种诽谤确实可能
　　导致混乱,这也是传统上所有刑事诽谤罪名存在的正当性。但
　　是,如果要全面考虑该等起诉的实际成果,我可以确定,其效果
　　与其说平息了实施诽谤的特定族群内心的情绪,还不如说是激
　　化了……表达深处的情绪在证据中其实并没有基础,这样的情
　　绪也不会因为遭到起诉而屈服……邪恶是无法救济的,但是迈
　　向宽容精神的迟缓进步却是存在的。我相信,压制狭隘,只能
　　使狭隘的滋味更为苦涩。对于人类狂热的天性而言,这固然是
　　最不满意的结果,也有可能是错误的,但是我只能告诉你们我
　　所相信的。17

　　随着汉德走入人生的"第4个25年",他将有更多机会捍卫言论自
由、提倡宽容以及反对压迫。

---

　　①　最初在俄国出版,宣扬建立犹太人独裁帝国并统治世界,该书被纳粹用来作为反犹
太人的宣传工具。——译者注
　　②　当时《星期六文学评论》的好几位员工都是汉德的朋友:亨利·希德尔·坎比是编
委会主席,批评家约翰·曼森·布朗是副编辑。

1945 年,同盟国在二战中取得胜利,随之而来的喜悦却是短暂的。整个 1945 年,同盟国内部举行了多次与苏联的会议,讨论与战败的德国签订和平条约,但是这些会议都没有取得成效。[18] 同样失败的还有关于禁止核武器的协议。1946 年,温斯顿·丘吉尔(Winston Churchill)在美国密苏里州富尔顿市发表的演说一改往日基调,警告要对抗苏联"领土与意识形态扩张的趋势"。他断言:"从波罗的海的斯德丁到亚得里亚海的的里雅斯特,一幅横贯欧洲大陆的铁幕已经降下来。"[19] 美国开始全力遏制这些察觉到的苏联动向,而此时汉德也成为国际紧张局势的有心观察者和国际局势在美国国内反响的失望批评者。

汉德对斯大林政权从来不抱幻想。20 世纪 30 年代,当他已经相信美国必须去帮助那些反对极权主义的国家和人民时,汉德就已将斯大林和希特勒与墨索里尼一起视为敌人。诚然,当苏联与纳粹德国英勇战斗时,他支持过美苏友谊全国委员会的活动。但是随着战后情势的快速变化,特别是令人沮丧的条约谈判,汉德毫不怀疑苏联是一个应当警惕的国家。1946 年夏天,他在给伯纳德·贝伦森的信中写道:

> 也许我们的好朋友——莫斯科的乔叔叔①,并不像他看上去那样可怕;而更好的情况是,他不像看上去将要成为的样子那样可怕。不过我承认,在与他讨价还价 1 年后,当初发生在希特勒身上的故事几乎重演了一遍,对此我充满恐惧。此外,在任何真正的信仰面前,我都是个可耻的胆小鬼。我发现自己根本无法与之抗衡,我也没有发现当今地球上存在任何能与之较量的事物,除非那是圣·卡尔·[马克思]所说的福音书。[20]

1 年后,汉德虽然因为美国国内对于孤立主义的新一轮抵制而感到振奋,但是他对于苏联的不妥协态度也感到前所未有的沮丧。正如他在 1947 年 8 月告诉贝伦森的那样:"我们的斯拉夫朋友在过去的 2 到 3 个

---

① 指斯大林。——译者注

月已经丧失了很多正当性基础，他们似乎彻底不愿意达成任何合作，除非按照他们自己的条件，这疏远了许多曾经的同情者。"[21] 当时，杜鲁门政府已经开始执行一条对苏联的"强硬"路线。去年春天，各国外交部长之间的一场会议没有就战后德国问题达成一致，[22] 杜鲁门总统宣布了针对苏联扩张的"遏制政策"，要求并确保对于希腊和土耳其予以经济和军事援助，帮助两国加强实力，以对抗"企图征服他们的掌握武装的少数人或外来的压力"。作为回应，苏联抨击美国是"战争贩子"。1 年后，1948 年 6 月，美国国务卿乔治·C. 马歇尔（George C. Marshall）提出了旨在促进欧洲国家合作的大规模经济援助计划，苏联及其卫星国立即予以谴责，指责这是敌视苏联的表现，目的在于在奴役欧洲。冷战由此全面爆发。

　　和许多美国人一样，汉德从不怀疑美国需要在斯大林的外交政策面前保持强硬。但是又与许多美国人不同，他从一开始就意识到，美国所受到的国际共产主义困扰也正在对美国国内造成伤害。例如，1947 年 8 月，汉德在给贝伦森的信中写道："疯狂的猎巫行动放任了一系列'宗教裁判所'的建立，只要哪里有看上去不符合常规的行为，这些机构就开始调查是否存在任何异端邪说。"[23] 与共产主义的斗争方式，滋养了美国国内的猎巫行动，而汉德自一战起就对这样的猎巫行动感到反感。他也还记得，二战前"戴斯非美活动委员会"造成的言论上的寒蝉效应，以及他曾在战争期间为被国会停发薪水的罗伯特·洛维特公开辩护。汉德曾明确向执法部门官员警告过在没有事实依据的情况下指控所谓颠覆分子的危险。1941 年 7 月 16 日，鉴于国家面临着战争，联邦调查局在纽约的负责人召集了 300 名州和地方的警察协调行动，汉德（作为地区法院首席法官约翰·考克斯最后一分钟的替代人选）在这次会议上发了言。汉德的发言主旨是，处于国际危机中的美国要在国内"保护好民主的实质和自由的本质"。汉德告诉政府官员，他害怕"一旦人们感觉到敌人的谣言和空洞而愚蠢的怀疑可能会把他们送入集中营，不团结就会趁虚而入"。他还郑重警告称："对于身处险境的国家，过度的恐惧、兴奋和惩罚，其危险程度与未能采取必要救险措施其实是一样的。"[24] 有一位旧识赞扬汉德表态反对"不禁使人想起上一场战争的公众对于外国人和激进分子日益增长的不宽容,以及联邦调查局的种种奇怪作为。"汉德在给这位旧识的回信中写道:"我们最迫切的需求[是]团结……为此你可以放弃一些我们以后还能得到的东西,如果没有放弃太多的话那就更好了。无论是猎巫行动的效果还是未能找出叛徒和间谍的结果,其实都是可以被放弃的。与生命里的其他事情一样,如果没有节制,事情就不会做好。"[25]

汉德担心的这些情形很快演变成了彻底的敌意。这样的敌意不仅仅来自 1950 至 1954 年期间最知名和最具有煽动性的指控美国国内颠覆行动的"十字军战士"、威斯康星参议员约瑟夫·麦卡锡(Joseph McCarthy),也来自整个被冠以麦卡锡之名、在此前和此后的数年时间里占据美国人公共生活的现象。麦卡锡主义通过党派行动,让人们不再信任那些共和党右翼政策的反对者,宣扬那些耸人听闻、未经证实的指控,含沙射影地指认一大批颠覆分子。其实早在麦卡锡因其言论占据中心舞台之前,日益增长的歇斯底里的指控就已经开始了。1950 年 2 月,在西弗吉尼亚惠灵市(Wheeling)一次受到广泛宣传的演讲中,麦卡锡宣称"现在我手上有一份 205 人的名单",这些人都是在美国国务院工作的颠覆分子。[26] 然而早在 1947 年 3 月,杜鲁门总统就已经签署了 9835 号行政命令,针对联邦雇员设立忠诚项目,确定了当存在"合理理由……相信涉案人员对美国政府不忠时"开除相关雇员的标准。在其适用过程中,这一项目及其后继项目反复出现遭到滥用的情形。联邦雇员会因为加入中间偏左的政治社团遭到审查,甚至会被询问他们是否阅读过《新共和》杂志或拥有与俄国有关的书籍。1948 年,众议院非美活动委员会的主席已由马丁·戴斯变成了国会议员 J. 帕内尔·托马斯(J. Parnell Thomas),其调查范围扩展至所谓共产党对工会、教育界、好莱坞和美国人生活其他方面的渗透。1946 年,一位名叫理查德·尼克松(Richard Nixon)的年轻加州律师凭借共产党议题的帮助获得了众议院席位,他很快作为"非美活动委员会"的积极成员获得全国性声誉。

对所谓颠覆分子的搜捕严重分裂了美国自由派阵营。一些人认为,只要在美国国内利用共产主义议题,就是不适当的"抹红"迫害。另一些人则不信任斯大林主义,支持找出真正的间谍。汉德不是任何自由派团体的正式成员,但是他的观点与上述第二种看法最接近。汉德认为,国际共产主义对于美国而言不是什么虚无渺茫的怪兽,而是真实存在的危险。但是他担心,政治保守派针对持不同政见者提出的泛泛指控会威胁到美国的公民自由。到 1951 年,他已经从法官"常规现职"序列退休,但是汉德认为,麦卡锡主义者发起的运动实在太危险,因而公开予以谴责。作为当时仍在第二巡回上诉法院继续工作的"资深法官",汉德对于麦卡锡主义的公开谴责使之成为最早抨击这一现象的社会知名人物之一。

汉德对于如此这般随意指控的高度敏感之所以为人所知,很大程度上是因为麦卡锡主义对迪恩·艾奇逊(Dean Acheson)的无尽抨击。艾奇逊供职于国务院多年,是杜鲁门总统的国务卿。他在外交上积极反共,是 1946 年国际核能控制计划、1947 年马歇尔计划、1948 年杜鲁门遏制政策和 1949 年北约同盟的设计者,但是仍被恶毒地攻击对共产主义"手软"。麦卡锡参议员指责艾奇逊掩盖了美国国务院的安全风险,没有预见到不支持蒋介石最终导致他失去大陆政权。麦卡锡的上述指控其实并不新鲜:加州的威廉·F. 诺兰(William F. Knowland)参议员、众议员尼克松以及其他"院外中国游说集团"的成员已经盯住艾奇逊很久了。一份讨论了"腐败、反动、无能"的蒋介石政权的美国国务院白皮书得出结论说:"不幸但是无可回避的事实是,中国内战的不祥结果超出了美国政府的控制。这是中国内部力量较量的结果,我国曾试图去影响这样的内部力量,但实际上做不到。"而对右翼批评者而言,"失去"中国完全是美国人的背叛造成的,尤其是国务院。

艾奇逊自然成为目标。他在美国国务院服务多年,自 1941 年开始担任助理国务卿,1945 年 8 月至 1947 年 7 月担任副国务卿(很多时候时任国务卿在国外时会代行国务卿之职)。① 艾奇逊毕业于哈佛法学院,

---

① 艾奇逊于 1947—1948 年短暂离开美国国务院 18 个月,回归了经济回报丰富的法律职业,但是仍在幕后保持着影响力。1949 年 1 月,杜鲁门提名他为国务卿。

是路易·布兰代斯大法官的前法官助理，在20世纪30年代之前就已是费利克斯·法兰克福特的朋友。1939年法兰克福特搬去乔治敦后，他与艾奇逊成为更为亲密的朋友。法兰克福特对于艾奇逊的喜欢以及他对后者遭受的不公诋毁经常成为他与汉德之间沟通的话题，汉德也欣然分享法兰克福特的这份喜爱和愤怒。汉德将艾奇逊获得国务院任命视为缓解黑暗的一束微光。[27]①1950年1月中旬，他写道："我认为共和党人正在进行匪夷所思的野蛮行为。尽管他有着不太愉快的中国遗产，[但是]迪恩将会[从中]脱身的。这一切都令人感到可怕。"[28]几天后，汉德进一步解释道：

> 抨击[艾奇逊]的暴力是现代生活还存留野蛮特征的令人沮丧的证据。[当]我回看自己整套19世纪风格的感受和信仰，它们与我现在生活的这个改变了的时代格格不入。然而，在人类进步的过程中，或许也存在这样一种可能，即过去的认知似乎优于当代流行的信念。过往时代的精神气质禁止人们如此迅速地诉诸暴力：无论是感受的暴力、表达的暴力、压制的暴力，抑或任何类型的暴力……当我审视迪恩和他的工作，我便愿意重新开始思考和相信，人类本来可能获得一种不同的生存意义，甚或如我希望的那样，获得一种比狒狒更高境界的生存意义——无论这里所指的"更高"意味着什么。[29]

在汉德发表了上述基调沮丧的评论后两周，约瑟夫·麦卡锡参议员凭借林肯纪念日当天在西弗吉尼亚惠灵市发表的演讲一举成名。差不多同时，汉德在给伯纳德·贝伦森的信中表示：

> 这个国家各地爆发的歇斯底里情绪现在已经到达了这样

---

① "只要前方给予了天使力量，这里或那里偶尔就会有光芒。我从未想过迪恩最终获得了这个职位……"

一个顶峰，即几乎没有人敢于承认对于共产主义的任何好感，即便有人确实拥有这种好感。我们身处惊恐之中，然而很多暴力性质的反应很可能最终反而会把我们更加推向恐惧的方向。相较而言，让自己保持冷静可能是更好的选择。我们特别惧怕这种福音的传播，其实也就是承认，我们内心相信这是一种具有生命力的信仰，只不过它是邪恶而虚伪的。[30]

贝伦森感到非常困惑，他那些受过良好教育的欧洲知识分子朋友为什么有许多转变成了"苏维埃教"的支持者？汉德将这种转变的趋势归咎于一种不惜一切代价寻求确定性的渴望。他在分析中又一次强调了他所秉持的怀疑主义的哲学力量：

试图找到某样可以取代"无法忍受的思想劳动"的事物从而获得解脱的努力以及与之相伴的全部徒劳感让我们成为那些最可憎、最荒谬信仰的牺牲品。我们可以由此得出这样的结论，即如果思考本身不是对我们本性的一种扭曲，那么思考便会保护我们。我相信，你的那些知识分子朋友们只是由于他们将事物"诉诸理智"的习惯而成为最轻易受到马克思影响的受害者。由于我们迄今为止所依赖的一切信条都已引起了合理的怀疑，因而现在他们在这个经过反复试错的世界只剩下两个可以成功逃离的地方。我们的洞穴是如此之深，而身处我们洞穴中的上帝又是如此聪明，因而没有任何一个僵化的理性人能够对很多事情充满确信。他越是理性，前景也就越是难以承受。其中一个可以逃离的地方是投入圣母的怀抱，令人好奇的是，这里有[许多人]选择了这条路……另一个可以逃离的地方就是走近所有陌生神灵中最陌生的那个人，也就是被激怒的自我主义者卡尔·马克思……我认为，这全都取决于我们是否有勇气面对宇宙，这将是一个永恒的问号……当我绝望时——我真的会绝望，并且绝望的频率比我自己想象的还高——我的

　　绝望来自这样的事实，即人类最后的成就似乎是一种超脱，一种怀疑，一种对于确信的冷漠，这被证明是最好的道路，几乎是唯一能使我们走出丛林的道路……作为一直以来的怀疑论者，我必须对怀疑主义的至高价值保持怀疑，我也将努力做到这一点。[31]

　　正当麦卡锡主义者的极端倾向越来越明显之时，朝鲜战争爆发了，美国说服联合国安理会敦促各国派出军队控制局势。6月底，杜鲁门授权在朝鲜使用美国地面部队，由道格拉斯·麦克阿瑟（Douglas MacArthur）将军指挥。在取得短暂胜利后，美国军队遭遇强烈抵抗，被赶到朝鲜半岛南部。联合国军发起反击。虽然在朝鲜半岛的"警察行动"本来是受到限制的，但是麦克阿瑟超出了他所得到的指令范围，下令军队进入朝鲜半岛北部，并一路打到了鸭绿江边，这导致了中国志愿军大规模跨过鸭绿江，支持朝鲜的反攻。1950至1951年冬，朝鲜和中国军队迫使联合国军大规模撤退。麦克阿瑟将军相信，在中国东北边境向中国发起攻击对于赢得这场战争十分必要，因而他威胁要轰炸中国。然而不久之后，杜鲁门总统很快解除了麦克阿瑟在远东的指挥权。固执的麦克阿瑟回到华盛顿后在国会两院联席会议上发言，仍呼吁对中国采取军事行动。

　　美国人在朝鲜的挫败证明了美国国内存在着巨大分歧，右翼势力抨击美国政府立场游移不定，继续对共产主义"手软"。这为麦卡锡主义的快速崛起提供了肥沃的土壤。汉德和法兰克福特为与日俱增的歇斯底里情绪感到惋惜，他们希望试图理解其缘由。对于艾奇逊的批评成为他们之间通信的主要话题。尤其是法兰克福特，他对沃尔特·李普曼的报纸专栏文章感到很痛心。他过去就很讨厌这个人，而李普曼现在正要呼吁把艾奇逊这个已经失去国家信任的人赶下台。法兰克福特相信，李普曼的专栏文章内容"就像列夫·萨尔顿斯塔尔（Lev Saltonstall，一位马萨诸塞州共和党人）那种弱势而糊涂的共和党参议员的谈话，这些人需要感觉到自己就是民意"。在法兰克福特看来，批评的声浪之所以集中在艾奇逊身上，是因为"我们社会中最邪恶势力过度炒作出来的三个理由"：艾奇逊为近来因为伪证（以及暗中为苏联窃取美国政府文件）而被定罪的阿尔加·希斯（Alger Hiss）进行了辩护；①他"愚蠢而又坦率地透露"已经把几位同性恋人士赶出了美国国务院；以及他拒绝"成为蒋介石和'院外中国游说集团'的跟屁虫"。³² 汉德则认为，上述三个原因不足以解释"恶意辱骂给迪恩带来的可怕压力"。他觉得所谓艾奇逊要为美国在亚洲的挫败承担责任的指责尤其没有依据："我并不认为他搞砸了台湾问题，而朝鲜的冒险是每个人——几乎所有美国人，都同意的。他在亚洲事务上遭到批评并不是因为他自己的选择，而是因为只要我们在任何共和党人的立场上展现让步的姿态，他们便叫嚣这是在'绥靖'。"³³

在回信中，法兰克福特进一步批评李普曼在这件事上发挥了"有害的影响"："有那么几位参议员……倾向于在共和党党团会议上投票支持针对迪恩的动议，原因是沃尔特在他们会议当天上午所写的文章内容。这些参议员指出，即便如李普曼这样立场超然的自由派作家都认为艾奇逊失去了国家的信任，这说明公众对他已经没有了信心。"³⁴

到了年底，汉德也开始认同法兰克福特对李普曼文章的痛心之感，他将这位专栏作家对于艾奇逊的批评归因于"很深的不安全感"和"真正的胆怯"。在汉德看来，李普曼"有一种末世的气质，从天国降临……很可能是来蒙骗文盲的"。他很惊讶参议员们居然如此认真地对待李普曼的观点："我本以为他只会被认为是一位说话啰唆、卖弄学问的人。"³⁵ 法兰克福特也再次严厉抨击李普曼对于艾奇逊存有"病态的仇视"，而他所能做的只有鄙视这位加入麦卡锡主义者队伍中攻击美国国务院的所谓"教养良好、思维灵敏的写手"。但是法兰克福特相信，李普曼的观点只能有效巩固和刺激那些早已把艾奇逊视为囚犯的"敌人和蒙昧者"。³⁶

对于极端主义者抨击政府原因的探究，汉德要比法兰克福特进行得

---

① 在希斯被判刑当天，艾奇逊宣布他站在自己老朋友一边，表示"我不想撤回对阿尔加·希斯的支持"。

更为深入。在汉德看来，共和党人对于罗斯福新政的仇恨被压抑了许久，他们也正在寻求重新夺回权力的方式，而很多人美国人也非常厌恶东海岸知识分子言谈举止间流露出的那种高高在上的优越感，还有孤立主义的持续抬头，相较于法兰克福特举出的三个直接原因，这些似乎更能解释那些对于政府的谩骂。正如汉德在 1950 年 9 月告诉伯纳德·贝伦森的那样：

> 在我看来，共和党人的表现是下流的……他们通过不可思议的曲解，将他们集中火力抨击艾奇逊 4 到 5 年前在中国问题上所犯错误的行为合理化，我理解他们这么做无非就是基于以下这个明显的原因：为了夺回权力而不择手段……共和党人抨击所有民主党人都是伪装的共产党，也许这样他们就能凭借一股对于这个国家最终团结更有激情、更盲目、也更危险的歇斯底里的浪潮［在下次选举中］获胜，这样的浪潮我从未见过，甚至在 20 世纪 20 年代都没见过。[37]

1 个月后，汉德更全面地阐述了他对右翼势力的看法：

> 也许进入朝鲜是错误的，虽然我依旧认为——就像刚开始一样，我们当时别无选择。但是，我们毕竟做了一次诚实的努力，兑现了我们的承诺。对我们而言，这已经证明了太多。为了一个对我们而言最不重要的地方坚持投入我们所拥有的全部，却放弃了保护西欧的全部或绝大部分希望，我并不认为这么做是明智的。只不过，我们似乎是被这样的陈词滥调所困扰："没有任何妥协""我们绝不能向'侵略'屈服""现在的失败就是对我们原则的放弃""我们必须忠实于我们荣誉要求的事业"，诸如此类。我担心我们……在最困难的情况下将凝聚起来的全部力量都投放在亚洲，却不给对我们而言无比重要的欧洲留下任何东西。我很难理解为什么表达出来的情感变得

如此东方导向,但事实显然就是这样。

如果让我来猜测真正的原因,我想其中部分是因为我们过去与日本之间的战争,还有一部分原因是对于麦克阿瑟将军的崇拜。最后,共和党人因为已经被排斥在权力之外长达18年而产生了无力的愤怒感,而在民主党内平等主义政策也已具有了具有统治地位的影响力,二者与此也有关联。[38]

虽然发表了上述这些有关党派政治形势的尖锐而坦率的评论,但是汉德与绝大多数美国人一样,仍然没有公开反对麦卡锡主义。当然,汉德为这一做法辩护的理由便是他那知名的观点,即"法官非常不适宜就那些可能来到他面前的问题公开表达立场"。他婉拒了在国家杂志出版商协会(National Association of Magazine Publishers)年会上就《权利法案》和公民自由议题发表意见的邀请,虽然他也意识到自己的态度可能看上去多少有些像"胆小鬼的逃避"。[39] 他还拒绝了老熟人、华尔街律师艾伦·沃德韦尔请他支持那些因为向被控不忠的民众提供辩护而受到抨击的律师的请求:

> 我们这里要受理大量这类起诉案件的上诉,而这些案件都是胜败几率相等的……我可能会被召去审理其中任何案件。因此我非常不适宜……公开表达对于检方或者辩方的同情……我倾向于认为,当我坐在法官席上,如霍姆斯曾告诫过我的那样远离所有那些"火锅"议题,是更为明智的做法。[40]

但是,正如汉德自己承认的那样,他并不总是"在行动上始终如一"。这句话出自他写给国家有色人种促进会(National Association for the Advancement of Colored People)的沃尔特·怀特(Walter White)的信中。汉德在该信中婉拒出席一场向即将退休的联邦法官、南卡罗来纳州勇敢的反种族主义人士J. 华帝斯·沃灵(J. Waties Waring)公开致敬的活动。[41] 事实上,汉德参加了纽约律师支持国际法学家委员会(International Commission of Jurists)的一次会议,甚至还在这次活动上发了言。会上,汉德签署了一份决议,支持了该委员会"在铁幕后国家揭露系统性不公和否定人权行为"的一个项目。[42] 不过,在更多场合,汉德还是避免就冷战问题公开发表看法。

　　然而,汉德回避其他争议议题的态度并非铁板一块。例如,他曾表示应该要让所有女性都能用上避孕工具,而这个问题曾一度是高度具有争议的。汉德对于上述立场的坚持,其中一部分原因是他的女儿弗朗西斯一度是纽约计划生育双亲联合会(Planned Parenthood Federation of New York)的主席,而他的妻子也是这一事业的坚定支持者。汉德曾允许计划生育双亲联合会在公开材料中引用他在该组织一次午宴上的发言内容:"我们都知道,关于民主制度的存续,我相信计划生育是世界上最重要的事情。"[43]"这一事业对于拯救公共安全的重要性在我看来要超过其他任何事情",他在另一个场合这样表示。[44] 应该说,汉德对司法礼仪的遵从,显然是他1951年前回避公开谈论麦卡锡主义的主要理由。

　　不过,汉德这么做的主要原因还是自己的胆小本性。有意思的是,可以发现汉德与漫画形象"胆小鬼"(Caspar Milquetoast)十分相像,后者是大名鼎鼎的H. T. 韦伯斯特(H. T. Webster)在《纽约先驱论坛报》编辑的漫画系列《胆小的灵魂》(The Timid Soul)中创作出来的人物。当韦伯斯特于1952年9月去世时,汉德还给报纸写了一封信,表达了他"个人的失落感":

　　　　我时常近于要给[韦伯斯特]写信,询问他到底拥有什么样的神秘占卜力量,居然可以在从未见过我的情形下就能知道我的私密感受。"胆小鬼"实在太像我了,他的故事简直就是我个人的传记。这还不是全部。从"胆小鬼"的绝大部分性格中我都能感受到自己的一部分。他的性格每天都让我感到愉悦,他遇事的反应就像是我自己的亲身经历一样。[45]

　　汉德最终决定公开谈论麦卡锡主义,部分可以从他几天前的另一项

决定中得到解释。1951 年 5 月 15 日,作为一名联邦法院法官,汉德决定
从法官"常规现职"序列退休。之后,他呈交给杜鲁门总统的退休告知
函收到了来自总统不同寻常、充满感情的回信,这封回信可能是基于迪
恩·艾奇逊的建议。杜鲁门总统写道:

> 您的专业素养早在很久以前就已体现出您为法律作出的
> 重要贡献。您在美国法官乃至全球法官中的荣耀地位毋庸置
> 疑……在您接近半个世纪、日复一日的工作中,您已经在法律
> 的进程中为人类对于正义的追求增添了决心和希望。作为法
> 官和哲学家,您呈现了美国精神和人类所能达到的文明最高境
> 界。美国,以及美国人民,因为您对于我们生活方式富有活力
> 而又丰满充实的贡献而变得更加富有。[46]

尽管如此,汉德还是继续频繁地在第二巡回上诉法院审理案件。他
继续审理那些由针对颠覆行为的歇斯底里情绪而引起的案件,同时他对
司法礼仪的遵循也并没有显著放松。此时,位于华盛顿的美国法学会举
办了一场向已经卸下部分公职的汉德致敬的活动,并为汉德准备了年度
晚宴。费利克斯·法兰克福特也是此次活动的发言嘉宾之一。然而,当
汉德起身答谢那些对他的赞美之词时,他在未事先准备的情况下发表了
简短的讲话,公开而又坦率地抨击了麦卡锡主义的邪恶。汉德的发言内
容被一位速记员记录了下来。这份发言记录显示,虽然汉德平日偏好事
先准备讲稿,但是他在没有讲稿情况下的发言同样也是极有说服力的。

> 我的朋友,我们的未来处于风雨飘摇之中,我不知道你们是
> 否记得……1940 年我们相聚在这里时,那时正是可怕岁月的前
> 夜,所有让生命珍贵的事物似乎都可能会被吞没。今天我们处
> 在一个同样危险的处境……我希望我们能有较大机会……取
> 胜,但是这有一个前提:**那就是我们内部不能四分五裂。**

汉德发言内容的核心是一个发自肺腑而又强有力的警告：

> 我的朋友,你会认同一个开始自我怀疑的社会吗? 在那样
> 的社会,一个人看着另一个人,然后说:"他可能是个叛徒。"那
> 样的社会已经不存在这样的精神,那就是人们会说"我不会接
> 受,我不会相信——我需要证据。我不会说我的兄弟可能会是
> 一个叛徒",但是我会说,"交出你拥有的材料。我会作出公正
> 的裁决,如果他真是叛徒,那么他应当付出代价。但是我不会
> 把它视为谣言。我也不会相信传言。我会记住,把我们带离野
> 蛮的是对于真理的忠诚。如果没有受到最严格的检验,真理是
> 不会出现的"。——你难道不会同意,一个失去上述思想境界
> 的社会是无法存活吗?

汉德总结说:"你们记得在《患难与忠诚》(*The Cloister and the Hearth*)这本书中,紧要关头时分,杰拉德(Gerard)的同伴曾经说过:'有了勇气和友谊,魔鬼便不复存在。'不,我的朋友,魔鬼并没有死,他占据了感恩的心。我们应当抓住他!"[47]

作为麦卡锡主义的最早批评者之一,《华盛顿邮报》得到了速记员的记录稿,并将汉德演讲的核心内容作为重要社论文章于1951年5月27日发表。汉德的讲话同样也为他赢得了相当多私下的赞誉。[①] 1年后,汉德给赫尔曼·芬克尔斯坦(Herman Finkelstein)写信,后者曾是他在巡回上诉法院的首任法官助理,并在1952年担任美国作曲家、作家和出版商协会(American Society of Composers, Authors, and Publishers)的

——————

① 例如,小 W. 格雷厄姆·克莱亚特给勒尼德·汉德的信,1951年7月3日,85-41。W. 格雷厄姆·克莱亚特是汉德原来的法官助理,也是华盛顿顶尖律师所科文顿和柏林律师事务所的合伙人。克莱亚特表示,他的同事认为"这几个发言段落不仅仅辞藻华丽,内容也极其重要"。克莱亚特称,他的资深合伙人约翰·洛德·奥布莱恩在华盛顿和李大学的演讲中使用了上述表述形容汉德的演讲。奥布莱恩是极少数几乎在同样早的时刻表达与汉德相似观点的资深律师。

总法律顾问。此时汉德却对芬克尔斯坦表示:"我陷入了困惑之中,不知是否应当把自己从所有的司法顾虑中解放出来才会比较好,这样我可以趁自己还是法官的时候说一些看上去似乎并不适当讲出来的内容。"[48] 此后,汉德并没有离开法庭,而是转而克服自己的顾虑,继续寻求公开谴责麦卡锡主义。当他回到家乡奥尔巴尼接受纽约州立大学荣誉法学博士的学位时,发言的机会又来了。汉德被邀请准备一份面向 600 位参加第 86 次评议委员会会议的教育官员的主旨发言。[49] 与往常一样,汉德对发言进行了认真准备,精心写好了稿子。尽管他的发言主题是"通识教育对于智慧民主参与的重要性",但是他在总结段落表达出的观点非常明确:

> 风险归风险,就我个人而言,我宁愿利用我手上的机会让一些叛徒逃脱检查,也不要传播一种总体上怀疑和不信任的精神,那样会让谣言和流言蜚语取代耐心、无愧于心的询问。我相信,如果每个人都开始将他的邻居视为可能的敌人,如果对于政治或宗教上公认信条的不服从都是一种背叛的表现,如果缺乏详细说明或事实依据的告发替代了证据,如果所谓正统观念让提出异见的自由窒息,如果对于理性终极、至尊的信仰变得如此胆怯,以至于无论是输是赢,我们都不敢公开承认我们内心的确信,那样的社会就已经处于解体的过程中。那样社会中的恐惧感是一种溶剂,可以吞噬将石头砌在一起的水泥。这样的恐惧感最终可能让我们受制于我们所惧怕的恶魔般的独裁。这样的恐惧感目前只能通过我们拒绝依赖怀疑以及除非存在担忧的合理理由否则必须信任彼此的做法才能有所缓解,而与他人之间的彼此信任只有通过开放的思想和对于自由讨论的勇敢依赖才可能得到维持。我并没有说只要具备上述这些条件就万事大吉了。谁知道我们是否就在可能滑落至野蛮状态的斜坡上?但有一点我是确信的,那就是如果我们选择逃避,我们便必然无法朝着面向所有观念开放的公平环境和诚实竞赛迈出任何一步。[50]

正如他告诉法兰克福特的那样，汉德自己知道上面这一爆炸性的发言段落其实"与主题毫无关联"，但是似乎"拉进来讨论一下还是有足够关联性的，可以作为结语中的一根'针'刺向当今时代我最恐惧的麦卡锡和笛卡尔主义者。"[51] 这一经过深思熟虑的大爆发实在太令人震撼，以至于奥尔巴尼的这次演讲后来被证明是勒尼德·汉德所有演讲中被出版最广、引述最多的发言。汉德的演讲稿登上了次日《纽约时报》的头版。1 天后，《纽约时报》又以社论形式赞扬了汉德"这些天"公开发言的"勇气与智慧。"他的演讲稿也被《星期六文学评论》作为其重要文章及时转载。其他出版物很快也予以了重印。全国各大报纸都刊发了推荐性质的社论。当时最受尊敬的电台主播爱德华 E. 穆若（Edward R. Murrow）在一档节目中花费绝大部分时间介绍了这次演讲的长篇摘要。汉德的邮箱也收到了史无前例数量的热情赞誉。[52]《纽约世界报》（New York World）原编辑赫伯特·巴亚德·斯沃普（Herbert Bayard Swope）建议，汉德应该将他的演讲稿寄给麦卡锡参议员一份。不过汉德在回信却表示，他针对的不仅仅是约瑟夫·麦卡锡，还有理查德·尼克松，后者刚成为共和党副总统的提名人选。汉德十分恐惧尼克松成为副总统的风险，认为这会是一个让他"晕过去"的前景，不过即便如此，他还是计划把票投给德怀特·艾森豪威尔（Dwight Eisenhower）。[53] 最令他激动的评价之一来自美国社会党长期的总统参选人诺曼·托马斯（Norman Thomas）："你处在一个拥有罕见权威的位置上发言。我认为你的发言不会被忘记。"托马斯还表示："多年来，我一直认为你是我们政治生态中一位高尚而务实的人物。"汉德对于这样的评价感到尤其高兴。他告诉托马斯："尽管我们政治理念和实践存在着巨大的分歧，但你还是可以像你这样给我写信，这恐怕比你能想象到的还要令我感到满足。"[54]

虽然在教育评议委员会上的演讲引发了广泛关注、获得了广泛赞誉，汉德还是对于这样的公开表态是否妥当感到不确定。他这样给法兰克福特写信："有时候我问自己，当我面向公众的外表满怀歉意地集中敲打着我高冷的态度时，内心深处的恶魔是否并不真的希望让我在公众面前'展现绝技'。哪一个才是真正的自我?"⁵⁵ 在教育评议委员会演讲的几个月之后,他婉拒了出席美国法学会有关国会调查共产主义的讨论活动的邀请。⁵⁶ 相似地,汉德也告诉邀请他参加有关国家安全限制政策讨论的哥伦比亚大学法学教授约翰·哈扎德(John Hazard):"有时我[在公开场合谈论这些问题时]会感觉到自己的立场可能[还不]够保留,但是即便如此,那也不能成为我再次开口的借口了。"⁵⁷ 在奥尔巴尼演讲的1个月后,他还婉拒了出席美国公民自由联盟庆祝《权利法案》的午宴。对此汉德解释道:"虽然从私人角度上说我非常支持,但也许我还是不太情愿参与这样的公众庆祝活动。我还是认为,法官最好不要出现在这样的场合。"⁵⁸

面对一个被麦卡锡主义撕裂的国家,艾森豪威尔总统因为拒绝对那位来自威斯康星州的参议员采取公开强硬的政策,以及将他自己限定在模糊性地反对"焚书者"和"思想控制"的立场上,遭到许多自由派人士和民主党人的批评。虽然极其不喜欢尼克松,汉德还是在 1952 年的大选中投票支持了艾森豪威尔。但是他在为总统辩护时发现自己显得日益孤单。"我会如他这样对待麦卡锡事件",汉德在 1952 年秋天的信中写道。⁵⁹ 在麦卡锡主义当道的那些年里,汉德一直这样向他的朋友喊话:"不要对艾森豪威尔太严厉……他可能确实看起来软弱而又犹豫不决,但是我认为,这并非是全面的评价。"⁶⁰ 事实上,汉德赞扬了总统与共和党右翼"妥协"的技巧。他相信,这样的技巧将会有助于麦卡锡主义最终走向灭亡。⁶¹ 汉德支持艾森豪威尔的另一原因在于,总统直言不讳地反对孤立主义分子企图削弱国家制定条约权力和总统签署行政协议权力的宪法修改提议,也就是所谓的"布列克修正案"(Bricker Amendment)。汉德的怒火主要针对的是共和党的组织,尤其是艾森豪威尔害怕疏远的右翼势力。

麦卡锡参议员的倒台来得比汉德预计的时间要更快一些。艾森豪威尔在 1952 年大选时就承诺要结束的朝鲜战争最终在 1953 年 7 月以一纸停战协定告一段落,这斩断了反颠覆的歇斯底里情绪的一脉来源。更重要的是,在 1954 年 4 月至 6 月举行的听证会上,律师约瑟夫·韦尔奇(Joseph Welch)通过敏捷的表现让麦卡锡可耻的伎俩和这位参议员的深层缺陷暴露在全国电视观众面前。1954 年 12 月 2 日,参议院给予麦卡锡致命一击,以 67 票对 22 票的表决结果正式谴责他的行为。汉德则认为,麦卡锡的倒台是总统的功劳。他欣慰地向伯纳德·贝伦森表示,艾森豪威尔"最终掐灭了麦卡锡的邪恶之光,虽然他没有也无法让麦卡锡那些怀有恶意的追随者改变心意。这批追随者人数众多,令人害怕,非常危险,尤其还得到了[罗马天主教]教会的支持。但是,领袖的黯然失色至少让这场运动遭遇到了令人沮丧的挫折。"[62] 即便这样,在麦卡锡遭到参议院谴责后,民调显示仍有 44% 的美国公众对他抱有好感。麦卡锡的支持者们仍在继续运用他们主人那一套随意指控的方式。对于仍在进行中的猎巫行动,汉德感到不安,于是发表了另一场受到广泛报道的演讲。这一次,汉德的演讲甚至比上一次教育评议委员会的发言还要更加巧妙和具有说服力。1955 年 1 月 29 日,美国犹太人委员会(American Jewish Committee)举行第 48 次年度会议。[63] 在那次会议上,汉德获得了这一组织颁发的首枚"美国自由奖章"(American Liberties Medallion)。纽约州前大法官约瑟夫·M. 普洛斯克尔(Joseph M. Proskauer)向来宾介绍了汉德,发表了简短的致辞,并向他颁发奖章。致辞中,这位法官引述了汉德在评议委员会演讲中的段落。[64] 汉德精心准备了发言稿,指出麦卡锡主义仍在继续作恶。这一次,没有人会弄错汉德的抨击对象了。

　　汉德的演讲费了一些周折将他对于麦卡锡主义的敌意与他终身的哲学观联系在一起。在谈到"公民自由与人权的原则"时——这也正是他被安排发言的主题,汉德首先提醒听众,"蜂窝或蚁丘"不是"一个自由社会的完美例证"。他指出,美国人传统上对于"这样的极权主义雏形"抱有"最深的敌意"。为什么会这样? 显然不是因为"整齐划一"事实上做不到。其实这是能做到的,就像奥尔德斯·赫胥黎(Aldous Huxley)在《美丽新世界》(Brave New World)和乔治·奥维尔(George Orwell)在《1984》中所预言的那样。而且这个世界现在已经接近于看到这样的预言即将实现。汉德认为,如今相关的组织正在美国开展工作,推动美国社会朝向这样一个循规蹈矩的方向迈进。"强大有力的组织……在所有的异见中都能看到背叛,他们将会欢迎这样一个时代,即我们所有人都应该按照妥善规定的方式思考、感受和生活。"泛泛的"颠覆"指控是汉德特别要抨击的对象。"所有辩论,所有异见",汉德告诉听众,"都是要质疑并且最终颠覆既有的信念,这才真正是辩论和异见的用途和正当性所在。"美国体制的基本假设要求我们对于那些即便挑战我们最根本信条的人都要保持宽容。汉德强调,真正的"公民自由与人权的原则":

> 存在于习惯、风俗和传统中。如果你可以容忍异见,抛开不容争辩的确定性而生活,准备好全面检验既有的假设,认识到我们永远无法在黑暗中透过玻璃看到救援,最终,我们就会取得成功,只要我们持续进行"无法忍受的思想劳动",虽然那是我们所有行为中最令人不快的。[65]

在结尾处,汉德重述了提倡了几十年的温和的怀疑主义信仰。对于与"一致性"斗争的最终结果,汉德没有那么自信,但是,他结合自身经历与哲学分析回到了奥利弗·温德尔·霍姆斯所谓工作至上者协会中理想化的匠人形象。汉德很多年以前就已引用过这一感念。1930 年,他在向哈佛法学院赠送霍姆斯大法官肖像的仪式上曾表示:[66]

> 通过某些开心的偶然事件,人可以成为策划者,设计者,建造者,匠人。在自己身上留下一些印记是人最可靠的快乐之一,尽管人能意识到,这样做肯定时常会违抗自己。作品完成的回报不如其制作过程中获得的多,这样制作作品所能获得的奖励也不如竞赛时获得的多。如果我们做了能做的一切,我们可能赢,也可能输。但是这样做,我们至少能使这件作品的某些部分成真。而那是我们最关心的作品——我们自己。如果到最后,有一些路过的友好批评者说:"我的朋友,你真的认为自己完成了一件多么好的作品吗?"我们可以回答:"我和你一样,都知道作品的质量也许不高,但是我投入了所拥有的一切,

而这正是我要开始参与的比赛。"[67]

与1952年在教育评议委员会上的演讲相比,汉德的此次发言吸引了同样多的公共关注:各大报纸都刊发了摘要,来自纽约州的参议员赫伯特·雷曼(Herbert Lehman)及时将发言稿收入了《国会记录》(Congressional Record)。[68] 祝贺的信件又一次涌入了汉德的邮箱。费利克斯·法兰克福特引述了他妻子的评价:"'这真的是太棒了!(有一个我从她那里听说但想不起来的词)我只希望有人可以全面地鉴赏他的语言。'法兰克福特大法官对此附议。"[69]

汉德曾担心公开发言会让他无法审理涉及冷战因素的案件,他的担心可能是有道理的,因为这样的案件正越来越多地来到汉德法官面前。汉德要决断的间谍和伪证案件对于他超然公正审案的智识信念提出了严峻挑战。有3起案件呈现了他对上述挑战的回应:分别是"美国诉科普伦案"(United States v. Coplon)[70]——该案中审查因窃取和将"国防信息"传递给苏联公民的定罪,[71] 美国共产党领导人因策划宣扬和教授暴力推翻美国政府而被定罪的上诉案件"美国诉丹尼斯案"(United States v. Dennis),[72] 以及因提供有关被告是否涉及共产主义的伪证证词而被定罪①的上诉案件"美国诉雷明顿案"(United States v. Remington)。[73]

"科普伦案"是冷战期间最吸引人的间谍案件之一。本案第一被告茱蒂丝·科普伦(Judith Coplon)是巴纳德学院(Barnard College)年轻毕业生,受雇于美国司法部国内安全科(Internal Security Section)。共同被告名叫瓦伦丁·A.古别契夫(Valentin A. Gubitchev),是一位联合国雇员,曾为苏联外交部官员。1949年3月4日,当科普伦正在纽约向古别

---

① 国会的调查行动不断产生藐视国会的起诉案件,针对的都是那些未能在众议院非美活动委员会和参议院国内安全委员会听证会上回答问题的人士,但是藐视国会的案件一般是由哥伦比亚特区的联邦法院审理,而非纽约的联邦法院。而纽约的联邦法院,包括第二巡回上诉法院在内,确实审理过当时其他两起主要案件,即阿尔加·希斯的伪证罪案件和罗森堡夫妇的间谍罪案件,但是汉德均没有参见上述两起案件的审理。

契夫传递她从美国司法部偷出的文件时,两人遭到逮捕。自从他们被捕的那一刻起,这起案件就引发了美国公众的想象,培育了他们的恐惧。该起案件也被媒体铺天盖地报道。被告有罪并不是本案真正的问题。两名被告都被判处 15 年有期徒刑。① 古别契夫的服刑因为美国国务院的要求而暂缓执行,后者提出了一个他很容易接受的条件,那就是立即返回苏联。于是,科普伦只能独自就定罪提起上诉。

这起上诉案件来到了第二巡回上诉法院勒尼德·汉德、托马斯·斯旺(Thomas Swan)和杰罗姆·弗兰克组成的合议庭面前。检方提供了足够的证据证明被告有罪,不过这并不是具有高度争议的问题。事实上,本案的焦点问题是政府执法方式的合法性。基于这一点,科普伦提出了两项异议:首先,她指控在没有搜查令的情形下逮捕她违反了宪法第四修正案保障有关免受不合理搜查和扣押的规定;其次,她声称没有被提供足够的机会证明指控她的证据来自对她电话的非法监听。

逮捕之前,联邦调查局调查科普伦已经有一段时间了。她从 1943年到 1945 年初是司法部在纽约的一名雇员,随后被调往华盛顿,在负责登记外国代理人的部门工作。1948 年 10 月,她又被调往更敏感的国内安全科。1949 年初,部门主管告诉科普伦,她受到了怀疑,于是这名主管将她又调回了原来的登记部门。2 月期间,科普伦找上了她在国内安全科工作的继任者,说服后者让她看一些在那里备案的报告,并且将其中的一些文件带走了。她还要求那名继任者给她全部有关外国使馆、尤其是有关俄国代理人的报告。

导致科普伦在 3 月被捕的原因是她在 1949 年 1 月、2 月和 3 月前往纽约的 3 次旅行。每次行程中,联邦调查局探员都对她进行了密切监视。在第 1 次和第 2 次旅行中,科普伦很长时间都和古别契夫在一起,但显然没有给他任何文件。3 月 4 日,她又一次与古别契夫约会。汉德

---

① 量刑是由纽约南区联邦地区法院法官西尔维斯特·J. 瑞恩确定的。在纽约的一审程序之前,被告还被哥伦比亚特区的联邦法院提审过。形式上,哥伦比亚特区的指控针对的是科普伦复制、移除和隐藏司法部文件的行为,纽约的指控针对的是她在纽约向古别契夫传递信息未遂,并且与他共谋窃取文件的行为。

的判决显示："两人似乎相比以往更谨慎地行动了。"晚上大约9点半,他们两人被联邦调查局在没有搜查令的情况下逮捕。科普伦包中的一个密封袋里有许多政府文件。被告当时并不知道,联邦调查局在司法部长的个人指导下从1月起就在监听科普伦华盛顿家中、华盛顿办公室中和布鲁克林家中的电话了。

汉德的判决指出,在纽约三次会面期间,科普伦和古别契夫都在"漫无目的地闲逛,见面,分头行动,重新接头,东奔西走,频繁顾盼、让人感觉他们可能在东躲西藏,希望摆脱跟踪"。汉德注意到,科普伦包中的所有文件"反复被取出来,显示她坚持要获取这些记录并将其带往纽约的会面。这样的一起案件会让任何公正的陪审团都认为科普伦从事了她被指控的共谋行为。因为当合适的时机到来之时,她就会将袋子交给古别契夫。"在汉德看来,被告的行为构成违法犯罪的"未遂",而非不予禁止的"准备行为"。[74]

汉德接着讨论没有搜查令逮捕科普伦的合法性问题。根据法律,没有搜查令的逮捕只有在执行逮捕的官员有"合理理由相信被逮捕之人犯下重罪"**以及**"在可以获得……予以逮捕的搜查令前存在该人逃跑的可能性"时才被允许。一审法院认为,执行逮捕的联邦调查局探员有合理理由相信科普伦有可能逃跑。汉德拒绝了这个结论。在他看来,被告的行为显示,他们3月4日的会面并不是最后一次。如果科普伦没有被捕,可以几乎肯定地说:"她还会回到华盛顿继续工作。"即便有理由害怕她会逃跑,联邦调查局在没有搜查令的情况下逮捕她也缺乏正当性,汉德写道:"显然,即便在联邦调查局逮捕她的那天早上,都不存在执行没有搜查令的逮捕的最小必要。不存在突然的紧急情况迫使探员这么做。"法律要求,只要有时间获得搜查令,就应该先获得搜查令。因此,汉德得出结论:"我们别无选择,只有认为逮捕是无效的。因此,那袋文件无法[作为证物]指控她。"[75]

随后,汉德讨论了本案中最重要的问题:科普伦声称她是非法监听的受害者。当时,尽管根据1934年《通信法》(Communications Act)第605条,监听是违法的,但联邦最高法院从未认为监听行为违反了宪法第四修正案。1928 年,在布兰代斯和霍姆斯大法官的激烈异议下,联邦最高法院仍然以 5 票对 4 票在"奥姆斯塔德诉美国案"(*Olmstead v. United States*)[76] 中认定,监听不属于宪法第四修正案项下的搜查和扣押。因此,虽然早在 1939 年他就已经表达过"'奥姆斯塔德诉美国案'的判决可能……不再是法律"[77] 的观点,汉德还是必须主要基于法律规定裁决"科普伦案",尽管后者明显与宪法违背。[①]

但是,汉德确实分析了一个真正的宪法问题。规制监听数据的一般规则是,只要被告提出对话是被非法录音的,政府就必须证明其用以定罪的所有证据都不是从监听中以任何方式得来。同时,相关监听数据必须提供给被告,以便其反驳检察官声称的证据未被污染的说法。本案中,一审法官基于国家安全原因扣留了针对科普伦的部分监听记录。取而代之的是,法官私下检查了所有记录,进而直接得出结论认为审判中的任何证据均非来自监听。汉德在判决一个特别仔细说理的段落中指出,一审法官拒绝向科普伦披露全部窃听记录将会推翻对于后者的定罪。他认为,扣留这些记录违反了被告在宪法第六修正案项下"与反对[她]的证人当面对质"的权利。因此,尽管汉德认为科普伦的罪行是"显而易见的",他还是认定对于科普伦的定罪应被推翻。不过,汉德拒绝彻底撤销对于科普伦的指控,因为"其他案件中可能会有更多可以证明被告逃跑可能性的证据,同时检方也可能会决定泄露'录音'的内容"。[78][②]

---

①   直到汉德作出科普伦案判决的近 20 年后,联邦最高法院才正式推翻了"奥姆斯塔德案"的判决,认定监听确实构成宪法第四修正案项下的搜查和扣押[(*Katz v. United States*, 389 U. S. 347(1967)]。

②   茱蒂丝·科普伦此后在纽约未被重审。1955 年,司法部承认其没有独立于监听的充足证据用于支持申请重审,因而起诉最终于 1967 年被撤销[参见 Hershel Shanks, ed., *The Art and Craft of Judging: The Decisions of Judge Learned Hand*(New York: Macmillan, 1968), 283-98.]。

在纽约案件的庭前听证会上知晓了监听的存在后,科普伦申请撤销早先哥伦比亚特区法院对她的定罪。在发现监听内容包括了科普伦及其律师在哥伦比亚特区案件庭前和审理期间的对话后,她在哥伦比亚特区巡回上诉法院的上诉取得了成功。哥伦比亚特区巡回上诉法院认定,上述行为剥夺了她在宪法第六修正案项下获得"有效和实质律师帮助"的权利[*Coplon v. United States*, 191 F. 2d 749(D. C. Cir. 1951)]。她此后在哥伦比亚特区也未被重审。

汉德并不同情间谍,也不抱有国际共产主义对美国安全没有威胁的幻觉。他在"科普伦案"中的强有力判决展现的并不是对被告的同情,而是对他基本信仰的忠诚,即政府必须在起诉被告时规规矩矩。他在判决的一个段落中强烈地表达了这一信念:

> 这一独有的[对抗控告者的]特权在"盎格鲁–美利坚"传统中有着悠久历史。在自由的兵工厂中,没有什么武器比迫使政府披露为了剥夺公民自由而呈现的证据的权力更有用。所有政府——无论是民主政体还是独裁政权——都相信,它们想要惩罚的人是有罪的。而当宪法上的障碍阻止政府实现那样的目的时,这些障碍对于所有政府而言都是令人恼火的。但是,这些宪法上的障碍是经过精心设计的,十分珍贵,可以防止证据未经被告者挑战、未经公开审查和公开批评的净化就得到接纳的目的和企图。如果一个社会对于该等证据披露方式感到害怕,但仍试图将其意志强加于其成员,要求后者接受该等方式,那么这样的社会就失去了自由的感觉,并且已经走在了通往专制主义的道路上。[79]

对于汉德而言,上述令人振奋的话并非心血来潮。自从在地区法院任职时,这样的情感就已让他成为宪法第四修正案项下搜查与扣押保障强有力的捍卫者。汉德从不像他的同事杰罗姆·弗兰克那样仅仅因为一些"无害"的错误就希望推翻定罪。他也不倾向于扩张对于宪法第五修正案项下免于自证其罪特权的解释。虽然汉德确实是警察秘密讯问被控告人这样的行为的激烈批评者,但是他并不觉得宪法第五修正案项下的特权应被宽泛地解释为禁止对被控告人拒绝在公开开庭时回答问题的做法进行评论。然而,在一系列搜查和扣押案件的意见中,汉德还是坚定地反对政府违反宪法第四修正案的不当行为。早在1923年,他作为一审法院法官就已采取了保障措施,确保真正的"合理理由"必须要在搜查令可以签发前就已经存在。[80]1926年,汉德又写出了划时代并且受到广泛援引的一份判决,该判决限制了合法逮捕后对被指控人的文件或家中进行搜查的权力。[81] 在该起案件中,汉德指出,根据《国家禁酒法》(National Prohibition Act),"某些看上去针对推销劣酒奸商足够公平的方式,如果被政府当作幌子压制政治上的反对意见,可能就会有一张相当不同的面孔"。虽然有关合法逮捕后允许搜查范围的法律规定在很多年内持续模糊不清,汉德却一直维护着被指控者的权利。[82] 例如,汉德激烈批评联邦最高法院在"哈里斯诉美国案"(Harris v. United States)[83] 中的决定,该决定允许在合法逮捕发生后,在被告被铐在自己客厅的情形下,可以对被告公寓的每个房间进行长达5小时的搜查。汉德对法兰克福特(他在该案中提出异议)表达了对于本案多数方意见的不以为然。他告诉法兰克福特,自己无法理解,"人们怎么可能接受就其本质而言毫无自由精神的多数派意见。更糟糕的是,这就是极权主义生存依赖的做事方式,我猜想他们如果不搞这一套,肯定没法生存"。[84] 不到一年后,在致信法兰克福特谈论限制逮捕后审讯嫌疑人方式的必要性时,汉德表达了类似看法:

> 但是,凭借你、我不太靠谱的直觉可以想象一下,如果一个人遭到逮捕,之后会发生什么?我认为,在嫌疑人遭到逮捕后,如果他所说的一切只要没有法官或其他人在场就无法获得采纳,诸如此类的观点可能确实走得太远了,尽管我承认走得这样远的诱惑对我而言其实很强大。但是,在强灯光的照射下进行数小时的讯问……这点燃了我的怒火。这样的事情与酷刑之间只有咫尺之遥,对我而言甚至就是酷刑。[85]

1949年,汉德面临一个与联邦最高法院在1947年"哈里斯案"中裁决过的问题非常相似的争议点。基于1948年联邦最高法院的判决[86],汉德再次因为政府的不当行为推翻了定罪。[87] 但是,联邦最高法院最终却放弃了自己1948年作出的判决,推翻了汉德的判决,这一判决导致法兰克福特发表了激烈的异议。他表示:"我还没有听到回应勒尼德·汉德法官以下论理部分的答案。"[88] 因为这些共同信奉的观点，当法兰克福特在媒体上读到汉德关于"科普伦案"判决的首批报道后，毫不意外地马上给他写了信：

> 我不必等待你的"科普伦案"的判决全文就可以祝贺你了——[虽然]我们不必因为法官做了他认为对的事情而表扬他。[89]

虽然汉德确实做了他认为依据法律和宪法原则正确的事，但是许多"科普伦案"一审判决的支持者却无法认同。汉德成为仇恨邮件攻击的目标，其中的许多信件令他困惑，而非让他震惊。汉德在文件中留存了这类信件的样本。[90] 他给法兰克福特写信：

> 你会取笑我收到的那些关于"莱蒂丝·科普伦案"的信件。这些邮件声称犹太人贿赂了我，让我把她放了。我们现在有钱了，因为成为"老鼠""杂种"和"叛徒"，诸如此类。我们赚了"大钱"。我承认有一点被那些顽固的反犹主义评价所打扰，其余的只是让我觉得很好笑而已。[91]①

赫舍尔·尚克斯（Hershel Shanks）是一位华盛顿律师，也是一位思维敏锐的评论员。1968 年，尚克斯撰文评价了汉德的"科普伦案"判决。他非常准确地点出了汉德的贡献：

> 问题在于……无法仅仅依据当下流行的"自由派—保守派

---

① 对此法兰克福特回复道："我感到十分难过，像你在'科普伦'案中这样完全无私地履行司法职责的表现居然还会引起对你的言论挞伐。我只能说，如果你看一眼这么多年来我收到的邮件，那么你对于希特勒和他的后继者传染给这个国家的反犹主义，也许就不会那么惊讶，也会和我一样难过。"（费利克斯·法兰克福特给勒尼德·汉德的信，1950 年 12 月 29 日，105-15）

公式"轻率地评价汉德法官的这一司法成果。事实上,他所奉
行的价值立即因此变得更加高尚、更加深刻了。具体而言,他
公正无私,在智识上保持超然,尊重有时模糊不清,但毕竟作为
更高权威的联邦最高法院的指引,意识到法院必须运用有限的
权威证明其不容染指的独立性,相信必须从说理导出结论,而
非相反。[92]

尚克斯的上述评论也能帮助我们恰当地评价汉德在 1950 年对另一
起臭名昭著的冷战案件"丹尼斯诉美国案"(*Dennis v. United States*)的判
决。在那起案件的判决中,汉德依据 1940 年《史密斯法》(Smith Act)①
确认 11 位美共领导人因为构成宣扬或教授暴力推翻政府而有罪。[93]他
在"丹尼斯案"中维护了《史密斯法》的合宪性,重述并削弱了霍姆斯最
有名的有关言论保护的"明显而迫切的危险"的认定规则。在联邦最高
法院维持汉德的判决时,首席大法官弗雷德·M. 文森(Fred M. Vinson)
主笔的多数方意见书采纳了汉德对于"明显而迫切的危险"认定规则的
看法,称这一规则"与我们现在能想到的其他认定规则一样简洁而又具
有包容性。"[94]

联邦最高法院关于"丹尼斯案"的判决被许多人视为是宪法第一修
正案的"崩盘",批评者也将部分矛头指向了汉德在第二巡回上诉法院
所作的判决。但是,汉德作出该判决背后的故事远远要更为复杂。更仔
细地分析就会发现,这一判决其实并不真正让人怀疑汉德对于麦卡锡主
义强烈的敌意,或者他长期信奉公民自由的真实性。

在哈罗德·梅迪纳(Harold Medina)法官主持的长达 9 个月的混乱
一审程序中被判有罪后,共产党领导人们的上诉案件来到汉德庭前。
1948 年 7 月,被告遭到起诉。1949 年 1 月 17 日,一审程序开始。直到
当年 10 月 14 日陪审团作出有罪判决,一审程序才告一段落。来到汉德

---

①　最初起诉了 12 位领导人,被告中包括了党主席威廉·Z. 福斯特,但是他的庭审因
为他患有心脏病而推迟了。本案的名称"丹尼斯诉美国"来源于第一被告尤金·丹尼斯。

庭前的核心宪法问题,同时也是将要来到联邦最高法院面前的核心宪法问题是,《史密斯法》依据宪法第一修正案是否合宪。被告的理由主要是基于该法对于霍姆斯大法官在 1919 年"申克诉美国案"中宣示的对于"明显而迫切的危险"的认定规则的解释:"每起案件中的问题是,使用的语言是否被用于制造明显而迫切的危险,即招致国会有权预防的实质危害,以及所使用的语言是否具有这样的本质。这是一个距离和程度的问题。"

正如在"申克案"中阐述和适用的那样,"明显而迫切的危险"的认定规则并不那么保护言论。事实上,在二战期间及之后不久,汉德曾与霍姆斯曾进行过激烈辩论,但是未能说服霍姆斯接受这样的观点,即他在"《大众》案"中提出的"煽动"认定规则对于言论的保护程度更高,相较"明显而迫切的危险"的认定规则而言更为可取。汉德从一开始就提出,除非表达者使用明显劝导违法的言辞,也就是那些劝导听众相信违法是其"义务"或符合其"利益"的言辞,否则言论便不具有可惩罚性。汉德认为,以上的"煽动"认定规则是一个安全得多的"定性公式","坚实可靠,符合传统,很难规避"。汉德自始认为,"明显而迫切的危险"的认定规则太不稳定,并且可以任意扩展,因为这一认定规定要求法官或陪审团预测言论产生危险的可能性。他担心,那样会让法院在公众意见的强大风向面前变得脆弱不堪。尽管如此,到了审理"丹尼斯案"时,汉德已经相信,他在"《大众》案"中采用的路径是失败的,这样的方法"几乎没有同行支持",[95] 他已经被强迫"长期告别我那曾经相当勇敢地开启其航行史上最短航程的小小玩具船"。[96] 而当汉德在"《大众》案"中采用的认定规则在一战到二战之间的岁月遭到遗忘之时,联邦最高法院正在遵循并致力于进一步阐释"明显而迫切的危险"的认定规则。

作为一名严肃对待遵循最高法院先例义务的下级法院法官,汉德花费大量精力将其判决中的相当一部分篇幅用在了他所称的对于最高法院判决的"令人厌烦的分析"上。[97] 他没有发现清晰的指引,他也确实不能因为认为最高法院的裁决模糊不清而受到责怪。一方面,例如,仍作为先例出现在书本上的"吉特洛诉纽约州案"[98] 维持了对左翼煽动者适用一部与《史密斯法》十分相似的纽约州法律的判决,尽管霍姆斯和布兰代斯在该案中提出了异议。另一方面,上述两位"伟大异议者"的尖锐分歧意见却没有让"明显而迫切的危险"的认定规则在言论保护方面长出更多"牙齿"。[99] 汉德曾这样评价相关系列案件中的一起案件,"所有案件中的情况都与先例完全不同",没有人"有能力定义危险必须要到达怎样重要或者迫切的程度,或者重要性和迫切性这两个因素是否是互相独立的"。[100] 接着,在面对一些适用他自始就不喜欢的"明显而迫切的危险"的认定规则的案件时,汉德认为这样的认定规则仅仅是"一种形容一系列不同场合的方式,而其外延是无法定义的,如果要适用这一规则,那么在很多案件中法院就必须凭借自己的能力找到其裁判方式"。汉德重新组织了这一认定规则的表述。首席大法官文森之后的判决中也使用了汉德的这一表述,那就是:"在每个案件中,[法院]必须询问,在排除了那些极小的可能性后,'邪恶'本身的严重性是否可以证明侵害言论自由对于避免危险是必要的。"[101]

汉德认为,如果适用"明显而迫切的危险"的认定规则,"丹尼斯案"被告的教唆行为"很容易"被认定为远远超出了这一规则确立的受保护言论的范围。一个"可怜的无家可归者"可能会被允许"在他所能召集到的人群面前以他希望的方式发泄他的恶意",但是这一案件呈现了"一些完全不同的内容":

> 被告是美共具有控制力的灵魂人物,而美共是一个目标高度清晰、经过精心包装、分布广泛的组织,拥有数以千计受到严厉无情纪律约束的支持者,其中有许多人都被灌输了令人心潮澎湃的挽救全人类的乌托邦信仰。这一组织拥有创始人,拥有信徒,拥有神圣的典籍文字。这一组织通过庞大的说教体系到处寻求皈依者,要求人们信奉不容更改的正统学说。暴力推翻所有现存政府是这一信仰的信条之一,即放弃通过合法手段获得成功的可能性……我们的民主制度与其他国家类似,必须如实面对那样的信仰和那样的群体,否则就将灭亡。我们不能害

怕这样的挑战。尽管如此，我们还是可以坚持游戏的规则必须
得到遵守，坚持在争论的场域内把冲突限制在武器必须离场的
层面。对于暴力的倡导最终可能会也可能不会失败，但是无论
何种情况，都没有任何"权利"使用暴力。[102]

在针对汉德和最高法院对于"丹尼斯案"判决分析的批评中，有声
音认为，相比先前的判决，汉德的认定规则较少强调危险的"紧迫性"。
事实上，针对1948年煽动发生时被指控构成共谋犯罪的美共，汉德并没
有否认"紧迫程度的问题与……行为可能性"之间的关联性。但是，与
最高法院的多数派一样，汉德严重依赖冷战期间的世界局势，而非主要
包括印刷品在内的记录在案的证据。

威廉·O. 道格拉斯大法官在"丹尼斯案"判决中发表的激烈异议就
瞄准了判决分析路径中的这个角度。他声称，这起案件遇到了争论，就
好像被告当时正在教授"蓄意破坏的技术"以及与之相似的非法行为一
样。但是，道格拉斯认为："事实就是，根本没有那样的证据被呈现在庭
审中。"[103] 庭审记录的重点其实是围绕教授马列学说的行为。最高法院
并没有宣布这些著作是非法的，却使得"言论自由没有面向**表达的内容**，
而是指向了表达的**意图**"，因为《史密斯法》被解释为要求相关言论必须
具有"意图的要件，也就是具有教授人们信仰这些学说的意图。因此，犯
罪基于的事实便不再是教授的内容，而是教授者的身份"。在道格拉斯
看来，没有证据显示"如果该等言论得到允许，社会很可能将遭遇某些立
即的伤害"。[104] 因此，他反对最高法院多数派基于"司法认知"发现的所
谓危险。

汉德也依赖这一理论，依赖那些对于法官而言轻易所知、无需被庭
审证据证明的事实。

> 绝大多数西欧国家都有重要的，一直在从事煽动、加强自
> 身权力的政治派系。本案被告的行为与他们的运动是紧密相
> 关的。1945年仓促形成的世界局势正在呈现紧绷和紧张的态

势,这并非原先所预计到的。要不是意料之外的柏林空运行动的胜利,英国、法国和我们自己都会被驱逐出柏林,而这与我们当时所理解的条约约定是截然相反的,我们正是依据条约才能留在柏林。现在我们已经成为不断遭到咒骂的对象,我们一直被指责针对其他国家策划侵略行动,我们重建欧洲国家经济稳定的行为反复被看作是奴役欧洲的阴谋,我们已被选为他们信仰的首要敌人,我们注定要接受审判,但还是那个即将被取代却仍然可怕的衰败体制的主角。任何边界争议,任何外交事件,任何权宜之计构建过程中产生的分歧——诸如我们刚才提到的柏林封锁,都可能成为点燃火药桶的火花,并且最终导致战争。我们无法理解一个人怎么会招致更可能实际发生的危险,除非我们等到战争爆发的真实前夜……诚然,我们绝不能忘记自己的信仰,我们必须对潜伏于任何选择中的危险保持敏感,但是我们又必须作出选择。如果我们一次又一次忘记过去30年所发生的事——即其他国家内部类似这样的准备活动一旦时机成熟就会帮助取代现政府,我们便会成为愚蠢的上当者。[105]

汉德和最高法院为论证相关政治活动的危险性,而依赖于所谓"司法认知"的做法遭到广泛批评,但是这样的分析方式事实上是被传统的"明显而迫切的危险"的认定规则邀请回来的。正如汉德自己早在一战结束后与霍姆斯辩论时就已警告过的那样,对于未来预言的强调和对于未来某个时刻言论招致的危险的预测的坚持,隐含在"明显而迫切的危险"的认定规则之中,让这一规则在广泛的质疑面前显得尤其脆弱。

如今,对丹尼斯定罪的确认被广泛视为是对宪法第一修正案的一次打击。但是,雨果·布莱克大法官却在"丹尼斯案"的异议意见书中表达了这样的观点:

现在的公众舆论中,很少有人会抗议对于这些被告的定

罪。但是存在着这样的希望，即在更冷静一些的时期，当现在
的压力、热情和恐惧平息下来后，现在或以后的最高法院将会
把宪法第一修正案的自由恢复到一个受到高度保护、属于自由
社会的标准。[106]

在"丹尼斯案"判决作出后的一些年里，联邦最高法院确实很快加
强了对于言论自由的保护。面对随后的一系列起诉案件，由约翰·马歇
尔·哈兰大法官撰写的最高法院判决重新解释了《史密斯法》和"丹尼
斯案"判决。在诸如"耶茨诉美国案"（Yates v. United States）、"斯凯尔斯
诉美国案"（Scales v. United States）以及"诺托诉美国案"（Noto v. United
States）[107] 这样的案件中，联邦最高法院要求提供比"丹尼斯案"强有力
得多的证据证明特定被告实际未被保护的言论。事实上，哈兰的这些判
决重新点燃了曾经由汉德在 1917 年"《大众》案"判决以及他与霍姆斯
辩论中点亮过的火炬。哈兰坚持严格的法定证明标准，强调被告的实际
言论，这其实是汉德在《大众》案"判决中使用的"坚实""客观"这类词
汇的变体。哈兰声称重新解释了"丹尼斯案"，但事实上，哈兰的判决代
表着一个新方向上的学理进化，即退回到"《大众》案"判决确立的"煽
动"认定规则。[108] 1969 年，在"丹尼斯案"判决作出之后不到 20 年，汉德
在"《大众》案"中的立场最终在"布兰登堡诉俄亥俄州案"（Brandenburg
v. Ohio）[109] 中得到了最高法院的认可。在该案中，最高法院确立了言论
保护新的认定规则，将"煽动"归为非法行动，也就是汉德在"《大众》案"
判决中确立的规则。这一规则成为宪法第一修正案项下定罪正当化的
核心前提。

显然，汉德在"丹尼斯案"中的表现既不是对麦卡锡主义的突然投
降，也并非胆小懦弱。汉德反复指出，依据《史密斯法》起诉共产党领袖
是一个错误。在判决作出后，他给身在意大利的伯纳德·贝伦森写信：
"在我看来，虽然这无疑与我的工作和摆在我面前的['丹尼斯案']的问
题无关，但我并不赞成起诉！如果要对共产主义采取行动，把他们的一
些领导人投入监狱三四年时间是没有用的。'烈士的鲜血是教会的种

子。'"[110]"就我个人而言,我绝不会起诉这些鸟儿……所做的一切都会起作用的,会鼓励那些信徒,可能还会帮助到他们的宣传部门。"[111]

汉德之所以撰写"丹尼斯案"这样一份如此限制言论的判决的原因,关键在于作为一名下级法院法官,他受到最高法院先例的约束,并且对其保持着忠诚。汉德从不喜欢霍姆斯提出的"明显而迫切的危险"的认定规则,在"丹尼斯案"时代他仍然这么想:"作为一个未被决定的争议问题,我认为霍姆斯这位声誉卓著、广受尊敬的法官曾一度在'明显而迫切'的认定规则上有些忘乎所以,可这最多只是一道火花而已。"汉德在给法兰克福特的信中写道。[112]

从汉德同时期的通信可以看出,他仍然继续遵循 1917 年自己在"《大众》案"中提出的认定规则的本质。但是,鉴于联邦最高法院和司法界人士在 1950 年前都没有接受他的看法,汉德也就无法自由在"丹尼斯案"中适用这一规则。如果汉德能更自由地遵从他自己的信仰,他会认为,相较于最高法院的认定规则,其实有一个更好的答案,那就是他在"《大众》案"中提出的对于"煽动"的分析。

> 我从来就对没有一个充分的定性区分标准感到不满意,这使人感到困惑,因为任何规则都是要适用的。我多年前在"《大众》案"中曾试图阐明一项规则,但现在不得不放弃这一规则。
>
> 只要宪法还具有生命力,我便无法看出为什么宪法应当保护诸如"帮助、煽动、建议"实施违法行为的言论。如果这些言论与其他被允许的言论混在了一起,我希望国会能要求发言者将"小麦"从"谷壳堆"中区分出来。霍姆斯曾说,任何观点都是"煽动"[113],我认为霍姆斯的这句话是错误的。那是对语言过于宽泛的运用。对于"煽动"而言,更恰当的意思是,让你自己成为冒险的参与方,也就是同谋。也许最终的关键问题是"目的"。我宁愿认为是这样的。我和你一样,都能意识到这样的"试金石"是有多么不靠谱。尽管如此,我们还是一直在使用

这样的方法。[114]

几个月后,在给艾略特·L. 理查德森(Elliot L. Richardson)的信中,汉德再次表达了他在"《大众》案"中的立场应当作为一条宪法规则的看法。理查德森是汉德在 1947 至 1948 年开庭期的法官助理,并在不久之后成为法兰克福特的助理。当时理查德森在《哈佛法律评论》上撰写了一篇长篇文章,为联邦最高法院在"丹尼斯案"中的裁判方式辩护,[115] 汉德评价了这篇文章的观点:

> 我完全不同意联邦最高法院在过去 35 至 40 年内适用的对于言论自由问题的处理方式……我希望发言者的目的能作为宪法保护言论与否的检验标准。他是否寻求违反一部现行法律? 如果是,我看不出任何理由为什么宪法应该保护他,无论他成功的机会是多么渺茫。
>
> 我的理由可能听上去有些说教以及过于宽泛,但是我的理由是成立的。任何社会每颁布一项法律,便意味着这项法律必须得到遵守,除非法律本身改变。任何制定了法律变更方式的社会都会让这样的方式变得具有排他性……如果是这样的话,煽动如何能以上帝的名义去做那些做了会被认定是不合法的事情、同时又宣称自己合法呢? 这样的言辞与其他任何挑起事端的方式又有什么区别呢? ……当然,我不是说惩罚所有旨在挑起违法行为的表达者都是明智的,忽略其中的许多人其实更好。如果一项政策过于具有压制色彩,即便其本身是合法的,也可能经常阻碍那些正当甚至是有益的讨论。但是,我所提出的理由并不是宪法上的反对意见,至少不应当是如此。[116]

因此,汉德认为他的法庭别无选择,只有拒绝被告对于"丹尼斯案"一审判决的挑战:"我们没有替代选项。我曾许多次宣布我永远不会投票赞成的法律有效。"[117] 但是,汉德不同寻常的对于裁决的自信并没有减少他对于以下信条的坚持,那就是即便是那些明显有罪的人也有权得到法律的全面保护。汉德反复找到机会,在一系列具有争议的涉及丹尼斯上诉案件的裁决中践行着这一信条。本案反复出现的问题是,丹尼斯和他的共同被告在梅迪纳法官一审对他们定罪后是否有权获得保释。这个问题首先出现在一审程序结束后不久的 1949 年 10 月 14 日,被告要求梅迪纳法官给予保释,但是政府反对他们的请求。梅迪纳法官并不怀疑定罪的合宪性,因而拒绝给予保释。被告立即上诉至第二巡回上诉法院。有关这一问题的辩论被安排在 11 月 1 日,由汉德担任主审的法庭审理。[118] 从一开始,汉德就明显对检察官的态度显得很冷淡,后者坚称 11 位共产党人必须在监狱中等待上诉,如果要给予他们保释,那么保释金应当基于"安全理由"设定为 100 万美元。[119] 被告则认为,联邦法律规定,如果案件涉及应当由上诉法院决定的实体问题,那么被告就可以在等待上诉的过程中被允许保释。[120] 从检察官对于他提问的含糊回应中汉德得出结论,认为"检察官承认实体问题存在争议"。对他而言,这就让案件简单了。"这成为是否应当允许保释以及基于何种条件可以保释的问题。"[121] 两天后,汉德的法庭裁定总计 26 万美元交保。[122] 民权国会组织(Civil Rights Congress)迅速向政府支付了要求的金额,被告在 11 月 3 日晚上获得保释。

在第二巡回上诉法院于 1950 年 8 月初维持了丹尼斯的有罪判决后,被告在向联邦最高法院提起上诉的同时申请了保释。激进的联邦检察官埃尔文·赛博(Irving Saypol)启动了撤销被告保释的程序,原因是后者仍在继续"从事他们被定罪的行为"。汉德又一次坐在了第二巡回上诉法院的审判席上,同席的还有斯旺法官和蔡斯法官。后面两位法官多少有些被检察官慷慨激昂发言的所打动,同意了撤销保释的动议,但是推迟 30 天对其有效性作出决定,以便允许被告将此问题向罗伯特·杰克逊大法官上诉。汉德不同意以这样的方式限缩被告权利。他在多数方意见书中表达了异议:"我会继续允许保释,除非调卷令申请[请求最高法院以其裁量权决定是否审查该案的申请]被准许或否决。"[123]

汉德发表的独立而有勇气的意见很快得到了杰克逊大法官的支持。

9月23日,杰克逊认定本案中的"实体宪法问题"没有"完全消失",否定了检察官声称被告因为"被定罪后的不当表现"已经放弃了保释权利的说法:

> 为保护社会免遭预测中但没有实际实施的犯罪行为的伤害而施加的监禁在这个国家是史无前例的,充斥着滥权与不公的危险,我非常不愿意诉之于此……每个美国人获得法律平等对待的权利与那些共产党人一样,都存在于同一部宪法文件中。如果因为对于这些被告的愤怒和厌恶我们就抛弃了这部宪法,我们也就抛弃了对于更多值得被保护的批评者的自由的保护,那些批评者未来可能就会成为政府的反对力量。[124]

杰克逊(最终投票确认丹尼斯有罪)多次引用了汉德在上诉法院发表的异议,他同意被告继续获得保释,直到联邦最高法院就他们的上诉作出裁决。

汉德的保释裁决并没有得到政客和相当一部分民众的认可。一些当初非常支持汉德维持有罪判决的人们批评他允许保释的立场。来自俄亥俄州的共和党参议员、托马斯·杜威(Thomas Dewey)在1944年大选中的副总统候选人、体现孤立主义的"布列克修正案"的起草人约翰·布列克(John Bricker)在1951年3月底发表了一份媒体声明,敦促参议院司法委员会调查联邦法官通过允许保释释放已定罪共产党员的"全部情况"。布列克表示:"我不相信我们国家的法院是神圣不可侵犯的'圣牛'(Sacred Cow)……被某种神圣尊严保护着,使他们可以免遭国会调查他们是否谨遵就职时的誓言。"[125] 布列克内心针对的不仅仅是汉德允许"丹尼斯案"被告保释,还有第九巡回法院同意西海岸劳工领袖哈里·布列奇斯(Harry Bridges)获得保释。布列奇斯是一位澳洲侨民,因为在其归化听证会上虚假宣示自己从未是共产党员而被定罪。第九巡回上诉法院首席法官威廉·邓曼(William Denman)愤怒地反驳布列克,斥责其指控"下流"。邓曼将布列克的声明抄送了一份给汉德,戏称后者是"亲爱的公麋(Bull Moose)和圣牛"。邓曼在信中还提到,在华盛顿,人们感觉"布列克是在寻求以麦卡锡的方式攻击罗斯福和杜鲁门任命的法官"。[126]

对于收到一封来自极端左翼分子洛克威尔·肯特(Rockwell Kent)的赞美信,汉德肯定感到极其惊讶。肯特把一封他写给倾向左翼的文化杂志《大众与主流》(*Masses & Mainstream*)编辑的信抄送给了汉德。该杂志不断批评审理"丹尼斯案"的法官,呼吁针对他们进行公开抗争。联邦法院门口富利广场上的示威活动成为常态。[127] 因此,这本杂志和共产党主席威廉·Z. 福斯特(William Z. Foster)都将准予保释的决定归功于这类民意的力量。肯特反驳了这样的说法:

> 福斯特和其他一些人对三位极为能干、尽职尽责、基于正义感作出判决的法官极为不公,他们是民意的制造者,而非追随者。美国人民有着强烈的正义感和公平竞争感,这在巡回上诉法院判决的权威表述中得到充分体现。[128]

在"丹尼斯案"审理过程中,持续进行着的"富利广场上的斗争"[129]确实在某些地方影响到汉德,甚至在他开始审查这些定罪判决之前就已经是如此。在庭审过程中,支持被告的纠察队每天聚集在法院大楼对面的小公园内,运送宣传看板,呼喊口号。法庭内,梅迪纳法官、被告和被告的律师各自的嗓门都越来越大,他们质疑了无数动议,彼此嘲讽挖苦。梅迪纳不断埋怨他感到疲劳,深信自己是在被故意骚扰。梅迪纳抱怨说:"这超过了任何人能承受的范围。"[130] 为了回应紧张的气氛,他威胁律师要认定其藐视法庭,但是又拒绝中断庭审将他的威胁转变为现实,担心这样做反而会落入被告的圈套。直到陪审团作出判决,梅迪纳才认定律师们——包括为自己辩护的尤金·丹尼斯本人——藐视法庭。这又引发了新一轮的上诉。汉德没有审理这些案件,不过他的确有一个机会在审查《史密斯法》项下的罪名时检验梅迪纳的行为。

其中一位被告声称,梅迪纳所谓的偏见和不当行为剥夺了被指控者获得公正审判的权利。汉德代表第二巡回上诉法院发表的意见认为,虽然梅迪纳的语言经常很尖锐,但他没有超出所有合理的限制。汉德这样总结庭审的氛围:

> 法庭记录显示,法官因为几个月的混乱场面感到痛苦和疲倦,持续受到无用争论的挑衅,受到具有冒犯性质的轻视与侮辱,被冗长的发言所困扰。他偶尔没有保持裁判者的冷静,但是相当程度地展现了自控和自制,如果其他法官处理同样情况,大多数都还不如他。[131]

汉德总体上倾向于给主持庭审的一审法官留有相当余地。虽然他承认梅迪纳"偶尔……使用了欠缺必要司法严肃性的语言",但还是拒绝接受梅迪纳恐吓律师和不当限制他们辩护的指控。汉德也没有找到可以证明梅迪纳流露出倾向检方成见的证据。事实上,"如果有这样的证据",他的裁决可能"会对辩方更为不利"。[132]

在庭审结束和作出藐视法庭的认定后,精疲力竭的一审法官很快成为国家英雄。据说在庭审结束后,梅迪纳收到了5万封祝贺信件。[133] 梅迪纳的自尊似乎没有受到任何伤害,他显然很享受接受这样的赞誉。两年后的1951年,梅迪纳被晋升至第二巡回上诉法院,接替汉德退休后空出的席位。由于汉德此时仍继续在上诉法院审理案件,在人生的最后10年,他与梅迪纳成为同事。[134]

汉德和梅迪纳之间的关系让人很感兴趣。虽然梅迪纳在担任联邦法官前曾在纽约律师界长期工作并且获得了成功,还曾担任法学老师,但是汉德从不认为他思维敏锐、具有洞察力。汉德还有些讨厌梅迪纳的夸夸其谈和多愁善感,尽管如此,汉德还是认为梅迪纳是相当有魅力的。汉德曾有一次这样评价梅迪纳,称他是"一位非常有吸引力的同伴。他反应迅速、保持警觉、乐观欢乐,特别健谈,拥有迷人的天真"。[135]（据说奥古斯都·汉德曾对梅迪纳表示他的话太多了。梅迪纳回复说:"是的,但是我控制不了。"他解释说,除非说话,否则他无法思考。）[136] 身材矮小、衣冠楚楚、留着小胡子的梅迪纳确实是一位令人愉悦的谈话者,他装着许多故事,无论是关于他对帆船的热情,或是他对精彩职业生涯的回忆。汉德自己就是一个相当健谈的人,他并没有被梅迪纳的唠叨冒犯,甚至反而很享受。

在他们成为巡回法院同事后,梅迪纳时常来造访汉德的办公室,一呆就是很长时间。面对梅迪纳的自信和稳重,汉德的反应中时常表现出羡慕,甚至是嫉妒。梅迪纳是富有的墨西哥移民的儿子,是普林斯顿大学的忠实校友,也是一位虔诚的圣公会信徒。他总是准备好告诉世界他在诸如审判共产党人期间这样的困难岁月中从信仰中所获取的力量。作为不可知论者,汉德带着困惑和遗憾聆听这些故事。他遗憾自己不能像梅迪纳和他的表亲奥古斯都这样从宗教中获得踏实。

汉德和费利克斯·法兰克福特乐于彼此寄送有关梅迪纳那些令人讨厌的演说的剪报内容。例如,在"丹尼斯案"审理结束的 3 个月后,汉德在给大法官的信中附上了一篇《纽约时报》有关梅迪纳在扶轮社演讲的文章。

> 作为一篇透彻的分析,其中意义深远的爱国主义和华丽优美的修辞表达都是近来伟大情绪得到迸发的体现。这也必然顺便将那些最纯洁的喜悦传递给听众。这些表达了自己感受的听众会说:"上帝啊,这才像一个真正的美国人那样说话。没有你们那些肮脏的'一方面'和'另一方面',这是真正坦率的美国风格。我们可以理解那样的演讲,他让我们的钱花得值。"

但是,汉德补充说:

> 有趣的是,我喜欢这些咒骂。我变得非常谦卑,喜欢所有过得愉快的人——即便是一个窃贼。总之,[梅迪纳]是一位好同事。[137]

几周后,当联邦最高法院正在考虑丹尼斯的上诉时,法兰克福特回寄给汉德一篇梅迪纳给纽约教会俱乐部(Church Club of New York)的演说稿简报,题目叫做《法官和他的上帝》。在他谈话的其中一段,梅迪纳讲述了他在审理"丹尼斯案"期间的内心活动。他回忆:我突然发现自己身处审判共产党的漩涡之中,位于伟力的作用之下,就我所知,这是人类命运所系。接着,我忽然意识到,那是命运之轮的某个奇妙轮回选中了我,在那一刻,我感受到了美国对于正义的热爱。结果就是,我发现有些事情在当前情况下是无法避免的,在事情发展的过程中,自己就是一颗渺小,非常渺小、无足轻重的颗粒。这真是非凡的经历……我过了很长时间才意识到,[共产党]尝试要做的事情对我而言意味着什么,但是随着我变得越来越虚弱,发现自己越来越难以承受负担,我寻求从一处从未消失的渊源寻求力量。

梅迪纳幸福地回忆起:"我很早就被教导要进行祈祷,我记得没有哪天晚上我可以不祈祷就上床睡觉。"在这之后,梅迪纳总结说:

> 在做了和说了所有这一切后,应该要意识到不是我们自己在背后操控,我们不是主人,我们是我们的主的意志的仆人。我们应该知道这一点,这很好。[138]

这份剪报之前是由杰克逊大法官寄给法兰克福特的,前者潦草地写了一句话:"我相信这会帮助你厘清对['丹尼斯']案件的怀疑,知道上帝站在哪一边。你不会想破坏上帝的努力的。"[139]① 对于这一玩笑,汉德开心地回复道,"那样的演讲已经很长时间在这里不足为奇了。就我个人而言,我倾向于不在公众面前把我所有的衣服都脱掉。但这只是品味问题,不影响他作为法官的能力。"[140]

对于汉德而言,梅迪纳的一些性格固然是使人感到恼火和遗憾的,

---

① 法兰克福特对杰克逊的评价都见于联邦最高法院备忘录文件,可能两位大法官都是在法官席上聆听庭审时写下的。

但通常也是可被容忍的。对于法兰克福特而言，无论是此时还是之后，梅迪纳都让他感到不屑。这样的态度对于实际司法工作也产生了影响。当梅迪纳立即认定为"丹尼斯案"被告辩护的律师犯有藐视法庭罪，并判处他们最高至 6 个月的不等刑期时，律师们马上提出了上诉。虽然在法律上一名一审法官确实有权依据联邦刑事诉讼规则**在庭审中**直接认定藐视法庭罪，[141] 但是梅迪纳一直等到"丹尼斯案"审理结束后才宣布其认定结论的策略却是存在争议的，虽然他曾多次在庭审中警告他认为律师的行为无法被容忍，态度傲慢。尽管如此，第二巡回上诉法院还是以 2 票对 1 票的结果维持了藐视法庭罪的认定（勒尼德·汉德并没有审理此案，奥古斯都·汉德撰写了主要意见，认定律师涉及"反复的具有阻碍性质的发言、反对、争辩和许多没有根据的针对法院的指控"）。[142]

　　被告立即寻求联邦最高法院审理此案。起初，最高法院拒绝受理。法兰克福特认为对于被告可能存在程序上的不公，特别是法兰克福特对于为不受欢迎客户辩护的律师获得的日益增长的敌意感到很生气。他支持被告进一步审查此案的要求，积极游说与他关系最密切的同事杰克逊（并且最终取得了胜利），呼吁最高法院应当就这样一个问题表态，即"律师和法官在庭审过程中的责任以及一个独立律师在民主社会中的义务"为何。[143]

　　这起案件最终于 1952 年来到联邦最高法院。两个月后，联邦最高法院作出了裁决。[144] 杰克逊大法官撰写了多数方意见书，维持了藐视法庭的定罪。杰克逊指出，梅迪纳没有滥用权力："这些律师不仅应当被他们所谓的这位形单影只、怀疑敌意的法官的怒火所谴责，他们的行为还会被每一位法官谴责，只要这些法官看过庭审记录、尽到审阅事实的责任"，他引述了勒尼德·汉德在第二巡回上诉法院"丹尼斯诉合众国案"判决中对于梅迪纳行为的归纳。法兰克福特则发表了相当激烈的长篇异议，教导梅迪纳什么才是司法礼仪的适当标准，指控他在"插科打诨，话说得太多，以至于不可避免地阻碍了庭审的进程"。法兰克福特还表示，梅迪纳未能以"道德权威"的标准要求自己。在他看来，梅迪纳不应该自己审理有关藐视法庭的指控，因为这样做违背了"惩罚是对没有人情的法律的辩护这一信念。"[145]

法兰克福特的异议极为罕见地让汉德大为光火。他告诉法兰克福特：

> 我阅读了你在藐视法庭案中的异议，我对于梅迪纳滔滔不绝讲话总体上呈现出的低格调感到震惊。他显然没有维护好一位法官所需要的最低限度的尊严。另一方面，我不同意你认为他本人不能主持一场使他们获得应有惩罚的审判的看法。在这个问题上……他们做的事确实很过分。只有在他们向他展现敌意时，梅迪纳所说的话才是重要的……梅迪纳不像我，他基于他所说的全部内容，包括他对公平性的抗议，得出了自己的结论……认为新的审判是必要的。[146]

对法兰克福特来说，对于程序合规的要求和恐吓那些代理政治上不受欢迎的客户的律师的风险以及他个人对梅迪纳的不喜欢是决定性的。对于汉德而言，他对梅迪纳的看法稍稍和缓一些，他所看重的决定性因素是实务上支持一位一审法院法官裁量权的理由。

冷战时期最后一个来到汉德法庭面前的重要案件是威廉·沃尔特·雷明顿（William Walter Remington）的案子。雷明顿是一位政府经济学家，于1953年被第二巡回上诉法院确认犯有伪证罪。[147]勒尼德·汉德写下了强烈的异议意见书，坚持认为定罪不能成立，理由是政府因其不当行为应当对雷明顿作出伪证的庭审程序负有责任。一位细心的观察者将"雷明顿案"视为"麦卡锡时代滥权行为的可耻例子"，[148]这也是汉德对于案件的看法。他精心花费了好几个星期才写出了这份异议。一方面，汉德长期反感那些过分的起诉伎俩，他对于麦卡锡主义有着深深的不屑。但另一方面，汉德相信只有在有先例支持的情况下才能推翻有罪判决，而这起案件中的先例并没有那么明确。在"雷明顿案"中，汉德的情感与既有的国家法律之间发生了冲突,这让他感到极为痛苦。

威廉·雷明顿是一位经过经济学训练、兢兢业业的年轻知识分子,他的整个职业生涯都在从事政府服务。1934 年,16 岁的雷明顿进入达特茅斯学院(Dartmouth College)学习。读完大二后,他离开了校园,前往田纳西流域管理局(Tennessee Valley Authority)担任经理,在回到达特茅斯学院后于 1939 年以全班第一的成绩毕业,之后于 1941 年在哥伦比亚大学获得经济学硕士学位。[149] 离开哥伦比亚大学后,雷明顿前往华盛顿工作,首先在 1940 年为国家资源计划委员会(National Resources Planning Board)工作,接着在物价管理办公室(Office of Price Administration)工作了 1 年后,从 1942 年开始在战时生产委员会(War Production Board)工作了 2 年。1944 年,雷明顿获得海军上尉军衔,被派往战时动员委员会(Office of War Mobilization)服役。此后,他在海军情报办公室被训练成了一名俄国问题专家。雷明顿于 1946 年离开海军,成为总统经济顾问委员会的工作人员。之后他又被调往商务部,在国际贸易办公室担任负责苏联盟国出口项目的主管。

直到 1948 年 7 月 30 日,雷明顿才成为一名公众人物。当时,在参议院开支委员会调查分会的一次听证会上,他被指控向苏联传递秘密数据,指控他的是伊丽莎白·班特里(Elizabeth Bentley),她是 20 世纪 40 年代频繁在国会委员会和大陪审团作证的几位前共产党证人之一。班特里承认,自己在战争年代曾为一个苏联间谍圈当过通讯员。[150] 当时,雷明顿已经受到怀疑,并且处于联邦调查局的监控中。在班特里来到国会作证的 1 个月前,雷明顿已经在商务部的岗位上遭到停职,等待一个公务员委员会的地区忠诚审查委员会处理一系列可疑的忠诚问题。雷明顿始终否认他为苏联当过间谍。他承认曾经用假名见过班特里,但当时他认为班特里是一位为左翼记者工作的研究人员。[151] 就在班特里作证后不久,地区忠诚审查委员认定有"合理理由相信"雷明顿不忠诚。对于该决定,雷明顿上诉至总统忠诚审查委员会,后者推翻了这一决定。雷明顿很快回到了他的政府岗位上,但是承担的责任比过去要少一些。

1 年后,国会听证出现了有关雷明顿青年时期为田纳西流域管理局工作时就已是共产党员的额外证词。商务部开始了新调查。尽管商务部长声称他不想"以任何形式回应[雷明顿]的忠诚问题",但还是"基于良性管理的考虑"要求他辞职。此时调查停止。与此同时,雷明顿被召至纽约一个调查间谍指控的联邦大陪审团面前。该大陪审团最终决定起诉他,不过并非基于间谍行为,而是因为他在程序中作出了伪证。据称,雷明顿撒谎否认他曾是一名共产党员。[152] 此时,雷明顿从商务部辞职,表示他无法在忠诚度调查和伪证指控两个程序中同时战斗。[153]

虽然雷明顿否认他曾是共产党员,但他确实承认在"理念上认同共产党"。他相信劳工应当被组织起来,也信奉工业应当国家化和实行公有制。他将信仰那些理念的人士和实际是党员的人作了明显区分,认为后者信仰的是"无产阶级专政和通过武力与暴力推翻政府"。[154] 在紧接着举行的参议院分会与记者会上,雷明顿给出证词,表示后悔曾经与班特里交谈,承认他"非常容易上当",并且称赞了班特里"揭露共产主义"的勇气。雷明顿强调,在为战时生产委员会工作和与她谈话时,自己还只是一个24岁的理想主义者。[155]

经过32天的庭审后,雷明顿因为向大陪审团撒谎否认他"曾是共产党员"而被判有罪。[156] 雷明顿被判处5年有期徒刑,罚款2000美元。1951年2月8日是判刑的日子,雷明顿的律师于当天宣布他将针对定罪上诉,并寻求以5000美元临时保释的方式让雷明顿获得释放。联邦检察官埃尔文・赛博(Irving Saypol)("丹尼斯案""希斯案"和"罗森堡案"也在他的任期中)拒绝同意保释。然而,保释在这样的案件中其实是十分正常的。当地区法院法官拒绝允许保释后,这个问题来到了汉德面前,他独自一人处理这起案件。这是汉德首次与"雷明顿案"打交道。他询问赛博是否会反对过夜的临时保释,以便由3位法官组成的合议庭次日上午可以审理这起案件。"我肯定会反对",赛博回答道。汉德马上予以了回击:"还想着过夜?太荒谬了!"他突然站起来,离开了法庭,立即签署一项裁定,释放了雷明顿。[157] 次日,上诉法院全体法官一致同意继续准予保释。[158]

雷明顿伪证罪的上诉于1951年5月15日开庭,合议庭成员包括了巡回法院的 3 位老朋友——当年早些时候接替勒尼德·汉德担任首席法官的托马斯·斯旺、格斯·汉德与汉德自己。[159]① 从一开始,法官们的庭前备忘录就很明确地显示,托马斯·斯旺和勒尼德·汉德确信定罪应该被推翻,案件需要发回重新审理。他们认为,一审法官给予陪审团的指示并不充分。[160] 只有格斯·汉德倾向于维持定罪:虽然在讨论时他"相当程度上被说服,同意案件中存在可被更改的错误",但他还是告诉同事们:"我现在对此非常怀疑。至少,我倾向于有不同想法。"因此,他表示:"我决定暂时投票维持有罪判决。"[161]

但是托马斯·斯旺和勒尼德·汉德最终说服格斯·汉德加入了推翻定罪的一致判决。斯旺认为,法官对于陪审团的指示确实过于"模糊和不确定":陪审团没有被告知他们可以作为基于什么样的"公然行为"认定雷明顿在否认共产党员身份时说了谎。

在雷明顿对于定罪的诸多质疑中,有一项是他声称针对他的起诉决定因为大陪审团室中的不当行为而无效:雷明顿指控,大陪审团主席"在政府首席证人[伊丽莎白·班特里]正在写的一本书"中拥有经济利益……在起诉过程中施加了不当影响,尤其是在大陪审团向被告提问期间。[162] 针对这一指控,第二巡回上诉法院现在确保雷明顿在任何新的庭审开始之前可以阅读到大陪审团的笔录。②

汉德觉得他在雷明顿第一起上诉案中的工作令人精疲力竭。就在他理论上"退休"的几个月后,他却比以往更为辛苦地工作。"整个夏天我们一直非常稳定地忙碌着",他告诉法兰克福特。"想到[霍姆斯]是如何处理这些事的"就让他感到沮丧。再对比一下自己"笨拙的头脑",

---

① 赛博上诉案的简报上有一位名叫罗伊·科恩(Roy Cohn)的年轻联邦助理检察官。有证据显示科恩在案件中扮演了积极作用。1953 年,在雷明顿第二起上诉案进行之时,科恩成为约瑟夫·麦卡锡参议员领衔的参议员分会的顾问。这使得他们变得声名狼藉。

② 法庭对于任何重审程序还提供了一项额外的指引:法庭告诫检方"不得重复申请交叉询问攻击被告证人瑞德蒙特(Redmont)改名的问题"。瑞德蒙特是犹太人。首席法官斯旺注意到,"检方在弄清楚改名与庭审争议问题没有任何关联之后的很长时间内仍在继续询问这件事,这在陪审团面前只会引起可能的种族偏见"。上述警告直接来自勒尼德·汉德庭前会议备忘录中的评论。参见勒尼德·汉德 1951 年 7 月 31 日的备忘录,213-18。

"我的脑子就像是堆满了各种垃圾的老旧阁楼"。[163] 他向往着能携弗朗西斯在初秋的那几个月去法国和意大利作一次旅行。

最终，雷明顿并没有因为最初的伪证指控被重审。取而代之的是，检方从一个全新的大陪审团获得了第二次伪证罪起诉决定，这次的起诉与第一次非常相似。新的起诉指控雷明顿在第一次伪证罪庭审期间在为自己辩护时说了谎。这一次起诉的指控并没有包括雷明顿否认自己共产党身份的伪证。但是，所有指控都与所谓的美共活动有关。结果，一审法院认定针对雷明顿的5项指控中有以下两项成立：否认曾向班特里提供政府信息，以及否认在达特茅斯学院学习时熟悉共青团组织。

雷明顿第二起定罪的上诉来到了推翻先前第一起定罪的同一个合议庭面前，即勒尼德和格斯汉德以及托马斯·斯旺法官组成的合议庭。这一次，雷明顿把所有的希望都押在了格斯·汉德之后所称的"一个相当新颖和奇怪的观点"上：由于现在已经可以审阅大陪审团笔录，雷明顿提出，检方和大陪审团主席在第一次庭审中的不当行为导致了针对第二次伪证指控的庭审。在他看来，这一不当行为会导致"第一次起诉［遭到］撤销、［第一次］庭审被宣布为无效"。因此，雷明顿认为，"要不是政府的不法行为导致了第一次的起诉"，他就不会被在第一起案件中坐在被告席上。政府不应该被允许"从其不法行为中获益"，即有权起诉他犯有伪证罪，因为这样的审判根本就不应该发生。奥古斯都·汉德很快就明确表示，他一点也没有被被告的上述观点打动。在一份非常简短的庭前备忘中，他写道："我不认为第一起案件中的大陪审团程序与我们目前处理的伪证罪指控相关，雷明顿在上一次起诉的庭审中犯下伪证罪，却可以被免于起诉。这完全是我所知道的那个规则的奇怪扩张。我可以肯定，定罪的判决将会被维持。"斯旺虽然没有那么确信，但还是认为："虽然有一些怀疑和遗憾，不过我还是决定投票支持维持定罪判决。"在他看来，无论第一次起诉提出了什么样的主张，第二次审判毕竟还是要建立在新的主张之上，而一审法院对此是有管辖权的。"因此，在［那一次起诉的庭审］中作出的伪证仍是犯罪，"斯旺指出，"很难有逻辑地回应被告的这个观点。"然而，推翻第二起定罪并不符合任何联邦最高法院的明确先例,"我倾向于认为,如果联邦最高法院面对这起案件,应该对其先例进行扩张适用"。[164]

对于勒尼德·汉德而言,雷明顿的第二起上诉案在智识上和情感上的复杂性都远超过前一起。智识上的问题就已经足够困难了。联邦最高法院的先例无法明确支持雷明顿的观点。同时,正如格斯·汉德所指出的那样,在该起案件中,如果豁免针对被告的伪证指控,可能会被视为鼓励这样的做法,即让人们认为"伪证虽然是一项刑事罪名,但在司法程序中是不可避免出现的情况"。尽管如此,勒尼德·汉德还是坚持他自己的观点,认为雷明顿的定罪必须被推翻。他发表的异议主要讨论了大陪审团第一次对雷明顿前妻安(Ann)的问询。安曾试图逃避作证,因为"她丈夫的定罪将会危及他对于她和她孩子的支持"。由于雷明顿夫人拒绝指证其前夫入罪,因而她在大陪审团室中被施加了巨大的压力。汉德指出,她被"连续提问了大约4小时",直至最终崩溃,承认雷明顿确实"把这笔钱给了共产党"。雷明顿夫人的抵抗一旦破功,"总体上就变得乖巧了,进而给出了对他非常不利的证词"。[165]

汉德承认大陪审团有权"强硬而又尖锐地"迫使意愿勉强的证人作证,但是他认为,本案的"问询方式远远超出了我敢于允许的范围"。

重复提出此前的问题;陈述检方已经知道的内容,并告知证人隐瞒所知的事实将会有何后果;偶尔提醒她会因为作出伪证为受到惩罚;以上这些内容穿插贯穿了整个过程。尽管如此,她还是抵挡住了提问者,直到她过于疲惫,遭到更严重的警告。她说:"我已经糊涂了。我很长时间没有吃东西了,我不认为我现在的思路非常清楚。我希望推迟听证……我希望咨询我的律师,看看我会牵扯多深。"但是这样的请求被拒绝了,询问还在继续,直到她最终拒绝回答。当时她给出的理由是她"十分疲倦"以及"想吃东西……现在这是否算是刑讯逼供,一直要等到我饿了,不是吗?"。尽管如此,提问仍在继续,提问者无视"我希望能吃点东西。我们是否能改天继续?"这样进一步的抗议。

击垮安·雷明顿抵抗的致命一击是检方成员、司法部长特别助理托马斯·多尼根（Thomas Donegan）和大陪审团主席约翰·布鲁尼尼（John Brunini）在大陪审团室持续不断的长篇大论。这些人这样对她说：

> 雷明顿夫人，我认为我们已经非常善良和体谅了。我们没有提高嗓门，也没有展示出我们的"獠牙"，对吗？也许你不知道我们"獠牙"的力量。在大陪审团面前的证人没有拒绝回答问题的特权。你看到了，我们目前还没有告诉你这一点。当你被提问时，你就必须回答……你没有特权拒绝回答问题。我不希望这一次我们要"展现一下獠牙"，我不希望你体会到我们"獠牙"的威力。

让汉德尤其感到困扰的事实是，"询问完全是单独进行的，没有任何法官或其他重要官员在场和予以控制"。汉德注意到，宪法第五修正案项下免于自证其罪的特权崛起的原因就在于17世纪对于"星室法庭"的滥用，即在秘密程序中单方可以向证人强压。"除了酷刑之外，很难再找到一种比毫无限制、未经检验的单方提问的权力更有效的暴政工具了。"

即便如此，汉德还是希望假定，对于大陪审团起诉决定有效性的认定已经考虑到了上述争议问题。然而，争议问题其实不止于此。本案存在"另一个额外情形"："安·雷明顿证词的很大一部分内容来自丈夫与她的私下交流"，这让汉德改变了看法，使他相信起诉决定必须被宣布为无效。婚姻存续期间丈夫和妻子之间的私下交流内容显然在任何法院都明确属于可以免于披露的特权所保护的范围。汉德合理认定，雷明顿之后的离婚并没有终结这一特权，"事实上，任何其他看法都会彻底与特权理论相冲突"，而特权理论允许配偶之间没有恐惧地进行自由交流，任何一方都不能被强迫要求披露该等交流内容。汉德强调，但是，就她个人的权利而言，雷明顿女士被误导了，因而她保持了沉默。汉德指出，布鲁尼尼主席"不仅威胁她藐视大陪审团,还公然告诉她没有这种特权"。诚然,布鲁尼尼是个外行,可能不知道他的说法是错误的,但是检方"没有介入纠正这一错误"。虽然通常来说大陪审团只需要找到合理理由假定一位被控告者有罪,但是汉德"相信"任何其他足以支持起诉决定的证词都不可以"饶恕为取得[这样的]起诉决定所使用的压力和谎言……只有通过撤销如此获得的定罪才能把检方的疯狂限制在法律的边界之内,让正义得到保证,因为现代社会所有的公诉活动都掌握在政府官员的手上"。

显然,对于雷明顿夫人施加过度压力很可能导致第一起针对雷明顿的起诉遭到撤销,但是这一事实只能构成焦点争议的背景。本案真正的焦点争议是,对于第一次起诉,雷明顿没被重审,而是根据政府的要求由另一个大陪审团发起了第二次起诉,而第二次庭审认定他犯有伪证罪,其中的伪证证词并不是在第一个大陪审团面前作出的,而是在他第一次庭审时作出的。

汉德认为,第一个大陪审团的不合规行为使得推翻雷明顿第二次起诉的定罪是正确的。在其意见最薄弱的部分,汉德提出了支持上述结论的两大理论。首先,汉德类推适用"证据排除规则",这是存在已久的禁止使用违反宪法第四修正案项下免于不合理搜查和扣押保障所获证据的规则。汉德进一步提出,如果证据效力遭到挑战,那么检方就有义务证明,其使用的证据无一是"毒树之果",[166]也就是并非在任何非法搜查或扣押时所获得的证据。该项规则适用的潜在前提是什么?汉德认为,本案中就可以适用该项规则:

> 现在对于第一次起诉决定的事实认定是目前处理的这起案件中必不可少的证据,如果没有这些证据,无论他的话有多虚假,雷明顿在第一次庭审中所说的全部内容都不会是伪证证词。在第一次起诉中通过非法手段取得的对于支持起诉决定必不可少的证据与通过不合理搜查获得的文件相比,我没有看到二者原则上存在任何区别。

上述观点并不是无懈可击、绝对具有说服力的推论,但是也并非完全难以令人信服。应该说,换成任何人,这都是能做到的最好程度了。

其次,汉德依赖另一条得到广泛确认的原则,那就是刑事诉讼中对于"诱供"被告后果的认定。[167] 他解释说,这一辩护路径"的基础是……正派人士对于允许官员惩罚那些受到'煽动'或'唆使'而为的行为的反感,因为这样做会让官员也变成从犯"。汉德承认,第一次的起诉决定和起诉过程在狭义上并没有煽动雷明顿"在第一次庭审中重复他在大陪审团程序中已经给出的证词",但是汉德认为,诱供的基本原理即便不能完全适用在这里,也"不应当受到如此狭义的限制"。在大陪审团面前否认其共产党身份后,雷明顿事实上已经没有选择,只能在第一次庭审中再次否认,因为如果他没有这么做,其实也会导致相同的认罪结果。检方很清楚,只要将第一次起诉决定带入庭审,他们便创造了这样一个雷明顿必然会犯下伪证罪的场景。汉德总结道:"因此,我不知道如何否认这样的事实,即鉴于检方工作人员或官员对他的劝导,第一次起诉决定其实就是导致他作出遭到定罪的伪证的直接因素,这与检方工作人员或官员'煽动'或'唆使'他作出伪证是一样的。就因果关系而言,我认为规则同样适用于本案的情况。"

汉德认为,在现在这起案件中,政府获得起诉决定的手段是一项独立的不法行为。"因为这些原因,"他表示,"对我而言,这起案件属于'诱供'原理潜在的保护范围,也属于禁止使用非法获得证据原理的保护范围。"

勒尼德·汉德的长篇意见书是一份孤独的异议。托马斯·斯旺拒绝接受汉德的观点,加入了格斯·汉德的多数方意见书。事实上,汉德的观点很少像这样没有获得同事的认同和遭到拒绝。汉德试图尽力解开"雷明顿案"中的智识谜题,他希望自己的异议也许可以让联邦最高法院审查此案,这样也许还能推翻定罪。汉德如此这般过分扩张既有先例的做法对他而言是不同寻常的。总的来说,他一直是一位遵循先例的下级法院法官,并不热衷于从联邦最高法院确立的原则出发轻易向外推导结论。正如他在 10 年前的一起案件中所表示的那样:"下级法院不应有意愿抓住预测那些可能进入孕育时期、但是距离出生仍然遥远的令人兴奋的新规则的机会,相反,在我看来,它的职责应当是,尽其所能预言什么问题会成为来到自己面前的上诉案件。"[168] 但是在"雷明顿案"中,汉德告诉自己,情况不同了。他肯定希望自己倡导的规则不是"距离出生还很遥远"的理论。在汉德看来,这真的是一个合情合理的机会,联邦最高法院也许会同意他对于搜查和扣押规则以及诱供规则所作出的扩张解释。

在某些方面,起草"雷明顿案"异议的过程符合汉德的通常操作。他会与法官助理讨论自己打算运用的分析方法,然后来回争论这样的方法是否站得住脚。汉德经常希望听到来自当年开始从事助理工作的那些"小法官"的批评性评论。在这起案件中,汉德与助理的来回争论持续了好几周时间,他几乎推开了其他任何事情。那年,我正好是他的助理,我记得汉德一共写出了十三稿完整异议,每一稿都彻底进行了改动,以便回应我提出的那些他认为有效的批评。

7 周后,汉德把最新的一稿异议意见书交给了我。"现在看一下这一稿,看看这一稿是否更经得起推敲。"我花了几个小时学习了新的起草稿,然后把稿子交还在了他的书桌上。汉德急切地看着我问:"怎么样,靠谱吗?"我回答说,意见书的大部分内容现在看上去很有道理了,但是其他一些段落还存在弱点。

汉德阴沉沉地看着我,表情显得痛苦而为难。他的脸拉了下来。接着,他深深叹了一口气,拿起书桌上一个小镇纸就朝我扔了过来,差点打到了我。"该死的,"他咆哮道,"我永远都不会像现在这样了! 都十三稿了,还是不能让人满意吗? 孩子,我判案子是要谋生的。有的时候我必须要摆脱障碍,弄出一份意见书来。够了!"

我从未见过汉德如此愤怒。我脸色煞白,身体发抖,回到隔壁办公室的书桌前。我用头敲击桌面,试图重新恢复镇静。大约 1 分钟后,我感觉到有一只手在轻轻拍打我的后脑勺。汉德法官默默来到我的办公室,坐在我的书桌上。我抬起头,看到他发呆的面孔。"现在,现在,"他温柔地安慰我，"你不能用那样的方式做事！这都是工作！不要太严格——你做好你的工作，我也要做好我的工作。"

那天晚上，我妻子来办公室接我。她告诉我，她在路上遇到汉德，汉德批评了她："拜托，你们都已经结婚三四年了，你还没有对他吼过吗？你必须偶尔要对他吼一下。他现在还不习惯。他现在还不习惯有人朝他吼！"

"雷明顿案"让汉德感到不安的原因不仅仅在于大陪审团给安·雷明顿施加的无形压力，还在于他没有写入异议中的大陪审团的其他不当行为。汉德顺便提到的"其他遭到指控的不合规行为"的其中之一，便是大陪审团主席约翰·布鲁尼尼与在国会和司法听证中主要针对雷明顿的证人伊丽莎白·班特里之间的勾结。在第一次庭审交叉询问班特里时，雷明顿的律师援引了她本人的证词，声称自己在大陪审团讨论雷明顿的首个起诉决定时正在履行一份合同，约定写一本关于她个人指认的共产党员的书。她作证承认布鲁尼尼对她的书进行了"编辑工作"，并且给了她写作此书的"道德鼓励"。其他证人则指证，布鲁尼尼甚至在这本书的成功中还有经济利益。①

汉德的异议指出，布鲁尼尼在恐吓安·雷明顿这件事上起到了主导作用，正如被告提出的那样，如果雷明顿没有遭到起诉，那么布鲁尼尼和班特里的那本书中有关雷明顿的段落就很可能被迫抽走。而所谓的利益冲突也不仅仅涉及布鲁尼尼。班特里在庭审中还承认，大陪审团室的首席检察官托马斯·多尼根在加入司法部前曾是她的律师。

对于上述麦卡锡主义猎巫行动的额外证据，汉德私下里也深深感到困扰。除了年轻时在"理念上"或"智识上"信奉共产主义，雷明顿坚持否认除此之外的其他一切指控，汉德可能倾向于相信他，因为他了解并且尊敬雷明顿的律师贝蒂艾尔·韦伯斯特（Bethuel Webster）。韦伯斯特是一位商业律师，是纽约律师界的领袖人物，自从雷明顿首次被提审

———————

① 　与德文·亚戴尔公司的合同的落款日期是1950年6月。一位出版社的雇员作证称之前还有过联系，甚至早于6月，那时布鲁尼尼打算要分享这本书的收益，而且布鲁尼尼和班特里在合同中被视为"一方"。

时就是他的律师。威廉·C. 钱勒(William C. Chanler)是另一位杰出的专攻公司业务的纽约律师,他在第一次庭审时是雷明顿的主要律师。[169] 从风格上说,这两位律师与那些在"丹尼斯案"中制造出大量麻烦的"死磕派"律师大不相同,而来自他自己圈子和阶级的律师所提出的主张又尤其容易影响汉德。①

在雷明顿上诉案的判决悬而未决之时,汉德的情绪也被另一件事所牵动。他回忆起了早年一起涉及弗朗西斯·汉德的亲戚亨利·朱利安·瓦德雷海(Henry Julian Wadleigh)的案件。汉德一家曾多次试图帮助瓦德雷海丧偶的母亲寻找工作。例如,1943 年,勒尼德·汉德希望把她推荐去联合国善后救济总署(United Nations Relief and Rehabilitation Administration)工作,但是最后没有成功。战争结束前不久,汉德为战争信息办公室(Office of War Information)(当时她在那里工作)的广播节目准备了一份纪念纳粹大屠杀的广播稿。1946 年,汉德又给瓦德雷海的兄弟推荐了一份联合国善后救济总署的工作。[170] 然而,1948 年 12 月,瓦德雷海竟然招致了相当大的恶名。当时惠特克·钱伯斯(Whittaker Chambers)在众议院非美活动委员会提到了他与阿尔加·希斯的名字,声称自己从他们那里取得美国国务院文件并交给苏联克格勃成员。起初瓦德雷海否认自己曾是美共成员或是同情者,他引述向第五修正案免于自证其罪的特权拒绝回答其他任何问题。然而,当希斯的首起伪证罪案件于 1949 年开庭时,瓦德雷海却为政府充当了检方的"惊喜证人"并且提供了证词,承认自己在 1936 至 1938 年期间作为一个 20 多岁的年轻人"与美共勾结",向钱伯斯传递了多达 500 份国务院文件,而后者将这些文件转交给了苏联的间谍圈。瓦德雷海作证称,1939 年《苏德互不

---

① C. C. 博林恩的一次情绪爆发可能让汉德意识到"雷明顿案"起诉中潜在的麦卡锡主义基调。在雷明顿受到提审时,他当时的律师贝蒂艾尔·韦伯斯特汇报说他没有找到愿意为被告提供 5000 美元保释担保的担保公司,所有公司都拒绝了,理由是"涉及忠诚问题"。这促使博林恩给《纽约时报》写了一封愤怒挖苦的信,将这些公司的行为视为麦卡锡主义:"在商言商,必须让自己一点都不受同情共产主义怀疑的玷污!"(C. C. 博林恩给编辑的信,《纽约时报》,1950 年 6 月 20 日)

侵犯条约》签署后,他的态度发生了变化,开始对自己的行为感到"十分担忧",于是他决定"不再承受风险,不再与牵涉其中的其他人见面"。[171]在对于麦卡锡主义及其受害者的诸多批判性评论中,汉德多次提到瓦德雷海,无论是在准备"雷明顿案"异议期间还是在后面的许多年里,都是如此。这值得引起人们的注意。诚然,瓦德雷海的母亲是一位关系密切的熟人,而瓦德雷海对于共产主义的同情就像雷明顿一样,可以被解释为只是年轻人的理想主义而已。然而,瓦德雷海毕竟是一位已经招认的与苏联间谍圈勾结的通敌者。

汉德对于麦卡锡主义的敌意可以帮助解释他在考虑第二起雷明顿上诉案时的强烈情绪,事实上这样的情绪与他公正无私、不持偏见裁判的信条之间存在着紧张关系。在"雷明顿案"中,汉德不仅仅带入了情绪,还罕见地对于他所得出的结论十分坚持。在一封回信中,他这样称赞自己的异议:"我很少如此确信自己意见的结论。但我必须承认,虽然那起案件于我而言非常明确,可我非常痛苦,似乎没有人同意我。我不禁问我自己,如果我所宣扬的专家专业意见……实在太落后了,那么我的能力是否已经开始衰退。"[172]

汉德全身心地投入其异议的写作,显示出他坚持认为自己的立场具有清晰充分的法律基础。汉德的意见是一位匠人试图识别最高法院潜在裁判原则的努力,他的精心分析显示他肯定没有放弃自己的理由。

汉德没有在"雷明顿案"中成功说服他的同事让他感到很痛苦,但这还不是他痛苦的终结。1954年12月,联邦最高法院决定拒绝审理此案。一如往常,决定没有提及是否有大法官存在异议。这个决定让汉德极为失望。他与费利克斯·法兰克福特交往了那么长时间,他第一次向老朋友提出了强烈抗议:

> 我应当实话实说吗?当您那杰出的团队成员甚至都不想审查一下"雷明顿案",这是一种职业上的无力感,但这确实是一个警告,看上去对某个人而言[再清楚不过]的事情,可能对于其他人而言只是一般的废话罢了。永远不要被忘记这个事

实,尽管我从未真正吸取教训。不过,一条踏入江湖近 45 年的
"老狗"肯定不能因为自己又被咬了一口而大吼大叫了。[173]

在汉德提出抱怨时,法兰克福特并不习惯讨论在第二巡回上诉法院
由汉德审理、但是遭到联邦最高法院拒绝审查的案件。不过他很快试图
安抚汉德的失望:

> 你不应当对"雷明顿案"焦虑。事实是,我们中有 3 位投票
> 同意审理该案,而没有第 4 个人的原因是那位根本没有法律意
> 识的[雨果·布莱克所表达的极端观点,在他看来,即便在那
> 些对政府行为感到愤怒的人们中间达成一致也是不可能的。
> 而你知道,我非常反对在拒绝签发调卷令时提出异议。[174]

杰克逊大法官原本很可能是同意审查此案所必要的第 4 票,因而汉
德可以得到一些安慰,有 4 位大法官像他一样"对政府的行为"感到"愤
怒"。而在任何时候,4 票都不足以推翻"雷明顿案"判决。"显然,"他
给法兰克福特写信表示,"有一些真相我认为可能是[对拒绝审查的]合
理解释。克拉克没有参与[汤姆·克拉克大法官在雷明顿被起诉时还是
司法部长,因此不能参与本案],因此,如果投票结果确定是平局的话,
[同意审查的决定]其实会[比没有]更糟。"在没有克拉克大法官出席的
情况下,最高法院 4 票对 4 票的分裂表决结果将使得汉德提出异议的那
份下级法院的定罪判决得到维持。愤怒而又沮丧的汉德继续说:"所有
这些中最令人气馁的部分是,这样疯人院般的歇斯底里情绪普遍存在
着。几乎没有一天我没有得到任何证据,证明我们从历史的开始就无意
识地偏离了我们宣称过的全部和我们实践过的许多理念。"[175]

1945 年 4 月 13 日,威廉·雷明顿在位于宾夕法尼亚州路易斯堡的
联邦监狱开始他为期 3 年的服刑。将近 1 年后,雷明顿的第二任妻子珍
妮(Jane)和他的律师现身纽约联邦法院,请求为他减刑。雷明顿的律师
提醒法官,他的客户过去"在受到共产主义影响时并不成熟"。第二任

雷明顿太太也被允许代表她自己和这对夫妇9个月大的儿子发言,但是这次减刑申请没有成功。[176] 随后,1953年11月22日星期一,就在要被释放前的8个月,雷明顿完成了他被指派的工作后正在监室休息。当时他获得了一份为模范犯人保留的工作,从午夜到早上8点在监狱医院上班。这时,突然有3名犯人闯入,他们用一块袜子包裹砖头猛击雷明顿的头部,使得他的头盖骨多处破裂。雷明顿在两天后去世。[177]

这次袭击的动机从未弄清楚。最初,监狱当班的看守人和联邦调查局地方办公室的负责人都推定原因是反共。"关于忠诚问题,你在监狱环境中感受到的反应和你在其他地方感受的是差不多的。"[178] 但很快,联邦调查局和监狱当局又指出这场谋杀源于帮派斗争或抢劫未遂。[179] 意料之外支持抢劫说法的解释很快就来了。1953年11月27日,雷明顿葬礼当天,他在路易斯堡的狱友之一阿尔加·希斯在服完了5年伪证罪刑期中的44个月后从监狱获释,而希斯在纽约的庭审就在雷明顿首次被定罪的几个月前。走出监狱大门的希斯召开了一场新闻记者会,再次声称自己是无辜的。一位记者询问他有关雷明顿被杀的事情,希斯立即支持了抢劫的说法,并补充说:"我能[向你]保证没有犯人除了反抗之外没有其他感觉。事实上,他们都感到很害怕。"[180] 随后,3位最初都认为自己无罪的监狱袭击者被指控二级谋杀罪。他们在1955年5月改口承认自己有罪。在一场检方坚持认为"抢劫是杀人动机"的庭审后,他们3人被判处有期徒刑20年至终身监禁不等的刑罚。[181]

雷明顿在狱中被打死的形象一直笼罩着汉德的余生。他在交谈中不断提及那残忍的殴打行为。他经常思考,当初可以多做一些什么事情,才能避免雷明顿因为一项他确信是非法取得的起诉决定而锒铛入狱。

汉德还有一次与麦卡锡主义交锋的经历。1953年初,他同意担任一个总统顾问委员会的主席,该委员会负责审查针对约翰·卡特·文森特(John Carter Vincent)的不忠诚指控。当时52岁的文森特是一位专注中国事务的资深外交官,是共和党右翼特别盯上的"中国通"之一。

1950 年,麦卡锡参议员指控文森特是他所谓美国国务院红色名单上的"第二号人物"。1 年后,曾担任左翼报纸《工人日报》(*Daily Worker*)总编辑的路易·卜登思(Louis Budenz)告诉参议院国内安全分会,文森特受到"美共纪律的约束"。[182]

但是,1952 年 2 月,美国国务院的忠诚与安全委员会澄清了针对文森特的不忠诚指控。不过,上述澄清认定受到了公务员委员会忠诚审查委员会的审查,后者发现文森特曾表示"要学习赞扬中国共产党,同样也要学习批评蒋介石政府,而那时美国政府已经宣布并且制定了支持蒋介石政府的政策"。1952 年 12 月 15 日,美国国务院将文森特停职,因为审查委员会得出结论:"他对美国政府的忠诚存在合理怀疑。"[183]

这时哈里·杜鲁门已经是"跛鸭总统",因为德怀特·D. 艾森豪威尔在 1 个月前的大选中战胜了民主党人阿德莱·斯蒂文森(Adlai Stevenson)。但是,杜鲁门和他的国务卿迪恩·艾奇逊仍在岗位上,而文森特的命运最终要由艾奇逊决定。艾奇逊对于审查委员会的行动持怀疑态度,他向杜鲁门提议应当建立一个由具备"最高司法素养"和外交事务经验的人士组成的顾问审查委员会,并由这个委员会指导他作出决定。汉德同意担任这个委员会的主席,这个委员会中还包括了他的朋友、美国前德国事务高级代表约翰·J. 麦康莱(John J. McCloy)。[184]① 艾奇逊的审查委员会很快遭到批评,其中最激烈的批评来自沃尔特·李普曼。法兰克福特对此一如所料感到大为光火,对于李普曼声称"几天前那位'伟大的说明者'建议任命一个由 L. 汉德、麦康莱等人组成的顾问委员会,这是[艾奇逊]在逃避他的责任",法兰克福特评价道:"我只是想知道,对迪恩的偏见和对[约翰·]福斯特·杜勒斯(John Foster Dulles)[艾森豪威尔即将指定的国务卿]奉承拍马的态度,究竟可以在多大程度上歪曲一个人的理解能力。"[185]

---

① 其他成员包括亨利·史汀生时代的助理国务卿詹姆斯·格拉夫顿·罗杰斯,科德尔·赫尔时代的助理国务卿 G. 霍兰德·肖,以及驻外事务处退休官员、前大使艾德温·C. 威尔逊。

大量文件很快来到汉德的书桌上,其中包括了艾奇逊和杜鲁门的备忘录。[186] 汉德和他审查委员会的同事们在 1953 年 1 月勤勤恳恳地花费了超过 3 周时间整理这些材料。正如他随后不久告诉法兰克福特的那样:

> 我认为,我从来没有像这样被那么多缺乏逻辑的文件逼到"醉痴"(philogrobolized)的程度,这些文件让我在 1 月整理了 3 至 4 周时间……我意识到……如何追求真理取决于待回答问题的尖锐程度以及可供参考的材料范围。这些文件的废话之多,几乎压垮了一个长期为我工作的最聪明的男孩[他的法官助理]。[187]①

但是汉德和他的同僚再也没有机会就文森特的忠诚问题作出裁决了。就职日当天,艾森豪威尔提名约翰·福斯特·杜勒斯作为他的新任国务卿,汉德给杜勒斯写信表示,审查委员会取得了一些进展,已准备继续工作,但询问"杜勒斯显示是否认为有必要推进"。[188] 几天后,杜勒斯告诉汉德,呈现给他的信息已经"足以让他决断",因此他总结说:"我不认为你和你的助理还有必要继续作为一个特殊的审查组织考虑这起特别的案件。"1 个月后,杜勒斯撤销了针对文森特忠诚和安全方面的指控,但还是批评他没有"在关键时刻没有达到一位像他这样具有经验和

---

① "醉痴"(philogrobolized)一词,汉德借用自他最喜爱的作家之一拉伯雷。法兰克福特立即问他是如何想到使用这个词的。汉德在回信中进行了解释。他简明扼要地归纳了拉伯雷《巨人传》(*Gargantua*)中的相关章节。汉德在解释时提到了巴汝奇的裁决:

萨克菲斯特老爷与基斯布里奇老爷之间爆发了一场旷日持久的官司,我记得持续了 20 年,全法国的法学家都来钻研这个案子,对其进行探索……案件的证据和证言体量最后变得越来越庞大,需要 20 头骡子才能驮得动。法学家们辩论着、争吵着,最终他们宣告自己无能为力,他们彻底"醉痴"了。因此,他们请巴汝奇出面裁断。巴汝奇迅速地作出了裁决,他的裁决中所蕴含的司法智慧至今都没有人能与之相比。

汉德建议法兰克福特在联邦最高法院学习一下"那个著名的判决,并且[考虑]是否不应当仅仅将其视为你们共同发声的典范而已"(勒尼德·汉德给费利克斯·法兰克福特的信,1953 年 3 月 30 日,105-18)。

责任感的驻外事务处官员应该达到的水平"。文森特被允许退休,并按照他的资历保留养老金,这一安排马上被参议员帕特里克·麦克拉伦(Patrick McCarran)批评为"诡计"。[189]

汉德从来自国务卿的一通电话中得知了杜勒斯的决定。那时,审查委员会只完成了那"该死的艰难工作"的大约一半。[190] 正如汉德之后透露的那样,当杜勒斯"表示[他不需要我们]时,我这样回答他:'我有什么东西可以作为礼物送给你?'"[191] 对于卸下这副重担,汉德感到满意甚至是高兴:"我们从事的是一项脏活,我们无论如何也做不完的,因此,当杜勒斯喊大喊'住手,够了!'的时候,我……承认自己非常开心。"[192]

汉德从未透露过他倾向于怎样解决文森特的案子,因为"当委员会解散时,所有成员都同意,我们不会透露任何我们可能已经达成的有关文森特先生的任何意见"。[193] 然而,在与汉德通信时,法兰克福特并没有表现出那样的克制:"让人们认为他们可以说努力服希特勒、休伊·朗或者麦卡锡和麦克拉伦之流的原因,难道不是胆怯或糊涂吗? 或者说,要么是糊涂导致了胆怯,要么是胆怯导致了糊涂。"[194] 但是,毋庸置疑的是,汉德对于猎巫行动和麦卡锡主义的不以为然至少引发了他对于文森特相当程度的同情。

汉德对于猎巫行动的反感一直持续到"雷明顿案"和文森特争议结束之后很久。例如,汉德的老朋友新奥尔良律师蒙特·莱曼给他写信,批评司法部长小赫伯特·布朗奈尔(Herbert Brownell, Jr.)声称其试图把"全国律师行会"(National Lawyers Guild)列为颠覆组织的言论。汉德在给拉曼回信时同意:"所谓'颠覆名单'的做法完全是可恶的。一开始我并不知道什么是'颠覆',除非他在政治上以暴力方式不认同我。如果将这个词限定在那些可以被证明共谋推翻政府的人身上,那是一回事。但是,这个词被打包加入的邪恶含义比其他任何今天在政坛上正在使用的词汇都多……我们唯一的希望在于,[艾森豪威尔]总统不仅仅拥有勇气——我相信他确实有勇气,还能有遏制他的政党……一口气彻底审查猎巫行动的权力。"[195] 汉德的感受在哈佛大学邀请核物理学家 J. 罗伯特·奥本海默(J. Robert Oppenheimer)担任 1957 年"威廉·詹姆斯哲学讲师"(William James Lecturer on Philosophy)教职所爆发的争议上体现得尤其清楚。当时一大群哈佛校友立即发出抗议,他们给出的反对理由是奥本海默所谓性格上的"根本缺陷",这可能是因为他未能通过核能源委员会(Atomic Energy Commission)的安全调查。汉德也收到了这样一类抗议。他收到的抗议来自哈佛 1925 年的毕业生阿瑟·布鲁克斯·哈罗(Arthur Brooks Harlow),哈罗在信纸抬头处使用了自己设计的所谓"哈佛'真理'委员会"的名义。这个组织调查了哈佛邀请奥本海默的全过程。虽然从广义上说这不是一封私人信件,但是汉德不同以往还是写了一封私人回信。"作为一位校友,我极为不认同你的行为,认为不会有什么行为会比你们的行为更令母校处于更不利地位。"汉德表示,他阅读了核能源委员会安全听证中的"相当一部分证据",但最终决定不在信中讨论这一点。不过,汉德措辞严厉地表示:

> 我不必说得更多,我对奥本海默博士绝对满意,他道德上完全符合标准,显然在专业上也是如此,从他获选教职就足以证明。如果不是要针对你们委员会的宗旨多说几句,我本来也不应该说得更多。你们的宗旨号称是"服务真理事业",但紧接着这句宗旨下面的却是这样的声明:"我们相信我们的大学……已经成为共产主义和颠覆渗透行为的目标。"我只能这样解读你们的意思,即你们认为"真理事业"必须用来维护母校防止其成为"颠覆渗透"的目标。我无法想象还会存在怎样的观念,相较于你们的观念而言,与我所珍视的哈佛价值之间存在着更多的冲突。

他几乎无法控制自己的愤怒:

> 我们不是在办幼儿园:扎根于全部我们历史的根本理念是,我们应当教会学生自己思考。如果我们那样做的话,他们将会有能力抵御好的或坏的"渗透"。我们并不寻求教授真

理,而是教授如何思考。这是我们与所有极权主义之间首要的
区别。除此之外的所有立场都会让我们交出最珍贵的财物,让
我们不再适合生存。[196]

在汉德挣扎于冷战和麦卡锡主义造成的智识困惑与紧张情绪期间,
他的法庭也不得不处理另外一个棘手的问题。美国的归化法律要求申
请人证明在提交归化申请前的 5 年内,自己是"一位道德品质良好的
人……对于美国的优良秩序与幸福存有好感"。[197]在那些年里,汉德针
对上述要求作出了两项主要判决。首先,在 1947 年的"热普耶诉美国
案"(*Repouille v. United States*)[198]中,他必须决定一位对其经历了 13 年
又盲又哑岁月的残废儿子实施安乐死的父亲能否被允许获得公民权。
其次,在 1949 年的"施密特诉美国案"(*Schmidt v. United States*)[199]中,汉
德必须决定一位 39 岁的未婚大学老师"在一个不必要坦率的时刻"告诉
归化审核人员他"偶尔"与一位单身女性发生性关系是否还能被认定为
是一位"道德品质良好的人"。

适用"道德品质良好"的认定规则对于一个像汉德这样的法官而言
特别困难。他是一位温和派,而非那些对审判活动持有激进想法的人。
在汉德看来,将他自己的道德标准施加于社会,这超出了法官的义务和
能力。此外,汉德更是一位对任何绝对性的道德标准都持怀疑和不确定
态度的人。但是,国会要求法官解释"道德品质良好"这个模糊的词汇,
而遵从立法者的意志也是汉德最基本的信条。

汉德尽力解释法律条文中词汇的含义。他首先在 1929 年的"合众
国基于约里奥关联关系诉戴伊案"(*United States ex rel. Iorio v. Day*)[200]
中首先阐述了一项认定规则,之后便终生奉行。这一认定规则涉及"违
反道德"一词在驱逐外国人法律中的含义。这里的问题是,违反地方禁
令条例是否涉及"违反道德"。汉德认为:"我们不应把所有违反禁止性
法律的行为都视为涉及违反道德的犯罪。"单凭一项犯罪的定罪事实本
身不足以导致驱逐的后果。国会在其有关"违反道德"的法律措辞中其
实加入了额外的要素,那就是犯罪行为"本身必须可耻地不道德。"为了

解决如何界定"不道德"的这个困难问题,汉德在其拒绝同意驱逐出境的本案判决中确立了他的认定规则:

> 在美国,可能很多人[会]将持有或销售酒类[视为"可耻地不道德"],但是问题在于,**公众良知**是否这么看,也许这最多只是一个存在争议的事情。尽管我们确实不能把我们个人的观念作为认定规则,然而如果不作出一些评估,不对**人民通常的感受**进行一些必要的推测,那是根本不可能作出决定的。我们不能说销售或持有酒类是一项受到广为接受的重要风俗,但我们也不能对于许多人认为这样的行为并不受到尊敬的事实视而不见,无论这种看法是否正确。国会可能会将[违反禁酒令]的行为视为驱逐的基础。但国会现在只是将其作为经受检验的道德观念,那么我们就必须忠于法律,只要我们能够对此确信[已加强调]。[201]

汉德从不喜欢开放式的、模棱两可的所谓"道德品质良好"的认定规则。尽管如此,作为一名本分的下级法院法官,他也不认为自己可以随意拒绝执行国会指派的"荒谬"任务。他诉诸"公众良知"的认定规则通过依赖一些外在的资源,试图逃离司法主观主义。一位评论者指出,汉德事实上是请求"国会让他不要处理那些道德问题",但既然国会没有这么做,他的方式似乎就是"有关良好道德品质条款最好的处理办法"。[202]

20多年后,几位联邦最高法院的大法官表现出了对于汉德当初那份怀疑的同情。杰克逊大法官1951年在"乔丹诉德乔治案"(*Jordan v. De George*)中发表的那份布莱克法官和法兰克福特大法官也加入其中的异议认为,相关的词汇"没有为驱逐在宪法上的认定规则作出充分的定义":国会"故意构思了这样的困惑",但是没有任何"将抽象条款……落实为具体含义"的司法工作是成功的,甚至将一个接近于汉德提出的"公众良知"的表述,即"现代社会盛行的道德标准"作为认定规则,也是不够具体的。"我们应当如何依据更好的基础,而非猜测确定大众的道德情绪?"杰克逊大法官在质问时引用了汉德的话。[203] 如果汉德是最高法院大法官,相信也会支持这一立场。然而,上述立场是在异议中表达的。首席大法官文森主笔的多数方意见书认为,法条语言"禁止的行为经过了公众的理解和实践的衡量,已经传递出了足够具体的警告"。[204] 因此,当汉德多年来一直努力充实丰富他那"模糊不清"的判断什么是、什么不是"道德"的"公众良知"认定规则时,他在本质上就是在遵循联邦最高法院在"乔丹诉德乔治案"中的多数方意见。

汉德发现他那在法院系统中已经成为主流观点的"公众良知"认定规则的全部替代方案甚至还不如这个规则更有吸引力。替代方案之一是 1951 年由法哲学家埃德蒙顿·N. 卡恩(Edmond N. Cahn)提出的。卡恩激烈地批评了汉德的分析方法。卡恩认为,汉德不负责任地通过依赖"公众良知"寻求逃避他自己的司法责任。而事实上,汉德应该在模棱两可的法条表述中填入"他自己的道德原则":"汉德将他自己的道德原则隶属于社会的原则,从而严重歪曲了法院作为民主社会老师和道德导师的功能。"在卡恩看来,法官的任务就是利用"这样的影响力将社会的道德提升至一个接近他自己的水平"。他遗憾地表示,"最棒、最好的法官却用怀疑的鞭子折磨自己":"社会最需要的是像勒尼德·汉德这样的道德领袖,以及他那成熟和老练的智慧。"[205]

对汉德而言,这并没有提供解决办法,因为替代方案是一个更不可靠的标准——"社会良知"。这是存在更多缺陷、也更加不确定的认定规则。这项规则要求法官承担一项不适合他们的功能。正如汉德曾告诉卡恩的那样,他不能接受这样的观念,即在需要解释法律条文的困难案件中,法官应当使用他私人的结论来决定什么是"正确的"。[206]

汉德的同事杰罗姆·弗兰克自己就是一位相当优秀的法哲学家,他提供了依赖"公众良知"以外的另一项替代方案。他指出:"对于法律条文的正确理解(也就是国会希望我们持有的理解)其实是我们道德领袖的态度。那样的态度并没有困难到无法学习。"[207] 汉德对于这样的想法相当不以为然。他在给费利克斯·法兰克福特的信中讲述了弗兰克在安乐死案件"热普耶诉美国案"中发表的那份"奇怪的异议"。正是在那

份异议中,弗兰克提出了他所谓的"道德领袖"的看法:

> 我认为他是这么想的,地区法院法官可以基于自己的想法召集红衣主教、吉尔伯特主教(Bishop Gilbert),一位为人正派、思想自由的拉比,[新教神学家]莱茵霍尔德·尼布尔(Reinhold Niebuhr),"道德文化协会"(Ethical Cultural Society)的负责人以及[文学批评家]艾德蒙·威尔逊,然后让他们互相交叉质询,最终作出一项"调查"。噢,上帝! 除了尽力猜测,我不明白我们还应当如何处理这样的案子。[208]①

　　所有的归化案件似乎都让汉德感到左右摇摆、难以决断。汉德清楚,每个案件都会改变一个人的一生。他尽可能保持智识上的超然态度,这并非是"残酷无情的冷漠",[209]而是法官从事不受欢迎工作的那一份超脱。归化案件中的许多判决就像那些涉及麦卡锡主义的案件判决一样,让汉德感到很苦恼,他的决定也反映出内心的矛盾。正如 C. C. 博林恩评价的那样,如果法官不是必须要决断一个案件,那么"汉德的相当一部分判决最终可能都要打上问号"。[210]

　　在汉德审理的几起主要的归化案件中,他的第一反应都是外国人的行为在"道德品质良好"这一点上并没有不符合条件,而且他只有在一起案件中撰写了禁止申请人获得公民权的意见,那起案件就是"热普耶诉美国案"。[211]路易斯·热普耶(Louis Repouille)于 1944 年 9 月 22 日提出了归化申请。但是不到 5 年前的 1939 年 10 月 22 日,他曾"故意用氯

---

　　① 法兰克福特回复道:"认为你从杰罗姆那个想象中的专家合议庭所获得的那种道德上令人困惑的判决可以作为公正处理这类争议的可靠基础,这真是异想天开……杰罗姆太多时候只是个博学的孩子。但事实上,从某种程度上说,学识只是一种产物,来自对于阅读的贪婪胃口,缺乏对于书本内容往前和往后的思考。所谓往后,就是应当将书本内容置于思想的发展运动中。所谓往前,就是应当用恰当的怀疑看待新思想,并且判断其影响。杰罗姆太多时候让我反而想到了霍姆斯。你应该记得霍姆斯的那句名言:'我不知道事实,我只是知道它们的意义罢了。'杰罗姆读了很多书,但不知道这些书的意义。"(费利克斯·法兰克福特给勒尼德·汉德的信,1947 年 12 月 11 日,105-13)

气导致 13 岁的儿子死亡",汉德明显同情热普耶的"悲剧行为":又盲又哑的孩子"从出生开始就遭受脑部创伤之苦,这让他注定是一个白痴,四肢畸形丑陋……他必须被喂饭。他的大小便是无意识的,整个一生都将在一张小小的婴儿床上度过"。热普耶还有其他 4 个孩子,对那 4 个孩子而言他一直是位负责的父亲。可以推测,杀害他那残废的儿子"是在帮助他养育"其他的孩子。在刑事案件的庭审上,具有同情心的陪审团作出了二级过失杀人的认定,并建议"最大程度宽大处理"。因此,法官只判决了热普耶很短的刑期,并且暂停了刑期的执行。

在撰写判决时,汉德引用了他的"公众良知"的认定规则,指出对于所谓"良好道德品质"的理解不是"达到那些我们自己可能同意的标准,而是'这个国家现在总体上的主流道德感受'是否会被争议行为'所触怒',也就是说,是否符合'现在通常得到接受的道德风俗'"。[212] 一如往常,这对汉德来说是一项艰难的任务。汉德承认,可能更适合让立法机关规定有关安乐死的基础规则,但是事实上法典中没有这类法律不表示"这么做一定是不道德的":"许多人,很可能大多数人,都没有作出最终的道德评价,认为这样的行为不违反法律,我们中几乎没有人认为我们自己或其他人完全符合苏格拉底的严格规则。"显然,陪审员还没有"对于热普耶的罪行产生任何道德上的反感"。二级过失杀人的定罪"是一个明确的事实,但也是绝对可笑的",因为陪审团给出的仁慈建议"说明他们实质上希望使犯罪者脱罪"。那么,善良的陪审团有足够可靠的"现时道德的衡量尺度"吗?起初,强烈的诱惑吸引汉德接受这一点。但是最终他还是拒绝了。汉德注意到,一位相似的犯罪者在马萨诸塞州最近因为实施安乐死被判处终身监禁。

> 总的来说,我们没有验证结论的手段,也没有什么权威能够替代我们自己的个人想法,解决办法必须是暂时性的,又不太能通过讨论得出。我们只能说,与对于当今合法管理的安乐死的道德感受相当不同的是,我们合理地感到确信,只有一小部分善良的人们会认为这样的行为在道德上是正当的。而且,

如果像本案这样激起了压倒性的反弹意见,这也只能是他们私下的看法。

经过与同事的大量讨论后,汉德得出了这个罕见的结论。起初汉德已准备同意授予热普耶公民权,主要原因是陪审团流露出的明显同情:"不仅仅是法律偶尔未能与现时道德保持同步,而且现时的道德也会不时让法律在道德上不够充分。"[213] 不过,汉德发现自己的冲动并没有得到同事格斯·汉德和杰罗姆·弗兰克的支持。格斯虽然表示他对"这位可怜人很同情",但是并不准备根据"公众良知"的规则认定热普耶的行为符合"良好道德品质":"我们可能会倾向同情'慈悲杀人',但是如果这样的行为会受到法律的制裁,那就应该有最谨慎的保障措施使之符合社会安全的需要。"汉德注意到了他的表亲后来提到的那起马萨诸塞州的案子,指出:"一位住在匹兹菲尔德附近的父亲去年因为仁慈地杀死一位白痴孩子而被判一级谋杀……那样的处置过于残暴了,但这与美国社会的情感有关。"[214] 弗兰克坚持认为陪审团的判决"相当好地表现出了'通常受到接受的道德'"。不过,他在庭前会议备忘录上没有提及他在公开发表的异议中的所谓"道德领袖"建议。[215]

汉德之所以改变主意,大概就是因为马萨诸塞州的那起安乐死案件,也有可能是因为他担心在立法机构没有对相关问题进行立法的情况下,他如果那样判案可能会被视为他希望在更大范围内支持安乐死。此外,拒绝热普耶的申请在本案中并不是严厉的判决。汉德自始至终都知道,同时也在意见中明确表达了出来,"一份新的申请并不会遭到反对",因为未来获得公民权的努力可以在实施行为满 5 年后重新启动。这明显让汉德更容易裁决驳回热普耶的请求,因为"这个可悲的事件现在已经成为过去,不会阻止[他]在我们中间获得公民的位置"。[216]

在所有其他重要的归化案件中,汉德在庭前与同事的会议上和他最终的决定中都在"道德品质良好"的问题上支持了申请人。在"热普耶案"后 2 年,汉德在"施密特诉美国案"中认为,婚姻之外的性关系并不会直接否定对于"道德品质良好"的认定。他也强调,判断是否具有良好道德品质"最多只是一次猜测,因为没有任何机会检验":"我相信,我们必须认定一位单身人士不应被剥夺声称拥有良好道德品质的机会,只要他不是禁欲主义者。"[217] 汉德的同事引述了阿尔弗雷德·金赛(Alfred Kinsey)近期出版的《男性性表现》(*Sexual Behavior in the Human Male*)[218] 一书中的内容,同意他所提议的处置方式。托马斯·斯旺法官写道,"金赛的报告显示,存在复杂性关系的未婚男性是有多么普遍。"相似地,查尔斯·克拉克(Charles Clark)法官认为,"基于金赛的报告和常识",他不愿意认定施密特的行为"令社会道德难以接受"。[219] 法兰克福特很快给汉德寄去了一份华盛顿报纸的剪报,剪报文章的题目是**《纽约道德——"如果有的话"——是这样的》**。这篇文章是关于美联社报道一位移民官员对于"施密特案"的回应的。这位官员表示:"纽约联邦法官所接受的'良好道德品质'对于国家的其他地方而言不够良好,不够道德。"这位官员还声称,尽管汉德这样判决,但是移民局还是会继续适用他们的所谓"一般基督徒标准":"没有必要让这个国家的其他地方都受制于纽约的道德标准,如果真有那样的标准的话。"法兰克福特给"最亲爱的 B"这样留言:"你已经证明了自己留在法官席上的价值!"[220]

汉德对那些完全偏离了道德标准的人们也具有同情心,并在 1947 年一起案件中起到关键作用,那起案件就是"美国诉弗朗西斯科案"(*United States v. Francioso*)。[221] 该案中,申请成为公民的外国人在 1925 年娶了自己的侄女,在 1938 年至 1943 年期间与她和他们所生的 4 个年轻孩子生活在一起,而这正是他提交归化申请的前 5 年期间。申请人在结婚时知道他的婚姻根据他所居住的康涅狄格州的法律是被禁止和视为乱伦的。但是,一位天主教神父在当地主教的同意下仍为这对男女进行了"证婚"。正如汉德所指出的,本案的问题是:"现在这个国家主流的道德感受是否会因为弗朗西斯科在 1938 年至 1943 年期间与他的妻子和 4 个孩子住在一起而感到愤怒?"对于汉德而言,问题的答案是相当明确的,因为要求丈夫离开他的妻子和年轻的孩子是不人道和不可被接受的:"卡托(Cato)不会认为他应当让所有的 5 个人都流离失所……我们可以确认的是,即便是对于两性错误容忍程度最低的教会都认可他们之间的持续结合是合适的。"[222]汉德在庭前会议备忘录上甚至更激烈地表示,弗朗西斯科的行为与"最基本的礼仪"是一致的。汉德一直鄙视那些冷漠的政府官员,他补充说:"也许即便是像归化局审查人员这样的低等动物也不会走得这么远。"有人认为弗朗西斯科应被视为缺乏良好道德品质,因为他没有恢复独身。汉德被这样的说法激怒了,表示"我再一次希望对那些在归化局滋生和传染病毒的假圣洁、虚伪和没教养的衣冠禽兽们表达我的敬意"。[223]

直到人生的最后,汉德都一直在有关"良好道德品质"的案件中遵循他的"公众良知"的认定规则。他经常抵挡来自同事的阻力,始终对那些将要受到他判决影响的人们保持同情。在他一起发生于1939年的早年案件中,汉德曾经成功地发表了一份一致判决,认定怀有犯罪意图持有盗窃工具"撬门棍"并不构成"不道德"的犯罪。无论是他顽固的同事罗伯特·派特森(Robert Patterson)还是新政时期的自由派查尔斯·克拉克一开始都认为驱逐的决定显然是理所当然的,但是汉德认为这个问题其实更单纯。在汉德看来,虽然撬门棍是被设计用来进行入室和一般盗窃的,但是这一工具的主要功能是把东西撬开,而且并不是所有已经定罪的犯罪行为都会必然体现出"违反道德。"

> 这位外国人当时只是个17岁的男孩,这样的孩子可能乐于用铁棍撬门进入大楼或房间,或撬开木桶,只是好奇和为了恶作剧而已。这些行为可能构成犯罪,这没错,但在道德上未必是可耻的。[224]

汉德最终将他的意见体现在了法院的一致判决中:

> 这样的犯罪无论如何都不涉及"潜在的"不道德行为。男孩子们经常使用他们自己的力气进入大楼,仅仅是出于好奇,或者是对恶作剧的喜爱,他们的意图不过是去做一些他们知道是被禁止的事。这样的行为不过是年轻时的胡闹,绝大多数有

活力的男儿都会或多或少心向往之。如果认为这其中涉及不道德，进而驱逐一个从小就生活在这里的人，这就等同于作出可怕的流亡惩罚，实在是太迂腐的看法。[225]

上文的最后一段话透露出汉德热心允许外国人留在这个国家的主要原因：自从成为一名法官，汉德就尤其对那样一种驱逐令持批判态度，即在美国居住了很多年的外国人，而现在政府却希望基于他们年轻时代的行为而将他们驱逐。

在担任法官的剩余时间里，汉德展现了他的裁判技能和裁判艺术，怀有同情心地裁决归化案件。在他最后一批作出裁决的案件中，两起在他去世前几个月作出判决的案件——"波苏斯塔诉美国案"（*Posusta v. United States*）和"吴寅生①诉美国案"（*Yin - Shing Woo v. United States*）[226]，都能作为例证。在这两起案件中，汉德都推翻了一审法院拒绝归化申请的判决，怀有同情心地和灵活适用了他提出的"公众良知"的认定规则。

在第一起案件中，申请人玛丽·波苏斯塔（Marie Posusta）是一位捷克斯洛伐克女性，自 1936 年起成为一名叫波苏斯塔的男人的情妇，并与后者生活在一起。他们两人于 1959 年结婚。在那些年的大部分时间里，波苏斯塔都与另一位女性处于婚姻状态。他与第一任妻子有 1 个小孩，然后在 20 世纪 40 年代与玛丽，也就是后来的第二任波苏斯塔夫人，生了两个孩子。在与波苏斯塔最终结婚后不久，波苏斯塔夫人于 1959 年 4 月提出了归化申请。本案的核心问题是，她在提交申请前的 5 年内是否是一位具有"良好道德品质"的人，因为那时她与波苏斯塔住在一起，而后者还没有与第一任妻子分居和离婚。（波苏斯塔夫妇事实上直到 1954 年 10 月才拿了结婚许可证。在解释他们为何拖了很长时间才最终结婚时，波苏斯塔先生表示他"希望负责"第一任妻子所生儿子的教育，他认为自己相较于第一任妻子"能做得更好"。但是在他看来，如

---

① 此处的姓名为音译。——译者注

果自己再婚的话,"她就根本不会把那个小孩给我"。)

汉德的判决再次强调:"检验的标准不是法官个人或申请人来到的那个法院所奉行的道德原则。作出的决定应当基于申请人是否被相信符合所处时代的道德标准。"[227]此外,一个人"过去偶尔有过失"并不必然导致无法认定他"道德品质良好"。"如果他能证明自己没有比一般人更加频繁地违反广为接受的规矩,那样就已经足够":

> 显然,这是无法准确定义的检验标准。如果摆在我们面前的问题是,这样的行为是否与"良好道德品质"一致,那么我们能做到最好的程度便是临时性地提供一个标准,即"一般"的男女会怎么做。价值观是无法比较的,法律充满了有可能无法量化的标准。最常见的例子就是要求"合理"评估彼此冲突的价值或愿望。

如果将上述不够确定的标准适用到本案中,汉德认为,玛丽·波苏斯塔的行为"与'良好道德品质'是相符的":

> 目前看来,波苏斯塔是她仅有的情人,20多年她来一直对他真诚。她与他的关系没有被隐藏起来。事实上,在这个国家,他们住在同一个屋檐下。人们对于该等违背道德准则行为的谴责程度肯定是不同的。我们只能说,即使是持续中的不正当关系,也不必然是恶劣"道德品质"的指标。[228]

在1961年的第二起案件"吴寅生案"中,一审法官否决了一份归化申请,理由是申请人没有证明他"对美国的优良秩序与幸福存有好感",这是法律中使用的另一处表述。本案中的申请人出生在中国,从1948年起成为美国永久居民,于1957年9月在纽约市被作为"藐视法令者"逮捕,原因是申请人没有回应23张违法停车罚单。在支付了345美元的罚款后,他从监狱获得释放。本案的问题是,这些违反城市法令的行为是否表示他没有"对美国的优良秩序……存有好感"。汉德拒绝"对于这些词汇采取严格的解释方法"。与其他法律条文一样,该条款从其立法目的出发理解,其实是允许那些总的来说遵守社会基本原则的人们成为公民。汉德认为,无视停车规范,甚至三番五次这么做,并不表示申请人对于"优良秩序"存在敌意,因此,本案的一审判决被推翻。[229]

汉德认为,这是立法机关留下"让法官评估一些相互冲突价值"的又一实例。例如,当法律要求将"合理性"作为判断标准,立法者其实就是在授予法院"立法权,虽然我们称其为事实问题争议":"他们要求法官达成一种妥协,既要符合他们认为的那些举措的一般目的,也要让社会能够理解。"对此汉德认为,法官真正能说的,只有"尽力"二字。在说服了态度勉强的克拉克法官后,汉德成功在"吴寅生案"中获得了一致支持。[230]

对于汉德而言,上述这些归化案件的裁决无论是从法官的角度还是他个人的角度都是具有典型异议的。在他度过 75 岁生日后的 10 年时间里,汉德继续令人尊敬地处理着司法工作和那时的争议问题。汉德从未摆脱自我怀疑,从未放弃他的怀疑主义,也从未停止匠人的努力,而是尽力把工作做好。汉德言辞激烈地公开抨击麦卡锡时代的邪恶,勇于承担指派给他的纪律和人道主义领域的任务。在这些方面,汉德的智慧照亮了一个黑暗的 10 年。正如他曾经有一次在另一个场合中说过的那样:"毫无疑问,答案并不如我们希望的那样明确……我们只能追随我们拥有的光。"[231] 而他的光,比很多人的都要更为明亮。

第十五章
荣休之后

勒尼德·汉德于1951年从法官"常规现职"序列退休,这并没有终结他的公共生活。汉德不仅仍继续参与第二巡回上诉法院许多案件的审理,也让更多公众知道了他的名字。使得汉德成为美国民间英雄之一最重要因素,是1952年出版的《自由的精神》(*The Spirit of Liberty*)一书,这本书汇集了汉德在审判工作之外发表的文章和演讲。

多年来,汉德一直选择搁置那些撰写回忆录的邀请、为他立传的提议以及参加广播电视节目的请求。在汉德看来,法官通过判决以外的其他任何方式博取公众关注,都是"不适当"的。不过,这本书的出版并不代表汉德的想法有所改变,因为这是他妻子和大女儿最先发起的项目。当潜在的出版商和编辑出现时,家庭成员便放弃了对于他个人意愿的尊重,汉德的保留意见被推翻了。

《圣路易斯邮报》(*St. Louis Post-Dispatch*)的自由派编辑埃尔文·迪利亚德(Irving Dilliard)是汉德的崇拜者。迪利亚德的坚持是《自由的精神》最终得以编辑成书的重要原因。最初产生编辑一本汉德论文与演讲集想法时,迪利亚德与汉德并不熟悉。两人只有一次偶然邂逅:1949年感恩节早晨,在汉德周末和假日经常工作的市律师协会图书馆,他们曾碰到过。不过,迪利亚德曾写过赞扬汉德的社论文章,他在1951年2月首次给汉德写信求取后者的签名照片时提到了这一点。"我对您的崇拜超过任何同时代的美国人。"迪利亚德告诉汉德。他只在给汉德秘书的一句留言中暗示了自己构思中的这个项目:迪利亚德提到,他已经汇总了一份汉德多年来形成的书面成果清单,并询问汉德的办公室是否也存有类似的一张清单,以便他核对。[1]

几周后,迪利亚德第一次向汉德提出了这个计划。迪利亚德提议:"收集 15 至 20 篇您的文章……和面向法学院学生、在各类纪念场合以及在毕业典礼上的致辞,汇编成体量适宜的小册子。"迪利亚德告诉汉德,他已经与出版商阿尔弗雷德·A. 克诺夫(Alfred A. Knopf)及其夫人布兰琪(Blanche)聊过了,他们与克诺夫的编委会都"对这个想法感到很高兴"。[2]汉德一家都知道克诺夫家族的名号,虽然汉德本人仍没有行动,但这已促使他比以往更为认真地面对这一提议。汉德在给迪利亚德的信中表示,妻子弗朗西丝·汉德和大女儿玛丽·汉德·达雷尔(Mary Hand Darrell)已经在策划"某种同类产品,希望在我 80 岁生日,也就是明年 1 月时出版"。[3]经过几周时间,迪利亚德成功地就这个出版项目与汉德的家庭成员达成合作意愿。勒尼德起草了一封信,请求弗朗西丝签字承诺给予全面合作,并表示全家不会"从该书的销售中寻求或实际索取任何版税"。[4]

之后半年里,汉德与迪利亚德开始频繁互动,讨论这本书应包含哪些内容。迪利亚德长期崇拜汉德的原因,是后者在诸如言论自由这些问题上的自由主义立场,但他不是那么理解的是,汉德的自由主义信仰同样也包括坚决限制法官塑造宪法价值观的权力。不过,迪利亚德的困惑、甚至对于汉德所坚持的部分信条的不认同,并没有妨碍他出色地完成素材收集工作。迪利亚德收集的文章从学生时代的汉德 1893 年在哈佛学院的毕业演讲,到汉德法官对于通识教育、法院职能和民主进程的评论,再到他对一大群老友和其他法官的致敬。迪利亚德还成功地说服汉德允许使用一篇私人信件,那是 1922 年 11 月,汉德致信哈佛特别"筛选"委员会,反对大学适用犹太学生配额制度招生。迪利亚德为选入的每篇内容都撰写了简短的介绍性评论,还起草了一篇篇幅短小、内容精炼的序言,对汉德的人生经历作了介绍,而汉德则爽快地提供了自己的成长信息和背景材料。

迪利亚德于 1952 年林肯诞辰日完成了这本文集,汉德帮助他完成了清样的校核。汉德对迪利亚德赞誉有加:"这本书对于我和孩子们而言,将会是最满意的礼物,虽然我不敢确定其他人是否会在乎。但是,毕竟克诺夫出版社也认为这是明智并且甘愿担受的风险。"[5] 5 月,就在汉德度过 80 岁生日的几个月后,这本书正式出版了。此时汉德对于文集的出版开始还有些抵触。"我不理解,"汉德写道,"为什么你们认为承受这些麻烦将我的想法……以一种永恒的方式呈现是值得的。"[6]

汉德怀疑自己的文集能否引起大众兴趣,并不仅仅是谦虚的表现。事实上,汉德和出版社原本都没有想到这本书会大获成功。正如艾尔弗雷德·克诺夫在 4 月中旬提到的:正式出版几周前,"出版商一直在印刷这些会让他们亏损的书,不过在勒尼德·汉德的书上亏损,难道不好于出版某些不知名的二流小说吗?"[7] 然而,几个月后,克诺夫出版社已经可以告诉汉德,"开局不错,此事已经成为一次成功的冒险":"恐怕当我们最初启动《自由的精神》一书出版的时候,参与其中的每个人都没有那么认真地从纯商业角度看待过这本书本来应有的价值。"[8] 到 8 月 15 日,也就是正式出版之后仅仅 3 个月,已经有 7300 本被发往书店(而最初书店的订单只有 1300 本),而这本书即将开始第四次印刷。随着这本书取得了经济效益上的巨大成功,出版商一直试图说服汉德能接受一张版税支票。[9] 不过,汉德一如项目刚刚启动时那样,对此断然拒绝。他向迪利亚德解释道:"所有这些文字都是带着情感写出来的,没有任何想法是我应该获取报酬的。我无法在直面自己的同时,还要索取任何东西。"[10]

到 1954 年 10 月,这本书的总印数已经到达 2 万册,并且销量仍在持续走高。[11] 到这本书出版 3 周年之际,销量已经超过了 18000 本。当听到这一消息时,汉德惊讶地承认,他感到"惊喜和幸福。"[12] 1956 年,《自由的精神》一书销量超过了 2 万册,此时克诺夫出版社一度还试图说服汉德同意出版一本判决自选集,不过汉德拒绝了。1958 年,《自由的精神》平装本出版,又让这本书获得了更多读者。开心得笑不拢嘴的出版商再次试图向汉德提供一些金钱上的回报。阿尔弗雷德·克诺夫给汉德寄了一张 1000 美元的支票,表示如果汉德自己不想拿这笔钱的话,就让他分给孙辈。支票于 1960 年 1 月汉德 88 岁生日之前不久来到了他手上。但是,汉德对于接受补偿的态度一如既往。他告诉克诺夫出版社,"随信寄来的物品令人震惊",让他"几乎说不出话来"。

> 其实应该是我给您些什么,是您把握了这次机会,这绝不是什么微不足道的事。这本书完全可能是个"失败",是一个"亏损"项目。现在,既然这本书被证明受到了相当程度的欢迎,我只能将其归功于您的支持。这让我非常愉悦,[这愉悦]的滋味可以品味很久,我觉得亏欠您的要更多。[13]

因此,汉德退还了支票,还说把钱分给孙辈并不会让他舒心。如果这笔钱必须给出去的话,汉德建议给迪利亚德。在汉德看来,"您给予我的在那么多人面前散布胡说八道讲话内容的机会"所产生的满足感足以作为回报。[14]

《自由的精神》一书获得的出乎意料的成功无疑也得到了热情洋溢的书评文章襄助。菲利普·汉伯格在《纽约客》上夸奖此书,表示读者将会"惊讶"于"这个人智慧的深度和广度,以及他的学识、同情心,还有他与自己和所处时代之间的不朽斗争,在人生最深邃、最幽暗的角落里追求真理"。[15]《新共和》的书评与许多其他书评一样,强调汉德意识到"怀疑主义,而非教条主义才是通往人类自由的钥匙"。[16] 在《星期六文学评论》上,历史学家理查德·莫里斯(Richard Morris)总结说:"兼具智慧与文雅,对虚伪、陈词滥调和墨守成规不以为然,[汉德]展现了美国自由主义传统的最佳典范。"[17]

在随后几个月中,各类学术期刊也发表了法官、法学和政治学学者、前任助理以及律师对这本书的赞扬。[18] 也有少数人对汉德信奉的部分理念提出质疑。最常见的批评所针对的是,汉德认为法院介入诸如言论和宗教自由这些个人权利的依据并不比"洛克纳时代"法院介入经济权利来得更为充足。例如,哈佛法学教授路易斯·霞飞(Louis Jaffe)提出,法院在保护公民自由方面应该扮演更重要的角色。"[汉德的]通篇分析蕴含着太多真理,他的遣词造句读起来也令人感到欣喜不已。因此,当有人对汉德提出质疑的时候,往往要犹豫再三。"不过,霞飞写道,他还是提出了自己的质疑。[19] 尽管如此,零星的不同声音终究还是被压倒性的赞扬淹没了。舆论再次将汉德奉为美国健在的最伟大的法官、法官中最优秀的作家以及联邦最高法院事实上的"第十位大法官"。正如霞飞指出的那样,汉德的文章提供了"生动形象地展现了这个人一生的思考和感受"。[20]

克诺夫出版社的这本文集经历了快速重印,并且不断推出新版本(因为汉德仍在继续发表演讲),《自由的精神》一书中收录的文稿也从34 篇扩展到了 41 篇。[21] 不过,在这本文集的多个版本中,最令汉德个人感到高兴的是哈米什·汉密尔顿(Hamish Hamilton)于 1954 年决定出版这本书的英国版。在为英国读者撰写序言时,汉德重述了自己的经典立场:"这是一部文章选集,收录了写于很多年间、在各种零星场合发表的彼此之间几乎没有什么连贯性的文章。我并不认为这本书能引起英国读者兴趣,但是出版社显然认为这是可能的,那么,就让他们承担风险吧。"[22] 英国具有影响力的期刊《经济学人》(*The Economist*)发表了题为《一位伟大的美国人道主义者》(*A Great American Humanist*)的书评。这篇具有影响力的文章将汉德的文集视为可以治愈"英国人对于美国人固有想法"的重要解药,尤其是对于那些英国人"最乐于接受的固有想法",如美国是"一个从野蛮演变至堕落、中间未经历没有任何文明阶段的社会"。这是一个看似被麦卡锡主义诉求进一步予以确认的固有认知。与此相反的是,汉德的著作却显示出"一种截然不同的对于人生的态度和观点,与我们固有认知中的那种平常、琐碎乃至未开化的公众意识相去甚远"。这篇书评最后总结道:"对于那些固有认知的兜售者而言,这些文章至少能反映出一个现实,即一个孕育了麦卡锡主义的社会同样也产生了我们这个时代先进、光荣并且最有说服力的倡导自由和容忍精神的典型人物。"[23]

到 1953 年,汉德仍然近乎全职地处理第二巡回上诉法院的案件。他的反应与往常一样灵敏,对于自己的身体状况也感到满意。虽然背痛让他日常无法继续从东六十五街的家中直接走到位于富利广场的法院上班,但他还是比以往更频繁地前往欧洲旅行,去好几个国家游览美景和拜访老朋友。汉德在夏天造访康沃尔时,很多老朋友已经去世,这让汉德很惋惜。不过,汉德也找到了可以维持朋友圈智识活力的新朋友。他尤其喜爱一名年轻人,那就是小说家 J. D. 塞林格(J. D. Salinger),塞林格在“浅园”附近买了一幢房子。虽然基本上是个隐士,但是塞林格却与汉德发展出一段热烈情谊。在新罕布什尔漫长的冬天里,塞林格和汉德时常通信,汉德的留言对象从“杰瑞”逐渐变成“亲爱的杰与汉德夫人”,他们的书信谈及天气与家庭生活,很快也谈到了对唯灵论和东方宗教的思考。[24] 汉德将塞林格视为“一位亲密的朋友”,是他“最为尊敬的对象,不仅因为他的智力,也因为他的个性”。[25] 汉德知道塞林格对隐私的重视,[26] 对此予以充分尊重。当一位《新闻周刊》记者寻求采访汉德请他谈谈塞林格时,汉德拒绝了:“我知道塞林格先生并不希望获得关注,作为他的朋友,我肯定不愿意对他施加影响,让他认为我在侵犯他的隐私。此外,我也想说,我与他的看法也相当一致。”[27] 汉德的这位年轻邻居可能认为汉德就是自己“希望拥有的那种父亲”,[28] 当然塞林格给汉德的信中也透露出他对后者有着一种非常特别的喜爱。

在康沃尔度过的夏日岁月,使汉德可以比以往更频繁地表达他对歌曲和模仿秀的喜爱。汉德和弗朗西丝为客人们组织过“音乐之夜”,他唱歌,她弹钢琴。一次,汉德在演绎莎士比亚名作《奥赛罗》(Othello)时,突然从角色中跳脱出来,以写实主义方式在最后一幕中打破了苔丝狄蒙娜(Desdemona)的鼻子。当越来越多的孙辈造访,汉德开始重新创作故事和夜间寓言。他还放声歌唱,表演哑剧,例如他创作了“歪嘴一家的故事”(Story of the Crooked Mouth Family),那是他早年从 3 个女儿那里获取的灵感。[29] 汉德的许多助理都记得他会突然放歌或表演哑剧以缓解气氛。助理丹尼尔·M. 格列本(Daniel M. Gribbon)曾记得,有一次他未能在一个法律问题上说服汉德,于是沮丧地回到了自己的座位上。

几分钟后,汉德进来了:"跳着吉格舞,用最响亮的歌声唱道:'你在生我的气,你在生我的气!'"[30]

这些年,汉德也有了更多时间能与弗朗西丝呆在一起。对汉德而言,这是他婚姻中最快乐的几年:"我经常会想你,总觉得你是我无价的珍宝。我究竟是怎样得到你的?"[31]汉德有一次收到了来自弗朗西丝的一封特别温暖的信。汉德回复道,"我的上帝,我是多么想收到你的信。你的信一定流露着你的温柔与爱意。"汉德晚年曾有一条罕见的略带自我谴责的留言这样写道:"我似乎从未意识到你意味着什么,直到最近这些年。早年的时光都被我自己紧急的事情占据。真的,我从未好好看你,或者理解你,直到前不久。"汉德深深感谢弗朗西丝。在汉德看来,弗朗西丝用一段持续近60年的婚姻把他从不愉快和内心受伤的人生中拯救了出来。在祝福弗朗西丝75岁生日时,汉德写道,"噢!对我而言这是多么幸运的一天。我应该做些什么。如果你这些年不保佑这个性格扭曲而又内向的人、不给予他指引,我应该去哪里?"[32]

弗朗西丝·汉德则继续尽情享受着人生。她多年一直收到勒尼德热情洋溢的生日信,但在早些年里她却很少关注甚至忘记了他的生日。[33]1945年,在勒尼德73岁时,弗朗西丝抽出时间创作了一首关于她"想念邦尼,以及他如此温暖的爱"的小诗。[34]诚然,当造访康沃尔时,弗朗西丝偶尔会承认:"我在这里非常想念路易[路易·道]。"[35]但是她也表达了不同于过去几十年不曾流露的情感,诸如"我讨厌留下你一个人,亲爱的,能再次见到你会是多么高兴"。[36]有一次,弗朗西丝因为一封"小情书"向勒尼德表示了感谢。她充满深情地支持他不再使两人频繁分开的决定:"我知道你的感受,我们之间漫长且已成习惯的分离又相聚的生活必须要有一个了结了。"[37]

勒尼德给弗朗西丝的信中始终都充满爱意,一直到他生命的终点。"我一直都更爱你""你对我而言非常珍贵""我时常想你,总是感觉你对我有多重要……我爱你,我爱你,我爱你!"[38]——在生命的最后几年,他们彼此还一直分享着这样的亲昵言语。尽管这已经是几十年来他们在一起最长的时间了,但是勒尼德还想要更多:"我爱你,我爱你,我爱

你!!! 我不喜欢这些分离。""我无法消受与你分离的岁月。我比过去
更加介意这些时光。"[39] 而现在,弗朗西丝来到了康沃尔,她每年都要在
这里度过几周夏季时光,享受未曾减少的愉悦。勒尼德发现,无限的满
足感让她在这里获得了重生:"我想你能很轻易地进入这种放松的状态,
你不用再被这样或那样的事情纠缠,时间可以从令人愉悦的阅读中溜
走……我最亲爱的人,千万不要忘记,在我看来,那些没有与你共度的一
朝一夕、一分一秒绝非'如一串珍珠那样难得'。"在转达了几位朋友
"爱"的问候后,勒尼德以这样的一句话收尾:"我无法再'赠与'你更多,
因为你已经拥有了我的全部:过去,现在和未来。"[40]

　　但是汉德无法拒绝时间,他的思维正日益"不可逆转地衰老"。[41] 有
些年,汉德通常会给哈佛法学院新近为他指定的法官助理写信,告知他
们应该为担任助理的年份寻求替代方案,因为他不断增长的年龄将使得
助理任期变得"不安全":"我希望保留明年不再工作的绝对自由……正
如霍姆斯曾说的那样:'我保留去死或辞职的权利。'"[42] 不过,当法官助
理们前来报到时,这些警告从未成真。我本人于 1953 年秋天开始法官
助理任期,那时我发现这位 81 岁的法官精力充沛,令人吃惊,没有任何
迹象显示他的健康正在走下坡路,也没有任何信号显示他有辞职的想
法。但是,汉德对于年迈的思考比起从前而言,已在谈话中占据越来越
多的篇幅。汉德对衰老预感提升的直接原因,来自他对表亲格斯的关
切。有一次,格斯突然倒在富利广场法院大楼 24 层的大厅里。大家都
不禁意识到,只比勒尼德大两岁的格斯正在老去。诚然,格斯仍然是一
位亲切的健谈之人,并仍在频繁引述他热爱的拉丁和希腊名言阐明观
点。然而,格斯越来越难以集中注意力,他的意识开始变得迷离。当格
斯坐在法官席上审案、开会或者坐在自己的办公室里时,他的眼皮就已
垂下了。苍老的"汉德男孩"的精神显然已经不如曾经那么敏锐了。[43]

　　勒尼德·汉德对此是有预感的。1953 年秋天,第二巡回上诉法院
的"铁三角"勒尼德、格斯·汉德以及托马斯·斯旺坐在一起,在 4 天时
间审理了超过 13 起案件后,他致信一位前法官助理:

这多少有一些终场结束的意味,因为我们再次坐在一起已经几乎不可能了。这就像是一场对历史的现场展示:"观察恐龙最后一次出场。"[44]

正如汉德在 1 年后回忆的那样,无可回避的事实是,奥古斯都·汉德:

情况还不错,但是正在缓慢衰老。当注意力被唤醒时,机智似乎就像以前一样,但我不认为他还能从事任何长时间工作,这是我的猜测,他很可能无法再主持庭审了……当然我更希望他还正处盛年。[45]

奥古斯都的衰老让勒尼德非常困扰。他反复焦虑,担心自己也可能正在衰老,尽管从他的表现和工作中并没有什么迹象可以说明这一点。勒尼德不断念叨:"你会告诉我吗?当我真的走向衰老、功能退化时,有人会告诉我吗?"他害怕自己可能会无故滑倒,他反复寻求确认,确信自己还没有到那个程度。

在格斯人生最后的几个月里,勒尼德悲伤地看着他的表兄"慢慢变得越来越虚弱",经常"当众表现得相当迟钝",尽管一直到去世,他看上去都挺健康。格斯经常"很容易陷入一种看上去像是在空想的状态,而实际上这很可能只是一种相当空虚的空白满足感"。[46]

1954 年 10 月 28 日,奥古斯都·汉德去世:他"只是睡着了,然后再没有醒来"。[47]令汉德欣慰的是,"没有人可以有一个比上床后不再醒来更完美的结局了,如果结局总要来的话"。[48]此外,"[格斯]的离开是对的……留下来将不可避免地陷入一日不如一日的境地"。[49]

"他的去世结束了我为期最长的一段亲密关系,将近 80 年,我还无法完全接受这已经发生了,"[50]汉德这样对费利克斯·法兰克福特倾诉,"我问我自己,[格斯的死]究竟意味着什么,我们彼此相知,我们彼此认识的时间长过我们和任何其他人认识的时间。我们都有同一种感觉,一种人与人之间最亲密的感觉,那种亲密无法用语言表达,却是理所当然。"[51] 勒尼德和格斯确实就像一对兄弟那样亲密:勒尼德是不可知论者,格斯是恩典教会(Grace Church)的教区代表。勒尼德是更善变的那一位,会从忧郁和沮丧变得偶尔喜悦和满足。格斯则是性格平稳温和的那一位。勒尼德强烈地意识到了这样的反差:他前年给一份宗教杂志的编辑写信时提道:"如果我要上天堂,可能不得不要穿上[格斯的]燕尾服,他有很多燕尾服,也许我应该拿一件穿。"[52]

格斯曾经对一位想针对勒尼德的司法成果撰写博士论文的年轻人说,"为什么不研究一下我的成果呢? 我才是'汉德组合'的平衡轮"。[53]他一边说这句话一边眨了眨眼睛。不过,勒尼德会同意,这是一个公正的评价。罗伯特·杰克逊大法官曾经表示,年轻的纽约律师被教导要"引述勒尼德的话,但是要遵循格斯的裁决"。勒尼德确实更善于遣词造句,但是格斯拥有两人之中更可靠的名声,尽管他稍微缺乏一些创造性,在政治上的自由派倾向更弱,在公开发言中少了一些胆量。格斯和勒尼德并不总是能在法律或政治领域达成一致,但是"在伟大的汉德—斯旺—汉德法庭,确实能够达成真正的团结(不过**并非全体一致**!)。"[54]

勒尼德·汉德始终都没有机会改变他通常不愿意介入司法提名的态度,直到职业生涯的最后。1953 年,托马斯·斯旺和格斯·汉德退休了。他们的继任者分别是广受尊敬、认真尽责的来自康涅狄格的地区法院法官卡罗尔·C. 辛克斯(Carroll C. Hincks)和汉德极其崇拜的华尔街律师约翰·马歇尔·哈兰(John Marshall Harlan)。(就在哈兰就职第二巡回上诉法院几个月后,他被考虑提名为联邦最高法院法官。汉德在给艾森豪威尔总统的一封信中热情洋溢地称赞哈兰的"超然""平衡感""视野"和"公共职责心"。)[55] 相似地,当纽约南区前联邦检察官 J. 爱德华·朗姆巴德(J. Edward Lumbard)于 1955 年接替哈兰加入法院,以及来自佛蒙特的法官斯塔利·沃特曼(Sterry Waterman)接替哈瑞·蔡斯法官的席位时,汉德也都感到很高兴。

　　然而,第二巡回上诉法院法官之后的提名变得高度有争议性。汉德担心法院原本的高质量工作正在面临风险,于是积极推动提名他认为最适任的人选。

　　第二巡回上诉法院法官职位的竞争首先随着杰罗姆·弗兰克于1957 年 1 月 13 日突然毫无征兆地去世而打响。费利克斯·法兰克福特从不像汉德那样不愿介入司法提名问题。在弗兰克去世之后不久,法兰克福特就给艾森豪威尔的司法部长小赫伯特·布朗奈尔写了一封有力的长信,促使其提名亨利·J. 弗兰迪作为弗兰克的继任者。弗兰迪是一家华尔街律所的合伙人,是法兰克福特在哈佛的学生。法兰克福特还曾把他推荐给布兰代斯大法官担任法官助理。法兰克福特给汉德寄去了他写给布朗奈尔那封信的复本,然后留言如下:“老兄,你对此有什么看法？费利克斯·法兰克福特。”[56] 汉德短暂犹豫了一下,便决定支持弗兰迪,尽管他对这位候选人所知甚少。汉德告诉法兰克福特,如果他认为“通过实实在在的努力可以无视各种见不得人的政治压力,进而选出最好的地区法院法官”,他通常会反对提名一位正在执业的律师。在他看来,选拔巡回法院法官最好的方式是从下级法院选任,并且他多年来已“厌恶”那些“主导司法……任命的基本考虑因素”。但现在,汉德已经不太相信“最有能力”的一审法官会得到提拔:“我们可能会得到一位地区法院法官,这是真的,但是你可以确信,最终的决定性因素将会是其他方面,而非是否适任,虽然这一人选必须足够合适,不至于招人讨厌……”鉴于晋升最佳人选在政治上不太可能,汉德便愿意支持诸如弗兰迪这样的执业律师。[57] 弗兰迪在纽约律师界的声誉确实很高,汉德对此是知道的。正如他在给法兰克福特的信中所写道的那样,他并不期待弗兰克的继任者成为近来法官“道德上的榜样……除非拜上帝所赐,这位法官是弗兰迪”。[58]

　　汉德猜测,在弗兰克潜在继任者中,处于领先地位的候选人是惠特尼·诺斯·萨摩耶(Whitney North Seymour)、伊莱·惠特尼·德贝沃耶思(Eli Whitney Debevoise)以及欧文·R. 考夫曼。[59] 前两位都是纽约杰出的商业律师。考夫曼是一位知名的地区法院法官,他在 1951 年罗森堡夫妇间谍审判案中担任首席法官并将被告判处死刑,由此获得了相当声誉。尽管汉德对弗兰迪的偏好与日俱增,但考夫曼很快成为空缺席位的主要候选人,很快,汉德也采取了少见的行动,他追随法兰克福特的脚步,亲自给司法部长布朗奈尔写信。[60]

1957 年 1 月底,汉德(从哈兰大法官处)得知,弗兰迪将可能不会被提名为弗兰克的继任者。汉德告诉法兰克福特,他"非常遗憾,由衷地遗憾布朗奈尔没有来拜访弗兰迪。他其实是一位值得牺牲晋升原则的人选"。[61] 两周后,《纽约时报》刊登了一篇报道,标题为《联邦法院重要岗位引发激烈竞争》,副标题是"提名上诉法院法官接替弗兰克牵涉高层政治任务"。这篇报道揭露了杰罗姆·弗兰克的继任人选竞争是如何深陷于政治斗争的。报道称,现在的竞争双方是考夫曼和纽约东区联邦检察官莱纳德·P. 摩尔(Leonard P. Moore)。前州长托马斯·E. 杜威与来自纽约的两位共和党参议员雅各布·贾维茨(Jacob Javits)和肯尼斯·基廷(Kenneth Keating)都站在摩尔这一边,但是如汉德所知,作为一位民主党人,考夫曼拥有强大的跨党派支持,他所获得的支持不仅来自众议院司法委员会主席、民主党人埃曼纽尔·塞勒(Emanuel Celler),还有具有影响力的来自新罕布什尔州的共和党参议员斯坦尔斯·布列奇斯(Styles Bridges)和来自田纳西州的民主党参议员伊斯特斯·科菲尔(Estes Kefauver)。

《纽约时报》的报道还包括了一个同时恶心汉德和法兰克福特的段落。"支持考夫曼的主要理由之一是他的晋升将会构成这样一种印象,即总统和参议院认可他审理'罗森堡夫妇案'的表现。在该案审判期间,以及自两位被告遭到间谍罪定罪并被处决后,他一直受到左翼团体的猛烈抨击。"[62] 当汉德读到这里时,他向法兰克福特表达了强烈不满:

> 你看了今天《纽约时报》的报道及其陈述的华盛顿晋升考
> 夫曼的理由吗?"为了证明总统认可其处决罗森堡夫妇的
> 决定。"
> 噢,噢,噢! 这是多么下三滥的手段呀! 我不是说 K. [考

夫曼],我相信这不是他授意启动的。但是,贱人,贱人,
贱人!!!⁶³

很快,1957 年的政治斗争以莱纳德·摩尔的胜利告终。汉德对于
提名法官空缺的政治进程感到不以为然。他致信法兰克福特表示,他
"对我们的政府彻底感到厌恶,尤其在法官任命这件事上。让参议院介
入任命实在是一个错误!民主,多少犯罪假尔之名!!"⁶⁴

但是,围绕上诉法院法官提名的政治风暴还没有结束。1958 年 3
月,因为哈罗德·梅迪纳法官退休,第二巡回上诉法院再次出现法官空
缺。这时,弗兰迪和考夫曼是仅剩的竞争者。《纽约时报》(在 1959 年 1
月中旬)再次报道称,一场被称为"政治混战"的"激烈斗争"打响了,⁶⁵
这场斗争还涉及一项法官席位法案:艾森豪威尔政府提议增设 45 个新
的联邦法官席位,民主党人则威胁阻挡法案以等待 1960 年选举的结
果。① 亨利·弗兰迪名义上是共和党人,但是从不积极参与政治事务,
此时他比 1957 年获得了更多支持。纽约的共和党领导人、共和党参议
员基廷都支持他,但是共和党参议员贾维茨还没有宣布他的支持者。

汉德怀揣着巨大忧虑观看这场新的争斗。就像 1957 年那样,他迫
切希望看到他认为最有资格的候选人亨利·弗兰迪能获得这个席位。
1958 年 1 月,汉德致信法兰克福特:"我担心[梅迪纳]的继任者已经确
定了,是埃尔文·考夫曼,他是一位完全有能力胜任的法律人,但主要还
是利益考量,如果不完全是这样的话,这是为了展现对埃尔文·考夫曼
的认可。"⁶⁶1959 年 1 月底,汉德决定再次介入。这一次,他怀疑司法部
长布朗奈尔已经决定让司法部支持考夫曼,因而他直接给艾森豪威尔总
统写了信:

我认为,在相当长一段时期内,我作为法官不会有超过两

———————

① 根据《纽约时报》的说法,考夫曼的支持者声称政府把法官作为"不知情的人质,承
诺如果法官法案得到通过就把他晋升至第二巡回法院"。

次机会可以得到允许支持某人获得一项司法任命。[67] 但是,我强烈地感觉到,第二巡回上诉法院将会从提名亨利·J. 弗兰迪先生中获益良多,因此,我无法克制自己,决定写信给您表达我的愿望,希望您在填补巡回上诉法院现有空缺时能选择他。我丝毫不怀疑,作为一名巡回上诉法院法官,他将会是对我们法院的伟大补充,这一补充即使没有更伟大,也绝不输给其他任何人,不仅仅因为他无瑕的声誉和高深的学问,也因为他平衡的智慧和宽阔的视野。[68]

总统很快回了信:"您的意见对我很有价值,我保证,我会给予弗兰迪先生最认真的考虑。"[69]

风向迅速朝着有利于弗兰迪的方向转变了。尽管前任在 1957 年的任命战之后已经对考夫曼作出了明确的保证,新任司法部长威廉·P. 罗杰斯(William P. Rogers)还是决定支持弗兰迪,而汉德的重要支持更是让这件事板上钉钉:3 月 10 日,弗兰迪的提名案被送到了参议院。再次支持弗兰迪的法兰克福特先入为主地赞扬了汉德的支持和罗杰斯的立场。他兴奋地致信汉德:

罗杰斯不费吹灰之力就站定了自己的立场,直面埃尔文·考夫曼带给他和白宫的压力。考虑到布朗奈尔在离职前曾作出过提名考夫曼的承诺,我对总统支持罗杰斯给予高度评价。来自四面八方支持考夫曼的力量让我吓坏了。支持他的原因难道仅仅是因为他对罗森堡夫妇的判刑吗?我毫不怀疑,你给总统的信是一个重要因素,让艾森豪威尔决定抛弃考夫曼提名弗兰迪。[70]

勒尼德·汉德也认为最终的提名决定令人满意,尽管公开代表弗兰迪介入的做法让他对自己扮演如此的积极角色是否恰当产生了怀疑。他告诉法兰克福特:

　　我当时只是有种很强烈的情绪,否则我不应该写那封信的。事实上,我有些怀疑是否应当这么做。也许正如你所指出的那样这是一封举足轻重的信,但也有可能只是"轻于鸿毛"。我指望弗兰迪能把法院建立在一个全新基础之上,于是我加入了你对罗杰斯的支持。我真的对[考夫曼]感到抱歉,据说他彻底崩溃了。他的支持似乎很大程度上来自电影人。我怀疑对于罗森堡夫妇的判刑只是起到了一些作用。[71]

　　正如汉德担心的那样,弗兰迪的提名确认被推迟了。汉德日益对于那些让杰出候选人无法就职法官的政治诡计感到不耐烦。他决定再次在提名进程中进行一次不同寻常的干预。8月初,随着弗兰迪的提名遭到参议院司法委员会冷藏,汉德给法兰克福特写了一封措辞非常小心的信。信件的草稿有很多修改,这在法兰克福特与汉德50年的通信往来中是非常罕见的,而精心作出的修改暗示这封信可能有意要被呈交给其他人(尽管如此,汉德偶尔还是把弗兰迪和考夫曼的名字拼错了)。事实上,法兰克福特也确实拿着这封信立即在华盛顿为弗兰迪展开游说。其中最有收获的努力,是他将这封信呈交给了参议院多数党领袖林登·约翰逊(Lyndon Johnson)。几天后,法兰克福特告诉汉德:

　　　　你的信起作用了! 林登·约翰逊参议员刚才给我打了电话,称他已经"见过了那位绅士",也就是来自康涅狄格州的[参议员托马斯·J.]多德,并说"万事俱备"了。听证会通知必须提前1周发出,这件事已经去做了,听证会将在下周二举行。林登·约翰逊向我保证,不会有任何困难。托你那封漂亮信件的福,我见到了这位伟人,他马上就让事情开始启动了。我偶然得以见识,政府的轮子是如何转动的,或者说,是如何被推着转起来的。与之相比,所有有关"政治科学"的书籍是多么枯燥乏味啊![72]

9 月 9 日,弗兰迪的提名确实很快得到了确认。一年后,已 88 岁高龄的汉德与弗兰迪一起坐在第二巡回上诉法院的法官席上。汉德骄傲地告诉法兰克福特:"弗兰迪正在实现我们的所有希望。"[73]

而遭遇连续两次失利的候选人埃尔文·R. 考夫曼则继续在地区法院的位置上多呆了一段时间,最终于 1961 年在此前始终没有对其施以援手的勒尼德·汉德的帮助下实现了进入第二巡回上诉法院的雄心。就在约翰·F. 肯尼迪(John F. Kennedy)接替艾森豪威尔入主白宫后不久,国会最终通过一部法案,创设了 73 个新的联邦法官席位,这是有史以来联邦法官队伍规模最大的一次扩充。这次扩充为第二巡回上诉法院提供了 3 个新的法官席位,使之法官规模增长了 50%,这其中的一个席位就给了考夫曼。汉德 1961 年支持考夫曼的决定是可以令人理解的。他从未声称考夫曼的晋升资格来自他将罗森堡夫妇送入监狱。他对考夫曼早年的失意怀有同情,虽然他当时并不认为考夫曼足够优秀。

但是,到 1961 年,就在他去世前两个月,汉德决定致信肯尼迪总统,呼吁任命考夫曼为"三位新的巡回上诉法院法官之一"。汉德形容考夫曼是一位具有"突出能力"的人士,但最强调的是他长期奉行的原则,即"晋升那些在下级法院最具资格的法官是提升效率的考虑因素之一"。[74](早年汉德确实偏爱一些地区法院法官,例如广受敬仰的爱德华·韦费尔德,但是现在韦费尔德年纪太大了。)埃尔文·考夫曼最终如亨利·弗兰迪那样成功成为第二巡回上诉法院首席法官。①

1958 年 2 月 4 日、5 日和 6 日,令人激动的兴奋气氛弥漫在哈佛校园中。哈佛法学院的停车场内全是搭载了前来聆听系列讲座听众的汽

---

①　在其职业生涯中,考夫曼曾多次基于汉德 1961 年的那封支持信为自己辩护,尤其是当自己成为批评对象的时候。有时候传递一种感觉,即他是汉德热心支持的对象。但正如我们所看到的那样,历史记录证明了相反的事实:汉德曾两次积极支持弗兰迪而非考夫曼,当他最终支持考夫曼时,他的态度相比过去代表弗兰迪介入的时候明显不那么积极。

车。系列讲座安排的演讲嘉宾是勒尼德·汉德,《纽约时报》称他为"健在的最令人尊敬的美国法官"。大批学生、老师和校友满怀期待走入"奥利弗·温德尔·霍姆斯讲座"(由霍姆斯遗嘱确定的遗赠资助)的举办地奥斯汀大楼(Austin Hall),这个场地不时会邀请杰出人士演讲。[75]

这时的汉德已经 87 岁了。他身体还是那样强壮结实,抬头挺胸的身躯虽然不再有 5 英尺 10 英寸(约 1.78 米)了,但也只是稍稍驼背而已。汉德步伐缓慢,拿了一把高背椅子靠着,这样可以缓解背痛。[76] 不过,整场演讲汉德都是站着的。他那浓密的银灰色头发,深色的眉毛,宽大的嘴巴,硬硬的下巴,高高的额头,坚实的颧骨,一如往常非常显眼。汉德醇厚而又深沉的嗓音听起来要显得比他实际岁数年轻许多。他平静中时常忧郁的眼神敏捷地注视着观众,充满感情地闪烁着,部分是因为情绪,部分是因为他强烈地希望传递出能够被深刻感知的信息。

汉德毕业离开哈佛法学院已经超过 60 年了,但是他的一部分从未离开过剑桥。面对校园风光的吸引力,哈佛法学院的管理层最初还不确定是否会有足够多的听众前来参加"霍姆斯系列讲座",尽管这是法学院最为隆重的活动,并且 1958 年度的演讲者是其健在的最杰出校友。不过,作为最后一刻的防范措施,法学院还是在两个大教室安装了扩音器,以便应对过多的听众。这些安排事后被证明是必要的:在汉德演讲的 3 个晚上,讲座是每天晚上 8 点开始,但是奥斯汀大楼大法庭室的座位早在 7 点半就坐满了。大楼外的场景让一位见证人想到"大剧院迎来大明星时的入口"。[77]

汉德对于 3 场演讲都能来如此多的观众感到惊讶。"我确实想到在第一晚会有不少听众,"他告诉法兰克福特,"但后面两场的人数应该是逐场递减的。可事实不是这样。显然,我花费了比预想中更少的力气向听众灌输了演讲内容。"[78] 第一晚人头攒动并不令人惊奇,这可能只是因为能见到这位许多人都熟悉的拥有崇高声誉的名人的机会太少了。

对于大多数听众而言,演讲的高潮无疑是汉德演讲的结束语。在 2 月 6 日最后一场演讲的尾声,汉德动情地向他的法学院老师们致敬,向他终身信奉的法学技艺深刻表白。"比我现在所记得的时间更久,"他这样开始他的结束语,"我坐在这幢大楼里,聆听那些现在都已仙逝的人们的话语。是的,不仅仅是聆听他们,更是被他们解剖。"而汉德从他的老师们那里所获得的,远比技术性的规则"多得多":

> 一群有献身精神的学者给我留下深刻印象。他们耐心、周到、谦恭而又随和,没有什么可以恐吓和贿赂他们。对于这些学者的记忆,从此一直伴随着我,一次又一次地帮助我,当工作沉重、任务琐碎、困惑那解之时,都从他们那里受益良多。从他们身上,我意识到,成为匠人就是我所能获得的满足和回报。在真理的宇宙中,他们持剑而立。他们并不索求和给予任何绝对真理。[79]

汉德停顿了一下,他那具有穿透力的眼神聚焦在现场一群学生身上。在观众开始鼓掌前,汉德说道:"去吧,照这么做吧。"[80] 尽管这些字句令人印象深刻,但并非演讲的核心内容。此次系列演讲的核心内容及其争议,存在于汉德在此之前表达的内容。

汉德的演讲要点虽经修饰,仍直接针对了广受尊敬和认可的沃伦法院的司法理念。汉德批评,联邦最高法院通过宪法裁决,以立法者方式赋予法律新的含义,作为"第三立法机关"[81] 行事,这是不恰当的。对沃伦法院而言,通过援引《权利法案》和宪法第十四修正案实现社会正义,正顺理成章地成为大法官们首要考虑的问题,尤其是首席大法官以及雨果·布莱克大法官、威廉·O. 道格拉斯大法官以及小威廉·布伦南(William Brennan, Jr.)大法官。与此相反,汉德则质疑司法能动主义的做法,提倡严格的司法自我克制。

尤其让汉德的系列演讲产生争议的是,他发表观点的时候正是沃伦法院本身深深卷入政治争议,受到国会和许多政客、媒体广泛批评之时。联邦最高法院 1954 年在"布朗诉教育委员会案"(*Brown v. Board of Education*)中认定公立学校的种族隔离违宪,导致对最高法院的批评达到了顶峰。针对颠覆分子的猎巫者同样也加入到反联邦最高法院的叫嚣之中,特别是因为 1957 年两起案件的裁决:"沃特金斯诉合众国案"
(*Watkins v. United States*)为国会调查颠覆活动设置了宪法上障碍;[82]"耶
茨诉合众国案"(*Yates v. United States*)则对针对共产党的主要刑事法律
武器《史密斯法》进行了限缩解释。[83]

沃伦法院的崇拜者可以将大多数对最高法院直言不讳的批评视为
极端主义而不予理会,但汉德是这个国家最受尊敬的法官,也是自由理
念最明确的倡导者。汉德也加入了沃伦法院的敌对阵营。事实上,汉德
的演讲既批评了沃伦法院的宏观法理,也质疑了对特定案件的判决。汉
德认为,法院不应该翻转立法机关实实在在达成的那些对于彼此冲突的
利益和价值观的调和。在论证其观点的过程中,汉德甚至质疑了"布朗
诉教育委员会案"判决。

汉德把焦点放在了司法权在宪法性案件的行使上。他的立场是谦
抑的。作为多疑的民主派和富有经验的法官,汉德质疑了最高法院按照
宪法来评判裁断公共政策的资格,在他看来,这样会破坏民主进程的成
熟性。汉德喜欢引用 E. M. 福斯特提出的所谓《民主的两声吹呼》。他
有时表示,也许说一件或一件半可喜之事可能更为合适。不过,汉德从
不改变自己的论断,他从不否认民主是比其他任何替代选项都更为可取
的体制。[84]

汉德的第一场讲座关注最"老生常谈"的议题[85]:司法审查权的合理
性,也就是联邦最高法院宣布政府行为违反宪法的合法性。汉德的结论
是,这项权力没有任何宪法基础,无论是从文本还是历史角度,都无法得
出这样的推论。汉德的上述观点挑战了传统的司法智慧,吸引了许多眼
球。不过,大多数听众还是克服了对于汉德观点的疑虑,因为汉德之后
补充称,这项权力并不是"把一项没有根据的行为输入到宪法中",进而
"授权"给"某些其决定应当是终局的并且缺少了他们整个体系将会崩
塌的裁决者"。在汉德看来,避免混乱与无序,而非逻辑上的必要性,是
仅有的可以证明司法审查合理性的理由。此外,法院"无疑是被授予这
项权力的最佳'部门',因为法官任期独立,他们最不可能受到迫使其改
变立场的压力"。不过,即便是这样的让步,还是蕴含着抑制司法审查的

弦外之音:汉德强调,因为他们的权力仅仅建立在预防宪法体系"崩塌"的需求之上。所以法官只能在真正必要的情况下才能使用这项权力。[86]

　　一直到第二场讲座,汉德才发表了最具挑衅性的主张。他的第二场讲座的题目是《宪法第五修正案和第十四修正案》。这场演讲聚焦正当程序条款,即政府"未经法律正当程序"不得剥夺生命、自由或财产。正当程序条款起初只是对程序合规的保证,但是经过几十年发展,已被解释为授权司法机关宣告那些他们认为"不合理"干预生命、自由和财产的法律无效。汉德这一令人震惊的主张,显然偏离了现代法学思想的主流。在汉德看来,"正当程序"和与之相似的模棱两可的宪法用词本质上是无法被法院执行的。他认为,这些条款只是"具有劝告和鼓励意义,不够明确,不足以在具体的情境中作为指引"。汉德指出,司法审查应当被限制在法院审查每个政府分支权力边界,以及在联邦系统中有关州和国家权力分配的范围内,不应涉及个人权利。从 19 世纪最后几年开始,联邦最高法院事实上已经授权司法机关质疑其他法律的合理性,但是汉德相信,这样的遗留权力"并不意味着将法院视为第三立法机关,"那是对于本不属于法院的权力的"公开篡夺"。[87]

　　1937 年前,对于新政早期联邦最高法院的批评促使大法官们从严格审查法律的立场上后退,"至少在仅有经济利益涉及的时候",但是在那 10 年结束之前,联邦最高法院已经接受了一个旧有能动主义的全新版本,即承诺在法律侵害"个人"而非"经济"权利时予以严格审查。汉德谴责这是一种"机会主义者的修正",正如他在其他地方所指出的那样,这正是假借正当程序的模糊含义、以个人权利名义实施的司法干预。汉德拒绝接受那种普遍得到认可、可以支持沃伦法院一些受到最多批评的决定的看法,即对经济领域的法律放手,用合理的"双重标准"以个人权利的名义为司法能动主义正名。

　　　　我没有看到更具说服力的理由支持这样的观点,即立法机
　　关先天更不适合在"个人"与经济价值之间作出选择。我也无
　　法接受以下这种声势浩大的抗辩,即主张司法监督个人权利的

尺度应当大于监督经济权利的尺度,这种说法没有宪法上的依据。[88]

在第二次演讲过程中,汉德提出了他最具挑衅性的观点。他质疑校园种族隔离案,也就是联邦最高法院1954年作出的"布朗诉教育委员会案"判决,认为最高法院在这起案件中滥用了司法权力。汉德问道,最高法院是否"意在通过自身重新评估利益攸关的相关价值,从而'推翻'各州的'立法决断'"?"或者,最高法院是否认为单靠其自身就足以宣告那些否定种族平等的法律无效,原因是宪法修正案不可逆转地在立法评估中豁免了那样的利益[种族平等]?"汉德表示,最高法院耗费了太多精力留意教育的特别重要性,以至于无法把判决建立在对于族群不平等的绝对禁止的原则上(他曾试着提出以下这样的方案,即种族隔离案件"意味着种族平等是一项必须优先于任何其他与之相冲突利益的价值",但是遭到了拒绝。如果基于以上这个基础否定校园种族隔离,那么就可以把判决建立在汉德能接受的一条明确的规则之上)。汉德最后得出结论,鉴于最高法院仅仅聚焦于校园种族隔离,"布朗案"判决构成了不被允许的对于立法选择的二次臆测。[89]

上述批评注定在1958年引起极为广泛的关注,但是汉德还没有就此打住。他的第三场主题为《监护人》的演讲,事后被证明才是最具有争议的。在这场讲座中,汉德激烈地讨论了宪法第一修正案,认为这是一项看上去没有被正当程序条款含糊用语破坏的特定指令。汉德还归纳了他对于目前占据上风的司法立场的反对。汉德重申,他认同宪法第一修正案存在的隐藏前提是,"归根结底,压制异见比承受异端邪说的风险更糟糕"。但是即便对于自由表达中的这一有价值的利益,汉德还是认为,"**就宪法解释而言**",加重对于宪法第一修正案的司法保护在宪法其他条文面前没有任何正当性。只要立法机关在言论和与之冲突的合理关切之间已经作出选择,例如预防违法行为,那么就应当秉持极端的司法自我克制。在正当程序案件中,一项法律如果因为宪法第一修正案而遭到合宪性挑战,"除非法院同意法律不是公平地努力平衡互相冲突价值的产物"，⁹⁰ 否则相关法律就必须得到支持。⁹¹ 这可能是这位曾经满怀勇气写出"《大众》案"判决的法官和知名的容忍、自由与保护异见价值的代言人发表过的最令人吃惊的言论。

但是，对于汉德这些言论的激烈批评，并没有充分注意到这位法官接下来有关保护自由表达的探讨。最初汉德仅仅提到了宪法第一修正案的特别保护问题，但是汉德马上注意到，他还没有阐述法官在现代"基于走得更远的习惯和纠正显著偏差的法院正义观念"应该适当地做些什么。他承认，司法系统事实上已经进化为一个有能力阻挡立法过激行为的组织。汉德表达了对于该等成为"第三立法机关"意图的怀疑，并将他的部分观点建立在这样的假设之上，即这样的组织确实可能有意愿成为"第三立法机关"。接着，汉德转而讨论，"法院是否应该成为那样的立法机关"。⁹²

就意愿和能力而言，而非基于对宪法的解释，汉德确实发现了司法机关"有权审查"损害宪法第一修正案利益的"法律实质"的看似可信的基础。"我同意"，汉德承认，"那些希望给法院"该等权力的人们"就在言论自由领域存在更好的主张。当大部分选民对于法律指向的持不同政见者抱有敌意，有时甚至还是极深的敌意时，这里最重要的问题就产生了。相比法院，立法机关更可能去压制那些本来应该自由的言论"。汉德坦承，让法院可以解决那些"无法不予解决"的"严重损害"**曾是**"广泛的司法审查的一项真正的、重要的优势"。简而言之，在他有关让法院像"第三立法机关"那样行动的**意愿**（而非他们这样做的宪法依据）的讨论中，汉德非常明确地将区分了法院在宪法第一修正案争议中的功能与其在"其他被'权利法案'覆盖的利益争议中的功能"。只有涉及在宪法第一修正案议题时，汉德才明确同意司法审查的捍卫者"拥有更好的论据"。⁹³

但是就宪法第一修正案以外的《权利法案》的其他保障，汉德并不认为司法监督存在实际的政策优势。绝大多数《权利法案》项下的保障确实具有相当的特定性，如解决刑事诉讼中诸如自证其罪和证人对抗之类的问题。在执行层面上，汉德并不反对这些条款保留其"历史含义"。但是，在谈及司法保护的便利性（而非宪法依据）时，汉德还是担心，诸如那些涉及"不合理性"的保障将会获得含糊不清的司法注解。法官基于法律的"肆意性"而撤销立法的行为出于很多原因是不恰当的。而所谓的"肆意性"，其实是一个简单隐藏了法官个人看法的词汇，背后的真实意思是"立法者的解决办法令司法胃口难以接受"。这"可能会妨碍"法官"适当卸下"他们尽管没有那么吸引人、但却至关重要的职责，尤其是对于法律条文的解释。更重要的是，由于缺乏统一的标准，上诉法官会不可避免地对结果不予认同，而这样的分裂意见将会削弱民众对于法律的尊重。[94]

因此，汉德意味深长地说："每个人最后必须决定他会在多大程度上把我们共同的命运交给汇集民粹的、任性的那些奇思妙想来决定。"对此，汉德自己的选择是明确的：

> 对我而言，最令人讨厌的就是被一群柏拉图式的监护人统治，即使我知道如何选择他们，而事实上我对此完全无知。如果任由这些人当政，我应该会怀念在这样一个社会中所拥有的生活刺激，至少理论上有一部分还来自公共事务。当然，我知道，那种相信我的投票可以决定一切的看法是非常虚幻的。但即便如此，当我前往投票站时，我就有一种满足感，感觉我们都参与了一项共同的事业。[95]

最后，汉德用本杰明·富兰克林（Benjamin Franklin）在1787年制宪会议上说出的那段名言作为演讲收尾。这段话特别适合汉德。富兰克林说，"我年岁越长，就越容易怀疑自己的判断，并且对于其他人的判断更为尊敬。"对于汉德而言，这代表着"容忍和想象的结合，加上霍姆斯曾经指出的那种将人生置于明天可能变得更坏的风险之中的少见勇气，于我而言便是所有好政府的缩影。"[96]

这些来自汉德内心的话语非常感人，不过这并不是引起公众广泛关注的内容。汉德对于现代司法审查的怀疑，对于最高法院主流立场的批评，以及他对最高法院近期判决的抨击，很快充斥报纸版面。很快，这些意见将被卷入正在进行的有关最高法院的争议中。

在汉德最后一场演讲结束后一天,阿里斯托·库克(Alistair Cooke)便在《曼彻斯特卫报》(*Manchester Guardian*)上指出,"霍姆斯系列讲座"将会让大法官们的"法袍为之一颤",因为汉德挑战了已经成为"风潮"的能动主义司法理念。库克还预测,汉德的观点将会"在南方地区点燃星星之火",并让这位法官成为"南方地区的最新偶像"。[97]库克的精准猜测迅速被印证了。很快,"霍姆斯系列讲座"的演讲稿被汇编整理成为《权利法案》(*The Bill of Rights*)一书,于2月底由哈佛大学出版社出版。联邦最高法院近期判决的反对者们对这本书推崇备至。《美国新闻与世界报道》(*U. S. News & World Report*)的编辑、经常一稿多投的保守派专栏作家大卫·劳伦斯(David Lawrence)首先引领了这股潮流。在其杂志和报纸专栏文章中,劳伦斯主要关注的是汉德对校园种族隔离案判决的批评,以及他对联邦最高法院将自身定位为"第三立法机关"的指控。劳伦斯赞扬汉德"为现代人理解联邦最高法院权力的真正范围作出了伟大的贡献"。他表示,国会应当加强限制,"以免我们沦为政府机关专制主义的受害者"。[98]几天后,劳伦斯又赞扬了汉德。"作为一位众所周知的自由派",劳伦斯认为汉德撕掉了联邦最高法院的借口,要求国会不要"以不作为的方式放弃其职责"。[99]南方地区的报社评论员们也对汉德批评"布朗案"判决感到欢欣鼓舞。

劳伦斯要求国会积极行动起来的诉求并非发生在真空环境中。事实上,当时的沃伦法院已经成为国会激烈辩论的主题。1957年夏天,保守派共和党参议员、来自印第安纳州的威廉·E.詹纳(William E. Jenner)提出一项法案,试图通过排除对于特定案件的上诉管辖权大幅限缩联邦最高法院的权力。这些案件包括有关是否允许加入律师协会的争议、有关国会调查委员会的争议、有关联邦忠诚度保障项目的争议,以及有关各州对于颠覆分子控制手段的争议。该法案直接回应了近期联邦最高法院限制政府处理所谓共产党和颠覆活动邪恶人士权力的做法。此时,麦卡锡参议员已经从电视荧幕上消失,但他的精神仍留在詹纳参议员和他那些认为国内安全是最优先事项的同事们的工作成果中。"詹纳法案"及其后继者虽然都没有提及校园种族隔离案件,但是"布朗案"判决的南方反对者显然对此感到很高兴。从内战后,还没有通过报复行动褫夺过联邦最高法院的部分上诉管辖权。1958年2月和3月,参议院司法委员会就"詹纳法案"举办了言辞激烈的听证会,在那些听证会上,北方的保守派和南部的种族隔离主义者很快得到了来自汉德出乎意料的帮助。来自内布拉斯加州的参议员罗曼·呼斯卡(Roman Hruska)首先让委员会注意到了汉德的评论。他发表了一篇文章,赞扬"杰出的法官""指出上级法院真的在立法",并表示"这一结论确实很像是詹纳参议员那份旨在控制联邦最高法院的法案的诞生背景"。在接下去的几周内,对于汉德演讲内容及其声望的引述成为最重要的主题。[100]

听证会结束后不久,参议院司法委员会很快通过了经修正的"詹纳法案"。这一修正版本也就是现在为人所知的"詹纳-巴特勒法案"(Jenner-Butler bill)①。法案的反对者对于支持者居然可以打着勒尼德·汉德的旗号战斗深感困扰,他们询问法官对于这项待决法案的意见,例如来自密苏里州的自由派民主党参议员小托马斯·C.亨宁斯(Thomas C. Hennings, Jr.)就在5月2日问了汉德。汉德及时予以解释。鉴于他仍是在任法官,汉德表示他不会透露自己是否认为该项法案是否合宪,但是他指出:"我对于表达自己的观点并不感到后悔。我认为这样一部法案如果得到通过的话,对于美国的最佳利益将是有害的。"汉德将自己对于法案的评论限缩在对于联邦最高法院司法审查权力的范围之内。他明确指出,自己并不认为联邦最高法院的管辖权应当被限缩:"对我而言,较能接受的观点是联邦最高法院对于涉及的这些特定议题应当拥有最后发言权,当然,只要给予权力,就总是会有权力遭到滥用的可能,但最终总得来说,联邦最高法院还是政府组成部分中争议最少的分支机构。当然,我不是说它永远是正确的,但是有个终局裁判的权

---

① "詹纳法案"的修改由来自马里兰州的参议员约翰·马歇尔·布特勒(John Marshall Butler)操刀。针对有关是否允许加入律师协会的争议,新法案只留下了一条对于联邦最高法院上诉管辖权的限制。其他新条款都是实体方面的,包括强化调查委员会权力,修改《史密斯法》以及其他一些方面。

威总要好过争议无法解决。"¹⁰¹

汉德此处的立场与他过去在最高法院面对政治批评时所秉持的态度是一致的。1908 年,最高法院在"洛克纳诉纽约案"中将其经济性歧视曲解为对正当程序条款的适用,汉德批评了最高法院的保守派多数意见。同样地,对于司法权力以经济性的正当程序名义滥用的反对让他加入了进步派人士的党派政治,并使得他在 1913 年成为纽约州首席法官的候选人。尽管如此,汉德一直反对进步派人士主张的联邦最高法院机构改革——包括"召回"司法决定以及允许各州立法推翻州法院作出的不受欢迎的宪法性裁决。1937 年,汉德仍旧延续着他的做法,当时正值罗斯福总统通过额外提名联邦最高法院大法官努力克服经济改革困难,那时的汉德也与最高法院的批评者站在一边,谴责最高法院不合时宜的判决,但是他也拒绝那些搞乱这一机构的企图。

"詹纳-巴特勒法案"成为 1912 年和 1937 年以来联邦最高法院机构职能所面临的最严峻挑战。这一次,汉德还是强烈地不认同最高法院,他的系列演讲明确支持最高法院的敌人们。但是,汉德与那些企图损害联邦最高法院权力的行为还是划清了界限。他的目的是影响包括判决在内的公众意见迈向更宏大的司法克制。汉德要打击的目标不是最高法院的权力本身,只是其误入歧途的实践。

汉德给亨宁斯参议员的信打破了反进步人士和种族隔离支持者企图征调汉德支持他们计划的基础。不过,感到沮丧的巴特勒参议员还是致信汉德,不情愿地表示汉德给亨宁斯的信不准确地"被解释为对于法案的彻底谴责"。在回信中,汉德表示他对于法案中那些本质上与联邦最高法院管辖权无关的内容"并不想表达任何……意见"。然而,巴特勒和他的同伴无法继续将他们的计划建立在汉德的支持之上了。他们再也不能暗示这位法官支持他们所提倡的对于联邦最高法院管辖权的限制。¹⁰²

8 月 20 日,"詹纳-巴特勒法案"付诸表决。参议院的表决结果是49 票对 41 票,联邦最高法院虎口脱险。有超过 40% 的参议员都选择支持这一激烈反对联邦最高法院的法案,显示"詹纳-巴特勒法案"无疑是国会对于沃伦法院敌意的最高潮。毋庸讳言,联邦最高法院的批评者可以合理地从汉德对于司法能动主义和沃伦法院方向的强烈反对中找到些许安慰。不过,当《权利法案》一书的书评如潮水般出现时,汉德收到的反馈普遍都是反对的。很多评论人士,无论是学术界、律师还是社会大众,都无法接受汉德对于司法审查宪法基础的质疑、对于《权利法案》在司法可执行性的怀疑以及对于诸如在"布朗案"这样特定案件判决的批评。学术界的回应尤其符合预期:绝大多数学者都是沃伦法院的支持者。即便是那些存有疑问的人士,在政治危机期间面对助攻保守派批评者的更为明显的恶,也倾向于暂时压制这些疑问。少数对于法官的赞扬绝大多数来自南方地区。[103]

最细致的分析文章来自耶鲁法学教授亚历山大·M. 毕克尔(Alexander M. Bickel)和纽约律师赫伯特·帕什科(Herbert Prashker),后者曾担任斯通大法官的法官助理。毕克尔[104]形容汉德的论文是"司法克制的激进学说",他准确地指出联邦最高法院从未如汉德主张的那样"遵循这样一个如此坚定的立场"。汉德在其讲座的最后提出的对于"柏拉图式监护人"的敌意清楚地表明,"勒尼德·汉德法官的司法克制主义确实是一剂猛药"——本质上相当于在他所讨论的领域内"彻底禁欲"。但是,对于汉德法官的看法,毕克尔继续表示:"不能仅仅因为现在的人们不喜欢其后果就否定汉德法官的立场。"也不能够通过基于他们所谓的"含糊不清的保证"付诸"高尚、自我生成的有关对《权利法案》含义的信条"解决这个问题。那样的方式其实是"在判决的进程中通过构建一层话语"假定司法审查的困境和矛盾不存在,事实上也是许多最尖锐批评者所采取的路径。毕克尔认为,这是"一种思维模式上的返祖现象,偶尔会对法律产生影响,但是最终都会被再次摈弃"。这也是一种"将文字转化为答案"的方式,旨在"解决汉德法官真实并且痛苦面临的问题,这样的痛苦十分清晰,需要谨慎地绕开走,眼神坚定地避开"。最后,毕克尔强调了一种可以在某种程度上赋予法院的"衡量选择"的功能,但是这种功能应当"区别于立法和行政功能"。毕克尔找到了一个令他满意的答案,即认为联邦最高法院的判决"与我们人民的传统和向往是协调的,并且深深地建立在那些根本原则之上"。他认为,这样的方式可以与"更多个人或群体的偏好作出区分"。简而言之,毕克尔试图解决这样一个难题,即把自己的主张与法兰克福特主张的克制合二为一,他认为这样做法可以与汉德所提倡的更为宏大的司法节制相区别。

帕什科[105]在其评论的开头首先准确地预测出,汉德的系列演讲将会"由美国最伟大的不曾在联邦最高法院任职的法官在奥林匹斯山上某处安全的地方释放出雷神的霹雳,劈到许多人",但是他立即指出,汉德的立场并不是"从终身奉行的令人鼓舞的自由主义原则出发的迟到的撤退",这是其他评论者所没有注意到的。这个案件恰恰说明相反的观点。帕什科认为,《权利法案》一书:

> 就经济政策议题而言,在这场长达一个半世纪的对抗联邦最高法院主流哲学的斗争中是有依据的。这是一场其作者深深投入并且亲身介入的斗争……[但现在]原则的战场[已经]从经济议题转向"个人权利"……对于汉德法官而言,如果法院在宪法下的角色禁止其就经济问题作出政策裁决,其角色……在"个人权利"议题上必须受到相似的限制。

帕什科也是仅有的留意到汉德立场有所让步的评论者。汉德曾表示,就我们是否应该拥有一个"第三立法机关"这个政策议题,主张法院应当扮演更宏大角色的人们"在言论自由这个问题上拥有更好的主张"。对于汉德有关论述的微妙差别,帕什科展现出了不寻常的敏感性:"尽管对于自身的怀疑和质疑不输给任何人,[汉德]现在还是提醒我们,法官应当适度使用他们的权力,这大概也是为什么他是那种即使被授予更广泛权力也能被安全信任的典范法官。"

在其他批评文章中,加州大学伯克利分校时任法学教授小爱德华·L. 巴莱特(Edward L. Barrett, Jr.)的文章以其公允性和全面性一骑绝尘。巴莱特指出,尽管许多联邦最高法院路线的批评者非常愤怒、情绪激烈,但汉德的讨论是"清晰而有节制的"。不过巴莱特认为,汉德过分地将他的观点建立在了对于司法审查权宪法合法性的质疑之上。在巴莱特看来,这个问题已经"不可逆转地被一个半世纪的实践所决定"。他提出,汉德设置了"一个虚假的困境——很显然我们不必在'汇集民粹的、任性的奇思妙想'和一群'柏拉图式监护人'的统治之间作出选择"。[106]

汉德起身,近乎孤立地站在那里。表面上看,汉德已经与那个1917年作出《大众》案"判决的法官有了很大差别。如何解释这一表面上的变化?汉德变得反对自由价值观了吗?汉德变得保守了吗?

作为一名信奉言论自由的法官和个体公民,汉德从"《大众》案"起的40年时间里显然没有改变。他的裁判记录提供了强有力的证据,他对麦卡锡主义坦率的公开批评以及一系列有勇气的司法判决——1950年的"科普伦案"判决和1953年在"雷明顿案"中发表的异议,也能予以佐证。我相信,关键的差别在于汉德晚年对于司法能动主义的怀疑与日俱增。

反对法官将个人偏好纳入含糊不清的宪法措辞是汉德最坚持、最根深蒂固的法院理念。正如我们所见到的那样,正当程序条款长期是他抨击的特别目标。对于正当程序,法院不仅将之视为程序规则的要求,还将其视为实体正义的处方。在汉德看来,这是隐藏在司法权力滥用中的首恶。对他而言,实体正当程序意味着法官必须在没有足够指引的情形下行事,这将不可避免地对立法解决的价值冲突作出二次臆测。

新政期间,当经济正当程序的幽灵消散后,许多自由派寻求区分个人和经济权利的基本原理,试图为了个人权利将持续进行中的司法干预正当化。如我们所看到的那样,汉德无法接受这样的"双重标准"。对汉德来说,相比财产权更为积极地落实个人权利是一种"机会主义的回转"。[107]对于这种"双重标准"的反对,成为汉德1958年系列演讲的核心主题。这并不是突然萌发的保守主义。

事实上,作为宪法性议题,法官对于法院面对价值观冲突时开出奉行"放手"态度的处方早就有迹可循。1942年,在纪念马萨诸塞州最高法院建立250周年的致辞中,汉德就已经说过:"我认为我知道的就这么多,在一个分裂以至于温和精神已经远去的社会,法院是无法独善其身的。在一个温和精神繁荣的社会,没有法院需要被保留。在一个通过推动法院培育温和精神以逃避自身责任的社会,这样的精神最终是会消亡的。"[108]

汉德被批评过于明显地摆出司法强烈介入和袖手旁观之间的选择题,却忽视了这样一种可能,即便法院无法"拯救"一个情绪化的社会,法院还是可以作为一种教育力量促进宪法精神。正如哈佛法律学者保罗·A. 弗洛伊德(Paul A. Freund)所指出的:"问题并非是法院是否可以做任何事,而是法院是否可以做某些事。"[109] 简而言之,汉德 1958 年发表的具有挑衅性的观点确实很像、甚至超过了他此前表达的观点。[110]1958 年的系列演讲被恰当地视为对于联邦最高法院和司法审查的不寻常的尖锐批评。尽管汉德对于司法权力的看法一以贯之,但事实上他是在倡导一种比其早先观点更为极端的立场。显然,汉德相比以往,更为怀疑法院作为"柏拉图式监护人"的角色。他的怀疑主义产生了一种自我抑制的效果,本质上接近于彻底放弃权力,这比他先前的观点要走得更远。

对于汉德如此极端、强硬立场最好的解释,可以从他当时的私人通信中寻获。那时沃伦法院的表现引来了刻薄和挖苦性质的评论,这些评论汉德也曾用于形容 20 世纪 30 年度最高法院的工作成果。汉德之所以这么做的一个主要原因是,他对联邦最高法院的看法很大程度上受到费利克斯·法兰克福特大法官的影响和形塑。鉴于汉德自己从 20 世纪 50 年代开始便不再细心阅读大多数联邦最高法院的判决,法兰克福特的来信是他仅有的了解最高法院的直接管道,也是他了解相关判决最重要的信息来源。法兰克福特对绝大多数同事的评价都日益刻薄。他在一封封信件中激烈开骂,还经常加上这么一句:"我来告诉你一个秘密。"[111] 有时,法兰克福特同意汉德对于司法权力遭到滥用的怀疑,但有时,他的轻蔑则是因为个人恩怨和失望情绪,因为他在联邦最高法院的影响力不如预期那么大。汉德则不加批评地接受了法兰克福特经常性的过分谩骂。

　　汉德也被法兰克福特对于特定案件判决的介绍所影响,那些介绍有时会具倾向性,以便服务于这位大法官个人的司法观点。由此产生的效果在汉德1958年系列演讲中一个不断演化的段落中显得尤其具有戏剧性。那是一个批评"布朗诉教育委员会案"判决的段落。在那个段落中,汉德将该案判决视为联邦最高法院采取行动"通过其自身对于相应利益攸关价值的重新评估"推翻立法判断的典型,因而与那些最高法院扮演"第三立法机关"的正当程序案件一样,具有令人厌恶的特征。然而,如果阅读"布朗案"判决就会发现,联邦最高法院认定"种族平等是一项超越任何与之冲突利益的价值",因此基于向第十四修正案绝对禁止种族歧视的原则作出判决。在汉德的眼中,这其实是一条可受控制的、司法上可以执行的规则。汉德强调,如果最高法院真的表示宪法禁止立法设置种族不平等,他会接受"布朗案"的判决。按照这样的观点,联邦最高法院宣布校园种族隔离法律无效将不能建立在一个州对于设置种族不平等的理由不够充分这样的半立法基础上,而是应当基于宪法要求,无论根据任何理由,所有设置不平等的法律都是无效的。于是,汉德最终得出结论,认为有些晦涩的"布朗案"判决无法按照上述这样的方式解释,因此认定联邦最高法院并不想提出一条针对种族不平等的绝对规则,而是希望致力于对立法判断作出重新评估。

　　汉德对1958年"布朗案"判决的上述看法直接来自费利克斯·法兰克福特,后者在1956年至1958年期间不断写信告诉汉德,最高法院希望在"布朗案"判决中传递的意思究竟是什么。法兰克福特对"布朗案"的解读与汉德自己在那些年中的理解有很大不同。两人的通信显示,汉德之所以最终改变看法,很大程度上是因为法兰克福特不间断的旁敲侧击。对于"布朗案"判决的解读,法兰克福特有自己的理由。他的理由比汉德起初认为适当的观点更灵活、也更狭窄。汉德一直不认同法兰克福特的解释,直到他在"霍姆斯系列讲座"演讲前的那个秋天。在2月的那三个夜晚,汉德在奥斯汀大楼发表的最具争议的内容是他最后1分钟补充上去的。现在看来,那样的补充是不成功的。

两位法官就"布朗案"判决的适当意义如此频繁通信的原因是一个棘手议题,而这个议题很可能很快就会来到联邦最高法院面前,这个议题便是南方各州禁止跨族通婚法律的合宪性问题。当时,许多南方州法律禁止跨越种族通婚,这是针对非白人种族歧视最具情绪化的象征。法兰克福特担心,如果联邦最高法院认定禁止跨族通婚的法律不合宪,将会激起南方各州抵制执行联邦最高法院认定公立学校不得实行种族隔离判决的新一轮浪潮。他的另一个目的是避免联邦最高法院在这个问题上作出裁决,如果被迫必须作出裁决,那么也要将种族通婚法律与校园种族隔离议题相区分,这都是为了进一步以可能的最平稳的方式废除校园种族隔离。

1955 和 1956 年,法兰克福特两次成功说服他在联邦最高法院的同事驳回提出禁止跨族通婚法律合宪性问题的案件。[112] 最高法院给出的恰当理由是"在法律上完全没有依据"。[113] 避免对禁止跨族通婚法律作出裁决,基本上是最高法院的自由裁量权,这类案件既没有任何宪法内容支持,也没有国会的立法支持,在这种情况下,相当于是迫使最高法院审查所有州法院拒绝的联邦层面对于州法合宪性发起挑战的案件。

面对种族通婚法律议题很快将会被再次推上联邦最高法院的可怕前景,法兰克福特在 1957 年秋天转而向汉德就他害怕的即将发生的案件"寻求智慧"。尽管他们之间的通信非常频密,法兰克福特还从未就他即将要决定的特定议题寻求汉德的指导。但这一次,法兰克福特希望汉德告诉他,"特别是如果你在我的位置上,当传统的禁止跨族通婚法律的合宪性议题来到你的面前,你会怎么做"。法兰克福特还要求汉德基于以下前提回答这一问题,即他"忠实地接受联邦最高法院在校园种族隔离议题上的判决"。[114]

关于如何应对禁止跨族通婚的法律和"布朗案"含义的询问发生在"霍姆斯系列讲座"进程中的重要时间节点:汉德在第一封回信中告诉法兰克福特,他已经接近完成"那该死的三次'讲座'"。[115] 到此时,汉德的讲稿还没有提到任何有关"布朗案"的内容。①

汉德否定了法兰克福特试图把教育领域的种族隔离议题与禁止跨族通婚法律区别开来的努力。他直言不讳地告诉法兰克福特,回避就禁止跨族通婚法律的合宪性作出裁决没有合理的方式,要在宪法上将这个议题与校园种族隔离区分开来也是不可能的。汉德认为,"布朗案"必须被解释为宣告对于种族歧视直接且绝对的禁止。但是如此解读,就会迫使联邦最高法院也必须宣告禁止跨族通婚的法律无效。

汉德告诉法兰克福特,他本来会"支持反种族隔离案的判决",尽管他原本希望了解更多有关宪法第十四修正案平等条款的历史。汉德假定该宪法修正案旨在确保"黑人"的"合法权利""与白人处在绝对平等的地位",因此美国黑人拥有一项宪法承认的"免受种族歧视"的利益。汉德继续表示:"我无法看到我们可以声称这项条款否定对于黑人的'平等保护',因而禁止他们与白人通婚。"任何可能作为禁止跨族通婚法律基础的政策理由与这个议题均不相关。与此相关的**将是**正当程序的问题,而正当程序问题允许所有彼此冲突的利益进行主张上的平衡,这正是汉德反对了几十年的观点。但是,跨族通婚议题并非是正当程序问题,而是平等保护问题。② 对于汉德而言,平等保护,从"布朗案"的角度出发,是"国家发出的一道必要的命令,就州法而言,……种族不能被作为是一项决定性的考虑因素,无论涉及的是什么'价值'"。通常而言,州可以对于婚姻设定条件,但是"这里有一个例外,那就是基于宪法第十四修正案,州不得将种族——如黑人——设为条件之一"。

简言之,汉德相信在"布朗案"下,宪法第十四修正案本质上宣告了

---

① 汉德没有密切关注联邦最高法院的审理进展,还以为跨族通婚争议可能已经在联邦最高法院获得审理。法兰克福特在1957年9月17日的信中向他澄清了这一点:"不,[跨族通婚争议]还没有那么快到这里,但应该很快了。我们已经两次将其拒之门外,我祈祷我们可以再这么做一次,只是不要以过于厚颜无耻的推脱姿态就好。"

② 汉德进一步阐述道:"也许也有一些很好的理由可以拒绝这么做。虽然有人认为黑人可能在生理上低人一等,但是据我所知,人类学家却不这么看。也有人说,在黑人能赶上白人之前应该禁止跨族通婚,但这种观点从文化角度上看太落后了。这些理由都不靠谱,这其实是正当程序的头号问题。"

一项"色盲"的原则,在他看来,禁止跨族通婚的法律因此也应当被宣告无效:"这是我无法回避得出的结论……"汉德承认,这样的裁决对于消除校园种族隔离的进程可能会产生"不受欢迎的"实际后果。他也怀疑宪法是否具有为全部的不可预知情形设定绝对化、一般化规则的智慧。但是作为法官,汉德坚持,他和法兰克福特都无法合理回避留意他认为由"布朗案"提出的这项绝对规则。

> 当你希望将一项禁令写入根本大法,但是并没有什么可靠方式表明从条文字面意思可以看出这项禁令存在有意使其得到执行的意图,你还有什么替代选项?……如果我可以看到任何可靠的方式足以避免得出这样的结论,即对于种族隔离的禁止是一项"绝对原则",那么我一定会抓住它。但是我没有看到。即使它真的存在,而我又没有看到它,那起"种族隔离"案件的判决也已经终结了它。

汉德7页纸的手写稿实际上否定了法兰克福特裁判方式的核心思路。尽管法兰克福特总体上也表示他认同类似汉德的那种认为司法审查应当克制的立场,但他出于审慎和避免最高法院受到政治攻击的考虑,还是决定暂时采取权宜之计,充分利用自由裁量权和案件的可操控性。法兰克福特对于禁止跨族通婚法律案件的立场很有特色。但是在1957年9月前,汉德始终拒绝接受这种方式。

如果汉德遵循他对"布朗案"的看法,就没有理由在"霍姆斯系列讲座"中批评禁止校园种族隔离案。虽然法兰克福特不会罢休,他仍旧持续轰炸汉德,向他寻求如何将禁止跨族通婚议题从校园种族隔离议题中区分出来的建议。法兰克福特坦承汉德的分析和结论让他感到"极度不舒服"。接着,法兰克福特提出了这样的观点:既然宪法第十四修正案明确禁止基于种族否定投票权,那么该宪法修正案也就根除了这样的诉求,即第十四修正案应当被解读为一项对于种族划分的全面禁令。鉴于"肤色"没有明确在第十四修正案中被提及,考虑到区分一词的上下文意思,可以假定,比如说,婚姻,而非教育,可能在平等保护诉讼中是有合理性的。法兰克福特补充说:"在司法体面的范围内,我应当致力于尽我所能推迟在跨族通婚议题上作决定。"[116]①

汉德并没有被法兰克福特作出的宪法第十四修正案和第十五修正案的文本对比所说服。在另一封手写长信中,汉德表示:"对比表明第十四修正案最初并没有意图保护黑人,我应当注意到这是一项非常薄弱的推断。"他在最后强调:"关于跨族通婚问题,我还是没有看到你们这些小朋友如何能够回避它。"[117]

就在收到汉德上面的第 2 封信之后,法兰克福特发出了日后被证明是具有决定性的回复:他援引自己对联邦最高法院布朗案内部辩论的了解试图说服汉德相信,联邦最高法院并不想针对含有歧视性种族因素的州法设定全面禁止规则。法兰克福特表示,布朗案"并不基于绝对性原则,宪法第十四修正案事实上规定'[每部]区分有色和无色人种的州法都是被禁止的'……我很确信,像你提出的这种如此复杂的处理跨族通婚的方式是不会获得全体一致投票结果的,我知道我自己不会同意这样做,我也确信其他一些人不会投票赞成"。简而言之,法兰克福特没有被汉德对于布朗案的看法说服,声称自己知道联邦最高法院在布朗案中并不想绝对禁止对于种族的不公平区分。法兰克福特在信的最后提出了另一个问题,实际上是想得到另一个回答:"或者我的看法是否都是错误的?"[118]

由于汉德并未持续追踪联邦最高法院的判决,法兰克福特也从未告诉他相关进展,以至于汉德根本不知道,最高法院事实上很快就强有力地扩展了"布朗案"判决的适用范围,将其推向远超教育的领域。在1955 年的一系列判决中,最高法院认定种族隔离在公共沙滩、高尔夫球场、公园和公共汽车上同样也是不允许的。不久,联邦最高法院又将这

---

① 法兰克福特在一段时间内成功实现了他想要回避这个问题的目标,联邦最高法院一直没有就这个问题作出裁决。直到 10 年后,联邦最高法院才在一份由首席大法官沃伦主笔的一致判决中认定禁止跨族通婚的法律违宪,这起案件便是 *Loving v. Virginia*, 388 U. S. 1 (1967)。(这一判决的前兆是 *McLaughlin v. Florida*, 170 U. S. 184 [1964]。)

一原则扩张适用至饭店、都市机场和公共法庭。[119] 简而言之,法兰克福特远比汉德更为了解的联邦最高法院判案记录,恰恰为汉德最初对于"布朗案"的理解,即"布朗案"旨在建立针对种族区分的广泛规则,提供了更多支持,而非支持法兰克福特的看法,即"布朗案"只是一个教育领域的案件,而其他领域对于种族歧视的允许与否需要经过基于特定背景的逐案平衡分析才能得出结论。

在回复法兰克福特 10 月 10 日的来信时,汉德仍然坚持自己的观点,即"布朗案"意味着在任何立法中"种族均不得作为决定因素"。他继续坚持原先的立场:"1868 年'平等保护条款'的设置是'绝对化'的,尽管我反对这些[也就是说,所有的保护都是'绝对的']。"此外汉德补充了具有决定性的最后一句话:"我认为必须在我那该死的讲座上阐述一下所有这些观念。"[120]

初尝胜利滋味的法兰克福特又给汉德寄了一封信阐述他的立场,指出"布朗案"判决不能被解读为"是一种绝对保护",其保护基于该案涉及"公共教育领域"和"隔离教育设施"的事实。不过,法兰克福特建议汉德不要将此作为讲座内容。他补充说:"除非看在上帝的份上,否则不要说出任何律师以及愤世嫉俗、不讲道德的比尔[威廉·O.道格拉斯大法官]可以引述用来佐证'活着的最伟大法官'明确表示反种族隔离判决支持跨族通婚的话!!"[121]

与此同时,其他法律界的熟人以及汉德自己的法官助理也告诉他,他需要讨论"布朗案":"您不能回避这起案件。"①因此,汉德只能继续研究"布朗案","非常后悔,并且处于……压力之下",他之后对法兰克福特说。当重新检视这起案件时,汉德勉强地接受了法兰克福特对于判决的解读。在屈服后他告诉这位大法官,法兰克福特"表示[联邦最高法院]在对待宪法第十四修正案时没有如我所认为的那样把种族视为'绝对保护的对象',他一定是对的"。[122] 毕竟,法兰克福特才是那个决定了

---

① 这位法官助理便是牛津大学和纽约大学的法理学教授罗纳德·德沃金。在向法兰克福特谈起这件事时,汉德称呼他为"那位胜过所有助理的罗纳德·德沃金助理"。

"布朗案"的法庭的一员,而汉德不是。

接着,讲座中最具争议的内容,体现了汉德对法兰克福特关于"布朗案"的解释的屈从。事实上,汉德只是归纳了法兰克福特重复了多次的观点。大法官的主张,最终成功地迫使汉德同意最高法院事实上"通过自身对相应利益攸关价值的重新评价"已经"推翻"了各州的"立法判断"。[123] 这样看,"布朗案"判决不过是联邦最高法院作为"第三立法机关"行事的又一案例,而这必然是汉德所谴责的。

在法兰克福特喋喋不休的主张面前,汉德毫无疑问是脆弱的,因为他对讲座感到疲倦。汉德承认,这将会是他的告别演讲。对于他那"该死的讲座",他起草了一稿又一稿发言内容。汉德迫切希望让自己摆脱法兰克福特所谓的"他的沉重负担",但是多少年来他都做不到,他也一直想知道,自己到底还能不能做到[汉德起初在20世纪30年代末同意出席"霍姆斯系列讲座",当时詹姆斯·兰戴斯是哈佛法学院院长。他曾因为审判压力借故推辞过。接着在1951年,他又许下了一个恢复开设讲座的承诺,那时的院长是埃尔文·格里斯沃德(Erwin Griswold)]。1951年至1958年间,汉德花费了大量的时间准备讲座,起草了一稿又一稿讲稿。相比最终版,一些早期讲稿的极端倾向要低得多。面对把工作做完的压力,面对来自法兰克福特表示希望看到这些讲座能够帮助他在正要输掉的战场上与联邦最高法院的"兄弟们"厮杀的信件,同时也是受到自己希望提出逻辑上无懈可击观点的想法驱动,汉德明确表达出了一种更严格、相比于他过去主张而言对于司法权更消极的观点,他自己也深知这一点。就在发表演讲之前,他给法兰克福特写信:"[观点]会比你走得更远,将会如客厅中的黄鼠狼那样受到对于我们的呼吁[持支持态度的人们]的欢迎。"接着他写道:"你们9位大法官的'耶稣合唱班'将会认为我的工作是最离经叛道的异端邪说,如果他们真的阅读的话。但不管怎么说,该死的事情终于做完了,我获得了极大的解脱。"[124] 最终,汉德这篇最后的主要发言所呈现出的阴郁、悲观和极端性并没有真正呈现出他毕生研究的丰富性、敏锐性和复杂性——也就是在激烈的矛盾之间维持微妙的平衡,一边是在开放社会中对于自由言论的热情支持,另一边则是在民主社会对于法院权力正当限制的敏感性。

　　1959 年 4 月 10 日星期五下午,一大群宾客为了一场特别活动涌入位于富利广场的第二巡回上诉法院。上诉法院决定举办一场"与众不同的活动"[125],纪念汉德在联邦法官任上连续服务 50 年。这场盛会在很多地方都是独一无二的:没有哪位联邦法官的在任时间如此之长,[126] 也没有联邦法院曾经举办这样一场活动褒奖一位仍在审裁案件的法官;有关这场特殊活动的报道,罕见地被刊登在联邦法院官方出版物《联邦司法公报》(Federal Reporter)上。[127]

　　出席活动的嘉宾云集,演讲者的名单也让人印象深刻,主持人是首席法官查尔斯·克拉克。汉德的好友、同为民权自由主义者的华盛顿律师约翰·奥布莱恩(John Lord O'Brian)称赞了汉德所具有的"知识分子的怀疑主义"以及他质疑那些威胁个人权利的公共政策的勇气。[128] 纽约律师界领袖之一、美国法学会主席哈里森·特威德(Harrison Tweed)感谢他将"人类最宽广、最深层次的理解"带到了美国法学会的工作中,在那些会议上,汉德"的贡献……有时是哲学和诗意的,充满智慧,挑战着既有的确定性"。[129] 司法部长威廉·P. 罗杰斯代表政府行政分支为汉德带来了一封来自艾森豪威尔总统的信,总统对于法官的正直、博学以及"通过鼓舞您法律界同仁和一般大众的方式"对国家法学体系所作出的贡献表达了敬意。[130] 巡回上诉法院的同仁卡罗尔·C. 辛克斯法官表达了他和他的同事们"对我们深爱的伙伴、导师和朋友的喜爱"。[131] 首席大法官沃伦、大法官哈兰和法兰克福特则代表联邦最高法院发言。

　　法兰克福特使用极其动情的措辞即兴发表了精彩致辞,一位记者写道,"他的讲话似乎深深打动了汉德法官和听众"。[132] 法兰克福特指出,汉德曾形容他的人生"平淡无奇、绝不冒险、简简单单、平平安安以及令人愉悦",但是所有这些形容词都是"不足够和不准确的"。平平安安——他的人生是安全和稳妥的吗?如果他的人生是安全和稳妥的,那么谁才是我所遇到的对自我最为怀疑的人?法兰克福特表示,"勇敢、浪漫、古法、老练和幸运"才是更适合的形容词。他总结道："但是更幸运的是,他被赠予这些礼物,并将这些礼物运用在他所选择的领域。当我们在座的每一个人都不在这里后,甚至在这之后的很长时间里,勒尼德·汉德仍将会继续服务社会,只要法律继续扮演帮助化解人间纠缠不清困境的不可或缺的角色。"[133]

汉德首先以他典型的自谦回应了这些赞誉。他表示,刚才的致辞让他想到了葬礼上聆听完所有悼文后的寡妇,寡妇会盯着棺材说道:"好吧,听完所有发言后,我都不知道这里躺着的还是不是迈克本人了。"汉德提到,首席法官克拉克曾向他保证,仪式不是为他个人办的,而是"为了整个巡回上诉法院"。他将克拉克的处境比作动物园管理员,这位管理员拥有一只比地球上其他同类囚禁时间都要更长的大猩猩。当动物园管理员把观众召集起来后,他对大猩猩发出指令,洛基,爬楼梯。洛基手脚并用成功爬上楼梯。接着管理员又说:"洛基,像大猩猩那样发出叫声。"汉德继续说:"接着'洛基'便发出了让一些人认为像大猩猩那样的声音。所有这些,都是为了帮动物园作宣传。"

接着,汉德的发言变得严肃,他表示,自己作出的那些判决都是"最微不足道的",而且还"有一点儿愚蠢"。但是,对法官于社会"绝对必要"的观点,还是有"借口"和"足够的辩护理由"予以支持的。"如果没有了他们,我们应该会身处一个更加弱肉强食的社会。"汉德再次指出,裁判的根本特质是必须做到"彻底的个人超脱……只要这是有可能的,虽然这从来不太可能……在书面文字中,你必须将你个人的选择置于你所选择的框架之外"。然后,"你必须尽可能地拥有想象力"。对汉德而言,司法工作一直是"非常吸引人和令人愉悦的职业",从某种程度上说,这是一项"本质上是艺术"的职业,就像一首诗或一座雕塑那样,"有着非常含糊的目的,以及数量不确定的你们可能称之为倾向性框架的事物,而这之中他必须有所选择"。最后,汉德引述了莎士比亚的第123首十四行诗:

不,时光,你断不能夸口我变心,

你新建的金字塔，不管多雄伟，

对我一点不稀奇，一点不新鲜；

它们只是旧物披上新装。

人生苦短，所以羡慕

你拿来蒙骗我们的旧货；

幻想它们是我们心底所盼，

也不信从前就曾有人谈起。

我不信你和你记录的东西，

过去和现在我也都不好奇，

因为你所记和我所见皆为谎言，

都是你匆忙奔波中留下的幻象。

我敢发誓：我将忠诚不渝，

不畏惧你，和你的镰刀。[134]

　　日益增长的病痛以及反复出现的并无根据的对于思维敏锐程度下降的恐惧，在人生最后几年时间里折磨着汉德，尽管他文字成果的质量，无论是判决、演说还是信件，直到他去世时都一直保持着很高水平。驱使汉德对这些想法保持兴趣的内在动力，不仅仅是智识上的终生习惯，也是恐惧的产物，恐惧他在放弃有规律的法官生涯后产生的厌倦和无用感。

　　背痛并没有让汉德感到忧虑，直到他到达风烛残年之时。1958年的夏天，他在康沃尔度过。从那时起，疾病开始困扰他，汉德第一次因为走路不稳而被沮丧心情所笼罩。"如果没有很频繁的停顿，我只能走出大约1/3英里（约530米）"，他告诉法兰克福特。"我的双脚变得非常麻木，我的背部变得疼痛。真相是，86年的人生实在太漫长了。"[135]几十年来，他一直很享受在散步穿越新罕布什尔的丛林时与朋友们交谈，而现在这些愉悦看上去更加遥不可及。周遭环境令他日益感到"悲伤"："几乎所有的老家伙都死了。"此外，年届九旬似乎是"活得相当庄严的岁月"。"那些滋补之物，即便是酒精，也不再像它们之前那样能治愈了。一个人会忍不住一直问:'我到底还有什么用处?'"[136] 法兰克福特不断试图消除他的疑虑。"只要你的头脑正常运转,86 年就不是'太长'的岁月",他在 1958 年 9 月的信中为汉德鼓劲。[137]

1958 年秋天,当汉德回到纽约市内继续法院工作时,他的身体情况继续恶化:"我感到相当灰心,部分原因是因为我瘸了,以至于我无法走出 1/4 英里(约 400 米),部分是因为我这个孱弱的老笨蛋即将在 3 个月后年满 87 岁。"[138] 然而,汉德告知老友自己健康困境的仅有的几封信件,可以证明他还是像以往一样反应灵敏。尽管如此,他还是难过地婉拒了好几份他本来有能力撰写的判决书。

> 仅仅几年之前,我就已经发展出了非常适合我老年岁月从"司法"工作中抽离出来面对如今处境的艺术,这是一段不合情理的时期。除此之外,就我目前的感知而言,整体上衰老对我的影响并没有超出双腿,虽然双腿实质上已经罢工,并且拒绝让我走出两到三个街区,这也是一个表示它们要彻底不干活的持续威胁。我这个 87 岁老头子身上的其他问题——或者即将产生的问题,会出现得越来越频繁。我当然不会知道,也没有人会说。此外,我还非常容易疲倦。为什么不会呢,看在老天爷的份上?[139]

汉德的身体持续每况愈下。短短几个月时间内,他双腿的疼痛和虚弱程度加重得非常厉害,以至于他必须借助拐杖才能行走,但从某种程度上说,汉德也找到了继续保持积极的力量,无论是在法庭上还是在司法领域之外。他所受到的激励,部分来自他的司法偶像奥利弗·温德尔·霍姆斯。他不断回想起他对霍姆斯年届九旬时的往事记忆。当霍姆斯说起这类事时,会说:"当我这样想的时候,我就会与死神有一次虚拟谈话,后者对我说:'好吧,温德尔,如果这是你的真实想法,我能安排。今晚就带你走如何?'接着,我这时总是会回答:'大人,能否再推迟两周?'"[140]

　　一股相似的动力也在尽可能长时间地推动汉德。1960年秋天,鉴于他感到"日益残疾,越来越没用",汉德表示,"奇怪的是,我仍然倾向于不去放弃,我还不必如此"。[141] 1961年,在度过89岁生日后不久,汉德告诉一位前助理:"事情确实失去了很多滋味,但是某些人仍希望继续工作并且干到底,与我们中的其余人相似,我就想这样做。"[142]

　　但是汉德从未想过自己拥有他认为霍姆斯这样一位美国内战老兵所拥有的那种勇气。他曾经告诉法兰克福特:"对于[我的身体状况]没啥好做的,唯有像禁欲主义者那样默默忍受。这是我一直以来羡慕的,但是从未觉得自己有能力那样做。"[143] 汉德的生命力主要受到他很快就将因为衰老而彻底无法活动的恐惧的刺激。这一主题的谈话经常浮现于他给亲密朋友的信件中:"我应当感到失落,如果我无法在我自己的小牧场里东奔西跑。"[144] "我已转起我松鼠笼子的轮子很多年了,我害怕它某一天会停下来。"[145] 汉德最熟悉的"松鼠笼子"就是第二巡回上诉法院的工作。"我不知道头脑已经退化了多少,也没有人会给我这样的暗示,"他这样告诉一位前法官助理,"不过没关系,他们仍让我像一名法官那样聒噪,至少这可以打发我的时间。"[146]

　　虽然身体状况从1960年开始恶化,但汉德思考了一阵后,还是觉得持续的司法工作可能还不足以完全填满他的时间。1960年2月,艾森豪威尔总统在他任期最后1年的开始任命了一个国家目标委员会(Commission on National Goals),旨在明确提出应当指引国家"下一个10年乃至更长时间"的理念。[147] 总统希望由一群德高望重的人士来承担这项任务,汉德也被要求加入其中。这个委员会的主席亨利·M.韦斯顿(Henry M. Wriston)是布朗大学前校长和外交委员会前主席。他努力说服汉德接受这一任命,汉德最终同意了。汉德研究了准备提交给委员会成员①的预备性文件,他发现这项工作让他保持"身体所允许的忙碌极

――――――――――

　　① 韦斯顿是主席,前陆军部长弗兰克·佩斯(Frank Pace)是副主席。这个由11人组成的委员会还包括了麻省理工学院校长、加州大学校长、哈佛和弗吉尼亚大学的前校长以及美国劳工联合会与产业工会联合会(AFL-CIO)主席乔治·米尼(George Meany)。

限",甚至还希望"工作再比手上的更多一些"。这是他第一次认为这样"好于端坐在那里沉思过去"。[148]

很快,朋友们的意见开始加深了汉德对于整项工作实用性的怀疑。一位名叫保罗·本德(Paul Bender)后来转任教职的前助理给他写信:"如果我和您在一起,我会恳请您保护好自己,避免参与这样的公共活动。我假设这是一项无人可以婉拒的荣誉,但是私下来说,这难道不是一项负担吗?"[149] 在回信中,汉德承认:"是的,我同意它担得起你所赋予它的一系列美名。但是我必须做些什么……即便它被证明不过是'一项负担'。"[150] 很快,法兰克福特对于有关委员会将会促使联邦最高法院更加激进地迈向"民权"的流言表达了关切,他向汉德警告了针对"正在远离黑人的布莱克和不再语出惊人的道格拉斯大法官"的压力。[151] 此时,汉德已从委员会辞职,他给出的辞职理由是:"这让我在仍在尝试完成的司法工作之外增加了更多工作,这样的负荷已经超出了我现在所在意的健康状态所能承受的范围。"

汉德撰写的司法文书质量,还是维持着原先的高水平,法兰克福特试图让他确信这一点。对此,汉德感到很欣慰:"我很高兴,虽然我某处已开始腐朽,但起码头脑还是好的。"[152] 不久,法兰克福特告诉他:"如果你不小心一点的话,还是这样多产,可能就会把你害死。在最近来自贵院的判决中,我看到三份出自'巡回上诉法院汉德法官'手笔……如果我错误地认为你现在没有20年前写得那样好了,我就把自己的帽子吃下去。"[153]"我很高兴你没有犯任何该死的错误,"汉德回复道,"没有人能够那样评判自己,人们也不会主动说:'老伙计,你是个还不错的人,但是你没有意识到你脑子已经不转了。'"不过,汉德不禁注意到"在速度上我退步很多",只能通过揶揄安慰自己,声称"到那时联邦法律应该会体谅法官产出量的下降吧"。[154]

但是解决法律问题的任务似乎不再像以前那样有吸引力了:"我要承认这个游戏不再像过去那样吸引我了……所有人都会说,这个老家伙不再像吹嘘得那样好了。"[155] 更令人困扰的是,对于终极答案的搜寻还是像过去那样毫无所获:

　　有时候，我会得到奇怪的令人催眠的希望，那就是在完成所有工作后，也许我能比以前更加深入地看待事物的**本质**。但是，与此相伴的是相当令人不安的怀疑，那就是**法律**，是否如我过去认为的那样，拥有任何真正的"原则"，以及这样的原则可以胜过具有想象力的对于某些其他拥有终极权力的人类能力的预测之努力，使得面对和我一样的既有真实场景时……噢，可以拥有您同事中 4 位伟大法官（首席大法官沃伦、大法官布莱克、大法官道格拉斯和大法官布伦南）的内心确信！[156]

　　但是，"确信"和自信的答案永远不是汉德的专长。他的精力总是花在提出那些究根问底的问题上，以及怀疑任何人，包括他自己提出的所谓真理上。他在给另一位朋友的信中写道："关于整幕大戏的内容，我希望比我实际所知更多。简而言之，我希望人生的岁月能带来智慧，或至少是一定程度的智慧的幻影。我所能见到的一切，就是当我们思考自我时尽己所能，在这个关于我们的世界上以有所构建、有所具象和留下一些客观印象为目标，并让这样一个接近于真实的世界帮助我们能够公平持正地理解和想象他者。"[157]

　　汉德对自己工作能力的担忧一直伴随他走到生命尽头。1961 年 6 月 13 日，在给法兰克福特的最后一封信中，汉德抱怨道："我已陷入濒临失业的状态。我今年只参与了不超过 25 到 26 个案件，如果我还能找到其他工作的话，我一定会干的……我觉得自己就应当靠在椅子上，感恩上帝，虽然我已经快 90 岁了，但还没有残废到报废的地步。"[158] 在回信中，法兰克福特再次试图缓解汉德的焦虑：

　　我希望能够驱散你没能一蹴而就写出 60 或 70 份判决书的担忧。在我看来，你完全是老当益壮。我刚刚阅读了你最近的两篇海商法判决。你到底在抱怨什么呢？判决中出现了技术精益绝伦的"老师傅"身影。如果事实不是那样的话，我是

不会对你撒谎的。驱使着你的是一位苦行者的心灵，和你身上
所有的异教徒特质。凭什么你需要在接近 90 岁的年龄用 50、
60、70 甚至 80 岁的力气干活呢？为什么你就应该这样，你何苦
要为自己不是那种状态而烦恼呢?![159]

　　那时，汉德的身体状况已进一步恶化。因为行走困难，他从 1961 年
初开始被迫使用轮椅："当我必须用双腿站立起来时……老背碾压着我
的脊髓。"[160] 汉德知道，通过医疗帮助实现康复已不可能："所有自以为
是的人……都向我保证，我的背不会也不能康复了。这是结构上的痼
疾，还要在这个 90 岁家伙身上大动干戈是不可想象的。"[161] 即便到此
时，他仍对已经使自己疼痛难忍的疾病保持着几分幽默。这个麻烦，他
说，其实就是"我要用我的两只后蹄走路，但是我的背从来都没想到要承
担这样的任务。我告诉[医生]，起初我就是四条腿走路的，后来我的父
母坚持让我用两条腿走路。他们在我开始这样做的时候非常开心。但
是没有被有教养地带大并不是我的错呀"。[162]

　　面对汉德出行的难题，家人卖掉了他们居住了超过 50 年的位于东
六十五街的房子，住进了一个街区以外、位于东六十四街的一套更为方
便的公寓。

　　晚年的汉德以一种曾经羡慕他人具备、从未想到自己拥有的勇气忍
受着病痛。在他的好友建筑师威廉·德拉诺(William Delano)的追思会
上，汉德对于德拉诺"在如此之长的时间内忍受着病痛"表达了特别敬
意，这也是他所发表的最后的几篇正式致辞之一。汉德表示，德拉诺长期
"非常病弱"，这令人"很难受，因为从中我也看到了一丝自己的样子"。

　　　　让我来告诉你那种极度的痛苦，也就是我们所说的煎熬，
　　如果这种感受得不到缓解的话，对我而言比任何其他事物都要
　　致命。我不知道我们应当如何承受。这种感受**排斥**所有其他
　　感受，又**集中**了你的所有感受。它把你整个人**压缩**到最小，又
　　把整个人都抽走，让你觉得身体里除了这种感受再无他物。我

　　所谈论的是极度的痛苦，一个人不是靠着攥紧拳头、咬紧嘴唇
　　就能忍受下来，而是默默承受，并且不表现出来，这种痛苦压过
　　了我，也压过了任何事物。我就想问问你，你是否还能想到比
　　这更伟大的英雄主义。[163]

　　同样地，汉德也展现出他能够忍受病痛，并且努力不让大多数熟人
看出他身体不适。汉德不顾严重的疾病仍继续工作。死亡在他完成最
后一周法官工作后很快来临。1961 年 6 月，汉德前往康沃尔。7 月初，
他在那里心脏病发作。汉德看上去康复得很快，但是女儿弗朗西丝还是
叫了救护车把他带回纽约市。很快，心脏病又第二次发作。汉德被送往
圣路克医院（St. Luke's Hospital），那时他已"没有痛苦，但神智不清"。[164]
几天后，1961 年 8 月 18 日，汉德"平静离开人世"。[165]

　　费利克斯·法兰克福特的办公室立即发表一份媒体声明："一位真
正的伟人离开了，但是他为我们国家留下了重要遗产。"[166] 次日，《纽约
时报》刊登了头版讣告，提醒读者汉德曾被称为"他这个时代最伟大的
法官"。[167] 伦敦《泰晤士报》则语调哀婉地指出："很多人会意识到，随着
勒尼德·汉德的去世，美国司法界的黄金时代已经结束了。"[168]

　　弗朗西丝·汉德在勒尼德·汉德去世两年后也离开了人世。勒尼
德去世后，她经常坐在他们公寓的火炉边，打开那些来自勒尼德的经过
精美装帧的信件，重新阅读它们，并随机将一捆捆信札扔进火炉。她并
不理解凯里·托马斯对于布林莫尔学院毕业生的所有期许，不过她一直
对自己保持着一份真心。"我并不认为我应该那样，**从未**（用这一辈子）
试图成为一位天才的后人"，她在给米尔德里德·明特恩的信中写道[169]，
如果"过度追求成功"，就会"很容易让人生……在其他领域变得枯燥乏
味"。[170] 她把内心发展和个人成就视为最高价值，而非那些成功的世俗
表征，从而避免了米尔德里德那种痛苦挣扎。

　　也许可以这样说，取得人生与事业诸多成就的勒尼德·汉德虽然并
不相信有所谓天国存在，但是他也曾不失风趣地描绘过他所认为的天国
景象。如果让汉德叙述他希望在天堂的第一天会是什么样子，他也许会

说:那天早上举行了一场棒球比赛,对方在九局下半时以 4∶1 领先。汉德的队伍这时满垒,而此时由他担任击球手。汉德及时地打出了一支本垒打,得以让所有上垒队友都成功回到本垒,从而赢得比赛。[171] 下午时分举行了一场势均力敌的美式橄榄球比赛,场面胶着,谁也没有得分。在比赛仅剩 1 分钟的时候,汉德接到了一次弃踢,他一路沿着边线下底,最终达阵,赢得制胜分。当天的高潮是晚宴,出席的嘉宾中有那些人类文明最伟大的思想家——苏格拉底、笛卡尔、本杰明·富兰克林以及伏尔泰。当晚的指定发言者是伏尔泰。然而,伏尔泰没说几句话,观众便叫喊起来:"住嘴,伏尔泰,坐下。**我们要汉德上来讲**。"[172]

本书注释部分篇幅较大,扫描二维码在麦读服务号下方回复"汉德传",即可下载注释文档。

图书在版编目（CIP）数据

汉德传 /（美）杰拉尔德·冈瑟著；何帆等译.北京：中国民主法制出版社，
2024. 9. -- ISBN 978-7-5162-3731-1

Ⅰ. K837. 125. 19

中国国家版本馆 CIP 数据核字第 2024TM6595 号

本书中文简体版经过版权所有人授权北京麦读文化有限责任公司，由中国民主法制出版社出版。

著作权合同登记号 01-2021-3952

图书出品人：刘海涛
图 书 策 划：麦　读
责 任 编 辑：陈　曦　庞贺鑫　靳振国

书名/汉德传
作者/[美] 杰拉尔德·冈瑟（Gerald Gunther）
译者/何帆　徐玮　金晶　顾佳　汪雪　刘轶圣

出版·发行/中国民主法制出版社
地址/北京市丰台区右安门外玉林里 7 号 （100069）
电话/（010）63055259（总编室）　　63058068　63057714（营销中心）
传真/（010）63055259
http：//www.npcpub.com
E-mail：mzfz@npcpub.com
经销/新华书店
开本/32 开　880 毫米×1230 毫米
印张/24　**字数/**692 千字
版本/2024 年 9 月第 1 版　2024 年 9 月第 1 次印刷
印刷/北京天宇万达印刷有限公司

书号/ISBN 978-7-5162-3731-1
定价/99.00 元
出版声明/版权所有，侵权必究